ISL

Peter Freese / Horst Groene / Liesel Hermes (Hrsg.)

Die Short Story im Englischunterricht der Sekundarstufe II

23

ISL Informationen zur Sprach- und Literaturdidaktik

herausgegeben von
Dietrich Boueke, Norbert Hopster, Albert Klein, Reinhard Kuhnert

Peter Freese/Horst Groene/
Liesel Hermes (Hrsg.)

Die Short Story im Englischunterricht der Sekundarstufe II

Theorie und Praxis

2. unveränderte Auflage

Ferdinand Schöningh
Paderborn · München · Wien · Zürich

CIP-Kurztitelaufnahme der Deutschen Bibliothek

Die Short story im Englischunterricht der Sekundarstufe II [zwei]: Theorie u. Praxis / Peter Freese . . . (Hrsg.). — Paderborn, München, Wien, Zürich: Schöningh, 1980. —
(Informationen zur Sprach- und Literaturdidaktik; 23)
ISBN 3-506-74073-3
NE: Freese, Peter [Hrsg.]

Printed in Germany.

Herstellung: Ferdinand Schöningh, Paderborn.

ISBN 3-506-74073-3

Inhaltsverzeichnis

Vorwort

Nachdem wir im Sommer 1977 mit dem Sammelband *Der Roman im Englischunterricht der Sekundarstufe II: Theorie und Praxis* den Versuch unternommen haben, Fragen des fremdsprachlichen Literaturunterrichts am Beispiel einer zu Unrecht vernachlässigten Gattung zu erörtern, legen wir nun, durch die freundliche Aufnahme unseres ersten Versuches zu weiteren Bemühungen ermuntert, einen entsprechend angeordneten Band zur Kurzgeschichte vor. In ihm geht es, im Gegensatz zum Romanband, um eine Gattung, deren Vorrangstellung im Englischunterricht unbestritten ist. Aber gerade das Vorhandensein zahlreicher Schulausgaben und vielfältiger didaktisch-methodischer Arbeiten zur Short-Story-Lektüre machen es erforderlich, sich eben dieser Gattung erneut anzunehmen. Es hat sich nämlich für die gern herablassend als das ,Lieblingskind der Studienräte' bezeichnete Kurzgeschichte ein in vielerlei Hinsicht revisionsbedürftiger Kanon immer erneut gelesener Stories etabliert; die ,Schulanglistik' hat neuere Einsichten der literaturwissenschaftlichen Forschung kaum oder gar nicht zur Kenntnis genommen; und die jüngste und ungemein interessante Entwicklung im Bereich des kurzen Erzählens ist bisher fast gänzlich ohne Einfluß auf den schulischen Umgang mit Short Stories geblieben. Gibt es also einerseits einen Nachholbedarf in bezug auf neuere literarische Richtungen und jüngere literaturwissenschaftliche Einsichten, welche etwa die „Verunsicherung bezüglich der gattungsmäßigen Eigenständigkeit" (Lubbers, 1977) der Short Story betreffen, so lenken andererseits die veränderten Bedingungen der reformierten Oberstufe den Blick von der Analyse individueller Geschichten auf das noch kaum untersuchte Problem der Erstellung und Vermittlung umfangreicherer Story-Sequenzen. Angesichts einer solchen Ausgangslage muß eine umfassende und systematisch geordnete literaturdidaktische Theorie der Short Story ein gegenwärtig schwerlich erreichbares Fernziel bleiben, und was schon der Romanband weder wollte noch konnte, will und kann auch der Kurzgeschichtenband nicht leisten. Das Problem, von dem Galinsky schon 1958 meinte, daß es „für den Literatur*erzieher* zentral" sei, aber „ohne Mithilfe des Literatur*forschers* nicht gelöst" werden könne, nämlich „das Problem der Bildungswerte der Kurzgeschichte", das sich im Kontext gegenwärtiger fachdidaktischer Theoriebildung ohnedies in anderer Akzentuierung stellt, wird durch den vorliegenden, eher auf eine Zwischenbilanz abzielenden Band gewiß nicht gelöst, und es wird, wie die Dinge liegen, vermutlich auch noch länger einer Lösung harren müssen.

Der erste, der Theorie gewidmete Teil von *Die Short Story im Englischunterricht der Sekundarstufe II: Theorie und Praxis* verzichtet auf eine erneute Erörterung der generellen Problematik fremdsprachlicher Literaturdidaktik und auf eine neuerliche Diskussion der Auswahlfrage. Beide Komplexe wurden bereits im Romanband ausführlich dargestellt, und die Herausgeber sind der Meinung, daß sie trotz der Weiterentwicklung der letzten beiden Jahre noch keiner grundsätzlichen Revision bedürfen. Der Band setzt deshalb mit einem Überblick über die bisherige Rolle der Kurzgeschichte im fortgeschrittenen Englischunterricht ein (Ahrens), macht dann Vorschläge für unterrichtsmethodische Verfahren (Freese), erörtert anschließend Möglichkeiten der Einbeziehung von Short-Story-Theorien in den Unterricht (Groene) und informiert darauf detailliert über das schwer überschaubare Angebot des Schulbuchmarktes in diesem Bereich (Groene). Im Gegensatz zum Romanband fehlt ein Kapitel über Angaben zur Short Story in den Richtlinien, weil eine solche Bestandsaufnahme über die ohnehin bekannte Tatsache hinaus, daß die Kurzgeschichte in allen Richtlinien und Curriculumentwürfen an vorderster Stelle genannt wird, kaum weiter systematisierbare Einsichten erbrächte. Stattdessen wird — als Versuch, die inzwischen etablierte Lehrwerkkritik um eine längst überfällige 'Lektürekritik' zu ergänzen — ein Raster für die Analyse und Bewertung vorhandener Schulausgaben angeboten (Real). Den Abschluß des theoretischen Teils bildet schließlich ein Kapitel über die Propädeutik der Short-Story-Lektüre in der Sekundarstufe I (Hermes), erwachsen aus der Einsicht, daß für die frühzeitige Hinführung zum Umgang mit literarischen Originaltexten gerade die Kurzgeschichte erfolgversprechende Möglichkeiten bietet.

Im zweiten, der Praxis gewidmeten Teil schien es überflüssig, die in zahlreichen Sammelbänden vorliegenden Deutungen einzelner Kurzgeschichten um weitere Analysen separater Texte zu vermehren. Die Herausgeber gingen vielmehr davon aus, daß dem Lehrer mit Vorschlägen für umfassendere, thematisch oder anders relationierte Textsequenzen weit mehr gedient sei. Sie zogen es daher vor, sechs längere Beiträge zu *science fiction stories* (Bruck), *stories of initiation* (Freese), *stories of violence* (Heller), gesellschaftskritischen Geschichten (Hermes), *school stories* (Hunfeld) und *detective stories* (Schik/Schröder) zusammenzustellen, die jeweils die Grundlage für ein Kursprogramm bilden können. Den einzelnen Beiträgern, die ihre Arbeiten alle eigens für den vorliegenden Band verfaßten, wurden nur sehr allgemein gehaltene Rahmenbedingungen vorgegeben, und so sind nicht nur die didaktischen Positionen und die methodischen Ansätze, sondern auch die Zahl der jeweils detailliert vorgestellten Stories und die Art und Weise ihrer Relationierung verschieden. Das kann beim gegenwärtigen Stand der Fachwissenschaft und der Fachdidaktik schwerlich anders sein, und eine Zurichtung auf ein durchgehendes „Interpretationsschema", die ein anonymer Rezensent des Romanbandes schon dort vermißte, würde sich dem Kundigen rasch als unzulässiger Harmonisierungsversuch entlarven. Daß schließlich auch die Auswahl gerade dieser sechs Sequenzen und Aspekte letztlich subjektiv ist und sein muß, liegt in der Natur der Sache und braucht mittlerweile wohl nicht mehr diskutiert zu werden.

Die Herausgeber sagen allen Mitarbeitern Dank für ihr Engagement und ihre konstruktive Kritik; sie danken dem Herausgeber von *Der fremdsprachliche Unterricht* und der zuständigen Redaktion des Ernst Klett Verlags für die Erlaubnis, den Aufsatz „Die Short Story im Englischunterricht der Sekundarstufe II: Entwurf eines Interpretationsverfahrens" von Peter Freese in überarbeiteter und erweiterter Form wieder abdrucken zu dürfen; und sie bedanken sich bei der Redaktion des Schöningh-Verlags für die gewohnt sorgfältige Betreuung des Bandes.

P. F. H. G. L. H.
Münster Kiel Karlsruhe

Vorwort zur 2. Auflage

Früher als erwartet wurde eine 2. Auflage des vorliegenden Bandes erforderlich, und da sich im kurzen Zeitraum seit seinem ersten Erscheinen keine grundlegenden Veränderungen in der Didaktik und Methodik der Short Story im Englischunterricht ergeben haben, erschien uns eine umfassende Überarbeitung, die zudem unweigerlich zu einer Preiserhöhung hätte führen müssen, zum gegenwärtigen Zeitpunkt nicht sinnvoll. Alle Beiträge werden deshalb – mit der Ausnahme zweier Hinweise auf inzwischen erschienene Schulausgaben der hier vorgestellten Stories (vgl. S. 356 und 386) – in unveränderter Fassung wieder vorgelegt.

Unser Dank gilt den Rezensenten des Bandes, die sich zu unserer Freude in ihrer großen Mehrheit zustimmend äußerten, und den vielen Kollegen an Schulen und Hochschulen, die die hier vorgestellten Sequenzen in ihrem Unterricht erprobten. Ihre konstruktive Kritik und ihre hilfreichen Anmerkungen haben wir sorgsam gesammelt, und wir hoffen, daß wir sie eines Tages in eine dritte, überarbeitete und erweiterte Auflage werden einbringen können.

P. F. H. G. L. H.
Paderborn Kiel Karlsruhe

I. Theorie

Rüdiger Ahrens

Die bisherige Rolle der Short Story im Englischunterricht der Sekundarstufe II

1. Vorbemerkung

Die Bedeutung der Short Story für den Englischunterricht läßt sich verstärkt erst in den letzten 25 Jahren ausmachen, obwohl sie sich seit nahezu eineinhalb Jahrhunderten auf einem globalen Siegeszug befindet und das Spektrum der Weltliteratur um eine farbintensive und nuancenreiche literarische Gattung erweitert hat. Ihre späte Anerkennung im Bereich der Literaturdidaktik und der unterrichtlichen Praxis ist wohl nicht nur auf die fast als normal zu bezeichnende Retardation der kritischen Rezeption gegenüber künstlerischer Fortentwicklung, sondern auch auf die gattungsspezifische Offenheit der Short Story zurückzuführen. Wenn Hans Bender vom „Chamäleon der literarischen Gattung" [1] spricht, gibt er, wenn auch klagend, das wichtigste Kennzeichen dieser literarischen Kleinform wieder, nämlich das der Vielgestaltigkeit, die sich einer präzisen Abgrenzung gegenüber anderen literarischen Gattungen und Formen entzieht.

Der Überblick über die letzten beiden Jahrzehnte im Bereich der literaturdidaktischen Reflexionen läßt ein starkes Ansteigen von Publikationen mit Einzelinterpretationen von Short Stories erkennen, doch ist zweifellos eine zeitliche Verzögerung gegenüber der unterrichtlichen Bedeutung zu vermuten. R. Schreyers Umfrage zur englischen Oberstufenlektüre in Nordrhein-Westfalen, der sicherlich Pilotwert für die gesamte Bundesrepublik zukommt, bestätigt die herausragende Vorrangstellung der Short Story als der beliebtesten Lektüre im Englischunterricht, der sich allerdings eine differenzierte didaktische Analyse erst noch stellen muß.[2] Die Vielzahl von neuerlich erschienenen Aufsätzen zur Short Story in fachdidaktischen Zeitschriften darf nicht darüber hinwegtäuschen, daß ihr in einigen Standardwerken der englischen Fachdidaktik eher ein Schattendasein eingeräumt wird, das offensichtlich im Widerspruch zu den Erfahrungswerten der Unterrichtspraxis steht. Dem Sog des Medienmarktes haben aber die Schulbuchverlage schon in weit größerem Umfang Rechnung getragen, denn das Angebot an englischsprachigen Short Story-Editionen für den Schulgebrauch ist im Vergleich zu anderen Bereichen des Literaturunterrichtes überaus reichhaltig und differenziert.[3] Auch in den curricularen Richtlinien und Empfehlungen der Kultusministerien der Bundesländer ist selten der Hinweis auf die Bedeutung der anglo-amerikanischen Kurzgeschichte zu vermissen, zumal damit in den Leistungskursen der Kolleg- bzw. Studienstufe auch die Forderung zahlreicher Didaktiker nach der Lektüre von Ganzschriften erfüllt werden kann. Diesen Vorzug der Short Story betonte schon F. Schubel in seiner *Methodik des Englischunterrichts*[4], wenngleich er sonst vor einer allzu starken Berücksichtigung dieser literarischen Gattung warnt. Ihren eigentlichen Stellenwert sieht er in der Mittelstufe[5], was bei vorherrschend methodischen Überlegungen nicht auf Widerspruch zu stoßen braucht, aber doch wohl eine zu formale Zuordnung darstellt, die den Aussagewert und den analysierbaren Bedeutungsgehalt der jeweiligen Kurzgeschichte unter dem Deckmantel der Pauschalierung begräbt. Seine funktionalen Hinweise auf Thomas Hardys Kurzgeschichte "A Tragedy of Two Ambitions" und O. Henrys "The Gift of the Magi"[6] verraten die Zweitrangigkeit, die er der Short Story im Englischunterricht allenfalls zuerkennen will. Hiermit perpetuieren sich Fehlurteile und mangelnde Wertschätzung gegenüber einer literarischen Gattung, die sich ansonsten im allgemeinen Literarturbetrieb großer Anerkennung erfreut. Denn schon W. Hübner hatte der Short Story, die er als „novellistische Literatur" (!) einstufte[7], nur einen Platz in der Mittelstufe des Gymnasiums eingeräumt, wohingegen sie in seiner Aufstellung eines Lektüreplans für die Oberstufe gewichtigeren Literaturformen weichen muß. Auch A. Bohlen erachtete in seiner *Methodik des neusprachlichen Unterrichts* die Kurzgeschichte für den Lektürekanon nicht als erwähnenswert[8]. Und für F. Leisinger und E. Mihm haben die Vorschläge zur Behandlung von Kurzgeschichten im Englischunterricht nur historische Bedeutung für die Auseinandersetzung um den englischsprachigen Lektüreplan[9].Dieses Schweigen um die Berücksichtigung der anglo-amerikanischen Short Story kann aber nicht als symptomatisch für ihre unterrichtliche Rezeption angesehen werden. Vielmehr hat sich besonders in den letzten Jahren ein erfreulich verstärktes Bemühen um die wissenschaftliche und didaktische Erschließung der reichhaltigen Short Story-Literatur bemerkbar gemacht, das auch außerhalb der historisch-synoptischen Standardwerke seinen Niederschlag gefunden hat. Die Phasen dieser Bemühungen unter didaktischem Vorzeichen sollen im folgenden bei gleichzeitiger Zuordnung zu den jeweils vorherrschenden literaturwissenschaftlichen Richtungen aufgezeigt werden. Dabei wird der Ausgangspunkt in den gattungstypologischen Merkmalen der Kurzgeschichte gesucht, die zunächst in der gebotenen Konzentration dargestellt werden sollen.

2. Gattungstypologische Merkmale der Short Story in der literaturwissenschaftlichen Rezeption

Die Tradition der literaturdidaktischen Analysen zur englischen und amerikanischen Short Story darf nicht losgelöst von jenen gattungstypologischen Kennzeichnungen gesehen werden, die in fachwissenschaftlichen Beiträgen zu dieser Problematik in den letzten Jahrzehnten herausgearbeitet worden sind, zumal sich eine direkte Abhängigkeit zwischen beiden Wissenschaftsbereichen immer wieder konstatieren läßt. Abgesehen von der Tatsache, daß das Phänomen Short Story in schärferen Umrissen in der ersten Hälfte des 19. Jahrhunderts in der nordamerikanischen Literatur entstand und mit Washington Irving und vor allem Edgar Allan Poe seine ersten gewichtigen Vertreter fand, blieb die Gattungsbezeichnung bis zur Jahrhundertwende unbestimmt. Erst die theoretischen Überlegungen von Brander Matthews, dessen *Philosophy of the Short-story* zwischen 1884 und 1888 geschrieben und 1901 publiziert wurde, schufen in gewisser Weise dadurch Abhilfe, daß sie Poes noch vagen Äußerungen zu dieser neuen Erzählform in seinem Essay über Nathaniel Hawthorne (1842) und dessen bekannte Forderung nach "a certain unique or single effect" in der Kurzgeschichte einer präziseren Beschreibung zuführten. Wenn sich nachweislich die Bezeichnung *'short story'* allgemeinsprachlich erst in dieser Zeit festsetzt, so lassen doch gerade die Schwierigkeiten ihrer Abgrenzung gegenüber anderen narrativen Kurzformen wie *tale, sketch, essay* und *novelette* die Vermutung begründet erscheinen, daß das Phänomen des kurzen Erzählens wesentlich länger in der Weltliteratur bekannt ist, als es zahlreiche Theoretiker glauben machen wollen.[10] Bezieht man noch andere literarische Kurzformen wie die der Anekdote, des Prosagedichts, der Fabel, des Kurzdramas, etc. ein, so erhärtet sich diese Vermutung zu einer leich belegbaren Gewißheit.[11] Hier aber soll es nicht um das Selbstverständnis prominenter Short Story-Autoren gehen, das schon mehrfach nachgezeichnet worden ist[12], sondern um die reflektorischen Bemühungen, die zu den gattungstypologischen Merkmalen von der Seite der Literaturwissenschaft unternommen worden sind.

2.1 Das Vorfeld gattungstypologischer Kennzeichnungen

Die ganze Misere der Versuche, aus der Flut von Short Stories des vergangenen und dieses Jahrhunderts so etwas wie eine allgemeingültige und verbindliche Definition herauszuarbeiten, findet sich in einer jener Gretchenfragen zusammengefaßt, die von Zeit zu Zeit die Literaturwissenschaft zu erschüttern pflegen, nämlich in der eigentlich pleonastischen Frage von Norman Friedman "What Makes a Short Story Short?" aus dem Jahre

1958.[13] Damit ist das eigentliche Problem aller gattungstypologischen Kennzeichnungen angesprochen, mit denen es bisher unternommen wurde, Kriterien für eine derartige Definition aufzustellen. So stellt Friedman denn auch zwei Gründe für die Kürze der Short Story heraus, nämlich einmal soweit sie sich aus "the *object* of representation" ergibt, und zum anderen, insofern sie als Folge der "manner, in which it is represented" in Erscheinung tritt.[14] Der Gegenstand der Handlung, die in der Short Story vornehmlich statisch und weniger dynamisch angelegt ist, wird von ihm deshalb als "inherently small" angegeben.[15] Als ausschlaggebendes Moment kommt aber noch die Absicht des Autors hinzu, "to omit certain of its parts"[16]. Die Handlung als vorgegeben und von der Gestaltungsabsicht des Autors unabhängig zu betrachten, beruht sicherlich auf dem häufig schon widerlegten Irrtum vom Abbildcharakter des literarischen Werks und von einer aufgezwungenen Kausalität, doch ergibt sich aus der Argumentation Friedmans das wichtigste Indiz für die Kürze des kurzen Erzählens, die in einer spezifischen Erzählabsicht und der intendierten Wirkung ihre wesentliche Bedingung findet. Dieses Kriterium soll für die nachfolgende Darstellung von Bedeutung bleiben.

Das Vorfeld literaturwissenschaftlicher Bemühungen von deutscher Seite, die sich auf eine Gattungstypologie der Short Story konzentrieren, erstreckt sich von 1941 bis zur Mitte der 60er Jahre. In dieser Zeit erschien eine Reihe von Aufsätzen, an deren Anfang Edgar Mertners Darlegungen zur Theorie der Short Story in England und Amerika standen.[17] Für ihn, dem damit der entscheidende Durchbruch gelang, indem er ein gegenüber der angelsächsischen Anglistik seit langem bestehendes Defizit ausglich, präsentiert sich die Gattungsproblematik in der Hauptsache in der Abgrenzung von benachbarten Erzählformen, vor allem der Novelle, in deren unmittelbarer Nähe er die Short Story angesiedelt sieht. Er wendet sich gegen die Auffassung von der Short Story als „Symptom der Zeit" und betrachtet die Länge, die Einheit der Begebenheit und die intendierte Wirkung als herausragende Charakteristika dieser Kurzform.[18] Zudem werden die aus der zeitgenössischen Romantheorie bekannten Kategorien "Plot, Character, Theme, Setting" auch für die Analyse der Short Story herangezogen, deren allgemeiner Charakter aber die Erarbeitung einer Gattungstypologie der Short Story erschwert.

Dieser insgesamt entscheidende Anstoß wurde erst 1957 von F. H. Link aufgegriffen, der von der lexikalisch festgelegten Wortbedeutung ausgeht und sich ebenfalls durch die Abgrenzung der Short Story von anderen erzählerischen Kurzformen einen Erkenntnisgewinn für ihre Gattungstypologie verspricht.[19] Schon einige Jahre zuvor lenkte Klaus Doderer das Augenmerk der Kritiker in seiner komparatistischen Arbeit zur angelsächsischen

und deutschen Kurzgeschichte auf die Tatsache, daß in ihr „jeweils ein entscheidender Lebensabschnitt" zur Wiedergabe gelangt.[20] Aus der existentiell verdichteten Lebenssituation, die sich nach seiner Ansicht im Zentrum der Kurzgeschichte befindet, folgert er die Notwendigkeit einer „psychologischen Sichtweise" für die Interpretation[21].
Er sucht die Anknüpfungspunkte für seine Gattungsbestimmung nicht mehr in der Diskussion von theoretischen Merkmalen, sondern vor allem in der geschichtlichen Entwicklung und der Gegenüberstellung von herausragenden deutschen und anglo-amerikanischen Beispielen. Diese aperçuartige historische Perspektive geht in Links gattungssystematischer Untersuchung verloren, in der zweifellos der Einfluß des formalen Strukturalismus deutlich wird. Auch er sieht die Themenwahl der Short Stories durch „eine entscheidende Lebenssituation im Mittelpunkt" bestimmt[22], doch gilt sein Augenmerk vor allem jenen „unendlichen strukturellen Variationsmöglichkeiten"[23], die eine typologische Fixierung dieser Gattung erschweren, wenn nicht gar unmöglich machen. Auch er erkennt in der intendierten Wirkung der Short Story eines ihrer wesentlichen Strukturmerkmale; doch erscheint „die Grenzstellung der Kurzgeschichte zwischen *tale* und *sketch*", die er als Fazit seiner Überlegungen konstatiert, als zu schmale Basis für weitere Differenzierungen.

Offenbar führte die Einsicht von der Schwierigkeit einer allgemein-typologischen Definition der Short Story nachfolgende Kritiker zu der Überlegung, den Weg über verschiedene Kurzgeschichtenarten zu nehmen und so das Arsenal der Analysekriterien in den Griff zu bekommen. Jedenfalls wendet sich Walter Höllerer nach kurzer Aufzählung der traditionell bekannten Eigenarten der Kurzgeschichte, unter denen sein Hinweis auf die „Bilder mit Hinweiskraft in einer bestimmten Bewegungsrichtung", also wohl auf den semiotischen Wert der Sprache, besondere Aufmerksamkeit verdient, den benachbarten Gattungen (Anekdote, Witz, Fabel, etc.) und bestimmten Typen der Kurzgeschichte zu. Die Gefahr dieses Vorgehens ist offensichtlich: Die Zahl der hier vorgestellten drei Kurzgeschichtentypen (Augenblicks-, Arabesken-, Überdrehungs- und Überblendungskurzgeschichte) ließe sich weiter ergänzen und deckt nur einen Teil des vorliegenden Textkorpus ab. Außerdem zeigen die einbezogenen Beispiele aus verschiedenen Literaturen die Grenzen der Übertragbarkeit der somit gefundenen Kriterien. Sein abschließendes Diktum: „Diese Form der Literatur will zum Zweifel und zur Kritik anregen" ist wiederum so allgemein und unspezifisch, daß es die Diskussion nicht entscheidend weitertragen kann.[24] Der in demselben Heft von *Akzente* erschienene und bereits zitierte Aufsatz von Hans Bender sucht wiederum sein Heil in der historischen Perspektive, die vor allem durch deutsche Beispiele angereichert wird. Seine

Vermutung allerdings, die angelsächsische Tradition setze erst mit O. Henry ein, verkürzt diese Perspektive um einige ihrer prominentesten Protagonisten.[25] Seine Hinweise auf die „Objektivität" der Kurzgeschichtenschreiber, auf die Verwendung des inneren Monologs und die Darstellung eines entscheidenden Augenblicks in der Short Story lassen den Standort des Autors innerhalb der textimmanenten Literaturkritik erkennen.[26]

Diese zusammenfassende Darstellung wollte die Wege, die von deutschen Literaturwissenschaftlern zur Aufhellung der gattungstypischen Merkmale der Short Story mit ihren wichtigsten Akzenten zunächst beschritten wurden, aufzeigen und damit kenntlich machen, daß das Ziel einer derartigen Fixierung nicht erreicht werden kann und wegen der grossen Variationsbreite der formalen und inhaltlichen Textkonstituenten wohl auch nicht erreicht werden wird. Wie bei nahezu allen derartigen Unternehmungen sollte man aber den heuristischen Wert dieses Vorgehens und der herausgearbeiteten Merkmale nicht verkennen.

2.2 Beiträge zur Formtradition der Short Story

Genaue Zäsuren in der literaturwissenschaftlichen Entwicklung und in der Linienführung der wissenschaftlich-kritischen Theorien lassen sich wohl nie abstecken; dennoch läßt sich um die Mitte der 60er Jahre der Beginn einer neuen Phase in der literaturwissenschaftlichen Erschließung der Short Story konstatieren. Die bisherigen Fragestellungen, die allgemein zur Gattungstypologie und zur Tradition der anglo-amerikanischen Short Story aufgeworfen wurden, werden wohl zu diesem Zeitpunkt nicht mehr als hinreichend empfunden, so daß es nun zu einer großen Zahl von umfassenden Publikationen zu diesem Themenkreis kommt. Dabei werden die bisherigen Ergebnisse zwar einbezogen, doch erweist es sich als notwendig, die Bestandsaufnahme des vorhandenen Textkorpus wesentlich zu erweitern und damit das Netz der empirischen Ausgangswerte zu verdichten.

An den Anfang dieser Phase kann hier mit einer gewissen Berechtigung das Buch von Ruth J. Kilchenmann gesetzt werden, die insgesamt mit geringem Erfolg einen Beitrag zur Formtradition der Short Story und zu ihrer die Grenzen der Nationalliteraturen überschreitenden Verflechtung leisten will.[27] Ihre einleitenden Bemühungen um eine gültige Definition enden im kritischen Relativismus, der die Existenz des literarischen Idealtyps leugnet und sich auf die Vielzahl der Erscheinungsformen zurückzieht. Sie verneint deshalb für die Short Story die Anwendbarkeit eines Gattungsbegriffs und läßt als Kriterium der Interpretation nur die Frage nach der „inneren Form und eigengesetzlichen Struktur" dieser literarischen Kurzform gelten.[28] Ihre wissenschaftstheoretische Provenienz von der Position Emil Staigers her zeigt sich auch am Ende ihrer Untersuchung, als sie die Short Story als eine Grundbefindlichkeit der menschlichen Existenz identifiziert, die der Erlebniswelt des Menschen im zwanzigsten Jahrhundert entspricht:

> Das Kurzgeschichtliche ist mehr als Gattung oder Typus: es ist Form gewordene Einstellung, Haltung, Denk- und Daseinsweise, das zum ursprünglichen Ausdruck des Erlebens der Menschen des zwanzigsten Jahrhunderts wird als Kern, Nucleus und Zentrum literarischen Schaffens.[29]

Die Konzentration auf einen entscheidenden Lebensausschnitt, die häufig von Theoretikern als hervorstechendste thematische Eigenschaft der Short Story genannt wird, läßt offenbar den Menschen *qua* Mensch erkennen, zeigt ihn in seiner ureigensten Menschlichkeit und enthebt ihn somit jeder zeitlichen Gebundenheit, denn „Weltbild, Epoche, Umwelt, Handlung und Ereignis, die Novelle und Roman bestimmen, sind ausgeschaltet oder erscheinen nur am Rande"[30]. Natürlich erscheinen die epischen Dimensionen der Short Story verkürzt, doch mag der Hinweis auf die nachfolgenden Untersuchungen schon jetzt den Einwand legitimieren, daß auch in der Short Story zeitbedingte Elemente und historisch-geographische Anbindungen bei den einzelnen Autoren derartige Verallgemeinerungen zur wissenschaftlichen Irrfahrt werden lassen können.

In seinem grundlegenden Aufsatz zur kurzen Erzählform geht es Th. Wolpers um „die ästhetischen Grundvoraussetzungen, die ein kürzeres Erzählen von längerem unterscheiden"[31]. Die dort genannten Kriterien für die formale Analyse von Kurzgeschichten sind z. T. schon aus den bisherigen Ausführungen bekannt, denn auch er betrachtet die zeitliche Raffung und den Handlungsverlauf, die Reduktion von Charakterbeschreibung und raum-zeitlicher Dimensionierung sowie die Auswahl des signifikanten Augenblicks als hervorragende Kennzeichen des kurzen Erzählens. Darüber hinaus ergibt sich für ihn aber die ästhetische Bedeutung der Short Story aus den sie bestimmenden „inneren Formen", die alsdann im Zusammenhang einer historischen Skizze belegt werden.[32] Diese Formen sind so weit gespannt, daß sie sowohl Auffassungsformen des Menschen als auch „historisch variable Denk- und Anschauungsformen" umgreifen, die sich alle im weiten Spektrum des kurzen Erzählens wiederfinden lassen.[33] So wird denn die historische Perspektive sehr bedeutsam, in der sich diese verschiedenen Formprinzipien realisieren können und mit der Wolpers dann auch seine systematischen Überlegungen vertieft. Mit diesen synchronen und diachronen Überlegungen zugleich ergeben sich jene interpretatorischen Programmpunkte, die sich in den nachfolgenden Jahren in einer Anzahl von Publikationen zur Short Story wiederfinden sollten.

Ebenfalls im Jahre 1971 erschienen die von Paul Goetsch herausgegebenen *Studien und Materialien zur Short Story*[34], in deren analytischen und dokumentatorischen Teilen sich zahlreiche geistvolle Hinweise und historische Quellen finden, so daß sie auch als wertvolle Arbeitsgrundlage zu diesem Thema angesehen werden können. Die Beiträge etwa von A. Weber zu amerikanischen Theorien der Kurzgeschichte oder von P. Goetsch zu Problemen der Short Story-Interpretation erweisen die Dringlichkeit der historischen Bestandsaufnahme und implizieren somit eine nachdrückliche Warnung vor vorschneller Abstraktion und Generalisierung. Es überrascht deshalb nicht, wenn sich nun das Bemühen um die Einzelinterpretation und die historische Übersichtsdarstellung intensiviert. Die Einzelanalysen zu Kurzgeschichten von Baldwin, Jackson, Porter, Powers, Salinger, Thurber und Warren, die in der 1971 erschienenen vierten Auflage von *Insight I* enthalten sind[35], können als zaghafte Ankündigung einer Interpretationsflut angesehen werden. Dasselbe mag für das Buch von P. Freese, D. Jäger und H. Kruse gelten, das sich als erste „Orientierungshilfe" versteht.[36] Die Publikationen dieser Jahre werden unter dem Eindruck der Erkenntnis erstellt, daß es — wie K. H. Göller und G. Hoffmann sagen — „die *short story* gar nicht gibt"[37]. Vornehmlich geht es deshalb in dieser Zeit um historische Rückblicke und um herausragende Phasen in der Entwicklung der amerikanischen Short Story, wie auch der von diesen beiden Literaturwissenschaftlern herausgegebene Interpretationsband eindringlich erweist. Die isolierten Einzelinterpretationen zu Irving, Hawthorne, Poe, Melville, Twain, zu Harte, James, Crane, Faulkner, Hemingway, Steinbeck, Salinger, Updike, um einige Namen zu nennen, lassen bei näherer Betrachtung sehr wohl Zuordnungen sowie thematische und stilistische Gemeinsamkeiten und Abgrenzungen bei den einzelnen Autoren erkennen. Die Gruppierung von Autoren nach thematischen Vergleichsmomenten vollziehen Göller und Hoffmann dann auch explizit in ihrer Einleitung zu dem Parallelband zur *Englischen Kurzgeschichte*[38]. Die dort vorgestellten Autoren von Th. Hardy über J. Conrad, R. Kipling, E. M. Forster, J. Joyce, V. Woolf, K. Mansfield, G. Greene, S. Beckett, J. Wain, etc. bis zu J. Brunner vermitteln insgesamt noch kein geschlossenes Bild und lassen die Vielfalt der Short Story-Produktion in England nur erahnen. Einen plastischen Einblick in diese moderne Art von Massenproduktion einer literarischen Form liefert P. Freese in den respektiven Einleitungen seiner beiden Werke zur amerikanischen Kurzgeschichte der Gegenwart.[39] Das von ihm praktizierte „Verfahren einer zwar notwendigerweise subjektiven, aber dennoch möglichst repräsentativen Auswahl"[40] erhebt das Universalproblem des persönlichen Geschmacks zum methodischen Dilemma und setzt deshalb bei Autor und Leser die angelsächsische Bereitschaft zum Kompromiß voraus, doch verdeutlicht es auch wiederum die sich nicht ausschließende

Bezogenheit von Zeitgenossenschaft und Klassizität. Seine Analyse der Werke von J. D. Salinger, B. Malamud, J. Baldwin, J. Purdy und J. Barth setzt insofern neue und fruchtbare Akzente, als sie sich der historisch-sozialen Perspektive öffnet und die Entwicklung des jeweiligen Autors unter Einbeziehung seines Gesamtwerks darstellt. Für die Zukunft ist mit diesen Arbeiten ein großer Fortschritt in Richtung auf gesicherte Erkenntnisse über die historische Entwicklung und die gattungstypologischen Abgrenzungen der angelsächsischen Short Story gegenüber affinen literarischen Formen gewährleistet. Die umfassendste Untersuchung zur Gattungstypologie ist kürzlich von K. Lubbers vorgelegt worden.[41] Wie schnell derartige historische Orientierungen und typologische Festlegungen von der Entwicklung der Short Story eingeholt werden, zeigt sinnfällig der neueste Beitrag von Peter Freese mit dem charakteristischen Titel „Die Story ist tot, es lebe die Story: Von der Short Story über die Anti-Story zur Meta-Story der Gegenwart"[42]. Hier zeichnet Freese den „tiefgreifenden Wandel" (S. 233) nach, der die zeitgenössische amerikanische Short Story seit den 60er Jahren erfaßt hat. Die bekannten Baugesetze der Short Story haben sich in der Nachfolge von J. L. Borges bei Autoren wie John Barth, Robert Coover, Donald Barthelme, Ronald Sukenick u. a. in ihr Gegenteil verkehrt, so daß ihnen mit den bisher entwickelten Kriterien der Narrativik kaum noch nachzuspüren ist. Die Erweiterung in die historische Dimension ist und bleibt aber vordringlich und wird durch die Einsicht gefördert, daß man sich dem angestrebten Ziel auf formal-strukturalistischer und rein metakritischer Basis nicht nähern kann. Die intensive Beschäftigung der letzten Jahre wird sicherlich einen Beitrag zu objektiveren Erkenntnissen in diesem Bereich der Literaturwissenschaft leisten.

3. Die Rezeption der anglo-amerikanischen Short Story unter literaturdidaktischen Aspekten

Obwohl Walter Hübner in seinem 1940 erschienenen Werk *Die Kunstprosa im englischen Unterricht* auch der anglo-amerikanischen Short Story einige Aufmerksamkeit geschenkt hat, kommt die didaktische Beschäftigung mit dieser narrativen Kurzform erst nach dem Ende des 2. Weltkriegs voll zur Entfaltung. H. Bender vermutete 1962 in dem Heraustreten aus der kulturellen Isolation und der Loslösung von einem einseitig gezeichneten Heldenbild des deutschen Menschen den Grund für die nach 1945 spontan einsetzende Aufnahmebereitschaft des Lesepublikums in diesem Lande gegenüber der Short Story.[43] Im Schulbereich äußert sich diese Rezeption ebenfalls mit aller Intensität und findet ihre publizistische Resonanz mit dem Beginn der 50er Jahre. Karl Krebs berichtet 1956 von einer Konferenz der englischen Fachleiter in Nordrhein-Westfalen, die im

Herbst des vorausgegangenen Jahres in Rhöndorf stattfand und mit ihren Schwerpunkten eigentlich recht deutlich die damalige Situation der englischen Fachdidaktik widerspiegelt: Das Thema der Tagung war die unterrichtliche Behandlung der amerikanischen Kulturkunde; dabei rückt die Prosaliteratur in den Vordergrund, der mit den analytischen Mitteln des *New Criticism* zu begegnen sei. Als literaturwissenschaftliche Garanten dieses Verfahrens werden W. Kayser und W. Zimmermann sowie ihre amerikanischen Ahnherren C. Brooks, R. P. Warren, R. P. Boas, etc. genannt. Der amerikanischen Short Story wird durch einen Vortrag von Th. Wolpers besondere Bedeutung beigemessen, der „wegen der wertenden Auslese aus der umfangreichen amerikanischen Short Story-Literatur des 19. und 20. Jahrhunderts" ausdrücklich hervorgehoben wird. Der Abschied von dem kulturkundlichen Unterrichtsprinzip, das den Englischunterricht in der Vorkriegszeit geprägt hatte, kommt am Schluß dieses Berichts zum Ausdruck: „Ein literarisches Kunstwerk vom Kulturkundlichen her auszuwerten, verstößt gegen den Grundsatz der werkgerechten Interpretation."[44] Damit ergibt sich ein neues Programm für die Literaturwissenschaft und die Literaturdidaktik der 50er Jahre gleichermaßen.

3.1 Die Short Story im Dienste der Formanalyse

Die Zeit vor 1945 stand ganz im Zeichen der Kultur- und Wesenskunde, wodurch die Beschäftigung mit der fremden Sprache und Literatur der Aufgabe der Erziehung zur Nationalität und zum Deutschtum unterstellt wurde. Der Englischunterricht verfolgte als Ziel nicht die Arbeit an fremden Kulturgütern, sondern betrachtete das fremde Volk „als Folie für unser eigenes Volkstum" (W. Hübner)[45]. Die Kulturkunde als umfassendes Unterrichtsprinzip betonte gleichzeitig den universellen Anspruch einer von ganz bestimmten Werten geprägten Bildungspolitik. Dieses einheitliche Erziehungsideal überlebt sich mit dem Zusammenbruch national-völkischer Großpolitik sehr schnell und muß anderen Erziehungsvorstellungen weichen. Die jetzt auftretenden — wie K.-H. Flechsig formuliert — „Ziele der Internationalen Kommunikation, der linguistisch-philologischen Bildung und der literarischen Bildung"[46] für den Fremdsprachenunterricht lassen eine willkommene Pluralität der Ansätze und des Denkens erkennen. Die Literaturdidaktik, ihrerseits durch den politischen Mißbrauch enttäuscht, sucht nun wieder verstärkt Anlehnung an die sich allmählich durchsetzende literaturwissenschaftliche Richtung der werkimmanenten Methode, die sich wiederum auf das hermeneutische Potential des nordamerikanischen *New Criticism* besinnt. Diese von einem dezidierten Antipositivismus bestimmte Richtung der Literaturwissenschaft betrachtet das literarische Werk als ein in sich abgeschlossenes, ästhetisches Ganzes, das nach eigenen formalen Gesetzen strukturiert ist.[47] Den organologischen

Vorstellungen von der Einheit und Ganzheit des literarischen Werkes, die sich bis in die englische Romantik, vor allem bis zu S. T. Coleridge, zurückverfolgen lassen, verhilft Wolfgang Kayser mit seinem programmatischen Werk *Das sprachliche Kunstwerk* zum Durchbruch, in dessen Vorwort es heißt:

> Eine Dichtung lebt und entsteht nicht als Abglanz von irgend etwas anderem, sondern als in sich geschlossenes sprachliches Gefüge. Das dringende Anliegen der Forschung sollte demnach sein, die schaffenden sprachlichen Kräfte zu bestimmen, ihr Zusammenwirken zu verstehen und die Ganzheit des einzelnen Werkes durchsichtig zu machen. [48]

Die Folgerungen für die Interpretation bestehen in der Strukturanalyse, die nun die Form in das Zentrum des kritischen Interesses rückt.

Die Rückwirkungen dieses formalästhetischen Ansatzes der für etwa fünfzehn Jahre vorherrschenden literaturwissenschaftlichen Richtung auch im fremdsprachlichen Literaturunterricht lassen sich sehr schnell diagnostizieren. Sie sind so durchgreifend, daß sie sich auch in den Vorschlägen wiederfinden, die von didaktischer Seite zur Behandlung der anglo-amerikanischen Short Story gemacht werden. Im Jahre 1954 untersucht H. Galinsky „Beharrende Strukturzüge im Wandel eines Jahrhunderts amerikanischer Kurzgeschichte (dargelegt an E. A. Poes 'The Masque of the Red Death' und E. Hemingways 'The Killers')"[49], wobei er sich zunächst ganz in den Dienst des soeben vorgetragenen formalästhetischen Ansatzes stellt. Bei der Fixierung seines Strukturbegriffs bezieht er sich auf René Wellek und Austin Warren und verspricht sich von seiner sehr detaillierten und einfühlsamen Strukturanalyse ein „tieferes Nacherleben und Verstehen zweier amerikanischer Dichtwerke"[50]. Tatsächlich werden Poes und Hemingways berühmte Short Stories einer eingehenden und ergebnisreichen Analyse unter diesem Vorzeichen unterzogen, wobei er den „strukturbildenden Zug", quasi das Vergleichsmoment in beiden Werken, in der „Konfrontierung von Mensch und übermenschlicher Macht"[51] sieht; doch bleibt er auch wiederum nicht bei diesem Ergebnis stehen, sondern öffnet den Blick auch für die Gattungsproblematik und das in diesen Short Stories durchscheinende Weltbild nicht nur der beiden Autoren, sondern auch der spezifischen literarischen Epochen, denen sie in der amerikanischen Literatur- und Geistesgeschichte zuzurechnen sind. Seine Hinweise auf zeitgenössische Autoren und auf die religiösen Grundlagen dieser beiden Kurzgeschichten weiten die Optik der als Ausgangspunkt gewählten Fragestellung.

Eine Reihe von anderen Einzelinterpretationen aus dieser Phase der fremdsprachigen Literaturdidaktik läßt ebenfalls diesen Ansatz erkennen. In mehreren literaturdidaktischen Beiträgen, in denen er sich z. T. auch auf die zu dieser Zeit gültigen ministeriellen Richtlinien bezieht, fragt N. Happel nach Form- und Aufbauprinzipien der untersuchten Short Stories. In einer Short Story von Hemingway (Chapter V in "In Our Time") will er neben anderen Stilqualitäten „den einfachen, aber wirkungsvollen Aufbau"[52] erarbeiten lassen, und mit dessen "Old Man and the Sea" glaubt er, dem Schüler einen „vertieften Einblick in das sprachliche Kunstwerk" zu ermöglichen.[53] Das kulturkundliche Erbe wird hier bewußt abgelegt; die Formbetrachtung läßt das literarische Ganzwerk als „Quell der humanen Bildung" erscheinen.[54] Eine „völkerpsychologische oder literaturgeschichtliche Betrachtungsweise" hinter sich lassen will auch H. Werner in der Interpretation des „Kleinromans" von Joseph Conrad "Freya of the Seven Isles"; für ihn bleibt die didaktische Interpretation aber nicht bei der Formanalyse stehen, sondern soll dem Schüler „neue Lebenskenntnis" vermitteln, wobei er aber die logische Verknüpfung beider Lernziele schuldig bleibt.[55] Im Sinne der textimmanenten Interpretation argumentieren auch H. Horne in seiner Analyse von Henry James' "The Real Thing" und R. Redlin in seiner Besprechung von Kenneth Grahams Erzählung "The Secret Drawer".[56]

Mit der formalästhetischen Akzentuierung literaturwissenschaftlicher und -didaktischer Fragestellungen geht auch eine Einengung des Literaturbegriffs auf hohe Literatur einher, so daß Konrad Schröder diese Phase der Neuorientierung mit folgenden Worten charakterisieren kann: „Der Neuansatz nach 1945 versucht eine Synthese aus einer vorsichtiger gewordenen Kulturkunde und einem scheinbar nicht-ideologischen, ästhetisierenden Kunstwerk-Kult."[57] Auf dem Fundament dieser Literaturauffassung steht auch eine Sammlung von Short Story-Interpretationen, die 1956 erschien und für den Deutschunterricht bestimmt ist.[58] Der abrupte Bruch mit der Vergangenheit, der jetzt voll das öffentliche Bewußtsein zu durchdringen beginnt, motiviert außerdem den Herausgeber, in seiner Einführung als Lernziele für den Literaturunterricht die Behandlung der „Gegenwartsdichtung" und die Weckung des „Sinns für echte Dichtung" beim Schüler anzugeben. Darüber hinaus will er als Vorbereitung auf die „Bedürfnisse des modernen Menschen" mit Hilfe der Kurzgeschichte „das Verständnis für die geistigen Kräfte unserer Zeit wecken"[59], womit hier dem Leser die Lebenshilfe-Funktion der Literatur in modifizierter Form entgegentritt. Die in dem Band enthaltenen Interpretationen zu E. Hemingway („Alter Mann an der Brücke"), K. Mansfield („Sonne und Mond") und J. Joyce („Eveline") bewegen sich dann auch im Kreis der Form-Inhalt-Analyse und spüren den sprachlichen und strukturellen Möglichkeiten der Autoren nach.

Einen wesentlichen Beitrag zur unterrichtlichen Evaluation der Short

Story liefert in demselben Jahr Theodor Wolpers, der dem „kulturkundliche(n) Gesichtspunkt" nun endgültig den Rücken kehrt und „die Frage nach dem sprachkünstlerischen Rang einer *short story*" zum Maßstab seiner Auswahl von für den Unterricht geeigneten Kurzgeschichten erhebt.[60] Seine wohlabgewogenen Vorschläge, die von Washington Irving bis zu John Steinbeck und William Saroyan reichen, werden der Vielfalt der Short Story-Produktion in den USA und ihrer Entwicklung gerecht und lassen sich im Unterrichtsgeschehen auch zum Tragen bringen, wie seine umfangreiche Anthologie von amerikanischen Kurzgeschichten in der Vergangenheit erweisen konnte.[61] Auch bei ihm verbindet sich formalästhetische Analyse mit dem Anspruch auf den „allgemeinmenschlichen Bildungswert und Gehalt" und die geistesgeschichtliche Bedeutung des jeweiligen Autors, die eine Behandlung von Short Stories im Englischunterricht legitimieren.

Die Phase der Nachkriegszeit ist in der literaturdidaktischen Diskussion vornehmlich durch den dominierenden werkimmanenten Ansatz der Literaturwissenschaft bestimmt, der sich auch in der Rezeption der angloamerikanischen Short Story im Englischunterricht auswirkt. Aus der Kulturkundebewegung haben sich nur wenige Apologeten herübergerettet; es muß aber auch bemerkt werden, daß sich in dieser Zeit nur wenige Interpretationen von Kurzgeschichten weitergehenden Fragestellungen öffnen.

3.2 Der didaktische Relativismus in seiner Wirkung auf die Rezeption der Short Story

Zu Beginn der 60er Jahre machen sich neue Tendenzen bemerkbar, die zunächst durch Entwicklungen in der allgemeinen Didaktik, dann aber auch durch die Diskussion um die Taxonomie von Lernzielen für den englischen Literaturunterricht gefördert werden. Der Primat der Pädagogik vor der Literatur wird dadurch aufgehoben, daß sich nun in immer stärkerem Maße entwicklungspsychologische und soziologische Momente, die die Unterrichtssituation bestimmen, in den Vordergrund schieben; diese verdichten sich dann zu den von H. Blankertz, P. Heimann und W. Schulz vorgetragenen lerntheoretischen Überlegungen.[62] Auf diese Veränderung der Perspektive hat nicht zuletzt die von Heinrich Roth propagierte Richtung der Lernpsychologie, die durch den amerikanischen Behaviorismus geprägt ist, entscheidenden Einfluß gehabt.[63] Neben diesen von außen eindringenden Faktoren vollzieht sich aber auch innerhalb der Didaktik des Englischunterrichts ein Wandel, der durch die Kontroverse um die Lektüreauswahl zwischen A. Schröder und H. Schrey in den Jahren 1958 und 1959 intensiviert wird. Schröders Vorschläge „Zur Lektüreauswahl im Englischen"[64] stoßen auf keine ungeteilte Zustimmung und provozieren eine heftige Replik von seiten Schreys, der ersterem vorwirft, daß er „sein eigenes Literatur-Wunschbild zum Maßstab seiner Kritik gemacht" habe.[65] Tatsächlich hatte Schröder mit persönlichen, allenfalls bildungstheoretisch motivierten Wertungen nicht gespart und dem Englischunterricht vorgeworfen, „unsere Jugend allenthalben mit unerquicklichen Eindrücken geradezu getränkt" zu haben.[66] Seine Empfehlungen und Wertungen betreffen auch die anglo-amerikanische Short Story, vor deren „zu breite(r) Verwendung in der Schule"[67] er eindringlich warnt. Die Autoren, die in den bis zu diesem Zeitpunkt erschienenen Schulanthologien enthalten sind, erfahren höchst subjektive Beurteilungen, die der damaligen Erziehungssituation schon nicht mehr angemessen sind. So wird z. B. Poes "The Tell-Tale Heart" als „irre Mordgeschichte", die Thematik von Hemingways "Old Man at the Bridge" für Schüler als „ungreifbar und auch fragwürdig" gekennzeichnet, weil sie für „die durchweg ruhig und wohlbehütet heranwachsende Jugend der höheren Schulen in ihrer Reifezeit" eine Gefahr darstellen.[68] Diese persönliche Form von Wertungsdidaktik, die zu später Stunde auch noch ihre Legitimation aus der Kulturkunde beziehen möchte, stößt bei H. Schrey deshalb auf Ablehnung, weil sie die Problematik eines allzu normativen Lektüreunterrichts verkennt und die „literarische Qualität" als entscheidendes Auswahlkriterium für die Lektüre mißachtet. Hier tritt wiederum das die 50er Jahre beherrschende Prinzip der werkimmanenten Theorie hervor. In einem Nachtrag zu seinen literaturdidaktischen Auswahlvorschlägen relativiert Schröder seine frühere Stellungnahme als „persönliche" und verbindet die Besprechung von neuen Schulausgaben mit weiteren Wertungen, die auch anglo-amerikanische Short Stories (etwa von Conrad, Greene, Wilde, Buck) betreffen.[69]

Die Konsequenz, die sich aus dieser Kontroverse ergab, liegt in der Umkehrung der ursprünglichen Intention, nämlich in dem Aufbrechen eines noch einigermaßen verpflichtenden und allgemein anerkannten Lektürekanons. Ein Einverständnis mit vorgegebenen klassischen Texten der englischen und amerikanischen Literatur kann nun nicht mehr vorausgesetzt werden, zumal sich in der Didaktik die Perspektive zunehmend von der Frage nach der adäquaten Interpretation zugunsten der lerntheoretischen Ausrichtung des Unterrichtsgeschehens verschiebt. Diese Entwicklung, die sich auch auf die Literaturdidaktik auswirkt, wird durch einen neuen, sich schnell ausbreitenden Ansatz in der Literaturwissenschaft begünstigt, nämlich den der Rezeptionsästhetik. Den sich daraus ergebenden Fragekatalog für die literaturwissenschaftliche Diskussion leitet Hans Robert Jauß, der noch 1961 als Aufgabe des Literaturunterrichts gefordert hatte, den heranwachsenden Menschen „erst einmal wieder in ein unmittelbares Verhältnis zum literarischen Text zu bringen"[70], aus dem 1967 geäußerten axiomatischen Satz ab:

Denn Qualität und Klang eines literarischen Werks ergeben sich weder aus seinen biographischen oder historischen Entstehungsbedingungen noch allein aus seiner Stelle im Folgeverhältnis der Gattungsentwicklung, sondern aus den schwer faßbaren Kriterien von Wirkung, Rezeption und Nachruhm.[71]

Wirkung und Rezeption aber lassen sich nur beim Leser bzw. Konsumenten von Literatur festmachen. Was sich hier für den Literaturwissenschaftler als Frage nach dem „impliziten" oder „intendierten" Leser stellt[72], beantwortet sich für den Literaturdidaktiker von einer lerntheoretischen Position als Schüleradäquatheit und Lernmotivation.[73] Da sich eines der eingangs bereits erwähnten gattungstypologischen Merkmale der Short Story in ihrer intendierten Wirkung auf den Leser manifestiert, ist hierin vielleicht ihre so verbreitete Berücksichtigung im Literaturunterricht zu vermuten. Doch muß die Vorausschau auf den gegenwärtig erreichten Stand der didaktischen Diskussion die Erkenntnis vermitteln, daß bisher noch niemand das Problem der Short Story-Behandlung von dieser Frage aus angegangen ist.

Trotz der innovierenden Denkanstöße, die sich um 1960 für die Entwicklung des Literaturunterrichts ergeben, bleibt für das folgende Jahrzehnt das Interesse am Text vorherrschend, was sich durch eine Vielzahl von Einzelinterpretationen belegen läßt. Während man in der wissenschaftlichen Beschäftigung den Ausweg aus der Sackgasse der Gattungsproblematik in der historischen Aufarbeitung und in der Textanalyse von möglichst zahlreichen Short Stories sucht, gilt zumindest für die letztere Aufgabe in der Literaturdidaktik dasselbe, denn die Literaturhistorie bleibt als Unterrichtsziel auch weiterhin verpönt. In der Zielsetzung kann man für diesen Zeitraum durchaus von einer Konvergenz von literaturwissenschaftlichen und literaturdidaktischen Bemühungen sprechen, die allerdings durch die Lerntheorie immer mehr in Frage gestellt wird.

Aus der Vielzahl der vorliegenden Einzelinterpretationen seien hier einige genannt. E. A. Poes Vorrangstellung bleibt auch weiterhin unangetastet; so interpretiert F. H. Link seine Kurzgeschichte "MS. Found in a Bottle" aus dem Jahre 1833, und H. Rauter ordnet seine 1840 erschienene Erzählung "The Man of the Crowd" in das Gesamtwerk ein.[74] Als weiterer amerikanischer Autor des 19. Jahrhunderts findet noch Bret Harte Berücksichtigung, dessen Short Stories von Ulrich Rooseboom unter dem Eindruck von W. Kayser interpretiert werden.[75] Von den englischen Erzählern des 19. Jahrhunderts, das im engeren Sinne noch keine Short Stories kennt, da erst um 1910 die ersten Kurzgeschichten auf den britischen Inseln in Erscheinung treten, wird in diesem Zusammenhang häufig Oscar Wilde genannt, wenngleich dessen Märchen durchaus ein eigener Charakter zuerkannt werden muß.[76] Bis an die Gegenwart der englischen Short Story-Produktion heran führt ein Beitrag aus der DDR, in dem Käthe Kluth eine thematisch orientierte Einteilung von repräsentativen Kurzgeschichten unseres Jahrhunderts vornimmt.[77] Kriterien für ihre Themenauswahl lassen sich nicht ausmachen, so daß Schwerpunkte wie "Love and Marriage" und "Townsfolk" etwas unvermittelt nebeneinander stehen. Unter den amerikanischen Schriftstellern des 20. Jahrhunderts finden E. Hemingway, J. Steinbeck und W. Faulkner besondere Resonanz; doch läßt sich bei diesen Interpretationen ein Unterschied zu deskriptiven Inhalts- und Strukturanalysen kaum feststellen, da nur selten didaktische Überlegungen einbezogen werden.[78] Eine Art Bestandsaufnahme liefert Hans-Joachim Lang in seinem Artikel „Amerikanische Kurzgeschichten in deutschen Schulausgaben".[79] Seine Untersuchung zielt nicht so sehr auf die Short Stories als Texte, vielmehr hebt er zahlreiche editorische Mängel dieser Ausgaben hervor, die dem Schüler das Verständnis erschweren und ihn sogar häufig irreführen.[80]

Das lerntheoretische Bezugsfeld deutet sich vor allem in dem Aufsatz von Richard Martin an; sein erstrangiges Auswahlkriterium für die Behandlung von Short Stories ist: "The content of the story must correspond to the stage of intellectual development of the pupils".[81] Die Beachtung entwicklungspsychologischer Beobachtungen bestimmt hier die didaktischen Entscheidungen des Lehrers. Die von ihm besprochenen Autoren sind E. M. Forster, J. Joyce, D. H. Lawrence, H. H. Munro, G. Greene, D. Thomas und A. Sillitoe, deren Kurzgeschichten er funktionalen Aspekten und ihrer Stellung in der Literaturgeschichte zuordnet.

Einen anderen Weg geht wiederum Helmut Bonheim, der als Aufgabe des Lehrers angibt "to help develop the linguistic competence and literary taste of the pupil, and to offer him a methodical introduction to the art of reading"[82]. Mit Hilfe von Kurzgeschichten von Poe, Hawthorne und Melville will er den Schülern als interpretatorische Kategorien die Termini 'diction, syntax, style, atmosphere, tone, plot, character' nahebringen, wodurch er jener häufig geäußerten Forderung der Literaturdidaktik nachkommt, die eine Einführung in Interpretationsverfahren und -terminologie erreichen will. Die hier implizierte lesedidaktische Zielsetzung hebt auf den Transfer von Fertigkeiten ab, die über die Unterrichtssituation hinaus erhalten bleiben sollen.

Als Fazit für die 60er Jahre ergibt sich: Die Entwicklung des lerntheoretischen Ansatzes in der Didaktik rückt zwar das Kriterium der Schüleradäquatheit in das Zentrum der erzieherischen Überlegungen, doch wird davon in den didaktischen Beiträgen zur anglo-amerikanischen Short Story nur vereinzelt Notiz genommen. Die Textanalyse von Kurzgeschichten genießt wegen des kognitiven Nachholbedarfs immer noch Vorrang, obwohl sich in der Literaturwissenschaft in der Hauptsache ein rezeptionsästhetischer Ansatz etabliert hat, der die Text-Leser-Beziehung als beherrschende Problematik betrachtet. Die Relativierung der didaktischen Zielvorstellungen auf die Unterrichtssituation hat jedenfalls in der Behandlung von Short Stories im Englischunterricht noch keine durchgreifende Resonanz gefunden.

4. Neue Ansätze der Literaturdidaktik

Die gegenwärtige literaturdidaktische Diskussion in allen ihren Aspekten durchleuchten zu wollen, würde den hier gesteckten Rahmen sprengen. Doch seien einige Schlußfolgerungen in bezug auf die Rezeption der anglo-amerikanischen Short Story erlaubt, die sich vornehmlich in drei neueren Beiträgen aufzeigen lassen. Nach der Entwicklung der 60er Jahre hat sich das Spektrum literaturdidaktischer Ansätze um einige Nuancen erweitert, die endlich intensive wissenschaftliche Bemühungen in diesem Bereich erkennen lassen.[83] Diese allgemeine Diskussion ist auch an der englischen Fachdidaktik nicht spurlos vorbeigegangen, so daß sich auch hier symptomatische Veränderungen nachzeichnen lassen. So setzt sich nach der Entwicklung der 60er Jahre verschärft das Interesse an Lernzielfixierungen und Lernvorgängen durch, wobei dem Text eine ihm vorgängig zugesprochene Wertigkeit genommen wird. P. Freese beschreibt diese Veränderung mit den Worten:

> Nicht mehr irgendwelche als wertvoll und lesenswert gesetzte Texte dienen als Ausgangspunkt, sondern als wertvoll und erzeugenswert erkannte Lernvorgänge, Einsichten, Einstellungen und Verhaltensweisen gehen in Führung.[84]

Die lerntheoretischen Konzeptionen haben zu dem Ziel geführt, die Lernziele stärker an die Unterrichtssituation anzubinden und die Literatur in den Dienst einer auf Handlungsorientierung abhebenden Erziehung zu stellen.

Wenngleich die Literaturwissenschaft auch in der letzten Dekade noch vornehmlich damit beschäftigt war, das reiche Textmaterial der anglo-amerikanischen Short Story in zahlreichen Einzeluntersuchungen aufzuarbeiten und historisch zu vertiefen, läßt sich dieser Vorrang in der Literaturdidaktik nicht mehr feststellen. Vielmehr treten nun, wenn auch in zaghafter Anzahl, Versuche hervor, die in der Curriculumstheorie gewonnenen Erkenntnisse mit der Behandlung der Short Story im Englischunterricht in Einklang zu bringen und gewisse Lernzielvorstellungen aus der Analyse dieser literarischen Kurzform zu gewinnen. Die nun erscheinenden Interpretationen betrachten die jeweilige Short Story also nicht mehr losgelöst vom Unterrichtsgeschehen, sondern streben eher an, ihre gegebenen Merkmale mit fachspezifischen Lernzielen zu harmonisieren. An dem

1971 publizierten Aufsatz von Eleonore Hombitzer „Die Erschließung der Short Story im Unterricht, Vorschlag einer Methode"[85], in dem sie ihr Verfahren zum Modell für die Erschließung von Short Stories erheben möchte, läßt sich die Abhängigkeit des interpretatorischen Vorgehens von bestimmten, nicht mehr global vorgegebenen, sondern am fachlichen Gegenstand orientierten Feinlernzielen aufzeigen. Nicht der Nachweis der literarischen Qualität von Short Stories, sondern die „Einübung in die Methoden des selbständigen kritischen Lesens"[86] soll die Arbeit an der Kurzgeschichte leiten. Mit einem eingeübten Methodenbewußtsein für die Textinterpretation verspricht sich die Autorin den eigentlichen Lernerfolg in bezug auf Transfermöglichkeiten in außerschulischen Situationen, wobei die grundsätzliche Auffassung von Unterricht als Handlungs- und Kommunikationsorientierung deutlich wird. Dieses Verfahren ermöglicht dem Schüler eine „soziale Integration"[87]. Als methodische Schritte dienen ihr dabei vier Leitfragen an den Text, denen unterschiedliche „Arbeitsbereiche" zugeordnet sind. Die Leitfragen erkundigen sich nach dem Thema, der Form der Präsentation, der Bedeutung und der Evaluation des Textes; ihre Beantwortung bezieht die sachliche Grundlage dann aus den jeweiligen Textkonstituenten und -formanten, die hier am Beispiel von D. H. Lawrences Kurzgeschichte "Second Best" gewonnen werden. Das methodische Vorgehen der Textanalyse, die Segmentierung eines Frageprozesses, wird zum Lernziel der Unterrichtseinheit gemacht, denn die Schüler sollen erfahren, „daß gleichgeartete Textformanten in verschiedenen Texten nicht unbedingt den gleichen Informationswert haben"[88]. Der Lernerfolg stellt sich also erst in der Summe von Texterfahrungen ein, da der Vorgang der Fragetechnik sich auf andere Situationen transferieren läßt.[89]

Einen anderen Weg mit einem erweiterten Fragenfächer beschreitet Tobias Hergt in seinem Aufsatz „Bernard Malamuds 'A Choice of Profession'; Interpretation einer Kurzgeschichte mit Anregungen zu ihrer Behandlung im Oberstufenunterricht".[90] Seine Überlegungen setzen bei der Legitimation seiner Wahl dieser Kurzgeschichte ein. Sie erscheint ihm geeignet für die Behandlung „im Rahmen eines gattungsspezifischen Kurses über die amerikanische Kurzgeschichte" oder „in einem stärker thematisch orientierten Kurs"[91]. Mit diesen Andeutungen versucht der Autor, den lerntheoretischen Bezugspunkt im Gefüge des auf das Kurssystem umgestellten Oberstufenunterrichts auszumachen und damit auf weitere Themenbereiche, die zur literaturdidaktischen Evaluation dieser Kurzgeschichte herangezogen werden können, aufmerksam zu machen. Der Text wird also nicht mehr isoliert als in sich ruhendes Strukturgefüge, sondern als Bestandteil einer größeren Fragenkette betrachtet, in die er als lediglich ein Glied eingeht. Dieser größere Bezugsrahmen wird vom Verfasser dann auch mit Hilfe von Lernzielbestimmungen hergestellt, die sich mit der Short Story von Malamud verfolgen lassen und den Schüler anregen,

> erstens einen Teil der modernen Wirklichkeit der USA in fiktionaler Gestaltung kennenzulernen, zweitens einen Vergleich zwischen fiktional gestalteten Auslands- und empirisch gekannten Heimatverhältnissen vorzunehmen (Transfer), und die ihn drittens zur Verarbeitung und Bewältigung derselben veranlassen (problemlösendes Denken); über allem steht dabei selbstverständlich das Ziel des intensiven Sprachumsatzes.[92]

Man mag zu den Prioritäten dieses Lernzielkatalogs eine andere Meinung haben; es läßt sich aber nicht leugnen, daß mit der gebotenen Differenzierung unterschiedliche Fertigkeiten angesprochen werden, die das Unterrichtsgeschehen bei der Behandlung von literarischen Werken heute bestimmen. In der vorgetragenen Interpretation, die nach traditionellem Muster verläuft und nach Handlungsstruktur, Figuren und Thematik der Short Story fragt, werden die sachlichen Grundlagen erarbeitet, die alsdann die didaktische und methodische Auswertung ermöglichen. Entwicklungs- und lernpsychologische Überlegungen lassen den Verfasser die Motivation der Schüler und eventuelle Schwierigkeiten in diesem Bereich untersuchen; drei Fragen drängen sich ihm dabei auf, die nach der Sprachebene, nach der Identifikation der Schüler mit den beiden Hauptfiguren und nach der inhaltlichen Transfermöglichkeit der gewonnenen Erfahrung auf die eigene Situation der Schüler.[93] Wenn er hier vom „Erwartungshorizont der Schüler" spricht, gibt er seinen rezeptionsästhetischen Standort zu erkennen, der hinter den erwähnten Zielangaben dieser Interpretation steht. Dem Ziel der „Kommunikation im Medium der englischen Sprache"[94] dienen nachfolgende methodische Überlegungen, bei denen er die Wortfeldanalyse als Ausgangspunkt für die Beschreibung der Charaktere und ihrer sozialen Situation wählt. Andere Möglichkeiten könnten hierfür sicherlich noch angedeutet werden. Daß eine derartige, um lerntheoretische Angaben erweitere Interpretation dem Leser eine große Hilfe sein kann, steht sicherlich außer Frage; doch ist damit noch nicht alles geleistet, was den Lehrer zu einem erfolgreichen Unterricht führt. Der potentielle Rahmen bedarf „entsprechend der spezifischen Situation der Klasse"[95] der Ergänzung durch den Lehrer.

Ein entscheidender Vorstoß — und damit kommen wir zu dem dritten neueren Betrag — zur didaktischen Erarbeitung der Short Story im Englischunterricht wurde 1976 von der Zeitschrift *Der fremdsprachliche Unterricht* unternommen, deren erstes Heft in jenem Jahr mit dem Thema „Narrative Kurztexte in der Sekundarstufe II" diesem Literaturbereich gewidmet war und von Peter Freese als Herausgeber besorgt wurde. Es enthält mit Ausnahme eines Beitrags zum Französischunterricht sämtlich Artikel zur unterrichtlichen Behandlung der anglo-amerikanischen Kurzgeschichte. Der Herausgeber selbst eröffnet das Heft mit einem Grundsatzartikel zur Interpretation von narrativen Texten und stellt darin ein Verfahren und einen Fragenkatalog vor, die den neuesten Entwicklungen sowohl in der Literaturdidaktik als auch in der Erzähltheorie Rechnung tragen.[96] Er geht bei diesem umfassenden Entwurf eines Interpretationsverfahrens, das sich nicht nur auf Short Stories, sondern auch auf jeden größeren narrativen Text anwenden läßt, von den drei — heute allgemein anerkannten[97] — Bedingungen der literaturdidaktischen Theoriebildung aus, nämlich daß ein derartiges Verfahren Transfermöglichkeiten eröffnet, rational vermittelbar ist und eine kritische Elementarterminologie für die Analyse bereitstellt.[98] Die damit gegebene Anbindung an lerntheoretische Grundsätze bestimmt dann auch seine Darlegungen zu der Kommunikationssituation, in der sich der Autor/Erzähler und der Leser eines fiktionalen narrativen Textes befinden. Mit der Umsetzung der theoretischen Erkenntnisse in einen unterrichtsbezogenen Fragenkatalog löst der Verfasser die von ihm eingangs aufgestellten Postulate ein und gibt dem Schüler ein auch außerhalb der Schule anwendbares Mittel zur Texterschließung an die Hand. Indem er nicht nur nach intrinsischen Merkmalen des literarischen Werkes wie "The Narrative Process", "Figures", "Action", etc. fragt, sondern auch nach "The Process of Reception"[99], bezieht er die pragmatische Dimension mit ein und macht den Leser zur, wie W. Iser es nennt, „Systemreferenz"[100] des Textes. Die textanalytische Fragestellung wird somit um die rezeptionsästhetische erweitert. Dem Schüler aber wird mit diesem ingesamt 27 Fragen umfassenden Arsenal ein brauchbares Instrumentarium zur Erschließung von Short Stories und anderen narrativen Texten an die Hand gegeben.

Die Anregungen dieses Aufsatzes werden von drei anderen Beiträgen desselben Heftes aufgegriffen und an unterschiedlichen Textbeispielen erprobt und weiterentwickelt. A.-R. Glaap wendet sich in seinem Aufsatz besonders semiotischen Merkmalen narrativer Kurztexte zu und illustriert auch an einer Reihe von Eingangssätzen aus modernen Short Stories die Bedeutung von Anfangssignalen sowie von Verweisungs- und Verkettungsformen im Text.[101] Den von Freese aufgeworfenen Fragen gehen auch H. Hunfeld und H. Husemann in ihrer Analyse von zwei sehr unterschiedlichen Kurzgeschichten nach und erbringen damit den Nachweis ihrer Bedeutung und Dringlichkeit.[102] Besondere Aufmerksamkeit verdient noch der Aufsatz von H. Groene, der für den Lehrer wertvolle Hinweise auf Materialen, Interpretationen und Sekundärwerke zur amerikanischen Short Story enthält.[103] Dem Leser präsentiert sich deshalb in diesem Heft ein erster umfassender und insgesamt gelungener Versuch, ein zeitgemässes literaturdidaktisches Konzept zur Behandlung von narrativen Kurztexten zu entwickeln und dieses, wenn auch mit unterschiedlichen Schwerpunkten, auf mehrere Beispiele aus der reichen Tradition der Kurzgeschichte anzuwenden.

Die anglo-amerikanische Short Story hat sich zweifellos in den letzten dreißig Jahren als Fixum im Englischunterricht etabliert und wird wohl auch in der nahen Zukunft keinem Schrumpfungsprozeß erliegen, wenn ein solcher dem Englischunterricht insgesamt erspart bleibt. Sie hat diesen Rang erst nach langen Verzögerungen einnehmen können, da ihr wohl auch die wissenschaftliche Anerkennung der Hoffähigkeit ermangelte. In der Literaturdidaktik haben sich in der jüngsten Vergangenheit erfreuliche Ansätze aufgetan, die sich den curriculums- und lerntheoretischen Erkenntnissen nicht verschlossen haben. Jeder Beitrag mit didaktisch-methodischen Vorschlägen muß sich nämlich als Beitrag zu der Frage nach dem Ziel der Literaturbehandlung im Unterricht verstehen, denn nur so kann man eine bloße Akkumulation von Vorschlägen vermeiden und zu einem integrativen Beziehungssystem von Lernzielen und -inhalten im Englischunterricht gelangen, das sich auch der Weiterentwicklung nicht sperrt. Wenn die Literaturdidaktik des Englischunterrichts auf dem Gebiet der anglo-amerikanischen Short Story die bisher erarbeiteten Ansätze fortführen und dabei den ihr eigenen wissenschaftstheoretischen Standpunkt geltend machen will, hilft ihr am ehesten eine umfassende Darstellung, die zwar im zugrundegelegten Textkorpus auch selektiv verfahren muß, die aber durch ein einheitliches Rahmenkonzept ihrer unterrichtlichen Behandlung überaus förderlich sein kann.

Anmerkungen

1 Hans Bender, „Zur Definition der Kurzgeschichte", *Akzente*, 9 (1962), S. 205-225, S. 207.

2 Rüdiger Schreyer, „Englische Oberstufenlektüre in Nordrhein-Westfalen, Ergebnisse einer Umfrage bei den Studienanfängern der Anglistik im Wintersemester 1975/76", *Neusprachliche Mitteilungen*, 31 (1978), S. 82-90, S. 84. Vgl. auch Albert-Reiner Glaap, „Die Praxisrelevanz des anglistischen Studiums aus der Sicht des Studienreferendars", *Neusprachliche Mitteilungen*, 27 (1974), S. 7-13, der bemerkt, daß nach Meinung vieler Universitätsabsolventen die Short Story im Studium zu sehr vernachlässigt wird.

3 Vgl. hierzu den Beitrag von Horst Groene in diesem Band S. 92ff.

4 Friedrich Schubel, *Methodik des Englischunterrichts* (Frankfurt: Diesterweg, 1958, 4. Aufl., 1966), S. 273.

5 Ebd., S. 192.

6 Ebd., S. 233 und S. 285.

[7] Walter Hübner, *Didaktik der Neueren Sprachen* (Frankfurt: Diesterweg, Faksimile-Druck, 1965), S. 209 und S. 201. (zuerst 1933)

[8] Adolf Bohlen, *Methodik des neusprachlichen Unterrichts* (Heidelberg: Quelle & Meyer, 1953, 4. Aufl., 1963).

[9] Fritz Leisinger, *Elemente des neusprachlichen Unterrichts* (Stuttgart: Klett, 1966), S. 319; Emil Mihm, *Die Krise der neusprachlichen Didaktik* (Frankfurt: Hirschgraben, 1972), S. 151.

[10] Vgl. Franz H. Link, "'Tale', 'Sketch', 'Essay' und 'Short Story'", *Die Neueren Sprachen*, 6 (1957), S. 345-352, abgedruckt in Hans Bungert, Hg., *Die amerikanische Short Story: Theorie und Entwicklung* (Darmstadt: WBG, 1972), S. 211-221. Die lange Tradition kurzen Erzählens besonders in England ergibt sich auch aus der Anthologie von Alfred Weber und Walter F. Greiner, *Short-Story-Theorien (1573-1973): Eine Sammlung und Bibliographie englischer und amerikanischer Quellen* (Frankfurt: Athenäum, 1977).

[11] Peter Freese konstatiert sogar die „zunehmende Auflösung der Gattungsgrenzen"; vgl. *Die amerikanische Kurzgeschichte nach 1945* (Frankfurt: Athenäum, 1974), S. 12.

[12] Vgl. Alfred Weber, „Amerikanische Theorien der Kurzgeschichte: Vorbemerkungen zu einer historischen Poetik der Short Story", in: Paul Goetsch, Hg., *Studien und Materialien zur Short Story* (Frankfurt: Diesterweg, 1971), S. 5-26, und Karl Heinz Göller und Gerhard Hoffmann, Hgg., *Die amerikanische Kurzgeschichte* (Düsseldorf: Bagel, 1972), „Einleitung", S. 9-23.

[13] Norman Friedman, "What Makes a Short Story Short?", *Modern Fiction Studies*, 4 (1958), S. 103-117, abgedruckt in Hans Bungert, Hg., a. a. O., S. 280-297.

[14] Ebd., S. 105.

[15] Ebd., S. 112.

[16] Ebd., S. 114.

[17] Edgar Mertner, „Zur Theorie der Short Story in England und Amerika", *Anglia*, 65 (1941), S. 188-205, abgedruckt in Hans Bungert, Hg., a. a. O., S. 103-120.

[18] Edb., S. 188, S. 193-195. Die Grenzziehung zwischen Novelle und Kurzgeschichte stellt Manfred Schunicht in den Vordergrund: „Der ‚Falke' am Wendepunkt zu den Novellentheorien Tiecks und Heyses", *Germanisch-Romanische Monatsschrift*, 41 (1960), S. 60ff.

[19] Franz H. Link, „'Tale', 'Sketch', 'Essay' und 'Short Story'", *Die Neueren Sprachen*, 6 (1957), S. 345-352.

[20] Klaus Doderer, „Die angelsächsische *short story* und die deutsche Kurzgeschichte", *Die Neueren Sprachen*, 2 (1953), S. 417-424, S. 417 (abgedruckt in Hans Bungert, Hg., a. a. O., S. 174-185). Vgl. auch Klaus Doderer, *Die Kurzgeschichte in Deutschland: Ihre Form und ihre Entwicklung, mit einer Vorbemerkung und bibliographischen Ergänzungen 1951-1976* (Darmstadt: WBG, 5. Aufl., 1977), (zuerst 1953).

[21] Ebd., S. 424.

[22] Franz H. Link, a. a. O., S. 351.

[23] Ebd., S. 350.

[24] Walter Höllerer, „Die kurze Form der Prosa", *Akzente*, 9 (1962), S. 226-245, S. 230 und S. 245.

[25] Hans Bender, a. a. O., S. 207f.

[26] Ebd., S. 221 und S. 225. Eine übersichtliche Darstellung der gattungstypologischen Kennzeichnungen und eine kurze Entstehungsgeschichte der Short Story sind enthalten in dem Band von Ian Reid, *The Short Story* (London: Methuen, 1977). (The Critical Idiom 37)

[27] Ruth J. Kilchenmann, *Die Kurzgeschichte: Formen und Entwicklung* (Stuttgart: Kohlhammer, 1967). Vgl. unter den allgemein recht kritischen Rezensionen die von Hans Bungert in *Jahrbuch für Amerikastudien*, 16 (1971), S. 264ff.

[28] Ebd., S. 16.

[29] Ebd., S. 194.

[30] Ebd., S. 187.

[31] Theodor Wolpers, „Kürze im Erzählen", *Anglia*, 89 (1971), S. 48-86, S. 51 (abgedruckt in Hans Bungert, Hg., a. a. O., S. 388-426).

[32] Ebd., S. 67.

[33] Ebd., S. 68.

[34] (Frankfurt: Diesterweg, 1971). Der bereits mehrfach angeführte, von Hans Bungert herausgegebene Band enthält ebenfalls bedeutende Aufsätze und kritische Analysen zur „Theorie und Entwicklung" der amerikanischen Short Story von E. A. Poe bis zur Gegenwart.

[35] John V. Hagopian und Martin Dolch, Hgg., *Insight I: Analyses of American Literature* (Frankfurt: Hirschgraben, 1962). In diesen Zusammenhang sind wohl auch die Interpretationen einiger Kurzgeschichten von Sarah Orne Jewett, William Faulkner, Ernest Hemingway, Eudora Welty und Jerome D. Salinger einzuordnen, die in dem Band von Werner Hüllen, Wilhelm Rossi und Wilhelm Christopeit, Hgg., *Zeitgenössische amerikanische Dichtung* (Frankfurt: Hirschgraben, 1964) vorgetragen werden. Vgl. auch Robert Kopetzki, *Weltfreude und Todesnähe: Die Interpretation anglo-amerikanischer Short Stories in Theorie und Praxis unter besonderer Berücksichtigung der Ironie in der Erzählkunst* (Frankfurt: Diesterweg, 1967).

[36] Peter Freese, Dietrich Jäger und Horst Kruse, *Die amerikanische Short Story: Ein Überblick* (Neumünster: Wacholtz, 1971), S. 77.

[37] Karl Heinz Göller und Gerhard Hoffmann, Hgg., a. a. O., S. 22.

[38] (Düsseldorf: Bagel, 1973).

[39] Peter Freese, *Die amerikanische Kurzgeschichte nach 1945* (Frankfurt: Athenäum, 1974) und ders., Hg., *Die amerikanische Short Story der Gegenwart* (Berlin: Schmidt, 1976).

[40] Peter Freese, *Die amerikanische Kurzgeschichte nach 1945*, S. 46.

[41] Klaus Lubbers, *Typologie der Short Story* (Darmstadt: WBG, 1977). Nützlich sind in diesem Zusammenhang noch zwei neuere germanistische Arbeiten: Ludwig Rohner, *Theorie der Kurzgeschichte* (Frankfurt: Athenäum, 1973) und Hans-Christoph Graf von Nayhauss, Hg., *Theorie der Kurzgeschichte* (Stuttgart: Reclam, 1977). Obwohl wir uns im wesentlichen auf deutschsprachige Beiträge konzentrieren wollen, sei hier auch auf zwei bedeutende amerikanische Anthologien hingewiesen:

Eugene Current-Garcia und Walter R. Patrick, Hgg., *What is the Short Story? Case Studies in the Development of a Literary Form* (Glenview, 2. rev. Aufl., 1974) und Charles E. May, Hg., *Short Story Theories* (Athens: Ohio U. P., 1976).

42 Peter Freese, „Die Story ist tot, es lebe die Story: Von der Short Story über die Anti-Story zur Meta-Story der Gegenwart", in: Hans Bungert, Hg., *Die amerikanische Literatur der Gegenwart: Aspekte und Tendenzen* (Stuttgart: Reclam, 1978), S. 228-251.

43 Hans Bender, a. a. O., S. 215.

44 Karl Krebs, „Die amerikanische Kurzgeschichte in der Schule", *Die Neueren Sprachen*, 5 (1956), S. 306-308.

45 Tobias Rülcker, *Der Neusprachenunterricht an höheren Schulen: Zur Geschichte und Kritik seiner Didaktik und Methodik* (Frankfurt : Diesterweg, 1969), S. 59. Vgl. den programmatischen Aufsatz von Walter Hübner „Kulturkunde im neusprachlichen Unterricht" (1925), in: Karl-Heinz Flechsig, Hg., *Neusprachlicher Unterricht I* (Weinheim: Beltz, 1965), S. 207-217, S. 216. (Quellen zur Unterrichtslehre 10)

46 Karl-Heinz Flechsig, Hg., *Neusprachlicher Unterricht II* (Weinheim: Beltz, 1970), Einleitung, S. 11. (Quellen zur Unterrichtslehre 11)

47 Vgl. Ulrich Halfmann, *Der amerikanische "New Criticism"* (Frankfurt: Athenäum, 1971), insbes. S. 88-90.

48 Wolfgang Kayser, *Das sprachliche Kunstwerk* (Bern: Francke, 1948, 5. Aufl., 1959), S. 5; vgl. auch Walter Hoffmann, *Literatur in Wissenschaft und Unterricht : Eine didaktische Untersuchung* (Braunschweig: Westermann, 1969), S. 18ff.

49 In: Hans Galinsky, Leo Marx, Calvin Rus, *Amerikanische Dichtung in der höheren Schule: Interpretationen* (Frankfurt: Diesterweg, 1954, 2. Aufl., 1961), S. 5-45, wiederabgedruckt in Hans Bungert, Hg., a. a. O., S. 222-279, und — mit bibliographischen Nachträgen — in Hans Galinsky und Klaus Lubbers, *Zwei Klassiker der amerikanischen Kurzgeschichte: Interpretationen zu Edgar Allan Poe und Ernest Hemingway* (Frankfurt: Diesterweg, 1971).

50 Ebd., S. 9f. Vgl. René Wellek und Austin Warren, *Theory of Literature* (New York: Harcourt, 1942), S. 141 : "'Structure' is a concept including both content and form so far as they are organized for aesthetic purposes." Besonders stark hat sich dieser Strukturbegriff noch in den Interpretationen von Horst Bodden und Hans Kaußen ausgewirkt: *Model Interpretations of Great American Short Stories: Hawthorne, Melville, Poe, Bierce, Hemingway, Capote* (Stuttgart: Klett, o. J.).

51 Hans Galinsky, a. a. O., S. 31.

52 Nikolaus Happel, „Ergebnis einer kurzen Stilbetrachtung", *Praxis*, 2 (1955), S. 19-21, S. 20.

53 Ders., „Stilbetrachtung an 'The Old Man and the Sea'", *Die Neueren Sprachen*, 5 (1956), S. 71-78, S. 72.

54 Ders., „Formbetrachtung an Graham Greenes *short story* 'The Hint of an Explanation'", *Die Neueren Sprachen*, 9 (1960), S. 81-86, S. 81.

55 Harry Werner, „Joseph Conrad, 'Freya of the Seven Isles', Eine Schulinterpretation", *Die Neueren Sprachen*, 6 (1957), S. 577-583, S. 577 und S. 583. Noch dem kulturkundlichen Unterrichtsprinzip verpflichtet bleibt Alfred Grötz, „W. S. Maughams Erzählung 'The Outstation'", *Die Neueren Sprachen*, 6 (1957), S. 367-371; doch zielt auch er auf das „Form- und Wesensgesetz" der Novelle, ohne allerdings seinen Standpunkt einleuchtend verdeutlichen zu können.

[56] Helen Horne, "Henry James, *The Real Thing* (1890)", *Die Neueren Sprachen,* 8 (1959), S. 214-219; Rosemarie Redlin, „Kenneth Grahams Erzählung *The Secret Drawer*", *Die Neueren Sprachen,* 9 (1960) S. 539-545.

[57] Konrad Schröder, „Zu Legitimation und Thematik von Literaturunterricht in den fremdsprachlichen Fächern", in: Konrad Schröder und Franz-Rudolf Weller, Hgg., *Literatur im Fremdsprachenunterricht* (Frankfurt: Diesterweg, 1977), S. 62-74, S. 63.

[58] Jacob Lehmann, Hg., *Interpretationen moderner Kurzgeschichten* (Frankfurt: Diesterweg, 1956, 9. Aufl., 1970).

[59] Ebd., S. 3 und S. 5.

[60] Theodor Wolpers, „Die amerikanische *short story* in der Schule: Gesichtspunkte und Vorschläge für eine repräsentative Auswahl", *Die Neueren Sprachen,* 5 (1956), S. 286-304, S. 287.

[61] Ders., Hg., *American Short Stories*, 8 vols. (Paderborn: Schöningh, 1957).

[62] Vgl. u. a. Wolfgang Schulz, „Didaktik. Umriß der lehrtheoretischen Konzeption einer erziehungswissenschaftlichen Disziplin", in: Hermann Röhrs, Hg., *Didaktik* (Frankfurt: Akademische Verlagsgesellschaft, 1971), S. 17-29. (Akademische Reihe) Vgl. für den Fremdsprachenunterricht Frank Achtenhagen, *Didaktik des fremdsprachlichen Unterrichts* (Weinheim: Beltz, 1969), S. 33-45.

[63] Heinrich Roth, Hg., *Begabung und Lernen: Ergebnisse und Folgerungen neuer Forschungen* (Stuttgart: Klett, 1968, 7. Aufl., 1971), darin Einleitung und Überblick. (Deutscher Bildungsrat, Gutachten und Studien der Bildungskommission 4)

[64] *Die Neueren Sprachen,* (1958), abgedruckt in Karl-Heinz Flechsig, Hg., *Neusprachlicher Unterricht II,* a. a. O., S. 332-349.

[65] Helmut Schrey, „ Noch einmal: Zur Lektüreauswahl im Englischen", *Die Neueren Sprachen* (1959), abgedruckt in Karl-Heinz Flechsig, Hg., a. a. O., S. 350-355, S. 352.

[66] August Schröder, a. a. O., S. 340.

[67] Ebd., S. 337.

[68] Ebd., S. 337 und S. 339.

[69] August Schröder, „Zur Lektüreauswahl. Ein Nachtrag", *Die Neueren Sprachen,* (1959), abgedruckt in Karl-Heinz Flechsig, Hg., a. a. O., S. 359-366, S. 363.

[70] Hans Robert Jauß, „Non vitae, sed scholae", *Praxis*, 8 (1961), abgedruckt in Karl-Heinz Flechsig, Hg., a. a. O., S. 323-331, S. 328.

[71] Hans Robert Jauß, „Literaturgeschichte als Provokation der Literaturwissenschaft", in: Ders., *Literaturgeschichte als Provokation* (Frankfurt: Suhrkamp, 2. Aufl., 1970), S. 144-207, S. 147. Vgl. auch ders. in: Rainer Warning, Hg., *Rezeptionsästhetik: Theorie und Praxis* (München: Fink, 1975), S. 126-162.

[72] Vgl. Wolfgang Iser, *Der implizite Leser: Kommunikationsformen des Romans von Bunyan bis Beckett* (München: Fink, 1972) und Erwin Wolff, „Der intendierte Leser — Überlegungen und Beispiele zur Einführung eines literaturwissenschaftlichen Begriffs", *Poetica*, 4 (1971), S. 141-166.

[73] Diese Verbindung sieht auch Wilfried Brusch, Hg., *Projects in Literature* (Heidelberg: Quelle & Meyer, 1977), Einleitung, S. 12. E. A. Poe selbst nahm bekanntlich, wenn er vom *effect* und von der Lesedauer aus argumentierte, am Anfang der Short-Story-Theorie eine rezeptionsästhetische Position ein.

74 Franz H. Link, „*Discovery* und *destruction*: eine Interpretation von Edgar Allan Poes *MS. Found in a Bottle*", *Die Neueren Sprachen*, 10 (1961), S. 27-38; Herbert Rauter, "Edgar Allan Poes *The Man of the Crowd*", *Die Neueren Sprachen*, 11 (1962), S. 497-509.

75 Ulrich Rooseboom, „Mensch und Umwelt in den *Short Stories* von Bret Harte (1836-1902)", *Die Neueren Sprachen*, 10 (1961), S. 391-396.

76 Vgl. Horst Arndt, „Oscar Wildes Fairy Tales und Stories in der Schule", *Praxis*, 10 (1963), S. 206-213; Johann Bauer, „Oscar Wilde: Der eigensüchtige Riese", *Zeitnahe Schularbeit*, 20 (1967), S. 257-261.

77 Käthe Kluth, "The Contemporary English Short Story", *Fremdsprachenunterricht*, 6 (1962), S. 683-692. In einem eigenständigen Artikel wird noch Somerset Maugham als Short Story-Autor besprochen: Rosemarie Redlin, "Somerset Maugham: 'On a Chinese Screen'", *Die Neueren Sprachen*, 13 (1964), S. 573-581.

78 Alfred Feldges, "John Steinbeck: 'The Raid'", *Die Neueren Sprachen*, 12 (1963), S. 234-239; ders., "J. Thurber: 'The Secret Life of Walter Mitty'", *Die Neueren Sprachen*, 13 (1964), S. 433-440; Alfred J. Tumat, „Die Kurzgeschichte im Oberstufenunterricht: Ernest Hemingways 'Old Man at the Bridge'", *Englisch an Volkshochschulen*, 21 (1969), S. 327-332; Franz H. Link, „Stephen Cranes 'The Blue Hotel': Eine Interpretation", *Literatur in Wissenschaft und Unterricht*, 5 (1972), S. 22-32; Bernd Günter, "William Faulkners 'Dry September'", *Die Neueren Sprachen*, 22 (1973), S. 607-616; Horst Groene, "The Themes of Manliness and Human Dignity in Steinbeck's Initiation Story 'Flight'", *Die Neueren Sprachen*, 22 (1973), S. 278-284.

79 *Jahrbuch für Amerikastudien*, 8 (1963), S. 92-97.

80 Vgl. auch den Beitrag von Willi Real in diesem Band S. 118ff.

81 Richard Martin, "The English Short Story in the Twentieth Century. Some Suggestions for the Oberstufe", *Praxis*, 11 (1964), S. 144-149.

82 Helmut Bonheim, "The Short Story in the Secondary School", *Neusprachliche Mitteilungen*, 20 (1967), S. 22-27, S. 27.

83 Vgl. dazu Norbert Hopster, „Didaktische Konzeptionen des Literaturunterrichts", in: Dietrich Boueke, Hg., *Deutschunterricht in der Diskussion*, Bd. 2 (Paderborn: Schöningh, ²1979), S. 260-290; Lothar Bredella, *Einführung in die Literaturdidaktik* (Stuttgart: Kohlhammer, 1976); Jürgen Kreft, *Grundprobleme der Literaturdidaktik* (Heidelberg: Quelle & Meyer, 1977).

84 Peter Freese, „Zur Auswahl von Texten für den fremdsprachlichen Literaturunterricht", in: Peter Freese und Liesel Hermes, Hgg., *Der Roman im Englischunterricht der Sekundarstufe II: Theorie und Praxis* (Paderborn: Schöningh, 1977), S. 29-50, S. 37.

85 *Der fremdsprachliche Unterricht*, 5 (1971), Heft 19, S. 2-13.

86 Ebd., S. 2f.

87 Ebd., S. 3.

88 Ebd., S. 13.

89 Ein ähnliches Verfahren hat die Verf. schon früher einmal vorgeschlagen: dies., „Ein Weg zu einer neuen Arbeitsform in der Oberstufe: *Technique of Inquiry* im Englischunterricht", *Praxis*, 17 (1970), S. 343-351. Der in diesem Verfahren noch perpetuierte Gegensatz von Inhalt und Form des literarischen Werks muß vom

heutigen Standpunkt her allerdings als antiquiert erscheinen.

[90] *Die Neueren Sprachen*, 24 (1975), S. 443-453.

[91] Ebd., S. 444.

[92] Ebd. Vgl. zur Beurteilung dieses Vorschlags auch Willi Real, S. 123f.

[93] Ebd., S. 449.

[94] Ebd.

[95] Ebd., S. 452.

[96] Peter Freese, „Die Short Story im Englischunterricht der Sekundarstufe II: Entwurf eines Interpretationsverfahrens", in: Ders., Hg., *Narrative Kurztexte in der Sekundarstufe II. Der fremdsprachliche Unterricht*, 10 (1976), Heft 37, S. 2-15.

[97] Vgl. Rüdiger Ahrens, „Literaturwissenschaft in den lehrerbildenden Curricula", in: Konrad Schröder und Gertrud Walter, Hgg., *Fremdsprachendidaktisches Studium an der Universität* (München: Strumberger, 1973), S. 82-96.

[98] Peter Freese, „Die Short Story im Englischunterricht . . .", S. 3.

[99] Ebd., S. 13-15.

[100] Wolfgang Iser, *Der Akt des Lesens* (München: Fink, 1976), S. 60. (UTB 636)

[101] Albert-Reiner Glaap, „Koordination für die Hinführung zur Analyse narrativer Kurztexte auf dem Wege zur Sekundarstufe II", *loc. cit.*, S. 31-40.

[102] Hans Hunfeld, „Unfinished Sentences: Literaturdidaktische Anmerkungen zu Joyce: 'The Sisters'", *loc. cit.*, S. 41-47, und Harald Husemann, "Alan Sillitoe: 'The Disgrace of Jim Scarfedale'", *loc. cit.*, S. 48-54.

[103] Horst Groene, „Materialien und Hilfsmittel für die Behandlung amerikanischer Short Stories in der Sekundarstufe II", *loc. cit.*, S. 55-60.

Peter Freese

Zur Methodik der Analyse von Short Stories im Englischunterricht der Sekundarstufe II

1. Vorüberlegungen

Der schulische Literaturunterricht in der Mutter- und erst recht in der Fremdsprache hat in der jüngsten Vergangenheit unter einem außerordentlichen Legitimationsdruck gestanden, und wenn auch die Phase einer pseudo-progressiven Pauschalverurteilung von Literatur mittlerweile überwunden ist, so ist die Bedeutung und die Funktion literarischer Texte im Englischunterricht keineswegs unbestritten, und in bezug auf ihre Auswahl und im Hinblick auf die Art und Weise des deutenden Umgangs mit ihnen herrscht gleichermaßen Unsicherheit. Robert Scholes' auf Amerika bezogene Feststellung:

> The spread of higher education has resulted in more and more teaching of literature to less and less interested students, by teachers less and less certain of what they are doing. At present the liberal arts — and especially literary studies — are under strong pressure to justify their existence in terms of practical value to the student and social value to the community[1],

trifft auch auf Deutschland zu; und seine Schlußfolgerung, daß der allenthalben erhobene Ruf nach einer Poetik des Erzählens vor allem aus pädagogischem Ungenügen erwachse und daß man sich nach einem verläßlichen Instrumentarium zur Einordnung, Analyse und Beurteilung narrativer Texte besonders deswegen sehne, weil man in einem zunehmend in Frage gestellten Literaturunterricht für diesen Bereich schmerzlich vermisse, was für den der Lyrik, vor allem als Ergebnis des *New Criticism*, seit langem vorliege, entbehrt sicher nicht der Berechtigung. Scholes' Diagnose: "... many teachers of poetry know what they are doing when they teach a poem, while very few teachers of fiction have an adequate idea of what they are doing when they teach a novel. This ... is why we feel so pressing a need for a poetics of fiction"[2], vereinfacht zwar die Zusammenhänge und ist nicht unmodifiziert auf Deutschland zu übertragen, aber es ist schwerlich zu bestreiten, daß auch bei uns im Umgang mit erzählenden Texten eine weit größere methodische Unsicherheit herrscht als im Umgang mit Gedichten, und daß von den von Glaap über die Praxisrelevanz ihres anglistischen Studiums befragten Referendaren 5,6% ihre Ausbildung im Bereich der Lyrik, aber 45% ihre Ausbildung im Bereich der Short Story als nicht ausreichend beurteilten[3], mag solche Behauptung stellvertretend belegen.

Die Unsicherheit gegenüber narrativen Texten, die sich etwa in so elementaren, aber weit verbreiteten Fehlern äußert wie dem der unreflektierten Gleichsetzung von 'Autor' und 'Erzähler', dem des kurzschlüssigen Mißbrauchs fiktionaler Texte als landeskundlicher Informationsquellen oder dem des Mißverstehens bloßer Inhaltsparaphrasen als Deutungsakte, ist deshalb besonders bedauerlich, weil es — im fremd- weit stärker als im muttersprachlichen Unterricht — eben gerade erzählende Texte sind, die den Großteil der Lektüre ausmachen. Und unter diesen narrativen Texten sind es wiederum die Short Stories, die aus naheliegenden Gründen die Spitzenstellung einnehmen und, wie das etwa die jüngste Erhebung zur Oberstufenlektüre in Nordrhein-Westfalen in einer wohl auch für die übrigen Bundesländer repräsentativen Weise zeigt, einen eindeutigen Gattungsschwerpunkt setzen.[4] Zwar gibt es seit langem keinen offiziellen Lektürekanon mehr, aber die einst von Wolpers skizzierte und dann in acht Sammelbänden vorgelegte „repräsentative Auswahl"[5] amerikanischer Kurzgeschichten lebt, um neuere Stories der Baldwin, Capote, Malamud und Salinger erweitert, als ein 'heimlicher' Kanon fort[6], und auch im Angebot der Schulbuchverlage, wie es für den Bereich der Short Story 1963 von Lang, 1965 von Lubbers, 1969 von Bruhns, 1977 von Weise und im vorliegenden Band von Groene dargestellt wird[7], spielt die Kurzgeschichte nach wie vor eine dominierende Rolle. Ob sie im Zuge der Oberstufenreform angesichts der Tatsache, daß die meisten der vorliegenden Sammlungen „für einen schwerpunkt- bzw. themenorientierten (Kurs-) Unterricht auf der Sekundarstufe II nur bedingt geeignet erscheinen"[8], an Gewicht verlieren wird oder ob sie auch in den neuen, gegenwärtig im Erscheinen begriffenen Materialienbänden ihren Platz wird behaupten können[9], ist eine offene Frage, aber vieles läßt darauf schließen, daß Galinskys 1958 getroffene Aussage, die Short Story sei in der deutschen Schule „die üblichste und vielleicht die beliebteste"[10] von allen Erscheinungsformen der amerikanischen Literatur, auch weiterhin Geltung behalten wird.

Trotz zahlreicher mehr oder weniger gut kommentierter Textausgaben[11] — Weise zählte 1977 immerhin allein 33 Anthologien mit 136 amerikanischen und 89 britischen Stories[12] — und trotz vieler hilfreicher, mehr oder weniger unterrichtsbezogener Interpretationssammlungen[13] gab es bis vor kurzem kein für die schulische Textarbeit entworfenes, unabhängig vom je spezifischen Einzeltext entwickeltes, zur Analyse potentiell aller Verwirklichungen der Gattung geeignetes und die Erfordernisse des einsprachig geführten Unterrichts in Rechnung stellendes Analyseverfahren[14], das sowohl den in diesem Bereich unsicheren Lehrer befähigen würde, auch solche Texte zu erarbeiten, für die noch keine fachwissenschaftlichen Deutungen vorliegen, als auch die Schüler in die Lage versetzen könnte, elementare narrative Vertextungsstrategien selbständig zu entschlüsseln. Als ich 1976 den Entwurf eines solchen Verfahrens vorlegte[15], wurde es durchweg positiv aufgenommen, und an zahlreichen Ausbildungsseminaren wird es heute der Arbeit mit Short Stories zugrunde gelegt. Aber der Gebrauch, der mancherorts von ihm gemacht wurde, zeigt — in einigen Arbeiten für die zweite Staatsprüfung dokumentiert —, welche Gefahren ein solches 'Modell' impliziert und wie leicht es, bei einer reduktionistischen Anwendung, das Gegenteil dessen bewirken kann, was es beabsichtigte. Solche Erfahrung veranlaßt mich, der hier vorgelegten überarbeiteten Version dieses Verfahrens einige Vorbemerkungen voranzustellen.

Ein Analyseverfahren, das die oben skizzierten Ziele erreichen will, muß — so meine ich jetzt wie damals — drei Bedingungen genügen:

(1) Es muß einen möglichst weitreichenden Transfer ermöglichen, denn nur ein im Unterricht gemeinsam realisiertes Verfahren, das der Schüler dann auch selbständig auf andere Texte übertragen kann, lohnt den Aufwand, bis zur Fähigkeit der freien individuellen Handhabung erlernt zu werden; gibt dem Schüler ausreichende Motivationen, sich seiner zu bemächtigen; ermöglicht es, den Einzeltext ohne ständige methodische Neuansätze in Unterrichtsreihen einzufügen; und bietet die Chance, aus dem Bereich der schulischen in den der privaten Lektüre hinüberzuwirken. Diese Bedingung entspricht der zentralen Forderung des *Strukturplans*, daß „innerhalb des Faches der 'Transferleistung', das heißt der Fähigkeit, Gelerntes auf andere Gebiete zu übertragen", die nötige „Bedeutung geschenkt" wird[16], und sie bezieht sich auf die in allen Curricula zu findenden Lernziele des 'Methodenerwerbs' und der 'Methodenverfügbarkeit'.

(2) Es muß rational demonstrierbar und auf kognitiver Ebene vermittelbar sein, denn nur ein Verfahren, das auf Appelle an persönliches 'Ergriffensein' oder ein individuelles 'Erlebnis' verzichtet und stattdessen am jeweiligen Text belegbare, nachprüfbare und gegebenenfalls falsifizierbare Aussagen ermöglicht, führt zu unterrichtlich vermittelbaren Deutungsakten und schafft die Grundlage, auf der allein die selbstverständlich unabdingbare persönliche Stellungnahme und das subjektive Werturteil sinnvoll werden. Diese Bedingung entspricht der wichtigen Forderung des *Strukturplans* nach der „Wissenschaftsorientiertheit"[17] der Lernmethode, und sie impliziert, daß unabhängig von der starken affektiven Besetzung des Literaturunterrichts die dort vermittelten Analysemethoden sehr wohl persönlicher Beliebigkeit enthoben sein und wissenschaftlichen Ansprüchen genügen müssen.

(3) Es muß ein elementares kritisches Vokabular bereitstellen, denn nur ein Verfahren, das alle Beteiligten befähigt, die zu besprechenden Phänomene auch präzise zu benennen, kann ein Verharren bei der bloßen Inhaltsparaphrase verhindern; die Schüler in die Lage versetzen, sich deutend über einen Text zu äußern, und so zu größerer Aktivität motivieren; und einen Kode bereitstellen, in dem kritische Kompetenz auch fremdsprachlich artikulierbar wird. Diese Bedingung erwächst aus der gerade von einer auf kommunikative Kompetenz abzielenden Didaktik betonten Einsicht[18], daß der Unterricht dem Schüler die zur Artikulation seiner Meinungen, Beobachtungen und Deutungen nötigen Redemittel zu liefern habe[19], und sie bezieht sich insbesondere auf die speziellen Erfordernisse eines zielsprachlichen Literaturunterrichts.

Ein Analyseverfahren, das seine allgemeine Anwendbarkeit ermöglicht, seine rationale Überprüfung zuläßt und ein Fachvokabular bereitstellt, kann — aus negativem Blickwinkel betrachtet — auch als ein Verfahren beurteilt werden, das nicht genügend Rücksicht auf die Eigenarten des je individuellen Textes nimmt, das den affektiven Aspekt des Umgangs mit Literatur unzulässigerweise ausklammert und das zur vorschnellen Katalogisierung und Etikettierung unverbundener Einzelaspekte mithilfe vorgegebener Begriffe verleitet. Aber Transferierbarkeit wird notwendigerweise durch einen gewissen Grad von Generalisierung erkauft, Rationalität verlangt als Preis die Hintanstellung des gefühlsmäßigen Zugriffs, und keine Fachterminologie ist gegen ihren vordergründigen Mißbrauch gefeit. Darum ist es Sache des einzelnen Lehrers, dafür Sorge zu tragen, daß ein solches Verfahren auf den jeweils konkreten Text mit der erforderlichen Akzentuierung, unter Einbeziehung der unverzichtbaren affektiven Dimension und mit der nötigen Behutsamkeit angewandt wird. Ein schematisches Durchlaufen des gesamten Fragenkatalogs für jeden Text, ein vordergründiges Etikettieren von Einzelphänomenen mit Fachtermini oder ein allzu forsches Sezieren vielschichtiger und mehrdeutiger Textstrukturen in ihre Konstituenten kann zweifellos mehr Schaden als Nutzen bringen, und wenn das vorgeschlagene Verfahren zur mechanisch applizierten *checklist* verkommt, verliert es zwangsläufig seinen Sinn. Wird es dagegen mit der erforderlichen Vorsicht gehandhabt und ist sein Benutzer — also zunächst der es vorführende Lehrer, später dann der selbständig mit ihm arbeitende Schüler — sich der Tatsache bewußt, daß die mit seiner Hilfe erstellte Analyse nur Teil der Interpretation sein kann und daß die Antworten auf die einzelnen Fragen nur in der funktionalen Relation einer Gesamtdeutung ihren Wert gewinnen, dann scheint mir ein solches Verfahren nach wie vor ein brauchbares und hilfreiches Analyseinstrumentarium zu bieten[20], das übrigens, wie zu zeigen ist, durchaus mit einem rezeptionsorientierten Literaturbegriff vereint werden kann.

2. Ausgangspositionen

In den vergangenen Jahren hat sich das Interesse der Literaturwissenschaft zusehends vom Autor auf den Leser verlagert und ist die traditionelle Darstellungs- und Produktionsästhetik durch eine Rezeptionsästhetik verdrängt worden. Solche Veränderung des Blickwinkels hat uns sehen gelehrt, daß ein literarischer Text nur insoweit existiert als er gelesen wird und daß er deshalb, wie Jauß formuliert, „kein für sich bestehendes Objekt" ist, „das jedem Betrachter zu jeder Zeit den gleichen Anblick darbietet"[21], sondern daß das literarische Werk sich, in Isers Worten, als „das Konstituiertsein des Textes im Bewußtsein des Lesers"[22] realisiert. Ein solcher im Ausgang von den Konzepten der 'Rezeption' und der 'Kommunikation' vollzogener Paradigmawechsel vom Text zum Leser läßt „an die Stelle des Werkes als Träger oder Erscheinungsform der Wahrheit . . . die fortschreitende Konkretisation von Sinn" treten, „der sich in der Konvergenz von Text und Rezeption, von vorgegebener Werkstruktur und aneignender Interpretation konstituiert"[23], und er beseitigt — eine dem Didaktiker höchst willkommene Entwicklung — die tradierten Gegensätze zwischen einer vorgeblich sachbezogenen und deshalb 'objektiven' Literaturwissenschaft und einer abnehmerbezogenen und deshalb angeblich 'unwissenschaftlichen' Literaturdidaktik, indem er durch die Frage nach dem Textrezipienten die didaktische in die literaturwissenschaftliche Fragestellung integriert.[24]

Für den schulischen Umgang mit Literatur bedeutet solche gewandelte Ausgangsposition[25], die übrigens im Feld der Short-Story-Theorie in Poes Konzepten eines "unique or single effect" oder eines "perusal . . . at one sitting"[26] in entscheidenden Punkten vorweggenommen wird, unter anderem folgendes: Die ehrfurchtsvolle kollektive 'Behandlung' von vorgeblich zeitlosen und unveränderlichen literarischen Werken als Substanzen wird ausdifferenziert in aktive individuelle Konkretisationsprozesse von zeitbezogenen und veränderlichen Texten als Sinnpotentialen; der einzelne Schüler wird nicht länger mit einer angeblich gültigen, von einem einflußreichen Interpreten verfaßten und vom Lehrer verkündeten Interpretation traktiert, sondern er erstellt im Rahmen seines individuellen „textologischen Erfahrungsraums"[27] sein je eigenes Textverständnis; er übernimmt nicht länger mehr oder weniger widerwillig, verständnislos oder affirmativ ein ihm vorgegebenes oder suggeriertes Textverständnis, das mit dem Anspruch auf Autorität den literarischen Text auf seine diskursive Bedeutung reduziert und so konsumierbar macht, sondern er aktiviert aus dem Spektrum der divergierenden Leseweisen, die durch die Polysemie des Textes legitimiert werden, das seinem Verstehenshorizont adäquate Textverständnis und erstellt so die seinem Entwicklungs- und Kenntnisstand gemäße Beziehung zum Text.

Daß bei einem solchen Zugang durchaus noch ungeklärt ist, wieweit man einerseits aus einem pragmatisch fundierten Textbegriff die „radikale Konsequenz" ziehen kann: „So viele Rezipienten, so viele Texte. Jede Textualitätsnorm ist eine Individualnorm"[28], und andererseits an der für den Literaturlehrer wohl unaufgebbaren Unterscheidung von 'richtigem' und 'falschem' Verstehen festzuhalten und das Spektrum der zulässigen Konkretisationen als durch die 'Rezeptionsvorgabe' begrenzt zu begreifen vermag[29], kann hier nicht im einzelnen erörtert werden. Deutlich dürfte jedenfalls sein, daß eine rezeptionsorientierte Literaturdidaktik das alte Extrem eines auf unveränderliche Substanz abzielenden Textbegriffs nicht durch das neue Extrem eines Textes als quasi beliebig auszufüllender Appellstruktur ersetzen sollte und „daß die Einsetzung des Lesers in seine Rechte nicht mit einer Verletzung der Rechte des Textes bezahlt wird"[30]. Und ebenso deutlich dürfte sein, daß man den von Jauß beschriebenen Prozeß der „Konvergenz von Text und Rezeption, von vorgegebener Werkstruktur und aneignender Interpretation"[31] als ein Nach- und Nebeneinander einer intersubjektiv vermittelbaren *Analyse* der Textkonstituenten und einer subjektiven, weil auf den individuellen Verstehenshorizont bezogenen *Interpretation* ihres mehrdeutigen Zusammenspiels verstehen kann und daß deshalb eine Analyse mithilfe des hier angebotenen Instrumentariums eine Interpretation zwar keineswegs ersetzen, ihr aber sehr wohl die erforderlichen Grundlagen sichern kann.

Für eine Bestimmung der Konstituenten von Short Stories sind verschiedene Ansätze denkbar, und man könnte den Weg "Towards a Poetics of Fiction", wie das die Beiträger einer Aufsatzserie in *Novel* kürzlich taten, durch "An Approach through Structure", "An Approach through Language", "An Approach through History", "An Approach through Narrative", "An Approach through Genre" oder "An Approach through Time" zurückzulegen suchen.[32] Da „die Perspektive der Werkbetrachtung und -bewertung ... sich wesentlich nach der individuell vorgenommenen Zuordnung des Werkes"[33] richtet und da es inzwischen unbestritten sein dürfte, „daß die bei einem Interpreten vorher bestehende generische Auffassung eines Textes für sein gesamtes nachfolgendes Verständnis mitbestimmend ist"[34], schiene es, auch gerade unter einem rezeptionsorientierten Blickwinkel, am nächstliegenden, einen gattungsspezifischen Zugang zu wählen. Im Ausgang von Cullers Diktum, daß "whether or not a text makes sense depends on the possibility of reading it as an instance of one of the types of intelligibility one has learned to look for", ließen sich die tradierten Gattungen als solche 'Verständlichkeitstypen', nämlich als jeweils "a set of expectations, a set of instructions about the types of coherence one is to look for and the ways in which sequences are to be read"[35] verstehen, und es stellte sich als erstes die Aufgabe, den 'Verständlichkeitstypus' Short Story zu definieren. Eben das hat sich jedoch bisher als unmöglich erwiesen, und Lubbers mußte erst jüngst wieder feststellen, daß „als Formtyp ... gerade die Short Story sich wegen der ihr immer wieder nachgesagten 'unbegrenzten Flexibilität' dem definitorischen Zugriff zu entziehen"[36] scheine. Der "approach through genre" ist also nicht zu verwirklichen, und von den anderen Möglichkeiten verspricht allein der erzähltheoretische Ansatz den erhofften Erfolg, weil er sich zum einen der umfangreichen Erträge der bisherigen Erzählforschung bedienen kann[37] und weil er andererseits wegen der logischen Progression der Einzelschritte dieser Untersuchungsmethode didaktischen Ansprüchen entgegenkommt.

Im folgenden wird deshalb dieser Ansatz in bewußter Einseitigkeit für den Versuch bemüht, die Elemente literarischer Kommunikation mittels eines fiktionalen narrativen Textes zu isolieren, einzeln zu bestimmen und zu systematisieren. Ausgangspunkt sind dabei — und das ergibt den zusätzlichen Gewinn einer Transfermöglichkeit des vorgeschlagenen Verfahrens auf andere narrative Texte als Short Stories — nicht jene höchst spekulativen Versuche, die in der Kurzgeschichte nationalliterarische Spezifika oder besondere moderne 'Befindlichkeiten' entdecken[38], sondern es gilt die Feststellung: „Da der dichtungslogische Ort für alle Formen der Erzählkunst derselbe ist, sind keine absoluten Differenzqualitäten zwischen Roman und Short Story denkbar, zumal die Kürze selbst als ein relativer Begriff aufzufassen ist."[39] Das bedeutet, daß eine hier vorgeschlagene Short-Story-Analyse zunächst nicht von irgendwelchen Gattungseigenarten, sondern von den für alle Erzähltexte konstitutiven Elementen auszugehen hat.

Im Gegensatz zum Drama und zur Lyrik unterliegt alles Erzählen einer Grundbedingung, nämlich der Notwendigkeit eines 'Erzählers', und „daß das Wesen der epischen Form gerade in dem Sichgeltendmachen eines Erzählenden besteht"[40], ist eine inzwischen unbestrittene Einsicht aller Erzähltheorie. Jeder erzählende Text besteht folglich aus *Erzähler* und *Erzähltem* bzw. *Erzählvorgang* und *erzähltem Vorgang*. Ferner gilt, daß alles Erzählte notwendigerweise aus Akteuren, die etwas tun oder denen etwas zustößt, und aus Aktionen, die zwischen oder in ihnen ablaufen, zusammengesetzt ist, daß es also *Figuren* und *Handlungen* bietet. Wie alle Akteure und Aktionen der realen — und das gilt unabhängig vom jeweiligen Verhältnis zwischen realer und fiktiver Welt — sind auch die Figuren und Handlungen der fiktiven Welt an die beiden Dimensionen gebunden, in denen allein Leben, Erzählen von Leben und lesende Vergegenwärtigung erzählten Lebens möglich ist. „Geschichte spielt sich ab in Zeit und Raum.

Raum und Zeit sind somit, gegen diese einfachste Schullogik wird wohl niemand etwas einzuwenden haben, notwendige Elemente der erzählten Welt."[41] Alles Erzählte wird also durch die vier Elemente *Figur*, *Handlung*, *Zeit* und *Raum* und die unabdingbare Vermittlungsinstanz *Erzähler* konstituiert. Dieser Erzähler wendet sich an einen Leser, und der erzählte Text erwacht nur zum Leben, sofern er von einem Leser rezipiert wird. Der Text ist also als etwas auf Vermittlung hin Angelegtes, und alles bisher Gesagte ist folglich im Kontext solcher Vermittlung bzw. Kommunikation zu betrachten.

Das Grundmodell für den Vorgang, der bei einer Textlektüre abläuft, ist jene neuerdings so vielstrapazierte Trinität der zeitgenössischen Literaturwissenschaft, die Dreiheit von 'Sender', 'Botschaft' und 'Empfänger', und bevor die Rezeption eines fiktionalen narrativen Textes im Rahmen dieses Modells erörtert wird, sei darauf hingewiesen, daß die vielfach anzutreffende unreflektierte Übertragung eines linguistischen Kommunikationsmodells auf die Lektüre literarischer Texte nicht ungefährlich ist, weil sie sich bei näherer Betrachtung „nicht nur als unzureichend, sondern auch als falsch"[42] erweist und weil etwa bei den hier zu erörternden narrativen Texten eben keineswegs die Kommunikation zwischen Autor und Leser, sondern, wie das z. B. Janik zeigt, „das interne Kommunikationsverhältnis zwischen Erzähler und [implizitem] Leser"[43] von Belang ist. Daß überdies ein technizistisch verstandenes Kommunikationsmodell als Vorstellungsbild für die zwischen einem Text und seinem Leser bewirkte Verständigung in diese Vorstellung gerade jene Zwänge einbringen könnte, gegen welche die Literatur ihrem Wesen nach aufbegehrt, sei hier nur am Rande erwähnt.[44]

Zweierlei ist für den Vermittlungsgang Autor — Erzähler — Erzähltes — Leser zu bedenken. Zum einen tritt der reale Autor, so wie er als eine individuelle historische Gestalt eine textexterne Existenz führt(e), in einem von ihm verfaßten Text nur in einer bestimmten Reduktionsform, nämlich in seiner Rolle als Autor eben dieses Textes auf, und wir nennen diesen Autor, soweit er in einem und für einen Text Bedeutung hat, mit einem von Wayne C. Booth geprägten Begriff den "implied author"[45] bzw. den impliziten oder auch abstrakten Autor. Während der implizite Autor in jedem Erzähltext vorhanden sein muß, also "the intricate relationship of the so-called real author with his various official versions of himself"[46] stets zu beachten ist, kann der Autor das Erzählen auch an eine andere, textintern ausgeformte Figur, also einen Erzähler delegieren, und dieser Erzähler ist, ebenso wie das theoretische Konstrukt des impliziten Autors, selbstverständlich „immer eine gedichtete, eine fiktive Gestalt, die in das Ganze der Dichtung hineingehört"[47]. Die gleiche Differenz, wie sie auf der einen Seite des Vermittlungsganges zwischen dem realen, seiner jeweiligen historischen Wirklichkeit verhafteten textexternen Autor, dem nur textintern existenten impliziten Autor und dem als explizite fiktionale Gestalt auftretenden, zur erzählten Welt gehörigen Erzähler besteht, findet sich logischerweise gleichsam spiegelbildlich am anderen Ende zwischen dem je individuellen textexternen Leser, dem impliziten, im Text mitentworfenen Leser, den Iser als „den im Text vorgezeichneten Aktcharakter des Lesens"[48] definiert, und dem möglicherweise als Pendant zum Erzähler explizit als Figur im Text agierenden fiktiven Leser. Für die beiden letzteren gilt selbstverständlich mit Weinrich, daß „jedes literarische Werk . . . das Bild seines Lesers" enthält. „Der Leser ist . . . eine Person dieses Werkes."[49]

Das übliche Vermittlungsmodell

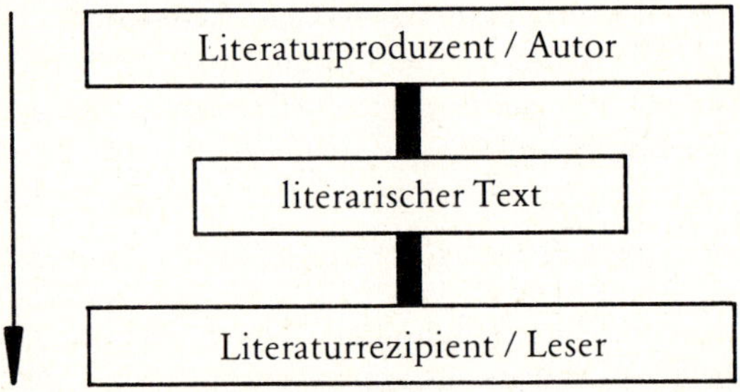

ist also zu präzisieren, und es ergibt sich das sehr viel kompliziertere Vermittlungsschema auf Seite 47. Diese Darstellung macht unter anderem deutlich, daß bei der Lektüre eines Erzähltextes eben kein 'Sender' = Autor mit einem 'Empfänger' = Leser kommuniziert, sondern daß dann eine 'adäquate Rezeption' zustandekommt, wenn sich der individuelle reale Leser dem impliziten, im Text vorgezeichneten Leser soweit annähert, daß er „mit seiner Kompetenz den Strategien und Eigenschaften des Textes gewachsen ist"[50]. Diese Darstellung zeigt aber auch, daß sich ein auf sieben Instanzen ausdifferenzierter Vermittlungsgang unter didaktischem Aspekt vielfach als zu kompliziert erweisen wird. Deshalb scheint es für den späteren Fragenkatalog verantwortbar, die Instanz 5, die ohnedies vergleichsweise selten realisiert wird, unter 6 zu subsumieren, und die Instanzen 2 und 3, wie das in älteren Arbeiten ohnedies üblich ist, unter dem Begriff des 'Erzählers' zusammenzufassen, also den impliziten Autor als einen nicht figürlich konkretisierten Erzähler zu verstehen. Wichtig ist dabei — und diese Verwechslungen sind erfahrungsgemäß am häufigsten —, daß im Falle von Er-Erzählungen der reale Autor nicht mit dem impliziten Autor bzw. Erzähler verwechselt wird — den Eingangssatz von "An Occurrence at Owl Creek Bridge", "A man stood upon a railroad bridge in northern

Alabama . . .", sagt eben nicht die historische Person Ambrose Bierce, sondern Bierce als der implizite Autor dieser Story bzw. ihr nicht als explizite Figur gestalteter Erzähler – und daß im Falle von Ich-Erzählungen erzählendes und erlebendes Ich ausdifferenziert werden – in "Blackberry Winter", wo trotz aller autobiographischen Bezüge nicht der textexterne Autor Robert Penn Warren erzählt, sondern eine fiktive Figur namens Seth, ist diese Figur zum Zeitpunkt des Erzählten zwar "nine years old", berichtet aber als Erzähler "thirty-five years" später von einer gewandelten Position aus.

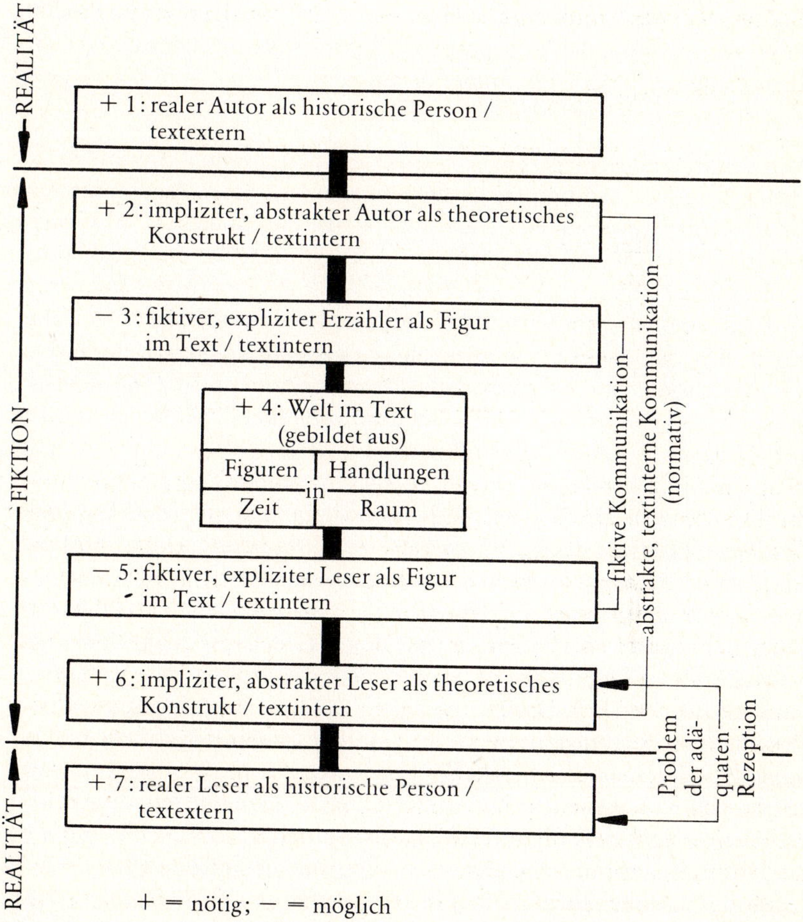

Jeder implizite Autor bzw. explizite Erzähler hat ein bestimmtes Verhältnis zu seinem Stoff und bedient sich einer bestimmten Art und Weise der Gestaltung und Darbietung desselben. Für diese beiden wesentlichen Aspekte sind in der Forschung die verschiedensten Bezeichnungen vorgeschlagen worden, und Petersen hat jüngst zu Recht beklagt, daß man bisher vergeblich „auf eine Koordinierung der unterschiedlichen Standpunkte"[51] gewartet habe. Da der vorliegende Verfahrensvorschlag nicht durch neue Begriffe zusätzliche Verwirrung stiften, sondern im Gegenteil zu einem besseren Verständnis der in der geläufigen Sekundärliteratur verwandten traditionellen Konzepte beitragen will, soll das Verhältnis des Erzählers zum Stoff hier als *Erzählperspektive* und soll die Art und Weise der Darstellung als *Erzählweise* bezeichnet werden. Der von Stanzel eingeführte und besonders unter Anglisten weitverbreitete Begriff der *Erzählsituation* für die jeweilige Kombination beider Aspekte[52], von dem Petersen meint, er sei so unpräzise, daß er „trotz seiner Verbreitung für den wissenschaftlichen Gebrauch wohl für immer disqualifiziert"[53] sei, wird im weiteren dagegen nicht mehr verwandt.

Seit Lessings *Laokoon* (1766) ist es, trotz der berechtigten Einwände Herders oder Käte Hamburgers gegen Einzelheiten seiner Argumentation, deutlich, daß Erzählen eine Zeitkunst ist, die Simultanes in Sukzessives überträgt[54], denn „das allgemeinste Aufbauprinzip, das die Erzählkunst mit jeder Sprachkundgebung zunächst teilt, ist das Prinzip der *Sukzession*, in der sie allein dargeboten und auch aufgenommen werden kann"[55]. Dabei ergibt sich, daß der Erzählvorgang und der erzählte Vorgang je eine eigene Zeitdimension besitzen, nämlich die *Erzählgegenwart* und die *Handlungsgegenwart*, und daß deren jeweilige Relation von erheblicher Bedeutung für die Textkonstitution ist. Erzählt jemand heute, was er gestern erlebte, so liegt zwischen Erzähl- und Handlungsgegenwart ein Tag; erzählt er hingegen heute vom Dreißigjährigen Krieg, so liegen zwischen dem Erzählakt und der Gegenwart des Erzählten mehrere Jahrhunderte. Dieser Abstand, der theoretisch unendlich groß — man denke an bestimmte Spielarten der Science Fiction — oder annähernd null — man vergleiche das Erzählen über den gerade stattfindenden Akt des Erzählens in zeitgenössischen Meta-Stories — sein kann, ist die *Erzähldistanz*, und als Faustregel gelte, daß sie im umgekehrt proportionalen Verhältnis zum Engagement des Erzählers steht. Eine weitere, durch Günther Müller eingeführte und inzwischen allgemein akzeptierte Unterscheidung ist die zwischen der Dauer des erzählten Geschehens und der Zeit, die das Erzählen von diesem Geschehen in Anspruch nimmt. Die erste ist die *erzählte Zeit* (= eZ) und wird in Jahren, Tagen, Stunden gemessen; die zweite ist die *Erzählzeit* (= EZ) und wird der Einfachheit halber in Seiten gemessen. Erzählt jemand eine Stunde lang von einer dreißigminütigen Prüfung, so wird seine Erzählung ganz anders beschaffen sein, als wenn er in einer Stunde von seinem gesamten bisherigen Leben berichtet. Auch hier ist leicht einsichtig, daß das Verhältnis von EZ und eZ für einen narrativen Text entscheidende Bedeutung hat.[56]

Aus dem bisher Gesagten ergibt sich, daß der Leser eines narrativen fiktionalen Textes diesen über die in der Graphik auf Seite 50 dargestellten Vermittlungsstufen rezipiert.

Für die einzelnen Elemente erweisen sich die folgenden Differenzierungen als nötig:

a: Erzählperspektive

Seit der von Henry James beeinflußte Percy Lubbock 1921 in seiner bahnbrechenden Arbeit *The Craft of Fiction* feststellte: "... the most obvious point of method is no doubt the difficult question of the centre of vision"[57], ist die Frage nach dem *point of view* ins Zentrum der Erzähltheorie gerückt, und Norman Friedman formulierte 1955 die bis heute unbestrittene Einsicht: "... the choice of a point of view in the writing of fiction is at least as crucial as the choice of a verse form in the composing of a poem."[58] Mit *point of view* = Perspektive ist dabei nicht etwa eine religiöse, philosophische oder sonstige Einstellung des textexternen Autors zu seinem Stoff gemeint, wie es etwa die Rede vom Erzählen aus christlicher, marxistischer oder satirischer Perspektive nahelegen könnte, sondern — wie schon oben definiert — das werkimmanente, textinterne Verhältnis von implizitem Autor bzw. Erzähler und Erzähltem[59], und es sind vier Fragen zu beantworten, um die Erzählperspektive in einer konkreten Story zu bestimmen, nämlich:

(1) Wer spricht zum Leser (ein Erzähler in der 3. oder in der 1. Person, eine Figur der erzählten Welt in der 1. Person, oder anscheinend niemand)?

(2) Aus welchem Winkel erzählt der Erzähler, welche Haltung nimmt er zum Erzählten ein (steht er über ihm, an seiner Peripherie, im Zentrum des Geschehens, vor ihm oder an wechselnden Orten)?

(3) Welche Informationskanäle benutzt der Erzähler, um seine Geschichte einem Leser zu übermitteln (seine eigenen Worte, Gedanken und Gefühle, die Worte und Handlungen seiner Charaktere, die Gedanken, Gefühle und Sinneswahrnehmungen der Charaktere oder eine Kombination dieser Möglichkeiten)?

(4) In welcher Distanz zum Geschehen siedelt der Erzähler den Leser an (in der Nähe, weit entfernt oder wechselnd)?[60]

Kombiniert man die Antworten auf diese Fragen, dann lassen sich die auf Seite 52 aufgelisteten *points of view* oder Erzählperspektiven unterscheiden.

Der lange Zeit geführte Streit über den relativen Wert dieser Perspektiven ist heute als müßig erkannt, denn keine ist 'besser' oder 'schlechter' als die andere, sondern jede ist für die Erzielung bestimmter Effekte besonders

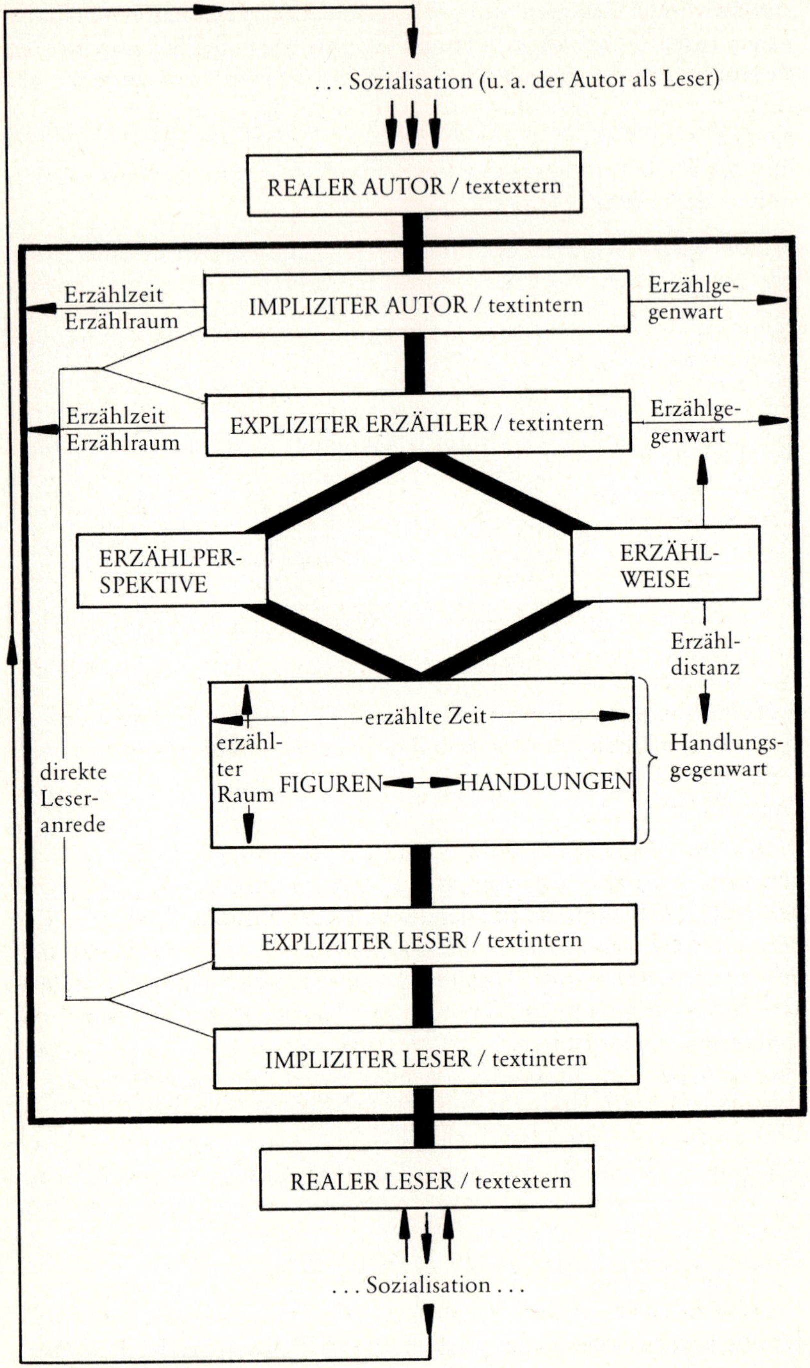
. . . Sozialisation (u. a. der Autor als Leser)
REALER AUTOR / textextern
Erzählzeit
Erzählraum
IMPLIZITER AUTOR / textintern
Erzählgegenwart
Erzählzeit
Erzählraum
EXPLIZITER ERZÄHLER / textintern
Erzählgegenwart
ERZÄHLPERSPEKTIVE
ERZÄHLWEISE
Erzähldistanz
erzählte Zeit
erzählter Raum
FIGUREN
HANDLUNGEN
Handlungsgegenwart
direkte Leseranrede
EXPLIZITER LESER / textintern
IMPLIZITER LESER / textintern
REALER LESER / textextern
. . . Sozialisation . . .

geeignet. Der Kritiker hat also zunächst den *point of view* eines narrativen Textes zu ermitteln und dann nach seiner Funktion und Angemessenheit in diesem Text zu fragen[61], und es wird erneut deutlich, daß das Ergebnis der Analyse — dieser Text ist aus der Erzählperspektive x erzählt — erst im Kontext einer Gesamtinterpretation — die Erzählperspektive x bewirkt hier den Effekt y, erweist sich der Figurenkonstellation z als angemessen, usw. — Bedeutung gewinnt.

b: Erzählweise

Schon die antike Rhetorik unterschied zwei Erzählweisen, nämlich „einen knapp zusammenfassenden, auf das Ergebnis oder die Folgen eines Geschehens zielenden Bericht und eine die Einzelheit des Geschehnisablaufes ausführlich schildernde Darstellung"[62]. Diese Darbietungsweisen, die in der deutschen Theorie zumeist als *Bericht* und *Darstellung* bezeichnet werden, wurden von Lubbock "'scenic' and 'panoramic' presentation"[63] genannt und werden in der englischsprachigen Literatur auch als *telling* und *showing* definiert. Im ersten Fall interveniert der Erzähler und nimmt sich das Recht, das ihm wichtig Erscheinende zusammenfassend zu berichten, im zweiten Fall — vielfach am Vorhandensein wörtlicher Rede erkennbar — wird im Leser die Illusion geweckt, ohne vermittelnde Instanz direkt am Geschehen teilzuhaben, nicht etwas 'erzählt', sondern etwas 'gezeigt' zu bekommen. Beide Erzählweisen, zu denen unter anderem die für die moderne Literatur höchst wichtigen Sonderfälle *erlebte Rede*, *innerer Monolog* und *Bewußtseinsstrom* gehören[64], erscheinen kaum jemals 'rein', sondern in Mischungen, deren Verhältnis und Funktion der Interpret zu ermitteln hat.

Es ist offensichtlich, daß bestimmte Perspektiven mit dem Vorherrschen einer bestimmten Erzählweise einhergehen — der über den Dingen stehende allwissende Erzähler kann sich der panoramatischen Erzählweise bedienen und so etwa aus ironischer Distanz die Diskrepanz zwischen Sein und Schein entlarven; ein selektiv allwissendes Erzählen wird mithilfe der szenischen Darstellung den Eindruck der Unmittelbarkeit erzeugen; und in der *dramatic mode* ist ein distanziertes Berichten schwerlich möglich. Die einzelnen, hier aus Gründen der Systematik getrennten Aspekte bedingen einander also wechselseitig und sind folglich bei der Analyse eines konkreten Textes stets in ihrem funktionalen Zusammenspiel zu erörtern.

c: Zeit

Es sind prinzipiell drei Relationen zwischen Erzählzeit (EZ) und erzählter Zeit (eZ) in einem narrativen Text denkbar, nämlich:

(1) Die EZ ist kürzer als die eZ, das heißt, das erzählte Geschehen wird in der Wiedergabe zusammengedrängt. Diese Zeitbehandlung heißt *Raffung*

	Editorial Omniscience	*Neutral Omniscience*	*"I" as Witness*	*"I" as Protagonist*	*Multiple Selective Omniscience*	*Selective Omniscience*	*Dramatic Mode*
Erzähler	impliziter Autor in der 1. Pers.	impliziter Autor in der 3. Pers.	Zeuge in der 1. Pers.	Hauptfigur in der 1. Pers.	Schilderung durch das Bewußtsein		kein Medium
					mehrerer Figuren	einer Figur	
Standpunkt	über	über	am Rand	im Zentrum	wechselnd	Zentrum	vor
Perspektive	unbegrenzt	unbegrenzt	begrenzt (1. Pers.) beweglich	begrenzt (1. Pers.) fest	relativ unbegrenzt	stark begrenzt (eine Person)	sehr stark begrenzt
Informations-quellen	"Autor" + Figuren: Psyche* + Äußeres*	"Autor" + Figuren: Psyche + Äußeres	Erzähler: Psyche + Äußeres; Figuren: Äußeres	Erzähler: Psyche + Äußeres; Figuren: Äußeres	mehrere Figuren: (Äußeres nur durch Bewußtsein) Psyche	eine Figur: (Äußeres nur durch Bewußt-sein dieser Figur)	nur äußere Handlung
ungefähre Entspre-chungen bei Stanzel	auktoriale Erzählsituation		Ich-Erzählsituation		personale Erzählsituation - - - - - - - - - - - - -		- - - -→
	Telling *panoramic presentation* Bericht ——————→					*Showing* *senic presentation* Darstellung	

*Psyche = Gedanken, Gefühle, Wahrnehmungen *Äußeres = Handlungen, Dialoge und reicht von der völligen *Aussparung* über die *Sprung-* und *Schrittraffung* bis zur *iterativen* und *durativen Raffung*.[65]

(2) Die EZ und die eZ sind identisch, das heißt, das Erzählen von etwas dauert genau so lange wie das Erzählte. Diese Zeitbehandlung heißt *Deckung* und ist am deutlichsten in der Wiedergabe direkter Rede verwirklicht.

(3) Die EZ ist länger als die eZ, das heißt, das Erzählen von etwas dauert länger als das Erzählte. Diese Zeitbehandlung heißt *Dehnung* und findet sich etwa in der Bewußtseinsstromtechnik.

Da kein Erzählen über längere Strecken auf Raffung verzichten kann, ermöglicht diese Unterscheidung auch die wesentliche Einsicht, daß 'objektives' Erzählen unmöglich ist, denn „nicht erst die ausdrücklich wertende Stellungnahme macht die Erzählung zur Deutung. Es ist vielmehr ein grundlegendes Gestaltgesetz der Erzählkunst, daß schon einer ihrer elementaren Bildungsvorgänge, nämlich die Vergegenwärtigung von Zeitabläufen in einer Spannung von Erzählzeit und erzählter Zeit, deutend wirkt."[66]

d: Raum

Da der Raum in der bisherigen Erzähltheorie eine weit geringere Rolle gespielt hat als die Zeit und da die Untersuchung des Zusammenhangs zwischen Raum und Zeit, der „Verzeitlichung des Raumes" bzw. der „Verräumlichung der Zeit"[67] noch am Anfang steht, gibt es zu diesem Element bisher kaum allgemein anerkannte Klassifizierungen, und eine jüngere Untersuchung kommt zu dem Schluß, „daß der Raum im Erzählwerk, trotz mancher übereinstimmender Züge, doch etwas recht Subjektives ist; weder meßbar wie die Zeit noch in Systemen irgendwelcher Art unterzubringen"[68]. Obwohl Kategorien wie 'erlebter' und 'geplanter' Raum, mythischer, symbolischer und realistischer Raum aus vielfältigen Gründen einer Systematisierung widerstehen, muß der Raum als ein für die Schaffung der Gesamtatmosphäre des Erzählten entscheidendes und überdies außerordentlich verweiskräftiges Element betrachtet werden. Hier sei allein die einfache Unterscheidung zwischen *Innen-* und *Außenräumen* vorgeschlagen.

e: Figur

Generell unterscheidbar sind fiktionale Figuren, die am Ende des Erzählten anders sind als am Anfang, sich also gewandelt haben, und jene, die am Ende genau so sind wie am Anfang, sich also nicht veränderten. Man kann sie als dynamisch und statisch voneinander absetzen, gebräuchlicher sind jedoch die Bezeichnungen *Charaktere* und *Typen*, im englischsprachigen

Raum auch E. M. Forsters Begriffe *round* und *flat characters*.[69] In diesem Zusammenhang ist nachdrücklich die verbreitete Fehleinschätzung zurückzuweisen, daß sich die Figuren in der begrenzten Short Story prinzipiell nicht entwickeln würden, wie sie sich etwa in Doderers Diktum niederschlägt: „Der klassische Fall ist . . . der, daß eine Situation geschildert wird, in die das Schicksal hereinbricht. Der Schluß bleibt offen, Entwicklung ist keine da."[70] Solche Aussage trifft nicht zu, denn gerade in jenen Geschichten, die in einer Joyceschen *epiphany* kulminieren, oder in den für die amerikanische Literatur typischen *stories of initiation* wird ja die Hauptfigur durch eine lebensverändernde Einsicht, einen *shock of recognition* entscheidend gewandelt.[71]

Was die Charakterisierung der Figuren angeht, so gibt es — jeweils weitgehend abhängig von der gewählten Erzählperspektive — folgende Grundmöglichkeiten:

(1) Ein Erzähler charakterisiert seine Figur von außen (Typus: "He was a good-looking man.") und/oder — im Falle seiner Allwissenheit — auch von innen (Typus: "He was an honest man."), greift also direkt ein: *direkte Charakterisierung.*

(2) Eine Figur der erzählten Welt charakterisiert sich selbst durch ihr Handeln, ihren Lebensstil, ihr Sprechen, ihre Gedanken, Gefühle, usw., oder sie charakterisiert eine andere Figur und damit, durch die dabei verwandten Wertmaßstäbe, indirekt auch wieder sich selbst: *indirekte Charakterisierung.*

Das Verhältnis der Figuren eines narrativen Textes zueinander, das im Verlauf der erzählten Handlung unverändert bleiben oder sich wandeln kann, ist die *Figurenkonstellation*, und vielfach wird bereits das Erkennen einer tradierten Konstellation (Außenseiter vs. Gesellschaft, feindliche Brüder, Liebesdreieck, Tutor und Tiro, usw.) einen wichtigen Deutungsansatz liefern.[72]

f: Handlung

Jeder Versuch einer inhaltlichen Gliederung denkbarer Handlungen — etwa Liebes-, Kriegs-, Abenteuer-, Kriminalgeschichte, usw. — muß scheitern. Statt dessen bietet sich auch hier eine elementare Zweiteilung an:

(1) Eine Handlung wird nach dem Prinzip 'und dann . . . und dann . . . und dann . . .' verknüpft. Strukturprinzip ist also die *Addition* von austauschbaren Episoden, die einen bloßen *Stoffzusammenhang* bilden.

(2) Eine Handlung wird nach dem Prinzip 'weil A . . . folgt B . . . daraus ergibt sich C . . .' verknüpft. Strukturprinzip ist also die *Kausalität* nicht austauschbarer Teile, die einen *Sinnzusammenhang* bilden.

Forsters berühmte Beispiele

(1) "The king died, and then the queen died", umkehrbar in "The queen died, before her the king had died", und

(2) "The king died, and then the queen died of grief" bzw. "The queen died, no one knew why, until it was discovered that it was through grief at the death of the king"[73]

machen den Unterschied deutlich, und mit Forster heißt die erste, additive Form *story*, die zweite, kausale Form *plot*.[74] Der naheliegende Einwand, daß solche Unterscheidung für unsere Zwecke überflüssig sei, weil man es bei Short Stories ohnehin nur mit kausal gefügten Handlungen, also *plots* zu tun habe, trifft nur für bestimmte Formen wie eben die *plot story* in der Nachfolge Poes und der Schreibschulen zu, wird bereits bei den *slice-of-life stories* à la Anderson fragwürdig und wird durch zeitgenössische Entwicklungen wie die Anti- und Meta-Stories gänzlich widerlegt.[75]

Eine im aristotelischen Verständnis vollständige Handlung besteht aus den fünf Teilen:

1: Exposition	mit der Funktion	Vorbereitung / Einleitung
2: steigende Handlung		Hinführung / Komplikation
3: Höhepunkt / Umkehr		
4: fallende Handlung		Folgen / Ergebnisse von 3
5: Dénouement		Konfliktlösung.

Diese fünf Teile brauchen gerade in einer Short Story durchaus nicht immer vollständig vorhanden zu sein (eine Story kann etwa expositionslos direkt mit der steigenden Handlung einsetzen, kann auf dem Höhepunkt abbrechen, usw.) und nicht in der eigentlichen Reihenfolge dargeboten zu werden (eine Story kann auf dem Höhepunkt einsetzen und dann die Vorgeschichte nachholen, usw.). Die grundsätzlichen Möglichkeiten der Handlungsabfolge — schon die Antike unterschied das Erzählen *ab ovo* von dem *mediis in rebus* — sind:

(1) Erzählen in chronologischer Abfolge, auch *einlässiges* Erzählen genannt,

(2) Erzählen in umgestellter Abfolge, etwa durch *Rückwendungen* und *Vorgriffe*,

(3) *verschränktes* Erzählen.

Dabei gelten die beiden ersten Möglichkeiten für *Einzelhandlungen* und deren *Phasen,* während die dritte Möglichkeit sich auf *komplexe Handlungen* und deren *Stränge* bezieht. Beispiele für Einzelhandlungen in chronologischer Abfolge sind etwa:

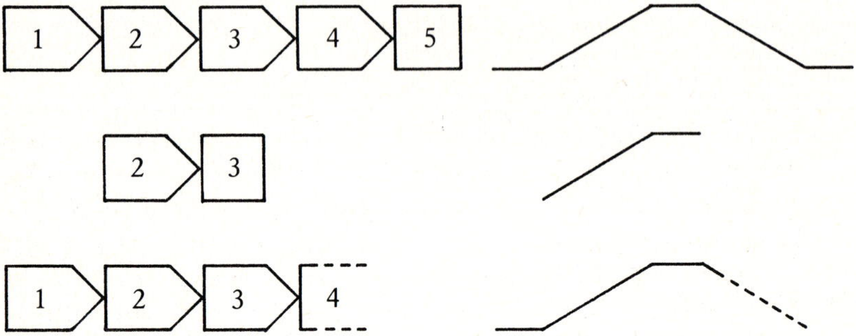

Beispiele für Einzelhandlungen in umgestellter Abfolge sind dagegen:

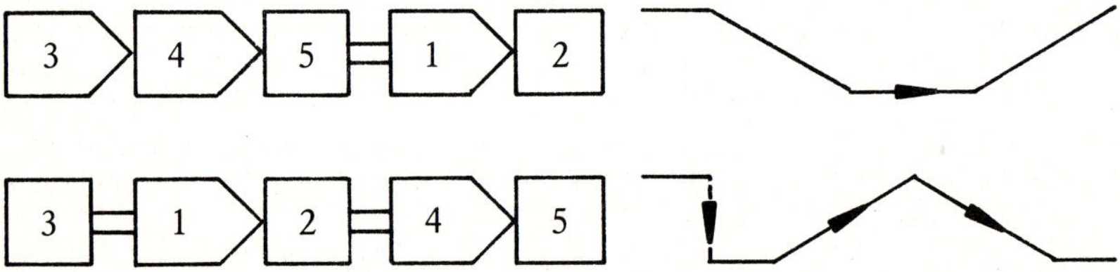

Und ein Beispiel für den komplizierteren, etwa in der Detektiverzählung mit ihren Umblendungen vom Verbrecher zum Detektiv geläufigen komplexen Handlungsverlauf in verschränkter Abfolge wäre:

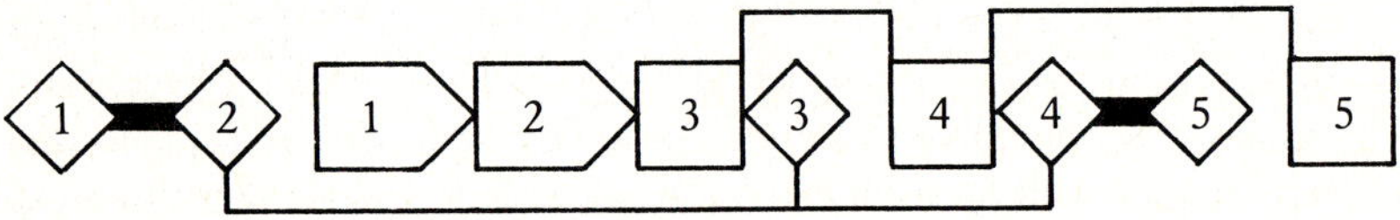

3. Fragenkatalog

Die vorangegangenen, naturgemäß recht unvollständigen und im Blick auf ihre didaktische Relevanz und unterrichtsmethodische Brauchbarkeit ausgewählten Überlegungen zu den konstitutiven Bauelementen fiktionaler narrativer Texte ermöglichen die Erstellung eines Fragenkatalogs und mit ihm die These, daß potentiell jede Short Story in ihren wesentlichen Aspekten analysiert werden könne, wenn diese Fragen — mit der durch den jeweiligen Text erforderlichen Gewichtung — für sie beantwortet werden. Die Fragen werden in englischer Sprache angeboten, um die für den einsprachigen Unterricht erforderliche Terminologie bereitzustellen. Daraus sollte jedoch nicht abgeleitet werden, daß sie ohne weiteres *verbatim* in das je konkrete Unterrichtsgespräch zu übernehmen sind, sondern der Lehrer, der mit ihrer Hilfe seine Vorbereitungen durchführen kann, wird sie im Wissen um die hier nicht zu diskutierende Problematik der Lehrerfrage[76] präzisieren, konkretisieren und, wo erforderlich, umformulieren müssen.

The Narrative Process (Erzählvorgang)

(1) Who is the narrator (*Erzähler*) of the story?

(führt zur Feststellung, ob eine explizit ausgeformte Erzählerfigur vorhanden ist oder ob der implizite Autor die Erzählfunktion übernimmt, es also wie z. B. in Ernest Hemingways "The Killers" "no narrator other than the implicit second self that Hemingway creates as he writes" [77] gibt, und leitet über zu ...)

(2) Which point of view / focus of narration / narrative perspective (*Erzählperspektive*) is adopted?

(führt zur Feststellung, ob eine explizite Erzählerfigur – sei es als Protagonist wie in Robert Penn Warrens "Blackberry Winter", sei es als Zeuge wie in James Baldwins "Sonny's Blues" – zur erzählten Welt gehört; ob überhaupt kein erkennbarer Erzähler vorhanden ist, weil durch das Bewußtsein einer – wie in Bernard Malamuds "The Prison" – oder mehrerer Figuren – wie in Flannery O'Connors "The Displaced Person" – erzählt wird; ob das Erzählen in Annäherung an das Drama auf jedes Medium verzichtet und sich ganz auf die Wiedergabe äußerer Handlungen beschränkt wie in James Purdys "Why Can't They Tell You Why?"; oder ob ein allwissender Autor-Erzähler in der 1. Person – wie in Bret Hartes "The Luck of Roaring Camp" – oder in der 3. Person – wie in den meisten Geschichten O. Henrys – spricht)

(3) Is the narrator reliable or unreliable?

(führt in Verfolgung von Booths Feststellung, "that a fact, when it has been given to us by the author or his unequivocal spokesman, is a very different thing from the same 'fact' when given to us by a fallible character in the story"[78], zur Prüfung der Verläßlichkeit des vorgefundenen Erzählers und bewahrt – vgl. die 'red herrings' in der Detektiverzählung – vor Fehldeutungen, wie sie etwa entstünden, wenn man in Bernard Malamuds "Black Is My Favorite Color" die Aussagen des in seiner Selbsterkenntnis höchst begrenzten Protagonisten-Erzählers unbefragt akzeptierte)

(4) Which mode of presentation (*Erzählweise*) is made use of; if both telling and showing, in what relation?

(führt, in Verbindung mit einer Bestimmung der Perspektive, zu ersten Einblicken in die zumeist durch den Wechsel von szenischer Darstellung und zusammenfassendem Bericht strukturierte Handlungsabfolge – vielfach fungieren präzise Zeitangaben als Signale für darstellende Partien – und ermöglicht, wie sich z. B. an John Henrik Clarkes "The Boy Who Painted Christ Black" zeigen läßt[79], Einsicht in den Aufbau der zu analysierenden Story)

Figures (Figuren)

(5) Are the figures round (*Charaktere*) or flat characters (*Typen*), do they develop or remain unchanged?

(kann u. a. helfen, den Protagonisten einer Story zu erkennen — vgl. den Streit darüber, ob Hemingways "The Killers" Ole Andresons oder Nick Adams' Geschichte sei[80] — und die relative Bedeutung der einzelnen Figuren zu bestimmen, und ist im Zusammenhang zu sehen mit . . .)

(6) What constellation of figures (*Figurenkonstellation*) is presented? Does it alter in the course of action?

(trägt bei zum besseren Verständnis thematischer Zusammenhänge, weil z. B. die Einsicht, daß es sich bei Seymour Glass in J. D. Salingers "A Perfect Day for Bananafish" um den empfindsamen Außenseiter in einer materialistischen Welt, bei Leo Finkle und Stella Salzman in Bernard Malamuds "The Magic Barrel" um eine Variation der biblischen Konstellation von Hosea und der Hure, bei Sonny und seinem Bruder in James Baldwins "Sonny's Blues" um eine Kontrafaktur auf Kains "Am I my brother's keeper ?" und damit um eine Variation des Themas der feindlichen Brüder, bei Jerry Tillford und dem Erzähler von Sherwood Andersons "I Want to Know Why" um die Konstellation von Tutor und Tiro bzw. Mentor und Initiand oder in John A. Williams' "Son in the Afternoon" um eine Variation der Mutter-Sohn-Beziehung handelt, die jeweilige Story in ihr thematisch-motivisches Umfeld einordnet. Macht zugleich deutlich, daß die Handlung als 'Produkt' der Figuren und die Figuren als 'Produkt' der Handlung einander wechselseitig bedingen und daß man auf die von Robert Liddell zu Recht als unsinnig bezeichnete Frage "Which do you think of first, the characters or the plot?"[81], nur mit Henry James antworten kann: "What is character but the determination of incident? What is incident but the illustration of character?"[82])

(7) Which kind of characterization is employed, direct (*direkte*) or indirect (*indirekte*) characterization?

(zeigt, daß die Möglichkeiten der Charakterisierung von der vorliegenden Erzählperspektive und -weise abhängen, daß z. B. selektiv allwissendes, also Erzählen durch das Bewußtsein einer Figur direkte Charakterisierung nicht zuläßt, weil kein expliziter Erzähler vorhanden ist, der direkt eingreifen könnte. Sollte auch im Zusammenhang mit Frage 3 gesehen werden, damit von einem unzuverlässigen Erzähler gelieferte Charakterisierungen mit der gebührenden Vorsicht beurteilt werden)

(8) Which details of the figures have suggestive significance?

(Häufig verwandte suggestive Details sind sprechende Namen und literarische Parallelen — in Bernard Malamuds "Black Is My Favorite Color" geht der schwarze 'Vogel' Ornita Harris [griech. ornis = Vogel] dem Juden Nat Lime nicht auf denselben; in Edgar Allan Poes "The Fall of the House of Usher" erinnert der Name Madeleine Usher nicht zufällig an die biblische Magdalena und an 'ash' = Asche; J. D. Salingers Seymour Glass in "A Perfect Day for

Bananafish" ist ein Mann, der 'mehr sieht' (see more) als andere und zerbrechlich ist wie Glas; Robert Penn Warrens Seth und Jebb aus "Blackberry Winter" erinnern an den Sohn Adams bzw. an den Südstaatengeneral *J*ames *E*well *B*rown Stuart, genannt 'Jeb' —, charakteristische Kleidungsstücke — man denke an die Schuhe in "Blackberry Winter", den "cudgel formed of an oak sapling", den "long polished cane" und den "scarlet petticoat" in Nathaniel Hawthornes "My Kinsman, Major Molineux", Stellas weißes Kleid und rote Schuhe in Bernard Malamuds "The Magic Barrel" oder Ramonas dicke Brillengläser in J. D. Salingers "Uncle Wiggily in Connecticut" —, signifikante Gesten — etwa das 'leg-crossing' in Salingers Stories — oder sprachliche Eigenarten — Lionels Atemschwierigkeiten in J. D. Salingers "Down at the Dinghy" —, persönliche Vorlieben und Abneigungen, usw.)

Action (Handlung)

(9) Does the action form a consistent and causally linked plot (*Sinnzusammenhang*), or do the single episodes merely add up to a loosely knit story (*Stoffzusammenhang*)?

(ermöglicht eine erste Zuordnung der untersuchten Story entweder zum Typ der *well-made story* bzw. *plot story* mit ihrer auf eine Pointe bzw. einen "unique or single effect" à la Poe ausgerichteten Organisation; zum Typ der *slice-of-life story* mit ihrem oft abrupt einsetzenden und abbrechenden Lebens-Abschnitt im Sinne von Andersons Diktum, daß "the plot notion ... poison to all storytelling" sei und durch "form, not plot, an altogether more elusive and difficult thing to come at"[83] ersetzt werden müsse; oder zum Typ der experimentellen Anti- oder Meta-Story mit ihrer gezielten Zerstörung aller vordergründigen Kohärenz)

(10) In what sequence is the action presented, by means of chronological narration (*einlässiges Erzählen*) or by means of reverted narration (*umgestelltes Erzählen*) with the help of flashbacks (*Rückblenden*) or foreshadowing (*Vorausdeutung*)? Does the story consist of the phases (*Phasen*) of a single action (*Einzelhandlung*) or the strands (*Stränge*) of a complex action (*zusammengesetzte Handlung*)? If the latter is the case, how and in what rhythm are the different strands connected?

(ermöglicht, in Fortführung der Antworten auf Frage 4, eine nähere Bestimmung der Handlungsführung der analysierten Story, sollte diese aber immer in bezug auf die thematische Relevanz der vorgefundenen Aufbau- und Verknüpfungsmittel betrachten: die zahlreichen *flashbacks* in Baldwins Stories sind z. B. Ausdruck seiner Überzeugung, "that the past is all that makes the present coherent"[84], und besitzen damit, wie das etwa in "Going to Meet the Man" oder "Sonny's Blues" sehr deutlich wird, thematische Relevanz.[85] Die Möglichkeit einer zusammengesetzten Handlung ist — eine weitere Wechselwirkung — nur bei bestimmten *points of view* gegeben und wird z. B. durch ein Erzählen aus der Perspektive eines *I as protagonist* ebenso ausgeschlossen wie zukunftsgewisse Voraussagen bei nicht allwissenden Erzählern)

(11) What conflict (*Konflikt, auslösendes Moment*) sets the action in motion?

(kann äußerlich — wie der Konflikt zwischen dem Kind Paul und seiner Mutter Ethel in James Purdys "Why Can't They Tell You Why?" — oder innerlich — wie der zwischen widersprechenden Lebensweisen in Eli Peck in Philip Roths "Eli, the Fanatic" — sein; kann im ersten Satz formuliert werden — wie im "Mrs. Zeller opposed her son's beard" in James Purdys "Cutting Edge" — oder erst im Verlauf der Geschichte enthüllt werden — wie in J. D. Salingers "Down at the Dinghy")

(12) How does the story begin, with an exposition (*Exposition*) or an open beginning (*offener Einsatz*)? What is the function of the first sentence?

(während ältere Stories vielfach auf das Geschehen hinführende Einsätze haben — vgl. z. B. "There was once a time when New England groaned . . ." in Nathaniel Hawthornes "The Grey Champion" oder "In the south of Europe . . ." in Herman Melvilles "The Bell-Tower" —, setzen moderne Stories in der großen Mehrzahl der Fälle direkt und unvermittelt ein — vgl. z. B. "When he saw us come in the door the bartender looked up . . ." in Ernest Hemingways "The Light of the World" oder "Helen thought: 'Am I in love again . . .'" in Joyce Carol Oates' "By the River". Der erste Satz — vgl. Poes Diktum, "If his [= the author's] very initial sentence tend not to the outbringing of this effect, then he has failed in his first step."[86] — kann entscheidende Signale setzen wie z. B. das berühmte "None of them knew the color of the sky" in Stephen Cranes "The Open Boat" oder das ebenfalls signifikante "'You are full of nightmares,' Harriet tells me" in James Baldwins "This Morning, This Evening, So Soon"[87].)

(13) How does the story end, with a solution / denouement (*Konfliktlösung*, (*Dénouement*) or an open ending (*offener Schluß*)?

(hier gilt ähnliches wie zu 12, denn im Gegensatz zu den abschließenden Lösungen mancher älterer Stories, die möglicherweise gar 'die Moral von der Geschicht' ausformulieren — man denke an das "It only remains to say . . ." in Nathaniel Hawthornes "Mr. Higginbotham's Catastrophe" oder das "Even to this day . . ." in Washington Irvings "Rip van Winkle" —, bieten moderne Stories meist vieldeutige, offene oder gar abrupte Schlüsse)

Time (Zeit)

(14) How long is the acting time *(erzählte Zeit)* of the story?

(kann die verbreitete Fehleinschätzung widerlegen, daß Kurzgeschichten nur kurze Zeitspannen darstellen, und zur Erkenntnis der „prinzipielle(n) Unabhängigkeit des Stoffumfangs einer Short Story vom Werkumfang"[88] verhelfen. Sollte im Zusammenhang mit der Antwort auf Frage 10 betrachtet werden, denn durch Vorausdeutungen und durch Rückwendungen lassen sich, wie das z. B. in extremer Form in Ambrose Bierces "An Occurrence at Owl Creek Bridge" geschieht, kurze Episoden zu ganzen Lebensgeschichten ausweiten. Sollte überdies in bezug auf Frage 4 gesehen werden, weil die zeitliche Erstreckung des dargestellten Geschehens wesentlich durch die gewählte Erzählweise bestimmt wird.)

(15) Can the action be dated, and will the establishment of an absolute chronology be useful for a better understanding of the story?

(hier gilt, analog zu Frage 20, daß 'zeitlose' Handlungen den Eindruck universaler Gültigkeit auslösen, während datierbare Geschehnisse den Leser veranlassen, seine zeitgeschichtlichen Kenntnisse zu aktivieren und zum Verständnis der Story heranzuziehen. Für das Datierungsverfahren gilt, daß man aufgrund von Daten, Anspielungen, Hinweisen, usw. den *terminus post quem* und den *terminus ante quem* — im Zweifelsfalle das Jahr der Veröffentlichung — bestimmt und den von beiden begrenzten Zeitraum schrittweise weiter zu verkleinern sucht.)

(16) What is the relative chronology of the story, that is, the temporal structure or time scheme (*Zeitstruktur*) of the text?

(eine Antwort komplettiert die Antworten auf Frage 10 und verhilft zu einem Gesamtüberblick über die zeitliche Erstreckung des erzählten Geschehens und die Abfolge seiner Darbietung)

(17) How is time treated, that is, what is the relation between acting time (*eZ*) and narrating time (*EZ*)?[89] Is there compression (*Raffung*) or expansion (*Dehnung*) or a correspondence between acting time and narrating time (*Deckung*)? In what way do these techniques alternate with each other?

(präzisiert u. a. die Antworten auf Frage 4, da die Erzählweise 'Bericht' mit einer Raffung der eZ, die Erzählweise 'szenische Darstellung' dagegen vielfach mit einer Deckung von eZ und EZ einhergeht; hilft die Bedeutung einzelner Szenen zu erkennen, da man davon ausgehen darf, daß berichtende Passagen eher den Übergängen, szenisch dargestellte Passagen dagegen den Höhepunkten gewidmet werden; komplettiert die Antworten auf Fragen 10 und 16)

(18) What is the relation between chronological and psychological time, between time by the clock (*Zeitmessung*) and time by value (*Zeiterlebnis*)?

(ist von besonderer Bedeutung für jene Vielzahl moderner Stories, in denen — häufig mit Mitteln der Bewußtseinsstromtechnik — die objektiv meßbare Zeit gegenüber der individuell erlebten Zeit zurücktritt und das Geschehen aus der Sicht des erlebenden Protagonisten dargestellt wird. Ein frühes Beispiel ist Ambrose Bierces "An Occurrence at Owl Creek Bridge", moderne Beispiele sind James Baldwins "Going to Meet the Man" oder Eudora Weltys "The Demonstrators".)

(19) Is the treatment of time of symbolic value?

(analog zu den Fragen 8 und 23 ist zu prüfen, ob nicht auch Aspekte der Zeit eine symbolische Bedeutung haben, die u. a. dadurch erzeugt werden kann, daß menschliches Geschehen in Parallele gesetzt wird zum jahreszeitlichen Rhythmus des Werdens und Vergehens [vgl. z. B. die Frühling/Sommer — Herbst/Winter-Metaphorik in vielen Stories Bernard Malamuds, die Jahreszeitensymbolik in Eudora Weltys "Livvie" oder die Titelmetaphorik in Robert Penn Warrens "Blackberry Winter" und in Vladimir Nabokovs "Spring in Fialta"])

Space (Raum)

(20) Where does the action take place?

(läßt sich der Schauplatz in der realen Welt lokalisieren – man denke an Robin Molineux' vorrevolutionäres Boston, an Seths Middle Tennessee mit seiner festgefügten Sozialstruktur oder an Sonnys Harlem mit seinen sozialen Problemen –, dann aktiviert der Leser aus seinem Wissen über den jeweiligen Schauplatz wesentliche Verständnishilfen; läßt sich der Schauplatz dagegen nicht lokalisieren – man denke an das Apartmenthaus in Herbert Golds "The Witch" oder das Haus in James Purdys "Why Can't They Tell You Why?", die überall stehen könnten –, dann kann das Geschehen einen repräsentativen, universalen Charakter annehmen. Der Schauplatz kann überdies auch, wie z. B. der integrierte Südstaaten-Bus in Flannery O'Connors "Everything That Rises Must Converge", zentrale thematische Bedeutung gewinnen, und er ist deshalb auch immer in bezug auf Frage 23 zu untersuchen.)

(21) Does the action occur in one place or in several? In the latter case, how are they connected, how does the narration move from one to the other?

(hängt entscheidend von der Erzählperspektive ab – der allwissende Erzähler kann ohne weiteres den Schauplatz wechseln, während beim Erzählen aus dem Bewußtsein eines Charakters ein solcher Wechsel vielfach, wie in James Baldwins "Come Out the Wilderness" oder "Going to Meet the Man", als Ergebnis erinnernder Rückschau erfolgt. Deshalb wird der Schauplatzwechsel auch durch die Zeitgestaltung der jeweiligen Story beeinflußt.)

(22) What is the relation between and the respective function of indoor and outdoor scenes?

(solcher Wechsel gewinnt häufig, etwa im Kontext des Gegensatzes zwischen Natur und Zivilisation, thematische Relevanz, wie z. B. das Gegenüber von negativ besetztem Hotelzimmer und positiv besetztem Badestrand in J. D. Salingers "A Perfect Day for Bananafish")

(23) Do the places of action have a symbolic meaning?

(führt, parallel zu den Antworten auf Frage 8, zur Aufdeckung sinnstiftender Assoziationen und Parallelen. Vgl. etwa die allegorischen Räume, z. B. das Schloß in "The Masque of the Red Death", in den Stories Edgar Allan Poes; die symbolische Bedeutung von Keller und Heizungsofen in James Purdys "Why Can't They Tell You Why?" oder des am Landungssteg vertäuten Bootes in J. D. Salingers "Down at the Dinghy"; die Verweiskraft des Wandschirms und der Tombs in Herman Melvilles "Bartleby" oder des "Clean, Well-lighted Place" in Hemingways gleichnamiger Story; der grabesähnlichen Krämerläden in Bernard Malamuds Gettogeschichten oder der europäischen Schauplätze in den Variationen des *international theme* von Henry James bis zu John Updike. Für eine Lektüre von Malamuds "The Last Mohican" ist es z. B. entscheidend, daß man weiß, was in den "Ardeatine Caves" in Rom geschah; und Saul Bellows "The Gonzaga Manuscripts" erschließt sich in seiner ironischen Verweiskraft nur dem, der Alcala de Henares als den Geburtsort von Cervantes erkennt und damit die versteckten Don Quichote-Parallelen realisiert.)

Setting (Schauplatz/Milieu) and Atmosphere (Atmosphäre)

(die Dimensionen von Zeit und Raum konkretisieren sich in der einzelnen Story als *setting* [working definition: the environment of the action as constituted by time and place] und *atmosphere* [working definition: the general effect or feeling produced by the theme, the characters, the setting, etc. of the story], so daß die vorangegangenen Fragen präziser zu stellen sind als . . .)

(24) In what setting does the action take place?

(der Raum — vgl. Fragen 20-23 —, erweitert um den Aspekt seines spezifischen Zustandes zu einem bestimmten Zeitpunkt, gibt den Akteuren ihren sichtbaren Kontext und definiert das Milieu, in dem die geschilderten Ereignisse ablaufen. Der 'Realismus' von Schauplatz und Milieu hängt ab von der Lokalisierbarkeit in Raum und Zeit — vgl. das unter 20 Gesagte —, und das *setting* einer Story trägt entscheidend zum Gesamteindruck bei, wie sich etwa anhand eines Vergleichs von 'Big City Stories'[90] mit den zumeist in ländlichem Milieu spielenden Stories der 'Southerners' leicht feststellen läßt.)

(25) Do details of the setting have metaphorical significance?

(die Möblierung eines Zimmers kann als Indiz für den Charakter des Menschen dienen, der dieses Zimmer bewohnt; die Marke eines Autos kann einen Kommentar zum Charakter seines Fahrers liefern, usw. Der weiße Jaguar der in einer Villa in Santa Monica lebenden Kay und der kleine Ford des in Watts lebenden Wendell charakterisieren die Akteure von John A. Williams' "Son in the Afternoon" ebenso wie das "pitch black freezing cave", das Susskind in Malamuds "The Last Mohican" als Behausung dient, diese Figur definieren hilft, usw.)

(26) What kind of atmosphere is produced by or evoked in the story? Does it remain constant throughout the story or does it change?

(die Atmosphäre einer Story kann durch den Schauplatz — vgl. den "sense of insufferable gloom", den der Erzähler von Poes "The Fall of the House of Usher" spürt, als er sich dem Schloß des Freundes nähert — oder durch bestimmte Aktionen und Verhaltensweisen der Figuren — vgl. den Misfit in Flannery O'Connors "A Good Man Is Hard to Find" — evoziert werden. Obgleich schwer zu fassen und kaum präzise zu beschreiben, hat die Atmosphäre einer Story einen entscheidenden Einfluß auf die Reaktion des Lesers, wie sich etwa am Genre der 'Schauergeschichte' zeigen läßt.)

The Process of Reception (Lese- bzw. Rezeptionsvorgang)

(27) What kind of reception is suggested, that is, into what attitude does the narrator manoeuvre the reader, what kind of implied reader (*impliziter Leser*) is created by the text?

(hier ist der implizite Leser, also das, was Iser „den im Text vorgezeichneten Aktcharakter des Lesens"[91] nennt, zu eruieren, damit gesehen werden kann, in welche Haltung der konkrete Leser sich zu begeben hat, um eine 'adäquate Rezeption' zu ermöglichen. Beim Leser der konkreten Story vorausgesetzte

Vorkenntnisse, auf die möglicherweise nur implizit angespielt wird, vom Leser zu realisierende Ironiesignale, usw. müssen hier in Betracht gezogen werden. Nach einer für die amerikanische Short Story typischen Eigenart fragt . . .)

(28) Does the narrator employ the technique of direct address to the reader (*direkte Leseranrede*)?

(vgl. die berühmten 'I — you'-Eröffnungen, die in der Nachfolge von Mark Twains "You don't know about me without . . ." [*Huckleberry Finn*] und Herman Melvilles "Call me Ishmael" [*Moby-Dick*] und im Zusammenhang mit dem Gebrauch des *vernacular* den Leser des geschriebenen in einen Zuhörer des gesprochenen Wortes zu verwandeln scheinen und so Unmittelbarkeit, Intimität und direktes Engagement erzeugen. Beispiele sind etwa Mark Twains "The Celebrated Jumping Frog of Calaveras County", Sherwood Andersons "I Want to Know Why", Truman Capotes "My Side of the Matter" oder John Updikes "A & P".)

4. Abschließende Überlegungen

Der vorangegangene Fragenkatalog sollte nicht in der heute vielerorts üblichen Manier als Indiz für ein einseitig 'formalistisches' Verfahren eines 'werkimmanenten' Kritikers abgetan werden, denn die Beantwortung der in ihm zusammengestellten 28 Fragen ist für jede, wie auch immer akzentuierte Literaturbetrachtung eine notwendige Grundlage, weil — wie etwa Adorno formuliert — „nichts, was nicht in den Werken, ihrer eigenen Gestalt ist, . . . die Entscheidung darüber [legitimiert], was ihr Gehalt, das Gedichtete selber, gesellschaftlich vorstellt"[92].

Außerdem ist es selbstverständlich, daß einem solchen Fragenkatalog auf der einen Seite die Fragen nach dem konkreten Autor (biographische, soziale, historische Einflüsse; gattungs-, themen-, motivgeschichtliche Prägungen, usw.) vorangehen und auf der anderen Seite die Fragen nach dem individuellen Leser (Leseanlässe, Einstellungen, Kenntnisstand, usw.) folgen müssen und daß er überdies um einen weiteren Komplex ergänzt werden muß. Nimmt man nämlich die hier nicht eigens thematisierte Selbstverständlichkeit hinzu, daß sich alle bisher angesprochenen Einzelheiten allein im Medium der Sprache verwirklichen, dann ergibt sich neben den genannten sieben ein achter, in einem linguistisch orientierten Modell zu detaillierender Fragenbereich, der nach der Bestimmung von *diction* und *syntax, rhythms* und *onomatopoeic effects* ebenso zu fragen hat wie nach den Erscheinungsformen der *imagery* und der so den erzähltheoretischen Ansatz um die stilistischen Aspekte ergänzt.

Der hier vorgestellte Fragenkatalog ist also sowohl extrinsisch — um literaturhistorische, literatursoziologische, rezeptionsgeschichtliche und andere Aspekte — als auch intrinsisch — um stilistische Aspekte — zu ergänzen.

Aber trotz seiner Unvollständigkeit hat er sich in zahlreichen Seminaren und Schulstunden als ein recht erfolgreiches Mittel zur Texterschließung erwiesen, weil er die elementaren Bausteine, die eine Story konstituieren, und die zwischen ihnen geltenden Bedingungszusammenhänge erkennbar macht. Die zentrale Schwierigkeit der Schüler im Umgang mit fiktionalen narrativen Texten liegt ja erfahrungsgemäß nicht darin, ihnen gestellte Fragen zu beantworten, sondern darin, selbst die erforderlichen und erfolgversprechenden Fragen an den Text zu stellen. Dieser Schwierigkeit versucht der vorliegende Verfahrensentwurf abzuhelfen, indem er für einen zwar begrenzten, aber zentralen und für alle anderen Ansätze grundlegenden Bereich die relevanten Fragen und eine elementare Terminologie bereitstellt. Wird er mit der nötigen Umsicht in den Unterricht eingebracht, so ermöglicht er ein Vorgehen, das auf alle narrativen Texte angewandt, rational demonstriert und überprüft und mit Hilfe einer kritischen Terminologie präzise artikuliert werden kann und das gleichzeitig jedem Schüler genügend Spielraum läßt, sein eigenes Textverständnis zu entwickeln.

Anmerkungen

1 Robert Scholes, "An Approach through Genre", in: Mark Spilka, Hg., *Towards a Poetics of Fiction: Essays from "Novel: A Forum on Fiction", 1967-1976* (Bloomington und London: Indiana U. P., 1977), S. 41.

2 Ebd., S. 42.

3 Vgl. Albert-Reiner Glaap, „Die Praxisrelevanz des anglistischen Studiums aus der Sicht des Studienreferendars", *Neusprachliche Mitteilungen*, 27 (1974), S. 8f. — Interessant sind auch die von Albert-Reiner Glaap, „Zur Fortbildung der Englischlehrer: Defizite und Desiderate", *Der fremdsprachliche Unterricht*, 12, Nr. 3 (1978), S. 51f., gesammelten Erhebungsdaten zum literaturwissenschaftlichen/literaturdidaktischen Veranstaltungsangebot nordrhein-westfälischer Hochschulen, die ihn schließen lassen, „daß moderne Kurzgeschichten und Essays ... in den letzten drei Jahren eindeutig den niedrigsten Stellenwert hatten" (52).

4 Vgl. Rüdiger Schreyer, „Englische Oberstufenlektüre in Nordrhein-Westfalen: Ergebnisse einer Umfrage bei den Studienanfängern der Anglistik im Wintersemester 1975/76", *Neusprachliche Mitteilungen*, 31 (1978), S. 84 und 86.

5 Vgl. Theodor Wolpers, „Die amerikanische *short story* in der Schule: Gesichtspunkte und Vorschläge für eine repräsentative Auswahl", *Die Neueren Sprachen*, N. F. 5 (1956), S. 286-304.

6 Vgl. zur Kanonfrage Peter Freese, „'Literarische' Texte im Englischunterricht der Sekundarstufe II", erscheint in: *Schulreform NRW - Sekundarstufe II: Arbeitsmaterialien und Berichte,* und die dort genannte Literatur.

7 Vgl. Hans-Joachim Lang, „Amerikanische Kurzgeschichten in deutschen Schulausgaben", *Jahrbuch für Amerikastudien*, 8 (1963), S. 92-97; Klaus Lubbers, „Amerikanische Kurzgeschichten, Romane, Gedichte und Dramen in deutschen

Schulausgaben: Kritische Übersicht und Vorschläge", *Die Neueren Sprachen*, N. F. 14 (1965), S. 180-190; Uwe Bruhns, „Amerikanische Literatur und Kulturkunde in deutschen Schulausgaben: Eine Bestandsaufnahme", *Jahrbuch für Amerikastudien*, 14 (1969), S. 324-335; Wolf-D. Weise, „Anthologien britischer und amerikanischer Short Stories für deutsche Schulen — eine Bestandsaufnahme (Stand: Anfang 1977)", *Literatur in Wissenschaft und Unterricht*, 10 (1977), S. 136-144; Horst Groene, im vorliegenden Band, S. 92ff.

8 Wolf-D. Weise, a. a. O., S. 140.

9 Die bisherigen Bände der Reihen „Unterrichtsmodelle für die Sekundarstufe II" (Hirschgraben), „Modelle für den Neusprachlichen Unterricht" (Diesterweg), "Topical Texts" (Klett), "Courses in English" (Bagel), "Britain and America in Focus" (Schöningh) und "Texts for English and American Studies" (Schöningh) enthalten nur hier und da eine versprengte Short Story. Das gilt auch für die Materialien des "Centre for British Teachers in Europe" (Cornelsen). Einen ausdrücklich der Short Story gewidmeten Materialienband neuerer Art gibt es m. W. noch nicht.

10 Hans Galinsky und Klaus Lubbers, *Zwei Klassiker der amerikanischen Kurzgeschichte: Interpretationen zu Edgar Allan Poe und Ernest Hemingway* (Frankfurt: Diesterweg, 1971), S. 5. (der hier zitierte Beitrag erschien zuerst 1958)

11 Zu den Problemen der Einleitung, Annotation, Bearbeitung, usw. vgl. die Untersuchung von Willi Real im vorliegenden Band, S. 118ff.

12 Vgl. Wolf-D. Weise, a. a. O., S. 136.

13 Vgl. die ältere Übersicht von Horst Groene, „Materialien und Hilfsmittel für die Behandlung amerikanischer Short Stories in der Sekundarstufe II", *Der fremdsprachliche Unterricht*, 10, Nr. 1 (1976), S. 55-60, sowie die Beiträge von Rüdiger Ahrens und Horst Groene im vorliegenden Band, S. 11ff. und S. 92ff.

14 Der Entwurf von Eleonore Hombitzer, „Die Erschließung der Short Story im Unterricht: Vorschlag einer Methode", *Der fremdsprachliche Unterricht*, 5, Nr. 3 (1971), S. 2-13, erscheint mir vor allem deshalb nicht überzeugend, weil sie durch ihre Leitfragen "What is presented?" und "How is it presented?" die unselige Form-Inhalt-Trennung perpetuiert.

15 Vgl. Peter Freese, „Die Short Story im Englischunterricht der Sekundarstufe II: Entwurf eines Interpretationsverfahrens", *Der fremdsprachliche Unterricht*, 10, Nr. 1 (1976), S 2-15.

16 Deutscher Bildungsrat, *Strukturplan für das Bildungswesen* (Bonn, 1970), S. 67.

17 Ebd., S. 33.

18 Vgl. z. B. Hans-Eberhard Piepho, *Kommunikative Kompetenz als übergeordnetes Lernziel im Englischunterricht* (Dornburg: Frankonius, 1974), S. 30.

19 Vgl. z. B. die — allerdings ergänzungsbedürftige — Liste von Fachtermini im rheinland-pfälzischen Curriculumsentwurf für die reformierte Sekundarstufe II; oder die Berliner Liste der „Kommunikationsfunktionen und Redemittel", in *Inhaltliche Grundlagen für das Fach Englisch Jahrgangsstufe 7-10,* hg. vom Senator für das Schulwesen Berlin. Stand 1. 8. 1975.

20 Ein Beispiel dafür, was der 1976 vorgelegte 27-teilige Fragenkatalog im konkreten Einzelfall leisten kann, bietet die mithilfe dieses Rasters vorgenommene

Analyse von John A. Williams, "Son in the Afternoon" in Peter Freese, *Growing up Black in America: Stories and Studies of Socialization — Interpretations and Suggestions for Teaching* (Paderborn: Schöningh, 1978), S. 77-105.

21 Hans Robert Jauß, *Literaturgeschichte als Provokation* (Frankfurt: Suhrkamp, 1970), S. 171.

22 Wolfgang Iser, *Der Akt des Lesens: Theorie ästhetischer Wirkung* (München: Fink, 1976), S. 39.

23 Hans Robert Jauß, „Der Leser als Instanz einer neuen Geschichte der Literatur", *Poetica*, 7 (1975), S. 335.

24 Vgl. Peter Freese, „Aufgaben und Schwierigkeiten einer fremdsprachlichen Literaturdidaktik", in: Peter Freese und Liesel Hermes, Hgg., *Der Roman im Englischunterricht der Sekundarstufe II: Theorie und Praxis* (Paderborn: Schöningh, 1977), S. 14-18.

25 Vgl. etwa die Sammelbände: Gunter Grimm, Hg., *Literatur und Leser: Theorien und Modelle zur Rezeption literarischer Werke* (Stuttgart: Reclam, 1975); Rainer Warning, Hg., *Rezeptionsästhetik: Theorie und Praxis* (München: Fink, 1975); Hartmut Heuermann, Peter Hühn und Brigitte Röttger, Hgg., *Literarische Rezeption: Beiträge zur Theorie des Text-Leser-Verhältnisses und seiner empirischen Erforschung* (Paderborn: Schöningh, 1975).

26 Edgar Allan Poe, "Nathaniel Hawthorne: *Twice-Told Tales*", in: Hans Bungert, Hg., *Die amerikanische Short Story: Theorie und Entwicklung* (Darmstadt: WBG, 1972), S. 4 und 3.

27 Heinrich F. Plett, „Text und kommunikative Differenz", *Die Neueren Sprachen*, N. F. 23 (1974), S. 34.

28 Heinrich F. Plett, *Textwissenschaft und Textanalyse: Semiotik, Linguistik, Rhetorik* (Heidelberg: Quelle & Meyer, 1975), S. 80.

29 Vgl. Rainer Warning, „Rezeptionsästhetik als literaturwissenschaftliche Pragmatik", in: Ders., Hg., a. a. O., S. 24.

30 Peter Freese, „Aufgaben und Schwierigkeiten einer fremdsprachlichen Literaturdidaktik", S. 16.

31 Vgl. Anm. 23.

32 Vgl. die Aufsätze von Bradbury, Lodge, Kermode, Barbara Hardy, Scholes und Eleanor Hutchens in *Towards a Poetics of Fiction*, S. 3-61.

33 Gunter Grimm, *Rezeptionsgeschichte: Grundlegung einer Theorie — mit Analysen und Bibliographie* (München: Fink, 1977), S. 32.

34 E. D. Hirsch, Jr., *Prinzipien der Interpretation* (München: Fink, 1972), S. 100.

35 Jonathan Culler, "Towards a Theory of Non-Genre Literature", in: Raymond Federman, Hg., *Surfiction: Fiction Now . . . and Tomorrow* (Chicago: Swallow, 1975), S. 255.

36 Klaus Lubbers, *Typologie der Short Story* (Darmstadt: WBG, 1977), S. 16.

37 Jacques Souvage, *An Introduction to the Study of the Novel: With Special Reference to the English Novel* (Gent: E. Story-Scientia P.V.B.A., 1965), führt rund 2.200 Arbeiten zur Erzähltheorie auf; Wolfgang Haubrichs, Hg., *Erzählforschung 1: Theorien, Modelle und Methoden der Narrativik. Mit einer Auswahlbibliographie zur*

Erzählforschung (Göttingen: Vandenhoeck & Ruprecht, 1976), informiert über neuere Arbeiten.

38 Zur Kritik am „weitverbreitete[n] Vorurteil, ... daß die Short Story eine moderne Erzählform eigener Art und eine amerikanische Erfindung" sei, vgl. auch Alfred Weber, „Amerikanische Theorien der Kurzgeschichte: Vorbemerkungen zu einer historischen Poetik der Short Story", in: Paul Goetsch, Hg., *Studien und Materialien zur Short Story* (Frankfurt: Diesterweg, 1971), S. 9.

39 Paul Goetsch, „Probleme und Methoden der Short-Story-Interpretation", in: Ders., Hg., a. a. O., S. 27.

40 Käte Friedemann, *Die Rolle des Erzählers in der Epik* (Darmstadt: WBG, 1969; Nachdruck der Ausgabe Berlin 1910), S. 3.

41 Herman Meyer, „Raum und Zeit in Wilhelm Raabes Erzählkunst", in: Volker Klotz, Hg., *Zur Poetik des Romans* (Darmstadt: WBG, 1965), S. 239. (zuerst 1953)

42 Rolf Grimminger, „Abriß einer Theorie der literarischen Kommunikation", *Linguistik und Didaktik*, 13 (1973), S. 12.

43 Dieter Janik, *Die Kommunikationsstruktur des Erzählwerks: Ein semiologisches Modell* (Bebenhausen: Rotsch, 1973), S. 13.

44 Vgl. Wilfried Thürmer, „Anmerkungen zum Problem des Kommunikationsbegriffs beim Umgang mit Literatur", *Diskussion Deutsch*, 6 (1975), S. 559-568.

45 Vgl. Wayne C. Booth, *The Rhetoric of Fiction* (Chicago und London: U. of Chicago P., 7. Aufl., 1967), S. 71-76 und S. 211-221.

46 Ebd., S. 71.

47 Wolfgang Kayser, *Entstehung und Krise des modernen Romans* (Stuttgart: Metzler, 3. Aufl., 1961), S. 17.

48 Wolfgang Iser, *Der implizite Leser: Kommunikationsformen des Romans von Bunyan bis Beckett* (München: Fink, 1972), S. 8f.

49 Harald Weinrich, „Für eine Literaturgeschichte des Lesers", in: Ders., *Literatur für Leser: Essays und Aufsätze zur Literaturwissenschaft* (Stuttgart: Kohlhammer, 1971), S. 28. — Vgl. zu diesem Aspekt, den Wolfgang Kayser schon 1957 in „Wer erzählt den Roman?", *Neue Rundschau*, S. 444-459, ansprach, etwa John Preston, *The Created Self: The Reader's Role in Eighteenth-Century Fiction* (London: Heineman, 1970), oder neuere Aufsätze wie Erwin Wolff, „Der intendierte Leser: Überlegungen und Beispiele zur Einführung eines literaturwissenschaftlichen Begriffs", *Poetica*, 4 (1971), S. 141-166, bzw. Karl Maurer, „Formen des Lesens", *Poetica*, 9 (1977), S. 472-498, und die dort genannte Literatur.

50 Hannelore Link, *Rezeptionsforschung: Eine Einführung in Methoden und Probleme* (Stuttgart: Kohlhammer, 1976), S. 23.

51 Jürgen H. Petersen, „Kategorien des Erzählens: Zur systematischen Deskription epischer Texte", *Poetica*, 9 (1977), S. 168.

52 Franz K. Stanzel entwickelte dieses Konzept in *Die typischen Erzählsituationen im Roman: Dargestellt an "Tom Jones", "Moby-Dick", "The Ambassadors", "Ulysses" u. a.* (Wien und Stuttgart: Wilhelm Braumüller, 1955), und stellte es erneut vor in *Typische Formen des Romans* (Göttingen: Vandenhoeck & Ruprecht, 1964; 7. Aufl., 1974).

53 Jürgen H. Petersen, a. a. O., S. 186.

54 Vgl. vor allem die berühmte Definition zu Beginn des XVI. Kapitels von *Laokoon oder über die Grenzen der Malerei und Poesie.*

55 Eberhard Lämmert, *Bauformen des Erzählens* (Stuttgart: Metzler, 2. Aufl., 1967), S. 19.

56 Vgl. Günther Müller, *Die Bedeutung der Zeit in der Erzählkunst* (Bonn: H. Köllen, 1947), und seine weiteren Arbeiten zu diesem Aspekt, gesammelt in: *Morphologische Poetik* (Darmstadt: WBG, 1968). — Eine informative Sammlung anderer Untersuchungen zu dieser Frage ist Alexander Ritter, Hg., *Zeitgestaltung in der Erzählkunst* (Darmstadt: WBG, 1978). — Die von Jonathan Raban, *The Technique of Modern Fiction: Essays in Practical Criticism* (London: Edward Arnold, 1968), S. 56, eingeführten englischen Entsprechungen *acting time* (= eZ) und *reading time* (= EZ) sind nicht glücklich, weil letztere eben jene Verwechslung mit der individuell verschiedenen „Lesezeit" nahelegt, vor der Müller mehrfach warnt.

57 Percy Lubbock, *The Craft of Fiction* (London: Jonathan Cape, 16. Aufl., 1960), S. 73.

58 Norman Friedman, "Point of View in Fiction: The Development of a Critical Concept", *Publications of the Modern Language Association*, 70 (1955), S. 1180.

59 Überzeugende Vorschläge zur Überwindung der Mehrdeutigkeit des Begriffs macht Robert Weimann, „Erzählerstandpunkt und *point of view:* Zur Geschichte und Ästhetik der Perspektive im englischen Roman", *Zeitschrift für Anglistik und Amerikanistik*, 10 (1962), S. 369-416. — Vgl. auch Inge Diersen, „Darbietungsformen des Erzählens", *Weimarer Beiträge*, 13 (1967), S. 630-660.

60 Vgl. Norman Friedman, a. a. O., S. 1168. — Auch die Übersicht auf S. 52 schließt sich weitgehend an seine Ausführungen an.

61 Die von James Moffett und Kenneth R. McElheny besorgte Sammlung *Points of View: An Anthology of Short Stories* (New York: Signet, o. J.). ordnet rund 40 Kurzgeschichten nach 11 verschiedenen Erzählperspektiven, benutzt allerdings ein anderes als das hier vorgeschlagene Kategoriensystem.

62 Franz K. Stanzel, *Typische Formen des Romans*, S. 11.

63 Percy Lubbock, a. a. O., S. 67.

64 Zur erlebten Rede (*substitutionary narration*) vgl. etwa die gelungene schulbezogene Darstellung von Hans-Joachim Lechler, „Die erlebte Rede in moderner englischer Prosa", *Der fremdsprachliche Unterricht*, 5, Nr. 2 (1971), S. 65-78; zum Bewußtseinsstrom vgl. das Standardwerk von Robert Humphrey, *Stream of Consciousness in the Modern Novel* (Berkeley: U. of California P., 8. Aufl., 1972).

65 Vgl. Eberhard Lämmert, a. a. O., S. 82-94.

66 Günther Müller, *Die Bedeutung der Zeit in der Erzählkunst*, S. 20.

67 Vgl. Hubert Ohl, „'Verzeitlichung des Raumes' und 'Verräumlichung der Zeit'", in: Alexander Ritter, Hg., a. a. O., S. 229-246.

68 Bruno Hillebrand, *Mensch und Raum im Roman: Studien zu Keller, Stifter, Fontane* (München: Winkler, 1971), S. 18. — Vgl. zum Problem des Raums im Erzählen auch den Sammelband von Alexander Ritter, Hg., *Landschaft und Raum in der Erzählkunst* (Darmstadt: WBG, 1975), und J. De Cort, „Das Raumgefüge als

Gestaltungselement in der epischen Dichtung", *Archiv für das Studium der Neueren Sprachen und Literaturen,* 207 (1971), S. 321-340.

69 Vgl. Edward Morgan Forster, *Aspects of the Novel* (London: Edward Arnold, 5. Aufl., 1960), S. 65ff., bes. S. 75: "The test of a round character is whether it is capable of surprising us in a convincing way. If it never surprises, it is flat."

70 Klaus Doderer, „Die angelsächsische 'short story' und die deutsche Kurzgeschichte", in: Hans Bungert, Hg., a. a. O., S. 176. (zuerst 1953)

71 Vgl. meinen Beitrag über *stories of initiation* im vorliegenden Band, S. 206ff.

72 Genauere Differenzierungsversuche zum Element 'Figur' finden sich etwa bei W. J. Harvey, *Character and the Novel* (London: Chatto & Windus, 1965).

73 Vgl. Edward Morgan Forster, a. a. O., S. 27-42 und 80-98.

74 Vgl. auch Ronald S. Crane, "The Concept of Plot and the Plot of *Tom Jones*", in: Ders., *Critics and Criticism: Ancient and Modern* (Chicago: U. of Chicago P., 1952), S. 616-647, der "plots of action, plots of character, plots of thought" unterscheidet; und Norman Friedman, "Forms of the Plot", *Journal of General Education*, 8 (1955), S. 241-253, der diese Dreiheit weiter in 14 — allerdings kaum noch anwendbare — Untergruppen gliedert.

75 Vgl. Peter Freese, „Die Story ist tot, es lebe die Story: Von der Short Story über die Anti-Story zur Meta-Story der Gegenwart", in: Hans Bungert, Hg., *Die amerikanische Literatur der Gegenwart: Aspekte und Tendenzen* (Stuttgart: Reclam, 1977), S. 228-251; sowie die Einleitung und die einzelnen Beiträge in Peter Freese, Hg., *Die amerikanische Short Story der Gegenwart: Interpretationen* (Berlin: Schmidt, 1976).

76 Vgl. etwa Meredith D. Gall, "The Use of Questions in Teaching", und Penny Blackie, "Asking Questions", in: Amelia Melnik und John Merritt, Hgg., *The Reading Curriculum* (London: U. of London P., 2. Aufl., 1975), S. 344-359 und 360-377; und Wilfried Brusch und Klaus H. Köhring, „Von der Textentschlüsselung zur Textverarbeitung", *Der fremdsprachliche Unterricht*, 10, Nr. 3 (1976), S. 6ff.

77 Wayne C. Booth, a. a. O., S. 151.

78 Ebd., S. 175.

79 Vgl. Peter Freese, *Growing up Black in America . . .*, S. 132-134.

80 Vgl. z. B. Cleanth Brooks und Robert Penn Warren, *Understanding Fiction* (New York: Appleton-Century-Crofts, 2. Aufl., 1959), S. 305, ". . . it is Nick's story"; und Robert Daniel, "Hemingway and His Heroes", *Queens Quarterly*, 54 (1947), S. 472, ". . . it is Nick's story"; mit Oliver Evans, "The Protagonist of Hemingway's 'The Killers'", *Modern Language Notes*, 73 (1958), S. 591, ". . . Nick cannot be the protagonist".

81 Robert Liddell, *A Treatise on the Novel* (London: Jonathan Cape, 1960), S. 72.

82 Henry James, "The Art of Fiction", in: Ders., *Selected Literary Criticism*, hg. von Morris Shapira (Harmondsworth: Penguin, 1968), S. 88.

83 Sherwood Anderson, *A Story-Teller's Story* (New York: B. W. Huebsch, Inc., 1924), S. 352.

84 James Baldwin, *Notes of a Native Son* (London: Corgi, 1969), S. 4.

85 Vgl. die Interpretationen und graphischen Darstellungen der Handlungsführung von "Going to Meet the Man" in Peter Freese, *Die amerikanische Kurzgeschichte nach 1945: Salinger, Malamud, Baldwin, Purdy, Barth* (Frankfurt: Athenäum, 1974), S. 313-318, und von "Sonny's Blues" in Peter Freese, „Eine Jugend in Harlem: James Baldwins 'Sonny's Blues' als Ausgangstext eines Kurses zur amerikanischen Rassenfrage", *Der fremdsprachliche Unterricht*, 11, Nr. 2 (1977), S. 16-26.

86 Edgar Allan Poe, "Nathaniel Hawthorne: *Twice-Told Tales*", S. 4.

87 Vgl. zu den Strategien der Short-Story-Eröffnung Paul Goetsch, „Materialien zum Anfang der Short Story", in: Ders., Hg., a. a. O., S. 134-145.

88 Klaus Lubbers, a. a. O., S. 54.

89 Vgl. Anm. 56. — Rabans *reading time* wird hier durch *narrating time* ersetzt, um Verwechslungen mit der 'Lesezeit' zu vermeiden.

90 Vgl. z. B. die von Tom und Susan Cahill besorgte Anthologie *Big City Stories by Modern American Writers* (New York: Bantam, 1971), und die Feststellung der Herausgeber: "There are such things as city writers. In their work the city, whether celebrated or damned, is not merely the backdrop for the action, but a real presence. The urban environment exerts a strong influence on the shape and style of their art and plays an actor's role in the movement of the story." (viii)

91 Vgl. Anm. 48.

92 Theodor W. Adorno, „Rede über Lyrik und Gesellschaft", in: Ders., *Noten zur Literatur I* (Frankfurt: Suhrkamp, 1958), S. 76.

Horst Groene

Short-Story-Theorien im Englischunterricht der Sekundarstufe II

1. Vorbemerkung

Während in den letzten 25 Jahren, wie Rüdiger Ahrens aufgezeigt hat[1], didaktisch-methodische Überlegungen zur Interpretation von Short Stories im EU recht häufig anzutreffen sind, fehlen Darlegungen zur Arbeit mit Short-Story-Theorien völlig. Dies ist nicht weiter verwunderlich, denn für den EU wurde die eingehende Beschäftigung mit einzelnen literarischen Gattungen einschließlich ihrer Theorie wohl erst durch das Kurssystem der reformierten Oberstufe möglich. Seit literarisch orientierte Leistungskurse sich ein halbes Jahr lang intensiv mit ein oder mehreren Genera befassen[2], steht auch ausreichend Zeit zur Verfügung, Texte zur Gattungstheorie zu analysieren. Als Behandlung von Sekundärliteratur entspricht ein solches Vorgehen der Forderung nach wissenschaftspropädeutischem Arbeiten auf der reformierten Oberstufe[3], zudem ermöglicht die Eingabe kürzerer theoretischer Ausführungen Variationen im Unterrichtsverfahren. Darüber hinaus lassen sich mehrere literaturdidaktische Begründungen anführen, die den punktuellen Einsatz von Gattungstheorie, im vorliegenden Falle von Short-Story-Theorie, als gerechtfertigt erscheinen lassen. Bevor Einzelheiten dargelegt werden können, ist allerdings eine Aufstellung und Kategorisierung der vorhandenen unterschiedlichen Materialien notwendig.

2. Studien zur Short-Story-Theorie

Bei der folgenden Auflistung von Abhandlungen zur Short-Story-Theorie, die die Grundlage der weiteren Ausführungen bilden, sind nur Bücher berücksichtigt, die in den letzten 25 Jahren von deutschen Verlagen herausgebracht wurden. Diese Publikationen enthalten alle wichtigen Äußerungen zur Short-Story-Theorie, die für den EU relevant sein könnten, so daß auf die Berücksichtigung der im Ausland veröffentlichten, schwerer zugänglichen Werke verzichtet werden kann. Für Interessenten seien hier aber drei nützliche Werke des englischsprachigen Raumes zumindest erwähnt. Die erste umfangreiche Sammlung von Theorietexten boten

Eugene Current-García und Walton R. Patrick in dem Band *What Is the Short Story?* (Chicago: Scott, Foresman & Co, 1961), der z. Zt. in der zweiten, leicht revidierten Auflage des Jahres 1974 erhältlich ist. Eine neuere Anthologie, die auch bekannte Standardtexte enthält, stellte Charles E. May zusammen in *Short Story Theories* (Athens: Ohio U. P., 1976). Das deutsche Gegenstück zu diesen beiden Sammlungen ist der von Bungert edierte, nachfolgend aufgeführte Band *Die amerikanische Short Story.* Sodann hat der Methuen Verlag in der Serie "The Critical Idiom" eine kürzere, 70 Seiten lange Monographie herausgebracht, die sich besonders mit der Abgrenzung der Short Story von anderen Prosaformen befaßt: Ian Reids *The Short Story* (1977).

Berücksichtigung finden in der folgenden Aufstellung einige Werke zur (deutschen) Kurzgeschichte, deren Autoren die Short Story/Kurzgeschichte als internationales Phänomen betrachten und deren allgemein gehaltene Ergebnisse selbst dort, wo nur Textbeispiele des deutschen Kulturraumes zugrunde gelegt wurden, auf anglo-amerikanische Short Stories übertragbar sind.[4] Entsprechend dem weithin üblichen Sprachgebrauch werden im folgenden die Begriffe 'Short Story' und 'Kurzgeschichte' synonym verwandt. Aus Gründen der Praktikabilität sind vorwiegend Monographien und Sammelbände aufgeführt; sie sind ohne Schwierigkeiten für die Privat- oder Lehrerbibliothek beschaffbar.

2.1 Monographien und Einzeldarstellungen

Klaus Doderer. *Die Kurzgeschichte in Deutschland: Ihre Form und ihre Entwicklung.* Darmstadt: WBG, 2. erw. Aufl., 1969, 5. Aufl., 1977, 103 S., 1969 mit einer Vorbemerkung, 1977 mit bibliographischen Ergänzungen 1951-1976. (zuerst 1953)
Textgrundlage: deutsche Kurzgeschichten des 19. und 20. Jahrhunderts.

Ruth J. Kilchenmann. *Die Kurzgeschichte: Formen und Entwicklung.* Stuttgart: Kohlhammer, 1967, 5. Aufl., 1978, 218 S. (Sprache und Literatur 37)
Textgrundlage: europäische, insbesondere deutsche, und amerikanische Kurzgeschichten.

Ludwig Rohner. *Theorie der Kurzgeschichte.* Frankfurt: Athenäum, 1973, 283 S. (Schwerpunkte Germanistik)
Textgrundlage: deutsche Kurzgeschichten, vorwiegend aus der Nachkriegszeit.

Klaus Lubbers. *Typologie der Short-Story.* Darmstadt: WBG, 1977, 216 S. (Impulse der Forschung 25)
Textgrundlage: amerikanische, anglo-irische und englische Short Stories des 19. und 20. Jahrhunderts.

Peter Freese: „Die Story ist tot, es lebe die Story: Von der Short Story über die Anti-Story zur Meta-Story der Gegenwart". In: Hans Bungert, Hg. *Die amerikanische Literatur der Gegenwart.* Stuttgart, Reclam. 1977, S. 228-251.
Textgrundlage: amerikanische Short Stories der sechziger und siebziger Jahre.

2.2 Sammelbände

Paul Goetsch, Hg. *Studien und Materialien zur Short Story.* Frankfurt: Diesterweg, 1971, 2. Aufl., 1973, 171 S. (Schule und Forschung 15) 3 Beiträge deutscher Autoren zur Short-Story-Theorie, 3 Quellensammlungen, Interpretationen, kommentierte Auswahlbibliographie.

Hans Bungert, Hg. *Die amerikanische Short Story: Theorie und Entwicklung.* Darmstadt: WBG, 1972, 431 S. (Wege der Forschung CCLVI) 17 Beiträge deutsch- und englischsprachiger Autoren zur Short-Story-Theorie, 5 Beiträge zur Gattungsgeschichte, 1 Interpretation unter gattungstypologischen Aspekten.

Alfred Weber und Walter F. Greiner, Hgg. *Short-Story-Theorien (1573-1973): Eine Sammlung und Bibliographie englischer und amerikanischer Quellen.* Kronberg: Athenäum, 1977, 284 S. (Athenäum Tb Literaturwissenschaft)
103 Beiträge, meist in Auszügen, in der überwiegenden Mehrzahl verfaßt von Short-Story-Autoren; kommentierte Bibliographie.

Hans-Christoph Graf von Nayhauss, Hg. *Theorie der Kurzgeschichte.* Stuttgart: Reclam, 1977, 95 S. (Arbeitstexte für den Unterricht) 16 Beiträge deutscher Autoren, in der Mehrzahl Schriftsteller, überwiegend in Auszügen.

Für die nachfolgende Aufschlüsselung dieser Materialien werden als Abkürzung für die unter 2.1 genannten Werke die Nachnamen der Verfasser, für die unter 2.2 aufgelisteten Sammelbände die folgenden (Kurz-)Titel verwandt: *Studien und Materialien, Die amerikanische Short Story, Short-Story-Theorien, Theorie der Kurzgeschichte.* Die Quellenangaben stehen aus Gründen der Praktikabilität meist im laufenden Text.

3. Formen der Short-Story-Theorie: Autoren und ihre Intentionen

In Übereinstimmung mit den vorliegenden Materialien wird der weitere Theoriebegriff zugrunde gelegt. Nicht nur umfassende, systematische, wissenschaftlich ausgerichtete Studien sollen Berücksichtigung finden, sondern auch Rezensionen, Artikel aus Zeitungen und Massenzeitschriften, Vorworte und andere Abhandlungen, „in denen von einem Autor eine verallgemeinernde oder ins Allgemeine zielende begriffliche Aussage über das Phänomen Short Story gemacht wird"[5]. Bei so unterschiedlichen Darstellungsformen erscheint es notwendig, die systematisierende Beschreibung der vorliegenden Materialien nicht auf die Inhalte zu beschränken, sondern auch nach Autoren und ihren Intentionen zu unterscheiden. Insbesondere im Hinblick auf wissenschaftspropädeutisches Arbeiten erscheint eine solche Klassifizierung wünschenswert, da es für die Aus- und Bewertung eines Textes von erheblicher Bedeutung ist, ob etwa eine deskriptive Analyse eines Literaturwissenschaftlers oder eine subjektiv wertende Stellungnahme eines Schriftstellers vorliegt.

Zur Beschreibung von Verfasserintention und Darstellungsweise ist die Dichotomie von 'normativ-präskriptiv' und '(historisch-) deskriptiv' in der Fachliteratur weit verbreitet[6]; Weber und Greiner betonen überdies den Unterschied zwischen praxisbezogener Autoren-Theorie und den Äußerungen von Kritikern und Literaturwissenschaftlern.[7] In Kombination dieser Ansätze erscheint eine weitergehende Präzisierung angebracht, die nach vier Verfassergruppen unterscheidet: Short-Story-Autoren, Literaturkritiker, 'Literaturlehrer', Literaturwissenschaftler.

Äußerungen von Short-Story-Autoren sind in den vorliegenden Texten am häufigsten anzutreffen. Sie sind enthalten in der Anthologie *Short-Story-Theorien*, in den Quellensammlungen des Bandes *Studien und Materialien*[8], im Reclam-Arbeitsheft *Theorie der Kurzgeschichte*, hier insbesondere im ersten Teil, und in *Die amerikanische Short Story* (die Beiträge von Poe, Howells, Welty, Bender).[9] Sie entstammen Vorworten zu Short-Story-Sammelbänden, Interviews, Zeitungs- und Zeitschriftenartikeln, Symposien usw. Grundlegendes Merkmal dieser Ausführungen ist die Fundierung in der eigenen Erfahrung. Ein Teil der Autoren nimmt auch ausdrücklich Bezug auf die eigenen Werke und macht Angaben zur Schaffensweise, bei anderen sind verallgemeinernde Aussagen und Wertungen durch die persönliche Kompositionsweise beeinflußt. Der Umfang der Ausführungen ist auf eine vergleichsweise geringe Seitenzahl begrenzt, der Stil eher essayhaft. Die z. T. recht weitreichenden verallgemeinernden Aussagen über Wesensmerkmale der Short Story werden zumeist als Ausdruck der persönlichen Meinung und damit als bewußt subjektive Stellungnahme verstanden. Die Zahl der als Beispiel angeführten Short Stories ist dementsprechend gering.

Äußerungen von Literaturkritikern in der Form von Rezensionen oder Zeitungs- und Zeitschriftenartikeln machen nur einen geringen Teil der vorliegenden Materialien aus. Als Beispiele könnten angeführt werden die als anonym ausgewiesenen Beiträge in der Anthologie *Short-Story-Theorien* und die Aufsätze von Canby, Baker, Overstreet und Brickell in *Die amerikanische Short Story*. Die Ausführungen sind gleich denen der Short-Story-Autoren durch umfangsmäßige Begrenzung, eine mehr essayhafte Schreibweise und Generalisierung auf der Basis weniger Einzelbeispiele gekennzeichnet. Bei Werturteilen sind allerdings Bemühungen um 'objektivere' Kriterien erkennbar, da die Autoren sich nicht auf ihr eigenes Schaffen berufen können.

Abhandlungen von 'Literaturlehrern', die in der Zeit von 1900 bis 1930 ihre größte Verbreitung fanden, sind in den U. S. A. und auch in Großbritannien in großer Zahl veröffentlicht worden. In den vorliegenden Materialien ist leider nur ein Text enthalten, der dieser Form sehr nahekommt: der

Beitrag von Melville D. Post in *Short-Story-Theorien* (S. 92-94). Allerdings ist diese Art von Theorie bei anderen Autoren als negatives Gegenbild implizit enthalten, besonders deutlich in James T. Farrells kritischen Äußerungen zur *plot story*, die in *Studien und Materialien* (S. 127-131) und *Short-Story-Theorien* (S. 127-130) abgedruckt sind.[10] Kennzeichen dieser Art von Theorie ist die Aufstellung fester Regeln zur Abfassung von Short Stories. Die gattungspoetologischen Überlegungen nehmen z. T. sogar Rekurs auf klassische Autoren wie Aristoteles (und Poe), aber die daraus abgeleiteten normativen Setzungen entspringen nicht einem literarischen bzw. literaturwissenschaftlichen Interesse, sondern einem pragmatisch-kommerziellen. Die 'Schüler' sollen die Technik des Short-Story-Schreibens erlernen, um ihre Produkte für gutes Geld an Massenzeitungen und -zeitschriften verkaufen zu können. Die Titel der Werke von Joseph Berg Esenwein — *Writing the Short-Story: A Practical Handbook on the Rise, Structure, Writing, and Sale of the Modern Short-Story* (New York, 1909) — und R. F. Forster — *How to Write and Sell Short Stories* (London, 1926) — sprechen für sich. Diese für den Massenkonsum verfaßten Geschichten haben dann auch die Bezeichnung *commercial story* erhalten zur Unterscheidung von der künstlerisch seriösen *non-commercial story*. Die Verfasser solcher Anleitungen sind nicht selten College- und Universitätsdozenten, die in ihren Institutionen entsprechende Kurse in *creative writing/short story writing* abhielten bzw. abhalten.[11]

Literaturwissenschaftliche Studien sind bei den vorliegenden Materialien recht häufig anzutreffen; es handelt sich um die unter 2.1 aufgeführten Abhandlungen, die Mehrzahl der Beiträge in *Die amerikanische Short Story*, die Auszüge im zweiten Teil von *Theorie der Kurzgeschichte* und die ersten drei Aufsätze in *Studien und Materialien*. Die Literaturwissenschaftler sind sich einig in der Ablehnung einer normativen Poetik, wie sie die marktorientierten Schreibschulen formulieren, und versuchen deskriptiv-analysierend auf breiter Textbasis Wesenszüge der Short Story herauszuarbeiten. Im Gegensatz zu den Äußerungen vieler Literaturkritiker und Short-Story-Autoren werden verallgemeinernde Aussagen mit gegebener Vorsicht formuliert in dem Bewußtsein, daß die Ergebnisse (literatur-)wissenschaftlicher Studien hypothetischen Charakter haben, sich stets der Überprüfung am Einzelwerk stellen müssen und möglicherweise auf Grund neuerer Entwicklungen zu modifizieren sind. Allerdings sind die Ergebnisse von der Sachkenntnis des Verfassers und vom ausgewählten Textkorpus abhängig, so daß sich trotz der Bemühungen um wissenschaftliche Exaktheit Mängel einschleichen können.[12] Äußeres Kennzeichen literaturwissenschaftlichen Arbeitens ist die Einbringung ergänzender Informationen in Fußnoten.

Die vier hier skizzierten, verfasserbezogenen Äußerungsformen der Short-Story-Theorie finden sich in 'Reinform' in den vorliegenden Materialien, daneben sind, wie stets im Bereich von Literatur und Literaturwissenschaft, Übergänge und Mischformen zu konstatieren. Dies betrifft insbesondere die Aussagen von Short-Story-Autoren, bei denen eine Abgrenzung zur Betätigung als Rezensent/Literaturkritiker nicht immer möglich ist. In Einzelfällen haben Schriftsteller sogar umfassende Studien zur Short Story und ihrer Entwicklung vorgelegt, so etwa H. E. Bates mit *The Modern Short Story: A Critical Survey* (London, 1941), Sean O'Faolain mit *The Short Story* (London, 1948, New York, 1951) und Frank O'Connor mit *The Lonely Voice: A Study of the Short Story* (New York, 1962, London, 1963). Diese Werke sind allerdings durch die persönliche Einstellung der Autoren geprägt und erheben nicht in dem Maße wie literaturwissenschaftliche Untersuchungen den Anspruch auf wissenschaftliche Exaktheit.[13] An der Grenze zwischen Literaturkritik und Literaturwissenschaft stehen die Beiträge von Overstreet in *Die amerikanische Short Story* und von Unseld und Höllerer in *Theorie der Kurzgeschichte*, während Matthews' *The Philosophy of the Short-story* eine Mischung literaturwissenschaftlicher und normativ-pragmatischer Überlegungen enthält.

4. Formen der Short-Story-Theorie: Gattungstypologische Abhandlungen

Bei dem Versuch einer — notwendigerweise fragmentarisch-skizzenhaften — inhaltlichen Systematisierung der vorliegenden Materialien scheint eine Unterteilung in gattungstypologische und typologiegeschichtliche Darstellungen angebracht. Das Ziel gattungstypologischer Abhandlungen ist die Erfassung wesentlicher Merkmale der Gattung Short Story[14], das Ziel typologiegeschichtlicher Darstellungen die Beschreibung unterschiedlicher Typen von Kurzgeschichten, die sich im Laufe der Zeit herausgebildet haben. Die umfassenden literaturwissenschaftlichen Untersuchungen zur Gattungstypologie von Doderer, Kilchenmann, (Rohner) und Lubbers tragen zwar auch der historischen Entwicklung (und nationalkulturellen Unterschieden) Rechnung, aber das primäre 'Erkenntnisinteresse' gilt doch grundlegenden Wesensmerkmalen der Short Story. Gattungsgeschichtliche Darstellungen allerdings, wie sie vor allem in der Anthologie *Die amerikanische Short Story* enthalten sind[15], sollen keine Berücksichtigung finden, weil sie sich in erster Linie mit den Werken einzelner Autoren befassen und vergleichsweise selten verallgemeinernde Aussagen über die Gattung Short Story bieten. Als Abhandlungen mit spezieller Themenstellung seien erwähnt die Aufsätze von Edgar Mertner „Zur Theorie der Short Story in England und Amerika" (1941), abgedruckt in *Die amerikanische Short Story* (S. 109-120), und von Alfred Weber „Amerikanische Theorien der Kurzgeschichte" (1971), publiziert in *Studien und Materialien* (S. 5-26). Sie bieten einen Überblick über Aussagen amerikanischer (und englischer) Autoren zur Short-Story-Theorie und können als ergänzende Lektüre zu den nachfolgenden Systematisierungsversuchen mit Nachdruck empfohlen werden.[16]

Bei den vorliegenden Materialien überwiegen gattungstypologische Darstellungen bei weitem. Ihre Zahl ist so groß, daß eine Auswahl getroffen werden mußte, um einen für den Lehrer überschaubaren Textkorpus zu erhalten. Auswahlprinzip war der Informationsgehalt der Abhandlungen, ein Kriterium, das — eingestandenermaßen — von persönlichen, subjektiven Vorstellungen beeinflußt ist. Die Zahl der ausgewählten Texte wurde bewußt niedrig gehalten, da die nachfolgend aufgeführte Liste eine doppelte Funktion erfüllen soll: Sie bildet nicht nur die Grundlage des Systematisierungsversuches, sondern ist auch als Lektüreempfehlung für den Lehrer gedacht, der sich in seiner knapp bemessenen Zeit einen ersten Überblick über das Gebiet der Short-Story-Theorie verschaffen möchte. Aus den vorliegenden Sammelbänden wurden die folgenden Texte ausgewählt: *Studien und Materialien:* Die gattungstypologischen Beiträge von Goetsch (S. 27-63), Quellensammlungen (S. 104-136); *Die amerikanische Short Story:* die Beiträge von Poe, Matthews, Howells, Welty, Doderer, Link, Friedman, Bender, Goetsch, Wolpers; *Short-Story-Theorien:* Texte Nr. 16, 21, 24, 28, 29, 33, 37, 40, 41, 47, 51, 59, 60, 61, 65, 66, 69, 72, 77, 79, 81, 97, 103; *Theorie der Kurzgeschichte:* Texte Nr. 4, 5, 7, 9, 10, 11, 14, 16. Die umfassenden Studien von Doderer, Kilchenmann, Rohner und Lubbers haben ebenfalls Berücksichtigung gefunden; sie bieten dem interessierten Lehrer zusätzlichen Lektürestoff.

Gattungstypologische Abhandlungen können ihrerseits nochmals in zwei Arten unterschieden werden. Zum einen wird versucht, eine größere Zahl von Wesensmerkmalen der Short Story herauszuarbeiten oder gar einen umfassenden Katalog von Kriterien zu erstellen. Zum anderen erfolgt eine Beschränkung auf einen Wesenszug der Kurzgeschichte, dessen grundlegende Bedeutung bis in Einzelheiten aufgezeigt wird. Hier verdienen vor allem die Aufsätze von Friedman, Goetsch und Wolpers (*Die amerikanische Short Story*, S. 280-297, 368-387, 388-426; *Studien und Materialien*, S. 27-39) Erwähnung, die Gestaltungsprinzipien der Short Story/Kurzprosa aus der Grundgegebenheit der Kürze abzuleiten suchen.[17]

Bei den Abhandlungen, die mehrere Wesenszüge der Short Story zu erfassen suchen, werden so viele unterschiedliche Kriterien angeführt, daß nur eine begrenzte Zahl häufiger genannter Aspekte Erwähnung finden kann, die auch für die schulische Diskussion von Interesse sein könnten.

Zum Terminus 'Short Story' selbst ist einleitend anzumerken, daß er als fester Gattungsbegriff erst gegen Ende des 19. Jahrhunderts gebräuchlich wurde, vor allem aufgrund der Bemühungen von Brander Matthews.[18] Das Phänomen ist wohl älteren Datums, allerdings sind sich die Theoretiker über eine historische Abgrenzung nicht einig. Die große Mehrzahl neigt dazu, die Anfänge der Short Story (und Kurzgeschichte) im frühen 19. Jahrhundert anzusetzen, manchmal allerdings mit der Einschränkung, daß Geschichten dieser Periode 'Vorformen' zur genuinen Short Story/Kurzgeschichte des 20. Jahrhunderts darstellen. Einige wenige Autoren hingegen schließen in einer weiten Begriffsfassung auch die Erzählungen früherer Jahrhunderte ein wie etwa das Buch Ruth des Alten Testaments, Boccaccios *Decamerone*, Chaucers *Canterbury Tales* und Andersens Märchen (*Die amerikanische Short Story*, S. 31, 43f.; *Short-Story-Theorien*, S. 69f., 142).[19]

Als Topos der Short-Story-Theorie, welcher der Beschreibung von Einzelzügen häufig vorangeschickt wird, kann sodann der Hinweis auf die große 'Variabilität', 'Flexibilität', 'Formenvielfalt' der Kurzgeschichte genannt werden. Die Short-Story-Autoren betonen, daß der künstlerische Schaffensprozeß nicht durch starre Regeln beengt werden könne und dürfe, während die Literaturwissenschaftler vor übereilten Generalisierungen warnen und „die dogmatische Anwendung idealtypischer Gattungsdefinitionen"[20] kritisieren, weil 'Grenzfälle' und 'Ausnahmen' die verschiedenen Systeme und Systematisierungsversuche immer wieder in Frage stellen (*Short-Story-Theorien*, S. 85f., 138; *Theorie der Kurzgeschichte*, S. 36f., 47; *Die amerikanische Short Story*, S. 333-335; Kilchenmann, S. 16; Lubbers S. 16). Allerdings sind auch vereinzelt Aussagen anzutreffen, die die Wichtigkeit gattungstheoretischer Überlegungen für die Komposition von Short Stories betonen (*Short-Story-Theorien*, S. 159f.) und die Diskussion über Grenzfälle als unergiebig kritisieren: "To haggle over the borderlines is almost always fruitless, and that is one very good reason for not trying."[21]

Ein wesentliches Merkmal gattungstypologischer Bestimmungen ist weiterhin das Bemühen, die Short Story als eigenständige Gattung zu etablieren und ihren Platz im Gattungsgefüge zu bestimmen. Hierzu werden einmal Abgrenzungen zu anderen Prosaformen vorgenommen. Im englischsprachigen Bereich wird die Short Story am häufigsten gegen die Langform Roman abgesetzt, im deutschsprachigen Raum ist die Gegenüberstellung von Kurzgeschichte und Novelle am weitesten verbreitet. Aber auch die Unterschiede zu anderen Prosaformen werden recht häufig herausgestellt. Zu nennen wären hier für den englischsprachigen Raum die *novelet(te)*, *nouvelle*, *novella*, *conte* als *short novel*[22], sodann die Erzählung (*tale*) und die Kurzformen Skizze (*sketch*), Essay, Anekdote, Witz, Garn (*yarn*) usw. In literaturwissenschaftlichen Abhandlungen werden überdies Sonderformen wie Kurzgeschichtensequenzen und -zyklen diskutiert (Lubbers, S. 143-157), Grenzverwischungen zwischen Kurzgeschichte und Roman aufgezeigt (Kilchenmann, S. 190-192) und Fragen der relativen/absoluten „Differenzqualitäten" zwischen Kurz- und Langform diskutiert (Goetsch in *Studien und Materialien*, S. 27-39; *Die amerikanische Short Story*, S. 368-387). Den Gegenpol zu diesen Abgrenzungsbemühungen für den Bereich der Prosa bilden Hinweise auf Gemeinsamkeiten mit anderen Gattungen. Die Affinität zur Lyrik und zum (Kurz-) Drama findet schon im 19. Jahrhundert Erwähnung, für die moderne Short Story werden neuerdings Entsprechungen zum Film konstatiert (*Short-Story-Theorien*, S. 45-48, 70-72, 139, 164f., 197, 213-215; *Die amerikanische Short Story*, S. 10-17, 30, 174-176, 211-221; *Theorie der Kurzgeschichte*, S. 47-49, 75-78; Lubbers, S. 7-15; Kilchenmann, S. 17-20, 192-194; Doderer, S. 14-31, 49-51, 62-72; Rohner, S. 107-119, bes. S. 119, u. ö.).

Als grundlegendes Kennzeichen der Short Story, insbesondere in Abgrenzung zum Roman, wird sodann häufig die Ökonomie, Kondensation und Präzision in der Darstellungsweise angeführt. Jedes Detail muß sich funktional in die Struktur des Werkes einfügen, kein überflüssiger Satz, kein überflüssiges Wort ist zulässig. "Its balance will collapse under a superfluous sentence, even a superfluous word."[23] Der Short-Story-Autor ist ein Meister in der Kunst des Aussparens und Andeutens. Dies hat eine große Komplexität und Suggestivität seiner Kompositionen zur Folge, Züge, die Klaus Lubbers in seiner Studie zur Typologie der Short Story besonders herausgearbeitet hat (Lubbers, S. 35ff.; vgl. auch *Short-Story-Theorien*, S. 35f., 46, 164f.; *Die amerikanische Short Story*, S. 4, 13, 406, 408; *Theorie der Kurzgeschichte*, S. 23f., 47f.; *Studien und Materialien*, S. 126f.).

Ausgehend vom Grundprinzip der ökonomischen Darstellungsweise (und der Kürze) werden sodann recht häufig Überlegungen zu einzelnen Textformanten angestellt. Im Mittelpunkt der Ausführungen steht dabei meist die Handlung (*plot*) und die Art der Handlungsführung. Wie bei den typologiegeschichtlichen Abhandlungen (siehe 5) wird dabei meist unterschieden zwischen der *plot story* des 19. Jahrhunderts, die bei linearer, kausal verknüpfter Handlung auf den Höhepunkt und das Ende hin komponiert ist, und der modernen Kurzgeschichte des 20. Jahrhunderts, die als handlungsarme Erzählung (*plotless story*) häufig nur Ausschnitte des Geschehens bietet und sich bei offenem Anfang und/oder Ende auf die Erhellung einer Situation beschränkt. Dabei kommt dann der Erzeugung einer verdichteten Atmosphäre besondere Bedeutung zu. Die Frage, ob die moderne Kurzgeschichte auch Charakterentwicklungen schildere und schildern könne, wird zwar unterschiedlich beantwortet, doch dürfte sich ohne große Schwierigkeiten der Nachweis erbringen lassen, daß eine beträchtliche

Zahl moderner Short Stories den Wandel einer Person in einer für sie bedeutsamen Lebenssituation darstellt.[24] Außerdem ist das Phänomen des 'Fünf-Minuten-Romans' in Rechnung zu stellen (*Die amerikanische Short Story*, S. 10f., 16f., 176f., 180f., 398-404; *Short-Story-Theorien*, S. 45f., 146f., 164f.; *Theorie der Kurzgeschichte*, S. 21f., 37-39, 59f., 84f.; Doderer, S. Xf., 38-40; Kilchenmann, S. 17, 19; vgl. auch *Studien und Materialien*, S. 28-37; Lubbers, S. 26-28; Rohner, S. 138-148, 246-251). Allerdings ist der berechtigte Hinweis von Theodor Wolpers zu bedenken, daß die Kurzform wohl nur „eine sehr begrenzte Wandlung" voll darstellen könne und für die Schilderung einer umfassenden Charakterentwicklung, „die größere Zeitstrecken voraussetzt", nicht in Betracht kommt.[25] Als kennzeichnend für das Menschenbild der modernen Kurzgeschichte gilt, daß sie den Alltagsmenschen, den Durchschnittsmenschen, den unheroischen Menschen in seiner Alltagswelt präsentiert („Sie hat keinen Helden, den sie siegen lassen will."[26]) und sich auch häufig des Außenseiters, des isolierten Einzelgängers, der problembeladenen Randfiguren der Gesellschaft annimmt (*Die amerikanische Short Story*, S. 341f., 395f.; *Short-Story-Theorien*, S. 162f.; *Theorie der Kurzgeschichte*, S. 21, 26, 83f.; Rohner, S. 177f.).[27]

Neben den Bemühungen um die Erstellung werkimmanenter Kriterien stehen werktranszendente Überlegungen, insbesondere wirkungsästhetischer, geistesgeschichtlicher, nationalkultureller, literatursoziologischer und wirkungsgeschichtlicher Art. Die bereits bei Poe anzutreffenden wirkungsästhetischen Erwägungen stehen dabei in besonders engem Bezug zu Vorstellungen über die Struktur der Short Story; insbesondere die leserbezogene Forderung nach der *unity of effect* bildet den Ausgangspunkt für bis ins Detail reichende Aussagen zu Strukturzügen der Kurzgeschichte (*Short-Story-Theorien*, S. 34-36, 45f., 140f., 146f.; *Die amerikanische Short Story*, S. 2-4, 10f., 41; *Theorie der Kurzgeschichte*, S. 59-61, 85).

Geistesgeschichtliche Erwägungen betreffen das Verhältnis von Short Story und 'Zeitgeist': Die Entwicklungen in den Naturwissenschaften (Relativitätstheorie, Quantentheorie), der modernen Technik, der Philosophie (Nihilismus, Existentialismus), der Psychologie (Tiefenpsychologie) und damit verbunden der Verlust eines einheitlichen Weltbildes, die sozialen Umwälzungen, die Verstädterung, die Hektik moderner Lebensführung usw. werden als Faktoren angesehen, welche die Entwicklung der modernen Short Story erst ermöglicht oder zumindest nachhaltig beeinflußt haben (*Die amerikanische Short Story*, S. 182, 185, 416; *Short-Story-Theorien*, S. 160 f.; *Theorie der Kurzgeschichte*, S. 49-52; Doderer, S. XII, 74f., 79f.; Kilchenmann, S. 194).

Nationalkulturelle Eigenheiten werden insbesondere zur Erklärung der frühen Blüte der amerikanischen Short Story — im Gegensatz zur englischen — angeführt. Die dynamisch-expansive Betriebsamkeit des *American way of life* erscheint als günstigere Voraussetzung für ein Gedeihen der Short Story als die geruhsamere Lebensweise der Engländer (*Short-Story-Theorien*, S. 116, 125f.; *Theorie der Kurzgeschichte*, S. 56-58).

Als maßgeblicher Faktor des Literaturbetriebes, der für Entwicklung, Blüte und Niedergang der Short Story in den U. S. A., Großbritannien und Deutschland gleichermaßen verantwortlich gemacht wird, finden sodann die Massenzeitungen und -zeitschriften mit ihrem großen Bedarf an Kurzgeschichten Erwähnung. Für die Entwicklung in den U. S. A. wird als zusätzliches bedeutsames Faktum angeführt, daß die amerikanischen Zeitungen und Zeitschriften bis zur Übernahme des internationalen Copyrights im Jahre 1891 die Fortsetzungsromane englischer Autoren kostenlos nachdrucken konnten, so daß amerikanische Schriftsteller im 19. Jahrhundert gezwungen waren, ihren Lebensunterhalt durch Konzentration auf das Gebiet der Short Story zu verdienen (*Short-Story-Theorien*, S. 48, 50, 84; *Die amerikanische Short Story*, S. 24-27, 178; *Theorie der Kurzgeschichte*, S. 35f., 55f., 82).

Als bedeutsamer Faktor für die Entwicklung der englischen Kurzgeschichte wird sodann der Einfluß von russischen und französischen Autoren, insbesondere von Tschechow und Maupassant, genannt (*Short-Story-Theorien*, S. 85, 112, 115, 146f.; *Die amerikanische Short Story*, S. 337f.) Die Einwirkung einer anderen Nationalliteratur gilt auch als wesentliche Ursache für die Blüte der deutschen Kurzgeschichte nach 1945: Hier wird die Aufnahme der amerikanischen Short Story nach Jahren geistiger Isolation als bedeutsamer Einfluß betrachtet (*Theorie der Kurzgeschichte,* S. 29f., 54f.; *Die amerikanische Short Story,* S. 184, 341; Rohner, S. 13).

5. Formen der Short-Story-Theorie: Typologiegeschichtliche Abhandlungen

Die Zahl der typologiegeschichtlichen Abhandlungen ist bei den vorliegenden Materialien gering; zu nennen sind nur die drei Artikel von Overstreet (1941), Bader (1945) und Kostelanetz (1965) in *Die amerikanische Short Story* und der Aufsatz von Freese zur Anti- und Meta-Story (1977). Overstreet und Bader nehmen eine Einteilung in zwei Phasen vor und stellen die Short Story des 19. Jahrhunderts (*traditional plot story*) der Kurzgeschichte des 20. Jahrhunderts gegenüber. Hauptmerkmal der ersten Phase ist die lineare, kausal verknüpfte, auf Krise, Höhepunkt und Lösung zustrebende Handlung der Stories, Kennzeichen der zweiten Phase das Fehlen eines solchen *plot* bei stärkerer Konzentration auf Charaktere und Atmosphäre. Während Overstreet geistesgeschichtliche Ursachen für diesen Wandel aufzuzeigen sucht, bemüht sich Bader um den Nachweis, daß auch die modernen Kurzgeschichten Handlung und Konflikt enthalten, aber in einer subtileren, verdeckteren Darstellungsweise als in den traditionellen Geschichten. Hauptanliegen von Kostelanetz in "The American Short Story Today" ist die Beschreibung neuer Tendenzen in der amerikanischen Kurzgeschichte, die sich in den sechziger Jahren als Abkehr vom Realismus abzuzeichnen beginnt. In diesem Zusammenhang beschreibt auch er Unterschiede zwischen der traditionellen *plot story* und der modernen amerikanischen Short Story und trifft für die moderne Kurzgeschichte noch eine weitere Unterteilung in drei Phasen: Stories aus der Zeit vor 1920, aus den zwanziger und aus den vierziger Jahren.

Die Überlegungen von Kostelanetz finden ihre Fortführung in der Abhandlung von Freese, die sich auf umfangreicheres Material stützen kann. In Abgrenzung gegen vorangehende Formen der Short Story beschreibt er die Anti- und Meta-Story des *post-realism*. Die Anti-Story ist gekennzeichnet durch die Auflösung fester Formen und Fragmentierung des Erzählten, assoziative Verknüpfung der Erzählelemente, Offenheit zur Improvisation mit aktiver Beteiligung des Lesers. In der Meta-Story ist die Trennung von Fiktion und 'Wirklichkeit' aufgehoben, Probleme des Erzählens werden zum Gegenstand des Erzählens. Beide Formen sind Ausdruck eines neuen Weltverständnisses, in dem Zweifel an der Existenz einer vorgeblich objektiven Wirklichkeit und an den Möglichkeiten ihrer sprachlichen Erfassung zu einer Beschränkung auf die Welt des Ich und seiner subjektiven Erkenntnisweisen und Schaffensmöglichkeiten geführt haben.[28] Freese beschreibt die Entwicklungstendenzen im Bereich der amerikanischen Literatur, aber die Ergebnisse seiner Untersuchung haben Gültigkeit für die zeitgenössische experimentelle Kurzprosa generell einschließlich der englischen.[29]

6. Zur schulischen Verwendung

Die schulische Behandlung von Texten zur Short-Story-Theorie bietet, wie eingangs ausgeführt, *eine* Möglichkeit wissenschaftspropädeutischen Arbeitens. Anhand literaturwissenschaftlicher Texte können die Schüler mit Stil, Form und Argumentationsweise (literatur-)wissenschaftlicher Untersuchungen bekanntgemacht werden. Ebenso lassen sich bei 'nichtwissenschaftlichen' Texten Autorenintention und Darstellungsweise erörtern, um den Schülern die Unterschiede zwischen den verschiedenen Formen theoretischer Aussagen ins Bewußtsein zu rufen. Hierbei wäre zu prüfen, auf welcher Basis allgemeine Aussagen über Wesenszüge der Short Story getroffen werden und inwieweit die Ergebnisse durch entsprechende Formulierungen als endgültig oder als relativ und modifizierbar dargestellt werden. Passagen, in denen Autoren die Vorläufigkeit ihrer Bestimmungsversuche, die Offenheit ihres Kriterienkataloges, den heuristischen Wert ihrer Darlegungen herausstellen, können als Anlaß dienen, Möglichkeiten und Grenzen, Sinn und Funktion gattungspoetischer Definitionen und Beschreibungen zu erörtern und hiermit Grundfragen der Literaturwissenschaft zu erörtern.[30] Dem kritischen Umgang mit Sekundärliteratur dürfte auch die vergleichende Textanalyse dienlich sein, bei der Gemeinsamkeiten und Unterschiede zwischen den Aussagen verschiedener Short-Story-Theoretiker herausgearbeitet werden. Schließlich kann auch die Überprüfung theoretischer Äußerungen anhand der im Unterricht behandelten Geschichten das kritische Denken fördern.[31]

Bei der inhaltlichen Erschließung ist zu bedenken, daß auf das Interesse der Schüler wohl nur dann zu rechnen ist, wenn die Theorie-Diskussion als Verständnishilfe für die Analyse von Short Stories betrieben wird und nicht als Selbstzweck erscheint. Direkte Bezüge zur Interpretationsarbeit bieten solche Texte, in denen Aussagen zur Textstruktur und zu verschiedenen Textformanten gemacht werden. Besonderes Gewicht kommt dabei den Äußerungen der Short-Story-Autoren zu. Sie machen deutlich, daß ein Interpretationsmodell, welches mit Begriffen wie 'Handlung', 'Krise', 'Höhepunkt', 'Lösung', 'Charaktere', 'Charakterentwicklung', 'Atmosphäre' usw. operiert[32], nicht nur ein theoretisches Konstrukt einer auf Systematisierung bedachten Literaturwissenschaft ist, sondern auf Überlegungen beruht, wie sie von den Autoren selbst angestellt werden.

Nützliche Verständnishilfen bieten auch die typologiegeschichtlichen Aufsätze, insbesondere bei Kursen, die Kurzgeschichten verschiedener Perioden behandeln. Für die Interpretation neuerer experimenteller Prosa erscheint die Beschäftigung mit der entsprechenden Theorie sogar unerläßlich. Die Behandlung von Anti- und Meta-Stories wird wohl nur in Ausnahmefällen möglich sein, sollte bei entsprechenden Voraussetzungen aber nicht unversucht bleiben, weil der Literaturunterricht hier in besonderer Weise zu der von Bredella für so wichtig erachteten Horizonterweiterung des Lesers beitragen kann.[33] Texte stehen in ausreichender Zahl in der von Brigitte Scheer-Schäzler edierten zweisprachigen Anthologie *Experimentelle amerikanische Kurzprosa* (Stuttgart: Reclam, 1977) zur Verfügung.

Texte zur Short-Story-Theorie sind aber nicht nur als Verständnishilfe für die Interpretation nutzbar, sondern können auch der Erfüllung von Forderungen dienlich sein, die in der Diskussion um die Lesemündigkeit/Literaturbefähigung der Schüler in den letzten zehn Jahren aufgestellt worden sind. So könnten auf der Basis von Feststellungen, die in Theorietexten enthalten sind, etwa die folgenden Themenkreise angesprochen werden.

(1) In der Diskussion um die poetische Kompetenz ist mehrfach die Forderung erhoben worden, den Schülern Kenntnisse über das Gattungsgefüge und einzelne Gattungsmerkmale zu vermitteln.[34] Die in der Short-Story-Theorie vielfach angestellten Überlegungen zu Unterschieden (und Gemeinsamkeiten) von Short Story und anderen (Teil-)gattungen bieten hierzu eine gute Gesprächsgrundlage. Dabei können die in neuerer Zeit anzutreffenden Bemerkungen über den Einfluß des Films als Anlaß dienen, um die Ausweitung des Literaturbegriffs auf mediale Literaturformen (Film, Fernsehspiel, Hörspiel) anzusprechen.[35]

(2) Unter dem Einfluß von Literatursoziologie, Kommunikationswissenschaft und Pragmalinguistik haben Literaturwissenschaft und Literaturdidaktik die in den sechziger Jahren vorherrschende werkimmanente Interpretationsweise aufgegeben und betrachten den literarischen Text als ein Glied in der Dreierkette Produzent — Werk — Rezipient. Dieser gewandelten Einstellung entspricht die Forderung, sich im Literaturunterricht nicht auf die Interpretation der Werke zu beschränken, sondern die Schüler mit werktranszendenten Gegebenheiten bekanntzumachen.[36] Auch hierzu können Texte der Short-Story-Theorie genutzt werden, insbesondere zur Erörterung produktions-, wirkungs- und rezeptionsästhetischer Aspekte und der Bedeutung gesellschaftlicher, geistesgeschichtlicher und literarischer Einflüsse.

(3) So machen es Äußerungen von Short-Story-Autoren über ihre Schaffensweise möglich, Fragen der Produktionsästhetik zu diskutieren. Hier dürften Aussagen von besonderem Interesse seien, die erkennen lassen, wie Schriftsteller sich bei der Komposition ihrer Short Stories mit Detailproblemen im Bereich einzelner Textformanten befassen. Das literarische Werk erscheint dann nicht mehr isoliert vom Autor als autonomes Kunstwerk, sondern als bewußt gestaltetes Produkt, das im Laufe seiner Entstehung durch Überarbeitung bis ins Detail Veränderungen unterworfen sein kann.[37]

(4) Produktionsästhetische Aussagen sind seit Poe recht häufig mit wirkungsästhetischen Überlegungen verbunden oder gar aus ihnen abgeleitet worden. Solche Ausführungen verdeutlichen dem Schüler, daß Schriftsteller bei der Komposition ihrer Werke auch des potentiellen Lesers gedenken und der Wirkungen, die sie bei ihm erzielen wollen.

(5) Wirkungsästhetische Überlegungen können verbunden werden mit rezeptionsästhetischen, die die Bedeutung der mitschaffenden Phantasie des Lesers bei der Aufnahme literarischer Texte besprechen. Passagen in der Short-Story-Theorie, die Aussparen und Andeuten zu wesentlichen Merkmalen der Short-Story erklären und dabei sogar direkt Bezug auf die Leser-

aktivität nehmen, können als Grundlage dienen, um die von Ingarden, Iser, Jauß u. a. herausgestellte Bedeutung von Leerstellen im fiktionalen Text anzusprechen.[38]

(6) Äußerungen, die den Einfluß der Zeitungen und Massenzeitschriften und die Auswirkungen des fehlenden internationalen Copyrights auf die Entwicklung der amerikanischen Short Story darlegen, können die Schüler mit der soziokulturellen und ökonomischen Bedingtheit literarischen Schaffens bekanntmachen. Es wird dadurch deutlich, daß Künstler in beträchtlichem Maße von den Bedingungen des 'Kulturbetriebes' eines Landes abhängig sein können.[39]

(7) Aussagen, die Auswirkungen gesellschaftlicher und geistesgeschichtlicher Erscheinungen auf die Entwicklung der Short Story ansprechen, machen deutlich, daß Schriftsteller sich dem Einfluß ihrer sozio-kulturellen Umwelt nicht entziehen können. Die recht häufigen Verweise auf geistesgeschichtliche Strömungen können dabei als Korrektiv zu einem einseitig literatursoziologisch orientierten Literaturunterricht von Nutzen sein ebenso wie Äußerungen über den Einfluß von Autoren anderer Nationalliteraturen.[40]

(8) Als wesentlicher Teil einer Literaturmündigkeit werden sodann Bereitschaft und Fähigkeit zu wertender Stellungnahme betrachtet. Hier können die in literaturkritischen Aufsätzen anzutreffenden Wertungen als Anlaß dienen, Notwendigkeit und Problematik subjektiv urteilender Stellungnahmen zu erörtern und den Schülern Mut zu eigenen, auf 'objektiven' und 'subjektiven' Kriterien aufbauenden Wertungen zu machen.[41]

Die Behandlung von Short-Story-Theorie erfolgt am besten wohl in Stunden, die ganz diesem Themenkreis gewidmet sind, nachdem bereits einige Kurzgeschichten interpretiert worden sind. Bei Doppelstunden könnte die abschließende Besprechung einer Short Story auch direkt mit der Theorie-Diskussion verbunden werden. Für das methodische Vorgehen stehen verschiedene Verfahrensweisen zur Wahl. Zum einen können kürzere englischsprachige Textauszüge ausgeteilt werden. Die Schüler lesen alle Texte, analysieren aber im Detail, in Gruppen eingeteilt, nur je einen Text. Erstes Ziel des Unterrichtsgesprächs ist die Herausarbeitung von Verfasserintention und Argumentationsweise und der Vergleich der theoretischen Aussagen; anschließend werden Bezüge zur bisherigen Interpretationsarbeit hergestellt und weitergehende Fragestellungen diskutiert.

Als zweites methodisches Verfahren bietet sich das Schülerreferat mit nachfolgender Diskussion an, u. U. ebenfalls auf der Basis von Gruppenarbeit. Hierbei können auch längere und deutschsprachige Texte Verwendung finden. Aufgrund der ungewohnten Materie verdient wohl die schriftliche Fassung als Erinnerungshilfe den Vorrang. Eine dritte Form wäre das Lehrerreferat zur Darstellung komplizierterer Sachverhalte, z. B. als Interpretationshilfe zur Behandlung experimenteller Prosa oder zur knappen Wiedergabe längerer Abhandlungen wie des informativen Aufsatzes von Theodor Wolpers „Kürze im Erzählen" (1971) (*Die amerikanische Short Story*, S. 388-426). Eine weitere Möglichkeit wäre schließlich die Diskussion theoretischer Einzelfragen ohne Texteingabe, angeregt durch den Lehrer, der sich seine Kenntnisse der Short-Story-Theorie zunutze macht.

Aufgrund der vorangehenden Überlegungen möchte ich als Äußerungen zur Short-Story-Theorie, die zur Eingabe an die Schüler geeignet erscheinen, elf Texte empfehlen, die aber jederzeit durch andere ersetzt oder ergänzt werden können:

(1) Edgar Allan Poe. Rezension von Hawthorne's *Twice Told Tales* (1842). In: *Die amerikanische Short Story*, S. 1-8; *Short-Story-Theorien*, S. 34-36.

(2) Brander Matthews. *The Philosophy of the Short-story* (1885/1901). In: *Die amerikanische Short Story*, S. 9-31; *Short-Story-Theorien*, S. 45-48.

(3) Melville D. Post. Aus dem Symposium "Does character drawing or plot count more in fiction". *New York Sun* (1915). In: *Short-Story-Theorien*, S. 92-94.

(4) Elizabeth Bowen. "Preface" zu *The Faber Book of Modern Short Stories* (1936). In: *Short-Story-Theorien*, S. 124-127.

(5) H. E. Bates. *The Modern Short Story: A Critical Survey* (1941). In: *Short-Story-Theorien*, S. 138-142.

(6) Frank O'Connor. "And It's a Lonely, Personal Art". *New York Times Book Review* (1953). In: *Short-Story-Theorien*, S. 159-162.

(7) Angus Wilson. "The Short Story Changes". *Spectator* (1954). In: *Short-Story-Theorien*, S. 164-165.

(8) William Sansom. *The Birth of a Story* (1972). In: *Short-Story-Theorien*, S. 213-217.

(9) Bonaro Overstreet. "Little Story, What Now?". *Saturday Review of Literature* (1941). In: *Die amerikanische Short Story*, S. 121-126.

(10) Arno L. Bader. "The Structure of the Modern Short Story". *College English* (1945). In: *Die amerikanische Short Story*, S. 186-195.

(11) Richard Kostelanetz. "Notes on the American Short Story Today". *Minnesota Review* (1965). In: *Die amerikanische Short Story*, S. 355-367.

Die Texte stammen von den vier verschiedenen Autorengruppen und befassen sich alle mit mehreren der im Unterabschnitt 4 aufgeführten Aspekte. Die Abhandlungen von Poe und Matthews sind klassische Texte der Short-Story-Theorie[42], die Ausführungen von Post illustrieren die normativ-pragmatische Denkweise. Mit Bowen, Bates, O'Connor, Wilson und Sansom finden moderne Short-Story-Autoren Berücksichtigung, die sich wiederholt zur Gattungstheorie geäußert haben. Die Aufsätze von Overstreet, Bader und Kostelanetz sind als typologiegeschichtliche Abhandlungen von Wichtigkeit.

Obwohl ein Teil der Texte schon gekürzt ist, dürfte es in den meisten Fällen empfehlenswert sein, den Umfang noch weiter zu reduzieren und nur ausgewählte Passagen an die Schüler zu verteilen. Einige der Texte könnten allerdings auch per Schülerreferat dargeboten werden. Als gut geeignet für Schülerreferate erscheinen zudem zwei deutschsprachige Abhandlungen: Klaus Doderers „Die angelsächsische 'short story' und die deutsche Kurzgeschichte" (1953) (*Die amerikanische Short Story*, S. 174-185) und Paul Goetschs „Probleme und Methoden der Short-Story-Interpretation" (1971) (*Studien und Materialien*, S. 27-39). Neben vielfältigen Informationen bieten sie in besonderem Maße Anlaß zur Erörterung von Grundproblemen der Gattungstypologie und -poetik und damit der Literaturwissenschaft. Für eine solche Arbeit mit Texten zur Gattungstheorie erscheinen Kurse zur Short Story (einschließlich anderer Gattungen/Textsorten) besonders geeignet, denn die Möglichkeit, eine größere Zahl von Werken in verhältnismäßig kurzer Zeit zu behandeln, läßt Raum für Theorie-Diskussionen. Andererseits können, da die Interpretation der Geschichten im Mittelpunkt der Arbeit steht, nur einige wenige Stunden hierauf verwandt werden. Deshalb erscheint die Zusammenarbeit mit dem Deutschunterricht wichtig, der im Einfluß der amerikanischen Short Story auf die deutsche Kurzgeschichte der Nachkriegszeit einen wirkungsgeschichtlichen Bezugspunkt finden könnte.

Anmerkungen

*Die im Text aufgelisteten Werke werden im folgenden nur mit Kurzangaben zitiert.

[1] Vgl. die Ausführungen auf S. 11ff. dieses Bandes.

[2] Das Kursabfolgemodell im schleswig-holsteinischen *Lehrplan Gymnasium: Englisch Gymnasiale Oberstufe* (1976) sieht als „verbindliche Themenbereiche" für das 2. Semester die Gattungen *"Short Story/Poetry"* vor. Zu den Lehrplänen und Lehrplanrichtlinien der anderen Bundesländer für die reformierte Oberstufe vgl. Herbert Mainusch u. a., Hgg., *Lehrerfortbildung und Lehrerweiterbildung in der Bundesrepublik Deutschland : Modell Anglistik* (Frankfurt: Lang, 1976), S. 79-124.

[3] Vgl. ebd.; vgl. auch Liesel Hermes, „Der Roman in den Richtlinien für den Englischunterricht der reformierten Sekundarstufe II", in: Peter Freese und Liesel Hermes, Hgg., *Der Roman im Englischunterricht der Sekundarstufe II: Theorie und Praxis* (Paderborn: Schöningh, 1977), S. 73.

[4] Klaus Doderer lehnt in *Die Kurzgeschichte in Deutschland* zwar die Gleichsetzung der Begriffe 'Short Story' und 'Kurzgeschichte' ab, weil seiner Meinung nach in der amerikanischen Literaturwissenschaft und Literaturkritik nicht hinreichend zwischen Novelle und Kurzgeschichte unterschieden wird und der Terminus 'Short Story' ein Sammelname für alle epischen Kleinformen sein kann (S. 52-59). Aber er bestreitet nicht, daß in den U. S. A. viele Short Stories geschrieben wurden, die

seinem „Schema der Kurzgeschichte genau entsprechen" (S. 61; vgl. auch S. XII, 52). In seinem Aufsatz „Die angelsächsische 'short story' und die deutsche Kurzgeschichte" (1953), abgedruckt in *Die amerikanische Short Story* (S. 174-185), mißt er den terminologischen Differenzen auch weniger Bedeutung bei und ist vor allem darum bemüht, die „Gattungseinheit" von Kurzgeschichte und Short Story herauszustellen.

5 Alfred Weber und Walter F. Greiner in *Short-Story-Theorien,* „Einführung", S. IV.

6 Vgl. z. B. Hans Bungert in *Die amerikanische Short Story,* S. VIIf., und Alfred Weber in *Studien und Materialien,* S. 8.

7 Vgl. *Short-Story-Theorien,* „Einführung", S. III.

8 Viele dieser Beiträge sind, z. T. in gekürzter Form, z. T. mit größerem Umfang, erneut abgedruckt in *Short-Story-Theorien.*

9 Die Beiträge von Bret Harte und H. E. Bates bleiben als gattungsgeschichtliche Abhandlungen unberücksichtigt.

10 Als scharfer Kritiker der *formula story* ist vor allem Sherwood Anderson bekannt geworden mit seinen Angriffen auf den "poison plot". Die in den vorliegenden Anthologien abgedruckten Äußerungen von Anderson erscheinen für die schulische Analyse aber weniger ergiebig als die von Farrell.

11 Vgl. hierzu Charles E. May, Hg., *Short Story Theories* (Athens: Ohio U. P., 1976), S. 5-8.

12 So ist an dem Werk von Ruth Kilchenmann verschiedentlich Kritik geübt worden; vgl. z. B. die Rezension von Hans Bungert in *Jahrbuch für Amerikastudien,* 16 (1971), S. 264-266.

13 Vgl. *Materialien und Studien,* S. 156, 160, 166.

14 Zum Typologiebegriff und zum Gattungsbegriff vgl. Klaus Lubbers, S. 19f., 34f., und Alfred Weber in *Studien und Materialien,* S. 8.

15 Es handelt sich hier um die Beiträge von Bret Harte, Fred Lewis Pattee, H. E. Bates, Danforth Ross und den anonym veröffentlichten Artikel "The Art of the Short Story: Principles and Practice in the United States".

16 Bei dem Aufsatz von Mertner ist allerdings zu beachten, daß — im Gegensatz zur deutschen Kurzgeschichtentheorie der Nachkriegszeit — Novelle und Kurzgeschichte noch gleichgesetzt werden.

17 Vgl. hierzu auch den Beitrag von Rüdiger Ahrens S. 11ff. In *Typologie der Short Story* wählt auch Klaus Lubbers das Kriterium der Kürze als Ausgangspunkt, fügt als beherrschende qualitative Merkmale aber Komplexität und Suggestivität hinzu; vgl. bes. S. 34-38.

18 Einzelheiten zur Begriffsgeschichte vgl. Franz H. Link, „'Tale', 'Sketch', 'Essay' und 'Short Story'", *Die Neueren Sprachen* (1953), abgedruckt in *Die amerikanische Short Story,* S. 212f.; Alfred Weber in *Studien und Materialien,* S. 11f.; Lubbers, S. 6f. Zur Entwicklung der amerikanischen Short Story im 19. Jahrhundert vgl. Robert F. Marler, "From Tale to Short Story: The Emergence of a New Genre in the 1850's", *American Literature,* 46 (1974/75), S. 153-169.

19 Das andere Extrem besteht in der Auffassung, die moderne deutsche Kurzgeschichte habe sich erst nach 1945 entfaltet; vgl. *Theorie der Kurzgeschichte,* S. 29f., 58; Ludwig Rohner in seiner *Theorie der Kurzgeschichte.*

20 Paul Goetsch in *Studien und Materialien,* S. 31.

21 Norman Friedman, "What Makes a Short Story Short?", *Modern Fiction Studies* (1958), zitiert nach *Die amerikanische Short Story,* S. 280f.; vgl. auch Theodor Wolpers, „Kürze im Erzählen", *Anglia* (1971), abgedruckt in *Die amerikanische Short Story,* S. 390f.

22 William Dean Howells setzt in "Some Anomalies of the Short Story" (1901) allerdings *short story* und *novella* gleich und gebraucht für die Zwischenform *short novel* nur die Bezeichnung *'novelet(te)'*; vgl. *Die amerikanische Short Story,* S. 46ff.; *Studien und Materialien,* S. 118f.; *Short-Story-Theorien,* S. 72ff. Eine Differenzierung in *novelette* als *short novel, novella* und *short story* findet sich bei Joseph Gibaldi, "Towards a Definition of the Novella", *Studies in Short Fiction,* 12 (1975), S. 91-97.

23 H. E. Bates, *The Modern Short Story: A Critical Survey* (1941), zitiert nach *Short-Story-Theorien,* S. 141.

24 Möglichkeiten und Formen des Charakterwandels *(change)* beschreiben Norman Friedman, a. a. O., S. 286, 288-290; Theodore A. Stroud, "A Critical Approach to the Short Story", *Journal of General Education,* 9 (1956), S. 91-100; Thomas A. Gullason, "Revelation and Evolution: A Neglected Dimension of the Short Story", *Studies in Short Fiction,* 10 (1973), S. 347-356.

25 Theodor Wolpers, a. a. O., S. 396f.

26 Klaus Doderer in *Die Kurzgeschichte in Deutschland,* S. XI.

27 Vgl. auch Frank O'Connor, *The Lonely Voice: A Study of the Short Story* (London: Macmillan, 1963), S. 15-19.

28 Vgl. auch Jerome Klinkowitz, *Literary Disruptions: The Making of a Post-Contemporary American Fiction* (Urbana: University of Illinois Press, 1975). Für die Short-Story-Theorie haben diese Entwicklungen zur Folge, daß die an Short Stories aus der Zeit vor 1960 gewonnenen Kriterien in jeder Hinsicht in Frage gestellt sind.

29 Vgl. z. B. Vorwort und Inhalt der folgenden Anthologien, in denen neben amerikanischen Short Stories auch Geschichten verschiedener europäischer und lateinamerikanischer Länder abgedruckt sind: Philip Stevick, Hg., *Anti-Story: An Anthology of Experimental Fiction* (New York: Free Press, 1971) und Frederick R. Karl und Leo Hamalian, Hgg., *The Naked I: Fictions for the Seventies* (Greenwich, Conn.: Fawcett, 1971).

30 Vgl. Ulrich Bliesener und Konrad Schröder, *Elemente einer Didaktik des Fremdsprachenunterrichts in der Sekundarstufe II* (Frankfurt: Diesterweg, 1977), S. 13.

31 Vgl. hierzu Konrad Schröder, „Zur Legitimation und Thematik von Literaturunterricht in den fremdsprachlichen Fächern", in: Konrad Schröder und Franz-Rudolf Weller, Hgg., *Literatur im Fremdsprachenunterricht* (Frankfurt: Diesterweg, 1977), S. 68f.

32 Zu den Einzelheiten eines solchen Interpretationsmodells vgl. den Beitrag von Peter Freese in diesem Band S. 38ff.

33 Vgl. Lothar Bredella, *Einführung in die Literaturdidaktik* (Stuttgart: Kohlhammer, 1976).

34 Vgl. etwa Jürgen Kreft, *Grundprobleme der Literaturdidaktik* (Heidelberg: Quelle & Meyer, 1977), S. 285-290, 295-297; Hubert Ivo, „Allgemeine Lernziele des Literaturunterrichts", in: Gisela Wilkending, Hg., *Literaturunterricht: Texte zur Didaktik* (München: Piper, 2. Aufl., 1975), S. 170, 174f.

[35] Vgl. Helmut Schrey, *Grundzüge einer Literaturdidaktik des Englischen* (Ratingen: Henn, 1973), S. 20, 32; Helmut Schanze, *Medienkunde für Literaturwissenschaftler* (München: Fink, 1974), S. 9ff.; Kurt Otten, „Zur Stellung der Literatur im Fremdsprachenunterricht", *Der fremdsprachliche Unterricht,* 9 (1975), Heft 33, S. 39f.

[36] Vgl. z. B. Klaus H. Köhring und Inge C. Schwerdtfeger, „Überlegungen zu einem pragmatischen Literaturunterricht", *Neusprachliche Mitteilungen,* 28 (1975), S. 1-10; Karl Heinz Göller, „Zur gesellschaftlichen Funktion der Literaturwissenschaft", *Anglia,* 93 (1975), S. 40f., 51-54; Ulrich Bliesener und Konrad Schröder, a. a. O., S. 12f.

[37] Hiermit soll die große Bedeutung der schöpferischen Phantasie in keiner Weise herabgemindert werden; zum Verhältnis von 'Inspiration' und 'Technik' vgl. Eudora Welty, "The Reading and Writing of Short Stories" (1949), abgedruckt in *Die amerikanische Short Story,* S. 145-148, 165; Jürgen Kreft, a. a. O., S. 291-294.

[38] Vgl. z. B. Wolfgang Iser, *Der Akt des Lesens: Theorie ästhetischer Wirkung* (München: Fink, 1976) und die Beiträge in Rainer Warning, Hg., *Rezeptionsästhetik: Theorie und Geschichte* (München: Fink, 1975) und Hartmut Heuermann, Peter Hühn, Brigitte Röttger, Hgg., *Literarische Rezeption: Beiträge zur Theorie des Text-Leser-Verhältnisses und seiner empirischen Erforschung* (Paderborn: Schöningh, 1975). Zur großen literaturdidaktischen Bedeutung des rezeptionsästhetischen Ansatzes vgl. die Ausführungen von Peter Freese auf S. 42ff. dieses Bandes.

[39] Vgl. Klaus Gerth, „Zwischenbilanz: Zur Situation der Literaturdidaktik (1977)", in: Alfred C. Baumgärtner und Malte Dahrendorf, Hgg., *Zurück zum Literaturunterricht?* (Braunschweig: Westermann, 1977), S. 66f.

[40] Vgl. Alfred C. Baumgärtner, "Streitpunkte: Offene Fragen der Literaturdidaktik", in: Alfred C. Baumgärtner und Malte Dahrendorf, Hgg., a. a. O., S. 18ff.; Horst-Dieter Loebner, „Fremdsprachliche Literaturdidaktik in Vergangenheit, Gegenwart und Zukunft", *Der fremdsprachliche Unterricht,* 12 (1978), Heft 45, S. 21-23.

[41] Vgl. etwa Hermann Helmers, „Die vier Aufgaben des Literaturunterrichts", in: Alfred C. Baumgärtner und Malte Dahrendorf, Hgg., *Wozu Literatur in der Schule?* (Braunschweig: Westermann, 1970), S. 83f.; zur Geschichte und Problematik literarischen Wertens vgl. Jochen Schulte-Sasse, *Literarische Wertung* (Stuttgart: Metzler, 1971) und die Beiträge in Norbert Mecklenburg, Hg., *Literarische Wertung* (Tübingen: Niemeyer, 1977).

[42] Einzelheiten zu den theoretischen Äußerungen von Poe und Matthews und zu deren Bedeutung vgl. Hans Bungert, a. a. O., S. VIIf., IX, XI; Alfred Weber in *Studien und Materialien,* S. 12-17; Lubbers, S. 1-3. Textpassagen der Poeschen Rezension sind in einem sehr knappen Auszug auch enthalten in Theodor Wolpers, Hg., *American Short Stories 1* (Paderborn: Schöningh, 1957), S. 100f.

Horst Groene

Interpretationssammlungen und Schulausgaben von Short Stories für den Englischunterricht der Sekundarstufe II

1. Vorbemerkung

Die Short Story erfreut sich, wie die Umfrage von Rüdiger Schreyer gezeigt hat[1], nach wie vor großer Beliebtheit im Englischunterricht der Sekundarstufe II und dürfte auch in Zukunft zu den bevorzugten Gattungen gehören.[2] Die Schulbuchverlage haben dieser Tatsache Rechnung getragen und offerieren dem Lehrer ein umfangreiches Sortiment an Lektüren, welches das Angebot für die anderen Gattungen erheblich übersteigt. Die Zahl der Schulausgaben ist so groß, daß es für den Lehrer hilfreich sein dürfte, einen Überblick über die z. Zt. vorhandenen Lektüren zu erhalten. Da Interpretationen die Unterrichtsvorbereitung erleichtern, soll im folgenden auch eine Aufstellung verschiedener deutscher Interpretationssammlungen gegeben werden. Bei der Übersicht über die Lektüren kann so vermerkt werden, wo eine Interpretation zur jeweiligen Geschichte zu finden ist. Um dem Lehrer die Nutzung dieser vielfältigen Materialien zu erleichtern, soll außerdem aufgezeigt werden, welchen größeren Themenkreisen sich Geschichten zuordnen lassen, zu denen sowohl Schulausgaben wie auch Interpretationen vorliegen.

2. Interpretationssammlungen zur Short Story

Die Übersicht erfaßt alle wichtigen Publikationen, die seit Beginn der sechziger Jahre in Deutschland erschienen sind. Auch bereits vergriffene Werke haben Berücksichtigung gefunden, da die Annahme berechtigt erscheint, daß diese Bände sich im Besitz vieler Lehrer und Lehrerbibliotheken befinden und somit weiterhin für die Unterrichtsvorbereitung genutzt werden können. Ausgelassen wurden Werke, die überwiegend Interpretationen zu anderen Genera (Lyrik, Roman usw.) oder Materialien zur Short-Story-Theorie bieten und nur wenige Interpretationen von Short Stories enthalten, für die überdies die Texte meist nur schwer beschaffbar sind (Albert H. Carter, *Reading Recent American Literature*, Frankfurt: Diesterweg, 1967; Paul Goetsch, Hg., *Studien und Materialien zur Short Story*, Frankfurt: Diesterweg, 2. Aufl., 1973; Frieder Busch und Renate Schmidt v. Bardeleben, Hgg., *Amerikanische Erzählliteratur 1950-1970*, München: Fink, 1975).[3] Die nachfolgend aufgeführten Sammlungen haben einen sehr unterschiedlichen Umfang und weisen entsprechende Unterschiede in den Feinheiten der Detailanalyse auf.

(1) Horst Bodden und Herbert Kaußen. *Model Interpretations of Great American Short Stories.* Stuttgart: Klett, 1971, 141 S. (Best.-Nr. 92300)

(2) Paul G. Buchloh u. a., Hgg. *Amerikanische Erzählungen von Hawthorne bis Salinger: Interpretationen.* Neumünster: Wachholtz, 1968, 283 S. (Kieler Beiträge zur Anglistik und Amerikanistik Band 6) (vergriffen)

(3) Hans Finger, Hg. *Interpretationen zu Irving, Melville und Poe.* Frankfurt: Diesterweg, 1971, 84 S. (Best.-Nr. 407)

(4) Peter Freese. *Die amerikanische Kurzgeschichte nach 1945. Salinger, Malamud, Baldwin, Purdy, Barth.* Frankfurt: Athenäum, 1974, 426 S. (Schwerpunkte Anglistik)

(5) Peter Freese, Hg. *Die amerikanische Short Story der Gegenwart: Interpretationen.* Berlin: Schmidt, 1976, 355 S.

(6) Hans Galinsky und Klaus Lubbers. *Zwei Klassiker der amerikanischen Kurzgeschichte: Interpretationen zu Edgar Allan Poe und Ernest Hemingway.* Frankfurt: Diesterweg, 1971, 84 S. (Best.-Nr. 4213)

(7) Karl Heinz Göller und Gerhard Hoffmann, Hgg. *Die amerikanische Kurzgeschichte.* Düsseldorf: Bagel, 1972, 429 S.

(8) Karl Heinz Göller und Gerhard Hoffmann, Hgg. *Die englische Kurzgeschichte.* Düsseldorf: Bagel, 1973, 398 S.

(9) John V. Hagopian und Martin Dolch. *Insight I: Analyses of American Literature.* Frankfurt: Hirschgraben, 1962, 5. erg. Aufl., 1975, 284 S. (Best.-Nr. 1270)

(10) John V. Hagopian und Martin Dolch, Hgg. *Insight II: Analyses of Modern British Literature.* Frankfurt: Hirschgraben, 1963, 4. verb. Aufl., 1975, 372 S. (Best.-Nr. 1271)

(11) John E. Hardy. *Five Modern American Short Stories: Commentaries.* Frankfurt: Diesterweg, 1961, repr., 26 S. (Best.-Nr. 482)

(12) Werner Hüllen, Hg. *Zeitgenössische englische Dichtung. Einführung in die englische Literaturbetrachtung mit Interpretationen. II. Prosa.* Frankfurt: Hirschgraben, 1966, 122 S. (Best.-Nr. 1602)

(13) Werner Hüllen, Wilhelm Rossi, Walter Christopeit, Hgg. *Zeitgenössische amerikanische Dichtung: Eine Einführung in die amerikanische Literaturbetrachtung mit Texten und Interpretationen.* Frankfurt: Hirschgraben, 1960, 3. Aufl., 1969, 275 S. (vergriffen)

(14) Robert Kopetzki, *Weltfreude und Todesnähe.* Frankfurt: Diesterweg, 1967, 119 S. (vergriffen)

3. Short-Story-Texte der Schulbuchverlage

Bei der nachfolgenden Übersicht über die Short-Story-Texte der Schulbuchverlage ist der Stand des Jahres 1978 wiedergegeben. Um den Überblick bei der Fülle der Lektüren in akzeptablen Grenzen zu halten, sind vorwiegend Texte aufgeführt, die nach Angabe der Verlagskataloge für die Oberstufe bzw. Mittel- und Oberstufe bestimmt sind. Mittelstufenlektüren sind nur dann berücksichtigt worden, wenn die Geschichten von bekannten Autoren verfaßt wurden und als Lektüre für die Sekundarstufe II geeignet erschienen; dies erklärt das Fehlen von Bänden wie *Stories from the States* und *Five Short Shorts* (beide Klett) in der folgenden Aufstellung. Ausgelassen wurden auch Textsammlungen, die im Titel/Untertitel das Wort "Stories" führen, aber Romanauszüge enthalten (z. B. *Men against Odds*; J. Steinsteck, *The Pirate and Other Stories*, beide Schöningh); in gleicher Weise wurde verfahren mit Sammlungen, die überwiegend Texte anderer Genera (Essays, Romanauszüge, Gedichte usw.) bieten und nur zwei bis drei Short Stories enthalten (z. B. *Twentieth Century American Novelists*, Hirschgraben; *Twentieth Century English Prose First Series*, Hueber; *Black African Reader*, Klett). Kurzgeschichtenzyklen wie *The Dubliners* sind in der Aufstellung verzeichnet, da jede Story als in sich geschlossenes Einzelwerk analysiert werden kann, nicht hingegen 'Kurzgeschichtenromane', bei denen eine durchgängige Handlung bzw. eine Hauptfigur die verschiedenen Geschichten eng miteinander verknüpft (z. B. W. Somerset Maugham, *Ashenden*, Hirschgraben/Heinemann).[4] Längenmäßig ist aus rein pragmatischen Gründen eine Begrenzung auf ca. 50 Seiten Text in der Schulausgabe vorgenommen worden; dies erklärt die Auslassung der 'long short stories'/'short novels' *Freya of the Seven Isles* und *Typhoon* von Joseph Conrad (beide Schöningh), *The Unvanquished* von William Faulkner, *Daisy Miller* von Henry James (Schöningh), *The Fox* und *The Virgin and the Gipsy* von D. H. Lawrence (Hirschgraben/Heinemann) und *The Pearl* von John Steinbeck (Hirschgraben/Heinemann, Schöningh).[5] Gekürzte Ausgaben sind mit einem entsprechenden Vermerk in die Übersicht aufgenommen worden, vereinfachte ("simplified") Lektüren sind hingegen fortgelassen.[6] Die Texte zur *Detective Story* und *Science Fiction* sind bei den entsprechenden Kursprojekten im zweiten Teil dieses Bandes aufgeführt. Die zweisprachigen Lektüren des Deutschen Taschenbuch Verlages und des Reclam Verlages haben nicht den Charakter von Schullektüren und sind deshalb nicht aufgelistet worden. Das reichhaltige Angebot beider Verlage kann als zusätzliche Lektüre aber mit Nachdruck empfohlen werden.[7]

Das Angebot der Schulbuchverlage an Short-Story-Texten ist reichhaltig, allerdings haben sich im Verlaufe der Jahre beträchtliche Veränderungen ergeben. Einige Verlage (Brandstetter, Francke, Lambert Lensing, Vandenhoeck & Ruprecht, Westermann) haben ihr Angebot fortlaufend reduziert, ein Verlag (Braun) vertreibt überhaupt keine englischen Schullektüren mehr. Andere Verlage lassen einzelne Titel auslaufen, wovon oft Autoren des 19. Jahrhunderts betroffen sind[8], bieten dafür aber neue Lektüren an, die dann häufig Short Stories der Nachkriegszeit enthalten. Bei den Verlagen Cornelsen-Velhagen & Klasing und Hirschgraben ergab sich eine Ausweitung des Angebotes auch durch die Kooperation mit den englischen Verlagen Oxford University Press und Heinemann. Auf Grund dieser Entwicklung ist damit zu rechnen, daß das von Uwe Bruhns und Wolf-D. Weise konstatierte Defizit an Schulausgaben mit zeitgenössischen Short Stories allmählich abgebaut wird und ein gegenläufiger Trend sich auswirkt, der zu einer Unterrepräsentation des 19. Jahrhunderts führen könnte.[9]

Bei der folgenden Übersicht sind zunächst die Anthologien der Schulbuchverlage aufgeführt in der Reihenfolge, in welcher sie in den Katalogen erscheinen. Als zweites folgt eine alphabetische Auflistung nach Autoren, bei der Einzelautorenausgaben und Textsammlungen gemeinsam erfaßt sind. Der Verweis auf die zuvor aufgeführten Anthologien erfolgt hier durch die Angabe der Verlagsabkürzung und der die Reihenfolge bezeichnenden Zahl. Die Autoren sind getrennt aufgelistet gemäß der in der Literaturwissenschaft recht weit verbreiteten Unterscheidung in amerikanische, englische, anglo-irische und Commonwealth Literatur. Obwohl die Zuordnung bei einigen Schriftstellern Schwierigkeiten bereitet (z. B. Katherine Mansfield, Doris Lessing), ist diese Einteilung bewußt gewählt worden, weil sie auch aus sprachdidaktischen und landeskundlichen Gründen Vorteile bietet. Die amerikanischen Short-Story-Autoren sind als erste aufgeführt, da sie zahlenmäßig am häufigsten in Schullektüren vertreten sind. Die Lebensdaten sind überprüft an mehreren Ausgaben des *Oxford Companion* und *Who's Who*; da nicht alle Autoren verzeichnet waren, können in Einzelfällen Ergänzungen und Korrekturen erforderlich sein.

Um den Inhalt der Ausgaben in knapper Form beschreiben zu können, werden folgende Abkürzungen verwandt.

allgemeine Einführung:	all Ei
Biographische Angaben:	B
Text:	T
einsprachige Anmerkungen:	ein An
zweisprachige Anmerkungen:	zwei An
Hilfen zur Textanalyse:	Hi
gekürzt:	gek
Interpretation:	Int
Seite:	S.

Die Seitenzahlen sind im allgemeinen nach oben abgerundet. Die bei den Interpretationen aufgeführten Zahlen beziehen sich auf die unter 2 aufgeführten Sammelbände. Die biographischen Angaben vieler Lektüren sind überholt, da die Erstausgabe bis über 20 Jahre zurückliegen kann und Nachdrucke in den meisten Fällen nicht mehr überarbeitet wurden.[10] Auch die Ausführungen in den allgemein gehaltenen Angaben sind nicht immer korrekt.[10]

A. Short Story Anthologien

a) *CORNELSEN-VELHAGEN & KLASING (CVK)*[11]

1. *Contemporary American Short Stories 1*
   Saroyan, 1924 Cadillac for Sale; Parker, The Sexes; Weidman, The Tuxedos; Fitzgerald, The Baby Party; Thurber, Snapshot of a Dog.
   Best.-Nr. 5437; T 36 S., B 4 S., ein An 10 S., Hi 16 S.
2. *Contemporary American Short Stories 2*
   Wolfe, Circus at Dawn; Boyle, Winter Night; Cather, A Wagner Matinée; Welty, Death of a Traveling Salesman; Steinbeck, The White Quail.
   Best.-Nr. 5445; T 51 S., B 3 S., ein An 13 S.
3. *Contemporary British Short Stories 1*
   Cary, Bush River; Finlayson, The Torara Tree; Greene, The Case for the Defence; O'Faolain, The Trout; O'Connor, The Majesty of the Law.
   Best.-Nr. 5364; T 36 S., B 2 S., zwei An 12 S.
4. *Contemporary British Short Stories 2*
   Orwell, Shooting an Elephant; Thomas, The Enemies; Lawrence, Second Best; Woolf, The Duchess and the Jeweller; Bates, The Small Portion.
   Best.-Nr. 5372; T 37 S., B 2 S., zwei An 13 S.
5. *Interesting Things*
   Amis, Interesting Things; Wilson, Realpolitik; Callaghan, A Sick Call; Sansom, Murder; Bowen, The Cat Jumps.
   Best.-Nr. 5100; T 46 S., B 2 S., ein An 20 S.

b) *CORNELSEN-VELHAGEN & KLASING/OXFORD UNIVERSITY PRESS* (CVK/Oxf. U. P.)

1. *Modern Short Stories for Students of English*
   Bowen, The Demon Lover; Conrad, The Lagoon; Forster, The Story of the Siren; Greene, The End of the Party; Lawrence, The Last Laugh; Mansfield, Feuille d' Album; Maugham, The Bum; Saki, Sredni Vashtar; Waugh, Tactical Exercise; Woolf, Kew Gardens.
   Best.-Nr. 20630; all Ei 1 S., T 90 S., für jede Story B 1 S., ein An 1 S., H 1 S.
2. *A Book of Modern Stories*[12]
   12 Short Stories von Lessing, Bradbury, Mitchison, Mansfield, O'Connor, Drake-Brockman, O'Flaherty, Hughes usw.
   Best.-Nr. 22650; all Ei 3 S., T 143 S., B 4 S.
3. *Modern English Short Stories 1930-1955*[12]
   19 Short Stories von Maugham, Woolf, Pritchett, Waugh, Greene, Bates, Sansom, Bowen usw.
   Best.-Nr. 22668; all Ei 4 S., T 362 S.

4. *English Short Stories of Today.* First Series.[12]
   13 Short Stories von Galsworthy, Hughes, Maugham, Mitchison, O'Connor, Saki, Sayers, Walpole, Wells usw.
   Best.-Nr. 23214; all Ei 2 S., T 244 S., B 4 S.

5. *English Short Stories of Today,* Second Series.
   Bowen, Ivy Gripped the Steps; Cary, A Good Investment; de la Mare, Seaton's Aunt; Greene, When Greek meets Greek; Hartley, The Killing Bottle; Maugham, Episode; O'Connor, Peasants; Pritchett, The Aristocrat; Pritchett, The Scapegoat; Sansom, The Girl on the Bus; Thomas, A Visit to Grandpa's; Waugh, Mr. Loveday's Little Outing; Wilson, Realpolitik.
   Best.-Nr. 23222; all Ei 2 S., T 243 S., B 2 S.

6. *English Short Stories of Today.* Third Series.[12]
   20 Short Stories von Lavin, Sansom, Stivens, Shadbolt, Bates, Naughton, Hartley, Jhabvala, Wain, Gordimer, Callaghan, Wilson, Owoyele usw.
   Best.-Nr. 23230; all Ei 1 S., T 246 S., B 4 S.

7. *English Short Stories of Today.* Fourth Series.[12]
   20 Short Stories von Achebe, Amis, Callaghan, Hill, Jacobson, Kiely, Naipaul, Narayan, Rhys, Taylor, White usw.
   Best.-Nr. 23249; all Ei 5 S., T 292 S., B 3 S.

c) DIESTERWEG (Diest)

1. *Three Short Stories of the Nineteenth Century.*
   Dickens, The Drunkard's Death; Dickens, The Parish Clerk; Thackeray, A Gambler's Death.
   Best.-Nr. 4153; B 3 S., T 31 S., ein An 16 S.

2. *Recent British Short Stories.*
   Joyce, Eveline; Hartley, Apples; Pritchett, The Voice; Blakiston, Afternoon Out; Jones, All on a Summer's Day; Taylor, Hare Park; Thomas, After the Fair; Wain, A Message from the Pig-man.
   Best.-Nr. 4131; all Ei 2 S., T 54 S., ein An 14 S.

3. *Modern American Short Stories.*
   Hemingway, A Day's Wait; Henry, A Retrieved Reformation; Benét, The Devil and Daniel Webster; Steinbeck, Flight. Z. T. gek.
   Best.-Nr. 4006; B 2 S., T 38 S., zwei An 17 S.

4. *Five Modern American Short Stories.*
   Capote, A Diamond Guitar; Salinger, Down at the Dinghy; McCullers, The Sojourner; Hemingway, The Battler; Faulkner, Shingles for the Lord.
   Best.-Nr. 4082; all Ei 2 S., B 4 S., T 51 S., Hi 4 S., ein An 13 S., *Int:* 11.

5. *Black is My Favorite Color.*
   Malamud, Black is My Favorite Color; Groshong, The Gesture; Hughes, Professor.
   Best.-Nr. 4156; B 4 S., T 29 S., ein An 9 S.

6. *Four Great Short Stories.*
   Hemingway, A Clean, Well-Lighted Place; Greene, The Hint of an Explanation; Saroyan, The Third Day after Christmas; Conrad, The Tale.
   Best.-Nr. 4029; all Ei 2 S., T 40 S., ein An 11 S., B 2 S.

7. *Seven Anglo-American Short Stories.*
Bierce, An Occurrence at Owl Creek Bridge; Hawthorne, Dr. Heidegger's Experiment; O'Flaherty Chopin, Désirée's Baby; Mansfield, The Garden Party; Lavin, The Story of the Widow's Son; Hemingway, In Another Country; Melville, Bartleby the Scrivener.
Best.-Nr. 4145; T 100 S., zwei An 22 S., *Int:* 14.

d) *FRANCKE* (Fran)

1. *English Short Stories.*
Kipling, Lispeth; Wells, The Diamond Maker; Galsworthy, Quality; Mansfield, The Lady's Maid; Powys, The Windmill; O'Flaherty, Mother and Son.
Collection of English Texts Vol. 4; T 36 S., all Ei 1 S., B 3 S., ein An 6 S.

2. *Selected Modern Short Stories.*
Joyce, A Little Cloud; Mansfield, Sixpence; Maugham, Louise; Bowen, A Queer Heart; Saroyan, The Barber whose Uncle had his Head bitten off by a Circus Tiger; Sewell, The Speech.
Collection of English Texts Vol. 78; T 54 S., B 3 S., ein An 5 S.

3. *Four American Writers of the Twentieth Century.*
Hemingway. The Undefeated; Steinbeck, Flight; Faulkner, That Evening Sun Go Down (und ein Fernsehspiel).
Collection of English Texts Vol. 82; T 91 S., B 2 S., ein An 2 S.

e) *HIRSCHGRABEN* (Hirsch)

1. *Modern English Authors.*
Hardy, Netty Sargent's Copyhold; Wells, The Lost Inheritance; Galsworthy, The Choice ; Bennett, Death, Fire, and Life; Maugham, The Outstation.
Best.-Nr. 664; T 56 S., B 2 S., zwei An 14 S.

2. *Famous American Novelists of To-Day.*
Faulkner, Barn Burning (gek.); Steinbeck, Flight (gek.), Caldwell, The Grass Fire (und zwei Romankapitel).
Best.-Nr. 678; all Ei 1 S., B 3 S., T 41 S., zwei An 16 S.

3. *Contemporary English Novelists.*
Forster, The Road from Colonus; Huxley, The Tillotson Banquet (gek.); Waugh, Bella Fleace gave a Party; Greene, The Lottery Ticket (und ein Romankapitel).
Best.-Nr. 680; all Ei 1 S., B 4 S., T 41 S., ein An 13 S.

4. *American Short Stories of To-Day.*
Wolfe, The One-Eyed Spaniard in Old Catawba (gek.), Hemingway, Old Man at the Bridge; Hemingway, Cat in the Rain; Buck, The Old Demon; Wilder, The Warship; Saroyan, The Third Day after Christmas.
Best.-Nr. 1662; all Ei 4 S., T 27 S., B 3 S., ein An 7 S.

5. *British Short Stories of To-Day.*
Joyce, Eveline; Mansfield, The Lady's Maid; Lewis, The Lapse; Lawrence, Things; Forster, The Other Side of the Hedge; Sansom, The Vertical Ladder; Mansfield, The Fly; Lavin, The Story of the Widow's Son; Thomas, The Tree.
Best.-Nr. 1664; all Ei 2 S., T 46 S., B 5 S., ein An 11 S.

6. *Growing Up.* Selected British Short Stories.
O'Connor, My Oedipus Complex; Sillitoe, Noah's Ark; Wilson, Raspberry Jam; Cary, Growing Up; Wain, Manhood.
Best.-Nr. 1689; all Ein 1 S., B 5 S., T 49 S., Hi 2 S., ein An 5 S.

7. *Several Englands.* Selected Britsh Short Stories.
Barstow, The Little Palace; Sillitoe, The Match; Lessing, England versus England; Wain, Down Our Way; Wilson, A Visit in Bad Taste.
Best.-Nr. 1692; all Ei 1 S., B 4 S., T 40 S., Hi 2 S., ein An 6 S.

f) HUEBER (Hueber)

1. *Contemporary American Short Stories I.*
Henry, After Twenty Years; Hemingway, Old Man at the Bridge; Cozzens, Clerical Error; Buck, The Refugee; Kantor, The Watchman; Caldwell, Daughter; Steinbeck, Battle Scene; Thurber, The Greatest Man in the World; Benson, The Overcoat. Z. T. gek.
Best.-Nr. 101; B 3 S., T 39 S., ein An 15 S.

2. *Contemporary American Short Stories II.*
Faulkner, A Rose For Emily; Callaghan, The Snob; Shaw, The Dry Rock; Malamud, The Bill; Jackson, The Lottery.
Best.-Nr. 221; B 3 S., T 47 S., Hi 4 S., ein An 26 S.

3. *Contemporary British Short Stories.*
Sayers, Dilemma; Walpole, The Tarn; Maugham, The Verger; O'Flaherty, The Sniper ; Greene, The Case for the Defence.
Best.-Nr. 93; B 2 S., T 42 S., ein An 12 S.

g) KLETT (Klett)

1. *Great American Short Stories.*
Hawthorne, Dr. Heidegger's Experiment; Melville, The Lightning-Rod Man; Poe, The Tell-Tale Heart; Bierce, An Occurrence at Owl Creek Bridge; Hemingway, A Day's Wait; Capote, A Diamond Guitar.
Best.-Nr. 5764; T 48 S., B 3 S., ein An 13 S., *Int.:* 1.

2. *Strangers in their own Land.* The North-American Indian in the modern short story.
Hemingway, Ten Indians; La Farge, The Happy Indian Laughter; Garner, One, Two, Three Little Indians.
Best.-Nr. 5759; all Ei 3 S., B 2 S., T 37 S., Hi 2 S., ein An 9 S.

3. *Stories for Our Time.*
Sillitoe, Uncle Ernest; Shaw, The Dry Rock; Bates, Shot Actress — Full Story.
Best.-Nr. 5767; B 1 S., T 40 S., Hi 2 S., ein An 15 S.

4. *Voices of Protest.* Stories by Negro Authors.
Killens, God Bless America; Bennet, Jr., The Convert; Clarke, The Boy Who Painted Christ Black.
Best.-Nr. 5768; all Ei 7 S., B 1 S., T 38 S., Hi 2 S., ein An 9 S.

h) LAMBERT LENSING/MACMILLAN (Lamb/Mac)

1. *Modern English Short Stories 1.*
Saki, The Open Window; Saki, Sredni Vashtar; Maugham, The Man with the

Scar; Thomas, A Visit to Grandpa's; Huxley, The Portrait; Mansfield, An Ideal Family; Greene, The Destructors; Sillitoe, On Saturday Afternoon.
Best.-Nr. 45026; all Ei 1 S., B 7 S., T 62 S., ein An 13 S.

2. *Modern English Short Stories 2.*
Conrad, The Tale; Forster, The Road from Colonus; Joyce, A Mother; Wain, The Quickest Way Out of Manchester.
Best.-Nr. 45027; all Ei 1 S., B 4 S., T 51 S., ein An 10 S.

i) LANGENSCHEIDT (Lang)

1. *Humorous Short Stories.*
Wodehouse, The Fiery Wooing of Mordred; Wodehouse, The Knightly Quest of Mervyn; O'Connor, My Oedipus Complex; O'Connor, A Salesman's Romance; Sutherland, As Joe Said . . .
Best.-Nr. 44600; all Ei 1 S., T 99 S., zwei An am Rande

j) SCHÖNINGH (Schön)

1. *American Short Stories I.*
Irving, Rip van Winkle; Hawthorne, Dr. Heidegger's Experiment; Hawthorne, The Birthmark; Poe, The Tell-Tale Heart; Poe, The Masque of the Red Death; O'Brien, The Diamond Lens (und Poe, The Short Story).
Best.-Nr. 43122; all Ei 2 S., B 6 S., T 91 S., ein An 27 S.

2. *American Short Stories II.*
Melville, The Lightning-Rod Man; Twain, The Celebrated Jumping Frog of Calaveras County; Harte, The Luck of Roaring Camp; Harte, Tennessee's Partner; London, The Faith of Men; Crane, The Open Boat (und Crane's Own Story)
Best.-Nr. 43123; all Ei 1 S., B 6 S., T 92 S., ein An 30 S.

3. *American Short Stories III.*
Jewett, The Hilton's Holiday; Wilkins Freeman, A New England Nun; Cable, Belles Demoiselles Plantation; O'Flaherty Chopin, Desirée's Baby; Henry, The Cop and the Anthem; Henry, The Furnished Room; Bierce, An Occurrence at Owl Creek Bridge.
Best.-Nr. 43124; all Ei 1 S., B 5 S., T 84 S., ein An 27 S.

4. *American Short Stories IV.*
James, Daisy Miller; Wharton, Mrs. Manstey's View; Anderson, The Egg; Faulkner, A Rose for Emily.
Best.-Nr. 43125; all Ein 1 S., B 8 S., T 104 S., ein An 25 S.

5. *American Short Stories V.*
Lardner, Champion; Hemingway, In Another Country; Hemingway, Cat in the Rain; Steinbeck, The Raid; Caldwell, Saturday Afternoon; Benét, The Devil and Daniel Webster; Porter, The Jilting of Granny Weatherall; Thurber, The Secret Life of Walter Mitty; Parker, You Were Perfectly Fine.
Best.-Nr. 43126; all Ei 2 S., B 19 S., T 89 S., ein An 29 S.

6. *American Short Stories VI.*
Hawthorne, The Minister's Black Veil; Melville, Bartleby the Scrivener; London, The God of His Fathers; Fitzgerald, Babylon Revisited; Hemingway, A Canary for One; Hemingway, A Clean, Well-Lighted Place.
Best.-Nr. 43127; all Ei 1 S., B 13 S., T 107 S., ein An 28 S.

7. *American Short Stories VII.*
Gordon, Old Red; Steinbeck, The Chrysanthemums; Welty, Powerhouse; McCullers, A Tree. A Rock. A Cloud.; van Tilburg Clark, The Wind and the Snow of Winter; Capote, A Diamond Guitar.
Best.-Nr. 43161; B 9 S., T 87 S., ein An 20 S.

8. *American Short Stories VIII.*
Faulkner, Go Down, Moses; Warren, Blackberry Winter; Jackson, The Lottery; Calisher, In Greenwich there are Many Gravelled Walks; Williams, The Use of Force ; West, A Little Collar for the Monkey.
Best.-Nr. 43162; B 8 S., T 91 S., ein An 20 S.

9. *Australian Short Stories.*
Warung, John Price's Bar of Steel; Lawson, The Loaded Dog; Drake-Brockman, Fear; Cleary, Hullo, Joe.
Best.-Nr. 43010; B 3 S., T 39 S., ein An 19 S.

10. *Canadian Short Stories.*
Scott, Paul Farlotte; Grove, Snow; Garner, One, Two, Three Little Indians; Leacock, The Marine Excursion of the Knights of Pythias.
Best.-Nr. 43011; B 3 S., T 54 S., ein An 16 S.

11. *Irish Short Stories.*
Hogan, The Leaping Trout; O'Flaherty, Going into Exile; O'Faolain, The Trout; O'Connor, Peasants; Lavin, The Will.
Best.-Nr. 43149; all Ei 4 S., B 4 S., T 50 S., ein An 10 S.

B. Short Story Autoren — Anthologien und Einzelausgaben

a) *AMERIKANISCHE AUTOREN*

1. Anderson, Sherwood (1876-1941)
The Egg, Schön 4, *Int:* 9
2. Bach, Richard (1936-
Jonathan Livingston Seagull, Diesterweg.
Best.-Nr. 4040; B 3 S., T 22 S., ein An 4 S.
3. Baldwin, James (1924-
Sonny's Blues, Klett.
Best.-Nr. 5765; B 1 S., T 40 S., ein An 40 S. (neben dem Text), *Int:* 4, 5
This Morning, This Evening, So Soon, Diesterweg.
Best.-Nr. 4130; B 1 S., T 40 S., ein An 18 S., *Int:* 9
4. Benét, Stephen Vincent (1898-1943)
The Bishop's Beggar, Schöningh.
Best.-Nr. 43089; B 2 S., T 26, Hi 2 S., ein An 8 S.
The Devil and Daniel Webster, Diest 3, Schön 5, *Int:* 9
5. Bennett, Lerone, Jr. (1928-
The Convert, Klett 4
6. Benson, Sally (1900-
The Overcoat, Hueber 1
7. Bierce, Ambrose (1842-1914?)
An Occurrence at Owl Creek Bridge, Diest 7, Klett 1, Schön 3, *Int:* 1, 7, 9, 14.

8. Boyle, Kay (1903-
Winter Night, CVK 2
9. Bradbury, Ray (1920-
The Fog Horn, CVK/Oxf. U. P. 2
The Settlers/The Green Morning, CVK/Oxf. U. P. 2
10. Buck, Pearl S. (1892-1973)
The Old Demon/Father Andrea, Hueber.
Best.-Nr. 87; B 1 S., T 30 S., ein An 9 S.
Short Stories, Cornelsen-Velhagen & Klasing.
Wang Lung, The Enemy
Best.-Nr. 5348; B 1 S., T 39 S., zwei An 16 S.
The Old Demon, Hirsch 4
The Refugee, Hueber 1
11. Cable, George Washington (1844-1925)
Belles Demoiselles Plantation, Schön 3
12. Caldwell, Erskine (1903-
Georgia Boy, Hueber, 6 Stories.
Best.-Nr. 136; B 1 S., T 55 S., ein An 12 S.
The Grass Fire, Hirsch 2
Daughter, Hueber 1
Saturday Afternoon, Schön 5
13. Calisher, Hortense (1911-
In Greenwich there are Many Gravelled Walks, Schön 8
14. Canfield Fisher, Dorothy (1879-1958)
Three Vermont Stories, Aschendorff
Nothing ever Happens, The Old Soldier, The Apprentice
B2 S., T 30 S., zwei An 6 S.
15. Capote, Truman (1924-
A Diamond Guitar, Diest 4, Klett 1, Schön 7, *Int:* 1, 11.
16. Cather, Willa (1873-1947)
Neighbour Rosicky, Cornelsen-Velhagen & Klasing.
Best.-Nr. 5550; T 36 S., B 1 S., ein An 14 S., Hi 3 S., *Int:* 9
A Wagner Matinée, CVK 2
17. Clarke, John Henrik, (1915-
The Boy Who Painted Christ Black, Klett 4
18. Cleaver, Eldridge (1935-
The Flashlight, Diesterweg.
Best.-Nr. 4072; B 7 S., Hi 9 S., T 33 S., ein An 13 S.
19. Cozzens, James Gould (1903-)
Clerical Error, Hueber 1
20. Crane, Stephen (1871-1900)
The Open Boat, Hueber
Best.-Nr. 46; T 33 S., B 1 S., zwei An 10 S., *Int:* 7, 9
The Open Boat, Schön 2, *Int:* 7, 9
21. Faulkner, William (1897-1962)
Four Stories, Schöningh.
Death Drag, *Int:* 9, Pennsylvania Station, Barn Burning, *Int:* 2, 7, That Evening Sun, *Int:* 7, 9
Best.-Nr. 43146; B 4 S., T 83 S., ein An 15 S.
Barn Burning, Hirsch 2, *Int:* 2, 7
Go Down, Moses, Schön 8

A Rose for Emily, Hueber 2, Schön 4, *Int:* 9
Shingles for the Lord, Diest 4, *Int:* 11
That Evening Sun (Go Down) Fran 3, *Int:* 7, 9

22. Fitzgerald, F. Scott (1896-1940)
Babylon Revisited, Schön 6, *Int:* 7, 9
The Baby Party, CVK 1

23. Gallico, Paul (1897-
The Snow Goose, Cornelsen-Velhagen & Klasing
Best.-Nr. 5330; B 1 S., T 19 S., zwei An 13 S.

24. Gordon, Caroline (1895-
Old Red, Schön 7

25. Goyen, William (1915-
Short Stories, Vandenhoeck & Ruprecht.
Tenant in the Garden, The Thief Coyote, Rhody's Path, The Moss Rose
Best.-Nr. 73180; B 3 S., T 30 S., ein An 7 S.

26. Groshong, James W. (1920-
The Gesture, Diest 5

27. Harte, Bret (1836-1902)
The Luck of Roaring Camp, Schön 2, *Int:* 7, 9
Tennessee's Partner, Schön 2

28. Hawthorne, Nathaniel (1804-1864)
Dr. Heidegger's Experiment, Diest 7, Klett 1, Schön 1, *Int:* 1, 14
The Birthmark, Schön 1, *Int:* 7
The Minister's Black Veil, Schön 6, *Int:* 9

29. Hemingway, Ernest (1898-1961)
The Killers and Other Short Stories, Schöningh
The Killers, *Int:* 6, 7, 9, A Day's Wait, *Int:* 1, 6, 9, The Battler, *Int:* 11, After the Storm, The Doctor and the Doctor's Wife, Old Man at the Bridge, The Undefeated, *Int:* 7
Best.-Nr. 43116; B 2 S., T 67 S., ein An 19 S.
The Battler, Diest 4, *Int:* 11
A Canary for One, Schön 6, *Int:* 9
Cat in the Rain, Hirsch 4, Schön 5, *Int:* 9
A Clean, Well-Lighted Place, Diest 6, Schön 6, *Int:* 6, 7, 9, 13
A Day's Wait, Diest 3, Klett 1, *Int:* 1, 6, 9,
In Another Country, Diest 7, Schön 5, *Int:* 6, 14
Old Man at the Bridge, Hirsch 4, Hueber 1
Ten Indians, Klett 2
The Undefeated, Fran 3, *Int:* 7

30. Henry, O. (William Sidney Porter) (1862-1910)
Eight New York Storis, Schöningh.
Makes the Whole World Kin, The Sleuths, The Gift of the Magi, Springtime à la Carte, After Twenty Years, The Badge of Policeman O'Roon, The Voice of the City, A Newspaper Story
Best.-Nr. 43080; B 2 S., T 45 S., ein An 10 S.
Five Famous O. Henry Short Stories. Diesterweg
The Skylight Room, The Green Door, A Madison Sqare Arabian Night, Two Thanksgiving Day Gentlemen, The Last Leaf
Best.-Nr. 4032; B 1 S., T 30 S., ein/zwei An 8 S.
After Twenty Years, Hueber 1
The Cop and the Anthem, Schön 3

The Furnished Room, Schön 3
A Retrieved Reformation, Diest 3

31. Hughes, Langston (1902-1967)
Professor, Diest 5
32. Irving, Washington (1783-1859)
Rip van Winkle, Schön 1, *Int:* 3, 7, 9
33. Jackson, Shirley (1919-1965)
The Lottery, Hueber 2, Schön 8, *Int:* 5, 9
34. Jewett, Sarah Orne (1849-1909)
The Hilton's Holiday, Schön 3
35. Kantor, MacKinlay (1904-
The Watchman, Hueber 1
36. Killens, John O. (1916-
God Bless America, Klett 4
37. La Farge, Oliver (1901-1963)
The Happy Indian Laughter, Klett 2
38. Lardner, Ring (1885-1933)
Champion, Schön 5
39. Lester, Julius (1939-
Black Folktales, Schöningh, 7 Stories
Best.-Nr. 43012; all Ei 3 S., T 41 S., ein An 22 S.
40. London, Jack (1876-1916)
Four Short Stories, Schöningh
An Odyssey of the North, A Piece of Steak, The Heathen, The Pearls of Parlay
Best.-Nr. 43110 ; B 2 S., T 67 S., ein An 7 S.
The Faith of Men, Schön 2
The God of His Fathers, Schön 6
41. Malamud, Bernard (1914-
Four Short Stories, Diesterweg.
The Magic Barrel, *Int:* 4, The Jewbird, *Int:* 4, A Choice of Profession, *Int:* 4, My Son the Murderer
Best.-Nr. 4158; B 1 S., Hi 3 S., T 45 S., ein An 10 S.
The Bill, Hueber 2, *Int:* 4
Black is My Favorite Color, Diest 5, *Int:* 4
42. McCullers, Carson (1917-1967)
The Sojourner, Diest 4, *Int:* 11
A Tree. A Rock. A Cloud. Schön 7, *Int:* 5
43. Melville, Hermann (1819-1891)
Bartleby the Scrivener, Diest 7, Schön 6, *Int:* 7, 9, 14
The Lightning-Rod Man, Klett 1, Schön 2, *Int:* 1
44. O'Brien, Fitz-James (1828?-1862)
The Diamond Lens, Schön 1
45. O'Flaherty Chopin, Kate (1851-1904)
Désirée's Baby, Diest 7, Schön 3, *Int:* 14
46. Parker, Dorothy (1893-1967)
The Sexes, CVK 1
You Were Perfectly Fine, Schön 5, *Int:* 9
47. Poe, Edgar Allan (1809-1849)
The Gold-Bug, Hueber
Best.-Nr. 49; T 47 S., B 2 S., zwei An 16 S., *Int:* 3, 9
The Masque of the Red Death, Schön 1, *Int:* 3, 6

The Tell-Tale Heart, Klett 1, Schön 1, *Int:* 1, 9

48. Porter, Katherine Anne (1890-
The Jilting of Granny Weatherall, Schön 5, *Int:* 7, 9

49. Powers, James Farl (1917-
Two Stories, Schöningh.
The Forks, *Int:* 9, The Trouble
Best.-Nr. 43821; B 2 S., T 31 S., ein An 11 S.

50. Salinger, Jerome D. (1919-
Down at the Dinghy, Diest 4, *Int:* 2, 4, 9, 11

51. Saroyan, William (1908-
Four Short Stories, Schöningh.
The Sunday Zeppelin, The Only Guy in Town, The Mexicans, The First Day of School
Best.-Nr. 43147; B 1 S., T 34 S., ein An 5 S.
My Name is Aram, Schöningh, 8 Stories
Best.-Nr. 43133 ; B 1 S., T 76 S., zwei An 9 S.
The Barber whose Uncle had his Head bitten off by a Circus Tiger, Fran 2
1924 Cadillac for Sale, CVK 1
The Third Day after Christmas, Diest 6, Hirsch 4

52. Shaw, Irwin (1913-
Tip on a Dead Jockey, Klett.
Best.-Nr. 5766; B 1 S., T 42 S., ein An 10 S.
The Dry Rock, Hueber 2, Klett 3

53. Steinbeck, John (1902-1968)
A Steinbeck Reader, Langenscheidt.
Flight, The Harness, The Murder, The Vigilante
Best.-Nr. 44660; B 1 S., T 82 S., zwei An am Rande
Flight, Westermann.
Best.-Nr. 151532; T 23 S., B 4 S., ein An 13 S.
The Red Pony, Hirschgraben/Heinemann.
The Gift, The Great Mountains, The Promise
Best.-Nr. 12056; T 92 S.
Gabilan the Red Pony (= The Gift), Hueber.
Best.-Nr. 141; B 1 S., T 29 S., zwei An 6 S.
Battle Scene, Hueber 1
The Chrysanthemums, Schön 7
Flight, Diest 3, Fran 3, Hirsch 2
The Raid, Schön 5
The White Quail, CVK 2

54. Stephenson, Carl (1893-
Leiningen versus the Ants, Klett.
Best.-Nr. 5751; B 1 S., T 25 S., Hi 2 S., ein An 4 S.

55. Thurber, James (1894-1961)
Selected Humorous Stories, Schöningh, 8 Stories.
Best.-Nr. 43109; B 1 S., T 55 S., ein An 15 S.
Stories and Fables, Hueber, 15 Stories
einschließlich The Secret Life of Walter Mitty, *Int:* 9 und The Macbeth Murder Mystery, *Int:* 9
Best.-Nr. 227; B 2 S., T 30 S., ein An 14 S.
The Greatest Man in the World, Hueber 1
The Secret Life of Walter Mitty, Schön 5, *Int:* 9

Snapshot of a Dog, CVK 1

56. Tilburg Clark, Walter van (1909-)
The Wind and the Snow of Winter, Schön 7
57. Twain, Mark (Samuel Langhorne Clemens) (1835-1910)
The Celebrated Jumping Frog of Calaveras County, Schön 2, *Int:* 7, 9
58. Warren, Robert Penn (1905-
Blackberry Winter, Schön 8, *Int:* 5, 9
59. Weidman, Jerome (1913-
The Tuxedos, CVK 1
60. Welty, Eudora (1909-
Death of a Traveling Salesman, CVK 2, *Int:* 13
Powerhouse, Schön 7
61. West, Jessamyn (1902-
A Little Collar for the Monkey, Schön 8
62. Wharton, Edith (1862-1937)
Mrs. Manstey's View, Schön 4, *Int:* 9
63. Wilder, Thornton (1897-1975)
The Warship, Hisch 4
64. Wilkins Freeman, Mary E. (1852-1930)
A New England Nun, Schön 3
65. Williams, William Carlos (1883-1963)
The Use of Force, Schön 8
66. Wolfe, Thomas (1900-1938)
Circus at Dawn, CVK 2
The One-Eyed Spaniard in Old Catawba, Hirsch 4

b) ENGLISCHE AUTOREN

1. Amis, Kingsley (1922-
The Green Man Revisited, CVK/Oxf. U. P. 7
Interesting Things, CVK 5, *Int:* 10
2. Barstow, Stan (1928-
The Little Palace, Hirsch 7
3. Bates, Herbert Ernest (1905-1974)
Short Stories, Diesterweg.
The Small Portion, *Int:* 10, The Winter Sound, Early One Morning, The Courtship, The Old Eternal
Best.-Nr. 4025; B 5 S., T 49 S., ein An 16 S.
Great Uncle Crow, CVK/Oxf. U. P. 6
Shot Actress — Full Story, Klett 3
The Small Portion, CVK 4, *Int:* 10
The Woman Who Had Imagination, CVK/Oxf. U. P. 3
4. Bennett, Arnold (1867-1931)
Short Stories, Brandstetter.
"What I Have Said I Have Said", The Umbrella, Time To Think
Students' Series 13; B 6 S., T 54 S., zwei An 48 S.
Death, Fire, and Life, Hirsch 1
5. Blakiston, Noel (1905-
Afternoon Out, Diest 2
6. Cary, Joyce (1888-1957)
Bush River, CVK 3, *Int:* 10

A Good Investment, CVK/Oxf. U. P. 5
Growing Up, Hirsch 6

7. Conrad, Joseph (1857-1924)
The Lagoon, CVK/Oxf. U. P. 1
The Tale, Diest 6, Lamb/Mac 2
8. Dickens, Charles (1812-1870)
The Drunkard's Death, Diest 1
The Parish Clerk, Diest 1
9. Forster, Edward Morgan (1879-1970)
The Other Side of the Hedge, Hirsch 5
The Road from Colonus, Hirsch 3, Lamb/Mac 2, *Int:* 10
The Story of the Siren, CVK/Oxf. U. P. 1
10. Galsworthy, John (1867-1933)
The First and the Last, Klett.
Best.-Nr. 5769; B 1 S., T 34 S., Hi 1 S., ein An 6 S.
The Man Who Kept His Form, Hueber
Best.-Nr. 139; B 2 S., T 14 S., ein An 6 S.
Quality/The Bright Side, Schöningh
Best.-Nr. 43119; B 2 S., T 30 S., ein An 9 S.
The Choice, Hirsch 1
Quality, Fran 1
Spindleberries. CVK/Oxf. U. P. 4
11. Greene, Graham (1904-
The Basement Room, CVK/Oxf. U. P. 3, *Int:* 8, 10
The Case for the Defence, CVK 3, Hueber 3
The Destructors, Lamb/Mac 1
The End of the Party, CVK/Oxf. U. P. 1
The Hint of an Explanation, Diest 6
The Lottery Ticket, Hirsch 3
When Greek meets Greek, CVK/Oxf. U. P 5
12. Hardy, Thomas (1840-1928)
Short Stories, Brandstetter.
The Three Strangers, *Int:* 8, 10, A Tragedy of Two Ambitions, Absent-Mindedness in a Parish Choir
Students' Series 8; B 4 S., T 67 S., zwei An 60 S.
A Tragedy of Two Ambitions, Diesterweg.
Best.-Nr. 4001; B 2 S., T 23 S., zwei An 6 S.
A Tragedy of Two Ambitions, Schöningh.
Best.-Nr. 43103; B 1 S., T 30 S., ein An 9 S.
Netty Sargent's Copyhold, Hirsch 1
13. Hartley, Leslie Poles (1895-1974)
Apples, Diest 2
A High Dive, CVK/Oxf. U. P. 6
The Killing Bottle, CVK/Oxf. U. P. 5
14. Hill, Susan (geb. 1942-
Cockles and Mussels, CVK/Oxf. U. P. 7
15. Hughes, Richard (1900-1976)
A Night at a Cottage, CVK/Oxf. U. P. 2, 4
16. Huxley, Aldous (1894-1963)
The Portrait, Lamb/Mac 1
The Tillotson Banquet, Hirsch 3

17. Jones, Gwyn (1907-
All on a Summer's Day, Diest 2
18. Kipling, Rudyard (1865-1936)
Lispeth, Fran 1
19. Lawrence, David Herbert (1885-1930)
Selected Tales, Hirschgraben/Heinemann.
The Rocking-Horse Winner, *Int:* 10, Odour of Chrysanthemums, *Int:* 8, 12, Strike-Pay, The Christening, Tickets, Please, Monkey Nuts, Fanny and Annie, *Int:* 8, You Touched Me, The Man who loved Islands, Things, Daughters of the Vicar.
Best.-Nr. 12174; B 5 S., T 236 S.
The Last Laugh, CVK/Oxf. U. P. 1
Second Best, CVK 4
Things, Hirsch 5
20. Lessing, Doris (1919-
England versus England, Hirsch 7
A Mild Attack of Locusts, CVK/Oxf. U. P. 2 (Commonwealth)
21. Lewis, Alun (1915-1944)
The Lapse, Hirsch 5
22. Mansfield, Katherine (1888-1923)
Six Stories, Cornelsen-Velhagen & Klasing.
The Doll's House, *Int:* 8, 10, Bank Holiday, Marriage à la Mode, Life of Ma Parker, An Ideal Family, Sixpence
Best.-Nr. 5135; T 44 S., B 1 S., ein An 7 S.
Feuille d'Album, CVK/Oxf. U. P. 1
The Fly, Hirsch 5, *Int:* 10
The Garden Party, Diest 7, *Int:* 8, 14
Her First Ball, CVK/Oxf. U. P. 2
An Ideal Family, Lamb/Mac 1
The Lady's Maid, Hirsch 5, Fran 1
Sixpence, Fran 2
23. Mare, Walter de la (1873-1956)
Seaton's Aunt, CVK/Oxf. U. P. 5
24. Maugham, William Somerset (1874-1965)
The Kite and Other Stories, Hirschgraben/Heinemann, 10 Stories.
Best.-Nr. 12071; B 4 S., T 133 S.
The Lion's Skin and Other Stories, Hueber.
The Lion's Skin, The Luncheon, A Friend in Need
Best.-Nr. 123; B 1 S., T 30 S., ein An 9 S.
Short Stories, Cornelsen-Velhagen & Klasing.
Salvatore, Mabel, The Happy Man, The Poet, The End of the Flight, The Bum
Best.-Nr. 5470; B 3 S., T 37 S., zwei An 13 S.
Short Stories, Schöningh.
The Point of Honour, Masterson, Mirage, Princess September
Best.-Nr. 43121; B 2 S., T 57 S., ein An 14 S.
The Door of Opportunity, Hueber.
Best.-Nr. 89; B 3 S., T 42 S., ein An 12 S.
Mackintosh, Hueber.
Best.-Nr. 75; B 2 S., T 38 S., ein An 16 S.
The Outstation, Westermann.
Best.-Nr. 151530; T 38 S., B 5 S., ein An 13 S., *Int:* 10

The Yellow Streak, Hueber.
Best.-Nr. 90; B 3 S., T 33 S., ein An 9 S.
The Bum, CVK/Oxf. U. P. 1
Episode, CVK/Oxf. U. P. 5
Jane, CVK/Oxf. U. P. 4
The Kite, CVK/Oxf. U. P. 3
Louise, Fran 2
The Man with the Scar, Lamb/Mac 1
The Outstation, Hirsch 1, *Int:* 10
The Verger, Hueber 3

25. Mitchison, Naomi Margaret (1897-
The Hostages, CVK/Oxf. U. P. 2, 4
26. Naughton, Bill (1910-
Late Night on Watling Street, CVK/Oxf. U. P. 6
27. Orwell, George (1903-1950)
Shooting an Elephant, CVK 4, *Int:* 10
28. Powys, Theodore Francis (1875-1953)
The Windmill, Fran 1
29. Pritchett, Victor Sawdon (1900-
The Aristocrat, CVK/Oxf. U. P. 5
The Scapegoat, CVK/Oxf. U. P. 5
The Voice, CVK/Oxf. U. P. 3, Diest 2
30. Rhys, Jean (1894-
Tigers are Better-Looking, CVK/Oxf. U. P. 7
31. Saki (Hector Hugh Munro) (1870-1916)
The Background, CVK/Oxf. U. P. 4
The Open Window, Lamb/Mac 1
Sredni Vashtar, CVK/Oxf. U. P. 1, Lamb/Mac 1, *Int:* 10
32. Sansom, William (1912-1976)
Cat up a Tree, CVK/Oxf. U. P. 6
The Girl on the Bus, CVK/Oxf. U. P. 5
Murder, CVK 5, *Int:* 10
The Vertical Ladder, CVK/Oxf. U. P. 3, Hirsch 5
33. Sayers, Dorothy Leigh (1893-1957)
Dilemma, Hueber 3
The Dragon's Head, CVK/Oxf. U. P. 4
34. Sewell, Elizabeth
The Speech, Fran 2
35. Sillitoe, Alan (1928-
Three Stories, Schöningh.
The Fishingboat-Picture, On Saturday Afternoon, The Disgrace of Jim Scarfedale
Best.-Nr. 43007; B 5 S., T 41 S., Hi 10 S., ein An 24 S.
The Match, Hirsch 7
Noah's Ark, Hirsch 6
On Saturday Afternoon, Lamb/Mac 1
Uncle Ernest, Klett 3
36. Sutherland, Herbert
As Joe Said . . . , Lang 1
37. Taylor, Elizabeth (1912-1975)
A Dedicated Man, CVK/Oxf. U. P. 7

Hare Park, Diest 2
38. Thackeray, William Makepeace (1811-1863)
A Gambler's Death, Diest 1
39. Thomas, Dylan (1914-1953)
After the Fair, Diest 2
The Enemies, CVK 4
The Tree, Hirsch 5
A Visit to Grandpa's, CVK/Oxf. U. P. 5, Lamb/Mac 1
40. Wain, John (1925-
Down Our Way, Hirsch 7
Manhood, Hirsch 6
A Message from the Pig-man, CVK/Oxf. U. P. 6, Diest 2, *Int:* 8, 10
The Quickest Way Out of Manchester, Lamb/Mac 2
41. Walpole, Sir Hugh (1884-1941)
Mr. Oddy, CVK/Oxf. U. P. 4
The Tarn, Hueber 3
42. Waugh, Evelyn (1903-1966)
Bella Fleace gave a Party, Hirsch 3
Mr. Loveday's Little Outing, CVK/Oxf. U. P. 5, *Int:* 8
On Guard, CVK/Oxf. U. P. 3
Tactical Exercise, CVK/Oxf. U. P. 1
43. Wells, Herbert George (1866-1946)
The Diamond Maker, Fran 1
The Door in the Wall, CVK/Oxf. U. P. 4
The Lost Inheritance, Hirsch 1
44. Wilde, Oscar (1854-1900)
Lord Arthur Savile's Crime, Schöningh.
Best.-Nr. 43135; B 1 S., T 31 S., ein/zwei An 8 S.
45. Wilson, Angus (1913-
Raspberry Jam, Hirsch 6, *Int:* 8
Realpolitik, CVK 5, CVK/Oxf. U. P. 5, *Int:* 10
Ten Minutes to Twelve, CVK/Oxf. U. P. 6
A Visit in Bad Taste, Hirsch 7
46. Wodehouse, Pelham Grenville (1881-1975)
The Fiery Wooing of Mordred, Lang 1
The Knightly Quest of Mervyn Lang 1
47. Woolf, Virginia (1882-1941)
The Duchess and the Jeweller, CVK 4, CVK/Oxf. U. P. 3, *Int:* 10
Kew Gardens, CVK/Oxf. U. P. 1

c) ANGLO-IRISCHE AUTOREN

1. Bowen, Elizabeth (1899-1973)
The Cat Jumps, CVK 5, *Int:* 10
The Demon Lover, CVK/Oxf. U. P. 1
Ivy Gripped the Steps, CVK/Oxf. U. P. 5
Maria, CVK/Oxf. U. P. 3
A Queer Heart, Fran 2
2. Hogan, David (Frank Gallagher)
The Leaping Trout, Schön 11
3. Joyce, James (1882-1941)

Dubliners, Cornelsen-Velhagen & Klasing
Araby, Eveline, *Int:* 10, A Little Cloud, *Int:* 12, After the Race, Clay, *Int:* 10
Best.-Nr. 5500; T 38 S., B 1 S., ein An 12 S.
Dubliners, Lambert Lensing/Macmillan.
The Sisters, *Int:* 8, Araby, Eveline, *Int:* 10, After the Race, The Boarding House, A Little Cloud, *Int:* 12, Clay, *Int:* 10, A Painful Case
Best.-Nr. 45403; B 2 S., T 69 S., ein An 25 S.
The Dead, Hueber.
Best.-Nr. 200; B 4 S., T 50 S., ein An 13 S., *Int:* 8
Eveline, Diest 2, Hirsch 5, *Int:* 10
A Little Cloud, Fran 2, *Int:* 12
A Mother, Lamb/Mac 2

4. Kiely, Benedict (1919-
   God's Own Country, CVK/Oxf. U. P. 7
5. Lavin, Mary (1912-
   The Great Wave, CVK/Oxf. U. P. 6
   The Story of the Widow's Son, Diest 7, Hirsch 5, *Int:* 14
   The Will, Schön 11
6. O'Connor, Frank (Michael O'Donovan) (1903-1966)
   The Man of the House and Other Stories, Aschendorff.
   The Man of the House, Judas, The Majesty of the Law
   Best.-Nr. 2442; B 1 S., T 37 S., ein An 13 S.
   The Man of the House, CVK/Oxf. U. P. 2
   The Majesty of the Law, CVK 3, CVK/Oxf. U. P. 4
   My Oedipus Complex, Hirsch 6, Lang 1, *Int:* 8
   Peasants, CVK/Oxf. U. P. 5, Schön 11
   A Salesman's Romance, Lang 1
7. O'Faolain, Sean (1900-
   Three Short Stories, Aschendorff.
   One True Friend, Persecution Mania, The Fur Coat
   Best.-Nr. 2438; B 1 S., T 27 S., ein An 10 S.
   The Trout, CVK 3, Schön 11
8. O'Flaherty, Liam (1897-
   Going into Exile, Schön 11
   Mother and Son, Fran 1
   The Sniper, Hueber 3
   Trapped, CVK/Oxf. U. P. 2

d) *COMMONWEALTH AUTOREN*

AUSTRALIEN

1. Cleary, Jon (1917-
   Hullo, Joe, Schön 9
2. Drake-Brockman, Henrietta (1901-
   Fear, CVK/Oxf. U. P. 2, Schön 9
3. Lawson, Henry (1867-1922)
   The Loaded Dog, Schön 9
4. Stivens, Dal (1911-
   The Pepper-Tree, CVK/Oxf. U. P. 6
5. Warung, Price (William Astley) (1854-1911)
   John Price's Bar of Steel, Schön 9

6. White, Patrick (1912-
   Five-Twenty, CVK/Oxf. U. P. 7

NEUSEELAND

1. Finlayson, Roderick (1904-
   The Totara Tree, CVK 3
2. Shadbolt, Maurice (1932-
   The People Before, CVK/Oxf. U. P. 6

KANADA

1. Callaghan, Morley (1903-
   Last Spring They Came Over, CVK/Oxf. U. P. 6
   The Runaway, CVK/Oxf. U. P. 7
   A Sick Call, CVK 5, *Int:* 10
   The Snob, Hueber 2
2. Garner, Hugh (1913-
   One, Two, Three Little Indians, Klett 2, Schön 10
3. Grove, Frederick Philip (1871-1948)
   Snow, Schön 10
4. Leacock, Stephen (1869-1944)
   The Marine Excursion of the Knights of Pythias, Schön 10
5. Scott, Duncan Campbell (1862-1947)
   Paul Farlotte, Schön 10

SÜDAFRIKA

1. Gordimer, Nadine (1923-
   Charmed Lives, CVK/Oxf. U. P. 6
2. Jacobson, Dan (1929-
   The Zulu and the Zeide, CVK/Oxf. U. P. 7, *Int:* 10
3. Paton, Alan (1903-
   Tales from a Troubled Land, Schöningh.
   A Drink in the Passage, *Int:* 10, Life for a Life, Debbie go Home, Ha'penny, Death of a Tsotsi
   Best.-Nr. 43009; all Ei 1 S., B 4 S., T 51 S., ein An 15 S.

INDIEN

1. Jhabvala, R. Prawer (1927-
   The Interview, CVK/Oxf. U. P. 6
2. Narayan, R. K. (1907-
   A Horse and Two Goats, CVK/Oxf. U. P. 7

NIGERIA

1. Achebe, Chinua (1930-
   Uncle Ben's Choice, CVK/Oxf. U. P. 7
2. Owoyele, David Olabode (1934-
   The Will of Allah, CVK/Oxf. U. P. 6

TRINIDAD

1. Naipaul, V. S. (1932-
   A Christmas Story, CVK/Oxf. U. P. 7

In diesem Angebot der Schulbuchverlage scheinen amerikanische, englische und anglo-irische Autoren in ausreichender Zahl mit ihren Geschichten vertreten. Für den Bereich der anglo-irischen Literatur könnte noch ergänzend auf die von David Marcus edierten Sammelbände *New Irish Writing* (London: Quartet Books, 1976) und *Best Irish Short Stories (1), 2, 3* (London: Paul Elek, 1976, 1977, 1978) verwiesen werden, in denen vorwiegend Geschichten zeitgenössischer irischer Autoren aus den sechziger und siebziger Jahren enthalten sind. Bei der Commonwealth Literatur erscheint das Angebot allerdings lückenhaft, vor allem auf dem Gebiet der afrikanischen und asiatischen Literatur. Ohne die Bände *English Short Stories of Today* (Third and Fourth Series) der Verlagsunion Cornelsen-Velhagen & Klasing/Oxford University Press wäre es völlig unzureichend.

Als Anthologie, die helfen kann, diese Lücke zu schließen, wäre zu nennen die von Edward Rutherford und Donald Hannah herausgegebene preiswerte Sammlung *Commonwealth Short Stories* (London: Edward Arnold, repr., 1971).[13] Für Projekte, die sich in Kombination expositorischer und fiktionaler Texte mit der Entwicklung von Empire und Commonwealth befassen, sind auch Short Stories englischer Autoren von Interesse, die — zur Zeit des Empire geschrieben — die Verhältnisse aus der (z. T. kritischen) Sicht des 'weißen Mannes' darstellen. Als Geschichten dieser Art, zu denen der Text als Schulausgabe und eine Interpretation in Sammelbänden vorliegen, seien erwähnt Carys "Bush River", Maughams "The Outstation" und Orwells "Shooting an Elephant".

4. Interpretationen und Schulausgaben: thematische Schwerpunkte

Überprüft man, für wieviele Short Stories Schulausgaben und Interpretationen in Sammelbänden vorliegen, so kommt man auf die erfreuliche Zahl von 80 Geschichten. Dennoch vermag dieses Ergebnis nicht ganz zu befriedigen, da eine Diskrepanz zwischen dem Angebot in beiden Bereichen besteht. Bei der Vielzahl von Schullektüren ist es zwar nicht weiter verwunderlich, daß die Sammelbände nur für einen Teil der Geschichten Interpretationen enthalten. Allerdings hätten noch mehr Analysen zur Verfügung stehen können, wenn nicht einige offensichtlich sehr populäre Geschichten (z. B. "An Occurrence at Owl Creek Bridge", "The Killers", "A Day's Wait", "Down at the Dinghy") wiederholt Gegenstand intensiver interpretatorischer Bemühungen gewesen wären. Für die Gegenseite ist außerdem festzuhalten, daß zu vielen gelungenen Interpretationen der Sammelbände die entsprechenden Geschichten als Schullektüre fehlen. Trotz der umfangreichen vorliegenden Materialien sind also die Möglichkeiten nicht voll ausgeschöpft, um dem Lehrer durch die Kombination von

Schulausgabe und leicht zugänglicher Interpretation die Arbeit zu erleichtern und ihn zur Behandlung neuer Geschichten anzuregen.

Sucht man bei den 80 Short Stories, für die sowohl eine Schulausgabe wie auch eine Interpretation vorliegen, nach Gemeinsamkeiten, so schälen sich einige thematische Schwerpunkte heraus, die bei der Durchführung von Kursprojekten Berücksichtigung finden können. Die Themenkreise sind meist untereinander und mit anderen Komplexen verbunden und erscheinen von Geschichte zu Geschichte in je unterschiedlicher Ausprägung.

Als ein bedeutsamer Bereich kann das Problem der Lebensführung, der Erfüllung und Sinnfindung im Leben genannt werden. Eine ganze Reihe von Short Stories präsentiert Menschen, denen in der Alltagsroutine der Arbeitswelt und/oder des Ehelebens Erfüllung versagt bleibt und die an ihrer Selbstverwirklichung durch den Druck äußerer Umstände gehindert sind, sei es durch einengende gesellschaftliche Normen und Traditionen oder durch den dominierenden Einfluß des Ehepartners, der Eltern oder — bei älteren Menschen — der Kinder. Einige dieser Menschen verspüren ein Gefühl innerer Leere, andere versuchen gegen die frustrierenden Lebensumstände zu rebellieren und auszubrechen, scheitern aber meist am eigenen Unvermögen. Für einige bleibt nur die Flucht ins Wunschdenken, anderen wiederum sind kurze Augenblicke eines erfüllten Lebens vergönnt, ohne daß sich ihr steriles, beengtes Leben grundlegend ändert. Diesem Themenkreis können die folgenden Geschichten zugerechnet werden: Capote, "A Diamond Guitar"; Faulkner, "A Rose for Emily"; Hemingway, "A Canary for One", "A Clean, Well-Lighted Place"; Powers, "The Forks"; Thurber, "The Secret Life of Walter Mitty"; Welty, "Death of a Traveling Salesman"; Bates, "The Small Portion"; Forster, "The Road from Colonus"; Joyce, "A Little Cloud", "Eveline", "Clay", "The Dead".

Daneben können noch sieben weitere Geschichten genannt werden, bei denen das Problem der Lebensführung und Sinnfindung, wenngleich mit anderen Akzentsetzungen, im Mittelpunkt steht. "Sonny's Blues" von James Baldwin schildert die Schwierigkeiten der Identitätsfindung, die für Neger infolge der Rassendiskriminierung in den U. S. A. besonders groß sind. Carson McCullers "The Sojourner" handelt von der Einsicht in die Leere des bisherigen Lebens, F. Scott Fitzgeralds "Babylon Revisited" beschreibt die Abkehr von einer oberflächlichen, verantwortungslosen Lebensweise und die Bemühungen um einen Neuanfang. Menschliche Torheit und Sündhaftigkeit sind die Themen zweier Parabelgeschichten von Nathaniel Hawthorne. In "Dr. Heidegger's Experiment" hindert Alterserfahrung nur Dr. Heidegger, nicht aber die übrigen Akteure, daran, die Fehler eines vertanen Lebens erneut zu begehen, während das Sündenbewußtsein des Pfarrers in "The Minister's Black Veil" zu einer ungewöhnlichen Form lebenslanger Buße führt. Die Frage nach Sinn und Wert des Lebens stellt sich in radikaler Form bei Melvilles "Bartleby the Scrivener"; hier erschüttert die Hauptfigur mit ihrer totalen Lebensverweigerung die auf Alltagsroutine beruhende Sicherheit des Erzählers. Das positive Gegenbild eines erfüllten Lebens hingegen entfaltet sich in Willa Cathers "Neighbour Rosicky". Erwähnenswert erscheint noch, daß Probleme der Lebensführung bzw. Lebensbewältigung in Initiationsgeschichten, die ein Kursprojekt im zweiten Teil des Bandes eingehend behandelt, von erheblicher Bedeutung sein können.

Als zweiter Komplex, der ebenfalls für eine ganz Reihe von Geschichten den thematischen Mittelpunkt bildet, kann das gestörte Verhältnis von Mann und Frau genannt werden. Z. T. besteht eine direkte Verbindung zum Bereich 'unerfülltes Leben', denn nicht selten haben die bedrückenden Beziehungen zum Partner tiefgehende Frustrationen zur Folge. Die Ursachen liegen einerseits in den Personen selbst: Die Partner sind zu ungleich, oder einer von beiden erweist sich als der Liebe des anderen nicht ebenbürtig. Andererseits wirken äußere Umstände als Störfaktoren und verhindern, daß sich eine Liebesbeziehung voll entfalten oder weiter bestehen kann. Short Stories, die von Spannungen zwischen den Geschlechtern handeln, sind die bereits zuvor aufgeführten Geschichten "The Secret Life of Walter Mitty" und "A Little Cloud", m. E. auch "The Dead", außerdem Hemingways "Cat in the Rain", Lawrences "Odour of Chrysanthemums", Bowens "The Cat Jumps". Spannungen deuten sich auch in zwei anderen Geschichten an, die vom Beginn einer ehelichen Bindung handeln: Parkers "You Were Perfectly Fine" und Lawrences "Fanny and Annie". Übertriebene Charakterstarrheit des Mannes hingegen führt zur Zerstörung des Liebesglückes in Hawthornes "The Birthmark" und O'Flaherty Chopins "Désirée's Baby". In "Désirée's Baby" spielen dabei Rassenvorurteile eine ebenso wichtige Rolle wie in Malamuds "Black is My Favorite Color". In Malamuds "A Choice of Profession" sind es traditionelle Moralvorstellungen, die die Entfaltung der Liebesbeziehung verhindern, während äußere Umstände (Krankheit, Todesfurcht) die Liebenden in Callaghans "A Sick Call" trennen.

Als dritter Komplex, der Kurzgeschichtenautoren recht häufig beschäftigt hat, ist sodann das Phänomen des Todes zu nennen. Einige Short Stories beschreiben die Gedankenwelt sterbender Personen (Bierce, "An Occurrence at Owl Creek Bridge"; Welty, "Death of a Traveling Salesman"), andere die unterschiedliche Haltung der Menschen angesichts des Todes. Vergebliche Flucht und Annahme des Schicksals kommen in Faulkners "That Evening Sun" und Hemingways "The Killers" zur Darstellung, vergebliche Flucht und plötzlicher Einbruch des Todes in Poes "The Masque of the Red Death". Selbstverwirklichung und Selbstbestätigung in der Konfrontation mit dem Tode suchen Hemingways Stierkämpfer, so in "The Undefeated", während der Nervenkitzel lebensgefährlicher Vorführungen eine kommerzielle Nutzung erfährt in Faulkners "Death Drag". In Callaghans "A Sick Call" führt die Todesfurcht zurück zu den Tröstungen des Glaubens.

Eine Akzentverlagerung liegt vor bei den Geschichten, die sich nicht auf die dem Tode ausgesetzten Menschen konzentrieren, sondern auf Personen, die durch den Verlust eines ihnen nahestehenden Menschen betroffen sind. Zu nennen wären hier Hemingways "In Another Country", Lawrences "Odour of Chrysanthemums", Mansfields "The Fly". Die Konfrontation mit dem Tode eines anderen — hier fremden — Menschen schildert auch Mansfields "The Garden Party", eine Intiationsgeschichte wie, m. E., "That Evening Sun" und "The Killers". Die Tötung eines Menschen als Folge destruktiver Triebe (z. B. in Jacksons "The Lottery", Poes "The Tell-Tale Heart", Waughs "Mr. Loveday's Little Outing") leitet dann über zum Themenkreis 'Gewalt, Aggressivität', den ein Kursprojekt im zweiten Teil des Bandes eingehend behandelt.

Die drei hier angesprochenen Themenkreise bieten notwendigerweise eine begrenzte Auswahl, die jederzeit um weitere Komplexe ergänzt werden kann. Immerhin konnten einige Ansatzpunkte aufgezeigt werden, die sich nutzen lassen, um durch die Konzentration auf thematisch relationierte Aspekte eine gewisse Homogenität in Kursprojekten zu erreichen. Die drei Themenbereiche können auch untereinander und mit den Gebieten, die in den Kursprojekten des zweiten Teils vorgestellt werden, verbunden werden. Derartige Verknüpfungen wurden im vorangehenden bereits an einigen Stellen angesprochen, denn bei den meisten Short Stories ist der thematische Kern doch so komplex, daß er sich aus mehreren Komponenten zusammensetzt.

Anmerkungen

[1] Rüdiger Schreyer, „Englische Oberstufenlektüre in Nordrhein-Westfalen", *Neusprachliche Mitteilungen,* 31 (1978), S. 84f.

[2] Vgl. hierzu Horst-Dieter Loebner, "Fremdsprachliche Literaturdidaktik in Vergangenheit, Gegenwart und Zukunft", *Der fremdsprachliche Unterricht,* 12 (1978), Heft 45, S. 21.

[3] In diesen Sammelbänden werden die folgenden Kurzgeschichten interpretiert: *Reading Recent American Literature:* Anderson, "The Egg"; Salinger, "Franny and Zooey"; *Studien und Materialien zur Short Story:* Anderson, "I Want to Know Why"; Hemingway, "Old Man at the Bridge"; Welty, "Livvie"; *Amerikanische Erzählliteratur 1950-1970:* Salinger, "De Daumier-Smith's Blue Period"; Barth, "Lost in the Funhouse"; Ellison, "A Coupla Scalped Indians"; Malamud, "Take Pity".

[4] Zum Problem von Kurzgeschichtensequenzen, -zyklen, -romanen vgl. Klaus Lubbers, *Typologie der Short Story* (Darmstadt: WBG, 1977), S. 145-162 und Ian Reid, *The Short Story* (London: Methuen, 1977), S. 46-49.

[5] *Typhoon* und *The Unvanquished* haben einen geringeren Umfang als 50 Seiten, sind aber erheblich gekürzt. Zum Problem der Abgrenzung von *(long) short story* und *(short) novel* vgl. Klaus Lubbers, a. a. O., S. 17; Ian Reid, a. a. O., S. 9f.

[6] Eine Übersicht über "Guided Readers", "Easy Readers" usw. für die Sekundarstufe I enthält der Beitrag von Liesel Hermes auf S. 170ff.

[7] Deutscher Taschenbuch Verlag, Friedrichstraße 1a, 8000 München 40; Verlag Philipp Reclam jun., Postfach 466, 7000 Stuttgart 1.

[8] So werden z. B. die folgenden Lektüren des 19. Jahrhunderts nicht mehr angeboten: Irving, *Rip van Winkle* (Cornelsen-Velhagen & Klasing), Poe, *Short Stories and Poems* (Vandenhoeck & Ruprecht; im Katalog verzeichnet für 1978, aber nicht mehr lieferbar), Hawthorne, *Two New England Romances* (Hirschgraben), Bierce, *Three American Short Stories* (Diesterweg), Crane, *The Bride Comes to Yellow Sky/The Blue Hotel* (Lambert Lensing), Dickens, *Three Stories* (Klett).

[9] Uwe Bruhns, „Amerikanische Literatur und Kulturkunde in deutschen Schulausgaben: Eine Bestandsaufnahme", *Jahrbuch für Amerikastudien,* 14 (1969), S. 326; Wolf-D. Weise, „Anthologien britischer und amerikanischer Short Stories für deutsche Schulen — eine Bestandsaufnahme", *Literatur in Wissenschaft und Unterricht,* 10 (1977), S. 138.

[10] Entsprechende Kritik übten bereits in den sechziger Jahren Lang und Lubbers an Schulausgaben amerikanischer Short Stories; vgl. Hans-Joachim Lang, „Amerikanische Kurzgeschichten in deutschen Schulausgaben", *Jahrbuch für Amerikastudien,* 8 (1963), S. 94f.; Klaus Lubbers, „Amerikanische Kurzgeschichten, Romane, Gedichte und Dramen in deutschen Schulausgaben", *Die Neueren Sprachen,* 14 (1965), S. 184f.

[11] Die Verlagskataloge können unter folgenden Adressen angefordert werden: 1. Aschendorff, Postfach 1124, 4400 Münster; 2. Oscar Brandstetter, Postfach 1708, Stiftstraße 30, 6200 Wiesbaden; 3. Cornelsen-Velhagen & Klasing, Postfach 8729, 4800 Bielefeld; 4. Moritz Diesterweg, Hochstraße 31, 6000 Frankfurt; 5. Francke, Hochfeldstraße 113, CH 3000 Bern 26 (auch München); 6. Hirschgraben, Postfach 180245, Fürstenbergerstraße 223, 6000 Frankfurt; 7. Max Hueber, Krausstraße 30, 8045 Ismaning bei München; 8. Ernst Klett, Postfach 809, 7000 Stuttgart 1; 9. Lambert Lensing, Kampstraße 42, Postfach 875, 4600 Dortmund 1; 10. Langenscheidt, Postfach 401120, Neusser Straße 3, 8000 München 40; 11. Ferdinand Schöningh, Postfach 2540, Jühenplatz am Rathaus, 4790 Paderborn; 12. Vandenhoeck & Ruprecht, Postfach 77, 3400 Göttingen; 13. Georg Westermann, Postfach 3320, 3300 Braunschweig.

[12] Die in diesen Sammlungen enthaltenen Geschichten vergleichsweise unbekannter Autoren sind nicht berücksichtigt worden. Es werden nur die Namen der Schriftsteller angegegen; die Titel ihrer Short Stories sind im nachfolgenden Autoren- und Kurzgeschichtenverzeichnis aufgeführt.

[13] Eine Einführung in die Commonwealth Literatur einschließlich der angloirischen bietet das folgende Werk: Heinz Kosok und Horst Prießnitz, Hgg., *Literaturen in englischer Sprache: Ein Überblick über englischsprachige Nationalliteraturen außerhalb Englands* (Bonn: Bouvier und Grundmann, 1977).

Willi Real

Zur Analyse und Bewertung von Short-Story-Schulausgaben für den Englischunterricht der Sekundarstufe II

0. Vorüberlegungen

Der Begriff Lektüre umfaßt mindestens zwei unterschiedliche Vorstellungen. Als mediendidaktischer Terminus wird Lektüre häufig mit Ganzschrift synonym gesetzt und bezeichnet einen längeren, zusammenhängenden, in sich abgeschlossenen Text, der eine andere Funktion hat als das in den benutzten Unterrichtswerken enthaltene Lesestück.[1] Die Einsicht Leisingers aus dem Jahre 1966, daß das Lehrbuch Inhalte um der Sprache willen, die Lektüre hingegen Sprache um der Inhalte willen anbiete, besitzt in diesem Kontext noch immer uneingeschränkte Gültigkeit.[2] Darüber hinaus gibt der Begriff Lektüre auch die Tätigkeit des Lesens eines Textes wieder, die das Bemühen um Verständigung über das Gelesene im Unterricht einschließt.[3] In diesem methodischen Sinn ist die Arbeit mit Lektüren weder auf bestimmte Schulstufen oder -formen noch auf bestimmte Inhalte oder Textsorten festgelegt. Intensive textsortenspezifische Lektürearbeit, z. B. die Interpretation literarischer Texte im Fremdsprachenunterricht, setzt hingegen eine hohe Sprachkompetenz voraus und hat üblicherweise ihren Ort vorwiegend auf der Sekundarstufe II. Von allen literarischen Gattungen läßt sich für die Short Story noch am ehesten nachweisen, daß sie infolge ihrer relativen Überschaubarkeit das sprachliche Leistungsvermögen der Schüler nicht überfordert, und sicherlich lassen sich Beispiele für Kurzgeschichten finden, die bereits auf der Sekundarstufe I einsetzbar sind.[4] Wenn sich der Fremdsprachenlehrer jedoch nicht mit dem bloßen sinnerschließenden Lesen von Short Stories zufrieden geben, sondern genuin literarische Zielsetzungen im Unterricht verwirklichen will, wird er auch eine Reihe über das sprachlich vergleichsweise leicht zu bewältigende Genus Short Story für die Oberstufe planen.

Häufig wird in der Beschäftigung mit Lektüren wegen ihres Kontrasts zur Lehrbucharbeit ein hervorragendes Mittel zur Motivation gesehen,[5] und vielleicht ist aus diesem Grund die Lektüre neben dem benutzten Unterrichtswerk das wichtigste Medium. Um so mehr erstaunt, daß die Lektüre nicht häufiger Gegenstand kritischer Erörterung gewesen ist.

Während im letzten Jahrzehnt Lehrwerkforschung und -analyse systematisch betrieben wurde mit dem Ergebnis, daß heute beachtenswerte Ansätze vorliegen,[6] ist im Bereich der Lektüre eher ein theoretisches Defizit zu konstatieren. Lediglich zwei Beiträge sind zu nennen. In den letzten Jahren haben Kaymer und vor allem Plett einige Auswahlkriterien und Grundsätze für eine textdidaktische Axiomatik der fremdsprachlichen Schullektüre entwickelt,[7] die im folgenden zu berücksichtigen sind. Der schmalen theoretischen Basis indes steht die Tatsache gegenüber, daß die Short Story im Lektüreangebot der Schulbuchverlage nach wie vor eine dominierende Rolle spielt.[8] Angesichts dieser Ausgangslage verfolgt der vorliegende Beitrag eine doppelte Zielsetzung. Es gilt die auf dem Markt befindlichen Lektüren zu analysieren und zu rezensieren, zugleich aber die praktische Lektürekritik mit allgemeinen Überlegungen zu verbinden. Im Hinblick auf dieses Ziel wurden zwei didaktische Ausgaben von Kurzgeschichten ausgewählt, deren Verfasser in jüngster Zeit als Schulautoren geradezu 'entdeckt' wurden. Es handelt sich um:

Alan Sillitoe, *Three Stories,* hg. Wolfgang Deppe (Paderborn: Schöningh, 1976) und

Bernard Malamud, *Four Short Stories,* hg. Tobias Hergt (Frankfurt am Main: Diesterweg, 1977).

Die Untersuchung dieser auf einen Autor konzentrierten Ausgaben läßt sich durch eine Untersuchung von Anthologien ergänzen, in denen Short Stories entweder locker aneinander gereiht oder aber eng relationiert sind und die ebenfalls einzelne Geschichten von Sillitoe oder Malamud enthalten. So verlieh beispielsweise eine Geschichte Malamuds, die Rückschlüsse auf die Thematik erlaubt, einer Sammlung den Titel:

Bernard Malamud, "Black Is My Favorite Color", in: *Black Is My Favorite Color,* hg. Gisela Pira (Frankfurt am Main: Diesterweg, 2. Aufl., 1973).

Von Sillitoe liegen gleich vier Geschichten in Sammelbänden vor:

Alan Sillitoe, "Uncle Ernest", in: *Stories for Our Time,* hg. Elizabeth Jones (Stuttgart: Klett, 1971);

Alan Sillitoe, "Noah's Ark", in: *Growing Up. Selected British Short Stories,* hg. Liesel Hermes (Frankfurt am Main: Hirschgraben, 1976);

Alan Sillitoe, "The Match", in: *Several Englands. Selected British Short Stories,* hg. Liesel Hermes (Frankfurt am Main: Hirschgraben, 1977) und

Alan Sillitoe, "On Saturday Afternoon", in: *Modern English Short Stories,* vol. I., hg. Richard Martin (Hong Kong: Macmillan und Lensing, 1966, repr., 1976).

Alle hier aufgeführten Werke Sillitoes sind der gleichen Sammlung entnommen, deren Titelgeschichte als eigener Band erschienen ist:

Alan Sillitoe, *The Loneliness of the Long-Distance Runner* (Stuttgart: Klett, 7. Aufl., 1976; Easy Reader D).

Mehrere Gründe sprechen für diese Auswahl:[9]

(1) Die Untersuchung erfaßt wenigstens je einen profilierten englischen bzw. amerikanischen Vertreter der Gattung Kurzgeschichte.

(2) Die Untersuchung erfaßt alle Kurzgeschichten beider Autoren, die in irgendeiner Form als Schulausgabe vorliegen, beschränkt sich also nicht nur auf einen Lektüretyp.

(3) Die Ausgaben sind nahezu ausnahmslos in den letzten Jahren erschienen. Da sie von verschiedenen führenden Schulbuchverlagen vertrieben werden, sind sie in bezug auf Aufmachung und Ausstattung für die derzeitige Marktsituation repräsentativ.

(4) Die Basis von acht untersuchten Lektüren ist breit genug, um bei aller gebotenen Zurückhaltung Verallgemeinerungen vorzunehmen. Es gilt auf der Grundlage des Bestehenden einen Frage- bzw. Kriterienkatalog zu entwerfen, der als Richtschnur für die Analyse, Bewertung und Erstellung von Short-Story-Ausgaben fungieren kann. (In zusammenhängender Form wird dieser Katalog zum Schluß des Beitrags abgedruckt.) Dabei ist auch zu beachten, daß die Reform der Oberstufe in den letzten Jahren tiefgreifende Strukturveränderungen bewirkte, so daß sich die Frage ergibt: Inwieweit sind die vorliegenden Ausgaben von Short Stories für das neu eingeführte Kurssystem angemessen?

1. Anlage und Aufmachung

Über die Frage, welche konstitutiven Elemente eine Schullektüre ausmachen, scheint unter den Herausgebern eine stillschweigende Übereinkunft zu bestehen: diesbezüglich sind kaum Differenzen feststellbar. Die überwiegende Mehrheit weist folgende Bestandteile auf. An erster Stelle steht eine Einleitung (*Introduction*), evtl. in Verbindung mit biographischen Skizzen (*Biographical Notes*) und weiterführendem Material, z. B. bibliographischen Hinweisen zur Primär- und Sekundärliteratur (*Bibliography/Works Consulted*). An zweiter Stelle steht der Text der gewählten Kurzgeschichte(n). Dieser wird durch einen sprachlichen und sachlichen Kommentar (*Vocabulary/Annotations*) aufbereitet und in der Regel durch einen methodischen Apparat ergänzt (*Questions for Analysis/Questions for Discussion*). Diese Teile werden im folgenden einzeln untersucht; dem voraus geht eine Beschreibung der äußeren Form.

Unterschiede zwischen den einzelnen Lektüren werden bereits bei der äußeren Ausstattung sichtbar. Im Vergleich zu den traditionellen Lehrwerken zeichnen sich alle Exemplare durch ein handliches Format und durch einen geringeren Umfang aus. Die Folge ist, daß selbst bei der Verwendung von z. T. kleinen Drucktypen der Text gut lesbar ist. Eine Besonderheit findet sich im *Easy Reader*: dies ist die einzige Lektüre ohne Zeilenzählung (bedauerlicherweise gilt dies für die gesamte Reihe). Um trotzdem die Übersichtlichkeit zu wahren, werden die unbekannten lexikalischen Einheiten durch Kursivdruck hervorgehoben. Da dieses drucktechnische Verfahren in Sillitoes Werk ein Mittel der Hervorhebung, also einen stilistischen Kunstgriff darstellt (vgl. "I stand there feeling like the *last* man in the world"; S. 10),[10] hat der Herausgeber konsequenterweise alles, was im Original kursiv gedruckt ist, durch Sperrung hervorgehoben. Auf diese Weise wird wenigstens eine Verfälschung des Autorwillens vermieden.

Auch die Bemühungen um ein attraktives Aussehen sind unterschiedlich ausgeprägt. Diese Tatsache wird bereits bei der Einbandgestaltung ersichtlich. Während sich Pira, Jones und Hergt mit zweifarbiger Aufmachung des Umschlags begnügen (der blaue Untergrund enthält in großen schwarzen bzw. weißen Lettern den Titelaufdruck), ist der erste Eindruck von den übrigen Ganzschriften weniger von sachlicher Nüchternheit bestimmt. Die beiden von Hermes edierten Bände — in der Art der Anlage sind sie identisch — illustrieren mit Hilfe einer abstrahierten, doch in ihrer Intention und ihren Umrissen klaren graphischen Darstellung die jeweilige Thematik. In ähnlich ansprechender Weise stellen Deppe und der *Easy Reader* auf ihrer Titelseite mit Hilfe einer Federzeichnung eine konkrete Schlüsselszene aus "The Fishing-boat Picture" bzw. *The Loneliness of the Long-Distance Runner* dar. Vorder- und Rückseite der von Martin edierten Lektüre vereinigen nach dem Prinzip der filmischen Überblendung Elemente verschiedener Short Stories, darunter auch die Szene aus Sillitoes "On Saturday Afternoon", in der der Protagonist Vorbereitungen für seinen Selbstmordversuch trifft.

Wer sich von diesen ersten optischen Eindrücken eine ansprechende Gestaltung der Lektüren selbst erhofft, wird indes weitgehend enttäuscht. Das Bemühen um attraktive Gestaltung beschränkt sich auf den äußeren Umschlag, und im übrigen vertrauen die Herausgeber anscheinend auf die Wirksamkeit des gedruckten Wortes. In Deppes Ausgabe kommt Sillitoe wenigstens mit einem Portraitphoto zu Ehren. Abgesehen davon ist *The Loneliness of the Long-Distance Runner* die einzige Lektüre, die sich nicht mit der Wiedergabe des Textes zufrieden gibt. Wie die gesamte Reihe *Easy Readers* ist auch dieser Band mit zahlreichen Federzeichnungen ausgestattet, die ein aufgelockertes *lay-out* bewirken. Dabei erfüllen diese neben ihrer illustrativen zugleich eine methodische Funktion: Sie dienen der Erklärung unbekannter Vokabeln, dienen also der Bedeutungsvermittlung und fungieren, wie üblicherweise im Anfangsunterricht, als Ersatz und Ergänzung für beschränktes Sprachvermögen.[11] Es wäre ratsam, grundsätzliche Überlegungen anzustellen, wie man durch Bildmaterial und andere visuelle Medien, auch wenn sie im Literaturunterricht eher eine subsidiäre Funktion erfüllen, die Motivationskraft von Lektüren erhöhen könnte. Ein sehr eindrucksvolles Beispiel dafür, was man mit Bildern erreichen kann, bietet die bei Longman erschienene Anthologie von Michael Marland:[12] der photographische Anhang bildet ein Dokument des Schauplatzes der Sillitoe-Geschichten (Nottingham) von beklemmender Authentizität.

Auch in bezug auf die drucktechnische Plazierung der Annotationen ist der *Easy Reader* am positivsten zu bewerten. Diese Lektüre druckt als einzige die Annotationen in Form von Fußnoten und erspart somit dem Benutzer lästiges Umblättern. Wahrscheinlich aus Kostengründen verzichten alle übrigen auf diesen nicht zu unterschätzenden arbeitspraktischen Vorteil und präsentieren den kritischen Apparat als selbständigen Teil in Form von Anmerkungen. Bezüglich der beiden Möglichkeiten, das unbekannte Vokabular in alphabetischer Reihenfolge oder in chronologischer Ordnung wiederzugeben, entscheiden sich die Herausgeber ausnahmslos für das zweite Verfahren. Auch dabei bestehen vermutlich wiederum von den Kosten diktierte Unterschiede: Martin, Jones und Deppe wählen die Spalten- bzw. eine spaltenähnliche Form, wobei für jede unbekannte Vokabel mindestens eine Zeile zur Verfügung steht. Hermes, Pira und Hergt verfahren durch textkursive Anordnung zwar ökonomischer, doch geht dies auf Kosten der Übersichtlichkeit. Erfahrungsgemäß sind die Grenzen zwischen dem didaktisch Wünschenswerten und dem praktisch Machbaren eng gesteckt. Da der immer häufiger benutzte Photosatz neue technische Möglichkeiten eröffnet, sollte zumindest bei Neudrucken geprüft werden, ob nicht die benutzerfreundlichere Fußnotenform gewählt werden kann. (Ein Kompromiß in dieser Frage wäre ein eingelegter oder ein ausklappbarer Kommentar.) Die derzeitige Bilanz, die man vor allem im Hinblick auf die von den Verlagen im Medienverbund angebotenen Unterrichtswerke ziehen muß, kann bedauerlicherweise nur lauten: Die drucktechnische und mediendidaktische Ausstattung der Lektüren liegt sehr im argen.

Aufgrund dieser Eindrücke ergeben sich folgende Kriterien, die einen ersten Schritt auf dem Weg zu einer vergleichenden Bewertung von Lektüren darstellen:

1.1. Welche Teile umfaßt die Aufbereitung des Textes?

1.2. Wie ist die drucktechnische Präsentation von Text und kritischem Apparat?

1.3. Wie ist die Aufmachung der Lektüre aus mediendidaktischer Sicht zu beurteilen?

2. Die Texte: Auswahl, Zusammenstellung und Gestaltung

Mit der Auswahl bestimmter Texte liegen nicht zwangsläufig die Ziele des Unterrichts fest. Beispielsweise kann anhand ein und derselben sozialkritischen Short Story als Lernziel angestrebt werden, (1) daß grundlegende interpretatorische Termini eingeführt werden, (2) daß die mimetische Funktion literarischer Texte untersucht wird, (3) daß der Zeichencharakter der Sprache analysiert wird und (4) daß sprachliche Fertigkeiten (z. B. sinnentnehmendes Lesen und freies Sprechen) geschult werden. Diese Ziele sind sicherlich unterschiedlich schwer operationalisierbar, doch alle gleichermaßen legitim. Auf der anderen Seite ist aber doch unbestreitbar, daß mit der Auswahl von Texten bestimmte Akzente gesetzt werden. Anders gesagt: aus dem Implikationszusammenhang zwischen Texten (als 'Gegenstand' des Unterrichts) und Lernzielen ergibt sich, daß die Entscheidung für einen Text nicht ohne Einfluß auf die Unterrichtswirklichkeit bleibt. Wenn auch die Textauswahl die Lernzielbestimmung nicht festlegt, so schränkt sie diese doch erheblich ein. Die Auswahl bestimmter Texte stellt also eine Entscheidung von großer Tragweite dar, die in die Verantwortung der Herausgeber fällt. Man sollte daher erwarten, daß diese ihre Intentionen zu erläutern bestrebt sind. Das Gegenteil ist indes der Fall: Bezüglich ihrer Motive bei der Textauswahl ihrer Lektüren schweigen sich die Herausgeber aus. Die Entscheidung für bestimmte Texte, die gleichzeitig immer die Ablehnung anderer Texte bedeutet, stellt in allen untersuchten Ausgaben eine schlichte, nicht weiter begründete (weil nicht begründbare?) Setzung dar.

Lediglich Hergt nimmt in gewissem Sinn eine Ausnahmestellung ein. Von den vier ausgewählten Geschichten Malamuds wurde wenigstens eine, nämlich "A Choice of Profession", praktisch erprobt, und die Begründung für die Auswahl dieser Short Story hat Hergt an anderer Stelle ausführlich dargelegt:

> Diese Kurzgeschichte eignet sich zur Behandlung im Unterricht der Oberstufe ... sowohl im Rahmen eines gattungsspezifischen Kurses über die amerikanische Kurzgeschichte ... als auch in einem stärker thematisch orientierten Kurs, z. B. zu dem Thema „Schule und Hochschule in den USA" oder zu dem Problem „Die Emanzipation der Frau". Die hier zu behandelnde Kurzgeschichte weist also nicht nur die typischen Merkmale der „klassischen" Short Story (z. B. die Einheit von Ort, Zeit und Handlung, die Konzentration auf einen "single effect" u. a.) auf, sondern eignet sich auch insbesondere für eine Diskussion bestimmter aktueller Problemstellungen, die den Schüler anregen, erstens einen Teil der modernen Wirklichkeit der USA in fiktionaler Gestaltung kennenzulernen, zweitens einen Vergleich zwischen fiktional gestalteten Auslands- und empirisch gekannten Heimatverhältnissen vorzunehmen (Transfer), und die ihn drittens zur Verarbeitung und Bewältigung derselben veranlassen (problemlösendes Denken); über allem steht dabei selbstverständlich das Ziel des intensiven Sprachumsatzes.[13]

Die Begründung Hergts ist damit noch nicht vollständig, doch bereits an dieser Stelle ergeben sich mehrere Einwände. (1) Bezüglich des Ziels des intensiven Sprachumsatzes ist festzustellen, daß dieses nicht nur für die gewählte Geschichte oder andere Geschichten des gleichen Autors, sondern für die Short Story, selbst für fremdsprachliche Texte generell gültig ist. (2) Die Hinweise auf eine thematisch ausgerichtete Behandlung (Emanzipation der Frau, Vergleich von Schul- und Hochschulwirklichkeit) bedürfen der weiteren Konkretisierung am Text. Die Transfermöglichkeit auf deutsche Schulverhältnisse kann schon deswegen nicht überzeugen, weil deutschen Schülern in der Regel die Hochschulwirklichkeit nicht aus eigener Erfahrung bekannt ist. (3) Es wird nicht erörtert, unter welchen Bedingungen ein Vergleich zwischen fiktionaler und empirischer Realität überhaupt möglich ist. Vor einer naiven Gleichsetzung ist häufig genug gewarnt worden.[14] (4) Die Einheit des Ortes, der Zeit und der Handlung sind keine gattungsspezifischen Merkmale der Short Story. Im Aristotelischen Sinn liegt überdies weder die Einheit des Ortes noch die Einheit der Zeit vor, da die Geschichte an mehreren Schauplätzen spielt und die erzählte Zeit, einschließlich einer allerdings beträchtlichen Raffung zum Schluß der Erzählung, mehr als ein Jahr umfaßt.

Hergts Begründung für die Auswahl dieser spezifischen Short Story ist somit keineswegs plausibel. Dennoch ist sie im Ansatz sehr aufschlußreich. Für eine grundsätzliche Diskussion der Textauswahl ist entscheidend, daß sich der Verfasser nicht auf ein Argument oder ein paar Argumente des gleichen Typs festlegt, sondern eine breite Palette verschiedener Gründe nutzt. Die Ausführungen Hergts umfassen literarische (gattungsspezifischer Schwerpunkt), psychologische (motivierende Thematik) wie auch pragmatische Gesichtspunkte (Ziel des intensiven Sprachumsatzes). Anders gesagt: Der Verfasser operiert mit Zielvorstellungen der unterschiedlichsten Art, die sich mit Bliesener und Schröder als fachlegitimierend (amerikanische Kurzgeschichte in originaler Form), fächerübergreifend (landeskundliche Ausrichtung) und fachunabhängig (Transfer/problemlösendes Denken) klassifizieren lassen.[15] Wenn die Einsicht gültig ist, daß die Auswahl von Texten die Lernzielbestimmung beeinflußt, so gilt auch, daß die Auswahl von Texten nur von den mit ihnen angestrebten Lernzielen her sinnvollerweise begründet werden kann. Da auf diese Weise dem Lehrer eine Grundlage für (oder auch gegen) die unterrichtliche Behandlung einer Lektüre vermittelt wird, ist es unbedingt erforderlich, daß die Herausgeber ihre Karten offenlegen. In diesem Sinn stellt Hergt dem Lehrer verschiedene Möglichkeiten zur Wahl. Als weitere Analysekriterien sind also zu formulieren:

2.1. Begründet der Herausgeber die Auswahl der Texte, und setzt er diese in Beziehung zu den angestrebten Lernzielen?

2.2. Welche Lernziele umfaßt die Begründung?

Das Auswahlproblem berührt aber noch eine andere Dimension. Es stellt sich nicht nur im Hinblick auf jede einzelne Geschichte, sondern auch im Hinblick auf die Zusammenstellung von Geschichten innerhalb der Lektüre, also im Hinblick auf die Gesamtkonzeption. Werden die Geschichten, so ist zu fragen, zu einer Einheit zusammengestellt, oder bilden sie ein unverbundenes und mehr oder weniger zufälliges Nebeneinander? Diese Frage, die auch die Reihenfolge der jeweiligen Short Stories einschließt, betrifft mit Ausnahme des erwähnten *Easy Reader* alle in diesem Rahmen untersuchten Lektüren. Sie ist deswegen von großer Wichtigkeit, weil die Einordnung in eine Sequenz, wie Fingerhut mit Recht ausführt, die Dekodierhaltung des Interpreten bestimmt: je nach ihrer Stellung im Kontext mobilisieren Texte unterschiedliche Interpretationen.[16]

Hergts Malamud-Ausgabe umfaßt vier verschiedene Geschichten aus drei verschiedenen Sammlungen und bleibt, obwohl sie sich auf einen Autor konzentriert, vergleichsweise heterogen. In ähnlicher Weise bilden das amerikanische Rassenproblem für Pira bzw. Nationalität und/oder Modernität für Jones und Martin lediglich einen groben gemeinsamen Nenner. Nur die Herausgeberin von *Several Englands* äußert sich *expressis verbis* zur Frage der Textzusammenstellung: "They [the stories] were selected because they say something about present-day life in England and show — from various biographical backgrounds — the author's concern with contemporary society" (S. 3). Eine ähnliche globale Begründung findet sich auch in der Einleitung zu *Growing Up* (S. 3). Auf der anderen Seite betont die Herausgeberin in beiden Lektüren, alle Geschichten seien auch unabhängig voneinander lesbar (ebd.). Hermes schlägt also zwischen bloßer Addition und strikter Sequenzialität von Texten einen Mittelweg ein. Aufschlußreich ist darüber hinaus die Anordnung der Geschichten in *Growing Up:* Ordnungsprinzip ist das Alter der Protagonisten, von dem sich ein gewisser Bezug zur gewählten individualpsychologischen Thematik ableiten läßt. Doch wird dieses Kriterium von der Herausgeberin selbst dadurch relativiert, daß sie eine andere Reihenfolge vorschlägt, die auf sprachlichen Kriterien beruht (S. 3). Auf diese Weise wird deutlich, daß Texte in bezug auf Auswahl und Reihenfolge als ein Angebot verstanden werden können: sofern kein durchgeplantes Unterrichtsmodell vorgelegt wird, sind selbst bei thematisch relationierten Texten mehrere Anordnungen möglich. Das heißt, daß die Reihenfolge der Texte innerhalb einer Lektüre keineswegs mit der Reihenfolge ihrer Diskussion im Unterricht identisch sein muß.

Vielmehr sollte die Entscheidung darüber, welche Texte in welcher Reihenfolge gelesen werden, in das Belieben der Adressaten, also des Lehrers und der Schüler, gestellt sein. Als Analysekriterium bleibt festzuhalten:

2.3. Erläutert der Herausgeber bezüglich der Textzusammenstellung seine Gesamtkonzeption? (Lockere Textfolge oder strikte Sequenzialität?)

Die Ausgabe, die bei ebenfalls fehlender Stellungnahme des Herausgebers den geschlossensten Eindruck hervorruft, ist Deppes *Alan Sillitoe, Three Stories*. Die Zusammenstellung von "The Fishing-boat Picture", "On Saturday Afternoon" und "The Disgrace of Jim Scarfedale" zu einer Einheit läßt sich mit folgenden Argumenten stützen: (1) Alle Geschichten sind der gleichen Sammlung *(The Loneliness of the Long-Distance Runner)* entnommen. (2) Bei allen Short Stories handelt es sich um Ich-Geschichten verschiedener Ausformung (*I-as-witness*, *I-as-protagonist* . . .). (3) Die Hauptfiguren gehören der Arbeiterklasse an. Den Nebenfiguren, die der Mittelklasse anzurechnen sind, kommt lediglich eine Kontrastfunktion zu, so daß auch im Bereich der Charaktere eine gewisse Einheitlichkeit gewahrt bleibt. (4) Dieser Eindruck gilt auch hinsichtlich der Thematik: Alle Geschichten haben eine Krisensituation im persönlichen Bereich zum Thema. "The Fishing-boat Picture" behandelt den jahrelangen Zerfallsprozeß einer Ehe, "On Saturday Afternoon" spielt auf dem Hintergrund einer familiären Krise, während "The Disgrace of Jim Scarfedale" das Scheitern einer Beziehung zweier junger Menschen darstellt. (Hier wird deutlich, daß im Gegensatz zur Reihenfolge in der literarischen Vorlage eine andere Anordnung zweckmäßig wäre: Da die erste und die dritte Geschichte thematisch am engsten zusammengehören, wäre es ratsam, "On Saturday Afternoon" an den Anfang oder den Schluß zu plazieren.) (5) In allen Geschichten bedient sich der Autor der gleichen erzählerischen Mittel, so daß eine annähernd gleiche Erzählstruktur entsteht. Die Short Stories setzen ein *in medias res*, die notwendigen Hintergrundinformationen werden in *flashbacks* nachgeholt, das Geschehen treibt einer Zuspitzung entgegen, und der Erzähler reflektiert im nachhinein über die Ereignisse. All diese Gründe haben zur Folge, daß nach den erforderlichen Einzelinterpretationen vergleichende Fragen diskutiert werden können, die in einem entsprechenden Katalog im Rahmen der Lektüre als Angebot dem Benutzer zur Verfügung stehen (vgl. S. 59-60). Somit ist Deppes Lektüre die einzige, die sequenzorientierten Ansprüchen genügt.

Neben einer Untersuchung der Auswahl, Anordnung und Zusammenstellung der Texte gehört die Analyse der Textgestalt zu den unumgänglichen Aufgaben der Lektürekritik. Im folgenden geht es nicht darum, anhand der gewählten Kurzgeschichten die Argumente für oder gegen die Aufnahme eines wissenschaftlich textkritischen Apparats zu erörtern. Obwohl es ein lohnenswertes Lernziel wäre, im Unterricht die Auswirkungen unterschiedlicher Lesarten auf die Interpretation eines Textes zu untersuchen, dürfte es für eine didaktische Ausgabe im allgemeinen zu aufwendig und vom Anspruch her verfehlt sein, in dieser Hinsicht wissenschaftliches Niveau anzustreben. Wenn eine Kurzgeschichte in verschiedenen Bearbeitungen des Autors vorliegt (soweit ich feststellen konnte, ist dies bei den hier untersuchten nicht der Fall), ist zu überlegen, welcher Text mit welchen Lernzielen korreliert. Hier gilt Pletts Grundsatz: „Eine didaktische Ausgabe ist um so wissenschaftlicher, desto mehr sie die Verwirklichung eines Lernziels optimalisiert."[17] Auf der anderen Seite soll auch die Frage "To Simplify or not to Simplify?", die von Weinrich über Müller, Pearson und Lechler bis neuerdings hin zu Meyer[18] zur Genüge diskutiert worden ist, nicht erneut aufgerollt werden. In diesem Rahmen reicht die gattungsspezifische Feststellung völlig aus, daß Kurzgeschichten in originaler Form den Schülern der Sekundarstufe II ohne weiteres zugemutet werden können. Damit ergeben sich bezüglich der Textgestalt wiederum zwei Analysekriterien:

2.4. Wählt der Herausgeber als Textgrundlage das literarische Original, und macht er, was eigentlich selbstverständlich ist, bibliographische Angaben zu der von ihm benutzten Vorlage?

2.5. Ist der Text der Lektüre nicht nur in der Substanz (*substantive readings),* sondern auch in den Äußerlichkeiten (*accidental readings)* originalgetreu und zuverlässig?

Das Analyseergebnis fällt für die zugrunde gelegten Ausgaben unterschiedlich aus. Nur *The Loneliness of the Long-Distance Runner* — bei einer Lektüre der Reihe *Easy Readers* ist nichts anderes zu erwarten — bietet keinen Originaltext an. Der Herausgeber nimmt Eingriffe in die Textgestalt vor und ersetzt u. a. Slang-, Vulgär- und Dialektausdrücke, so daß Sillitoes Sprachprofil wenn nicht beseitigt, so doch erheblich beeinträchtigt wird. Alle übrigen Lektüren, und das ist keineswegs selbstverständlich,[19] enthalten unveränderte Originaltexte. Um so erstaunlicher ist, daß nur Jones, Pira und Hermes die bibliographischen Angaben zu ihrer Quelle nennen, während sich alle übrigen mit unvollständigen Hinweisen zufrieden geben (Hergt) oder ganz auf derartige Informationen verzichten (Deppe, Martin). Im Detail sind erfreulicherweise kaum Abweichungen festzustellen. Alle Herausgeber legen in ihrer Ausgabe auf die exakte Wiedergabe von Kursiv- und Fettdruck, wörtlicher Rede, Gedankenstrichen u. ä. Wert. Jones mißachtet ohne ersichtlichen Grund an einer Stelle einen doppelten Absatz der Vorlage (S. 15, Z. 16), gleiches unternimmt Hergt vermutlich aus Raummangel bei der Textwiedergabe von "A Choice of Profession" (S. 46, Z. 27). Aber abgesehen von gelegentlichen Druckfehlern[20] ist das bereits alles. Der Text einer einzigen Ausgabe ist weniger zuverlässig: es handelt sich um die oben positiv charakterisierte Ausgabe Deppes. In diesem Fall hat der Verlag zugesagt, in einer späteren Auflage die aufgedeckten Druckfehler zu beseitigen.[21]

3.1. Die sprachlichen Annotationen

In den untersuchten Ausgaben werden, wie oben dargestellt, englische und amerikanische Kurzgeschichten in der fremdsprachlichen Originalversion dargeboten.[22] Es kann kein Zweifel darüber bestehen, daß dieser Umstand die methodische Ausgangslage kompliziert. Um den Schülern das sinnerfassende Lesen (*reading comprehension*) zu erleichtern, ist in allen Lektüren ein sprachlicher Apparat aufgenommen worden. Er umfaßt Erklärungen zum Wortschatz (Bedeutung und Aussprache) und zur Grammatik der fremden Sprache. Für den Herausgeber stellt sich immer wieder die Frage, welche Textphänomene und auf welche Weise diese kommentiert werden sollen; er sieht sich immer wieder mit Problemen der Auswahl und des Erläuterungsverfahrens konfrontiert.

„Zur Erstellung des Glossars ist die Hinzuziehung eines Häufigkeitswörterbuches unbedingt erforderlich."[23] Dieser Forderung Pletts ist vorbehaltlos beizupflichten, da nur auf diese Weise die Entscheidung über das als bekannt vorauszusetzende Basisvokabular auf eine vernünftige und überprüfbare Grundlage gestellt wird. Allerdings muß man sich vor der Annahme hüten, daß mit Hilfe eines Häufigkeitswörterbuchs, z. B. mit Alfred Haases *Englisches Arbeitswörterbuch*,[24] eine objektive Auswahl getroffen werden kann. Nach Haase gehören z. B. die Wörter *drug*, *stress*, *gangster* zur vierten, die Vokabeln *boss*, *critical*, *factor*, *golf* und *mob* bereits zur fünften Wertigkeitsstufe. Nach Überzeugung der Herausgeber sind die Wörter der Wertigkeitsstufe 5 in jedem Fall erläuterungsbedürftig, während ihre Ansichten darüber, ob die Wörter der Stufen 1-3 oder 1-4 für die Schüler der Sekundarstufe II als bekannt vorauszusetzen sind, auseinander gehen. Zu den oben angeführten Beispielen ist indessen m. E. jede Erläuterung überflüssig: sie sind ausnahmslos leicht zu erschließen (z. B. *critical* oder *factor*), oder sie sind, durch jüngste gesellschaftliche Entwicklung bedingt, allgemein bekannt (z. B. *stress*) oder aber sie haben sich als Fremdwörter eingebürgert (z. B. *boss*, *gangster*). Umgekehrt sind m. E. die Wörter *to blaze* (Wertigkeitsstufe 2) und *oaken* (abgeschwächte Wertigkeitsstufe 2) weniger bekannt und schwerer zu erschließen (es fragt sich, ob alle Schüler *oaken* als Ableitung von *oak* erkennen). Man hat also auch bei der Zugrundelegung eines Häufigkeitswörterbuchs flexibel zu verfahren und für begründete Ausnahmen zugänglich zu bleiben. In immer möglichen Zweifelsfällen sollte man in dem Bestreben, einen gründlichen Kommentar zu erstellen, eher nach dem Prinzip des Zuviel als des Zuwenig verfahren.

Hat der Herausgeber die zu erklärenden Vokabeln ausgewählt, stellt sich die Frage nach dem Erläuterungsverfahren. Es umfaßt üblicherweise folgende Einzelschritte: die Angabe der Wortart, die des Registers bzw. der Stilebene, evtl. einen Verweis auf Spezialbedeutungen, gegebenenfalls Erläuterungen zu Eigenarten des britischen und amerikanischen Englisch, die ein- und/oder zweisprachige Erklärung der Wortbedeutung (Synonym, Definition, *self-defining context,* etc. und/oder deutsche Übersetzung). Wenn die Texte darüber hinaus in freier Kombinierbarkeit einsetzbar sein sollen, müssen die Kommentare zu jeder einzelnen Geschichte in sich abgeschlossene, selbsttragende Einheiten bilden. Das heißt, daß jede unbekannte Vokabel in jedem Text, in dem sie vorkommt, erläutert werden muß. Entscheidet sich der Herausgeber für eine einmalige Erläuterung im Rahmen der Ganzschrift, sind systematische Querverweise unverzichtbar.

Mit Hilfe eines Häufigkeitswörterbuchs sind die Probleme eines Herausgebers bei der Ausspracheerläuterung nicht zu lösen. Dem Postulat Pletts, „daß jeder Worterläuterung die IPA-Transkription beigefügt ist,"[25] ist aus zwei Gründen zu widersprechen. Erstens ist es nicht erforderlich, jedem Wort die phonetische Umschrift hinzuzufügen. Trotz der im allgemeinen im Englischen großen Kluft zwischen Schrift- und Klangbild sind viele Wörter in ihrer Aussprache unproblematisch. Auch ist es im Sinne eines ökonomischen Verfahrens häufig ausreichend, einer möglichen Fehlerquelle entgegenzuwirken, indem man eine Silbe umschreibt, einen Kennvokal oder lediglich den Akzent angibt. Zum andern ist die Stellung des IPA-Systems in jüngster Zeit nicht mehr unangefochten. Fachleute kommen zu dem überraschenden Ergebnis, daß das von Windsor Lewis entwickelte System für Nichtengländer hilfreicher ist als das lange uneingeschränkt dominierende IPA-System,[26] stellen aber zugleich fest, daß dieses in Deutschland in Schule und Hochschule immer noch häufiger Verwendung findet.[27] Dennoch ist nicht auszuschließen, daß das Windsor Lewis-System langfristig an Boden gewinnt: erst seit kurzer Zeit steht Übungsmaterial für die neue Transkription zur Verfügung.[28] Darüber hinaus ist soeben bei Cornelsen & Oxford University Press das *Oxford Intermediate Learner's Dictionary of Current English* von A. S. Hornby erschienen, das wie das erfolgreiche Parallelwerk *The Advanced Learner's Dictionary* das System von Windsor Lewis verwendet. Falls dem neuen Wörterbuch ein ähnlicher Erfolg beschieden sein wird, wird dies vermutlich nicht ohne Folgen für die im Englischen zu benutzenden Unterrichtsmaterialien bleiben.

Der Grammatikkommentar wirft weniger schwierige Probleme auf. Es ist zweifellos sinnvoll, alle Abweichungen von den Normen der Schulgrammatik (im Falle Sillitoes etwa dialektbedingte Wendungen oder schichtenspezifische Sprachvarianten, im Falle Malamuds beispielsweise jiddische

Sprachformen) zu kommentieren. Damit ist zugleich ein Auswahlmaßstab gegeben. Der Kommentar selbst erfüllt zwei Funktionen: primär bedeutet er wie der lexikalische Apparat eine Verständnishilfe, stellt aber zugleich auch für die Schüler eine Warnung dar, vergleichbare Konstruktionen in ihren aktiven Sprachschatz zu übernehmen. Falls sich grammatische Abweichungen systematisieren lassen, stellt sich die Frage, ob jeder einzelne Beispielsatz oder die entsprechende Struktur einmal in einem eigenen Kapitel (vgl. z. B. bei Deppe *Some Linguistic Problems*; S. 61-62) erläutert werden soll. Die Entscheidung darüber, wie sinnvollerweise verfahren wird, muß dem Herausgeber überlassen bleiben, wobei der Benutzer allerdings erwarten kann, daß dieser konsistent verfährt. Zur Analyse des sprachlichen Apparats ergeben sich mithin wiederum zwei Fragen:

3.1.1. Ist der phonetische, lexikalische und grammatische Kommentar ausreichend, konsistent und zuverlässig?

3.1.2. Beschreibt der Herausgeber in bezug auf den sprachlichen Apparat das von ihm praktizierte Auswahl- und Erläuterungsverfahren?

Die Antworten auf diese beiden Fragen fallen für die untersuchten Lektüren verschieden aus. Der Grammatikkommentar bietet die geringsten Probleme. Hier ist lediglich zu bemerken, daß Hergt relativ viele Strukturen erläutert, dabei aber nicht immer konsequent verfährt. Einige Beispiele: Hergt verweist darauf, daß "out the window" nach den Regeln der Grammatik "out of the window" heißen muß, und ebenso korrigiert er "how much cards" in "how many cards" (vgl. S. 9, Z. 12 und Z. 28). Dieses Verfahren ist durchaus verständlich, da potentielle Fehlerquellen für die Schüler bestehen. Verstöße gegen Numerus und Satzstellung aber bleiben unkommentiert: "First comes family"; "after comes pictures"; "on the mother's side comes teachers" (vgl. S. 9, Z. 38 und S. 10, Z. 2 und Z. 11). Die Form "don't" = "does not" wird in "The Jewbird" und "My Son the Murderer" erklärt, in "The Magic Barrel" dagegen nicht (vgl. S. 10, Z. 14 mit S. 28, Z. 17 und S. 47, Z. 18). Auch die Aussprachehilfen — alle Herausgeber verwenden das IPA-System — geben kaum zur Kritik Anlaß. Bei *derisive* entscheidet sich Hermes für die *secound choice* |dəˈraisiv|, die Aussprache von *premature* mit |a| in der zweiten Silbe ist kaum vorstellbar, da dieses Symbol nur als erstes Element in Diphthongen verwendet wird, und bei *morose* sowie *advertising* werden keine Aussprachehilfen gegeben, obwohl das gerade beim letzten Beispiel wegen seiner leichten Verwechselbarkeit mit *advertisement* wünschenswert wäre (vgl. *Growing Up*, S. 20, Z. 40 und *Several Englands*, S. 17, Z. 16, S. 18, Z. 31 und S. 14, Z. 11).

Die größten Probleme liegen indes bei der Bedeutungserklärung. Das selbstverständliche Axiom, das zugrunde liegende Auswahlverfahren zu erläutern, wird nur in einem Fall erfüllt: Pira ist die einzige, die ihre Karten aufdeckt. Sie entscheidet sich dafür, auf der Grundlage von Haases Werk die Wertigkeitsstufen 1-4 als bekannt vorauszusetzen (vgl. S. 36). Hermes hatte ebenfalls einen entsprechenden Hinweis geplant[29] – sie setzt die Vokabeln der Wertigkeitsstufen Haases 1-3 als bekannt voraus –, doch wurde dieser vom Verlag gestrichen. Alle übrigen erachten es nicht für notwendig, das von ihnen praktizierte Auswahlverfahren transparent zu machen. Doch ist der Fairneß halber hinzuzufügen, daß dies nicht gleichzeitig mangelnde Qualität des Kommentars selbst bedeutet.

Jones und Martin, die einzigen *native speakers* unter den Herausgebern, verzichten ganz auf deutsche Übersetzungen. Die übrigen verwenden einsprachige Erklärungen und wählen in komplizierten Fällen eine (zusätzliche) Übersetzung. Der Kommentar von Jones ist ebenso vorbildlich wie der Piras, auch wenn letztere durch ihr Auswahlverfahren hohe Anforderungen an die Benutzer stellt. Die Qualität von Martins Kommentar ergibt sich am leichtesten durch den direkten Vergleich mit Deppes. Zur ersten Seite von "On Saturday Afternoon" existieren bei Martin 15 und bei Deppe 27 Worterklärungen. Sicherlich sind nicht alle Angaben Deppes unverzichtbar: *to swear*, *to cripple*, *to stain* gehören nach Haase zur 2. bzw. 3. Stufe, und die Bedeutung von *the old man* ist unschwer zu erschließen. Andererseits werden von Martin die Verben *to clear out*, *to back out*, *to come for* und *to tip up* nicht erklärt. Auch wenn diese zum Teil aus dem Kontext zu erschließen sind, drängt sich die Folgerung auf: Deppes Kommentar ist gründlicher und ausführlicher.

Hergts Auswahlverfahren ist im lexikalischen Bereich so wenig konsequent wie im grammatischen. So wird zum Beispiel in "A Choice of Profession" *to quit* nicht beim ersten Auftreten erklärt (vgl. S. 44, Z. 35 und S. 38, Z. 35); *frantic* bzw. *frantically* wird einmal erklärt, ein anderes Mal nicht (vgl. S. 20, Z. 3 und S. 22, Z. 27 mit S. 30, Z. 24); *goddamn* und *flea-bitten* (vgl. S. 38, Z. 34 und S. 50, Z. 33) werden nicht erklärt, obwohl nach Hergts eigener Aussage derartige Wörter den Schülern Schwierigkeiten bereiten.[30] In den folgenden Fällen liegt ein schlichtes Mißverständnis vor: Die Erklärung von "eyeteeth: the two pointed teeth in the upper jaw" (S. 28, Z. 14) paßt ebenso wenig in den Kontext ("they would give their eyeteeth" = „sie würden ihren Augapfel opfern") wie die Erklärung von "plumbing: pipes and fixtures = Wasser-Gasleitung"; richtig wäre für "outside plumbing": „die sanitären Anlagen sind draußen", d. h. der Vogel versucht mit diesem Hinweis sein ungepflegtes Äußeres zu entschuldigen. Die Kommentare von Hermes weisen die größten Lücken auf. Auf S. 22 von "Noah's Ark" in *Growing Up* werden 10 Vokabeln erklärt; unannotiert aber bleiben (in Klammern die Wertigkeitsstufen nach Haase): *indignant* (4), *retort, bully, scoop* (alle 5), *clamped* (6), *nebulous, nick* (beide nicht in Haase verzeichnet) und *supply-dump* (wobei *dump* zur Wertigkeitsstufe 6 gehört, das Kompositum wiederum nicht bei Haase aufgenommen ist). Als Grenzfall kann *spinning* angesehen werden: es handelt sich um ein Wort der doppelt abgeschwächten Wertigkeitsstufe 2. Somit stehen zehn erklärten acht bzw. neun nicht erklärte Vokabeln gegenüber. In *Several Englands* ergibt sich kein wesentlich günstigeres Bild. Auf S. 18 sind neun Worterklärungen, wiederum aber wurden sechs bzw. sieben Vokabeln nicht berücksichtigt, nämlich: *dustbin, clatter, wiry, morosely, roaming, detect; discontented* ist bei Haase nicht verzeichnet, wohl aber *discontent* als abgeschwächte Stufe 2. Diese Werte beruhen auf Stichproben, die nicht zwangsläufig für den Apparat insgesamt repräsentativ sind. Dennoch ist bereits ein Kommentar, der auf einer einzigen Seite derartige Lücken enthält, untragbar. Diese Feststellung gilt ungeachtet der Tatsache, daß die Lektüre *Growing Up* soeben eine erweiterte dritte Auflage erreichte. Wenn man bei der Edition von literarischen Texten – und zwar mit Recht – auf lexikalische und grammatische Übungen verzichtet,[31] müssen in bezug auf Sorgfalt höchste Ansprüche an den sprachlichen Kommentar gestellt werden.

3.2. Die sachlichen Annotationen

Wie die sprachlichen bilden auch die sachlichen Annotationen einen Beitrag zur Gegenstandsanalyse. Für den Herausgeber stellt sich wiederum das Problem der Auswahl und des Erläuterungsverfahrens. Der Sachkommentar muß wie der Sprachkommentar, in den er integriert ist, begründbar, konsistent und zuverlässig sein. Bei aller gebotenen Kürze muß er grundlegende Informationen vermitteln, die im Gegensatz zu den Definitionen unbekannter Wörter nicht beliebig einem Wörterbuch zu entnehmen und somit nicht ohne weiteres zugänglich sind. Die Adressaten indes haben – trotz vieler ungelöster literatur- und textwissenschaftlicher Grundsatzfragen – ein Recht auf Arbeits- und Verständnishilfen: Diese bilden eine Voraussetzung für das gemeinsame Bemühen um Verständigung über den literarischen Text.

Das Problem der sachlichen Kommentierung erstreckt sich auf drei verschiedene Ebenen. Der Herausgeber sieht sich (1) mit offenen und (2) mit impliziten, in der Regel vom Autor intendierten Anspielungen konfrontiert. Zusätzlich muß sich der Herausgeber entscheiden, ob er (3) vermutlich nicht intendierte, aber dennoch im Text nachweisbare Parallelen in seinen Kommentar aufnehmen will.

ad (1): Die Kommentierung von offenen Anspielungen umfaßt historische und geographische Gegebenheiten, Institutionen, Abkürzungen, etc.; sie erweist sich in den vorliegenden Texten als unproblematisch, da eine Auswahl grundlegender Fakten den Leser hinreichend informiert. Abkürzungen werden aufgelöst: Jap = Japanese (Deppe), CPA = Certified Public Accountant (Pira), Wacs = Women's Army Corps (Hergt), etc. Historische und geographische Anspielungen (Chamberlain und Basford beispielsweise bei Deppe) wie auch Hinweise auf Institutionen (Borstal etwa im *Easy Reader*, bei Hermes und Deppe) werden mit wenigen Worten zur Genüge charakterisiert.

ad (2): Wie der Herausgeber bei impliziten Anspielungen sinnvollerweise verfährt, ist eine weitaus schwierigere Frage. Hier geht es nicht so sehr um eine adäquate Textrezeption auf der pragmatischen Ebene, sondern um das richtige Textverständnis, mit anderen Worten um Interpretationsprobleme. Implizite Anspielungen (die Grenzen zu den der ersten und dritten Ebene sind zum Teil fließend) können sich beziehen auf das eigene Leben und Werk, aber auch auf Zeitumstände, die antike Mythologie, die Bibel u. a. mehr. Voraussetzung für einen sinnvollen Kommentar ist, daß der Herausgeber mit dem Autor, dessen Werk, Kenntnissen und Lesegewohnheiten, mit dem Zeitpunkt der Entstehung einer spezifischen Short Story und ihrer Rezeption, aber auch mit der Gattung Kurzgeschichte und mit Literatur überhaupt vertraut ist. Damit er aber die Anspielungen als solche erkennt, muß er neben Belesenheit vor allem Gespür für Sprache und Texte, d. h. eine Begabung für Interpretation, besitzen. Nur ein idealer Leser erfüllt all diese Voraussetzungen. Daß jeder Herausgeber gut daran tut, sich mit dem jeweiligen Stand der Forschung vertraut zu machen, liegt auf der Hand.

Implizite Anspielungen treten vor allem in den beiden autorzentrierten Lektüren, also bei Hergt und Deppe, auf. Beide Kommentare sind nicht ideal. Deppe beispielsweise macht auf zahlreiche Querbezüge innerhalb der drei von ihm edierten Kurzgeschichten aufmerksam, dehnt aber dieses Verfahren nicht auf Sillitoes Gesamtwerk aus. Er weist weder auf autobiographische Bezüge hin, noch macht er auf Parallelen zu anderen Werken Sillitoes aufmerksam; dabei wären Vergleiche mit *Saturday Night and Sunday Morning* und *The Loneliness of the Long-Distance Runner* an mehr als einer Stelle hilfreich. Nur selten wird eine implizite Anspielung funktional erklärt: die Erläuterungen zu *the noble savage* (ironische Verwendung in "The Disgrace of Jim Scarfedale"; S. 49, Z. 7) ist eine der wenigen Ausnahmen. Hergt geht ebenfalls auf Parallelstellen zu anderen Werken Malamuds nicht ein, wie an seinem Kommentar zu "The Magic Barrel" nachgewiesen werden kann. So bleibt folgende Überlegung des Protagonisten Leo Finkle unkommentiert: "Out of this, however, he drew the consolation that he was a Jew and that a Jew suffered" (S. 18, Z. 3-4). Mit diesem Satz ist ein für Malamud zentrales Thema (*suffering*) angesprochen, zahllose Verweise auf andere Kurzgeschichten des Autors, z. B. auf die gleichfalls von Hergt edierte Story "The Jewbird", aber auch auf Malamuds Romane *The Assistant* und vor allem *The Fixer* wären hilfreich. Der Hinweis auf die weltweite Verbreitung des Antisemitismus schließlich könnte den Schülern helfen zu erkennen, wie Leo Finkle mit Hilfe einer Kollektiverfahrung seine persönlichen Probleme zu bewältigen versucht. In der Einleitung verweist Hergt auf die biblische Quelle dieser Geschichte: Das Thema der heiligen Prostituierten geht auf den Propheten Hosea zurück.[32] Hergt erwähnt indes nicht, daß die biblische Quelle als Parabel auf das Schicksal des jüdischen Volkes gedeutet werden kann. Auch die Farbsymbolik zum Schluß der Geschichte (Weiß als Zeichen der Unschuld, Rot als Zeichen der Schuld; vgl. S. 24, Z. 6) bleibt unkommentiert: sie findet ihre biblische Entsprechung in Isaias 1,18: "Though your sins be as scarlet, they shall be as white as snow." Die Anspielung "the Five Books" (S. 17, Z. 32) wird mit dem Hinweis "the five books of Moses" zu knapp kommentiert. Die vollständige Anspielung im Text lautet: "the Five Books and all the Commentaries": Sie bezieht sich auf die fünf von Moses verfaßten und für die jüdische Religion grundlegenden Bücher des Alten Testaments und die dazugehörigen Kommentare der jüdischen Gelehrten, also auf Talmud und Tora, auf das Gesetz der jüdischen Religion schlechthin. Der ebenfalls aus der Perspektive des Protagonisten gesprochene Satz "He did not love God so well as he might, because he had not loved man" (S. 17, Z. 18-19) nimmt möglicherweise eine neue Dimension an, wenn er zu zwei Stellen aus den Büchern Deuteronomium (6.5) und Leviticus (19.18), die bekanntlich zu den fünf Büchern Moses gehören, in Beziehung gesetzt wird: "And thou shalt love the Lord thy God with all thine heart, and with all thy soul, and with all thy might"; "Thou shalt love thy neighbour as thyself". Da von hierher der Transfer auf grundlegende Vorstellungen der christlichen Religion naheliegt, wäre ein solcher Kommentar auch ein Beitrag zur Beantwortung der Frage, ob "The Magic Barrel" eine spezifisch jüdische Geschichte darstellt. Diese Beispiele mögen als Verdeutlichung dafür ausreichen, wie Lücken im Kommentar verhindern, daß Autor-, Text- und Leserhorizont auch nur annähernd zur Deckung gebracht werden.

ad (3): Die Problematik der möglicherweise nicht-intendierten, jedoch im Text nachweisbaren Parallelen soll nur anhand eines Beispiels erläutert werden. Im letzten Satz von "On Saturday Afternoon" sagt der jugendliche Erzähler: "I'll stay alive half-barmy till I'm a hundred and five." Dies erinnert an den Schlußsatz einer berühmten Initiationsgeschichte von Ernest Hemingway: "He [Nick Adams] felt quite sure he would never die." ("Indian Camp") Es ist nicht nachzuweisen, daß Sillitoe diese Geschichte gekannt hat; er selbst hat lediglich darauf verwiesen, daß der Roman *The Eternal Husband* von Dostojewskij als literarische Vorlage diente.[33] Mit

Hilfe einer Autoräußerung ist die Parallele also nicht zu legitimieren. Neuere wissenschaftliche Richtungen indes haben die Bedeutung des Rezipienten für die Textanalyse stärker hervorgehoben: Der Text existiert nur als Text-Leser-Relation,[34] nach Fingerhut ist jede Textrezeption individuell,[35] und nach Plett ist der verfaßte Text nicht mit dem aufgefaßten identisch.[36] Die Aufwertung der Rezipientenrolle kann nicht bedeuten, daß jede Rezeptionsweise gleichermaßen akzeptabel ist. Auch wenn Texte nicht an sich existieren, besitzen sie einen Eigenwert[37] und normativ strukturellen Charakter,[38] so daß Interpretationen als falsch ausgeschieden werden können. Die Aufwertung des Rezipienten bedeutet aber, daß die Auseinandersetzung um einen Text ein endloser, nie abgeschlossener Prozeß bleibt. Mithin weist jeder Text ein unerschöpfliches Potential von Parallelen auf, und jeder Kommentar ist ständig revisionsbedürftig. Für die Legitimierung des oben erwähnten Hemingway-Zitats reicht es daher völlig aus, daß es weder der Autorintention Sillitoes widerspricht noch ohne Beziehung zu dessen Werk ist. Vielmehr bedeutet es eine Verständnishilfe, da beide jugendlichen Figuren den Gedanken an den eigenen Tod verdrängen. Ein derartiger Ausbau der vorliegenden Kommentare bildet ein prinzipiell unerfüllbares Desiderat.

Letztlich bleiben die Problematik der Kommentierung eines Texts und die damit verbundene Grundsatzfrage nach der Seinsweise von Texten überhaupt nicht folgenlos für die Praxis des Unterrichts. Der jeweilige Text ist als Potential möglicher Rezeptionen anzusehen, das Lehrer und Schüler zu Einsicht und Erkenntnis führen kann. Im Lernprozeß gilt es, verschiedene Standpunkte zu vergleichen und Textaussagen wie Interpretationen zu akzeptieren oder zurückzuweisen. Eine Konsensbildung erfolgt bereits, wenn beispielsweise eine These einer gemeinsamen *reductio ad absurdum* unterliegt.

Die Fragen, die es jedenfalls an den Sachkommentar eines literarischen Textes heranzutragen gilt, lauten:

3.2.1. Ist die Anlage des Sachkommentars begründbar, konsistent und zuverlässig?

3.2.2. Ist der Kommentar bei offenen und impliziten Anspielungen sowie bei nichtintendierten, aber im Text nachweisbaren Parallelen informativ und funktional?

4. Der methodische Apparat

Der Schüler, der eine Short Story liest, ist während des Rezeptionsprozesses isoliert. Im fachmethodischen Sinn heißt Lektüre aber auch, wie in der Einleitung dargestellt, unterrichtliche Auseinandersetzung über das Gelesene: Es geht für die Rezipienten darum, die Lektüreerfahrung in der

Diskussion zu analysieren und somit argumentativen Prozessen zu unterwerfen. Wichtigstes Hilfsmittel für die Diskussion sind Fragen: Sie bilden die vermittelnde Instanz zwischen den Texten und den Rezipienten. Langfristig ist es ein vorrangiges Ziel, die Schüler in ihrer Rezipientenrolle zu befähigen, eigene Fragen an den Text heranzutragen, und insofern kann das Finden von Fragen wesentlicher als das Beantworten sein. Zu berücksichtigen ist jedoch, daß die Schüler erst durch den Umgang mit Literatur zur selbständigen Interpretation gelangen, daß der Blick für an einen Text zu stellende Fragen erst geschult werden muß und daß die Filterung eines Textes durch verschiedene Interpretationsraster auch eine Sache der Erfahrung ist. Es ist daher ohne weiteres denkbar, daß man um der langfristigen instrumentalen Zielsetzung willen die Schüler von Zeit zu Zeit damit beauftragt, ihre eigenen textentschlüsselnden Fragen zu formulieren, doch geht es nicht an, in didaktischen Ausgaben gänzlich auf Fragenkataloge zu verzichten. Gegenüber einem solchen Standpunkt kann auch das Argument nicht verfangen, daß Fragen den Schüler manipulieren. Natürlich setzen Fragen Schwerpunkte und üben zweifelsohne auf den Rezeptionsprozeß Einfluß aus. Sie enthalten aber nicht, sofern es sich nicht um Suggestivfragen oder rhetorische Fragen handelt, die Antworten. Fragenkataloge sind also nicht mehr als ein Angebot des Herausgebers zur weiteren Sinnerfassung, das der Rezipient ausschlagen, aber auch akzeptieren und durch eigene Ideen ergänzen kann.

Regeln für die Bildung von Fragen zu geben, ist wohl unmöglich; der Versuch, Fragen zu klassifizieren, erweist sich bereits als äußerst schwierig. Für die Short Story indes liegt seit einiger Zeit ein systematischer Fragenkatalog vor,[39] der auf erzähltheoretischer Basis erstellt ist und auf jedes Paradigma dieser Gattung angewendet werden kann. Es wäre denkbar, die in den vorliegenden didaktischen Ausgaben enthaltenen Fragenkataloge anhand dieses Interpretationsmodells zu überprüfen, doch verbietet sich dies aus zwei Gründen. Erstens lag das Modell zur Zeit des Erscheinens bzw. der Erstellung der meisten Lektüren noch nicht vor; eine evtl. Kritik würde im nachhinein erfolgen müssen. Zweitens stellt das Modell vor allem eine Hilfe für strukturelle Analysen von Short Stories dar, für solche Beispiele dieser Gattung also, die zu einer Formalsequenz[40] zusammengestellt wurden. Die vorliegenden Ausgaben von Short Stories sind hingegen entweder auf einen Autor konzentriert oder aber thematisch relationiert. Bei aller gebotenen Kürze muß daher ein anderer Ansatz entwickelt werden, der der unterrichtspraktischen Intention der in den didaktischen Ausgaben enthaltenen Fragen eher gerecht wird.[41]

Die Fragen, die es hier zu analysieren gilt, sind nicht an die Frageform gebunden: sie schließen auch Aufforderungen (Arbeitsaufträge) ein. Sie setzen als Adressaten wechselnde Schülergruppen voraus und sind durch den zugehörigen Bezugsrahmen bestimmt. Dieser kann unterschiedlich sein: er ist eng gefaßt, wenn die Antwort (im Extremfall) nur aus einem Wort oder (häufiger) aus einem Satz besteht. Der Bezugsrahmen ist weit gefaßt, wenn die Frage sich auf eine Textpassage oder den Text insgesamt bezieht und wenn die Schülerreaktion mehrere Sätze, gegebenenfalls einen längeren schriftlichen oder mündlichen Beitrag erfordert, womit gleichzeitig eine Entscheidung für statarisches Lesen impliziert ist. Gerade im Fremdsprachenunterricht gilt: Je größer der Bezugsrahmen, desto größer ist der Schwierigkeitsgrad für den Adressaten, da zusätzlich zur sachlichen Problematik psychologische Komponenten eine Rolle spielen. Das heißt aber auch, daß ein unterschiedlich großer Antwortspielraum eine Variation des Unterrichts bedingt und damit der individuellen Schülerleistungsfähigkeit Rechnung trägt. Wenigstens gelegentlich sollten Fragen adressatenbezogen formuliert sein. Die Frage "Do *you* think he is a tragic hero?" spricht die Schüler unmittelbarer an als die Formulierung "Is he a tragic hero?" die zweite Frage erweckt den Eindruck einer möglichen objektiven Antwort, während die erste die Schüler zu persönlicher Stellungnahme ermutigt.

Der 'Gegenstand' von Fragen im Literaturunterricht ist der Text. Formal gesehen lassen sich analog zur Text- und Themaaufgabe zwei Fragetypen unterscheiden, die hier als Text- und Themafrage bezeichnet werden sollen. Letztere ist auf den Text bezogen, indem sie ein Detail oder ein interpretatorisches Problem des Textes anspricht. Die erste hingegen geht direkt vom Text aus, indem der Text selbst (ein Schlüsselwort, ein kürzeres oder längeres Zitat) Teil der Frage wird. Mehr als eine Sache der Form ist indes die geläufige Unterscheidung von Textkenntnis- und Textverständnisfragen. Textkenntnisfragen stehen im allgemeinen an erster Stelle: Sie rekonstruieren inhaltliche Zusammenhänge, sind aus dem Text heraus schlüssig zu beantworten und bilden die unverzichtbare Vorstufe für die nachfolgenden Textverständnisfragen. Diese enthalten die eigentlichen Interpretationsprobleme, ihr Schwierigkeitsgrad ist generell höher, sie eröffnen dem Adressaten persönlichen Spielraum. Dabei lassen sich mindestens drei verschiedene Typen unterscheiden. Es gibt Interpretationsfragen, die nicht *expressis verbis* literarisches Fachvokabular enthalten, z. B. die Frage nach der Satzstruktur eines Abschnitts (die Antwort mag die Anwendung von Fachtermini erfordern). Der zweite Fragetyp enthält demgegenüber einen literarischen Terminus (z. B. die Frage der Zuordnung von *flat* und *round characters*) oder ein interpretatorisches Konzept (z. B. die auf die Aristotelische Poetik zurückgehende Vorstellung des *tragic hero*) und verlangt die Anwendung auf den jeweiligen Text. Drittens kommt es vor, daß Fragen ein Vorverständnis manifestieren oder sogar eine wertende Prämisse enthalten, die der Interpret anhand einer Textstelle überprüfen sollte. Für die Beantwortung von Textkenntnis- und Textverständnisfragen ist es gleichermaßen wichtig, daß die Schüler ihre Aussagen am Text belegen lernen. Diese Zielsetzung spielt auch im innovativen Textentschlüsselungsmodell von Brusch und Köhring eine dominierende Rolle.[42]

Darüber hinaus kann der Text Fragen aufwerfen, die nicht aus ihm heraus zu beantworten sind. Dies ist der Fall, wenn Texte ein Problem ansprechen, ohne es lösen zu wollen, also beispielsweise bei allen Texten, die einen offenen Schluß aufweisen. Fragen dieser Art sind textübergreifend; sie folgen auf die Phase der Textinterpretation und fordern eine persönliche Stellungnahme heraus. Sie sind nicht durch *close reading* allein, sondern allenfalls mit Hilfe von Zusatzmaterial zu lösen. Dabei tritt anstelle des gelenkten Gesprächs die freie Diskussion, wobei der Lehrer nicht als jemand fungieren darf, der als Inhaber einer überlegenen Position die Antworten auf alle Fragen von vornherein kennt.[43] Nur so kann es gelingen, die Spannungen zwischen den Sinnansprüchen des Textes und den Einstellungen der Schüler erfolgreich aufzulösen.

Alle bisher entwickelten Überlegungen galten den Einzelfragen. Zusätzlich sind jedoch einige Kriterien zu nennen, die sich auf die Qualität eines Fragenkatalogs insgesamt beziehen. Die wichtigste Überlegung ist wie bei der Problematik der Textauswahl, ob die einzelnen Fragen (Texte) aufeinander bezogen sind, so daß sich aus den einzelnen Elementen eines Katalogs ein Zusammenhang ergibt, und ob sich daraus eine Systematik ableiten läßt. Damit hängt auch die Anzahl der Fragen in bezug auf die Textlänge zusammen. Sicherlich wäre es völlig verfehlt, Richtzahlen nennen zu wollen. Aber dennoch läßt sich sagen, daß vier bis sechs Fragen zu ebenso vielen Seiten Text weniger auf Systematik als auf Zufall beruhen. Wenn darüber hinaus ein Fragenkatalog hinsichtlich der kursorisch und der statarisch zu lesenden Passagen einseitige Schwerpunktsetzungen vermeiden will, ist größere Ausführlichkeit geboten. Daraus folgt wiederum als unterrichtspraktisches Erfordernis, daß die Fragen inhaltlich und formal sowie im Schwierigkeitsgrad breit gestreut, also möglichst variiert sein sollten.

Für die Untersuchung der vorliegenden didaktischen Ausgaben ergeben sich also mehrere Kriterien. Bezüglich der einzelnen Elemente des methodischen Apparats ist zu fragen:

4.1. Enthält die Lektüre Text- und Themafragen?

4.2. Enthält die Lektüre texterschließende Inhaltsfragen, textentschlüsselnde Interpretationsfragen und textübergreifende Diskussionsfragen?

4.3. Trägt ein unterschiedlicher Antwortspielraum der Individualität von Schülerleistungen Rechnung?

4.4. Enthält die Lektüre adressatenbezogen formulierte Fragen?

4.5. Wird eine zur Textlänge angemessene Anzahl von Fragen angeboten?

4.6. Sind diese variiert und zugleich systematisch?

In diesem Teil werden in den untersuchten Lektüreausgaben die gravierendsten Unterschiede sichtbar. Martin, Pira und Hergt verzichten ganz auf einen Fragenkatalog. *The Loneliness of the Long-Distance Runner* bietet jeweils einen ausführlichen Katalog zu den drei Teilen der Erzählung, im wesentlichen in Form von Themafragen; Textfragen sind extrem selten.

Textverständnisfragen kommen vereinzelt vor, während adressatenbezogen formulierte Fragen gänzlich fehlen. Das bedeutet, daß die Kataloge im wesentlichen aus texterschließenden Inhaltsfragen bestehen, die den Ansprüchen eines literarisch orientierten Unterrichts kaum genügen. Gleiches gilt für die Fragen von Jones: von ihren sieben *questions for discussion* zu "Uncle Ernest" sind sechs den *plot* rekonstruierende Textkenntnisfragen, die über die Ebene des Leseverstehens nicht hinausgehen. Die beiden Kataloge von Hermes (in *Growing Up* und *Several Englands*) sprechen im wesentlichen in Form von Themafragen interpretatorische Probleme an. Die meisten sind sehr elementarer Art (Fragen nach *plot, character, theme, language, symbolical overtones, meaning of the outcome* . . .), einzelne sind adressatenbezogen, Textfragen fehlen völlig. Sicherlich bieten diese Vorschläge Ansätze für einen literarischen Unterricht; eine Sammlung von sieben bzw. neun Fragen ist jedoch nicht ausführlich genug, um allen unterrichtspraktischen und literaturwissenschaftlichen Ansprüchen zu genügen (ein Teil der Fragen zu "Noah's Ark" ist im übrigen sachlich identisch mit dem bei Michael Marland abgedruckten Angebot[44]). Weitaus positiver ist Deppes Fragensammlung zu bewerten; sie zeichnet sich durch eine Reihe von Vorzügen aus, die keine der übrigen in Anspruch nehmen kann. Zunächst einmal sind die Fragen nach einem Schema gegliedert, das für alle drei Geschichten identisch ist. Ein erster Teil (A. *Understanding the facts*) enthält chronologisch geordnete Textkenntnisfragen; Teil B und C (*Looking at language and style*; *Interpreting and discussing the text*) besteht aus Interpretationsfragen. Die Art der Fragestellung umfaßt in allen drei Teilen Text- und Themafragen. Unter den Verständnisfragen sind solche, die ein interpretatorisches Konzept vermitteln, z. B. die Short-Story-Definition von M. H. Abrams (vgl. II, B, 10) oder auch die auf Edgar Allan Poe zurückgehende wirkungsästhetische Vorstellung des *unique or single effect* (vgl. II, C, 10). Andere offenbaren ein Vorverständnis des Herausgebers (vgl. I, B, 8, 9, 10 oder II, B, 3). Es gibt Aufgabenstellungen mit einem weit gefaßten Bezugsrahmen (III, B, 4) und zahlreiche adressatenbezogene Formulierungen (I, C, 5, 7, 8, 9 oder II, C, 8). Die abschließenden Teile (IV: *Summarizing, comparing, and commenting on the stories;* V: *Evaluating the stories)* enthalten über die Texte hinausgehende Diskussionsfragen (vgl. V, 5), die zeigen, daß die Lektüre als Sequenz angelegt ist. Deppes Fragenkatalog ist schlechthin vorbildlich, mit einer Einschränkung, die auch für alle übrigen Ausgaben zutrifft: Vorschläge für Antworten auf diese Fragen liefert der Herausgeber bedauerlicherweise nicht. An dieser Stelle erweist sich, daß eine wie immer geartete Lehrerhandreichung dringend erforderlich ist.

5. Die Einleitung

Die hier untersuchten Lektüren zeichnen sich durch zwei Charakteristika aus: von ihrer Natur her enthalten sie literarische Texte; ihrer Intention nach dienen sie Unterrichtszwecken. Demnach müssen die Einleitungen zu diesen Texten eine literaturwissenschaftliche und eine didaktisch-methodische Dimension umfassen. Dieser Einsicht entsprechend hat Heinrich F. Plett die Anforderungen an die Einleitung einer Schulausgabe folgendermaßen formuliert:

> Wenn man von solchen Belanglosigkeiten wie den Hinweis auf die Berühmtheit des Autors oder die Aussagekraft seines Werkes für unsere Zeit absieht, dienen die Einleitungen zu Schulausgaben häufig einem kurzen Abriß über das Thema "l'homme et l'oeuvre". Diesem *biografismo* ist nur mit Einschränkung zuzustimmen, solange in der Einleitung andere Aspekte nicht vertreten sind: die gesellschaftliche und künstlerische Situation zur Zeit der Werkentstehung (soziologischer Aspekt), die Herkunft der Themen und Motive des Werkes (genetischer Aspekt), seine Wirkung auf Literatur und Leser (Rezeptionsgeschichte), seine formalen und inhaltlichen Charakteristika (ästhetischer Aspekt). Außerdem könnte in kurzen Umrissen das didaktische Motiv zur Edition gerade dieses betreffenden Textes für schulische Zwecke skizziert werden. Die Darlegung dieser Gesichtspunkte erfordert naturgemäß größeren Raum, als bisher den Einleitungen zugestanden wurde ... Zusätzlicher Raum könnte für bibliographische Anhänge (u. a. Werkverzeichnis des Autors, Hinweise auf empfehlenswerte Sekundärliteratur) und Appendices mit Quellentexten, zeitgenössischen Dokumenten, thematischen Parallelen, Übersetzungen verwendet werden. Letztere könnten zur Perspektivierung des dargebotenen Textes und zum Erzeugen von kritischer Distanz beitragen.[45]

Obwohl Pletts Artikel bereits 1972 veröffentlicht wurde und seine Position an Deutlichkeit nichts zu wünschen übrig ließ, haben seine Forderungen keine praktischen Folgen für die Lektüreedition nach sich gezogen. Selbst wenn man wesentlich bescheidener ansetzt und Pletts Ansprüche auf das Minimum einer Kurzcharakteristik von Autor und Werk, auf den ästhetischen und biographischen Aspekt also, zurückschraubt, sind gegenüber den Einleitungen der vorliegenden Lektüren starke Vorbehalte angebracht. Die Einleitung zu Sillitoe umfaßt bei Jones beispielsweise nicht mehr als sechs Zeilen: die einzige nichtbiographische Information besteht aus einer Quellenangabe zu "Uncle Ernest". In ähnlicher Weise vermitteln die Einleitungen zu *The Loneliness of the Long-Distance Runner* bzw. die Martins (23 bzw. 22 Zeilen) lediglich einige wenige biographische bzw. biobibliographische Fakten. Alle übrigen Lektüren enthalten ausführlichere Einleitungen. Hermes verharrt ebenfalls weitgehend im Biographischen: Die individualpsychologische Thematik in *Growing Up* und die sozialkritische Themenstellung in *Several Englands* werden nur mit wenigen Sätzen charakterisiert. Natürlich ist der Herausgeber einer thematisch relationierten Lektüre, die Short Stories fünf verschiedener Autoren enthält, die es alle vorzustellen gilt, in einer schwierigen Lage. Soll jedoch eine Lektüre die Bezeichnung Ganzschrift verdienen, müssen die Texte, nicht ihre Verfasser, im Mittelpunkt der Einleitung stehen: Der Nachweis, daß die Geschichten in einem vom Herausgeber bestimmten Kontext eine Einheit bilden, ist unverzichtbar. Zu einer Zeit, da curriculare Grundsatzdiskussionen um Textauswahl- und Lernzielproblematik als entwicklungsbedürftig eingestuft werden,[46] ist die Begründung für den konkreten Einzelfall um so dringlicher. Für eine summarische Darstellung oder thesenartige Auflistung der Gründe, die zur Auswahl der spezifischen Texte und zur Entscheidung für die ihnen zugeordneten Lernziele führten, sollte in jeder Lektüre der erforderliche Raum zur Verfügung stehen.

Die übrigen Einleitungen sind nicht nur autor-, sondern auch werkbezogen. Während bei Pira Biographie und Werkbeschreibung ungefähr gleiches Gewicht besitzen, wenden sich Hergt und Deppe mehr dem Werk zu, wobei allerdings wiederum Unterschiede sichtbar werden. Deppe stellt zunächst in Sonja Bahns Formulierung Sillitoe als einen „Chronisten der Arbeitswelt" vor und kommentiert die Etikettierung dieses Autors als *socialist writer*, erläutert dann die Bedeutung der Lyrik für Sillitoe, seine Auffassung des Schreibens als Prozeß der Erziehung und Selbsterziehung, den "us-them" Klassengegensatz sowie einige autobiographische Bezüge, um zu dem Schluß zu kommen: "Sillitoe, too, has not allowed himself to be walled in by a 'system'" (S. 10). Hergt nimmt nach einem kurzen biographischen Abriß Stellung zu den vier von ihm ausgewählten Geschichten. Der Eingangsgeschichte "The Magic Barrel", die das Motiv der *saintly prostitute* behandelt, wird "A Choice of Profession" gegenübergestellt: beides sind Variationen zum Thema der Fähigkeit bzw. Unfähigkeit, die bedrückenden Folgen der Vergangenheit durch die Kraft der Liebe zu überwinden. (Man fragt sich nicht nur aufgrund dieser Beschreibung, warum die beiden Geschichten in der Lektüre nicht unmittelbar einander zugeordnet sind.) In der Geschichte "The Jewbird" sieht Hergt eine Darstellung des Gegensatzes zwischen den die Tradition bewahrenden osteuropäischen Juden und den fortschrittlich eingestellten amerikanischen Juden, im Protagonisten eine Verkörperung des ewigen jüdischen Wanderers, des

Heimatlosen und Verfolgten. Die Short Story "My Son the Murderer" gehört nach Hergts Auffassung in eine modernere Zeit: Fraglos ist es die Geschichte, die am meisten aus dem Rahmen fällt. Der ständige Perspektivenwechsel ist nur ein Symptom für die Auflösung der traditionellen Erzähltechniken, in der das Thema, die Entfremdung und die Kommunikationsschwierigkeiten zwischen Vater und Sohn, strukturell abgebildet wird. Aus dieser Charakterisierung zieht Hergt die Schlußfolgerung: "One of Malamud's central themes and messages in his work is that of the necessity of love among human beings" (S. 7). Die Ansätze Hergts und Deppes sind sicherlich gleichermaßen legitim. Es ist jedoch sehr aufschlußreich, daß die Ergebnisse ihrer Argumentation einen diametralen Gegensatz bilden: eine einzige plakative Formel zur Charakterisierung von Autor und Werk, wie Hergt sie anbietet, wird bezeichnenderweise von Deppe abgelehnt. Sicherlich lassen sich die von Hergt gewählten Stories unter die Vorstellung *necessity of love* subsumieren, doch erfaßt diese Formel naturgemäß nur einen Aspekt. Es ist nicht mehr als ein interpretatorischer Topos, wenn man feststellt, daß sie weder der Komplexität der vier Geschichten noch des Gesamtwerks Bernard Malamuds gerecht wird. Darüber hinaus birgt sie die Gefahr, daß der Eindruck entsteht, als behandele Malamud in allen vier Geschichten ein und dasselbe zum Klischee erstarrte Thema. Richtig ist vielmehr, daß Malamud durch seine Erzählweise auch scheinbar abgegriffenen Motiven und Themen neue Aspekte abzugewinnen vermag.

Hierzu kommt, daß in den Einleitungen die Form der wissenschaftlichen Argumentation anfechtbar ist. Selbst in den ausführlicheren Einleitungen wird selten oder gar nicht zitiert. Wenn aber eine Aussage als Zitat ausgewiesen wird, fehlen die bibliographischen Angaben. So verweist Deppe ohne Stellenangabe auf Sonja Bahns Artikel (S. 6)[47], und Hergt zitiert ohne jeglichen Beleg einen Essay Glenn Meeters und eine Äußerung Malamuds aus einem Interview (S. 4 und S. 5).[48] Hermes stellt eine Literaturliste (*Works Consulted*) zusammen, die der Herausgeberin als Hilfmittel dienten. Da sie aber auf Fußnoten und Zitate gänzlich verzichtet, ist eine gezielte Überprüfung einzelner Informationen unmöglich: Ein Literaturverzeichnis ist kein Ersatz für Quellennachweise. Somit ist in allen Fällen die Nachprüfbarkeit zumindest unnötig erschwert.

Darüber hinaus sind die bibliographischen Hinweise lückenhaft: Zum Teil sind Sekundärwerke im nachhinein erschienen, z. T. sind aber auch solche Lücken von den einzelnen Herausgebern zu verantworten. So wurde der informations- und materialreiche Sillitoe-Sammelband von Michael Marland (Einleitung, Interview mit dem Autor, photographische Dokumentation zu den Schauplätzen der Werke) bereits 1968 veröffentlicht, aber in keiner der untersuchten didaktischen Ausgaben berücksichtigt. Niemand verzeichnet überdies die m. E. einzige Monographie zu Sillitoes Werk, nämlich die Dissertation Irmtraut Holeczeks.[49] Auch die Aufsätze von A. R. Penner zu "Noah's Ark" und "On Saturday Afternoon"[50] sowie von Harald Husemann zu "The Disgrace of Jim Scarfedale"[51] sind nur zum Teil neueren Datums; sie wären nachzutragen. Bei Malamud fällt die Bestandsaufnahme keineswegs günstiger aus. Bei Pira fehlt der Hinweis auf den Artikel von Merrill Maguire Skaggs, die den Protagonisten von "Black is My Favorite Color" als unzuverlässigen Erzähler interpretiert.[52] Hergt zitiert peinlicherweise nur seinen eigenen oben erwähnten Artikel;[53] zu verweisen wäre beispielsweise auf die Überblicksdarstellung von Peter Freese, *Die amerikanische Kurzgeschichte nach 1945*, die immerhin zwei der von Hergt ausgewählten Geschichten näher deutet und zahlreiche weiterführende Literaturhinweise enthält.[54] Es bleibt das beklagenswerte Fazit: Wie die Sachkommentare sind die Einleitungen in literaturwissenschaftlicher Hinsicht unbefriedigend; didaktische Fragestellungen bleiben sogar gänzlich ausgeklammert. Den Herausgebern Martin, Deppe, Pira und Hergt bleibt zugute zu halten, daß sie im Gegensatz zu den übrigen ihre auf Englisch abgefaßten Einleitungen annotieren.

Die folgenden Fragen stellen das Minimum dar, an dem die Einleitung der zur Zeit auf dem Markt befindlichen Lektüren zu messen ist:

5.1. Enthält die Einleitung eine kurze Beschreibung von Autor und Werk?

5.2. Genügt die Form der Argumentation wissenschaftlichen Ansprüchen?

5.3. Enthält die Einleitung weiterführende Literaturhinweise?

6. Desiderata: Lektüren oder Kursmaterialien?

Zweifellos weisen die untersuchten Lektüren beträchtliche Qualitätsunterschiede auf. Dennoch gelten einige Beobachtungen für ihre überwiegende Mehrheit. So legen die Herausgeber ausnahmslos originale Texte vor und tragen, allerdings mit unterschiedlicher Gründlichkeit, der Tatsache Rechnung, daß das Medium der Fremdsprache den angesprochenen Adressaten Schwierigkeiten machen kann. Daß es sich um literarische Texte handelt, die der literaturwissenschaftlichen Auseinandersetzung bedürfen, wird ebensowenig beachtet wie der Umstand, daß diese zu Unterrichtszwecken eingesetzt werden sollen: Lernziele werden beispielsweise nirgendwo *expressis verbis* dargestellt: in der Regel sind sie nicht einmal aus den Merkmalen der Lektüren und den ihnen beigefügten Informationen zu erschließen. Die didaktisch-methodische Dimension wird häufig mehr oder weniger ignoriert; unter den gegebenen Umständen muß der Benutzer für einen systematischen Fragenkatalog bereits dankbar sein. Angesichts dieser Situation ist es dringend geboten, die Konzeption von Lektüren zu überdenken. Es lassen sich eine Reihe von Forderungen aufstellen, um didaktische Ausgaben literarischer Texte qualitativ besser auszustatten.

Diese Forderungen betreffen zunächst den sprachlichen Apparat. Alle untersuchten Kommentare sind zumindest in zweierlei Hinsicht ergänzungsbedürftig. (1) Bei den als unbekannt deklarierten Vokabeln läßt sich eine Scheidung vornehmen in solche lexikalische Einheiten, die für den aktiven, und solche, die für den passiven Wortschatz der Schüler bestimmt sind. Zwar stellt dies den Herausgeber erneut vor ein Auswahlproblem, doch braucht seine Entscheidung keineswegs willkürlich zu erfolgen. Für eine Aufnahme in den aktiven Wortschatz kommen alle Wörter in Frage, die einen relativ hohen Gebrauchswert haben (nach Haase also in erster Linie die Vokabeln der Wertigkeitsstufen 4 und 5) oder aber die große Relevanz für das Sinnverständnis der jeweiligen Short Story oder der Ganzschrift insgesamt besitzen. Die drucktechnische Hervorhebung dieser Wörter im Glossar wäre die natürliche Konsequenz. (2) Angaben zum Steilheitsgrad können eine wichtige Entscheidungshilfe für die Lehrer sein. Dabei soll nicht verkannt werden, daß solche Werte im Einzelfall, etwa in bezug auf Malamuds "My Son the Murderer" geringe Aussagekraft besitzen: Hier liegt die Schwierigkeit für die Schüler nicht in der Aufnahme der unbekannten Vokabeln, auch nicht im Erfassen der grammatischen Strukturen, sondern im Verständnis des Zusammenhanges. In diesem Fall ist die Vertextungsstrategie ungewöhnlich, da vertraute Hilfsmittel der Strukturierung, z. B. die Kennzeichen der wörtlichen Rede, konsequent fehlen. Darüber hinaus ist zuzugeben, daß der Steilheitsgrad, der jeweils für bestimmte Leistungsstufen aufgrund des theoretisch bekannten Wortschatzes berechnet wird, für die einzelnen Schüler je nach ihrer Leistungsstärke mit mehr oder minder großen Abstrichen gilt. Dennoch bleibt der Steilheitsgrad — Kaymer fordert für die Sekundarstufe I, er solle eher bei 4% als bei 10% liegen[55] — das wichtigste Kriterium zur Beurteilung des sprachlichen Schwierigkeitsgrades, das in jedem Fall zuverlässiger ist als die üblichen Verlagsraster, die Lektüren als leicht, mittelschwer, schwer o. ä. einstufen. Wenn alle Lektüren auf lehrbuchunabhängiger Basis Angaben zum Steilheitsgrad enthielten, wäre *a priori* die Vergleichbarkeit der sprachlichen Anforderungen gegeben.

Für die Unterrichtspraxis wären zudem Angaben zu Schwankungen im Steilheitsgrad hilfreich. Der Lehrer, der darüber informiert ist, daß in "The Fishing-Boat Picture" (ca. 6950 Wörter) nach Deppe (sein Kommentar setzt fast genau die bei Haase unter den ersten drei Stufen erfaßten Wörter als bekannt voraus) etwa 200 Wörter unbekannt sind, weiß, daß dieser Text bei einem durchschnittlichen Steilheitsgrad von weniger als 3% für eine 11. Klasse nicht zu schwer ist. Er weiß aber nichts über den Schwierigkeitsgrad einzelner Passagen (in Deppes Ausgabe sind S. 14, 15, 23, 24 relativ schwer, S. 18, 21, 27, 28 vergleichsweise einfach). Diese Feststellung ist leicht zu treffen, allerdings nur, wenn das Glossar zuverlässig und in Spaltenform angelegt ist. Grundsätzlich kommen in Short Stories beträchtliche Schwankungen im Steilheitsgrad vor. In Ernest Hemingways "The End of Something" fällt der Steilheitsgrad kontinuierlich von ca. 15% auf 3%. Umgekehrt ist der Schluß der Geschichte von Richard Wright "The Man Who Killed a Shadow" weitaus schwieriger als der übrige Text. Dies erklärt sich daraus, daß die Short Story mit einem Gerichtsurteil und einem medizinischen Gutachten schließt, wobei die vielen juristischen und medizinischen Fachtermini einen schroffen Gegensatz zu den vorangehenden, in einfachen Worten erzählten Begebenheiten bilden.[56] Es wäre bereits viel gewonnen, wenn bei besonders extremen Schwankungen nicht nur der Durchschnittswert, sondern auch der Maximal- und der Minimalwert des Steilheitsgrades ermittelt würde.

An zweiter Stelle ist die literaturwissenschaftliche Auseinandersetzung mit den vorgelegten Texten zu intensivieren. Was Plett für die Einleitung gefordert hat (vgl. weiter oben) — eine Darstellung der Genese und Rezeptionsgeschichte des Werkes, bibliographische Hinweise zu Primär- und Sekundärquellen und Zusatzmaterial, sollte in einem eigenen Lehrerhandbuch systematisch dargestellt werden (auch die Angaben zum Steilheitsgrad sind eher für die Lehrer als für die Schüler sinnvoll). Den Kern des literaturwissenschaftlichen Bemühens indes bildet das, was Plett unter den ästhetischen Aspekt subsumiert: eine Auseinandersetzung mit den Texten selbst. Eine Interpretation der Short Stories, die Anwendung einer oder mehrerer literaturwissenschaftlicher Methoden auf einen oder mehrere Texte, ist vielleicht die wichtigste Hilfe für den praktizierenden Fachlehrer. Das schließt nicht aus, daß Interpretationen auch den Schülern zugänglich gemacht werden. Dieses Verfahren hätte den Vorteil, daß der wissenschaftliche Tatbestand des Methodenpluralismus für die Schüler kein hinzunehmendes Faktum bliebe. Ziel des Unterrichts wäre nicht nur die Interpretation von Texten, sondern zugleich die Analyse von Sekundärliteratur. In Einzelfällen existieren bereits Beihefte für die Hand des Lehrers, die allerdings kaum als *ultima ratio* gelten können. Susanne Turk hat beispielsweise eine Interpretation von William Goldings *Lord of the Flies* vorgelegt, und für einzelne Beispiele der Gattung Short Story wirbt der Cornelsen-Verlag mit einem allerdings vergriffenen Lehrerheft.[57]

Nur auf fachlicher Grundlage sind gesicherte Entscheidungen über Unterrichtsziele und die Lernorganisation möglich: An dritter Stelle steht daher die Forderung, die didaktisch-methodische Dimension stärker einzubeziehen. Weiter oben wurde bereits auf die Interdependenz zwischen Lernzielen und Textauswahl aufmerksam gemacht. Für den Herausgeber stellt sich das grundsätzliche Problem, ob zunächst eine Lernzielentscheidung erfolgt und die Textauswahl dementsprechend zu einer Frage der Strategie wird, wie die Lernziele am besten zu realisieren seien, oder aber ob der Textauswahl Priorität zukommt und danach gefragt wird, welchen Zielen das Textmaterial dienlich sein kann. Der Herausgeber muß sich fragen, ob er von curricularen oder von text- bzw. literaturwissenschaftlichen Überlegungen ausgeht, und sich entscheiden, ob Lernziele als Funktion von Texten oder Texte als Funktion von Lernzielen aufgefaßt werden.

Die Lernzielproblematik umfaßt indes nicht nur langfristige Globalvorstellungen. Lernziele müssen auch auf den Bereich der konkreten Unterrichtsplanung ausgedehnt werden: sie müssen sich, wie aus den Arbeiten im B-Teil dieses Bandes ersehen werden kann, auf einzelne Stunden und spezifische Unterrichtssituationen beziehen. Mit der Bestimmung und Klassifizierung von Lernzielen ergibt sich auch die Frage der Methoden- und Medienwahl.[58] Sicherlich geht es in diesem Bereich nicht darum, bis ins letzte Detail geplante Stundenverläufe zu erstellen. Es wäre der Sache Literatur nicht dienlich, wenn man den Lehrer zum Ausführungsorgan fremder Konzeptionen zu machen versuchte. Vielleicht ist ein Mittelweg zwischen rigoroser Durchplanung und methodischer Enthaltsamkeit die günstigere Lösung. Hinweise auf auditive Medien (viele Verlage bieten z. B. berühmte Passagen aus Shakespeares Werken auf Tonträger an) und auf ein- oder weiterführendes audio-visuelles Material sowie Vorschläge zur Leistungskontrolle können das Angebot der Verlage und der Herausgeber sinnvoll ergänzen und gegebenenfalls projektorientiertes Arbeiten ermöglichen.

Die Verwirklichung dieser Forderungen wird wenigstens teilweise in den in jüngster Zeit veröffentlichten Kursmaterialien angestrebt, die im allgemeinen mit wesentlich größerem Aufwand als die Lektüren erstellt sind. Es ist daher zu fragen, ob es nicht zweckmäßig ist, Lektüren *in toto* abzuschaffen. Diese Frage ist zumindest zur Zeit nicht vorbehaltlos zu bejahen. Erstens existieren natürlich auch bei den Kursmaterialien qualitative Unterschiede. Zweitens ist gerade für die Short Story die derzeitige Marktlage zu berücksichtigen: meines Wissens liegt für diese Gattung zur Zeit kein systematisch angelegtes Kursmaterial vor; unter der Überschrift *Reading Modern Fiction* hat Liesel Hermes lediglich einen Romantext (Stan Barstows *Joby*) als Unterrichtsmodell aufbereitet.[59] In Anbetracht der Beliebtheit der Short Story — Konrad Schröder spricht sogar von ihrer Dominanz im Unterricht[60] — werden sich vermutlich die Lektüren, auch wenn sie als nur sprachlich kommentierte Lesestoffe präsentiert werden, als sehr zählebig erweisen. Erst wenn in ferner Zukunft genügend Kursmaterialien für die Short Story zur Verfügung stehen, wird sich das Schicksal der Lektüren endgültig entscheiden.

7. Zusammenfassung: Fragenkatalog zur Analyse und Bewertung fremdsprachlicher Schulausgaben von Short Stories

(1) — 1.1. Welche Teile umfaßt die Aufbereitung des Textes?

(2) — 1.2. Wie ist die drucktechnische Präsentation von Text und kritischem Apparat?

(3) — 1.3. Wie ist die Aufmachung der Lektüre aus mediendidaktischer Sicht zu beurteilen?

(4) — 2.1. Begründet der Herausgeber die Auswahl der Texte, und setzt er diese in Beziehung zu den angestrebten Lernzielen?

(5) — 2.2. Welche Lernziele umfaßt die Begründung?

(6) — 2.3. Erläutert der Herausgeber bezüglich der Textzusammenstellung seine Gesamtkonzeption? (Lockere Textfolge oder strikte Sequenzialität?)

(7) — 2.4. Wählt der Herausgeber als Textgrundlage das literarische Original, und macht er, was eigentlich selbstverständlich ist, bibliographische Angaben zu der von ihm benutzten Vorlage?

(8) — 2. 5. Ist der Text der Lektüre nicht nur in der Substanz (engl. *substantive readings),* sondern auch in den Äußerlichkeiten (engl. *accidental readings)* originalgetreu und zuverlässig?

(9)—3.1.1. Ist der phonetische, lexikalische und grammatische Kommentar ausreichend, konsistent und zuverlässig?

(10)—3.1.2. Beschreibt der Herausgeber in bezug auf den sprachlichen Apparat das von ihm praktizierte Auswahl- und Erläuterungsverfahren?

(11)—3.2.1. Ist die Anlage des Sachkommentars begründbar, konsistent und zuverlässig?

(12)—3.2.2. Ist der Kommentar bei offenen und impliziten Anspielungen sowie bei nicht-intendierten, aber im Text nachweisbaren Parallelen informativ und funktional?

(13) — 4.1. Enthält die Lektüre Text- und Themafragen?

(14) — 4.2. Enthält die Lektüre texterschließende Inhaltsfragen, textentschlüsselnde Interpretationsfragen und textübergreifende Diskussionsfragen?

(15) — 4.3. Trägt ein unterschiedlicher Antwortspielraum der Individualität von Schülerleistungen Rechnung?

(16) — 4.4. Enthält die Lektüre adressatenbezogene Fragen?

(17)—4.5. u. 4.6. Wird eine zur Textlänge angemessene Anzahl von Fragen angeboten, und sind diese variiert und zugleich systematisch?

(18) — 5.1. Enthält die Einleitung eine kurze Beschreibung von Autor und Werk?

(19) — 5.2. Genügt die Form der Argumentation wissenschaftlichen Ansprüchen?

(20) — 5.3. Enthält die Einleitung weiterführende Literaturhinweise?

Zusatz: Kurz vor Abschluß des Manuskripts wurde der Vf. auf eine Anthologie aufmerksam, die eine weitere Malamud-Geschichte enthält: "The Bill", in: *Contemporary American Short Stories 2,* hg. Theo Schumacher (München: Hueber, 2. Aufl., 1972). Auf eine eingehende Untersuchung wurde verzichtet, (1) weil die genannte Ausgabe den Horizont der hier abgehandelten Fragen nicht erweitert und (2) weil die Ausgabe zur Zeit vergriffen und laut schriftlicher Auskunft des Verlags ein Neudruck zur Zeit nicht geplant ist.

Anmerkungen

1 Klaus H. Köhring und Richard Beilharz, *Begriffswörterbuch Fremdsprachendidaktik und -methodik* (München: Hueber, 1973), *s. v.* Ganzschrift.

2 *Elemente des neusprachlichen Unterrichts* (Stuttgart: Klett, 1966), S. 311.

3 Michael Bludau, „Die Rolle der Lektüre auf der Sekundarstufe I — Englisch", *Neusprachliche Mitteilungen,* 30 (1977), S. 129.

4 Ebd., S. 132. Vergleiche auch im vorliegenden Band den Beitrag von Hermes zur Propädeutik der Short Story.

5 Konrad Schröder und Thomas Finkenstaedt, Hgg., *Reallexikon der englischen Fachdidaktik* (Darmstadt: Wissenschaftliche Buchgesellschaft, 1977), S. 138.

6 Wolf Dietrich Bald, Broder Carstensen und Marlies Hellinger, *Die Behandlung grammatischer Probleme in Lehrwerken für den Englischunterricht* (Frankfurt am Main: Diesterweg, 1972); Hans Bode, „Entwurf einer Tabelle zur Analyse neusprachlicher Unterrichtswerke", in: Horst Schallenberger, Hg., *Das Schulbuch — Aspekte und Verfahren zur Analyse,* Bd. III (Ratingen: Henn, 1973), S. 95-120; Peter Bung, *Systematische Lehrwerkanalyse. Untersuchungen zum Einsatz von Contentanalysen für die Lehrwerkforschung und Lehrwerkkritik* (Kastellaun: Henn, 1977); Helmut Heuer und Richard M. Müller, Hgg., *Lehrwerkkritik — ein Neuansatz* (Dortmund: Lensing, 1973); Helmut Heuer und Richard M. Müller, Hgg., *Lehrwerkkritik 2. Landeskunde. Illustrationen. Grammatik* (Dortmund: Lensing, 1975); Helmut Reisener, "Fünfzehn Fragenkomplexe zur Beurteilung von Lehrbüchern für den Fremdsprachenunterricht", *Der fremdsprachliche Unterricht*, 12, Heft 45 (1978), S. 68-70.

7 Günter Kaymer, „Auswahlkriterien für die englische Klassenlektüre, dargestellt am Beispiel der Lektüreauswahl (in Hauptschulen)", *Die Neueren Sprachen,* N. F. 21 (1972), S. 570-577; Heinrich F. Plett, „... in usum Delphini? Gedanken zu einer textdidaktischen Axiomatik der fremdsprachlichen Schullektüre (Modellfall: Englisch)", *Die Neueren Sprachen,* N. F. 21 (1972), S. 185-197.

[8] Vgl. dazu die Arbeit von Horst Groene, „Materialien und Hilfsmittel für die Behandlung amerikanischer Short Stories in der Sekundarstufe II", *Der fremdsprachliche Unterricht,* 10, Heft 37 (1976), S. 55-60 sowie die Darstellungen von Groene und Ahrens im vorliegenden Band.

[9] In den *Empfehlungen für den Kursunterricht im Fach Englisch in der Sekundarstufe II* werden von Sillitoe "On Saturday Afternoon" und "Uncle Ernest" sowie von Malamud "The Jewbird" (vgl. Hergts Auswahl) zur Lektüre vorgeschlagen: Vgl. W. Borgmann, u. a., *Schulreform NW, Sekundarstufe II, Arbeitsmaterialien und Berichte,* Heft 4 II (Düsseldorf-Benrath, 2. Aufl., 1973), S. 58.

[10] Im folgenden werden Seiten- und Zeilenangaben zu den untersuchten Lektüren in (. . .) in den laufenden Text eingefügt.

[11] Vgl. Inge Koll-Möllenhoff, „Zur Beurteilung von Abbildungen in Lehrbüchen für den englischen Anfangsunterricht", in: Helmut Heuer und Richard M. Müller, Hgg. *Lehrwerkkritik 2,* a. a. O., S. 31.

[12] *A Sillitoe Selection* (London: Longman, 1968, repr., 1970), S. 173ff.

[13] „Bernard Malamuds 'A Choice of Profession'. Interpretation einer Kurzgeschichte mit Anregungen zu ihrer Behandlung im Oberstufenunterricht", *Die Neueren Sprachen,* N. F. 24 (1975), S. 444.

[14] Vgl. beispielsweise Rolf Franzbecker, "James Baldwin, *Go Tell It on the Mountain* (1953)", in: Peter Freese und Liesel Hermes, Hgg., *Der Roman im Englischunterricht der Sekundarstufe II, Theorie und Praxis* (Paderborn: Schöningh, 1977), S. 231. (Informationen zur Sprach- und Literaturdidaktik 11)

[15] Ulrich Bliesener und Konrad Schröder, *Elemente einer Didaktik des Fremdsprachenunterrichts in der Sekundarstufe II* (Frankfurt am Main: Diesterweg, 1977), S. 10ff.

[16] Karlheinz Fingerhut, *Affirmative und kritische Lehrsysteme im Literaturunterricht: Beiträge zu einer Theorie lernziel- und lernbereichsorientierter Textsequenzen* (Frankfurt am Main: Diesterweg, 1974), S. 97 und S. 140.

[17] Heinrich F. Plett, a. a. O., S. 191.

[18] Harald Weinrich, „Darf man Schulausgaben kürzen?", *Praxis des neusprachlichen Unterrichts,* 13 (1966), S. 233-236; Richard M. Müller, "Literature Simplified", *Die Neueren Sprachen,* 17 (1968), S. 627-630; Antony Pearson, "Reflections on the Use of Simplified Texts", *English Language Teaching,* 22 (1967/68), S. 242-246; Hans-Joachim Lechler, "To Simplify or not to Simplify?", *Der fremdsprachliche Unterricht,* Heft 9 (1969), S. 9-23, repr. in: *Lust und Unlust im Englischunterricht* (Stuttgart: Klett, 1972), S. 70-86; Helmut Meyer, „Original und Schulausgabe im fremdsprachlichen Unterricht: Textdidaktische Überlegungen zur editorischen Grenzwertfindung am Beispiel dreier Fassungen von J. K. Jeromes 'Three Men in a Boat'", *Die Neueren Sprachen,* N. F. 25 (1976), S. 524-537.

[19] Vgl. die Texte von John Steinbecks "Flight" in: Maria Hagedorn, Hg., *Famous American Novelists of Today* (Frankfurt am Main: Hirschgraben, 10. Aufl., 1974), S. 24-37 und in: Paul Wenzel, Hg., *Modern American Short Stories* (Frankfurt am Main: Diesterweg, 13. Aufl., 1970), S. 28-42: Die Texte unterscheiden sich sowohl voneinander als auch vom Original.

[20] Bei Hergt ist in dem Eigennamen „Hirschhorn" ein h zu streichen: vgl. S. 16, Z. 17; bei Jones fehlt im Vokabelverzeichnis die Seitenangabe 9: vgl. S. 50; bei Pira

muß es in der Einleitung statt "*v*riters" richtig natürlich "*w*riters" heißen: vgl. S. 3, Z. 30.

21 Die folgenden Fehler beziehen sich nicht nur auf den Text, sondern aus Gründen der einfacheren Darstellung (vgl. Anmerkung 20) auf die Lektüre insgesamt. S. 31, Z. 35: statt "bloodly" muß es "bloody" heißen; S. 53, Frage 10: das einfache Anführungszeichen muß in ein doppeltes verwandelt werden; S. 54: bei der fortlaufenden Zählung der Fragen muß die erste 6 in eine 5 verwandelt werden; S. 58, Frage 6: das Wort "expressed" ist nicht richtig gedruckt; S. 69: die letzte Vokabelerklärung zu S. 20 gehört bereits zu S. 21, Z. 2; S. 71: bei der Vokabelerklärung zu S. 25, Z. 3 muß es statt "foreman" "fore*wo*man" heißen; S. 74: bei der vierten Erläuterung muß die Zeilenangabe richtig lauten: 25-26; S. 83: bei der letzten Erläuterung zu S. 46 fehlt hinter p. 43 ein Komma; S. 86: bei der Erklärung zu p. 56, Z. 19 muß es statt "recurr*a*nt" lauten: "recurr*e*nt".

22 Da dies nicht für *The Loneliness of the Long-Distance Runner* gilt, wird diese Lektüre unter 3.1. nicht berücksichtigt.

23 Heinrich F. Plett, a. a. O., S. 194.

24 (Frankfurt am Main: Diesterweg, 6. Aufl., 1975).

25 Heinrich F. Plett, a. a. O., S. 194.

26 Vgl. Herwig Wulf, „Lernerschwernis durch Abkehr von problemverschleiernden Transkriptionspraktiken? Zur Kritik an J. Windsor Lewis' phonetischem Notationssystem", *Die Neueren Sprachen,* N. F. 26 (1977), S. 384-391.

27 Vgl. Allan R. James und K. J. P. Westney, „Zur Lage der Transkription in der Deutschen Anglistik", *Die Neueren Sprachen,* N. F. 26 (1977), S. 393.

28 J. Windsor Lewis, *People Speaking: Phonetic Readings in Current English.* Berlin und London: Cornelsen & Oxford University Press, 1977.

29 Dies teilte die Herausgeberin dem Verfasser in einem Brief vom 22. 6. 1978 mit.

30 Tobias Hergt, a. a. O., S. 448.

31 Vgl. A. J. Baird, "Observations on the Teaching of Twentieth-Century Literature to Senior Pupils at Secondary-School Level", *Levende Talen* (1971), S. 129.

32 Auf diese Tatsache ist in der Sekundärliteratur wiederholt hingewiesen worden; vgl. z. B. Peter Freese, *Die amerikanische Kurzgeschichte nach 1945* (Frankfurt am Main: Athenäum, 1974), S. 219. Freese macht zudem auf zahlreiche Parallelen im Werke Malamuds aufmerksam (ebd.) — Die Kurzgeschichte "A Choice of Profession" müßte zu dem Roman *A New Life* in Beziehung gesetzt werden; auch dies unterbleibt in Hergts Lektüre.

33 Vgl. Michael Marland, a. a. O., S. 131.

34 Dies ist der bekannte rezeptionsästhetische Standpunkt, wie er für die Literaturdidaktik zum Beispiel von H. Heuermann, P. Hühn und B. Röttger in Anlehnung an H. R. Jauß u. a. formuliert wurde: vgl. *Literatur und Didaktik I,* Band I, *Berichte und Kommentare* (Göttingen: Vandenhoeck & Ruprecht, 1973), S. 19ff. Vgl. auch die neueren Sammelbände von Gunter Grimm, Hg., *Literatur und Leser: Theorien und Modelle zur Rezeption literarischer Werke* (Stuttgart: Reclam, 1975) und Rainer Warning, Hg., *Rezeptionsästhetik: Theorie und Praxis* (München: Fink, 1975). (UTB 303)

35 Karlheinz Fingerhut, a. a. O., S. 82.

36 Heinrich F. Plett, *Textwissenschaft und Textanalyse. Semiotik, Linguistik, Rhetorik* (Heidelberg: Quelle & Meyer, 1975), S. 80. (UTB 328)

37 Hans M. Schuh, „Semiotische Analyse literarischer Texte", in: Konrad Schröder und Franz-Rudolf Weller, Hgg., *Literatur im Fremdsprachenunterricht* (Frankfurt am Main: Diesterweg, 1977), S. 26.

38 Jürgen Kreft, *Grundprobleme der Literaturdidaktik* (Heidelberg: Quelle & Meyer, 1977), S. 213. (UTB 714)

39 Peter Freese, „Die Short Story im Englischunterricht der Sekundarstufe II: Entwurf eines Interpretationsverfahrens", *Der fremdsprachliche Unterricht,* 10, Heft 37 (1976), S. 2-15. Vgl. auch die überarbeitete Version dieses Artikels im vorliegenden Band.

40 Vgl. Karlheinz Fingerhut, a. a. O., S. 161-162.

41 Zum Problem der Erforschung und Klassifizierung von Fragen und ihrer Funktionen im Unterricht vgl. Meredith D. Gall, "The Use of Questions in Teaching", in: Amelia Melnik and John Merritt, Hgg. *The Reading Curriculum* (London: London University Press, 1972, 2nd impr., 1975), S. 344-359 und Penny Blackie, "Asking Questions", ebd., S. 360-377.

42 Wilfried Brusch und Klaus H. Köhring, „Von der Textentschlüsselung zur Textverarbeitung", *Der fremdsprachliche Unterricht,* 10, Heft 39 (1976), S. 12.

43 Brusch und Köhring stellen das Lehrerverhalten im Literaturunterricht sehr polemisch dar: vgl. ebd., S. 7-8.

44 A. a. O., S. 169-170.

45 ". . . in usum Delphini? Gedanken zu einer textdidaktischen Axiomatik der fremdsprachlichen Schullektüre", a. a. O., S. 195.

46 Vgl. W. Zimmermann, u. a., *Von der Curriculumtheorie zur Unterrichtsplanung* (Paderborn: Schöningh, 1977), S. 13. (UTB 670)

47 Bezüglich der Formel vom „Chronisten der Arbeitswelt" vgl. Sonja Bahn, "Alan Sillitoe", in: Horst. W. Drescher, Hg., *Englische Literatur der Gegenwart in Einzeldarstellungen* (Stuttgart: Kröner, 1970), S. 208.

48 Das Zitat von Glenn Meeter ist entnommen aus: *Bernard Malamud and Philip Roth: A Critical Essay* (Grand Rapids: Michigan, 1968), S. 22.

* Die zitierte Äußerung Malamuds findet sich bei Dean Cadle, "Bernard Malamud", *Wilson Library Bulletin,* 33 (1958), S. 266.

49 Alan Sillitoe: Untersuchungen zur Erzähltechnik seiner Romane und Kurzgeschichten (Freiburg/Schweiz: Diss., 1973).

50 Allen Richard Penner, "'What Are You Looking so Bleddy Black For?': Survival and Bitters in 'On Saturday Afternoon'", *Studies in Short Fiction,* 4 (Summer 1967), S. 300-307; ders., "Illusory Deluge: Alan Sillitoe's 'Noah's Ark'", *College Language Association Journal,* 12 (December 1968), S. 134-141.

51 "Alan Sillitoe: 'The Disgrace of Jim Scarfedale'", *Der fremdsprachliche Unterricht,* 10, Heft 37 (1976), S. 48-54. Husemann ist auch der Herausgeber der Sammlung: *English Working Class Youth. The Fates of Individuals in Popular Fiction and Sociological*

Studies (Paderborn: Schöningh, 1978). (Texts for English and American Studies 2) Dieser Band enthält mehrere Texte von Sillitoe.

52 "A Complex Black-and-White Matter", in: Barbara McKenzie, Hg., *The Process of Fiction: Contemporary Stories and Criticism* (New York: Harcourt, Brace & World, 1969), S. 384-391.

53 Der neueste Artikel von Hergt zu Malamuds Roman *The Assistant* ist literaturwissenschaftlich wesentlich breiter abgesichert: Vgl. „Vom Gehilfen zum Helfer. Das Thema der Mitmenschlichkeit", *Neusprachliche Mitteilungen*, 31 (1978), S. 74-81.

54 Zu Malamuds Kurzgeschichten vgl. a. a. O., S. 180-245; zu "The Jewbird" vgl. S. 213-216 und zu "The Magic Barrel" vgl. S. 216-223.

55 „Auswahlkriterien für die englische Klassenlektüre, dargestellt am Beispiel der Lektüreauswahl (in Hauptschulen)", *Die Neueren Sprachen*, N. F. 21 (1972), S. 576.

56 Vgl. Willi Real, Hg., *Racism in America. Role Behaviour and Stereotyping as Obstacles to Black Identity* (Paderborn: Schöningh, 1977), S. 58-69. (Texts for English and American Studies 4)

57 *An Interpretation of William Golding's Lord of the Flies* (Frankfurt am Main: Diesterweg, 3. Aufl., 1973); vgl. W. Struck, Hg., *Contemporary American Short Stories I* (Berlin, o. J.); dazu existiert ein 16seitiger Kommentar in englischer Sprache; vgl. ferner die Ausgabe der Kurzgeschichte "The Flashlight" von Eldridge Cleaver (James und Patricia Rauch, Hgg.; Frankfurt am Main: Diesterweg, 1977), die eine Einleitung *und* eine Interpretation enthält: vgl. S. 3-6 und 9-18.

58 „... in usum Delphini? Gedanken zu einer textdidaktischen Axiomatik der fremdsprachlichen Schullektüre", a. a. O., S. 195.

59 (Frankfurt am Main: Hirschgraben, 1976).

60 „Zu Legitimation und Thematik von Literaturunterricht in den fremdsprachlichen Fächern", in: Konrad Schröder und Franz-Rudolf Weller, Hgg., a. a. O., S. 71.

Liesel Hermes

Zur Propädeutik der Short-Story-Lektüre im Englischunterricht der Sekundarstufe I

1. Texte im Englischunterricht (EU)

Die Behauptung, in der Sekundarstufe I (S I) existiere ein „literaturdidaktisches Vakuum"[1], verdient ernst genommen zu werden. Während für die verschiedenen Kurstypen der S II in der reformierten Oberstufe Kursmodelle, thematisch ausgerichtete Unterrichtseinheiten, u. a. auch Literaturkurse in einer Fülle erschienen sind, daß sie für den Lehrer kaum noch überschaubar erscheinen, gibt es für die S I zwar unübersehbar viele und auch verschiedenartige Lektüren, Sammlungen von Sachtexten, landeskundliche Schriften, Erzählungen und szenische Darstellungen; doch scheint, wie M. Bludau aufgrund einer Verlagsumfrage feststellt, der Markt insgesamt zu stagnieren.[2] Ein Grund dafür ist sicher, daß die neueren Lehrwerke (z. B. *English* von Cornelsen, *Yes* von Lensing, *Anyway* von Hirschgraben und Diesterweg) die Schüler mit einer solchen Menge an Textsorten und Themen und die Lehrer mit so vielen und abwechslungsreichen methodischen Möglichkeiten konfrontieren, daß neben der Lehrbucharbeit für eine Lektüre im weitesten Sinne einfach keine Zeit bleibt. Vielmehr hat der Lehrer Mühe, die didaktisch-methodischen Forderungen zu erfüllen, die u. a. durch die Einübung in den Umgang mit den verschiedensten Textsorten an die Schüler und auch an ihn selber gestellt werden.

1.1. Textsorten

Zwar existieren zahlreiche Texttypologien,[3] doch erfassen sie alle nur Texte für die Sprecher/Leser einer jeweiligen Sprache, können also nicht ohne weiteres auf den Fremdsprachenunterricht (FU) übertragen werden. Denn eine fremdsprachenspezifische Texttypologie müßte von teilweise anderen Voraussetzungen ausgehen. Sie müßte versuchen, in der Hauptsache alle die Textsorten zu erfassen, denen die Schüler im FU begegnen, und sie müßte unterscheiden zwischen den Textsorten, die eigens für Fremdsprachenlerner verfaßt und damit nach Lexik und Strukturen gestuft sind, und solchen Originaltexten, die ursprünglich für ein englischsprachiges Lesepublikum verfaßt worden sind, die aber – in der Regel aufgrund ihrer Thematik – auch im FU eingesetzt werden können.[4]

Eine solche Typologie, die für den FU spezifische und relevante Textsorten, ihre Hauptmerkmale und -funktionen erfaßt, würde folgendes zeigen können:

1. Schon im EU der S I werden vielfältige Textsorten eingesetzt, die sich – grob vereinfacht – in sachbezogene und narrative Texte im weitesten Sinne untergliedern lassen. Zu den Sachtexten gehören beispielsweise Werbeanzeigen, Speisekarten, Kochrezepte, Zeitungsberichte, Reiseprospekte, Sachbeschreibungen etc., zu den narrativen Texten Erzählungen, *comics*, Fabeln (wie man sieht, gibt es bei den Sachtexten eine erheblich größere Variationsbreite und Vielfalt der Sorten).

2. Alle Textsorten erscheinen im allgemeinen zunächst in didaktisch aufbereiteter Form, also in bezug auf Wortschatz, Strukturen und Syntax gestuft und dem jeweiligen Stand des Englischlehrgangs angepaßt. D. h. die Schüler begegnen zwar schon früh den unterschiedlichsten Textsorten, aber nicht als sprachlichen Originalen, sondern in aufbereiteter Form, die auf die sprachlichen Bedürfnisse und Möglichkeiten der Lernenden im dritten bis sechsten Jahr Englisch zugeschnitten sind. Schon an den vereinfachten Formen der jeweiligen Textsorte können die Schüler verschiedene Textfunktionen erkennen und den Umgang mit den Texten im Hinblick auf unterschiedliche Ziele üben. Das gilt für Sachtexte ebenso wie für die narrativen Formen. Wenn die Schüler später im fortgeschrittenen Unterricht eben denselben Sorten in Originalform begegnen, sind sie imstande, das Gelernte im Transfer anzuwenden.

Während Sachtexte auf eine außersprachliche konkrete Realität um uns, auf die u. a. durch Texte erfahrbare Wirklichkeit verweisen, bauen narrative Texte ihre fiktive Realität erst im Lesevollzug auf.[5] Sie sind „situationsabstrakt".[6] Der Bezug zur Alltagswelt, zu ‚echten' (bzw. im Klassenzimmer simulierten und gespielten) Alltagssituationen, zu dem, was die Schüler in ihrer Rolle als Tourist oder als Konsument ausländischer Waren[7] erfahren und erleben können, hat, zusammen mit den Forschungsergebnissen der Pragmalinguistik, zu einer zeitweiligen Verdrängung der literarischen Texte (i. e. S.) aus dem FU geführt zugunsten des Einsatzes von Sachtexten. Diese Entwicklung, die ja deutlich die Textgestaltung neuerer Lehrwerke geprägt und mitbestimmt hat, scheint aber in jüngster Zeit zum Stillstand gekommen zu sein, und die Tendenz geht dahin, wieder den Wert narrativer und literarischer Texte (i. e. S.) für den FU zu betonen.

1.2. Textfunktionen und -ziele

Um beiden Textgruppen[8] gerecht zu werden, muß man sich über die jeweils spezifischen Funktionen von Sach- und narrativen Texten klar sein sowie über die damit verbundenen möglichen Zielsetzungen im FU. Texte wie Zeitungsmeldungen, Reportagen, Berichte, Programme dienen vornehmlich der Sachinformation, d. h. ihre Hauptfunktion besteht darin, den Leser über Sachverhalte aufzuklären, diese möglichst objektiv und präzise mitzuteilen. Kochrezepte und Gebrauchsanweisungen z. B. haben Aufforderungscharakter. Der Leser muß sich an die Handlungsanweisungen halten, wenn die Ausführungen von Erfolg gekrönt sein sollen (schmackhaftes Gericht, Inbetriebnahme eines Gerätes). Auch Werbeanzeigen haben Aufforderungscharakter, aber in anderer Weise: Sie können an den Leser appellieren, ihn zum Kauf einer Ware überreden oder ihn von der Qualität einer Ware zu überzeugen suchen.[9] Während die Sprache von Kochrezepten und Gebrauchsanleitungen weitgehend denotativ, also schmucklos und möglichst klar und eindeutig ist, werden Werbetexte blumig, verschwommen, bilderreich oder auch pseudowissenschaftlich gestaltet, um ihnen die entsprechende Wirkung, nämlich Überredungskraft sowie Weckung von Bedürfnissen und Kaufgelüsten zu verleihen.

Eine möglichst hohe Überzeugungskraft kann auch die sprachliche Gestaltung von Zeitungskommentaren, Rezensionen, Kritiken und Essays bestimmen. Aber hier sind die vorgetragenen Argumente weniger emotionaler als vielmehr sachlicher Art. Sie spiegeln die Meinung des Verfassers wider, der seine Leser von der Richtigkeit seiner Ansichten und Argumente zu überzeugen sucht.

Mit all diesen mehr oder weniger sachbezogenen Textsorten nun werden die Schüler im FU schon bei der Arbeit mit dem Lehrbuch konfrontiert. Die Absicht der Lehrwerkautoren bei der Aufnahme dieser Textsorten war zweifellos, den Schülern Gelegenheit zu geben, sich in den Umgang mit solchen Texten einzuüben, die ihnen im späteren Leben wieder begegnen können. Die Zielvorstellung dabei ist, daß die Schüler auch im FU im konkreten Umgang mit Texten lernen, die jeweilige Funktion der Texte zu erkennen (informieren, anleiten, appellieren, überreden, kritisieren, werten etc.), ansatzweise die sprachliche Gestaltung der Texte zu untersuchen und die Absichten des Verfassers zu durchschauen.[10]

Ähnlich verhält es sich mit narrativen Texten. In jedem Lehrwerk finden sich auch zahlreiche Dialoge und kurze Erzähltexte. Dialoge dienen nicht nur dem Zweck, lebendige ansprechende Texte zu gestalten, die von den Schülern als Rollen gelesen und gespielt werden können, sondern führen in die umgangssprachliche Idiomatik des gesprochenen Englisch, lehren die

Schüler also idiomatisches Englisch auf einer neutralen Ebene der *gesprochenen* (nicht der geschriebenen) Sprache, die eine größtmögliche Verwendungsbreite zuläßt.[11] In der letzten Zeit mehren sich jedoch die Stimmen, die die Lehrwerksdialoge kritisch beurteilen, so z. B. W. Brusch und H. O. Hohmann.

Brusch schreibt: „Die pragmatische Texttheorie legt nahe, daß für den Fremdsprachenunterricht ‚Alltagsdialoge' eine wenig geeignete Textsorte sind, da sie besonders stark von ihrer unmittelbaren Situationseinbettung abhängig sind."[12] Und er plädiert konsequent für den Einsatz fiktionaler Texte im FU. Ähnlich argumentiert Hohmann:

Dem Primat der mündlichen Kommunikation folgend gebührt dem dialogischen Text im modernen Lehrsystem eine seiner Bedeutung entsprechende gewichtige Stellung. Dessen ungeachtet erscheint es wenig angebracht, den narrativen Text aus falsch verstandenem Modernitätsstreben in eine Randstellung zu verweisen oder gar ganz auszuklammern.

Nach Hohmann „sind die Einführung von dialogischen Texten und ihre sprachliche Auswertung für Unterrichtende und Lernende vielfach problematisch und weniger ergiebig als die Behandlung von narrativen Texten."[13]

Die Situationsabhängigkeit zahlreicher ‚Alltagsdialoge' bedingt eine entsprechend geringe Anwendungsbreite der in ihnen eingesetzten sprachlichen Mittel, und diese sind häufig stark formalisiert (ein Einkauf in einem Supermarkt z. B. kann fast ganz ohne sprachliche Äußerung erfolgreich sein). Mit narrativen Texten, so wird nun argumentiert, läßt sich dagegen im FU mehr erreichen und fruchtbarer, vor allem kreativer arbeiten als mit manchen anderen Textsorten. Diese Behauptung bedarf der eingehenden Begründung.

Narrative Texte lassen sich, anders als zahlreiche sachbezogene Textsorten, nicht einem vordergründigen Nützlichkeitsprinzip unterordnen, lassen keine unmittelbaren oder mittelbaren Verwendungsmöglichkeiten erkennen,[14] sie bieten keine direkte Hilfe zur Bewältigung von Alltagssituationen (*survival situations*) im Ausland, sie haben keinen direkten Bezug zur empirischen Realität. Ihre besonderen Qualitäten liegen also auf einer anderen Ebene. Da narrative oder fiktionale Texte ihre eigene fiktive Realität schaffen, erfordern sie also eine ganz andere Rezeptionsweise als Sachtexte, sind sie in ganz anderer Weise offen für verschiedene Lese- und Interpretationsweisen. Sie sind keine statischen, unveränderbaren Gebilde, sondern verändern sich mit jedem Leser,[15] oder, wie W. Iser formuliert: „Je mehr die Texte an Determiniertheit verlieren, desto stärker ist der Leser in den Nachvollzug ihrer möglichen Intentionen eingeschaltet."[16] Da der Schüler bei der Lektüre fremdsprachlicher narrativer Texte im allgemeinen weniger sachliches Vorwissen einbringen muß als z. B. bei manchen sachbezogenen Texten, die einfach landeskundliche Vorkenntnisse voraussetzen, ist er eher frei, seine eigenen Vorerfahrungen, seine persönlichen Erlebnisse in die Textinterpretation einzubringen.[17] Wird diese Tatsache der individuellen Leseweise der Schüler vom Lehrer erkannt und anerkannt, ergibt sich für die Lektüre und Analyse fiktionaler Texte eine ganz spezielle Kommunikationssituation: der Lehrer ist nicht mehr der allein Wissende, der den Gang der Interpretation vorschreibt und die Ergebnisse als Unterrichtsziele von vornherein fixiert hat, sondern der Weg wird u. a. durch eigene Erlebnisse der Schüler mit bestimmt. Erst dadurch entsteht eine Wechselbeziehung zwischen Leser/Schüler und Text, die nicht ständig durch den als Vermittler fungierenden Lehrer unterbrochen wird. Der Schüler ist nicht mehr Objekt der vom Lehrer verordneten Leseweise, sondern Subjekt in einer sehr persönlichen Kommunikationssituation.[18]

Wenn H. E. Piepho behauptet: „Der gedankliche Gehalt, die imaginationsfördernden Wirkungen sind motivierender als Sachinformationen oder Anekdoten . . ."[19], so ist damit u. a. gemeint, daß narrative oder fiktionale Texte die Phantasie anregen und die Schüler zu echten Kommunikationsäußerungen im FU bewegen können, wie das Sachtexte in dem Maße nicht vermögen. Die zumeist künstliche Kommunikationssituation im FU, die in Scheinfragen des Lehrers und weitgehend vorprogrammierten reproduktiven Antworten besteht, kann u. a. gerade bei problemhaltigen Erzählungen zu einer echten und natürlichen Kommunikationssituation werden, in der sich die Schüler persönlich mitteilen wollen.

Der wesentliche Unterschied zwischen der Rezeption von Sachtexten und fiktionalen Texten läßt sich mit W. Kuhfuß folgendermaßen formulieren:

> Während bei pragmatischen Texten die Simulierung pragmatischer Handlung im Klassenzimmer als Spiel und für den Transfer in zukünftige Praxis akzeptiert wird, kann der fehlende Bezug fiktionaler Texte auf pragmatische Handlung Engagement für das Sinnangebot des Textes provozieren oder menschliches Handeln in der Distanz fiktiver Welten vergegenständlichen.[20]

Die besondere Leistung des narrativen oder fiktionalen Textes liegt in seiner Offenheit für verschiedene Leseweisen:

> Der Fiktivtext . . . will nicht ein reales Bezugsfeld des Rezipienten aktivieren, ja er setzt es nicht einmal voraus, sondern er läßt den Rezipienten ein Bezugsfeld aufbauen, das nur für die Welt dieses Textes gilt, von ihm überhaupt erst geschaffen wird und sich mit fortschreitender Lektüre erweitert . . ."[21]

Folgt man der von H. Giehrl aufgestellten Typologie der Leseweisen, die als anspruchsvollste das „literarische Lesen" aufführt,[22] so läßt sich feststellen, daß mit einfachen Erzähltexten im EU der S I das literarische Lesen eingeführt werden kann.[23] Zielsetzungen dieser Leseweise lassen sich nach inhaltlichen, formalen und sprachlichen Kriterien ordnen. Inhaltlich lernen die Schüler, sich in der Fremdsprache mit für sie interessanten Fragen und Problemen auseinanderzusetzen, Charaktere zu beschreiben, Handlungsweisen zu begründen und zu beurteilen; formal lernen sie, Erzählvorgänge zu erkennen und zu gliedern, und Strukturmerkmale narrativer Texte herauszufinden.[24] Sprachlich lernen sie, auf Schlüsselwörter, Wiederholungen, Bilder und Sprachebenen zu achten. Erzählende Texte im weitesten Sinne sind insofern am besten geeignet, die Schüler zum literarischen Lesen, zur literarischen Textbetrachtung und -analyse und zur Interpretation von Short Stories zu führen, wie sie in der S II Unterrichtsgegenstand sind.

2. Lesen im FU

Jede Arbeit an und mit einem Text setzt voraus, daß er gelesen und verstanden worden ist, und da sich der Leseprozeß im FU nicht unerheblich vom Lesen in der Muttersprache unterscheidet, müssen die spezifischen Probleme, Ziele und Möglichkeiten des fremdsprachlichen Lesens erörtert werden.

2.1. Lautes Lesen

Wenn der Schüler mit dem fremdsprachlichen Leselernprozeß beginnt, beherrscht er bereits das schriftlich fixierte System der Muttersprache, und das besondere Problem des englischen Anfangsunterrichts liegt in der Schwierigkeit für die Schüler, den ungewohnten fremdsprachlichen Lautverbindungen ungewohnte Buchstabenfolgen anzuordnen. Daß das muttersprachliche Lautsystem dabei ständig interferiert, bedarf keiner besonderen Erwähnung.[25]
Unterscheidet man zwischen lautem und leisem Lesen, so wird man das erstere vornehmlich dem Anfangsunterricht, das letztere dagegen dem fortgeschrittenen FU zuordnen. M. Löschmann charakterisiert das laute Lesen folgendermaßen:

> Einmal müssen die Grapheme und Graphemfolgen erkannt und die durch sie mitgeteilten Bedeutungen normalerweise verstanden, und zum anderen müssen sie exakt ins Lautliche umgesetzt werden ... Zudem hat der laut Lesende sich um eine dem jeweiligen Kontext angemessene suprasegmentale Gestaltung (Akzent, Intonation, Rhythmus, Pausen u. a.) zu bemühen, wofür im Graphemsystem explizit kaum Hinweise gegeben sind.[26]

Für die Schüler ergibt sich in der Fremdsprache die Schwierigkeit, das fremdsprachliche graphische System wieder in Laute umzusetzen *und gleichzeitig* den Sinn des Gelesenen zu erfassen. Im Grunde ist es daher im Anfangsunterricht nur dann sinnvoll, laut zu lesen, wenn der Inhalt des zu lesenden Textes bekannt ist und die Schüler sich ganz auf Intonation, Rhythmus, Lautreinheit etc. konzentrieren können. Ansonsten besteht die Gefahr, daß sich die Schüler im sinnsuchenden lauten Lesen Wort für Wort vortasten, ohne den Text zu verstehen, und Löschmann behauptet sicher zu Recht, daß „lautes Lesen nicht als zuverlässiges Kriterium für das Textverständnis angesehen werden" kann.[27] Und er führt aus:

> Da es sich beim lauten Lesen um keine Zielfähigkeit handelt, muß lautes Lesen in seiner Mittlertätigkeit begriffen werden. Den Anfängerunterricht ausgenommen, will es uns scheinen, als ob es eher der Entwicklung der Sprechfertigkeit als der Entwicklung des stillen Lesens dienen könnte.[28]

Lautes Lesen als sinngestaltender Vortrag kann als „Zielstufe des Lautlesens" bezeichnet werden und ist daher, mit G. Göhrum gesprochen, „schon in der Muttersprache eine Kunst, die gründliche Sprecherziehung voraussetzt."[29]

2.2. Leises Lesen

Lautes Lesen als gestaltender Vortrag kann wohl kein legitimes Ziel des FU sein, denn im allgemeinen werden Texte still gelesen, und wenn der Schüler nach Schulabschluß einen fremdsprachlichen Text lesen will oder muß,[30] geschieht das auf alle Fälle in stillem Lesen. O. Stille fordert daher zu Recht, das sinnfassende Lesen „als eine eigenständige Lehr- und Lernaufgabe zu konzipieren."[31] Als solche muß das stille Lesen zur Informationsentnahme im Unterricht eingesetzt und systematisch geübt werden und darf nicht ausschließlich in den Bereich der Hausaufgaben abgedrängt werden. Die methodischen Probleme, die sich dabei für den Lehrer ergeben, liegen auf der Hand: Er muß den Schülern ein individuelles Lesetempo zugestehen;[32] und er kann das Leseverständnis, das Lernziel, zunächst nur mittelbar aus den verschiedenen Schülerreaktionen erschließen, daran können sich gezielte Fragen zum Textinhalt etc. anschließen.

Wie wichtig die Fertigkeit des stillen Lesens für den fortgeschrittenen EU ist, ergibt sich allein schon aus der Tatsache, daß die Texte, mit denen gearbeitet wird, zunehmend länger und komplexer werden und im allgemeinen gar nicht mehr laut vorgetragen werden können.

2.3. ‚Textadäquates' Lesen

Wenn bislang zwischen lautem und stillem Lesen unterschieden worden ist, gilt es zusätzlich die Formen des statarischen oder intensiven und des kursorischen oder extensiven Lesens zu berücksichtigen. Lehrwerktexte werden in der Regel auf Grund ihres Steilheitsgrades und der neu einzuführenden Strukturen intensiv erarbeitet und gelesen. Gerade wegen der auf ständige Progression ausgerichteten Konzeption fremdsprachlicher

Lehrwerke ist es aber kaum möglich, extensives Lesen an solchen Texten zu üben.[33] Die selbständige Informationsentnahme in stillem Lesen kann daher bislang nur an lehrbuchunabhängigen Texten geübt werden.

Unterschiedliche Textsorten und -funktionen erfordern dabei verschiedenartige Lesetechniken, und es ist zu fordern, daß der Schüler lernt, sozusagen ‚textadäquat' in der Fremdsprache zu lesen. Z. B. kann es genügen, eine Zeitungsmeldung zu überfliegen, sie also nur kursorisch zu lesen, um ihr die Hauptinformation zu entnehmen. Ein Sachtext wird eben auf die Vermittlung der sachlichen Information hin gelesen, wobei das Ziel u. a. im Erkennen wesentlicher und unwesentlicher Teilinformationen besteht. Ein Handlungsanweisungen enthaltender Text muß im Extremfall Wort für Wort gelesen und verstanden worden sein, damit die Handlungsausführungen erfolgreich sind. Werbetexte können mit dem Ziel gelesen werden, aufgrund der sprachlichen und bildlichen Gestaltung die Verfasserabsicht zu durchschauen.

Auch das Lesen von fiktionalen Texten bedeutet zunächst Informationsentnahme. Daß es sich dabei im Hinblick auf die folgende inhaltlich-gehaltliche und sprachliche Erörterung um eine mit der Komplexität der Textgestaltung zunehmend anspruchsvolle Leistung handelt, ergibt sich aus der Textsorte. Bei Erzählungen kann man nicht nur kursorisch, sondern muß teilweise auch statarisch lesen. Insofern ist es erforderlich, daß die Schüler beide Leseformen beherrschen, ehe sie sich an originale Short Stories wagen. Doch bei einfachen Erzählformen können die Schüler lernen, auf zentrale Aussagen, auf Schlüsselwörter, auf bedeutungsvolle Wiederholungen und Kontraste, auf Beschreibungen und dialogische Teile (*telling vs. showing*) zu achten. Damit dient das stille Erlesen des Textes der Vorbereitung der „*reorganisierenden* Auseinandersetzung mit narrativen Texten," die Glaap im Gegensatz zur lediglich „*reproduktiven* Beschäftigung mit Lehrbuchinhalten" sieht.[34]

3. Texte und Lesen in den Richtlinien

Die Entwicklung der fremdsprachlichen Lesefertigkeit und der Umgang mit Texten sind zwei Aspekte, die auch in den Richtlinien für den EU in der S I reflektiert werden. Zwei Tendenzen lassen sich in den Richtlinien neueren Datums generell feststellen: einmal die wachsende Bedeutung, die der Ausbildung der Lesefertigkeit und der Hinwendung zur Einführung in Sachtexte aller Art und zum Umgang mit ihnen beigemessen wird. Beide müssen im Zuge der bildungspolitischen Entwicklung der letzten 15-20 Jahre gesehen werden, die Englisch als Fremdsprache *allen* Schülern zugänglich machte, die die Erlernung einer Fremdsprache also nicht mehr zum Auslesefaktor machte und damit die Zielsetzung des FU insgesamt änderte. Betont werden der Verkehrswert des Englischen als *lingua franca* und die Notwendigkeit, nach Schulabschluß z. B. im Berufsleben oder im Urlaub vornehmlich sachbezogene Texte selbständig entschlüsseln zu müssen.

Von der 7. Klasse an „gewinnt das informatorische Lesen allmählich an Bedeutung,"[35] heißt es in den Hamburger Richtlinien, und die Richtlinien in Bremen führen aus, daß das „*Lesen zusammenhängender Texte*" von der 7. Klasse an neben dem Hören und Sprechen einen weiteren Schwerpunkt bilden soll.[36]

Das Lernziel des Leseverstehens wird in den Richtlinien von Rheinland-Pfalz folgendermaßen spezifiziert:

> ‚Kritisches Aufnehmen' von Informationen bedeutet ordnendes und wertendes Erfassen des Informationsgehaltes; es schließt die Fähigkeit ein, zwischen wichtigen und unwichtigen, objektiv darstellenden und subjektiv wertenden Inhalten zu unterscheiden.[37]

Das stille Erlesen unbekannter Texte wird dabei betont und von der 7. Klasse an ausdrücklich zum Unterrichtsinhalt gemacht.[38] Die Bedeutsamkeit der rezeptiven Fertigkeit des Leseverstehens wird wieder unmißverständlich zum Ausdruck gebracht und z. B. in den Gesamtschulrichtlinien Bremens speziell für die Schüler als relevant hervorgehoben, die im Lesen und Schreiben die Lernziele nicht erreichen, denn, so wird argumentiert: „Diese Schwerpunktbildung im Bereich der rezeptiven Fertigkeiten kann für einen Teil der Schüler Mißerfolgserlebnisse verringern und einen frühzeitigen Motivationsrückgang verhindern."[39]

Hinsichtlich der Textauswahl lassen sich zwei Schwerpunkte ausmachen: zum einen der bereits erwähnte Trend zu sachbezogenen Textsorten, zum anderen die vielfältigen Hinweise auf *graded readers* und *simplified texts.* In den Berliner Richtlinien werden Sachtexte spezifiziert,[40] ansonsten beschränkt man sich zumeist auf die grobe Unterteilung in fiktionale und nicht-fiktionale Texte, so in den Hamburger Richtlinien: „Neben erzählenden Texten müssen auch einfache nicht-literarische Texte verwandt werden. Dazu gehört auch die Einführung in leichtere Zeitungslektüre."[41] Ausdrückliche Hinweise auf Literatur finden sich vergleichsweise selten. In den Richtlinien Niedersachsens für die Realschule werden für die Klassen 9 und 10 „nicht zu schwierige Originaltexte aus der britischen und amerikanischen Literatur" gefordert.[42] Für die 8. Klassen in Rheinland-Pfalz wird allgemein formuliert: „Die Schüler lernen Sachverhalte und Probleme aus verschiedenen Bereichen des Lebens und des kulturellen Schaffens (einschließlich der Literatur) der englischsprachigen Völker (. . .) kennen."[43]

Dagegen werden für die 8. Klasse des Gymnasiums in Baden-Württemberg zwar ausdrücklich „short stories" genannt, aber „als structural reader oder im Lehrbuch".[44] Der Hinweis auf *structural readers* und *simplified texts*, der sich auch in den Richtlinien anderer Bundesländer findet,[45] zeigt deutlich, daß vereinfachte Literatur nunmehr ausdrücklich für den Unterricht gebilligt wird, daß ihm nicht mehr das Odium der Verballhornung ‚hoher, wertvoller' Literatur anhaftet, sondern daß die Lektüre vereinfachter Texte der englischen und amerikanischen Literatur eine Möglichkeit bietet, die Schüler zu Originaltexten zu führen, ohne ihnen von vornherein durch sprachliche Überforderung das Leseerlebnis zu vergällen. Daß die vereinfachende Bearbeitung z. B. von Short Stories allerdings nicht ohne Probleme ist und ihre Auswirkungen auf die Textinterpretation im FU haben muß, soll noch gezeigt werden.

4. Materialauswahl

Die Auswahl von narrativen fiktionalen Texten für den EU der S I im Sinne einer propädeutischen Hinführung zum Einsatz originaler Short Stories in der S II muß davon ausgehen, daß die eingesetzten Texte nach ihrer Thematik und Struktur eben diesen Zielen förderlich sind. Folgende Arten von fiktionalen Texten in der S I scheinen mir dabei erwähnenswert: 1. Texte, die überwiegend der Unterhaltung dienen, 2. Texte, die stark problemhaltig sind und in dieser Hinsicht Motivationskraft besitzen und zu spontanen sprachlichen Äußerungen anregen, und 3. Texte, an denen sich besonders gut und für die Schüler deutlich Strukturmerkmale zeigen und erarbeiten lassen.

ad 1. Texte, die unter dem Unterhaltungsaspekt ausgewählt werden, sollten vornehmlich handlungsreich und spannend sein, wie es immer wieder für zusätzliche Lesestoffe gefordert wird. Wesentlich scheint mir darüber hinaus ein möglichst geringer sprachlicher Anspruch, der ein problemloses Lesen ermöglicht und den Schülern das ausschlaggebende Erfolgserlebnis vermittelt, daß sich das im Lehrbuch Gelernte anwenden läßt. Dieses Unterhaltungslesen, das in jedem Fall auch sprachlichen Gewinn abwirft, kann schon recht früh, etwa vom Ende des zweiten Unterrichtsjahres an einsetzen.

ad 2. Auf der nächsten Stufe werden inhaltlich anspruchsvolle Texte ausgewählt, die ihre motivationale Kraft hauptsächlich aus ihrem Problemgehalt beziehen. Bei solchen Texten soll der Unterhaltungsfaktor nicht verloren gehen, aber er tritt zurück hinter der Funktion, die Schüler zur Durchdringung und Erläuterung des Gehalts zu führen, zur Bewertung und zur Einordnung des Textes in ihren eigenen Erfahrungshorizont anzuregen.

ad 3. Die Erarbeitung von Strukturmerkmalen, die natürlich nicht isoliert von der zweiten Stufe gesehen werden kann, führt zu einer zunehmend abstrakten Beschäftigung mit Texten, nämlich die inhaltlich-gehaltliche Erörterung einzubetten in die Untersuchung der Strukturmerkmale und der sprachlichen Gestaltung, wie sie bei der Interpretation von Short Stories notwendig sind.

4.1. Für den Fremdsprachenlerner verfaßte Texte

Für die erste Stufe kommen nur die sogenannten *structural* oder *graded readers* in Frage, die deutlicher, als das bisweilen in den Richtlinien geschieht, von den *simplified texts* unterschieden werden müssen. Es handelt sich dabei um Texte, die für Lernende einer Fremdsprache verfaßt und nach Wortschatz und Strukturen gestuft und in verschieden anspruchsvolle *grades* unterteilt sind.[46] Der Lehrer sollte sich dabei keineswegs scheuen, auf der Anfangsstufe gerade die comicartig aufgemachten Heftchen einzusetzen, weil die zahlreichen textbegleitenden Bilder eine direkte Semantisierungshilfe darstellen und zügiges Lesen ermöglichen. Aufgrund der Bilder können diese Texte auch auf ein Vokabular am Schluß verzichten; denn die unbekannten Wörter, die sich nicht aus dem Kontext erschließen lassen, können mit Hilfe der Bilder verstanden werden. Um eine optimale textliche Gestaltung handelt es sich dann, wenn die unbekannten Wörter im Text mehrfach auftauchen und sich so durch Wiederholung in ähnlichen Kontexten einschleifen.[47] Die Ebene des überwiegend inhaltlichen Lesens sollte auch beim Einsatz von *detective stories* noch nicht verlassen werden.[48] Kriminalerzählungen und -romane werden auch im Deutschen auf Grund ihrer Spannung zur Entspannung gelesen; es ginge daher an der Textintention (Unterhaltung) vorbei, wollte der Lehrer die englische *detective story* detailliert zerpflücken. Allerdings lassen sich hier ansatzweise Charaktere beschreiben und beurteilen und Strukturmerkmale wie Handlungsverlauf und Spannungsbogen erörtern.

Auf der nächsten Stufe, der vorwiegend inhaltlich orientierten, problembezogenen Textinterpretation, kommen Erzählungen der *graded readers* in Frage, daneben herkömmliche fremdsprachliche Textsammlungen wie z. B. *Twenty-two Tales to Read and Talk About*[49], und *The Rainbow Reader, Easy Stories*[50], um nur zwei zu nennen, die mit dem Ziel verfaßt sind, durch Probleminhalt motivierende, sprachlich leicht faßliche fremdsprachliche Erzähltexte bereitzustellen.

Für die zweite wie für die dritte Stufe kommen daneben *simplified texts* in Frage, also vereinfachte Bearbeitungen von Originalliteratur. In ihren verschiedenen Abstufungen, die anschließend diskutiert werden sollen, stellen sie die Möglichkeit des Übergangs von lernerbezogenen, gestuften Texten zu originalen Short Stories dar.

4.2. Simplified Texts

Simplified texts sind in den vergangenen Jahren, wie u. a. aus den didaktisch-methodischen Veröffentlichungen ersichtlich, in den Vordergrund des Interesses getreten. Die Diskussion um das Für und Wider ist eindeutig *zugunsten* der Texte ausgefallen, wenn auch mit literaturwissenschaftlich, literaturdidaktisch und fremdsprachendidaktisch begründeten Einschränkungen. R. M. Müller war einer der ersten, der 1968 für den Einsatz von *simplified texts* plädierte, und zwar als *plateau readers*, die schon früh ein extensives Lesen ermöglichen.[51] Dabei muß vorausgesetzt werden, daß nicht primär literarische Ziele angestrebt werden, schon gar nicht eine literarische Textinterpretation; vielmehr stehen sprachliche Ziele im Mittelpunkt, die in der freien Umsetzung und Anwendung des Gelernten auf unbekannte Texte zu sehen sind. Dabei kommt dem "training in inferential reading"[52] eine ebenso große Bedeutung zu wie dem "building up a large recognition vocabulary."[53] Lese- und Texterschließungstechniken können an Texten erworben und geübt werden, die sich sprachlich problemlos bewältigen lassen, und schließlich kann der konsequente Einsatz von zunehmend weniger bearbeiteten Texten zur Lektüre von originalen Short Stories führen, die ab dem Ende der S I gelesen werden können.

Die Problematik des Eingriffs in Originaltexte ist immer wieder diskutiert worden. Reine Kürzungen ändern das Original nicht in dem Maße, wie es bei Vereinfachungen der Lexik und der Syntax der Fall ist, die einen Text so sehr ‚entstellen' können, daß kaum mehr als das Gerüst des *plot* übrig bleibt. Konsequent plädierte schon Müller dafür, „lediglich die *Fabeln* der Originalwerke zu übernehmen und bei der auch stilistisch eigenständigen Neufassung auf Titel und Verfassernamen der Originale zu verzichten."[54] Denn, so argumentiert z. B. Pearson, "the author's individuality, for which *we* probably read the books, can hardly be retained."[55]

Ein Katalog objektiver Kriterien zur Vereinfachung von literarischen Originaltexten existiert bislang nicht, und wenn E. Cladder und W. Real ausführen, er ließe sich nur als Konsequenz „aus der idealen Interpretation des Originals oder aus definitiven Positionen zur Begriffs-, Funktions- und Wertbestimmung der Literatur überhaupt gewinnen,"[56] so übersehen sie m. E. dabei die Adressatengruppe und die Ziele des fremdsprachlichen Literaturunterrichts als zwei wesentliche zusätzliche Komponenten. Ein literarisches Werk kann immer nur im Hinblick auf Lerngruppen mit bestimmten fremdsprachlichen Kompetenzen und zur Erreichung bestimmter Ziele bearbeitet werden, zwei Aspekte, die so scheint mir, bei zahlreichen vereinfachten Ausgaben gar nicht in Erwägung gezogen worden sind.

Die Dialektik von literarischem Text i. e. S. mit seinen sprachlichen und gedanklich-gehaltlichen Ansprüchen und von Lerngruppen mit einer beschränkten fremdsprachlichen Kompetenz bedingt die Vereinfachungsproblematik, bei der der Fremdsprachenlehrer ohne Kompromisse nicht auskommen wird.

> Als Philologe wird er den unkorrumpierten Text vorziehen; als Praktiker weiß er, daß der Fremdsprachenunterricht mit der verbalen und ästhetischen Kommunikationsfähigkeit Globalziele ansteuert, denen sich auch das Prinzip der Textintegrität unterordnen muß.[57]

Er muß sich damit abfinden, daß in jeder Kürzung und Bearbeitung eines literarischen Originals eine Interpretation enthalten ist.[58] Das wird noch deutlicher, wo die Bearbeitung ohne Hinzufügung nicht auskommt, wie es bei radikalen ‚Umarbeitungen' notwendig wird, damit das Gesamtverständnis der Erzählung garantiert ist.

Wie unterschiedlich die Bearbeitung von Short Stories in der Praxis gehandhabt wird, soll an einigen Beispielen deutlich gemacht werden. Grundlage zur Vereinfachung des Wortschatzes ist bei fast allen vereinfachten Ausgaben *The General Service List of English Words* von Michael West (1953). Gegenüber der Lexik wird die Vereinfachung und Stufung der Strukturen oft vernachlässigt.[59] Doch ist einzuräumen, daß eine Kontrolle der Strukturen bei *simplified texts* sehr viel schwieriger durchführbar ist, zumal es dafür bislang keine einschlägigen Nachschlagwerke gibt.

Bei einem Text wie Arthur Conan Doyles "The Speckled Band"[60], der auf die Hälfte des ursprünglichen Umfangs und auf ein Vokabular von ca. 650 Einheiten zusammengestrichen ist, kann vom Original nur mehr der *plot* übrig bleiben, so daß man statt von 'abridged and simplified' besser von 'retold' oder 'adapted version' spräche.

Bei einer anderen Kriminalerzählung "The Purloined Letter", wird bereits auf der Titelseite angegeben, "Retold from Tales by Edgar Allan Poe."[61] Der erste Satz der Erzählung lautet:

> At Paris, just after dark one windy evening in the autumn of 18 —, I was enjoying the double pleasure of quiet thoughts and a good pipe, in company with my friend C. Auguste Dupin, in the little back library of his Paris house.

Im Original heißt es folgendermaßen:

> At Paris, just after dark one gusty evening in the autumn of 18 —, I was enjoying the twofold luxury of meditation and a meerschaum, in company with my friend C. Auguste Dupin, in his little back library, or book-closet, *au troisième, No. 33, Rue Dunôt Faubourg, St. Germain.*

Hier ist festzustellen, daß zwar der Wortschatz durch Substitution und Streichung vereinfacht worden ist, daß aber an Poes komplizierter Syntax weniger geändert worden ist, so daß insgesamt die langen Sätze bestehen bleiben. Das Ziel der Bearbeitung scheint also primär in der Kontrolle des Wortschatzes gelegen zu haben, wobei die Bearbeiter außer acht ließen, daß lange hypotaktische Sätze das Textverständnis erschweren können.

Gerade umgekehrt ist bei Oscar Wildes "The Selfish Giant"[62] verfahren worden. Ausschlaggebend war hier, daß die Erzählung für Anfänger bearbeitet werden sollte: "In the Beginners' Series sentence forms have been almost entirely restricted to the one verb pattern."[63] Da es sich aber bei der Erzählung um ein Märchen handelt, das in einer sehr einfachen Sprache verfaßt worden ist, konnten sich die Bearbeiter auf "the smallest adaptations" beschränken.[64] Das Märchen beginnt in der Schulausgabe wie folgt:

> Every afternoon the children used to go and play in the Giant's garden. It was a large lovely garden, with soft green grass. Here and there over the grass stood beautiful flowers like stars. There were twelve peach-trees. In the spring-time they broke out in delicate blossoms of pink and pearl, and in the autumn bore rich fruit.[65]

Zum Vergleich das Original:

> Every afternoon, as they were coming from school, the children used to go and play in the Giant's garden. It was a large lovely garden, with soft green grass. Here and there over the grass stood beautiful flowers like stars, and there were twelve peach-trees that in the spring-time broke out into delicate blossoms of pink and pearl, and in the autumn bore rich fruit.

"And" und "that" wegzustreichen, um dadurch kürzere Parataxen zu erreichen, erscheint wenig sinnvoll. Das Textverständnis wird dadurch nicht erleichtert. Hier ist zu fragen, ob man nicht besser auf jede Bearbeitung verzichtet hätte.

Für fortgeschrittene Leser, die aber originale Short Stories sprachlich noch nicht bewältigen können, ist die "Longman Simplified English Series" konzipiert, die auf einen Wortschatz von 2.000 Einheiten nach West beschränkt ist. Als Textbeispiel sei Sakis "The Open Window" gewählt.[66]

Die bearbeitete Ausgabe beginnt:

> "My aunt will come down very soon, Mr. Nuttel," said a very calm young lady of fifteen years of age; "meanwhile you must try to bear my company."
> Framton Nuttel tried to say something which would please the niece now present, without annoying the aunt that was about to come.[67]

Das Original lautet:

> "My aunt will be down presently, Mr. Nuttel," said a very selfpossessed young lady of fifteen; "in the meantime you must try and put up with me."

Framton Nuttel endeavoured to say the correct something which should duly flatter the niece of the moment without unduly discounting the aunt that was to come.

Da hier Original und Bearbeitung ungefähr dieselbe Länge haben, mußten die Änderungen in den Bereich der Syntax und des Vokabulars fallen. Abgesehen davon, daß beim Zitat einige Änderungen keine Verständniserleichterung bringen (meanwhile, bear my company), geht in der Bearbeitung selbst durch kleinste Streichungen (the correct, duly, unduly) und Ersetzungen die Ironie verloren, die im Original durch sehr sorgfältige Wortwahl erreicht wird. Bei dieser Erzählung, deren Wirkung eben auf der ironischen Distanz des Erzählers von der Hauptfigur basiert, sollte man sich fragen, ob sie überhaupt für eine Bearbeitung geeignet ist, da der *plot* trotz des O. Henry-*twist* am Schluß nicht im Zentrum des Interesses steht. Obwohl beide Versionen also ungefähr dieselbe Länge besitzen, entsteht in der Schulfassung eine deutlich ‚vergröberte' Erzählung.

Während hier Änderungen vor allem stilistischer Art auf die Bearbeitung einwirken, nähert sich die "Brigde Series" (ebenfalls Longman) mit ca. 3.000 Einheiten Wortschatzumfang schon so stark an das Original an, daß Textänderungen nur noch unerheblich erscheinen. Und die Absicht der Reihe liegt auch darin, den Schülern den Übergang zu originalen Short Stories zu ermöglichen, wie es in der Einführung in die Serie heißt:

The books in the *Bridge Series* are moderately simplified in vocabulary and often slightly reduced in length, but with little change in syntax. The purpose of the texts is to give practice in understanding fairly advanced sentence patterns and to help in the appreciation of English style.[68]

Als Beispiel soll der Beginn von James Thurbers "The Night the Ghost Got in" dienen; die bearbeitete Version beginnt:

The Ghost that got into our house on the night of November 17, 1915, raised such a hullaballoo of misunderstandings that I am sorry that I didn't just let it keep on walking, and go to bed. Its coming caused my mother to throw a shoe through a window of the house next door and ended up with my grandfather shooting a patrolman.

Der einzige Unterschied zum Original ist, daß dort statt "coming" "advent" gebraucht ist. Wörter wie "hullaballoo" und "patrolman" werden in einem *glossary* am Schluß des Büchleins erklärt.

Hier kommt die bearbeitete Version also dem Original so nahe, daß der Übergang zu unbearbeiteten Short Stories, also zur Literatur i. e. S. gewährleistet sein dürfte.

Folgendes ist festzuhalten:

1. Aus manchen Bearbeitungsformen sind die Zielsetzung und die Adressa-

tengruppe nicht eindeutig ersichtlich, und es werden auch keine genaueren Angaben darüber gemacht.

2. Bei den Bearbeitungen, wo die Zielrichtung transparent gemacht wird, lassen sich drei Formen unterscheiden: a) 'retold version', bei denen in der Hauptsache der *plot* übernommen wurde, b) Wortschatzvereinfachungen, c) syntaktische Vereinfachungen (z. B. auf *one verb pattern)* und schließlich d) eine Kombination aus b) und c).

3) Je nach dem Grad des Eingriffs in das Original (Wortwahl, Syntax, Streichungen einzelner Wörter, ganzer Sätze und Absätze) kann eine dem Original gegenüber stark entstellte Version entstehen.

4. Wenn der Lehrer die Auswirkungen der unterschiedlichen Bearbeitungsformen auf den Schultext durchschaut und zu beurteilen weiß, kann er seine Schüler vom 3. Lehrjahr an mit *simplified texts* konfrontieren, um ihnen ein erstes extensives Leseerlebnis zu ermöglichen und ihnen einen Vorgeschmack auf spätere Lektüre von Short Stories zu geben.

5. Durch die Interpretation und Analyse zunehmend weniger bearbeiteter Erzählungen können die Schüler in einem entsprechend gestuften Lernprozeß an die Lektüre und Interpretation von originalen Short Stories herangeführt werden.

5. Propädeutische Techniken der Short Story Lektüre

Die propädeutische Arbeit an *simplified texts* als Hinführung zur Lektüre von Short Stories erfordert die Einübung in verschiedene Arbeitstechniken,[69] die zunächst an einfachen, später an zunehmend komplexen Texten geübt werden. Dabei handelt es sich selbstverständlich um Lese- und Texterschließungstechniken, die nicht *ausschließlich* für narrative Texte in Frage kommen, sondern die sich *auch* oder besonders gut an ihnen einüben lassen.

5.1. 'Inferential Reading'

Wesentlich erscheint zunächst die von West angeführte Fertigkeit des 'inferential reading', also die Fähigkeit, Wörter aus dem Kontext zu erschließen. Da nicht jedes Wort nachgeschlagen werden kann und soll, muß sich der Schüler darin üben, Wörter entweder durch Erkennen der zugehörigen Wortfamilie, oder durch Erschließen aus dem Kontext zu erfassen. Das 'inferential reading' sollte in jedem Fall in der Klasse geübt werden. Es kann vom Lehrer dadurch gelenkt und kontrolliert werden, daß die zu erschließenden Wörter vorher festgelegt werden und man sich in Gruppen auf eine mögliche Umschreibung oder Erklärung einigt.

5.2. Wörterbucharbeit

Da dennoch die meisten Texte selbständig nicht ohne Wörterbuch erschlossen werden können, ist es unbedingt notwenig, die Schüler vor der Lektüre originaler englischer und amerikanischer Texte in die Arbeit mit dem Wörterbuch einzuführen. Wenn hier für das zweisprachige Wörterbuch plädiert wird, so soll damit nicht der Textübersetzung das Wort geredet werden. Aber im Hinblick auf spätere Verwendungsmöglichkeiten des Englischen, bei denen die Schüler mit Sicherheit immer zum zweisprachigen Wörterbuch greifen werden, ist es an der Realität vorbeigearbeitet, wenn man sie in der Schule ausschließlich oder überwiegend mit einsprachigen Wörterbüchern umgehen läßt. Zudem erweisen sich die Erklärungen häufig als sprachlich zu schwierig, so daß eine Verständnishilfe nicht erzielt wird und der Schüler zu Hause doch das zweisprachige Wörterbuch zu Rate zieht.[70]

Die Technik des Nachschlagens muß in der Klasse geübt werden, und es erweist sich für den späteren selbständigen Umgang der Schüler mit Wörterbüchern als zweckmäßig, wenn der Lehrer diesbezüglich eine systematische Unterrichtseinheit erarbeitet, die von Buchstabierübungen ausgeht, über die alphabetische Anordnung von Wortlisten zu wettbewerbsartigem Nachschlagen von Wörtern und schließlich zum selbständigen vokabelmäßigen Erschließen eines unbekannten Textes führt.[71]

5.3. Übungen zur Textstruktur

An Erzähltexten lassen sich gut Strukturübungen durchführen. Die Schüler lernen zunächst an kurzen, später an Texten mit zunehmender Länge, Sinnabschnitte, Handlungsabschnitte, Einleitung, Höhepunkt, Schluß zu finden. Gleichzeitig erkennen sie die Chronologie eines Erzählvorgangs, ob nämlich das Erzählte chronologisch oder verschränkt verläuft, ob *flashbacks* eingefügt sind, ob zeitliche Sprünge und Raffungen vorhanden sind. Damit lernen sie, das Zeitschema einer Erzählung zu erfassen. Diese Techniken, an sprachlich leicht zu bewältigenden Erzähltexten eingeführt und geübt, lassen sich später auf komplex strukturierte originale Short Stories übertragen,[72] d. h. der notwendige Transfer wird erleichtert.

5.4. Interpretation

Um inhaltliche Probleme einer Erzählung diskutieren zu können, bedarf es in der Regel einer — zumindest selektiv — genauen sprachlichen Analyse. Auch hier können die Schüler im Unterricht bei entsprechender Anleitung und Hilfestellung durch den Lehrer auf sprachliche Phänomene aufmerksam gemacht werden. Dazu gehören auf einfacher Ebene Wortwiederholungen, Kontraste, das Finden von Schlüsselwörtern oder -sätzen, auf höherer Ebene dann Vergleiche, Bilder, Sprachebenen (*colloquialisms, slang*), Länge der Sätze. Durch entsprechende Materialauswahl kann der Lehrer versuchen, Interpretationsansätze zu isolieren, so daß der jeweilige Einzelaspekt klar in den Vordergrund tritt. Eine solche sprachliche Untersuchung erlaubt dann, Charaktere, Handlungsweisen, Vorgänge zu beschreiben, zu vergleichen, zu bewerten.

5.5. Meinungsäußerung

Diese Aussagen sollten dann auf einer Ebene höherer Selbständigkeit zur freien Meinungsäußerung über das Gelesene führen, in der ausdrücklich die eigenen Lebenserfahrungen und die Interessen der Schüler eingeschlossen sind.[73] Diesem Aspekt, der oben ausführlich dargelegt wurde, kommt im Hinblick auf den selbständigen Umgang mit Short Stories ganz besondere Bedeutung zu, weil nur so der verordnete Umgang mit einem Text, der den vom Lehrer anvisierten Zielen zustrebt, aufgehoben werden kann zugunsten einer echten Kommunikation, bei der es nicht mehr darum geht, was der Lehrer hören will, sondern was jeder Schüler im individuellen Rezeptionsvorgang erfährt.

Daß eine solche echte Kommunikationssituation erheblichen sprachlichen Gewinn abwerfen kann, darauf hat schon Hans Weber hingewiesen:

> Indem die Teilnehmer am Rezeptionsgespräch ihre individuellen Wahrnehmungen, Einsichten, Deutungen, Urteile etc. artikulieren, bringen sie selbst Texte hervor, und zwar in *kommunikativer* Absicht. Der Literaturunterricht als Texterschließungsprozeß ist eine reale Kommunikationssituation *sui generis*.[74]

6. Anhang

Die folgende Übersicht über die von den Schulbuchverlagen angebotenen *simplified texts* soll dem Lehrer eine mögliche Entscheidung für solche Texte und die Textauswahl erleichtern helfen.

a) *Cornelsen-Velhagen & Klasing - OUP*. Die Serie "Oxford Progressive English Readers" ist in drei Stufen eingeteilt mit einem Wortschatzumfang von 1900-3500 Grundwörtern. Sie enthält zahlreiche bearbeitete ‚Klassiker' des 18.-20. Jahrhunderts, aber kaum bearbeitete Short Stories.

b) Über *Hirschgraben* wird die Reihe "Heinemann Guided Readers" vertrieben, die sich in vier nicht weiter spezifizierte Schwierigkeitsgrade (*Beginner, Elementary, Intermediate, Upper*) gliedert. Sie enthält u. a. vereinfachte Literatur englischer und amerikanischer Autoren, auch Short Stories.

c) Im *Klett* Verlag wird die seit langem bekannte Reihe "Easy Readers" vertrieben, die sich in vier Schwierigkeitsstufen mit einem Wortschatzumfang von ca. 500 - 2400 Einheiten unterteilt. Die Reihe enthält überwiegend Romane des 19. und 20. Jahrhunderts und nur wenige Short Story Sammlungen.

d) *Lensing-Macmillan.* Eine Serie „adaptierte literarische Texte" wird in *junior* und *senior titles* eingeteilt, die jeweils für das 4. und 5. Unterrichtsjahr vorgesehen und in ihrer Thematik entsprechend gewählt sind. Allerdings finden sich keinerlei Angaben über Art und Umfang der Bearbeitungen. Inhaltlich handelt es sich fast ausschließlich um bearbeitete Romane des 19. Jahrhunderts. Eine weitere Reihe, "Macmillan's Student Series" enthält „gekürzte, aber sprachlich unvereinfachte Texte für Oberstufenschüler und Studenten". Die Titel sind ausschließlich der englischen Literatur des 20. Jahrhunderts entnommen und enthalten auch einige Sammlungen von Erzählungen.

e) Das umfangreichste Angebot findet sich bei *Langenscheidt-Longman.* Die Reihe "Structural Readers" (in sechs Stufen eingeteilt mit einem Wortschatzumfang von ca. 300 - 1800 Einheiten) enthält von der vierten Stufe an auch vereinfachte literarische Texte, allerdings mehr Romane als Short Stories.

Die "New Method Supplementary Readers", die in sieben Stufen einen Wortschatz von 450 - 2500 Einheiten umfassen, beginnen von der ersten Stufe an auch mit *simplified texts*, wiederum überwiegend Romanen und nur wenigen Erzählungen.

Die "Longman Simplified English Series" ist durchgängig auf einen Wortschatz von 2000 Einheiten vereinfacht worden und enthält überwiegend Romane des 19. und 20. Jahrhunderts, aber auch eine Sammlung von Short Stories. Die "Bridge Series" schließlich mit einem Umfang von 3000 Einheiten soll, wie oben erwähnt, zur originalen Literatur hinführen. Die Serie enthält wiederum Romane des 19. und 20. Jahrhunderts und einige Short Story Sammlungen.

Der nachfolgende Überblick über *simplified short stories* stellt nur eine Auswahl dar. Sie orientiert sich an den bei Groene angegebenen Originaltexten von Short Stories und an dem Bekanntheitsgrad der für eine Bearbeitung ausgewählten Autoren und Texte (vgl. S. 96 ff.). Er soll für den Lehrer der SI eine Hilfe darstellen, bei Vorhandensein des Originals *und* der entsprechenden Bearbeitung beide Ausgaben zu prüfen und sich, je nach Leistungsstand seiner Klasse und der Qualität der Bearbeitung, für eine der beiden Fassungen zu entscheiden.

HIRSCHGRABEN

"Heinemann Guided Readers":
Somerset W. Maugham: *Footprints in the Jungle and other Stories,* The Taipan, Giulia Lazzari (Intermediate).

KLETT

"Easy Readers":
Oscar Wilde: *The Canterville Ghost* (A).
Ernest Hemingway: *Two Stories,* Fifty Grand, The Undefeated (D).
Alan Sillitoe: *The Loneliness of the Long-Distance Runner* (D).

LONGMAN

"Longman Structural Readers":
F. Scott Fitzgerald: *The Diamond as Big as the Ritz and Other Stories,* The Long Way Out, Bernice Bobs Her Hair, The Baby Party, The Sensible Thing, The Lees of Happiness, Gretchen's Forty Winks (stage 5).
E. M. Forster: *The Machine Stops and Other Stories,* Co-ordination, The Other Side of the Hedge, The Point of It, The Eternal Moment (stage 6).

"New Method Supplementary Readers":
Oscar Wilde: *The Young King and Other Stories,* The Birthday of the Infanta, The Fisherman and his Soul, The Star Child, The Happy Prince, The Nightingale and the Rose, The Selfish Giant (stage 3). Sir Arthur Conan Doyle: *Three Adventures of Sherlock Holmes,* The Speckled Band, The Five Orange Pips, The Crown of Diamonds (stage 4).

"Longman Simplified English Series":
Edgar Allan Poe: *Three Tales of Mystery and Imagination,* The Gold-Bug, The Fall of the House of Usher, The Red Death, The Cask of Amontillado, The Whirlpool, The Pit and the Pendulum, The Stolen Letter, Metzengerstein, The Murders in the Rue Morgue.
Irish Short Stories, u. a. James Joyce: Eveline; Liam O'Flaherty: Civil War; Sean O'Faolain: A Shot in the Garden.
British and American Short Stories, H. E. Bates: Silas the Good; James Thurber: The Catbird Seat; Somerset Maugham: Mabel; William Saroyan: The Barber's Uncle; D. H. Lawrence: The Rocking-Horse Winner; O. Henry: Springtime; H. H. Munro (Saki): The Open Window; Mark Twain: The Income-Tax Man; F. Marion Crawford: The Upper Berth, Stephen Leacock: My Bank Account.
Outstanding Short Stories, H. G. Wells: The Man who Could Work Miracles; Oscar Wilde: The Model Millionaire; P. G. Wodehouse: Lord Emsworth and the Girl Friend; Katherine Mansfield: The Doll's House; Edgar Allan Poe: X-ing a Paragraph; Anthony Trollope: The Courtship of Susan Bell; W. Somerset Maugham: Lord Mountdrago.
"The Bridge Series":
A *Book of Shorter Stories,* u. a. George Gissing: Topham's Chance; Katherine Mansfield: The Fly; H. H. Munro (Saki): Plan of Attack.
The Moth and Other Stories, u. a. Edgar Allan Poe: The Tell-Tale Heart; Somerset Maugham: The Escape; Charles Dickens: The Signalman; O. Henry: After Twenty Years; William Saroyan: The Beautiful White Horse; H. G. Wells: The Moth; James Thurber: The Macbeth Murder Mystery; Oscar Wilde: The Nightingale and the Rose.

American Short Stories, Jack Schaefer: Out of the Past; N. Hawthorne: Mr. Higginbotham's Catastrophe; O. Henry: The Ransom of the Red Chief; Damon Runyon: A Piece of Pie; James Thurber: The Night the Ghost Got in; E. Hemingway: The Killers; Stephen Crane: The Open Boat; Frank Stockton: The Lady, or the Tiger?

Anmerkungen

[1] Konrad Schröder, „Zu Legitimation und Thematik von Literaturunterricht in den fremdsprachlichen Fächern." In: Konrad Schröder und Franz-Rudolf Weller (Hrsg.). *Literatur im Fremdsprachenunterricht.* Frankfurt/Main: Diesterweg, 1977, S. 72 (Schule und Forschung).

[2] Vgl. Michael Bludau, „Die Rolle der Lektüre auf der Sekundarstufe I — Englisch," *Neusprachliche Mitteilungen,* 30 (1977), 131f.

[3] Vgl. Gerlind Belke, „Kommunikationstheoretische, semiotisch-linguistische Versuche der Typologisierung und Klassifizierung von Texten." In: Host Belke, *Literarische Gebrauchsformen.* Düsseldorf: Bertelsmann Universitätsverlag, 1973, S. 37-57 (Grundstudium Literaturwissenschaft). — Barbara Sandig, „Zur Differenzierung gebrauchssprachlicher Texsorten im Deutschen." In: Elisabeth Gülich und Wolfgang Raible (Hrsg.). *Textsorten. Differenzierungskriterien aus linguistischer Sicht.* Frankfurt/Main: Athenäum, 1972, S. 113-124. — Egon Werlich. *Typologie der Texte.* Heidelberg: Quelle & Meyer, 1975 (UTB 450).

[4] Vgl. meinen Versuch einer solchen Typologie in: Liesel Hermes. *Texte im Englischunterricht der Sekundarstufe I. Auswahl und Einsatz.* Hannover und Dortmund: Schroedel und Lensing, 1979.

[5] Vgl. Wolfgang Iser: „Wenn ein literarischer Text keine wirklichen Gegenstände hervorbringt, so gewinnt er seine Wirklichkeit erst dadurch, daß der Leser die vom Text angebotenen Reaktionen mit vollzieht." „Die Appellstruktur der Texte." In: Rainer Warning (Hrsg.). *Rezeptionsästhetik. Theorie und Praxis.* München: Wilh. Fink Verlag, 1975, S. 228-252 (UTB 303).

[6] Werlich, *Typologie,* S. 22.

[7] Vgl. Manfred Erdmenger und Hans-Wolf Istel. *Didaktik der Landeskunde.* München: Hueber Verlag, 1973, S. 15.

[8] Den Terminus „Textgruppe" übernehme ich von Werlich, a. a. O., S. 18.

[9] Vgl. dazu Karl Stocker. *Praxis der Arbeit mit Texten. Zur Behandlung von Texten der Gebrauchs- und Alltagssprache.* Donauwörth: Verlag Ludwig Auer, 2. Aufl., 1975, S. 17.

[10] Daß dies — wenn auch in bescheidener Form — im Englischunterricht der S I möglich ist, habe ich an anderer Stelle zu zeigen versucht, vgl. *Texte im Englischunterricht.* — Zu unterrichtlichen Zielsetzungen im Umgang mit Sachtexten vgl. auch Oswald Watzke und Reiner Friedrichs. *Umgang mit Texten in der Sekundarstufe I. Eine Einführung anhand von Unterrichtsmodellen.* München: Paul List Verlag, 1975, S. 24, die einen ganzen Fragenkatalog zusammengestellt haben.

[11] Es versteht sich von selbst, daß Dialoge außerdem besonders gut zur Einübung in *listening comprehension* geeignet sind.

[12] Wilfried Brusch (Hrsg.). *Projects in Literature. Modelle und Materialien zur Textarbeit im Englischunterricht.* Heidelberg: Quelle & Meyer, 1977, S. 12.

[13] Heinz-Otto Hohmann, „Methodik". In: Ernst Burgschmidt u. a. *Englisch als Zielsprache. Handbuch des Englischunterrichts unter besonderer Berücksichtigung der Weiterbildung.* München: Hueber Verlag, 1975, S. 169.

[14] Vgl. Detlef von Ziegesars Argumentation, daß die „Zweckgebundenheit" von Gebrauchstexten die Schüler zum „Einüben der Informationsentnahme" motiviere. „Gebrauchstexte im Fremdsprachenunterricht," *Englisch,* 11 (1976), 7.

[15] Vgl. Alfred Riemen, „Text und Texte. Überlegungen zu einer Grundsatzfrage heutiger Literaturdidaktik," *Literatur in Wissenschaft und Unterricht,* 9 (1976), 127.

[16] Iser, a. a. O. S. 230f.

[17] Vgl. Louise M. Rosenblatt: "... the quality of our literary experience depends not only on the text ..., but also on the relevance of past experiences or present interests that the reader brings to it." "Literature: The Reader's Role," *The English Journal,* 49 (1960), 305.

[18] Vgl. in diesem Zusammenhang Hans Webers Forderung, der Literaturunterricht „müßte in viel stärkerem Maße, als das landläufig geschieht, die Schüler als Subjekte des Verstehensprozesses sehen und ihre von Vorwissen, von Lebens- und Leseerfahrungen, von Einstellungen und Interessen geprägten Leseweisen respektieren." „Sprechhandlungen im Literaturunterricht." In: Herbert Christ und Hans-Eberhard Piepho (Hrsg.). *Kongreßdokumentation der 7. Arbeitstagung der Fremdsprachendidaktiker Gießen 1976.* Limburg: Frankonius Verlag, 1977, S. 230.

[19] Hans-Eberhard Piepho, „Lesen als Lernziel im Fremdsprachenunterricht." In: *Beiträge zu den Fortbildungskursen des Goethe-Instituts für Deutschlehrer und Hochschulgermanisten aus dem Ausland 1974,* hg. Goethe-Institut zur Pflege Deutscher Sprache und Kultur im Ausland e. V. München, o. J., S. 19.

[20] Walter Kuhfuß, „Aspekte einer literaturdidaktischen Rezeptionsforschung." In: *Kongreßdokumentation,* S. 87.

[21] Riemen, a. a. O., 134.

[22] Hans E. Giehrl. *Der junge Leser. Einführung in Grundfragen der Jungleserkunde und der literarischen Erziehung.* Donauwörth: Verlag Ludwig Auer, 1968, S. 32.

[23] Vgl. Hermes, a. a. O., Modell „Kriminalerzählung."

[24] Vgl. Albert-Reiner Glaap, „Koordinaten für die Hinführung zur Analyse narrativer Kurztexte auf dem Wege zur Sekundarstufe II," *Der fremdsprachliche Unterricht,* 10 Heft 1 (1976), 32. Glaap vertritt zu Recht die Auffassung, daß sich solche Ziele mit Lehrwerktexten nur sehr beschränkt erreichen lassen.

[25] Vgl. dazu Liesel Hermes, „Zur Frage des extensiven Lesens im Englischunterricht der Sekundarstufe I," *Englisch,* 13 (1978), 1.

[26] Martin Löschmann, „Lautes und stilles Lesen," *Deutsch als Fremdsprache,* 4 (1967), 286.

[27] Ebda., 288.

[28] Ebda., 288.

[29] Gisela Göhrum, „Lehrbuch und Lesen." In: Harald Gutschow (Hrsg.). *Englisch.*

Didaktik, Methodik, Sprache, Landeskunde. Bielefeld: Cornelsen-Velhagen & Klasing, 1974, S. 86.

30 Vgl. Oswald Stille: „Nach dem Schulabschluß ist die Lesefertigkeit meist häufiger anwendbar und leichter ausbaufähig als das Hören und Sprechen der Fremdsprache." „Zur Didaktik und Methode des sinnfassenden Lesen," *Neusprachliche Mitteilungen,* 27 (1974), 82.

31 Ebda., 82.

32 Vgl. Hermes, „Zur Frage des extensiven Lesens," 3.

33 Vgl. Stille, a. a. O., 87.

34 Glaap, „Koordinaten," 33.

35 Freie und Hansestadt Hamburg. *Lehrplan Englisch im Gymnasium Klasse 7-10.* O. O., o. J., S. 2.

36 Der Senator für Bildung. *Der Unterrichtsrahmen für die Gesamtschulen im Lande Bremen. Englisch.* O. O., 1976, S. 9.

37 Rheinland-Pfalz, Kultusministerium. *Vorentwurf eines lernzielorientierten Lehrplans für das Fach Englisch, Sekundarstufe I, (8. Schuljahr).* O. O., 1977, S. 7.

38 Vgl. ebda., S. 15.

39 Bremen, S. 13.

40 Der Senator für Schulwesen Berlin. *Inhaltliche Grundlagen für das Fach Englisch, Jahrgangsstufe 7-10.* O. O., 1975, S. 6.

41 Hamburg, S. 9. — Vgl. Kultusministerium Baden-Württemberg. *Vorläufiger Lehrplan Englisch, Gymnasium Klasse 7.* O. O., 1977, S. 3.

42 Realschulen in Niedersachsen. *Richtlinien für den Fremdsprachenunterricht* (im Schroedel Verlag), o. O., o. J., S. 12.

43 Rheinland-Pfalz, S. 8.

44 Baden-Württemberg, S. 45.

45 Vgl. Hamburg, S. 9; außerdem Der Kultusminister des Landes Schleswig-Holstein. *Lehrplan Englisch für die Klasse 8 des Gymnasiums.* O. O., 1974, S. 7.

46 Vgl. z. B. "Longman Structural Readers," "Oxford Graded Readers" (CVK), "Pattern Books" (Lensing-Macmillan), "Ranger Readers" (Lensing-Macmillan).

47 Nach diesem Prinzip sind z. B. die "Ranger Readers" konzipiert.

48 Wegen der großen Zahl an Titeln, die auf dem Markt sind, erübrigen sich hier weitere Hinweise.

49 Rosemary Hellyer-Jones und Peter Lampater. Stuttgart: Klett, 1971.

50 Stuttgart: Klett, 1971.

51 Richard M. Müller, "Literature Simplified," *Die Neueren Sprachen,* 17 (1968), 627. — Vgl. ein Jahr zuvor Hans-Joachim Lechler, „Die Unlust im Englischunterricht der Mittelstufe," *Der fremdsprachliche Unterricht,* 1 Heft 2 (1967), 13-22.

52 Michael West, "Criteria in the Selection of Simplified Reading Books," *English Language Teaching,* 18 No. 1 (1963), 146.

53 Ebda.. 148.

54 Müller, a. a. O., 627f.

55 Antony Pearson, "Reflexions on the Use of Simplified Texts," *English Language Teaching,* 22 No. 2 (1968), 244. — Vgl. Wolf-Dieter Weise, der aufgrund des Substanzverlustes, den Short Stories durch „Simplifizierung" erleiden, eine solche ablehnt. „Anthologien britischer und amerikanischer Short Stories für deutsche Schulen — eine Bestandsaufnahme," *Literatur in Wissenschaft und Unterricht,* 10 (1977), 136.

56 Eleonore Cladder und Willi Real, „Möglichkeiten der Lektürearbeit im Englischunterricht des 10. Hauptschuljahres: Richard Wrights 'Black Boy' (Schulausgabe)," *Englisch,* 11 (1976), 82.

57 Helmut Meyer, „Original und Schulausgabe im fremdsprachlichen Unterricht: Textdidaktische Überlegungen zur editorischen Grenzwertfindung am Beispiel dreier Fassungen von Jerome K. Jerome 'Three Men in a Boat'," *Die Neueren Sprachen,* 25 (1976), 525.

58 Vgl. ebda., 526.

59 Vgl. dazu Albert Schmitz, „Simplified Readers: Probleme und Lösungen," *Zielsprache Englisch,* 1 (1972), 23; vgl. Meyer, a. a. O., 532. — Eine Hilfe für den Lehrer stellen folgende Büchlein dar: *Guide to Rangers.* Structural and Lexical Control Book. London: Macmillan, 1974 (über Lensing); *Handbook to Longman Structural Readers.* Containing Aids for the Teacher: The Structure Tables and Basic Vocabulary. München: Langenscheidt-Longman, 1973. Eric Orton. *Graded Readers. Teacher's Guide.* Paderborn: Schöningh, 1973. (Sie enthalten — allerdings jeweils für die eigene Reihe — eine Wortschatzliste sowie eine Liste der auf den einzelnen Stufen vorausgesetzten Strukturen).

60 Stuttgart: Klett, 1967 (Easy Reader).

61 London: OUP, 1964 (The Oxford English Course, Supplementary Readers, Stage c [für das 4. und 5. Jahr].

62 London: Macmillan, 1964 (Pattern Book. Adult Level: Beginner's Grade). Kritisch ist anzumerken, daß die Titelseite in keiner Weise die Bearbeitung erkennen läßt, sondern suggeriert, daß es sich um einen Originaltext handelt.

63 A. a. O., Einführung in die Serie.

64 Ebda., S. 6.

65 Ebda., S. 7.

66 *British and American Short Stories.* London: Longman, 1960.

67 Ebda., S. 75.

68 *American Short Stories,* ed. Barry Taylor. London: Longman, 1964. Einleitung.

69 Bludau hat in einem sehr ausführlichen Raster — nach rezeptiven und produktiven Fertigkeiten getrennt — Arbeitstechniken für den Umgang mit Lektüren in der S I dargelegt. A. a. O., 135.

70 In jüngster Zeit hat sich auch Harald Gutschow für das zweisprachige Wörterbuch ausgesprochen. *Eine Methodik des elementaren Englischunterrichts. Probleme und Arbeitsformen.* Bielefeld: Cornelsen-Velhagen & Klasing, 1978, S. 78.

[71] Zur Methode vgl. Wolfgang Wierscheim und Erika Hahn. *Englisch. Lehrplan — Vorbereitung — Unterricht.* Weinheim und Basel: Beltz Verlag, 1976, S. 140-142 (Lehrerhandbuch, hg. Hermann Meyer, Bd. 8: Englisch).

[72] Zu Analysetechniken vgl. Albert-Reiner Glaap. *Ansätze zu Verfahren der Texterschließung.* Pädagogisches Institut Düsseldorf Schriftenreihe, o. J.

[73] Vgl. dazu die Darstellung einer kreativen Textarbeit bei Wilfried Brusch und Klaus H. Köhring, „Von der Textentschlüsselung zur Textverarbeitung," *Der fremdsprachliche Unterricht,* 10 Heft 3 (1976), 10-13.

[74] Hans Weber, a. a. O., S. 231.

II. Praxis

Peter Bruck

Die Vergangenheit der Zukunft: Amerikanische *science fiction stories* von William Tenn bis Damon Knight

Nothing is impossible. That is the credo of the science fictioneer — and evidently also the working principle of the research technician.
Jack Williamson, "The Logic of Fantasy"

The question is not, for example, should we use science fiction at schools. The question is, *what* science fiction we use in schools, and what do we intend to do with it.
Peter Nicholls, *Science Fiction At Large*

1. Science Fiction und Literaturwissenschaft

Entwicklungsgeschichtlich hat Science Fiction (*SF*) in den wenigen Jahrzehnten ihrer Existenz eine erstaunliche Dynamik bewiesen und in der Gunst ihrer Leser einen Präferenzgrad erreicht, der hinter dem des Kriminalromans kaum noch zurücksteht. Die Geschichte der Gattung, die, wie Fiedler mit Recht festgestellt hat, eigentlich die Geschichte eines Namens ist,[1] beginnt in den 20er Jahren, als der aus Luxemburg in die USA eingewanderte Hugo Gernsback die Zeitschrift *Amazing Stories* (1926) gründete und die dort publizierten Erzählungen mit dem Etikett 'scientification' versah. Im Anschluß an die Tradition des Übernatürlichen der *gothic tales* sowie phantastischer Elemente des Märchens entstanden zunächst exotische Abenteurergeschichten, sogenannte *space operas*, wie sie noch heute in zahlreichen Fernsehserien als Unterhaltungskost dargeboten werden. Gernsback, der eher einseitig technologiebesessene *stories* bevorzugte, prägte dann 1929 den Begriff 'science fiction' und trug damit, wie die neuere rezeptionssoziologische Forschung zeigt, entscheidend dazu bei "[that] science fiction separated itself from the general body of popular magazine fiction and created a specialist audience."[2]

Das Schandmal der Trivialität, das *SF* für eine lange Zeit anhaften sollte, bewirkte so nicht nur eine literarische Getto-Existenz, sondern war auch für die fast endlosen Debatten über das Verhältnis von *SF* zur genannten 'mainstream literature' verantwortlich. Im Gefolge dieser Diskussion griffen die *SF*-Autoren selbst nur allzu gerne zu schablonenhaften und apodiktischen Formulierungen, die eher abträglich waren für die kritische Rezeption einer Gattung, deren literarische Anerkennung erst noch bevorstand. So bemerkte etwa Heinlein in einem 1957 gehaltenen Vortrag:

> [*SF*] is the most alive, the most important, the most useful, and the most comprehensive fiction being published today. It is the only fictional medium capable of interpreting the changing, head-long rush of modern life. Speculative fiction is the main stream of fiction.[3]

Seit den späten 40er Jahren verloren die literarischen Zukunftswelten jedoch zunehmend den Charakter eines Kuriositäten- und Gruselkabinetts oder eines Weltraum-Wilden-Westens. Die technologischen und biologischen Wunder fungierten nicht mehr ausschließlich als exotisches Dekorationsmaterial und traten hinter die Darstellung einer veränderten gesellschaftlichen Umwelt oder hinter die einer veränderten menschlichen Daseinsweise zurück. *SF* vertiefte ihren thematischen Bereich und wurde zu einer *well-made-story*, die hinsichtlich *plot*-Konstruktion, Komplexität der dargestellten Welt, Charakterzeichnung und Erzähltechnik sich nicht länger hinter herkömmlichen literarischen Erzähltexten zu verstecken brauchte.

Dementsprechend wuchs auch das literaturwissenschaftliche Erkenntnisinteresse, das sich speziell seit den 60er Jahren vor allem mit den Inhalten und der Gattungsgeschichte von *SF* befaßt. Obgleich im Gefolge der großen Fülle kritischer Beschäftigung mit *SF*-Literatur zahllose Definitionen entstanden sind und unzählige Gattungstypologien aufgestellt wurden, müssen die bisherigen Ergebnisse als eher dürftig bezeichnet werden. Barmeyers 1972 geäußerte Klage, daß „bisher noch keine SF-Definition Anspruch darauf erheben kann, dem monströsen Gegenstand in seiner ganzen Ausdehnung kritisch-präzise gerecht zu werden,"[4] hat immer noch nichts von ihrer Gültigkeit eingebüßt und unterstreicht den nach wie vor desolat zu nennenden Zustand der Kritik.

Die bisherige Definitionsgeschichte läßt drei zentrale Argumentationsstränge erkennen. Angesichts der strukturellen Heterogenität von *SF*, ihrer „Imitations- und Assimilationsfähigkeit"[5] gegenüber anderen narrativen Textsorten wie etwa Abenteuer- und Kriminalroman oder der phantastischen Erzählung haben viele Kritiker sich bemüht, *SF* gewissermaßen *ex negativo* und in Abgrenzung zu den genannten Textsorten zu bestimmen. Die Diskussion orientierte sich dabei vor allem an der Abgrenzung gegenüber der phantastischen Erzählung sowie der modernen Utopie. So ordnet etwa Todorov *SF* der Kategorie des erklärten Übernatürlichen zu,[6] und auch Caillois sieht die Besonderheit von *SF* darin, daß „der Erzähler die übernatürlichen Gegebenheiten der alten phantastischen Geschichten wieder belebt und sie nachträglich rechtfertigt, indem er sie als Normen einer anderen natürlichen Ordnung darstellt."[7] Im Gegensatz zur *fantasy*, deren wunderbare Weltordnung den konstitutiven Darstellungsrahmen bildet, bemüht sich der *SF*-Autor um *verisimilitude*. Der Anschein der Glaubwürdigkeit ist dann auch das entscheidende Abgrenzungskriterium für Kingsley Amis: die in der *SF* vorgestellten Neuerungen gegenüber der empirischen Realität zeichnen sich ihmzufolge vor allem durch ihre Plausibilität aus.[8] Der Ansatz einer Erklärbarkeit des Geschehens, der im *SF*-Text selbst angelegt ist, führt so zu einer gewissen Rationalität des Phantastischen, die dem zum gegenwärtigen Zeitpunkt Unmöglichen den Anschein des Möglichen verleiht. Als eine "realistic speculation about possible future events"[9] stellt *SF* eine Extrapolation des Istzustandes auf einen möglichen Zukunftszustand dar. Neben die Kategorie der Plausibilität tritt für einige Kritiker die der Wissenschaftlichkeit als zusätzliches Abgrenzungskriterium: „die Wissenschaft liefert die Basis für alle Spekulationen der Science-fiction."[10]

Während die Abgrenzungsdiskussion von *SF* und phantastischer Literatur ein einigermaßen brauchbares Instrumentarium bereitgestellt hat, ist die Abgrenzung von *SF* und der modernen literarischen Utopie, speziell der Anti-Utopie, nach wie vor problematisch. Zahlreiche satirische Zukunftsromane und Erzählungen wie Bradburys *Fahrenheit 451*, Vonneguts *Player Piano* oder Pohls "The Midas Plague" und "The Tunnel Under the World" verweisen auf einen „Konvergenzprozeß"[11] von 'social science fiction' und der Anti-Utopie. Wenngleich etwa ein so bekannter Autor wie Isaac Asimov die satirische Zukunftsliteratur strikt ablehnt und Bradbury vorhält "[that he] does not really write science fiction [for] his stories do not depict possible futures [but] are warnings and moral lessons aimed at the present,"[12] und Hienger beide Textsorten aufgrund einer vermeintlich unterschiedlichen Funktion der satirischen Absicht trennen möchte,[13] erscheint eine generelle Ausgrenzung der Anti-Utopie aus der *SF* wenig sinnvoll. Angesichts des derzeitigen Zustandes der Gattungsdiskussion läßt sich allenfalls aus heuristischen Gründen die nachfolgende vorläufige Grenzziehung vornehmen, so wie sie Broich in Erweiterung zur Utopiedefinition von Schulte-Herbrüggen vorgeschlagen hat: Im Gegensatz zum totalen Weltentwurf der Utopie bzw. dessen „negativer Idealität"[14] in der Anti-Utopie „ist die typische Science Fiction-Erzählung nicht bestrebt, eine fremde Welt darzustellen, in der die Kategorie der Weltveränderung in sämtlichen Lebensbereichen realisiert wird."[15]

Neben den aus den Abgrenzungsversuchen gewonnenen Gattungsmerkmalen haben zahlreiche Kritiker die Kategorie der partiellen Veränderung zum entscheidenden Definitionskriterium erhoben. Im Anschluß an Amis' klassische Bestimmung der *SF* als

> that class of prose narrative treating of a situation that could not arise in the world we know, but which is hypothesised on the basis of some innovation in science or technology[16]

pflegt die neuere Kritik *SF* als Veränderungsliteratur zu begreifen, die „den künftigen Wandel bisher konstanter Realitätsfaktoren zu imaginieren vermag und beispiellose Veränderungen in der menschlichen Situation von der Zukunft sich verspricht."[17]

Als narrative Prosaform unterliegt *SF*, wie andere Erzähltexte auch, den Erfordernissen literarischen Erzählens. Dies bedeutet, daß die textinterne Zeitstruktur, abgesehen von nahen oder fernen Zukunftsdaten, stets die eines normalen Erzählwerkes ist. Wenngleich der *SF*-Autor vorgibt, in einer fernen Zukunft zu schreiben, ist er doch gezwungen, die fiktive Erzählgegenwart der Zukunft durch vertraute Denkmuster und sprachliche Mittel darzustellen. Da eine Zukunftswelt keine sprachliche Extrapolation sein kann, folgt, daß *SF* die Zukunft als Vergangenheit schildern muß, wobei stets die Gegenwart der „Fokus ist, auf den die Erzählsituation ausgerichtet [ist] und auf den sich das Handlungsgeschehen bezieht."[18] Um dennoch einen fiktiven Zukunfszustand entwerfen zu können, variiert *SF* einen oder mehrere Konstanten der vertrauten empirischen Realität (z. B. die Entwicklung von Denkmaschinen zu 'humanoids'; die Weiterentwicklung der Spezies Mensch zum Mutanten, etc). Dies bewirkt eine für *SF*-Texte eigentümliche Form der Leserlenkung, die eine dritte Gruppe von Kritikern zum theoretischen Fundament einer Gattungsdefinition ausgebaut hat. Die Veränderung eines oder mehrerer Aspekte der gegenwärtigen Welt führt zu einer „erkenntnisbezogenen Verfremdung," die Suvin zum konstitutiven Merkmal der *SF* erhoben hat:

> Die SF ist folglich ein literarisches Genre, dessen notwendige und hinreichende Bedingung das Vorhandensein und das Ineinanderwirken von Verfremdung und Erkenntnis sind und deren formales Hauptstilmittel ein imaginärer Rahmen ist, der als Alternative zur empirischen Realität fungiert.[19]

Suvins Verfremdungsbegriff, der in seiner Verwendung auf den russischen Formalisten Viktor Sklovskij zurückgeht,[20] verweist auf einen Lesevorgang, der ein 'neues Sehen' im Gegensatz zum Wiedererkennen der erzählten Welt anstrebt. Zwar ist dieser ästhetische Grundsatz seit der Romantik Prämisse nahezu allen mimetischen Erzählens, doch kommt ihm, wie

Scholes mit Recht festgestellt hat, in der *SF* eine ungleich größere Bedeutung zu.[21] Indem das Verfahren der Verfremdung in der *SF* zum konzeptuellen Darstellungsrahmen wird, führt es zu einer "discontinuity *from* a contemporary view of what is true or natural"[22] und zwingt damit den Leser zu einer veränderten Wahrnehmung der Bedingungen seiner gegenwärtigen Existenz. Von diesem erkenntnistheoretischen Ansatz her läßt sich *SF* dann auch nicht länger als „ein literarischer Sonderfall [begreifen, der] abgelöst von den anderen Gattungen existiert"[23], sondern stellt sich als eine radikale Verdichtung traditioneller narrativer Verfahrensweisen dar, die jede mimetische Fiktion charakterisieren. Auf der Basis der erkenntnistheoretischen Überlegungen von Suvin, Scholes und Ketterer[24] lassen sich einige idealtypische Gattungsmerkmale erstellen, die zusammen mit dem unten angeführten Stammbaum einen vorläufigen Begriffsraster ergeben, der es erlaubt, die spezifischen Eigenarten der *SF* zu erfassen:

1. Im Gegensatz zur übrigen mimetischen Erzählliteratur ist in der *SF* die Diskontinuität zwischen empirischer und fiktiver Welt mehr konzeptuell-inhaltlicher Art.
2. Diese Aufhebung der vertrauten Annahmen "causes a metaphorical destruction of that 'real' world in the reader's head."[25]
3. Der imaginäre Ausschnitt der Alternativwelt steht in einer Symbol- und Deutungsbeziehung zu der empirischen Welt des Autors und Lesers.
4. Dieses Beziehungsverhältnis bewirkt, daß *SF* die empirische Welt durch die Beschreibung des Unbekannten neu zu deuten versucht.

Der in diesem Begriffsraster sichtbar werdende besondere Verweisungscharakter von *SF* kennzeichnet gleichzeitig die Wirkungsabsichten dieser Literatur. Neben dem unbezweifelbaren Unterhaltungsanspruch konfrontiert *SF* den Leser mit Fragen der Ethik, der technisch-zivilisatorischen Entwicklung, den Grundlagen der menschlichen Existenz u. ä. Der Belehrungs- und Erkenntnisanspruch im Sinne eines Zuwachses an Erkenntnis unterstreicht das didaktische Wirkungspotential dieses Genres.

2. Science Fiction und Literaturdidaktik

Die im Zuge der Curriculum-Euphorie ausgebrochene Lernzieldiskussion hat seit Beginn der 70er Jahre bekanntlich einen großen Widerhall in der Literaturdidaktik gefunden. Im Verlauf dieser Debatte, die vornehmlich im Bereich der germanistischen Literaturdidaktik geführt wurde, orientierte sich die Lernzielbestimmung vor allem an vermeintlich gesellschaftlich relevanten Inhalten, um die die literarischen Stoffbereiche organisiert wurden. Damit einher ging eine nicht unwesentliche Erweiterung des Literaturbegriffes selbst. Fiktionale Texte wurden nicht länger in Hoch- und Trivialliteratur unterteilt, sondern auf ihren Gebrauchswert hin be-

Stammbaum der Gattung Science Fiction

UTOPIE	ANTI-UTOPIE	MÄRCHEN	PHANTASTIK
1516: Thomas Morus, *Utopia* Funktion: Kritik der bestehenden Gesellschaftsordnung durch die Gegenbildlichkeit eines Idealbildes Formprinzipien: a) geographische Isolation b) Erzählform des Reiseberichtes c) prästabilisierte Harmonie	Funktion: negatives Spiegelbild mit ethischem Anspruch. Satirischer Grundtenor. Samjatin, *Wir* (1920) Huxley, *Brave New World* (1932) Orwell, *1984* (1948) Bradbury, *Fahrenheit 451* (1954)	Wunderbare Weltordnung außerhalb der Wirklichkeit Konzeptueller Darstellungsrahmen: Zauber u. Magie als etwas Normales	Konfrontation der Alltagswelt mit dem Unerklärlichen. Ghost- und Horrorstories. Kategorie des erklärten Übernatürlichen

SCIENCE FICTION

1. *Verisimilitude:* Anschein von Glaubwürdigkeit
2. Kategorie der partiellen Veränderung. Variation einer/mehrerer Konstanten der empirischen Realität
   a) Extrapolation zukünftiger Konsequenzen gegenwärtiger Umstände (soziologische Ausrichtung)
   b) Extrapolation von Konsequenzen im Anschluß an die Veränderung gegenwärtiger Zustände (technisch-innovative Ausrichtung)
   c) Einführung völlig neuer Lebensmöglichkeiten (philosophisch-ethischer Aspekt)
3. Kategorie der erkenntnisbezogenen Verfremdung. Zurückverweisung auf die Gegenwart/Vergangenheit
4. Didaktische Wirkungsintention: Belehrungs- und Erkenntnisanspruch

Definition: "SF aims at destroying old assumptions and suggesting a new, and often visionary reality." (David Ketterer, *New Worlds For Old,* S. 18) fragt. Allgemeine Erziehungsziele wie etwa „mündiges Literaturverhalten”[26] oder „kritische Wertungskompetenz[27] bewirkten dabei einen eindimensionalen Zugriff auf Literatur, denn, wie Dahrendorf 1973 darlegte, „die Zuordnung der Texte ist so vorzunehmen, daß ein bestimmtes Bewußtsein von einem Problemzusammenhang aufgebaut wird, das . . . bestimmte Verhaltens- und Handlungsweisen zur Folge hat.”[28]

Eine solche Orientierung am Endverhalten der Schüler liegt beispielsweise der amerikanischen literaturdidaktischen Veröffentlichung *Guide to Science Fiction* zugrunde. Die Autoren Paine und Martinez begründen ihren Curriculumentwurf damit, daß *SF* “a tremendous avenue for opening up discussion about values and goals”[29] bereitstelle. Diese Ausrichtung an *behavioral objectives*, die wie im vorligenden Fall ausschließlich das allgemeine Erziehungsziel einer Reflexion über Normen und Wertvorstellungen beinhalten, bedingt eine völlige Inhaltsneutralität hinsichtlich der Textauswahl. Eine so verfahrende Literaturdidaktik reduziert notwendigerweise die literarischen Texte auf eine bloße „Illustrationsfunktion” und verhindert dadurch, „daß die Mehrdimensionalität fiktiver Texte zur Entfaltung kommt.”[30] Glaap macht daher auch zurecht geltend, daß die „fachlichen Lernziele an Inhalten konkretisiert werden müssen.”[31]

Die neuerdings erhobene Forderung nach einer Wiedereinsetzung des „Verstehens als Grundlage der Literaturdidaktik”[32] resultiert aus der Einsicht, daß der Gegenstand Literatur nicht länger aus fachübergreifenden allgemeinen Erziehungszielen abzuleiten sei. Der Verzicht auf die Formulierung derartiger Ziele bedeutet freilich nicht, daß sich der jeweilige Literaturunterricht sämtlicher Begründungen zu entsagen hat. Sieht man eine seiner wesentlichsten Aufgaben darin, daß „die Interpretation eines literarischen Werkes eine Herausforderung der eigenen, das Vorverständnis leitenden Normen darstellt und daß diese Herausforderung zur Reflexion und zur Erweiterung des eigenen Wahrnehmungs- und Motivationshorizontes führen kann,”[33] dann vermag gerade die Auseinandersetzung mit *SF* den in diesem hermeneutischen Verstehensakt angelegten Selbstvergewisserungsprozeß entscheidend zu fördern. Der spezielle Sinnentwurf von *SF* („erkenntnisbezogene Verfremdung”) zwingt den Textrezipienten, den eigenen Wahrnehmungshorizont in Frage zu stellen, indem er zu der Zukunftsperspektive Stellung bezieht, in der der *SF*-Text mögliche Realität erschließt und dadurch auf die gegenwärtige Realität zurückweist. *SF* bewirkt so eine Herausforderung an die das eigene Vorverständnis leitenden Normen und ermöglicht eine differenziertere Sinnorientierung in der Gegenwart.

SF sollte im Englischunterricht der Sekundarstufe II somit behandelt werden, weil

1. die Zukunftsbezogenheit dieser Literatur ein wesentliches anthropologisches Merkmal des Jugendalters anspricht, damit auf latent vorhandenes Interesse des Schülers eingeht und so in besonderer Weise an die affektive Dimension des jüngeren Lesers appelliert;[34]
2. ihre gedanklichen Modellspiele „kritische Potenzen wecken [können], die von keiner anderen literarischen Gattung angesprochen werden;"[35]
3. sie den Leser zur Auseinandersetzung mit Zukunftsfragen motiviert; (and because)
4. "it prepares young people to live and survive in a world of ever-continuing change by teaching them early that the world does change."[36]

3. Science Fiction als Unterrichtsgegenstand

Angesichts der Tatsache, daß *SF* sich — wie eingangs dargelegt — als eine *ars combinatoria* darstellt, ist die nachfolgende Textauswahl auf das Ziel ausgerichtet, einen möglichst breiten Themen- und Motivkatalog sowie unterschiedliche Verfahrensweisen der Zukunftsdarstellung vorzuführen. Da geeignete Schulausgaben bislang fehlen, wird aus praktischen Gründen (leichte Beschaffbarkeit, große Themenbreite) der *Penguin Science Fiction Omnibus*[37] als Grundlage für einen Leistungskurs der Stufe 12/2 bzw. 13 vorgeschlagen. Die Wahl dieser Anthologie gestattet gleichzeitig eine beliebige Erweiterung der Textsequenz, die in Anlehnung an Bruschs Vorschläge zur Textprojektmethode als „offenes Mini-Curriculum"[38] zu verstehen ist, das im Verlauf des Kurses entsprechend revidiert werden kann. Demzufolge werden in den folgenden Units lediglich kurzgeschichtenbezogene Grobziele aufgestellt, damit für den jeweiligen Unterrichtsverlauf nicht nur genügend Raum für Problematisierungen bleibt, sondern auch die Sprechanlässe ausgeschöpft werden können, die die einzelnen Stories aufgrund ihrer inhaltlichen Problematik schaffen.

Da es sich bei der Textabfolge um eine Formalsequenz handelt und das Ziel der Sequenz in der Erarbeitung von Textsortenmerkmalen besteht,[39] ergibt sich die Reihenfolge der vorgeschlagenen Kurzgeschichten aus einer zunehmenden Komplexität der einzelnen Verweisungen, die von einer einfachen Umkehrung der Realität zu sozialkritischen und anthropologischen Fragestellungen hinführen. Eine derartige Relationierung scheint mir im Hinblick auf die Forderungen nach einer „produktiven Textentschlüsselung"[40] dreierlei zu gewährleisten:

1. die Schüler erhalten die Möglichkeit, persönliche Stellungnahmen abzugeben und gattungsimmanente Wertkriterien zu formulieren, d. h. leserbezogene Ansprüche an die Gattung *SF* zu artikulieren;
2. eine Formulierung derartiger Ansprüche erlaubt es, den Aussagegehalt der einzelnen Stories kritisch zu würdigen, indem z. B.

3. Handlungsalternativen konstruiert werden, die Erzählperspektive verändert wird, das Veränderungspotential gekürzt bzw. erweitert wird u. ä.

Der erste Text, William Tenns “Eastward Ho!”, bietet aufgrund seiner satirischen Inversionstechnik am ehesten die Möglichkeit, in das Veränderungsdenken der *SF* einzuführen. Da die Schüler schrittweise an die Gattungskonventionen herangeführt werden sollen, ist als motivierender ‘Einstieg’ eine Spekulationsaufgabe denkbar, wie etwa: What if the US. were destroyed in an atomic warfare. Try to imagine what the American society would look like after this holocaust. Nach einer zeitlich begrenzten Diskussion über die Schülerspekulationen könnte dann eine ausführliche formale Analyse der ersten beiden Textabschnitte erfolgen, um so – in Kontrast zur Schülerphantasie – erste Elemente der konzeptuellen Verfremdungstechnik von *SF* herauszuarbeiten.

UNIT 1: William Tenn, *Eastward Ho!* (1958)

Motiv: Postkatastrophenmotiv
Thema: Persiflage auf die amerikanische Geschichte
Zentrale Darstellungsweise: satirische Inversionstechnik
Lernziele: die Schüler sollen erkennen, daß

a) “Eastward Ho!” auf die Rassenbeziehungen in den USA zurückverweist,
b) diese Kurzgeschichte zahlreiche Elemente der amerikanischen Geschichte verfremdet,
c) die Inversionstechnik das zentrale Mittel der Zukunftsdarstellung ist.

“Eastward Ho!” beginnt mit einer Handlungssituation, wie sie kennzeichnend für einen Western ist:

The New Jersey Turnpike had been hard on the horses. South of New Brunswick the potholes had been so deep, the scattered boulders so plentiful, that the two men had been forced to move at a slow trot, to avoid crippling their three precious animals. And, of course, this far south, farms were non-existent: they had been able to eat nothing but the dried provisions in their saddlebags, and last night they had slept in a roadside service station, suspending their hammocks between the tilted, rusty gas pumps. (536)

Dieser Eingangsabschnitt verdeutlicht *in nuce* die Erzählstrategie, die sich ausschließlich des satirischen Topos der verkehrten Welt bedient. Die durch die Western-Analogie evozierte ‘frontier-Situation’, die auf einen Vorstoß aus zivilisiertem Gebiet in unbekanntes Neuland hindeutet, wird von Anbeginn an verfremdet. So siedelt der Erzähler die neue ‘frontier’ direkt vor den Toren New Yorks an und verlagert den ersten Handlungsort auf den New Jersey Turnpike, eine der ältesten Autobahnen von New York nach Baltimore, die hier jedoch zerstört und als 'Pferdepfad' geschildert wird. Eine weitere Umkehrung zeigt sich in der Verwendung von "this far south", das ursprünglich auf die Mason-Dixon-Linie zwischen Nord- und Südstaaten verwies und jetzt den Hudson River als Grenze bezeichnet. Diese Umkehrung der realen Geographie, die im Unterricht anhand entsprechenden Kartenmaterials unbedingt erarbeitet werden sollte, impliziert gleichzeitig eine Reduzierung der heutigen USA auf ihre einstige Größe als englische Kolonie: die Zukunftsvision erscheint als Wiederholung der Vergangenheit. Diesem Rückgriff auf die Vergangenheit liegt ein Darstellungsverfahren zugrunde, das zwei historische Phasen — unsere Zeit am Beispiel der vom Auto geprägten Landschaft sowie die amerikanische Pionierzeit — übereinanderkomponiert und als gleichzeitige Ereignisse in die Zukunft projiziert.

Diese Verschmelzung zweier historischer Phasen zu einer Zukunftsgeschichte deutet exemplarisch auf den Referenzcharakter von *SF* hin. Da die dargestellte Zukunftswelt nicht völlig neu im Sinne von fremd und andersartig sein kann — denn sonst müßte ein *SF*-Autor eine neue Sprache erfinden —, steht sie in einem unaufhebbaren Verweisungszusammenhang zur empirischen Realität. Der literarische Entwurf der Zukunftswelt muß sich somit immer an Aspekten der Gegenwart oder Vergangenheit orientieren, die freilich nahezu beliebig verfremdet werden können.

Der Topos der verkehrten Welt läßt sich insbesondere anhand der kontrapunktisch gegenübergestellten Welten der Weißen und der Indianer verdeutlichen. Als Abgesandter einer machtlosen weißen Regierung bemüht sich Jerry Franklin, dessen Name auf Benjamin Franklin, den ersten Botschafter der USA in Frankreich anspielt, die Sioux-Indianer zu einer Aufgabe ihrer Expansionspolitik zu bewegen. In Umkehrung zum einstigen Eroberungsstreben der Weißen während der Pionierzeit und ihrer *Manifest Destiny* Ideologie bilden nun die Indianer das beherrschende Volk, das sich gegenüber der verfallenen Welt der Weißen so deutlich fortschrittlich abhebt, daß der Protagonist sich resignierend eingestehen muß: "Sometimes you thought that destiny had meant them to be conquerors . . ." (540)

Die neuen Mehrheits- und Herrschaftsverhältnisse in der dargestellten Welt fungieren als Persiflage einer historischen Rassenpolitik. Die amerikanische Gesellschaft im Jahre 2058 ist in drei politische Räume eingeteilt: eine übermächtige Indianerzone, eine von Schwarzen verwaltete Südstaaten-'Confederacy' "where the Sioux allow us to live in peace, so long we till the soil quietly and pay our tithes" (541) sowie die von Weißen bewohnten Reservate in und um New York, aus denen ihnen die Vertreibung droht. Dieses Inversionsverfahren konstituiert den besonderen Verweisungscharakter dieser Geschichte. Die satirische Neugestaltung der Pionierzeit mit vertauschten Rollen entlarvt nicht nur die inhumane Praxis einer historischen Epoche, sondern plädiert zugleich für eine rassenpolitische Neuorientierung in der Gegenwart.

Die satirische Funktion der einzelnen Umkehrungen wird noch gesteigert durch die Art der sprachlichen Ausgestaltung der Dialogpartien, die darauf abzielt, Teile des weißen Herrschafts- und Bildungsvokabulars in seiner Doppelzüngigkeit und Verschleierungstaktik durchsichtig zu machen. So vertritt der Indianer-Häuptling einen klassisch-liberalen Rassenstandpunkt ("I feel that palefaces are like other people — it's the individual that counts" [545]), der in Analogie zur Einstellung der Weißen gegenüber den Schwarzen ein bloßes Lippenbekenntnis bleibt, und so bemängelt der bildungsbürgerliche Bright Book Jacket, daß die Regierungsbotschaft, die der Protagonist überbringt, zahlreiche orthographische Fehler enthält. Die Diskrepanz, die sich zwischen der vom Protagonisten als "precious document" angesehenen Botschaft und ihrer Bewertung durch den Indianer ("bad penmanship" [545]) auftut, travestiert hier einen rassisch gefärbten Bildungshochmut, durch den einst schwarze wie rote Amerikaner zu 'natürlichen' Analphabeten abgestempelt wurden.

Bestechend ist die Konsequenz, mit der Tenn dieses Inversionsverfahren durchgeführt hat. Schon im Titel deutet sich das gewählte Umkehrprinzip an. Während der Slogan "Westward Ho!" früher die Expansion der nach Westen drängenden Einwanderer bezeichnete, spielt "Eastward Ho!" auf die Flucht der Weißen nach Osten, dem Ausgangspunkt ihrer Eroberungspolitik, an. So ist es auch nur folgerichtig, daß die einstigen Eroberer in die Heimat ihrer Vorfahren zurückzukehren gezwungen sind:

> Sail east. . . .Due east all the way. To the fabled lands of Europe. To a place where a white man can stand at last on his own two legs. Where he need not fear persecution. Where he need not fear slavery. Sail east, Admiral, until we discover a new and hopeful world — a world of freedom. (552)

Das Ende dieser Kurzgeschichte signalisiert durch die ironische Verklärung der 'Alten Welt' die völlige Preisgabe der das amerikanische Geschichtsbewußtsein tragenden Pioniermentalität. Damit stellt Tenn nicht nur die Grundlagen des amerikanischen Selbstverständnisses überhaupt in Frage, sondern versucht auch, die Fragwürdigkeit der in diesem Selbstverständnis angelegten Überzeugungen offenzulegen.

Das Veränderungspotential dieser *story* und ihre vielfältigen Verweisungen können für das abschließende Unterrichtsgespräch graphisch wie folgt festgehalten werden:

Future World: The US in 2058 after a holocaust		
changes in the future	reference to the present	reference to the past
end of industrial age	age of affluence and technology	–
white reservations	Indian reservations	–
rule of Indians	rule of white Americans	–
cultural superiority of Indians	–	destruction of Indian culture
white serfs	–	black slaves
minor black southern state	–	white supremacy over black in the south
new frontier: borderline between impoverished whites and cultivated I.	–	frontier: edge of unknown uncivilized territory
Indians conquering the decayed east	–	Pioneers conquering the wilderness of the West
Whites return to Europe	–	America: land of freedom and opportunity

Anhand dieser Aufschlüsselung läßt sich abschließend die Geschichtsvorstellung thematisieren, die "Eastward Ho!" vorführt. Die Wiederholung der historischen Realität durch das Prinzip der Rollenvertauschung offenbart ein Geschichtsverständnis, das nicht einem Fortschrittsglauben, sondern dem eher fatalistisch wirkenden Bild der Geschichte als Kreislauf verhaftet ist. Dies mag als Indiz dafür gewertet werden, daß *SF* durchaus nicht nur darauf beschränkt ist, aktuelle Gegenwart in die Zukunft hineinzuverlängern, sondern ebenso sehr befähigt ist, die historische Vergangenheit in die Lesergegenwart zurückzuholen. In diesem Verfremdungsvorgang liegt dann auch jene didaktische Wirkungsintention begründet, die das Geschichtsverständnis in Frage zu stellen vermag und damit implizit zu einer Neuorientierung in der Gegenwart anleiten will.

Die Ausweitung des irdischen Handlungsraumes zu einem galaktischen Großraum, in dem der Mensch auf andere intelligente Lebewesen stößt, gehört zu den elementaren Themen der *SF*. Die Begegnung des Homo Sapiens mit fremden Wesen und anderen Zivilisationen wird von den Autoren in der Regel analog zur neueren Geschichte oder unter Rückgriff auf biblische Handlungsmuster geschildert: Weltraumkolonisation, Eroberungskriege, Zivilisierung der vermeintlich Unzivilisierten sowie Abwehrkriege gegen die technisch überlegenen Fremden gehören zum Stan-

UNIT 2: Bertram Chandler, *The Cage* (1957)

Motiv: Robinsonade
Thema: Regreß des Menschen auf eine präzivilisatorische Stufe
Zentrale Darstellungsweise: punch-line story
Lernziele: die Schüler sollen erkennen, daß

a) "The Cage" anthropologische Fragen anhand einer unfreiwilligen Isolation einer Gruppe von Menschen auf einem fremden Planeten aufwirft,
b) die dargestellte Zukunftshandlung ein pessimistisches Menschenbild verkündet und die Zivilisationsfähigkeit des Menschen in Frage stellt,
c) "The Cage" eine Science Fiction Robinsonade ist,
d) die Schlußpointe der Geschichte eine besondere kulturkritische Funktion verleiht.

dardinventar dieses Themenkomplexes. Derartige Analogien bilden die konstitutionellen Voraussetzungen einer Gattung, in der die fiktionale Gestaltung des Nichtexistenten erst durch verweisende Anspielungen auf Bekanntes möglich wird. Daß dieser Zwang die Gefahr endloser Wiederholungen der Weltgeschichte in sich birgt, läßt sich insbesondere anhand jener zahllosen Zukunftsprodukte ablesen, in denen speziell der weiße Mann die 'bösen' Artfremden auf dem Hintergrund aufwendiger Kulissen immer wieder zu besiegen pflegt. Anspruchsvollere Texte zeichnen sich demgegenüber durch einen sparsameren Umgang mit einem derartigen Dekorationsmaterial aus und verstehen es, durch die Konfrontation des Menschen mit anderen Lebewesen bestimmte, als fragwürdig empfundene Grundlagen historischer Handlungen als Fehlhandlungen offen zu legen. Darüber hinaus erfährt das *alien*-Motiv eine Spiegelbildfunktion, indem es eine verfremdende Perspektive auf den Menschen bereitstellt und dadurch den Leser zu einer Überprüfung seines existenziellen und kulturellen Daseins anhält. Ist, wie im vorliegenden Fall, diese Motivik Bestandteil einer Science Fiction Robinsonade, in der eine Gruppe von Menschen in einen vorzivilisatorischen Naturzustand zurückgeworfen wird, dann fungiert ein derartiger Rahmen als Modellspiel zur Erörterung fundamentaler sozialer und anthropologischer Probleme, die "The Cage" gerade für den Heranwachsenden zu einer motivierenden Lektüre machen dürften.

Die Kurzgeschichte wird eröffnet mit einigen Aphorismen des auktorialen Erzählers über die Problematik der Gefangenschaft. Hieran schließt sich folgender spannungserzeugender Hinweis an: "The party from the survey ship could, perhaps, be excused for failing to recognize the survivors from the interstellar line *Lode Star* as rational beings." (523) Diese Andeutung, die hier nicht näher konkretisiert wird, skizziert den thematischen Nukleus dieser auf eine Schlußpointe hin konzipierten *story*. Gleichzeitig konstituiert der zitierte Satz die Art der Leserlenkung. Durch die Andeutung, daß die Besatzung eines Beobachtungsraumschiffes in die Handlung eingreifen wird, gewinnt der Leser ein Mehrwissen gegenüber den Figuren. Die Spannung wird darauf gerichtet, *wie* die auf einem fremden Planeten notgelandeten Erdbewohner überleben und *wie* sie gegenüber anderen Wesen ihre Rationalität beweisen können.

Im ersten Teil wird die Frage nach der Rationalität des Homo sapiens unter Rückgriff auf die Gattung der Robinsonade aufgeworfen. Analog zu Goldings *Lord of the Flies* ist eine Gruppe von Menschen unfreiwillig von der übrigen Menschheit isoliert und mit der Situation konfrontiert, ohne die vertrauten Kulturgüter und ohne die technischen Hilfsmittel der modernen Zivilisation überleben zu müssen. Dieser durch eine Raumschiffnotlandung evozierte Regreß „auf eine prähistorische Primitivexistenz"[41] wird so zum entscheidenden Mittel eines Darstellungsverfahrens, das die Zukunftswelt als eine Rekonstruktion vorzivilisatorischer Zustände ausweist.

Nachdem das Raumschiff nach der Notlandung explodiert ist, fügen sich die Überlebenden in die Unvermeidbarkeit ihres Exils. Ihre Überlebensbemühungen werden von Anbeginn an durch eine extrem hohe Luftfeuchtigkeit erschwert, die ihre Kleidung zerfallen läßt und auch das Anzünden von Feuer unmöglich macht: "Fire . . . was the blessing most missed by the castaways." (524) Der erzwungene Verzicht auf dieses „Zivilisationssymbol"[42] — "the history of mankind is the history of fire-making" (532) — bewirkt eine zunehmende äußere Degenerierung und läßt die Gruppe in einen Naturzustand zurückfallen. Der Ausgangspunkt dieses Regresses liegt dabei nicht so sehr in den widrigen Lebensumständen als vielmehr in der Anthropologie des Menschen selbst begründet: "Danger, outside danger, would have helped to maintain morale. But there were no dangerous animals." (524) Der Verzicht auf das konventionelle Motiv äußerer Gefahren macht deutlich, daß Chandler — im Gegensatz zur klassischen Robinsonade — die Gefährdung des Menschen durch sich selbst thematisiert.

Der weitere Handlungsverlauf konkretisiert diesen Sachverhalt anhand des darwinistischen Prinzips der "natural selection." (527) Angesichts der Überzahl der Männer gegenüber den Frauen beschließen die Überlebenden, Partnerzuordnungen durch den Ritus eines Zweikampfes vorzunehmen. Anstifterin dieses Rituals ist die junge Mary Hart:

She had found a serrated twig with which to comb her long hair, had contrived a wreath of yellow flowers with which to crown the victor. Was it, wondered Hawkins as he sat with the other council members, a hankering after an Earthly wedding ceremony, or was it a harking back to something older and darker? (527/28)

Die unmittelbare Verknüpfung von atavistischer Siegessymbolik und elementarem Zweifel an der Zivilisationsfähigkeit des Menschen unterstreicht die unheilstiftende und destruktive Rolle der Frau, die in Analogie zum Sündenfall als Versucherin allegorisiert wird.

Auf dem Höhepunkt des ersten Zweikampfes erscheint plötzlich ein fremdartiges Fluggerät, das sechs der Überlebenden mit einem großen Netz einfängt und zu einem fremden Planeten abtransportiert. Dort werden die Menschen zunächst in Käfige gesperrt und von den *aliens* wie unintelligente Wesen behandelt. Erst als sie in ihrem Käfig ein mausartiges Tier fangen und dies einsperren, akzeptieren die Außerirdischen die Rationalität des Menschen und lassen sie frei, denn: "only rational beings.. put other beings in cages." (535) Diese satirische Schlußpointe, die thematisch auf den Textanfang bezogen ist, stellt einen Denkanstoß dar, der „den Leser zu einer neuen Auseinandersetzung unter neuen Aspekten und veränderten Bedeutungsebenen zwingen will."[43]

Sind im Unterrichtsgespräch der Handlungsschauplatz und die einzelnen Handlungsschritte — Notlandung, Überlebensstrategie, Degeneration, Gefangennahme und Freilassung — entsprechend erarbeitet worden, dann läßt sich die pädagogische Funktion der zitierten *punch-line* für eine Diskussion fruchtbar machen, die darauf abzielen sollte, die Schüler Stellung beziehen zu lassen zur Frage des pessimistischen Menschenbildes in "The Cage", zur Entwicklung des Menschen und zum Gegensatz von technologischem Fortschritt und einer selbstzerstörerischen Inhumanität, die jenseits eines tagespolitisch relevanten Ökologiebewußtseins fundamentale anthropologische Probleme aufwirft. Die Themenvielfalt von "The Cage" und die von Chandler aufgeworfene und positiv beantwortete Frage, ob sich der Mensch ungeachtet allen technologischen und zivilisatorischen Fortschritts im Grunde stets gleichbleibe, beinhalten die didaktische Begründung für die Auswahl dieser Story, deren unterrichtliche Behandlung die Spannung zwischen dem literarischen Einzelwerk und den Auffassungen der Schüler in den Mittelpunkt stellen könnte, damit diese „kritische Potenz von Literatur nicht im Leseakt verschwindet, sondern für den Leser wirksam und brauchbar wird."[44]

Frederick Pohl, einer der bekanntesten sozialkritischen *SF*-Autoren der Gegenwart, der in seinen zahlreichen Romanen und Erzählungen vorwiegend die Konsequenzen verschiedener Trends der Wohlstandsgesellschaft aus der Perspektive zukünftiger Gesellschaftsformen schildert, themati-

UNIT 3: Frederick Pohl, *The Tunnel under the World* (1954)

Motiv: Zeitstillstand
Thema: Manipulation des Menschen durch Werbeagenturen
Zentrales Darstellungsverfahren: Rätselstruktur
Lernziele: die Schüler sollen erkennen, daß

a) die Erzählung den Verlust menschlicher Selbstbestimmung problematisiert und vor dem manipulativen Einfluß der Werbung warnt,
b) das Handlungsmuster in der Rätselerzeugung bzw. Rätsellösung besteht,
c) "The Tunnel under the World" starke anti-utopische Züge hat.

siert in der vorliegenden Erzählung die Vision einer von Werbefirmen regierten USA. Die Bewohner der Stadt Tylerton sind zu entpersönlichten, willenlosen Verbrauchern geworden, denen zunächst jede Einsicht in ihre manipulierte Existenz fehlt. Durch den Protagonisten Guy Burckhardt, der sich als kriminalistischer Spurenleser betätigt, gewinnt der Leser schrittweise Einblicke in die Herrschaftsstrukturen dieser Zukunftswelt und sieht sich aufgrund des pessimistischen Endes mit der Frage konfrontiert, ob angesichts der Bedeutung und des Einflusses derzeitiger Werbeunternehmen, auf die der Referenzcharakter dieser Story verweist, der Mensch der Zukunft überhaupt noch eine Möglichkeit zur individuellen Entfaltung und Selbstbestimmung besitzen kann.

Der Anfang der Geschichte erinnert an die Erzähleingänge Poescher Provenienz:

> On the morning of June the 15th, Guy Burckhardt woke up screaming out of a dream. It was more real than any dream he had ever had in his life. He could still hear and feel the sharp, ripping-metal explosion, the violent heave that had tossed him furiously out of bed, the searing wave of heat. (337)

Der Erzählanfang beschwört sogleich die "The Tunnel under the World" charakterisierende Atmosphäre des Schreckhaften und stimmt den Leser damit auf ein Geschehen ein, in dem ungewöhnliche Verwicklungen und rätselhafte Begebenheiten den Handlungsablauf dominieren. Da auch Burckhardts Frau denselben Traum erlebt hat, legt der Erzählanfang gleichzeitig die Grundrichtung der Gesamthandlung fest und fungiert als übergreifender Spannungsbogen. Diese Funktion wird noch unterstrichen durch die Entscheidung des Protagonisten, die Nachwirkungen seines

Traumes der Ehefrau vorzuenthalten: "No need to mention the splintered ribs, and the salt bubble in his throat, and the agonized knowledge that this was death." (338) Burckhardts Erinnerungen, die als anspielungsreiche Vorausdeutung zu verstehen sind, bewirken eine Spannungsführung, die auf die Klärung der Frage ausgerichtet ist, *wie* es zu diesem Zustand kommen konnte.

Diese Eingangsspannung wird noch gesteigert durch zahlreiche, von dem Protagonisten als mysteriös empfundene Vorfälle. So wird die Alltagsroutine der morgendlichen Fahrt zum Arbeitsplatz unterbrochen ("None of the usual crowd was on the bus," [338]), so nimmt der gegenüber Werbekampagnen abgestumpfte Protagonist plötzlich wahr, " that the brands were mostly unfamiliar; it was a difference in pattern" (339), und so muß er sich nach zahlreichen weiteren befremdlichen Ereignissen eingestehen: "It was an *odd* sort of day... and one he didn't much like. Things weren't going right. ... It was something out of his experience entirely." (342) Der Reigen überraschender und ungewohnter Ereignisse kulminiert schließlich darin, daß der Protagonist am Ende des ersten der auf sechs Kapitel angelegten Erzählung merkwürdigerweise miterlebt, wie er plötzlich einschläft: ... "around midnight, with a suddenness that surprised him — he was strangely *aware* of it happening — he turned over in his bed and, quickly and completely, fell asleep." (343)

Die erzählerische Darbietung dieser Vorfälle bedient sich einer zweigleisigen Spannungstechnik. Während die Mitteilung von zunächst unerklärbaren Umständen den Leser wie den Protagonisten mit rätselhaften Vorgängen konfrontiert, bewirkt die Häufigkeit dieser Umstände gleichzeitig eine auf den Ablauf gerichtete Spannungserzeugung. Dieses Zusammenspiel von Rätsel- und Verlaufsspannung evoziert so eine Form der Spannungsführung, die dem Leser die zur Rätsellösung notwendigen Informationen anfänglich vorenthält und ihn dadurch auffordert, in die Rolle eines Ko-Detektivs zu schlüpfen.

Diese Spannungslenkung bestimmt gleichfalls die Handlungsführung im zweiten und dritten Kapitel. Angesichts zahlreicher immanenter Wiederholungen bzw. des Auftauchens neuer, überraschender Momente empfiehlt sich für die ersten drei Kapitel ein Texterschließungsverfahren, das die einzelnen ungewöhnlichen Ereignisse durch die Schüler gezielt herausarbeiten läßt. Anhand der nachstehenden vergleichenden Zusammenstellung dieser Verwicklungen, ihrer Verknüpfung durch spannungsintensivierende Wiederholung oder durch eine Konkretisierung des vorher nur Angedeuteten, läßt sich die Rätselstruktur in ihren konstitutiven Merkmalen leicht analysieren. Ein derartiges Vorgehen gewährleistet überdies, daß die Schüler die Rolle des Detektivs übernehmen und ihre Vermutungen über den weiteren Handlungsverlauf in das Unterrichtsgepräch einbringen können.

strategy of suspense		
I. Chapter	II. Chapter	III. Chapter
June the 15th: waking-up from a bad dream; wife had the same dream; none of the usual crowd; not the usual commercials; odd sort of day	June the 15th: waking-up from a bad dream; flaring loudspeakers: Feckle Freezer; Crystal café: new red paint mysterious encounter with April Horn; blown-out fuse; basement of his house is suddenly faked	June the 16th: realization that it is June the 15th; bad switch has been replaced overnight; strange telephone call from Swanson; puzzling encounter with April Horn; mysterious intimations by Swanson;
strangely aware of falling asleep	aware of being hypnotized into falling asleep	1st explanation: realization of time manipulation discovery of a tunnel

Die Verwendung der schauerromantischen Architekturmetaphorik (Treppen, Gänge, Tunnel) am Ende des dritten Kapitels erzeugt eine weitere Spannungssteigerung. Burckhardts Erkenntnis – "one thing he knew and knew full well: no such tunnel belonged under Tylerton" (354) – sowie der von Swanson geäußerte Verdacht, daß sich Marsianer der Stadt bemächtigt haben könnten, bilden den Spannungshöhepunkt einer Abfolge von rätselhaften Umständen.

Das Handlungsgeschehen der beiden folgenden Kapitel ist durch den Vorgang der Rätsellösung bestimmt. Der Weg durch den mysteriösen Tunnel führt Burckhardt und Swanson in eine von humanoiden Robotern gesteuerte Fabrik. Hier erfahren sie nicht nur, daß Tylerton von einer Werbefirma beherrscht wird, sondern sehen sich auch mit der überraschenden Erkenntnis konfrontiert, daß sie in Wirklichkeit selbst humanoide Roboter sind, die in einer miniaturisierten, von der übrigen Welt abgesonderten künstlichen Stadt leben.

Die unerwartete Aufdeckung des rätselauslösenden Momentes bleibt jedoch im Gegensatz zum klassischen Strukturschema der Kriminalgeschichte folgenlos. Anfangs- und Schlußsatz des sechsten Kapitels – "It was on the morning of June the 15th, and Guy Burckhardt woke up screaming out of a dream. . . . Sometimes he screams, sometimes he wheedles, threatens, begs, cajoles... but his voice goes on and on through one June the 15th after another" (368/69) – zeigen vielmehr die Unveränderbarkeit des

Zustandes auf. Das Baumuster der Erzählung läßt sich danach graphisch wie folgt darstellen:

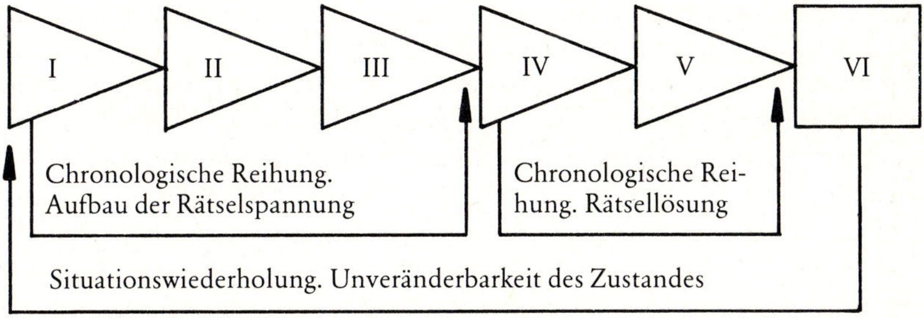

Pohls sozialkritische Kurzgeschichte weist starke anti-utopische Züge auf. Dementsprechend besteht auch das Veränderungsdenken, das "The Tunnel under the World" vorführt, in der Übersteigerung und Verlängerung von Gegenwartstendenzen. Im Unterschied zur satirischen Inversionstechnik und zur Weltraumrobinsonade, die den Rahmen der in "Eastward Ho!" und "The Cage" geschilderten Zukunftswelten absteckten, bedient sich Pohl eines Verfahrens, das durch die Veränderung eines einzigen wichtigen Faktors der Realität dem Vertrauten einen neuen Bedingungszusammenhang verleiht. Im fiktionalen Ausdenken dieser Konsequenzen liegt der Reiz eines Gedankenspiels, das wie in der vorliegenden *story* nach den Zukunftschancen des Menschen in einer konsumorientierten Wohlstandsgesellschaft fragt. Pohls apokalyptische Vision eines entpersönlichten Verbrauchers, der zum beliebig manipulierbaren Testobjekt ökonomischer Interessen geworden ist und dem Zugriff der Konzerne nicht mehr zu entkommen vermag, karikiert nicht nur den Nachkriegskonsumbürger, sondern übt gleichzeitig Kritik an jenen Verhaltenswissenschaften, die den Menschen als Reiz-Reaktions-Objekt begreifen: "Now will you stop this nonsense? I don't want to have to damage you; you're too expensive for that. Will you just sit down and let the maintenance crews adjust you?" (366) Der werbungskonditionierte Bürger Tylertons, seines eigenen Willens und der Fähigkeit zur Selbstvergewisserung beraubt, ist zur ewigen Unmündigkeit verurteilt und fungiert nur noch als Marionette in einem Sandkastenspiel:

'Poor little Burckhard', crooned the loudspeaker, while the echoes rumbled through the enourmous chasm that was only a workshop. 'It must have been quite a shock for you to find out you were living in a town built on a table top.' (368)

Eine vergleichende Betrachtung von "Eastward Ho!", "The Cage" und "The Tunnel under the World" zeigt, daß die drei Autoren es sich versagt haben, Faktoren unserer Realität eine positive Entwicklungstendenz zuzuschreiben. Alle Stories offenbaren eine fundamentale Skepsis hinsichtlich des gesellschaftlichen Fortschritts und der geistig-emotionalen Entwicklung des Menschen. Derartige Zweifel, die diese *SF*-Autoren zu ihren pessimistischen Entwicklungsprognosen bewegen, bedeuten jedoch nicht, daß der Leser einer irrationalen Zukunftsangst überantwortet wird. Der den Kurzgeschichten zugrunde liegende Referenzcharakter läßt vielmehr das engagierte Bemühen um eine moralisch-ethische Durchdringung unserer Gegenwart erkennen. Diese aufklärerische Wirkungsintention, die den Leser zur Auseinandersetzung mit Gegenwartsproblemen nötigen will, impliziert gleichzeitig eine Absage an eschatologische Zukunftsentwürfe, wie sie für die Utopie kennzeichnend sind. Ausgehend von der Prämisse der stetigen Veränderbarkeit der vom Menschen gestalteten Welt fragt *SF* nach den Chancen des Menschen in der Zukunft. Insofern sich diese Zukunft als abgeschlossen und ausweglos erweist, lehnt sich die *SF* eng an die Anti-Utopie an. Macht *SF* dagegen, wie im nachfolgenden Fall, die Unveränderbarkeit eines Zustandes zu ihrem thematischen Gegenstand, wird sie zu einer radikalen Utopiekritik.

UNIT 4: Damon Knight, *The Country of the Kind* (1956)

Motiv: Außenseiter
Thema: Kritik eines utopischen Endzustandes
Zentrales Darstellungsverfahren: Rätselstruktur und Allegorisierung
Lernziele: die Schüler sollen

a) anhand des Textes Gründe für die Außenseiterrolle des Protagonisten nennen können und erkennen, warum eine Identifikation des Lesers mit dieser Figur ausgeschlossen bleibt,
b) die Elemente der Rätselspannung selbständig erarbeiten können,
c) erkennen, daß die Figuren allegorisiert sind,
d) erkennen, daß "The Country of the Kind" eine Utopiekritik ist.

In seiner allegorischen Erzählung "The Country of the Blind" (1904)[45] schildert H. G. Wells ein von der Umwelt abgeschnittenes pastorales Tal, in dem ausschließlich Erblindete wohnen. In diese Welt gerät durch einen Unfall der Bergsteiger Nunez, der als einzig Sehender sich vergeblich bemüht, den Bewohnern seine Sehfähigkeit mitzuteilen. Vor die Wahl gestellt, sich durch eine Augenoperation dem Zustand der Blinden anzupassen oder sich seine Einzigartigkeit zu bewahren, flieht der Protagonist schließlich in die Berge. Titel und Thema dieser phantastischen Erzählung, die einen Endzustand, der keine Veränderung duldet, durch die Figur des Außenseiters satirisch beleuchtet, bilden die literarische Vorlage für Damon Knights Kurzgeschichte "The Country of the Kind", die die statische Struktur einer durch genetische Planung gesteuerten homogenen Zukunftsgesellschaft kritisiert.

Der Textanfang betont durch die farbsymbolischen Signalwörter, in der die Kleidung des namenlosen Ich-Erzählers und eines Parkplatzwächters beschrieben sind, sogleich die Absonderung des Protagonisten von seiner Umwelt: "The attendant at the car lot was day-dreaming when I pulled up — a big lazy-looking man in black satin chequered down the front. I was wearing scarlet myself; it suited my mood." (497) Unter Hinzuziehung einiger relevanter Bibelstellen[46] läßt sich der Verweisungszusammenhang der scharlachroten Kleidung als Ausdruck einer gesellschaftlichen Ächtung bestimmen, die den Ich-Erzähler als Ausgestoßenen und Verfemten charakterisiert. Der erklärende Zusatz — "it suited my mood" — deutet darüber hinaus an, daß die Hauptfigur sich dieser gesellschaftlich induzierten Rolle bewußt ist und sie akzeptiert.

Ähnlich wie in "The Tunnel under the World" ist das Handlungsgeschehen dieser Erzählung zunächst durch ungewöhnliche Begebenheiten gekennzeichnet:

> I kneeled down to where I could reach behind the front wheel, and ignited the torch. I turned it on the axle and suspension. They glowed cherry red, then white, and fused together. Then I got up and turned the flame on both tyres until the rubberoid stank and sizzled and melted down to the pavement. The attendant didn't say anything. (497)

Die rätselhafte Zerstörungssucht unterstreicht den Eindruck der Andersartigkeit und Fremdheit des Protagonisten, der im weiteren Verlauf den Abbruch eines Tennisspiels herbeiführt, zwei der Spieler in ein Haus verfolgt und sie dort anzugreifen versucht: "I had it almost in the air towards him when the sickness took me- that damned buzzing in my head, louder, louder, drowning everything out." (499)

Neben dieser Rätselstruktur offenbart der Handlungsbeginn ein weiteres, die Erzählung tragendes Darbietungsverfahren: so bezeichnet der Ich-Erzähler die übrigen Figuren als "dulls" (497) und behauptet von sich "There was only one of me in the world." (500) Dieser figuralen Aufteilung der dargestellten Welt in Außenseiter vs. Gesellschaft entspricht das thematische Oppositionspaar Gewalttätigkeit vs. Gewaltlosigkeit, das die Verhaltensweisen des Helden und der von seiner Aggressivität betroffenen Personen bestimmt. Die Handlungsmotive sowie die dem Protagonisten übergeordnete gesellschaftliche Situation bleiben anfänglich ausgespart. Diese Aussparung, die dem Leser eine Einsicht in die Beweggründe der rätselhaften Destruktivität verwehrt, macht gleichzeitig eine Identifizierung mit dem Ich-Erzähler unmöglich.

Diese Form der Leserlenkung liegt zunächst in der angesprochenen Rätselstruktur begründet. Erst im Anschluß an die ersten Gewaltakte erfährt der Leser in einer Rückwendung, daß die Hauptfigur aufgrund eines genetischen Betriebsunfalles unter epileptischen Anfällen leidet und im Alter von 15 Jahren ein Mädchen tötete. Ein Wiederholungsfall ist jedoch ausgeschlossen: ein chirurgischer Eingriff hat sichergestellt, daß nur Gewalttätigkeit gegenüber Sachen erfolgen kann, und ein operativ herbeigeführter starker Körpergeruch schließt jeglichen Kontakt mit Mitmenschen aus. Wenngleich diese Rätselauflösung die anfänglichen Gewaltakte einsichtig werden läßt, verhindert doch die Anomalie des Protagonisten eine sympathisierende Festlegung des Lesers auf den Helden. Da außerdem die dargestellte Gesellschaft aufgrund ihrer Biotechnik als inhuman erscheint, erschließt Damon Knight dem Leser eine zwischen dem Außenseiter und der Gesellschaft vermittelnde Schiedsrichterrolle, die die didaktische Wirkungsintention dieser Erzählung begründet.

Sind im Unterrichtsgespräch die figurale Zweiteilung und die Leserrolle erarbeitet, dann läßt sich diese Intention für eine Diskussion fruchtbar machen, die die Frage nach dem Zusammenhang von Gewalt und Fortschritt innerhalb einer homogenen Gesellschaft ausgiebig erörtern könnte. Der Ich-Erzähler bemerkt hierzu:

> Something else in me, that had been suppressed and forgotten, rose up with my first blow struck in anger. The sculpture began years afterwards, as an accident ; but in that moment I was free, and I was an artist. (502)

Dieser Verkoppelung von Destruktions- und Kreativitätstrieb wird eine gleichförmige, durch Gewaltlosigkeit und Rationalität charakterisierte Welt kontrapunktisch gegenübergestellt:

> Whenever there was a long period of peace and plenty anywhere in the ancient world, art grew poor. . . . And as for the great artists, they all belonged to violent periods. . . . It had been bred out of the race, evidently. I don't suppose the genetic planners wanted to get rid of it, but they would have shed almost anything to make a homogeneous, rational, sane, and healthy world. (502)

Knights Entwurf einer genetisch gesteuerten Zukunftswelt macht deutlich, daß die Thematik des gesellschaftlichen Fortschritts eine Dialektik impliziert, die die Triebfeder des Fortschritts „in dem Doppelwesen der Gesellschaft als einer Repressionskraft und einer das Individuum befreienden Kraft"[47] sieht. Die Verkürzung dieser Dialektik auf eine Komponente bewirkt im individuellen Bereich ebenfalls eine Amputation; der Künstler fungiert nicht länger als potentieller Schöpfer, sondern ist auf die Rolle eines Zerstörers reduziert:

> Down in the workshop section, of all places, I found some antiques — tables and benches, all with wooden tops. While the dulls collected down at the other end of the room, pretending not to notice, I sawed off a good oblong chunk of the smallest bench, and made a base for it out of another. (506)

In dieser prästabilisierten Welt muß die Botschaft des Künstlers notgedrungen ungehört bleiben. Die als Bildnis eines Visionärs konzipierte Skulptur pervertiert zu einem sinnlos wirkenden Gewaltaufruf:

> Reflected light gleamed fitfully on the dark-stained blade that hung from his (the figurine's] hand. He was sitting alone in that niche that closed him like a coffin. His eyes were shut, and his head tilted back, as if he were turning his face up to the sun. But only rock was over his head. There was no sun for him. (507)

Das dialektische Modellspiel von Aggression und Fortschritt weist "The Country of the Kind" als eine radikale Utopiekritik aus. Der Glaube an einen Endzustand, der keiner Fortentwicklung mehr bedarf, beraubt den Menschen nicht nur seiner schöpferischen Impulse, sondern bedingt gleichzeitig eine gesellschaftliche Statik, die keine Veränderung mehr duldet. Im Vergleich zu Wells' "The Country of the Blind", wo „das Tal der Blinden die Welt des beschränkten Durchschnittsbürgers"[48] symbolisiert, stellt Knights Erzählung eine Weiterentwicklung dieser Allegorie dar, die die ideologische Beschränktheit und Inhumanität utopischen Denkens zu karikieren sucht.

Anhand dieser kritischen Absicht läßt sich abschließend noch einmal die Wirkungsintention der Gattung *SF* aufgreifen. Im Gegensatz zur Utopie bedient sich die Science Fiction des „Dogmas, daß sich im Wandel die Bestimmung aller Dinge erfülle, eine Bestimmung dieses Wandels hingegen weder zu finden noch zu setzen sei."[49] Die Bestimmung dieses Wandels bleibt dem Leser überlassen, der in den Modellspielen einer fiktionalen Zukunftswelt immer aufgefordert wird, sich als reflektierendes Subjekt in die phantastischen Antizipationen und gesellschaftskritischen Warnungen einzubringen.

4. Weiterführende Materialien

The Penguin Science Fiction Omnibus: Stoff- und Themenkatalog

Katastrophenthema

"Lot", "Nightfall", "Windows of Heaven"

Postkatastrophenthema

"Eastward Ho!", "The Greater Thing"

Mensch — Maschine

"Skirmish", "The Monkey Wrench", "I Made You"

Mutantenthema

"Command Performance", "The End of Summer"

Aliens

"Counterfait", "The Liberation of the Earth", "An Alien Agony"

Herrschaft der Wissenschaft

"Jokester", "The Snowball Effect"

Weltraumkolonisation

"Protected Species"

Bibliographien

Robert Biney and Edward Wood, *SF Bibliographies. An Annotated Bibliography of Bibliographical Works on Science Fiction and Fantasy Fiction* (Chicago: Advent 1972)

Thomas D. Clareson, *Science Fiction Criticism. An Annotated Checklist* (Kent, Ohio: Kent State UP 1972)

Marshall B. Tymn, Roger C. Schlobin, L. W. Currey, *A Research Guide to Science Fiction Studies. An Annotated Checklist of Primary and Secondary Sources for Fantasy and Science Fiction* (New York & London: Garland 1977)

Anthologien

Die nachfolgende Auswahl von Kurzgeschichtenanthologien ist auf leicht zugängliche Texte beschränkt.

Amis, Kingsley, and Robert Conquest, eds., *Spectrum 1. A Science Fiction Anthology.* London: Pan Books 1971

Asimov, Isaac, ed., *The Hugo Winners 1955-61.* Harmondsworth: Penguin 1964
— *The Hugo Winners 1962-1967.* London: Sphere Books 1973
— *The Hugo Winners 1968-1970.* London: Sphere Books 1973

Harrison, Harry and Brian W. Aldiss, eds., *The Year's Best Science Fiction No 1.* London: Sphere Books 1968. (Die Reihe wird jährlich fortgesetzt)

Merril, Judith, ed., *The Year's Best S-F. 10th Annual Ed.* New York: Dell Books 1966 (Die Reihe wird jährlich fortgesetzt)

Schulbuchausgaben

C. S. Lewis, *Stories,* Diesterweg, Best.-Nr. 4154

The Short-Short Story of Mankind and Other Science Fiction Classics, Hueber, Best.-Nr. 257

Fact and Fiction. 6 Science Fiction Stories, Hirschgraben (in Vorbereitung)

Strange Visitors. Science Fiction Stories, Klett, Best.-Nr. 5462

I. Asimov, *Profession,* Klett, Best.-Nr. 5473

A. C. Clarke, *Islands in the Sky,* Klett, Best.-Nr. 4568

A. C. Clarke, *Sunjammer Rescue Party,* Schöningh, Best.-Nr. 43013

Science Fiction Stories, Lensing/Macmillan, Best.-Nr. 45059

Anmerkungen

1 So Leslie Fiedler in seiner Einleitung zu der von ihm herausgegebenen Anthologie *In Dreams Awake* (New York: Dell 1975), S. 12.

2 Thomas D. Clarenson, ed., *SF: The Other Side of Realism. Essays on Modern Fantasy and Science Fiction* (Bowling Green, Ohio: Bowling Green UP 1971), S. 19.

3 Robert Heinlein, "Science Fiction: its nature, faults and virtues," in Basil Davenport, ed., *The Science Fiction Novel. Imagination and Social Criticism* (Chicago: Advent 1969), S. 40 f.

4 Eike Barmeyer, ed., *Science Fiction. Theorie und Geschichte* (München: Fink 1972), S. 7.

5 Ebda., S. 8.

6 Tzvetan Todorov, *Einführung in die fantastische Literatur* (Berlin: Ullstein 1975), S. 53.

7 Roger Caillois, „Das Bild des Phantastischen. Vom Märchen bis zur Science Fiction," in Rain A. Zondergeld, ed., *Phaicon 1. Almanach der phantastischen Literatur* (Frankfurt: Insel 1974), S. 72.

8 Kingsley Amis, *New Maps of Hell* (London: Victor Gollancz 1961), S. 21; vgl. Jörg Hienger, *Literarische Zukunftsphantastik. Eine Studie über Science Fiction* (Göttingen: Vandenhoeck & Ruprecht 1972), S. 14.

9 Heinlein, S. 22.

10 Vera Graaf, *Homo Futurus. Eine Analyse der modernen Science Fiction* (Hamburg: Claasen 1971), S. 13.

11 Zur Annäherung von Science Fiction und der Anti-Utopie vgl. Ulrich Broich, *Gattungen des modernen englischen Romans* (Wiesbaden: Athenaion 1975), S. 126.

12 Isaac Asimov, "Social Science Fiction," in Reginald Bretnor, ed., *Modern Science Fiction. Its Meaning and Its Future* (New York, 1953), S. 175.

13 Hienger, S. 79.

14 Hubertus Schulte-Herbrüggen, *Utopie und Anti-Utopie. Von der Strukturanalyse zur Strukturtypologie* (Bochum: Pöppinghaus 1960), S. 119.

15 Broich, S 127.

16 Amis, S. 18.

17 Hienger, S. 16. Die Kategorie der Veränderung betonen zahlreiche Kritiker, vgl. u. a. Ulrich Suerbaum, "John Brunner, 'The Windows of Heaven'," in Karl Heinz

Göller und Gerhard Hoffmann, Hrsg., *Die englische Kurzgeschichte* (Düsseldorf: Bagel 1973), S. 337, und Eric S. Rabkin, *The Fantastic in Literature* (Princeton: Princeton UP 1976), S. 119f.

[18] Dieter Wessels, *Welt im Chaos, Struktur und Funktion des Weltkatastrophenmotivs in der neueren Science Fiction* (Frankfurt: Akademische Verlagsgesellschaft 1974), S. 14.

[19] Darko Suvin, „Zur Poetik des literarischen Genres Science Fiction," in Barmeyer, ed., S. 90. Vgl. gleichfalls Darko Suvin, "Science Fiction and the Genological Jungle," *Genre* 6 (1971), 251-273.

[20] Viktor Sklovskij, „Kunst als Verfahren," in Jurij Striedter, ed., *Russischer Formalismus. Texte zur Allgemeinen Literaturtheorie und zur Theorie der Prosa* (München: Fink 1971), S. 15f.

[21] Robert Scholes, *Structural Fabulation. An Essay on the Fiction of the Future* (London: Notre Dame UP 1975), S. 46f.

[22] Ebda., S. 43.

[23] Karl Heinz Göller, „Science Fiction zwischen Trivial- und Hochliteratur," *Neusprachliche Mitteilungen* 30 (1977), 143.

[24] Vgl. David Ketterer, *New Worlds For Old. The Apocalyptic Imagination, Science Fiction, and American Literature* (Garden City: Anchor 1974), S. 18.

[25] Ebda., S. 13.

[26] Malte Dahrendorf, „Voraussetzungen und Umrisse einer gegenwartsbezogenen literarischen Erziehung," *Literaturdidaktik im Umbruch. Aufsätze zur Literaturdidaktik, Trivialliteratur, Jugendliteratur* (Düsseldorf: Bertelsmann Universitätsverlag 1975), S. 46.

[27] Günter Waldmann, *Theorie und Didaktik der Trivialliteratur* (München: Fink [2]1977), S. 136.

[28] Malte Dahrendorf, „Eine neue Lesebuchgeneration. Das Lesebuch als Antwort auf eine konkrete gesellschaftliche Situation," *Literaturdidaktik im Umbruch,* S. 72.

[29] Doris M. Paine und Diana Martinez, *Guide to Science Fiction. Exploring Possibilities and Alternatives* (New York: Bantam School Books 1974), S. 15.

[30] Lothar Bredella, *Einführung in die Literaturdidaktik* (Stuttgart: Kohlhammer Urban 1976), S. 76.

[31] Albert-Reiner Glaap, „Grenzen der Operationalisierbarkeit von Lernzielen im Englischunterricht," *Die Neueren Sprachen* 23 (1974), 384.

[32] Bredella, S. 108. Vgl. auch Hans Kügler, „Die funktionalisierte Literatur — Der funktionierende Leser. Zur Kritik der Literaturdidaktik (1970-1976)," in Alfred Clemens Baumgärtner und Malte Dahrendorf, Hrsg., *Zurück zum Literaturunterricht? Literaturdidaktische Kontroversen* (Braunschweig: Westermann 1977), S. 112f.

[33] Bredella, S 117.

[34] Vgl. hierzu B. Schultze, "Life in the Future," in Wilfried Brusch, ed., *Projects in Literature. Modelle und Materialien zur Textarbeit im Englischunterricht* (Heidelberg: Quelle & Meyer 1977), S. 148.

[35] Göller, S. 142.

[36] Heinlein, S. 46.

[37] Brian Aldiss, ed., *The Penguin Science Fiction Omnibus* (Harmondsworth: Penguin 1973). Alle Seitenangaben im Text beziehen sich auf diese Ausgabe.

[38] Wilfried Brusch, „Einleitung", *Projects in Literature,* S. 27.

[39] Karlheinz Fingerhut, *Affirmative und kritische Lehrsysteme im Literaturunterricht. Beiträge zu einer Theorie lernziel- und lernbereichsorientierter Textsequenzen* (Frankfurt: Diesterweg 1974), S. 161.

[40] Wilfried Brusch und Klaus H. Köhring, „Von der Textentschlüsselung zur Textverarbeitung," *Der fremdsprachliche Unterricht* 10,3 (1976), 9f.

[41] Ulrich Broich, „Robinsonade und Science Fiction," *Anglia* 96 (1976), 142.

[42] Broich, *Gattungen des modernen englischen Romans,* S. 84.

[43] Bruno Schleussner, „Die 'punch line' und ihre Funktion in Science Fiction Stories," *Anglistik und Englischunterricht* 2 (1977), 89.

[44] Heinz Hillmann, „Rezeption — empirisch," in Wilhelm Dehn, ed., *Ästhetische Erfahrung und literarisches Lernen* (Frankfurt: Fischer Athenäum 1974), S. 235.

[45] Diese Erzählung, die zum besseren Verständnis der vorliegenden Kurzgeschichte herangezogen werden sollte, ist leicht zugänglich in der Ausgabe H. G. Wells, *Selected Short Stories* (Harmondsworth: Penguin 1977).

[46] Vgl. z. B. Isaiah 1, 18; Matthew 27, 27-30.

[47] Stanislaw Lem, *Phantastik und Futurologie I* (Frankfurt: Insel 1977), S. 356.

[48] Richard Gerber, "Herbert George Wells: The Country of the Blind," in Karl Heinz Göller und Gerhard Hoffmann, Hrsg., *Die englische Kurzgeschichte,* S. 107.

[49] Hienger, S. 240.

Peter Freese

Über die Schwierigkeiten des Erwachsenwerdens: Amerikanische *stories of initiation* von Nathaniel Hawthorne bis Joyce Carol Oates

1. Begründung des Themas

Sucht man für einen im Sinne der KMK-Vereinbarung 'themenbestimmten' Leistungskurs im EU der reformierten Sekundarstufe II nach geeignetem Textmaterial, so wird man Sorge dafür tragen müssen, daß es (1) zur *kommunikativen Kompetenz*, also zur Erweiterung und Vertiefung des Sprachkönnens und -wissens der Schüler beiträgt; daß es ihnen (2) *textuelle Kompetenz*, also die Befähigung zum sachgerechten und sinnvollen Umgang mit Texten aller Art vermittelt; daß es (3) ihrer *kulturellen Kompetenz*, also dem Erwerb von Kenntnissen über das Zielsprachenland und der Schaffung einer vorurteilsfreien Einstellung diesem gegenüber dient; daß es (4) ihre *methodische Kompetenz*, also ihre Fähigkeit zur Anwendung wissenschaftlicher Arbeitstechniken und Analysemethoden vergrößert; und daß es (5) über diese fachspezifischen und fächerübergreifenden Ziele hinaus einen Beitrag zum fachunabhängigen Ziel ihrer Entwicklung zur Selbständigkeit, Kritikfähigkeit und Mündigkeit leistet. Außerdem wird man berücksichtigen müssen, daß die zu erörternden Texte auf den vorgefundenen *Lernstand*, also das sprachliche Leistungsvermögen der Schüler, Rücksicht nehmen; daß sie den *Reifegrad*, also das entwicklungspsychologisch bedingte und sozialisationsabhängige gedankliche Leistunsvermögen der Schüler, nicht überfordern; und daß sie die *Motivationslage*, also die alters- und entwicklungsbedingten Interessen der Schüler, in Rechnung stellen. Schließlich wird man gut daran tun, durch eine möglichst große *Vielfalt von Texten* und die Ermöglichung eines häufigen *Methodenwechsels* der Gefahr des Motivationsabfalls vorzubeugen und durch das Angebot von mehr Texten als wirklich erarbeitet werden können den Schülern ein *Mitspracherecht* in bezug auf die Auswahl des zu lesenden Materials zuzubilligen, um die erwünschte Selbständigkeit auch zu ermöglichen.

Unter Berücksichtigung solcher hier nur schlagwortartig skizzierten Auswahlkriterien[1] und im Ausgang von den Überlegungen, daß es (1) günstig sei, eine Textsequenz zugleich themen-, gattungs- und verfahrensorientiert zu strukturieren, um vielfältige Querbezüge zu ermöglichen; daß es sich (2) anbiete, dem Kursmaterial eine diachrone Dimension zu geben, um dem drohenden Verlust des Geschichtsbewußtseins entgegenzuwirken; und daß es (3) naheliege, fiktionale und expositorische Texte miteinander zu verbinden, um ihre verschiedenartigen Konstitutionsweisen durch das Mittel des Vergleichs zu verdeutlichen[2], erweist sich eine Sequenz amerikanischer *stories of initiation* gekoppelt mit psychologischen und soziologischen Texten zur Sozialisationsproblematik als außerordentlich geeignet. Die Gründe dafür sind folgende:

(1) Die Thematik des Heranwachsens ist den Schülern nicht nur gedanklich zugänglich, sondern als unmittelbares eigenes Problem auch emotional nachvollziehbar. (2) Die Gattung der Short Story ermöglicht wegen ihres begrenzten Umfangs die Lektüre einer größeren Zahl von Einzeltexten und läßt auch sprachlich anspruchsvollere Werke bewältigbar erscheinen. (3) Die für die amerikanische Literatur typische und zentrale *story of initiation* vermittelt nicht nur reichhaltige 'landeskundliche' Informationen, sondern ermöglicht überdies — in ihren verschiedenen historischen Ausprägungen — repräsentative Einblicke in geschichtlich bedingte Spielarten des amerikanischen Selbstverständnisses. (4) Verschiedene Stories verlangen nach verschiedenen Deutungsansätzen und fördern so die gewünschte Methodenvielfalt. (5) Das vorhandene Material ist so reichhaltig, daß die Schüler selbst bestimmen können, welche Stories neben einem obligatorischen Kernbestand von Werken als Zusatztexte gelesen werden sollen. (6) Angesichts der Zentralstellung der Sozialisationsthematik in den zeitgenössischen Gesellschaftswissenschaften bieten sich vielfältige Möglichkeiten, literarische Gestaltungen des Heranwachsens mit entsprechenden Darstellungen zu kontrastieren.

2. Zum Konzept der 'story of initiation'

1943 bezeichneten Brooks und Warren in ihrem einflußreichen Interpretationsband *Understanding Fiction* Andersons Story "I Want to Know Why" als "a story of the 'initiation'" und Hemingways Story "The Killers" als "the story of the process of the initiation, the discovery of evil and disorder"[3], und 1959 lieferte Warren gleichsam den Beleg für die Herkunft dieser Bezeichnung nach, als er in seiner Rekonstruktion des Entstehungsprozesses seiner Story "Blackberry Winter", wohl in Anspielung auf den Titelbegriff von van Genneps grundlegender Studie *Les rites de passage* von 1909, ausführte, daß die Erfahrungen seines kindlichen Helden "like what the anthropologists call a rite of passage"[4] gewesen seien. Nachdem dann West 1952 in *The Short Story in America 1900 - 1950* im Werk Hemingways und Faulkners "two more or less separate types of short story" unterschieden hatte, deren erste er 'story of action' und deren zweite er 'story of initiation' bzw. 'story of recognition' nannte und als Ausdruck des "principal philosophical dilemma of our time"[5] deutete, wurde das Konzept der *story of initiation* zum festen Bestandteil der Terminologie der Kurzgeschichtenkritik, und es geschah mit ihm, was immer passiert, wenn ein Begriff aus einer in eine andere Wissenschaft entlehnt wird: er blieb vage und vieldeutig und wurde von verschiedenen Kritikern so verschieden verwandt, daß Marcus 1960 fordern konnte: "The prevalence of inadequate criticism employing the concept of initiation suggests that the term requires clarification."[6] Solche Präzisierung ist jedoch trotz Marcus' hilfreichen Versuchs für den Bereich der Short Story bis heute nicht wirklich geleistet, und die Lage wird dadurch kompliziert, daß der Begriff, der als *initiation*, nämlich die lateinische Übersetzung des griechischen *myesis*, den 'Eingang' in die orientalischen und hellenistischen Mysterienkulte bezeichnete[7] und der 1724 den Status eines anthropologischen Fachterminus gewann, als der Missionar Joseph Francois Lafitau bestimmte Reifezeremonien kanadischer Indianer als *initiation* bezeichnete und diesen Vorgang als "le principe, le commencement, & l'entrée de la vie"[8] definierte, schon in der umfangreichen Spezialliteratur höchst verschieden gefüllt und darüber hinaus in verschiedenen Wissenschaften in jeweils anderer Bedeutung benutzt wird. Mit *initiation* bezeichnet man Vorgänge, die „für so verschiedene Disziplinen wie Ethnographie und Ethnologie, Psychologie, Soziologie und Religionswissenschaft sowie deren Grenzgebiete von Interesse"[9] sind, und wenn man aus der ungemein komplizierten Begriffsgeschichte etwa die gemeinsame Grundbedeutung „Einführung in einen neuen, bisher unzugänglichen Lebens-, Erfahrungs- oder Glaubensbereich unter bestimmten zeremoniellen Begleitumständen"[10] herausarbeitet, dann ist damit für die Kurzgeschichtenkritik zunächst wenig gewonnen. Hier müßte der Begriff *story of initiation* vielmehr auf der Grundlage einer möglichst großen Zahl solcher Geschichten in bezug auf deren wiederkehrende thematische und strukturelle Konstituenten erarbeitet werden, damit Marcus' Arbeitsdefinition:

> An initiation story may be said to show its young protagonist experiencing a significant change of knowledge about the world or himself, or a change of character, or of both, and this change must point or lead him towards an adult world. It may or may not contain some form of ritual, but it should give some evidence that the change is at least likely to have permanent effects[11],

auf ihre Brauchbarkeit überprüft und in der erforderlichen Weise präzisiert werden kann.

3. Zum Verfahren

Das skizzierte konzeptionelle Defizit ist für die Kursarbeit keineswegs ein Nachteil, denn aus zielbezogenen und methodischen Gründen ist für einen Unterricht, der die Schüler zur Selbständigkeit — und das heißt hier u. a. zum Transfer der an einem Text unter Anleitung gewonnenen Einsichten auf eine andere, nun ohne Hilfe erarbeitete Story — erziehen will, ohnedies ein induktives Verfahren vorzuziehen. Ob die Textarbeit dabei mit der zeitlich ältesten Story einsetzt und sich zur Gegenwart hinbewegt, was zweifellos einem kontinuierlichen Nachvollzug der historischen Entwicklung dienen würde, oder ob sie mit der jüngsten Geschichte beginnt und sich schrittweise in die Vergangenheit zurückbewegt, was vermutlich den Zugang erleichtern und die Motivation erhöhen könnte, muß nach den Voraussetzungen und Bedürfnissen des jeweiligen Kurses entschieden werden. Die folgende Darstellung, die nur einen der denkbaren Wege vorführen kann, setzt mit der Analyse einer der ältesten als *stories of initiation* bezeichneten Geschichten ein und versucht, aus ihr typische Merkmale abzuleiten, um diese dann an den folgenden, hier in der Reihenfolge ihrer Veröffentlichung erörterten Stories bestätigt zu finden oder wo nötig, zu modifizieren. Zum Arbeitsziel wird auf diese Weise — und das sollte entscheidend zur Geschlossenheit des Kurses beitragen — neben der kurzfristigen Aufgabe, die jeweils anstehende Story zu erörtern, die übergreifende langfristige Aufgabe, am Ende des Kurses aus allen erörterten Geschichten ein 'Modell' einer *initiation story* abzuleiten und, so ausgerüstet, die vorliegenden Definitionen dieses Story-Typs auf ihre Brauchbarkeit zu prüfen und, falls erforderlich, zu korrigieren. Soziologische, psychologische und andere Texte, die in die Kursarbeit einbezogen werden könnten, werden aus Raumgründen nur genannt, ohne im einzelnen erörtert werden zu können.

Die hier vorgenommene Auswahl, die aus einer großen Zahl geeigneter Geschichten vier herausgreift, bezieht sich zwar auf vielfältige Erfahrungen in Hochschulseminaren und Schulstunden, muß aber letztlich wie jede Textauswahl in einer Zeit ohne allseits akzeptierte Wertvorstellungen subjektiv bleiben. Es ist also dem einzelnen Kursleiter überlassen, ob er die hier vorgestellten Stories in den Mittelpunkt seines Unterrichts stellt oder ob er, mithilfe der angebotenen Liste weiterer *stories of initiation*, seine Textsequenz anders ordnet. Wie immer er sich entscheidet — er sollte Hawthornes "My Kinsman, Major Molineux" und Andersons "I Want to Know Why" aus Gründen, die im folgenden hoffentlich deutlich werden, in seinen Kurs einbeziehen.

4. Nathaniel Hawthorne, "My Kinsman, Major Molineux" (1832)

Hawthornes Story, die vermutlich 1828/29 geschrieben, dann 1932 als "My Uncle Molineux" in Goodrichs *The Token* veröffentlicht und 1852 in *The*

Snow-Image and Other Twice-Told Tales gesammelt wurde, blieb bis etwa 1950 fast gänzlich unbeachtet. 1951 rühmte Leavis sie als eine Geschichte, "[which] Hawthorne never anywhere surpassed . . . in dramatic power, in control of tone, pace, and tension, and in something more wonderful, the creation of suspension between the fullest consciousness of meaning and the emotional incoherence of dreaming"[12], 1955 zählte Lesser sie zu "Hawthorne's half dozen great short stories"[13], 1957 bezeichnete Gross sie als Hawthornes "most powerful short story"[14] und 1961 nannte Hoffman sie "one of the most durable and contemporary fictions of his entire career"[15]. Seitdem ist "MK" immer wieder neu gedeutet worden, und heute liegen rund drei Dutzend Einzelinterpretationen vor.

Eine unterrichtliche Erarbeitung dieser komplexen und vieldeutigen Story beginnt am besten mit einer Analyse des Aufbaus, der sich folgendermaßen darstellen läßt:

1: *Historical Introduction*	7, 1 - 7,22[16]
2: *Seven Confrontations*	7,23 - 18,11
a: Robin and the Ferryman	7,23 - 8,16
b: Robin and the Old Man with the Cane	8,17 - 9, 5
c: Robin and the Innkeeper	9,25 - 11, 4
d: Robin and the Prostitute	11,30 - 12,39
e: Robin and the Watchman	12,39 - 13,17
f: Robin and the Man with the Red and Black Face	13,32 - 14,15
g: Robin and the Friendly Stranger	16, 5 - 18,11
3: *The Scene of Recognition*	18,12 - 19, 9
4: *The Acceptance of Reality*	19,10 - 19,44
5: *The Final Conversation: Robin's Choice*	20, 1 - 20,17[17]

Da zahlreiche Kritiker "MK" als *initiation story* klassifizieren – Stein spricht von "a kind of ceremony or ritual of initiation"; Hoffman von "a ceremony of initiation"; Crews von "a series of initiations"; und Liebman hält "the 'initiation' theme" für "so obvious a part of the tale"[18] –, kann eine solche Zuordnung zunächst als Prämisse für die Kursarbeit akzeptiert und die oben skizzierte Struktur als repräsentativ für diesen Geschichtentyp betrachtet werden. Unter solcher Voraussetzung, die zugleich als Illustration des Problems des hermeneutischen Zirkels dienen mag, lassen sich bereits drei elementare Konstituenten der *story of initiation* aus "MK" ableiten, denn

1: Robin befindet sich auf einer *Reise*,
2: verschiedene Stationen dieser Reise realisieren sich für ihn als *Konfrontationen* mit anderen Menschen, und
3: am Ende der Reise gewinnt Robin eine *Einsicht / Erkenntnis.*

Als erste Arbeitshypothese ließe sich also entwickeln:

> The youthful protagonist of a story of initiation gains his experiences during a *journey*, in the course of which he experiences different, mostly unexpected, bewildering, and disillusioning *confrontations* with a world hitherto unknown, which finally lead him to some decisive *insight* or *recognition* which changes his life.

Ein kurzer Exkurs zu den historischen Ausformungen der literarischen Reise, die von der antiken Lebensreise eines Odysseus und der ritterlichen Gralsqueste eines Parzival über die mittelalterliche Pilgerfahrt à la Chaucers *Canterbury Tales* und die puritanische Bekehrungsreise von Bunyans Christian bis zur pikaresken Abenteuerfahrt eines Lazarillo de Tormes, zur Bildungsreise eines Wilhelm Meister und zur Touristenreise unserer Tage reichen, und ein Verweis auf die innere, spirituelle Reise, wie sie sich in Begriffen wie Bildungs*gang* und Lebens*lauf* als Belegen für unsere Tendenz zur metaphorischen Verräumlichung von Entwicklungsprozessen ausdrückt und in der Psychoanalyse als Reise zum Selbst oder dem durch Rauschgift induzierten *trip* als Reise in neue Erfahrungsbereiche konkretisiert, mag den Schülern helfen, die vielfältigen Variationsmöglichkeiten der hier gemeinten *journey* zu erkennen. Und allgemeine Überlegungen dazu, daß *confrontations* sich sowohl innermenschlich (Konflikte zwischen Verstand und Gefühl, Pflicht und Neigung, Bewußtsein und Unbewußtem) als auch zwischenmenschlich (Generationskonflikt, Bruderzwist, Ehestreit) realisieren können, daß sie durch ein räumliches Gegeneinander (Land und Stadt, Natur und Zivilisation) ebenso versinnlicht werden können wie durch einen zeitlichen Kontrast (Vergangenheit und Gegenwart, Tradition und Innovation, Tag und Nacht, Licht und Dunkel) und daß sie sich als politische Alternative (Monarchie und Demokratie, Konservativismus und Progressivität) ebenso konkretisieren können wie als Wertentscheidung (Gut und Böse, Recht und Unrecht, Liebe und Haß), mag den Schülern helfen, die Fülle denkbarer Verwirklichungen des Konfrontationsmotivs zu begreifen.

Fragt man nun, wie diese für eine *initiation story* offenbar typischen Oppositionsstrukturen in "MK" besetzt sind, dann bietet es sich an, mit dem wohl offensichtlichsten Aspekt zu beginnen: Robin, "a youth of barely eighteen years" (7,28), also ein Vertreter der Altersstufe der Adoleszenz, ist "evidently country-bred" (7,28f.) und befindet sich auf seiner "first visit to town" (7,29). Hier wagt also jemand, der altersmäßig der Phase des Übergangs zwischen Kindheit und Erwachsensein angehört, den Übergang aus seinem bisherigen Lebensbereich "in the woods" (11,2f.) in die neue Welt der "little metropolis of a New England colony" (8,7), bewegt sich 'die Unschuld vom Lande', die durch "nature's gifts" (7,38f.) und einen "natural gait" (11,8f.) charakterisiert wird, in die Stadt, in welcher "art" (7,39; vgl. 11,13ff.) die Natur 'verschönert', wandert ein Mensch, in Hawthorneschen Kategorien, aus der *wilderness* zum *market place*. Und hier wird der Übergang aus der einen in die andere Welt fast überdeutlich durch das uralte Motiv der Flußüberquerung akzentuiert, das von Charon, dem Fährmann über den Styx, bis zur Schwertbrücke des Lancelot immer wieder signalisiert, daß jemand in das Neue auf- und dabei alle Brücken hinter sich abbricht. Diese Variation eines weiteren, für die *story of initiation* konstitutiven Elements, nämlich der

4: Dreiheit von *Ausgang* (aus dem alten), *Übergang* und *Eingang* (in ein neues Leben),

wie sie etwa van Gennep als für alle rituellen Initiationen der Primitiven grundlegend erwiesen hat[19], ist in "MK" in vielfacher anderer Ausformung zu finden, und ohne daß hier alle im einzelnen erörtert werden könnten, lassen sich etwa die folgenden Aspekte herausstellen:

EXIT	TRANSITION	(RE-)ENTRANCE
country	crossing the river	town
light of day	twilight / dusk	darkness of night (⟶ new light / enlightenment)
ignorance	insight / recognition	knowledge
naive self-assurance ("shrewd")	shock	insecurity (⟶ new confidence)
simplicity	disillusionment	complexity (⟶ maturity)
dependent son	rejection of "authority"	independent adult
colonial dependence	rebellion	political independence
monarchy	revolution	democracy
tradition	change	innovation
old system	upheaval	new system
good	value judgement	good ⟷ bad
'paradise'	sin	reality
INNOCENCE	FALL	EXPERIENCE
↓ ⟶ "a mixture of *pity* and *terror*" (19,9) ⟵ ↓		

Solche offene und um weitere Aspekte zu verlängernde Liste deutet bereits die vielfältigen Bedeutungsschichten von "MK" an und zeigt, wie verschieden diese Story je nach dem gewählten *approach* gelesen werden kann. Versteht man die Geschichte so, daß sie den Untertitel "America Comes of Age"[20] tragen könnte, dann wird sie zur historisch-politischen Allegorie, und man kann im kräftigen, selbstbewußten, aber naiven Robin die Verkörperung des jungen Amerika sehen, das sich in einem plötzlichen Akt der Befreiung von der englischen Krone lossagt und den zugleich hoffnungsvollen und schmerzlichen Schritt in eine unabhängige und selbständige Zukunft tut. Begreift man die Story dagegen als eine Dramatisierung ödipaler Konflikte, dann ist Robin der rebellische Heranwachsende, der auf der Flucht vor väterlicher Autorität und der Suche nach sexueller Freiheit — nur allzu gern möchte er den Lügen der Prostituierten glauben — gegen den Onkel als Symbol von Unterdrückung und Autorität aufbegehrt und — durch den Aufruhr der ganzen Stadt ermutigt — seinen lange verdrängten, geheimen Wünschen nachgibt und seine Revolte im befreienden Lachen artikuliert, und dann gewinnen die vielfältigen Stöcke von Robins "heavy cudgel formed of an oak sapling" (7,35) bis zum "long and polished cane" (8,22) des alten Mannes deutlich phallische Bezüge. Versteht man "MK" dagegen als eine moralische Allegorie und Robins Odyssee als "the voyage from the blind innocence of a primal paradise to the scorching fire of satanic knowledge"[21], dann wird die dunkle labyrinthische Stadt zum Zeichen menschlicher Schuldverfallenheit, der Mann mit dem schwarzroten Gesicht zum Danteschen Satan und Robins Lachen zum Ausdruck der bitteren Selbstverachtung dessen, der gelernt hat, Gut und Böse zu unterscheiden, indem er, seinen Onkel verleugnend, selbst Böses tat, und der weiß, daß er nie wird zurückkehren können in die paradiesische Welt der kindlichen Unschuld. Und begreift man die Geschichte als eine Variation des archetypischen Rituals vom Sündenbock-König, dessen zeremonielle Verjagung im Sinne Frazers den Opfertod des Alten zugunsten der Einsetzung des Neuen und die Vertreibung des stellvertretend personifizierten Bösen zugleich bedeutet, dann gewinnt die ungemein vielschichtige Story noch eine weitere Dimension und wird zum erzählerischen Ausdruck der "psychological and cultural burdens of personal freedom and of national independence"[22] im zeitlos gültigen Sinn.

Vier einander ergänzende oder auch widersprechende Lesarten von "MK" sind also als Ergebnisse unterschiedlicher Vorverständnisse und unterschiedlicher methodischer *approaches* möglich, und sie lassen sich schlagwortartig vereinfacht etwa so charakterisieren:

1: *historical interpretation* (e. g., Leavis; Pearce[23]): Robin's experiences as a representation of America's liberation from the English crown;
2: *psychoanalytical interpretation* (e.g., Lesser, Louis, Crews[24]): Robin's experiences as a representation of the adolescent's revolt against paternal power and as an overcoming of an Oedipus complex;
3: *moral interpretation* (e.g., Gross, Broes, Allison[25]): Robin's experiences as a representation of the innocent youth's inevitable encounter with evil as an elementary part of life;
4: *mythological interpretation* (e.g. Hoffman[26]): Robin's experiences as a variation of the ancient ritual of the deposition of the Scapegoat-King.

Diese Lesarten, die hier nicht im einzelnen dargestellt werden können und die einander überdies viel stärker überschneiden, als das in dieser schematischen Darstellung den Anschein hat, sollten in den Unterricht eingebracht werden, indem die verschiedenen Referenzrahmen zunächst im Kurs erarbeitet und dann dadurch gefüllt werden, daß einzelne Schüler oder Schülergruppen die vier *approaches* durch Referate einer entsprechenden Deutung im Detail vorstellen. Auf diese Weise erschließt sich nicht nur die Fülle der möglichen 'Bedeutungen' von "MK", sondern es werden zugleich konkurrierende literaturwissenschaftliche Positionen an einem konkreten Text vorgeführt. Da solche Deutungen aber nicht einfach affirmativ zur Kenntnis genommen, sondern am Text auf ihre Haltbarkeit überprüft werden sollten, empfiehlt es sich, vorher sorgfältig einige Aspekte zu erarbeiten, zu denen unter anderem zählen:

a: Das die Story durchziehende Motiv des Lachens[27]

Robins Versuche, Kontakte anzuknüpfen und Auskünfte zu erhalten, enden durchweg damit, daß man ihn auslacht:

Seine Konfrontation mit dem alten Mann mit Stock wird von "an ill-mannered roar of laughter from the barber's shop" (8,42f.) begleitet; im Lokal wird sein Verhalten mit "a general laugh" (10,43) quittiert; der Nachtwächter reagiert auf seine Frage mit "the sound of drowsy laughter" (13,12); und die Prostituierte versucht, ihn mit "a pleasant titter" (13,13) zum Bleiben zu bewegen. In den nächtlichen Straßen hört Robin "a wild and confused laughter" (17,32f.), und mit dem Herannahen des Umzugs wächst die Lautstärke von "the laughter" (18,4), bis es dann bei der entscheidenden Begegnung stille wird — "the shouts and laughter of the people died away" (18,39). Jetzt hört Robin noch einmal alle die lachen, mit denen er sich vorher konfrontiert sah: er vernimmt die "voice of sluggish merriment" (19,15) des Nachtwächters, hört von der Prostituierten "a peal of laughter" (19,18), erkennt "a sharp, dry cachinnation" (19,20) des Gastwirts und das "broad laugh" (19,23) des alten Mannes mit dem Stock und hört erneut, nun aber gegen seinen Onkel gerichtet, "the voices of the barbers, of the guests of the inn, and of all who had made sport of him that night" (19,31f.). Und der Junge, der kurz vorher bekannt hatte, "I have laughed very little since I left home" (17,35f.), stimmt nun in die allgemeine Heiterkeit ein — "he sent forth a shout of laughter that echoed through the street" (19,33f.), und "Robin's shout was the loudest there" (19,35).

Im Kontext dieser Belegstellen ist zu entscheiden, wie — und das hängt von der gewählten Lesart ab — Robins Lachen über den gedemütigten Onkel zu deuten sei. Ist es ein Zeichen seiner Selbstverachtung ob seines moralischen Versagens — "Robin's laugh is the acme of inarticulate self-condemnation — a wretchedly painful comment on his own moral complacency"[28] — oder ein hysterischer Ausdruck seiner beginnenden Einsicht in die Irrationalität des Lebens — "this is the laughter of hysteria . . . he laughs in a sense of outrage, partly at himself, partly at the Major, and considerably at the state of human nature. This is the emotional response to the larger recognition that has just taken place."[29] Ist es im Gegenteil ein Ausdruck des Unverständnisses und der Oberflächlichkeit — "Not even the shame, the agony of his kinsman, not even his own emotions of pity and terror, can hold him from making their 'frenzied merriment' his own. There are buffetings of passion, there are possibilities of evil and of guilt, which Robin's callow rationalism cannot fathom."[30] — oder ein Zeichen seiner Selbstbefreiung von überkommenen Zwängen — "The relief he feels that he can vent his hostility for his kinsman and abandon his search for him is the ultimate source of his 'riotous mirth'"[31]; und "he has cathartically rid himself of both filial dependence and filial resentment, and will now be free"[32].

b: Robins vielfach geäußerter Stolz auf seine 'Klugheit'

Robin, "being a *shrewd* youth" (8,44), erklärt sich das abweisende Verhalten des alten Mannes zu seinen Gunsten und nimmt, als er im Gasthaus ausgelacht wird, "with his usual *shrewdness*" (10,45) eine ähnliche Rationalisierung vor. Zur Prostituierten spricht er, als "the *shrewd* youth" (12,3f.), "cunningly" (12,21), und er widersteht ihrer Versuchung, da er "a good youth, as well as a *shrewd* one" (13,16f.) ist. Das unerklärliche Aussehen des janusköpfigen Fremden erklärt er sich "*shrewdly*, rationally, and satisfactorily" (14,19), und dem freundlichen Fremden erklärt "the *shrewd* youth" (17,29), er habe "the name of a *shrewd* youth" (16,34). Schließlich erklärt ihm dieser, daß er, da er "a *shrewd* youth" (20,16) sei, wohl auch ohne die Hilfe des Onkels seinen Weg werde machen können.

Die ersten fünf Hinweise des Erzählers auf Robins "shrewdness" (im 19. Jahrhundert allgemein im Sinne von 'cleverness, quick-wittedness' verstanden) sind, wie auch die jeweiligen Kontexte signalisieren, eindeutig ironisch. Robins Selbstcharakterisierung wird man je nach Einschätzung seiner Entwicklung als Zeichen von Überheblichkeit und Naivität oder als

Indiz für einen beginnenden Wandel deuten, und den letzten Beleg, das heißt die einzige Stelle, an der jemand anders Robin als "shrewd" bezeichnet, wird man entweder als ironischen Kommentar zu Robins moralischer Verderbtheit werten oder als ernstgemeinten Hinweis darauf akzeptieren, daß Robin nun "indeed a shrewd youth" geworden und sein weiterer Weg offen sei "for further growth and real independence"[33].

c: Die Augen- und Lichtbildlichkeit in "MK"

Da die Story weitgehend aus Robins Perspektive erzählt wird und Robin die Welt vornehmlich mithilfe seines Gesichtssinns wahrnimmt (vgl. aber auch das "My" im Titel), 'sieht' auch der Leser das Geschehen, und er sieht es in wechselndem 'Licht.' L. Moffitt Cecils Beobachtung, daß in Hawthornes Werken "the optical phenomena . . . of vital interest" und "symptomatic"[34] seien, gilt für "MK" in ganz besonderer Weise, und die Schüler sind erfahrungsgemäß am ehesten auf dieses Phänomen aufmerksam zu machen, wenn man sie beauftragt, (1) die Verben der optischen Wahrnehmung und (2) die Aussagen über "eyes" aus dem Text der Story zu sammeln.

Die so entstandenen Listen, die zugleich einen Anlaß für integrierte Wortfeldarbeit bieten, enthalten im ersten Fall Verben wie "look up and down, make observation, examine, fix attention, keep a look-out, scrutinize, distinguish, survey, stare, perceive, behold, look, discern, read, gaze, see, view, turn one's eye" und andere und umfassen im zweiten Fall ebenfalls eine Fülle von Belegen (vgl. etwa 7,38 / 8,6 / 9,44 / 10,5f. / 10,19 / 10,31 / 11,16 / 12,1 / 12,12 / 12,34f. / 13,14 / 14,6 / 14,20f. / 14,31f. / 16,5 / 17,3 / 18,31f. / 18,40 / 19,3 / 19,6 / 19,17 / 19,26 / 20,5), so daß deutlich wird, wie zentral der Gesichtssinn, die optische Wahrnehmung für "MK" ist.

Da Sehen und Erkennen nur möglich sind, wenn es genügend Licht gibt, spielt das jeweilige Licht eine entscheidende Rolle, und Robins Odyssee, die als *rite de passage* im Zwielicht (vgl. 7,23) zwischen dem Sonnenlicht der Vergangenheit (vgl. etwa 15,20 und 15,25f.) und dem nächtlichen Dunkel der labyrinthischen Stadt beginnt, wird 'beleuchtet' vom

1: natürlichen Licht des Mondes und/oder vom

2: künstlichen Licht der Laternen, Fackeln, usw.,

die in bedeutungsvoller Weise korrelieren und kontrastieren. Der Mond, von dem es einmal *expressis verbis* heißt, "and the moon, creating, like the imaginative power, a beautiful strangeness in familiar objects, gave something of romance to a scene that might not have possessed it in the light of day" (14,22ff.), steht für Robins Tendenz zum Traum und zur Illusion, und das künstliche Licht, das ihn immer wieder in die rauhe Wirklichkeit zurückholt – er spricht den alten Mann in "the moonlight" (8,12) an und wird im "light from . . . a barber's shop" (8,26) zurückgewiesen; er begegnet der Prostituierten im "moonlight" (11,38; vgl. 12,1f. und 12,8f.), aber wird durch den Nachtwächter mit seiner "lantern" (12,41) aus seinen Träumen gerissen; usw. –, steht für den Zwang, die Wirklichkeit zur Kenntnis zu nehmen. Beide Lichtquellen, das Mondlicht der Einbildungskraft, das Robin daran hindert, die Wirklichkeitsferne und Phantastik seiner Illusion zu durchschauen, und die grellen künstlichen Lichter des Aufruhrs, die ihn daran hindern, die Tragödie seines Onkels zu begreifen – "a dense multitude of torches shone along the street, *concealing*, by their glare, whatever object they illuminated" (18,16ff.) und "the unsteady brightness of the [torches] formed a *veil* which he could not penetrate" (18,34f.) –, reichen, jedes für sich genommen, nicht aus, um die 'Sicht' zur 'Einsicht' zu erhöhen. Erst wenn beide 'Lichter', Gefühl und Verstand, einander ergänzen (vgl. "the ferryman lifted a *lantern*, by the aid of which, and with the newly risen *moon*, he took a very *accurate* survey ..." [7,26ff.]); "There the *torches* blazed the brightest, there the *moon* shone out like day, and there ... sat his kinsman ..." [18,41f.]), wenn "fancy and reality" (15,43) zusammenwirken, ist ein 'Sehen' möglich, das zu wirklicher 'Einsicht' führt.[35]

Wenn diese Aspekte am Text erarbeitet und die vier oben skizzierten Lesarten durch das Referat je einer repräsentativen Deutung in den Unterricht eingebracht worden sind, dürfte Hawthornes schwierige Story soweit erläutert sein, daß jeder einzelne Schüler ihren Sinn entsprechend seinem Verständnishorizont konkretisieren kann, und statt den gänzlich untauglichen Versuch zu machen, die Kursteilnehmer auf eine 'richtige' Deutung festzulegen, sollte der Lehrer den offenen und vieldeutigen Schluß von "MK" zum Anlaß dafür nehmen, noch einmal kontrovers diskutieren zu lassen, ob Robin denn nun "a new, mature set of relations with his family and society"[36] gewonnen habe; ob er im Gegenteil als "a callow country lad" entlarvt sei, "[who] discovers in his naively selfish heart a capacity for the most heinous sin of all"[37]; oder ob für den Schlußsatz des freundlichen Fremden gelte: "The 'if's' and 'or's' show that neither regression nor psychological growth can be proved."[38]

Was "MK" als Beispiel für eine *initiation story* betrifft, so lassen sich den vier genannten Konstituenten zwei weitere hinzufügen, wenn man bedenkt, daß Robin mit dem Problem des Auseinanderfalls von Schein und Sein konfrontiert wird und lernen muß, daß angesichts der Doppeldeutigkeit menschlichen Lebens (vgl. 17,26!) nicht alles so ist wie es 'aussieht', und wenn man erkennt, daß die Welt als das zu bewältigende und zu 'durchschauende' Fremde ihm unter anderem in Gestalt des janusköpfigen und teuflischen Mannes mit dem rot-schwarzen Gesicht in der Rolle des Versuchers und in Gestalt des freundlichen und hilfsbereiten Fremden in der Rolle des Helfers und Führers entgegentritt. Aus diesen Beobachtungen läßt sich ableiten, daß

5: der Initiationsvorgang die Erkenntnis des Auseinanderfalls von *appearance* und *reality* betrifft und daß

6: der Initiand mit einem *tempter* konfrontiert wird, der ihn auf den falschen Weg zu locken versucht, und den Rat und Beistand eines *mentor* findet, der ihn auf seiner Reise führt und beschützt.

Die oben formulierte erste Arbeitsdefinition kann also folgendermaßen erweitert werden:

> The youthful protagonist of a story of initiation gains his experiences during a *journey* which consists of the three phases of *exit, transition,* and *(re-)entrance* and leads the traveller from *innocence* to *experience.* In the course of this real or metaphorical journey the *initiate* experiences manifold *confrontations* with a world hitherto unknown to him, and is exposed to the temptations of a *tempter* but can, on the other hand, find advice and help from a fatherly *mentor.* His experiences culminate in a *recognition* or an *insight* which changes his life and which often refers to the disillusioning discovery of the disparity between *appearance* and *reality.*

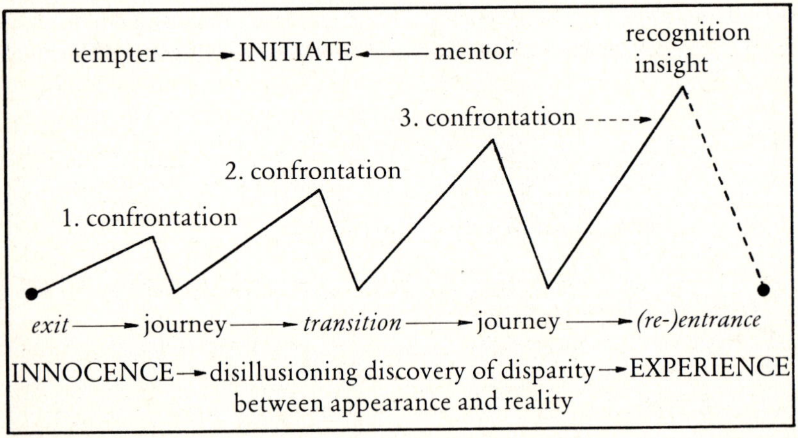

Exkurs

Eine ausgezeichnete Möglichkeit, die geistesgeschichtliche Position zu verdeutlichen, welche Hawthorne in "MK" einnimmt, bietet ein Vergleich dieser Story mit der berühmten Passage aus Benjamin Franklins *Autobiography,* in welcher dieser von seiner Ankunft in Philadelphia erzählt und die zum immer erneut variierten Archetypus jener unzähligen erzählerischen Verwirklichungen des *American Dream* wurde, die dann in Horatio Algers *from rags to riches*-Geschichten ihren populärsten Ausdruck fanden.

Da Hawthorne 1828, also zur Zeit der Abfassung von "MK", die ersten sechs Bände von Franklins *Works* ausgeliehen hatte und da die Parallelen zwischen den beiden

Texten außerordentlich eng sind, ist ein direkter Zusammenhang mit sehr großer Sicherheit zu vermuten, und es könnte sogar sein, daß Robins Name sich nicht nur, wie durch den expliziten Verweis auf "the Moonshine of Pyramus and Thisbe" (12,40) nahegelegt, auf "Puck, or Robin Goodfellow" in Shakespeares *A Midsummer-Night's Dream* bezieht, sondern auch auf den von Franklins Bruder James herausgegebenen Almanach *Poor Robin* - und damit indirekt auf Franklins Positionen in *Poor Richard's Almanack* — verweist. Einige der deutlichsten Parallelen, die sich im Kurs durch einen detaillierten Textvergleich herausarbeiten lassen, sind die folgenden:

Benjamin Franklin trifft "about eight or nine o'clock, on the Sunday morning . . . in October" (38) 1723 in Philadelphia ein[39]	Robin trifft "near nine o'clock of a moonlight evening" (7,23) "not far from a hundred years ago" (7,19f.), also 1828/29 ->100 = etwa 1720/30 in Boston ein
Ben ist "at the age of seventeen" (35)	Robin ist "a youth of barely eighteen years" (7,28)
Ben kommt "in my working dress" (38)	Robin trägt "a coarse gray coat" (7,30)
Ben kommt mit dem Boot und bezahlt fast sein letztes Geld an die "boatmen" (38)	Robin kommt mit dem Boot und bezahlt fast sein letztes Geld an den "ferryman" (7,26)

für beide Jugendliche wird exakt angegeben, welche Menge Geldes sie besitzen (vgl. 38; vgl. 8,2ff./10,25.)

Ben sagt: "I knew no soul, nor where to look for lodging." (38)	von Robin heißt es, "he knew not whither to direct his steps" (8,8f.)
Ben sucht Anschluß, "looking in the faces of everyone" (39); und er findet die Hilfe eines freundlichen Quäkers, den er anspricht und "whose countenance pleased me" (39)	Robin sucht seinen Verwandten, "thrusting his face close to that of every elderly gentleman" (11,12f.); aber er wird überall höhnisch zurückgewiesen und wegen seiner "scrutiny into people's faces" (11,21) getadelt
im Gasthaus gerät Ben in Verdacht: "from my youth and appearance I was suspected of being a runaway" (39)	im Gasthaus verliest der Wirt einen Steckbrief, demzufolge ein "bounden servant" (10,34) seinem Herrn entlaufen ist
Ben gelangt durch eine Straße, in der "many clean dressed people" gehen, zum "meetinghouse of the Quakers" (39), das er betritt und in dem er einschläft	Robin gelangt durch eine "spacious street" (11,5f.) mit "people promenading on the pavement". (11,9) schließlich zu einer "church" (13,31), auf deren Stufen er zu träumen beginnt und von "a sensation on loneliness" (15,7f) heimgesucht wird.

Ben kauft für "three pennyworth . . . three great puffy rolls" (39)	Robin bekommt für "a parchment threepenny" (10,25f.) im Gasthaus nichts
Ben sieht, während er durch die Straßen wandert, seine zukünftige Frau "standing at the door" (39)	Robin sieht hinter "a half-opened door" (11,40) eine Prostituierte

Diese und weitere Parallelen, auf die zuerst 1965 Smith hinwies und die mittlerweile auch von England und Murphy untersucht wurden[40], zeigen nicht nur, "[that] Hawthorne . . .remembered Franklin's account of his arrival in Philadelphia", sondern auch "[that he] sought implicitly to criticize the vision of reality which is embodied in the *Autobiography*"[41]. So wie der vom Tageslicht erhellte Beginn von Franklins erstaunlicher Karriere mit der nächtlichen Irrfahrt des erfolglosen Robin Molineux kontrastiert, so wird aus Bens Ruhe im friedvollen Versammlungsraum der deistischen Quäker Robins angstvolles Leiden an der Einsamkeit vor der Kirche eines rächenden puritanischen Gottes. Und so wie die freundliche Hilfe, die Ben widerfährt, der höhnischen Ablehnung gegenübersteht, auf die Robin stößt, so kontrastiert der kluge und sich naiv gebende Ben mit dem naiven und sich klug dünkenden Robin. "MK" wird damit zu einer ironischen Kontrafaktur auf die vordergründige und optimistische Erfolgsethik Franklins, zur frühen Variation der *American nightmare* als der pessimistischen Kehrseite des *American Dream,* und es ist Murphy zuzustimmen, wenn er sagt: "By suggesting that things are not what they appear to be, Hawthorne goes beneath Franklin's clear, uncomplicated vision and in his psychological study of temptation, sin, and guilt . . . not only contrasts with the elder sage's philosophy but totally negates it."[42] Dieser Aspekt ist es wohl auch, der erklären könnte, warum Hawthornes Story nach langen Jahren der fast völligen Nichtbeachtung heute zum Gegenstand immer neuer Deutungsversuche wird, artikuliert sie doch in meisterhafter Weise jene Zweifel, die mittlerweile – nach Henry Millers *The Air-Conditioned Nightmare* (1945) und Norman Mailers ironisch betiteltem Roman *An American Dream* (1965) – zum durchgehenden Charakteristikum der amerikanischen Literatur geworden sind.

5. Sherwood Anderson, "I Want to Know Why" (1919)

Andersons Story, die 1919 im *Smart Set* erschien und 1921 in *The Triumph of the Egg* gesammelt wurde, ist eine der meistanthologisierten Geschichten der amerikanischen Literatur, und auch sie wird von den Kritikern durchweg als *initiation story* klassifiziert. So nennen Brooks und Warren "IW" "a story of the 'initiation'"[43], und Burbank spricht von eines Heranwachsenden "initiation into the puzzling adult world"[44]; Neuweiler deutet "IW" als ein Beispiel des „in der Tradition der amerikanischen Kurzgeschichte besonders ausgeprägten Typus der *initiation story*"[45], und Anderson bezeichnet sie gar als "a classic example of the theme of an adolescent's initiation"[46]. Als eine Verwirklichung des neuen Typus der *non-formula-* oder *slice-of-life story,* die Anderson mit seinem Aufbegehren gegen "The Poison Plot" und seiner Suche nach "form, not plot, an altogether more elusive and difficult thing to come at"[47] mitbegründen half, unterscheidet sich "IW" grundlegend von Hawthornes "MK", und es ist für ein Verständnis dieser Geschichte entscheidend, daß die Schüler erkennen, wie sehr hier das Erzählen das Erzählte erläutert, wie sehr das Mitgeteilte sich in der Art der Mitteilung verrät. Eine Betrachtung der erzähltechnischen Mittel und des Aufbaus von "IW" sollte deshalb am Anfang der Erörterung stehen.

Im Gegensatz zu "MK" ist "IW" eine Ich-Erzählung der *I as protagonist*-Variation.[48] Ein namenloser jugendlicher Held-Erzähler berichtet aus der knappen Erzähldistanz von rund einem Jahr (der Erzähler ist "nearly sixteen" [288][49] und erzählt im Frühjahr — "Spring has come again" [288]; als 'Held' war er "just turned fifteen" [282], und das Geschehen spielte nach "the Kentucky spring meetings" [282]) von einem noch nicht lange zurückliegenden und ihn noch immer beschäftigenden und beunruhigenden Erlebnis, und sein Erzählen, das seine Unsicherheit und sein Suchen nach einer Erklärung — "I Want to Know Why" — spiegelt, wird deshalb

a: in seiner Ungeordnetheit zum Ausdruck der Verwirrung des Erzählers und

b: in seinem Engagement zum Versuch der Autotherapie des Erzählers.

Die Story beginnt — mit der genauen Zeitangabe "at four in the morning" (281) szenische Darstellung signalisierend — mit der Nennung des Erzählgegenstandes, dem Erlebnis in Saratoga "in the east" (281), schweift aber, durch den Namen des dort gefundenen und von zuhause her bekannten Bildad Johnson ausgelöst, sogleich ab, und es folgen längere Rückgriffe auf des Erzählers und Bildads Pferdeleidenschaft. Zu Beginn des dritten Absatzes ruft der Erzähler sich durch ein "Well, I must tell you about what we did . . ." (282) gleichsam selbst zur Ordnung, holt dann aber zunächst zur eigentlichen Vorgeschichte, nämlich der Fahrt nach Saratoga, aus, um — kaum der Ankunft sich nähernd — erneut abzuschweifen und sich ausführlich über Henry Riebacks und den eigenen Vater zu verbreiten. Eine erneute, unvermittelte Absichtserklärung — "That's what I'm writing this story about . . ." (283) — bleibt ebenfalls uneingelöst, denn nun folgen längere Exkurse über die gänzlich unverbunden und funktionslos scheinende Harry Hellinfinger-Episode und erneute Erläuterungen zu des Erzählers Pferdeleidenschaft. Mit einem wiederum recht unvermittelten "But about Saratoga" (284) kehrt der Erzähler dann abermals zu seinem eigentlichen Sujet zurück, weist erneut auf den schon einmal angedeuteten geheimnisvollen Vorgang dort hin — "something I saw at the race meeting . . . I can't figure out" (283); "I did and saw that alone. That's what I'm writing about." (284) —, nimmt durch die antiklimaktische Vorausnahme der glücklichen Heimkehr (vgl. 284) die Spannung auf den Schluß weg und lenkt so die Aufmerksamkeit des Lesers um so stärker auf jenen Vorgang, von dem er erzählen will, bisher aber immer noch nichts gesagt hat. Nach allgemeinen auf Saratoga bezogenen Zustandsbeschreibungen beginnt er dann mit einer erneuten Zeitangabe — "We got to Saratoga on a Friday..." (285) — praktisch von vorn und liefert zunächst eine Beschreibung der Pferde Middlestride und Sunstreak und einige Hinweise auf den Trainer des letzteren. Erst dann, nachdem nahezu zwei Drittel der Geschichte vorbei sind, bietet er die Erzählung der beiden entscheidenden Konfrontationen. Ein solches Erzählen, das im Gegensatz zum einlässigen Bericht des außenstehenden Erzählers von Hawthornes "MK" die unmittelbare Betroffenheit des Ich-Erzählers spiegelt und durch die stetigen *digressions* und die Umstellungen sowohl der logischen Zusammenhänge als auch der chronologischen Abläufe seine Angst davor verrät, sich mit dem entscheidenden Ereignis auseinanderzusetzen, läßt sich etwa folgendermaßen schematisieren:

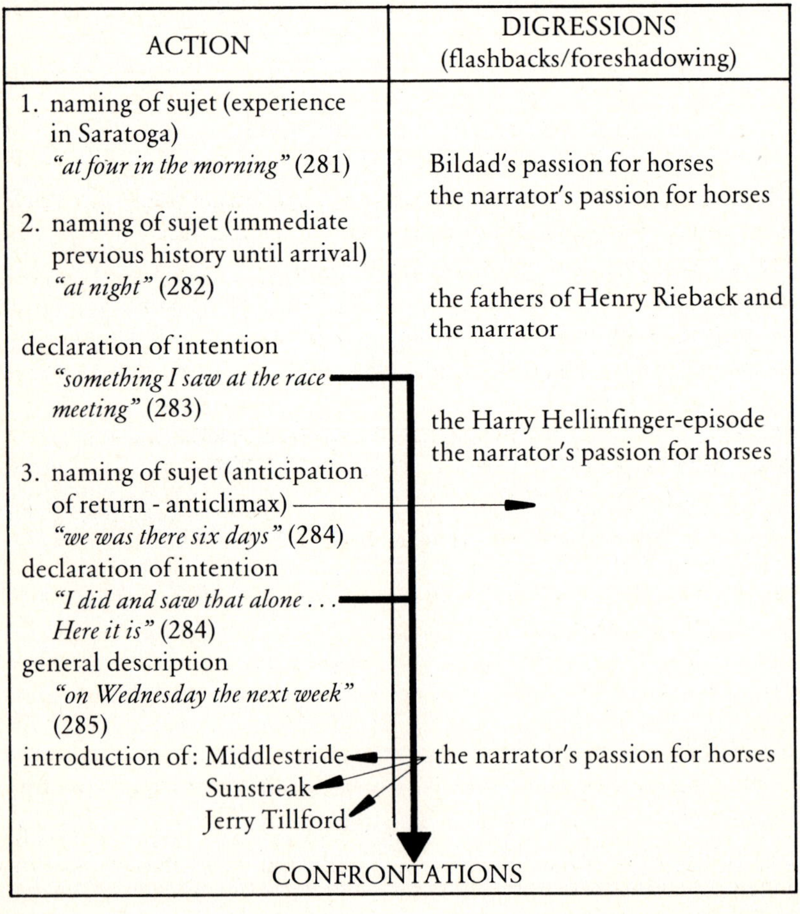

Kann man aus dem bisher Gesagten entnehmen, daß auch in "IW" die für eine *initiation story* konstitutiven Elemente der *journey* und der *confrontation* in deutlicher Weise vorhanden sind, so läßt sich letzteres Element nun präzisieren, und es zeigt sich, daß die beiden Konfrontationen, die erst in ihrem Gegeneinander den Erzähler so schockieren, in einer in dieser ungeordnet scheinenden Geschichte ganz unvermuteten Weise auf das Genaueste kontrastiert sind:

1. CONFRONTATION		2. CONFRONTATION
day	←→	night
race track	←→	brothel
narrator	←→	narrator
Sunstreak	←→	prostitute
Jerry Tillford	←→	Jerry Tillford
↓		↓
LOVE		HATE

Die 'kontrastive Parallelität' der beiden Konfrontationsszenen ist überdies, wie die Schüler nach entsprechender Anleitung durch detailliertes Textstudium unschwer selbständig herausfinden können, bis in die kleinsten Einzelheiten durchgestaltet, und folgende weitere Gegensatzpaare wären etwa zu erarbeiten:

a: MORGEN, FRISCHE, SAUBERKEIT ←→ ABEND, SCHMUTZ, VERDERBTHEIT

"At Saratoga they . . . saddle the horses right out in an *open place* under *trees* on a *lawn . . . smooth* and *nice* . . . It's *lovely* . . ." (285); "The track in Saratoga . . . is all *polished up* and *trees* around, the *evergreen* kind, and *grass* and everything *painted* and *nice* . . ." (287) ←→ ". . . a *hard* road made of *asphalt* . . . a little *rummy-looking* farm house set in a yard . . ." (287); "a place for *bad women* to stay in" (287).

b: VERSTÄNDNIS, GEMEINSAME LIEBE ZU PFERDEN ←→ TRUNKENHEIT, STREIT

"*All the men* from Beckersville were there . . ." (286) ←→ "they were all *drunk* . . . *quarrelled* with them . . ." (287).

c: OFFENHEIT ←→ HEIMLICHKEIT

Auf der Rennbahn nähert sich der Erzähler, trotz des Risikos entdeckt zu werden, offen dem Pferd und seinem Trainer – "I forgot all about being seen myself and *walked right up*." (286) ←→ vor dem Bordell versteckt sich der Erzähler und beobachtet heimlich den Trainer – "I *crept up* along a fence and looked through a window . . ." (287).

d: GERUCH

Von der Rennbahn gilt: "Everything smells *lovely*." (284) ⟷ vom Bordell gilt: "The place smelled *rotten* . . .", und später gilt: "At the tracks the air don't taste as good or smell as good." (288)

e: PFERD ⟷ PROSTITUIERTE

In der Beschreibung Sunstreaks finden sich deutlich erotische Töne – "Sunstreak is *like a girl* you think about sometimes but never see . . . When you look at his head you want to *kiss* him." (285) ⟷ die Prostituierte "looked a little like the *gelding* [Unfruchtbarkeit!] Middlestride, but *not clean* like him, but with a *hard ugly mouth*" (287).

f: GRÜN ⟷ ROT

Auf der Rennbahn gibt es Rasen und Bäume von "the *evergreen* kind" (287) ⟷ die Prostituierte hat "*red* hair" (287; vgl. Hawthornes Prostituierte mit dem "scarlet petticoat", 12,1).

g: RUHIGE SELBSTSICHERHEIT ⟷ ANGABE

Sunstreak hat es nicht nötig anzugeben: "He *wasn't bragging* or letting on much . . ." (286) ⟷ "Jerry *bragged* in that bad woman house as I know Sunstreak *wouldn't never have bragged* . . . He lied and *bragged* like a fool" (288).

h: BLICKWECHSEL

"I looked up and then that man and I looked into each other's eyes. Something happened to me. I guess *I loved the man* as much as I did the horse because he knew what I knew . . . I cried and Jerry Tillford had *a shine in his eyes*." (286)

"I looked at Jerry Tillford . . . He looked at the woman in there, . . ., and *his eyes began to shine* just as they did when he looked at me and at Sunstreak . . . at the track in the afternoon . . . Then, all of a sudden, *I began to hate that man*." (287f.)

Wenn diese Einzelheiten am Text erarbeitet sind, dann sollte es möglich sein, das Problem des Erzählers zu benennen und die Natur seines *shock of recognition* genauer zu bestimmen. Was er sah und noch immer nicht zu begreifen vermag – "there's something I saw . . . I can't figure out" (283) – und was er in immer neuen erzählerischen Ansätzen umkreist – "That's what I'm writing this story about. I'm puzzled." (283) –, ist keineswegs die unverhoffte Entdeckung, daß es das 'Böse' in der Welt gibt. Um dessen Existenz wußte er schon vorher, denn er kann das Bordell sogleich als "a place for bad women to stay in" (287) identifizieren, auch "rotten talk" (287) hat er schon vorher gehört, und er kann über "professional gamblers" (282) reden. „Nicht die Entdeckung der Sexualität oder des Bösen an sich stürzt den Jungen ins Chaos, sondern deren unentwirrbare Verstrickung mit dem Guten"[50]; und was er so schockhaft erfährt, ist die Tatsache, "that the extremes of good and evil can coexist in the same person and can elicit a bewildering similarity of response"[51]. Die Frage des Mentors an Robin Molineux, "May not a man have several voices, Robin, as well as two complexions?" (17,26), wird auch für den Protagonisten von "IW" auf bestürzende Weise mit einem desillusionierenden Ja beantwortet.

Diese Einsicht — und damit kommt ein weiteres aus Hawthornes "MK" abgeleitetes Element der *initiation story* auch hier zum Tragen — läßt das bisherige Weltbild des Erzählers einstürzen, weil es ihm schmerzlich den Auseinanderfall von *appearance* und *reality* demonstriert. Der Junge, der vor den Forderungen der Alltagswelt in die anscheinend unproblematische Welt der Rennbahn ausweicht, wird ironischerweise gerade in dieser Welt von der Wirklichkeit eingeholt, ißt im paradiesischen 'Immergrün' ("evergreens trees", 287) des "in the east" (281) gelegenen Geläufs von Saratoga von "the tree of the knowledge of good and evil" (Genesis 2,17)[52] und macht so seinen ersten unwiderruflichen Schritt auf dem beschwerlichen Weg von der *innocence* zur *experience.*

Diese Entwicklung von der 'Sicht' des äußeren Scheins zur 'Einsicht' in das wahre Sein ist, analog zu Hawthornes "MK", in paradigmatischer Weise an den Verben der Wahrnehmung zu belegen, denn "an astonishing amount of description in the story is presented through verbs which denote responses to one of the five senses"[53]. Dabei sind die Verben *to see* und sinnverwandte Wörter als Ausdrücke für die auf den äußeren Anschein gerichtete Sinneserfahrung und *to know* als Ausdruck für das auf das wahre Wesen der Dinge zielende mentale Erfassen zunächst quasi austauschbar, weil unmittelbare Erfahrung mit Erkenntnis identisch zu sein scheint; aber nach dem schockhaften Erlebnis in Saratoga, als Sehen und Wissen zutiefst auseinandergefallen sind, schiebt sich zwischen beide das *to think*, der prüfende und den vordergründigen Augenschein relativierende Denkprozeß: "I keep *thinking* about it and it spoils *looking* at horses ... I want to *know* why." (288) Dieser Prozeß läßt sich im Unterricht auf einfache Weise herausarbeiten, wenn alle Belege für *to see, to know* und *to think* nebst Variationen gesammelt und, was hier nur für einige Beispiele getan werden kann, auf ihre Beziehung untersucht werden.

So zeigt sich etwa, daß für den Jungen vor seinem Schock Sehen gleich Wissen ist, so daß er von Sunstreaks Siegesaussichten sagen kann: "It was his day. I *knew* when I *see* him." (286); daß er das Pferd nur anzugucken braucht, um zu wissen, wie es um es bestellt ist: "I was standing *looking* at that horse ... I *knew* just how Sunstreak felt inside ... I *knew* that. I could just in a way *see* right inside him ... I *knew* it" (286); ja daß er in bezug auf alle Pferde seinen Augenschein als verläßliches Wissen akzeptieren kann: "If I wanted to be a gambler ... I could get rich. I *knew* I could ... All I would have to do is to wait 'til that hurt comes when I *see* a horse and then bet every cent." (284) Aber diese Identität von *seeing* und *knowing* ist nach der Erfahrung von Jerry Tillfords Doppelgesichtigkeit zerstört, denn "there's something I *saw* at the race meeting ... I can't *figure out*" (283); "I did and *saw* that alone ... It got me upset. I *think* about it at night" (284) und "I been *thinking* about it ever since... But things are different... It's because a man like Jerry Tillford who *knows* what he does, could *see* a horse like Sunstreak run, and kiss a woman like that the same day... I keep *thinking* about it and it spoils *looking* at horses... I want to *know* why." (288)[54]

Sind also die Elemente der zu *confrontations* führenden *journey* und der auf den Auseinanderfall von *appearance* und *reality* bezogenen lebensverändernden *recognition*, wie sie aus Hawthornes "MK" abgeleitet wurden, auch für Andersons "IW" konstitutiv, so lassen sich ebenfalls die Figuren des *tempter* und des *mentor* finden. Jerry Tillford, im psychologischen Verständnis "an idealized and desexualized father, a father towards whom one need have no feelings of competitiveness and hostility"[55], versagt in den Augen des Jungen, weil er sich im Bordell als alles andere als das erhoffte Idol entlarvt, und er, dessen Verhalten als eine Variation auf das in *initiation stories* geläufige Motiv des *crumbling idol* verstanden werden kann, wird so zum *tempter*, der den Jungen in seiner "rite of passage ... his sexual innocence" verlieren und die Möglichkeit der "equation of worship with lust"[56] erkennen läßt. Bildad Johnson dagegen, der "nigger", dem der Junge vertraut, dessen Lebensweise er bewundert und von dem er sich nicht enttäuscht fühlt, fungiert als eine im Hintergrund bleibende Mentorenfigur, als ein (Bil)*dad* für einen (John)*son* und, durch die Parallele zum biblischen Bildad dem Schuhiten aus dem Buch Hiob entsprechend ausgewiesen, als "a friend to a Job-like figure in order to shed light on the problem of suffering and sin"[57].

Die vorläufige Arbeitsdefinition einer *story of initiation* kann also auch für "IW" gelten; Hawthornes und Andersons Stories erweisen sich trotz ihrer auffälligen Unterschiede in bezug auf Erzählperspektive, Aufbau und Stil als Variationen desselben Grundtyps.

Exkurs

Aus Raumgründen ist bei der bisherigen Erörterung von "IW" nicht auf den für die Wirkung dieser Story zentralen Erzählstil eingegangen worden, der zutiefst Mark Twain verpflichtet ist. Nicht nur die Tatsache, daß Anderson seinen an *The Ordeal of Mark Twain* arbeitenden Freund Van Wyck Brooks davon zu überzeugen versuchte, daß Huck Finn, die Figur, und *Huckleberry Finn*, der Roman, den Ausgangs- und Mittelpunkt für jede kritische Beurteilung des Werkes von Samuel L. Clemens abgeben müßten, oder das Faktum, daß in seinem Roman *Dark Laughter* ausdrücklich auf Beziehungen zwischen dem Helden und Huck hingewiesen wird, belegen dabei, daß es vor allem Mark Twains Meisterwerk *Adventures of Huckleberry Finn* ist, das Anderson beeinflußte, sondern auch der Text von "IW" verrät dessen unmittelbare Nachwirkung.

Wenn der Erzähler von "IW" etwa sagt: "It's what give me the fantods" (287) und "It gives me the fantods" (288), dann benutzt er eine zu seiner Zeit offenbar schon veraltete Wendung, die er Huck verdankt. Dieser sagt nämlich, als er auf Jackson's

Island Nigger Jim entdeckt: "... there laid a man on the ground. It most give me the fantods", und von den Bildern der Emmeline Grangerford meint er: "they always give me the fan-tods"[58], und er gebraucht damit einen Ausdruck, den Coveney als "literally, hallucinations experienced in *delirium tremens*" erläutert.[59] Und wenn der Erzähler von "IW" von der Rennbahn sagt, "Everything smells lovely" (284), und vom Bordell meint, "The place smelled rotten" (287), dann erinnert er damit an Hucks berühmte Synästhesie: "Everything was dead quiet, and it looked late, and *smelt* late."[60] Diese nahezu wörtlichen Echos sind aber nur Indizien für eine umfassendere Ähnlichkeit, die sich etwa dadurch erarbeiten ließe, daß man, wie das Burbank vorschlägt[61], eine der Passagen über die Idylle auf dem Mississippifloß, wie etwa die berühmte Stelle aus Kapitel XIX, mit dem Lob des Erzählers von "IW" über die idyllische Atmosphäre der Rennbahn – "Well, out of the stables they come..." (284) – vergleicht.

Was durch einen solchen Vergleich deutlich wird, ist jene für die amerikanische Literatur zentrale Entwicklungslinie, die von Mark Twain über Sherwood Anderson und Stephen Crane zu Ernest Hemingway verläuft, der ja in *Green Hills of Africa* feststellte: "All modern American literature comes from one book by Mark Twain called *Huckleberry Finn*"[62], und dessen Story "My Old Man" übrigens "IW" in überraschender Weise ähnelt.[63] Diese Entwicklungslinie – und das läßt sich eben an "IW" sehr gut aufzeigen – ist vor allem durch eine bestimmte sprachliche Gestaltung, das *vernacular,* und durch eine bestimmte Erzählperspektive, das *innocent eye,* charakterisiert; und während das *vernacular,* also eine im Gegensatz zur literarischen Hochsprache stehende genuin amerikanische Umgangssprache, zugleich – wie das etwa Smith zeigt – einen "conflict between vernacular values and the dominant culture"[64] signalisiert und Freiheit und Spontaneität gegen Ordnung und Konformismus stellt, ermöglicht es die Perspektive des 'unschuldigen Auges', die von der Warte des Kindes oder Jugendlichen aus betrachtete Erwachsenenwelt, dem Betrachter selbst verborgen, in ihren Widersprüchen und Verlogenheiten zu entlarven. Stones Feststellung, "[that] Huck's innocent eye perceives more than his mind can fully comprehend or his moral sense can retain..."[65], gilt ebenso für den Erzähler von Andersons "IW", der nicht einzusehen vermag, was denn Henry dafür könne, daß sein Vater, den er übrigens für "nice ... and generous" (282) hält, ein Berufsspieler sei, der Bildad zwar gedankenlos als "nigger" bezeichnet, Schwarze aber für "squarer with kids" (283) hält, und der dem aufmerksamen Leser manche Konvention der ihn umgebenden Erwachsenenwelt als verlogen entlarvt, ohne das selbst immer zu realisieren.

6. John Steinbeck, "Flight" (1938)

John Steinbecks "Flight", 1938 als Teil der Sammlung *The Long Valley* erschienen, zählt in Deutschland seit langem zu den beliebtesten Lektüren im EU, aber leider sind die beiden verbreiteten Schulausgaben ob ihrer Kürzungen und Entstellungen unbrauchbar für eine auf 'Wissenschaftspropädeutik' zielende Kursarbeit.[66] In dieser Story, die hier nur sehr kurz vorgestellt werden kann, geht es um "the growth of a boy to manhood and the meaning of that manhood"[67] bzw. "the development of innocent childhood into disillusioned manhood"[68], und auch sie gehört deshalb zu "the well-known genre of initiation stories"[69]. Schon der Aufbau der Geschichte

	general introduction (32f.)[70]	46 lines	
1:	visit to town and fatal confrontation with stranger (33-36)	118 lines	1 day
2:	return home and preparations for flight (36-40)	144 lines	1/4 day
3:	flight into the mountains (40-52)	553 lines	3 1/4 days

zeigt mit Pepés Ritt vom Land in die lockende Stadt und mit seinem Zusammenstoß mit dem beleidigenden Fremden die Strukturmomente von *journey* und *confrontation*, die dann in steter Steigerung auch die Erzählung von seiner Flucht in die Berge bestimmen. Die kurze allgemeine Einführung verweist vorgreifend auf die "stone mountains" (32), die später nicht nur den Schauplatz bilden, sondern in ihrer Unwirtlichkeit zu Mitspielern werden; und die Tatsache, daß leblose Dinge beseelt erscheinen — "the farm buildings huddled ..., crouched low ..." (32), "the blade leaped out ..." (33) —, während Menschen durch Tierbildlichkeit charakterisiert sind — "Pepé smiled sheepishly ..." (33) —, verweist zusammen mit der Aussage über den Fatalismus der Paisanos — "When one is bitten on the chest there is not much that can be done." (32) — und der durch das Fehlen jeglicher Datierung suggerierten Zeitlosigkeit des Geschehens darauf, daß für das Leben der Torres-Familie die ewigen Gesetze der Natur mehr gelten als die Regeln der Zivilisation der Städte: wenn das Meer freundlich ist, müssen Emilio und Rosy fischen gehen, denn das ist wichtiger als die Schule, und den "truant officer" (32) kann man überlisten. In dieser Welt wächste Pepé auf, und die Story erzählt davon, wie er, der unreife neunzehnjährige Junge, plötzlich die Rolle des 'Mannes' übernehmen darf, wie ihn, der sich seinem Code entsprechend wie ein 'Mann' benahm, das Leid auf seiner beschwerlichen Flucht zum Tier werden läßt, und wie er dann schließlich, im Angesicht des Todes, wirklich zum Mann wird. Diese Entwicklung läßt sich anhand zahlreicher Textstellen deutlich nachweisen, und die Schüler können bei entsprechender Anleitung diese Phasen unschwer selbst erarbeiten.

Pepé, the 'boy':

"a gentle, affectionate boy, but very lazy" (32); "his mouth was as sweet and shapely as a girl's mouth" (32); "his chin was fragile and chiseled" (32); "loose and gangling" (32); "very lazy" (32); "... lazy cow ... lazy coyote" (33); "smiled sheepishly" (33); "like a toy-baby" (34); "grinned sheepishly" (34); "Peanut" (34); "big sheep" (34); "big coyote" (35) "thou little one" (35); "Thou art a foolish chicken" (35); ...

Pepé, the 'man':

"A revolution took place in the relaxed figure of Pepé" (34); "I am a man" (34); "... gave him dignity and age" (35); "handsome ... dark and lean and tall" (35); "I am a man" (35); "pride and gladness" (35); "He is nearly a man now" (35). — Die sich hier andeutende Wandlung, vor allem durch äußerlich sichtbare 'Statussymbole' dokumentiert (horse, saddle, hatband, handkerchief) und durch Mama Torres' wichtige Aussage, "A boy gets to be a man when a man is needed" (36), dahingehend präzisiert, daß in dieser Welt die psychosozialen Aspekte des Heranwachsens wichtiger sind als die psychobiologischen[71], hat sich vollzogen, als Pepé aus der Stadt zurückkehrt. Jetzt hat er, seine Ehre seinem Code gemäß verteidigend und dabei gegen die Gesetze der herrschenden Zivilisation verstoßend, den Schritt zum Mann getan, wie Robin Molineux nach dem Verlachen des Onkels seine Unschuld für immer verloren; und jetzt wird er erfahren müssen, daß die *reality* des Erwachsenseins sich von der äußeren *appearance* der begehrenswerten Statussymbole grundlegend unterscheidet. — "He was changed. The fragile quality seemed to have gone ..." (37); "I am a man now" (37); "Yes, thou art a man" (37); "His chin looked hard, and his sweet mouth was drawn and thin" (38); "Pepé is a man now. He has a man's thing to do" (38); "... straightened his shoulders. His mouth changed" (38); "I am a man" (39); "the muscles of his face were hard set" (41); "He did not relax in the saddle any more" (41); "his face was stern, relentless and manly" (42); "it was a man's face" (44); ...

Pepé, the 'animal':

[vgl., gleichsam als Hinführung — und zugleich als Indiz für Steinbecks 'Biologismus' — solche Aussagen wie: "the *hissing* white waters" (32); "farm buildings *huddled ... crouched*" (32); "the *rattling* ... barn ... grey-bitten" (32); "The blade *leaped* out" (33); "Pepé's wrist *flicked like the head of a snake*" (33); "huge feet that *eat up* shoes" (34); "Mama *darted like a bird* about the room" (38); "Do not wait to be *caught like a chicken*" (39)] : "His white *teeth gnawed* at the string" (41); "his *nostrils quivered* a little" (41); "He *crawled* up the hill" (46); "He moved *with the instinctive care of an animal*" (46); "he *wormed* his way" (46); "he *wriggled forward on his stomach*" (46); "he *darted* across the space and *flashed* around the corner" (46); "he *slid* into the brush *on his stomach*" (47); "he *crawled ... crawling* to cover ... and then *crawling* again" (47); "Pepé *crawled ... zigzagging* for cover" (47); "He *crawled* ... he *backed* up" (47); "His lips *writhed* to draw saliva into his mouth" (47f.); He *crawled ... crawled* ... he *wriggled*" (48); "He *wriggled* out of the coat" (48); "He *crawled*" (49); "he *glided* into the brush almost *as quietly as the lion had*" (50); "he *crouched* up the hill" (50); "with the effort of *a hurt beast*" (50); "His tongue tried to make words, but only a thick *hissing* came from between his lips" (50); "he threw back his head and *whined like a dog*" (51); "*crawled*" (51); "only a thick *hiss* came from his lips" (51); "He *crawled*" (51); "His left hand *fluttered*" (52); ...

Pepé, the 'man':

"He *drew a shaky cross* on his breast with his left hand" (51); "he *arose slowly* ... and *stood erect*" (51); "*stood* there" (52); "pulled himself *straight again*" (52); ...

Daß Pepé schrittweise 'ent-menschlicht' wird, indem er nacheinander alle jene Dinge verliert, die ihn beim Ritt in die Stadt in den ersehnten Status des 'Mannes' versetzt hatten und ihm bei der Flucht in die Berge das Überleben sichern sollten, und indem er nach seiner Verwundung nicht nur die Fähigkeit zum aufrechten Gang, sondern auch noch die den Menschen vom Tier unterscheidende Gabe der Sprache aufgeben muß, läßt sich an diesen Belegen ebenso zeigen wie die Tatsache, daß er am Ende dann wie ein Mann – aufrechtstehend (wie ein "dark watcher" gegen den Himmel sichtbar) und nach Gebetsversuch und Bekreuzigung im Glauben an Gott – den Tod erwartet. Ob man dabei allerdings wie Anderson argumentieren kann:

By the repeated references to snakes, by the use of such words as *crawl, wiggle, wriggle, zig-zag,* and *hiss,* and by his physical description of Pepé, Steinbeck has suggested a rather strong kinship between Pepé and a snake. And by using the snakelike traits to represent and point out evil in man (brought about by the serpent in the Garden Eden), and especially by having Pepé exorcise himself of the serpent-evil, Steinbeck has given "Flight" a religious significance that seems to have been overlooked by most interpreters of the story[72],

oder ob man wie Antico der Story eine tiefere anthropologische Verweiskraft zubilligen und argumentieren kann:

The action of Pepé's geographical ascent into the mountains and psychological descent into an animal existence, the atmosphere created by the descriptions of nature, and the religious aura that hovers about the whole story all combine to push the reader beyond the usual maturation theme to one of the emergence of Man from the wild and pre-human anthropoid. In addition, the story suggests *how* the great anthropological leap from the animal to the human came about[73],

wird in der Kursarbeit im einzelnen zu erörtern sein. Zurückzuweisen ist dagegen wohl die These Chapins, daß Pepé wegen seines "tall head, pointed at the top" (32) "a boy of subnormal intelligence, a mental defective"[74] sei. Die Geröllawine, die am Schluß der Story seinen Kopf zudeckt, hat sicher nicht die Funktion, "[to give] him dignity by concealing his defective part"[75], und sie ist auch nicht "an action symbolic of the obliteration of all reasoning power" auf Pepés "journey *from* manhood"[76], wie Gordon meint, sondern für Pepé, der unmittelbar vor seinem Tod seinen geschwollenen Arm wie ein Baby wiegt – "He ... dragged his great arm into his lap and nursed it, rocking his body and moaning in his throat" (51) –, ist der *death* des gläubigen Menschen mit der Hoffnung auf *rebirth* verbunden, und von der Lawine gilt daher eher mit Groene: "Significantly, Nature honours his bravery by a symbolic burial reminiscent of classical myth and legend."[77]

Daß die hier nur skizzierte Deutung der Story sehr viel deutlichere Konturen annimmt, wenn jene zahlreichen Triaden in der auch strukturell dreigeteilten Story erarbeitet werden, die von den drei Kindern der Mama Torres über die drei Stufen ihres Hauses und die dreimalige Totenklage für den davonreitenden Sohn bis zur dreitägigen Flucht über drei Bergketten, durch drei Täler und vorbei an drei immer dürftigeren Wasserstellen reichen und zu denen die dreifache Konfrontation – mit dem Fremden,

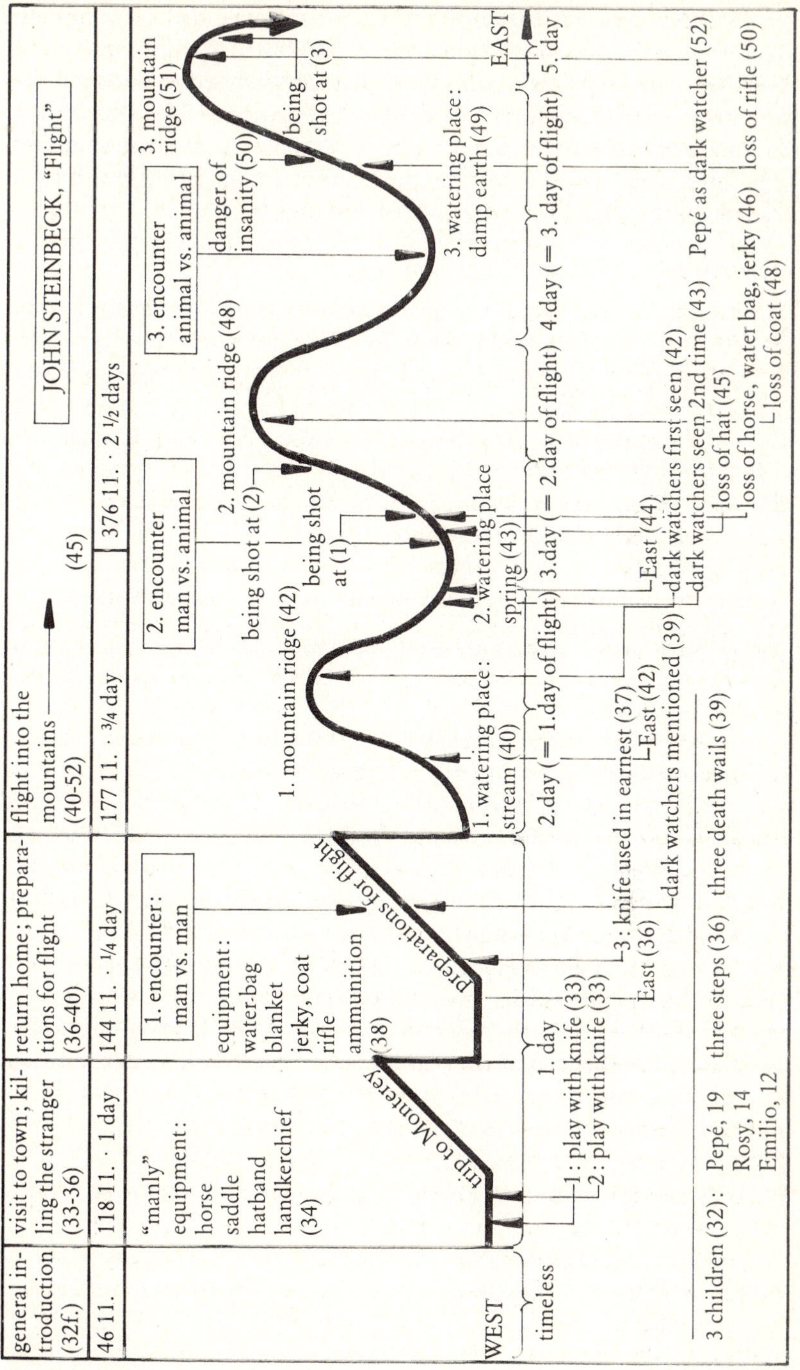
JOHN STEINBECK, "Flight"
general introduction (32f.)
visit to town; killing the stranger (33-36)
return home; preparations for flight (36-40)
flight into the mountains (40-52)
(45)
46 ll.
118 ll. · 1 day
144 ll. · 1/4 day
177 ll. · 3/4 day
376 ll. · 2 1/2 days
"manly" equipment: horse saddle hatband handkerchief (34)
1. encounter: man vs. man
equipment: water-bag blanket jerky, coat rifle ammunition (38)
2. encounter man vs. animal
3. encounter animal vs. animal
trip to Monterey
preparations for flight
1. mountain ridge (42)
being shot at (2)
being shot at (1)
2. mountain ridge (48)
danger of insanity (50)
3. mountain ridge (51)
being shot at (3)
1. watering place: stream (40)
2. watering place spring (43)
3. watering place: damp earth (49)
WEST
EAST
timeless
1. day
2. day (= 1. day of flight)
3. day (= 2. day of flight)
4. day (= 3. day of flight)
5. day
1: play with knife (33)
2: play with knife (33)
3: knife used in earnest (37)
East (36)
East (42)
East (44)
dark watchers mentioned (39)
dark watchers first seen (42)
dark watchers seen 2nd time (43)
loss of hat (45)
loss of horse, water bag, jerky (46)
loss of coat (48)
Pepé as dark watcher (52)
loss of rifle (50)
3 children (32): Pepé, 19 Rosy, 14 Emilio, 12
three steps (36)
three death wails (39)

den er, Mann gegen Mann, tötet, mit der Wildkatze, die, Tier vor dem Menschen, vor ihm wegläuft, und mit dem Berglöwen, der ihn, von Tier zu 'Tier', betrachtet — ebenso gehört wie die drei Ostverweise, die dreifache Nennung der "dark watchers" oder die Tatsache, daß bei drei Gelegenheiten auf Pepé geschossen wird, kann hier aus Raumgründen nicht detailliert ausgeführt werden, aber die graphische Darstellung auf Seite 231 sollte die wesentlichsten Möglichkeiten zumindest andeuten.

7. Robert Penn Warren, "Blackberry Winter" (1946)

"Blackberry Winter", nach Warrens eigener Aussage in "the fall or winter of 1945-46"[78] unter dem unmittelbaren Eindruck des Kriegsendes geschrieben, 1946 separat veröffentlicht und 1948 in *The Circus in the Attic and Other Stories* gesammelt, befaßt sich laut Warren selbst mit einem Vorgang, "[which] the anthropologists call a rite of passage"[79]. West, der Hemingways "My Old Man" oder Faulkners "That Evening Sun" im Vergleich mit "BW" für "thin and incomplete" hält, meint, die Story handle von "the transition from boyhood to manhood, from innocence to knowledge"[80], und Davison bezeichnet ihr Thema als "the complications of a nine-year-old farm boy's initiation into the complexities of the adult world"[81].

Die vergleichsweise lange und handlungsarme Story wird wie Andersons "IW" aus der Perspektive des *I as protagonist* erzählt, aber die Erzähldistanz beträgt diesmal "thirty-five years" (49,12)[82], und Warren verbindet den distanzierten Bericht von Hawthornes "MK" mit dem unmittelbaren Engagement von Andersons "IW", indem er den Ich-Erzähler abwechselnd aus der Sicht des erlebenden neunjährigen Jungen und des reflektierenden vierundvierzigjährigen Erwachsenen erzählen läßt, so in einem Wechselspiel zweier Erzähldistanzen "naive reportage" und "mature observations"[83] kombinierend und direktes Engagement mit artistischer Distanz vereinend. Indiz für den Wechsel ist jeweils — und die Schüler sollten angehalten werden, auf dieses Signal zu achten — der Übergang vom persönlichen "I" zum generalisierenden "you" (vgl. z. B. 24,4 ⟷ 24,29; 25,24 ⟷ 25,26; 27,3 ⟷ 27,16; 29,5 ⟷ 29,6; 35,9 ⟷ 35,32). Das Geschehen spielt an einem Junitag (24,1) 1910 (47,12) im ländlichen "Middle Tennessee, miles away from any big town" (30,37) und läßt sich in fünf deutlich voneinander getrennte Abschnitte einteilen:

1: the arrival of the stranger	24, 1 - 34,16
2: the visit to the flood at the bridge	34,17 - 39,29
3: the visit to Dellie's cabin	39,30 - 43,31
4: the return to the house	43,32 - 49,11
5: epilogue	49,12 - 50,12[84]

Der neunjährige (vgl. 24,29) Seth (vgl. 36,6), der bereits durch den Namen von Adams Sohn[85] als 'Menschensohn' und damit als ein repräsentativer Jedermann ausgewiesen ist, lebt im Einklang mit der ihn umgebenden Natur und in der sicheren und geborgenen Welt der elterlichen Farm, aber schon die Titelmetapher signalisiert, daß an diesem Tag etwas Ungewöhnliches passieren wird, denn so wie sich zwischen Frühling und Sommer störend der plötzliche Kälteeinbruch — "cold spell" (24,27) — des 'Blackberry Winter', der 'Schafskälte' schiebt und die gleichförmige Abfolge der Jahreszeiten unterbricht, so schiebt sich in die Entwicklung des Kindes zum Jugendlichen und Mann unerwartet und schockhaft die Konfrontation mit dem Bösen. Diesmal ist es nicht der Jugendliche, der wie Robin Molineux und Andersons Protagonist vom Lande in die Stadt, aus der *wilderness* nach Boston oder aus Beckersville, Kentucky nach Saratoga zieht, um dort schockhaft mit einer unbekannten Welt konfrontiert zu werden, sondern es ist umgekehrt das städtische Übel, das in Gestalt eines Fremden in das ländliche Paradies des behüteten Jungen einbricht, um so im menschlichen Bereich zu bewirken, was die zerstörerische Sturmflut in der Natur tat. Auf der Farm und während seiner *journey* zum Fluß, zu Dellies Hütte und zurück zur Farm erlebt der Junge fünf in ihrer Intensität und Bedrohlichkeit sich steigernde *confrontations* mit dem Tod als dem Ausdruck menschlicher Zeitverfallenheit und mit der Gewalttätigkeit als dem Ausdruck menschlicher Sündhaftigkeit; erhält er Rat und Hilfe von Old Jebb, dem weisen alten *mentor*, der wie Andersons Bildad als Variation von Mark Twains Nigger Jim verstanden werden kann und durch seinen Namen überdies einen ironischen Kommentar auf die 'Werte' des alten Südens abgibt[86]; wird er durch den geheimnisvollen und bedrohlichen Fremden, der die Rolle des *tempter* spielt, aus seinem kindlichen Garten Eden vertrieben und erfährt er angesichts des Schmutzes, den die Flut unter Dellies so sauberer Hütte hervorgespült hat, schockhaft den Auseinanderfall von *appearance* und *reality*.[87] Die versteckte Voraussage des Anfangs, die im Bild von "that single mark on the glistening auroral beach of the world" (25,22f.) auf jene Szene in Defoes *Robinson Crusoe* verweist, in welcher mit den Kannibalen das menschliche Böse in den Frieden der Insel einbricht[88], erfüllt sich, und nachdem Seth in steter Steigerung mit

1: the appearance of the stranger	(25,34ff.)
2: the appearance of the dead cow in the river	(36,29ff.)
3: Dellie slapping her son	(43,12ff.)
4: the tramp confronting his father	(46,36ff.)
5: the stranger's threat to cut his throat	(49, 9ff.)

konfrontiert worden ist, ist sein kindliches Paradies für immer zerstört, hat die Zeit nicht länger den bergenden Charakter eines ewig gleichen "climate in which things are" (25,6), sondern ist durch den unaufhaltsamen "change of life and time" (44,36f.) ersetzt worden, und hat das Kind seine Reise aus der behüteten und durch *fences* eingeschlossenen Kinderwelt, "out of Eden into the pathless wood, to the compelling forces of Lucifer"[89] angetreten.

Die Bildlichkeit, durch welche dieser Vorgang in "BW" verdeutlicht wird, kann hier nicht im einzelnen erörtert werden, aber die Schüler sollten vor allem das zentrale Gegeneinander von *bare feet* und *shoes* analysieren, denn es vermittelt in unaufdringlicher, aber vielsagender Weise den Gegensatz zwischen dem Einklang mit der Natur und der Notwendigkeit des Schutzes vor den Elementen ebenso wie den Kontrast zwischen Stadt und Land, und wenn Seth im Verlauf seiner Erfahrungen 'kalte Füße bekommt', dann signalisiert das deutlich den Prozeß seiner Entfremdung (vgl. 24,8 / 24,19 / 24,25 f. / 25,16 /25,18ff. / 27,6ff. / 28,4 / 28,25 / 31,32ff. / 33,15f. / 33,22f. / 36,4f. / 38,16 / 39,27 / 39,34ff. / 41,24f. / 43,27ff. / 47,34 / 47,38 / 48,3).[90] Ebenso ausdrucksvoll sind die vielfältigen Hinweise auf *fences* und *gates* (vgl. 26,9ff. / 28,35f. /30,20 / 37,19 / 39,19 / 40,3f. / 40,34 / 48,17 / 48,33 / 49,11), und wenn es von der tot im Fluß treibenden Kuh heißt, "She shore jumped one fence" (37,19), dann ist das ein deutlicher Hinweis auf die Risiken dessen, der seinen ihm zugewiesenen Platz verläßt und sich auf die Reise begibt. Auch die Hinweise auf die *hands* der Akteure (vgl. 30,14ff. /32,29ff. / 36,25f. / 44,1ff.) sind von verweisender Bedeutung, und wer im Wissen um die Implikationen von *to know, to think* und *to see* in Andersons "IW" die entsprechenden Belege in "BW" aufsucht, wird auch hier wichtige Einsichten gewinnen.

Zusammenfassend läßt sich Warrens vielschichtige und eindrucksvolle Story etwa wie auf S. 236f. gezeigt darstellen.

8. Weitere ausgewählte Initiationsgeschichten

Da der begrenzte Raum eine detaillierte Analyse anderer *stories of initiation* nicht zuläßt, vier Geschichten aber für einen Leistungskurs schwerlich ausreichen und überdies nur ein relativ umfassendes Textangebot das eingangs geforderte Mitspracherecht der Schüler bei der endgültigen Auswahl möglich macht, wird im folgenden ein Dutzend weiterer Stories kurz charakterisiert und mit einigen Hinweisen zur Textbeschaffung und kritischen Literatur versehen. Der einzelne Lehrer kann so nach den Möglichkeiten und Interessen seines jeweiligen Kurses die für seine Zwecke geeignete Textsequenz zusammenstellen.

a: Nathaniel Hawthorne, "Young Goodman Brown" (1835)

Diese Geschichte, die im April 1835 im *New England Magazine* veröffentlicht und dann 1846 in *Mosses from an Old Manse* gesammelt wurde, ermöglicht es, die an "MK" gewonnenen Einsichten bei der Deutung einer weiteren Story desselben Autors fruchtbar zu machen. "YGB", von Galinsky als „das klassische Vorbild jeder 'initiation story'"[92] bezeichnet, gehört zu den meistanthologisierten und meistgedeuteten Texten der amerikanischen Kurzgeschichtenliteratur überhaupt. Obgleich erstaunlicherweise keine annotierte Schulausgabe vorliegt, sollte die Textbeschaffung deswegen kaum Schwierigkeiten machen; und was die kritische Literatur betrifft — Walker listet 89 Interpretationsversuche[93], und Thomas E. Connolly hat mit *Nathaniel Hawthorne: "Young Goodman Brown"* (Columbus: Merrill, 1968) dieser Story gar ein eigenes *casebook* gewidmet —, so können die leicht erreichbaren Deutungen von Hagopian und Arens[94] einen ersten Zugang ermöglichen. Diese Geschichte, in welcher die Motive der *journey* und der *confrontation,* die Thematik des Auseinanderfalls von *appearance* und *reality* und die Gestalt des *tempter* gleichermaßen zentrale Rollen spielen, ist zweifellos eine der wichtigsten Darstellungen der "initiation into human depravity"[95], und sie kann deshalb belegen helfen, daß es Nathaniel Hawthorne war, der — nach Charles Brockden Brown und James Fenimore Cooper — die Initiationsthematik ins Zentrum der amerikanischen Literatur zu rücken begann.

b: Mark Twain, "Old Times on the Mississippi" (1875)

Diese umfangreiche 'Geschichte', die 1875 in Fortsetzungen in *The Atlantic Monthly* erschien und dann später die Kapitel IV bis XVII von *Life on the Mississippi* (1883) bildete, liegt als von Kurt Wächtler und Gerhard Rauscher besorgte, annotierte Schulausgabe (Frankfurt: Diesterweg 4079, 1961) vor. Sie verkörpert einen anderen, für die Geschichte der *initiation story* wichtigen Traditionsstrang, schildert sie doch in einer Folge autobiographischer Reminiszenzen, wie der *cub pilot* zum fähigen Flußlotsen heranreift, wie die romantischen Vorstellungen des unschuldigen Jungen schrittweise durch das nüchterne Wissen des seiner Illusionen beraubten Mannes ersetzt werden und wie derjenige, der einen Raddampfer zu steuern hat, zugleich sein Lebensschiff zu führen lernt. Diese Erzählung, deren so vordergründige Handlung sich als eine Variation der "initiation story . . . from boyhood innocence and wonder to adult knowledge and disillusionment"[96] erweist, gäbe höchst geeignetes Zusatzmaterial für eine selbständige extensive Lektüre ab; Mills' Deutung [97] könnte helfen, sie unter dem hier interessierenden Aspekt zu lesen; Marx' Ausführungen[98] vermöchten zu zeigen, wie hier *appearance* und *reality* in den Sichtweisen von *passenger* und *pilot* miteinander kontrastiert werden.

c: Henry James, "The Pupil" (1891)

Diese Story, die 1891 in *Longman's Magazine* erschien und ein Jahr später in *The Lesson of the Master* gesammelt wurde, ist nur eine von vielen Erzählungen, in denen James den schmerzhaften Zusammenstoß eines unschuldigen Bewußtseins mit der desillusionierenden Wirklichkeit nachzeichnet. Da sie sehr umfangreich und sprachlich und gedanklich recht schwierig ist, wird sie im EU nur in Ausnahmefällen zu bewältigen sein. Sie wird hier vor allem deshalb genannt, weil James unter literaturwissenschaftlichem Aspekt in einer Sequenz zur amerikanischen *story of initiation* schwerlich fehlen darf, wie das etwa Shines Studie[99] hinreichend belegt.

ARCHETYPAL SETTINGS

FIRST PARADISE

- presence of an innocent youth
- a good father and a good mother
- time as an unchanged "climate" (25,6)
- secure and undoubted 'knowledge' (25,12ff.)
- unity man-nature (27,6ff.)
- "perfect" (25,20) and "auroral" (25,23) world

PATH IN THE WOODS

- a meandering path (26,9ff.)
- a traveller (esp. 27,24 f.)
- forest, wood, wilderness (26,32ff.)
- darkness, twilight (26,34)
- loneliness (26,18f.)

SACRED RIVER (esp. 35,28f.)

- assembly of representative human beings on the river's edge
- a dead object (symbol) in the river (36,29ff.)
- discussion of survival, death, mortality, reality, etc. (37,19ff.)

SPOILED BEAUTY (Dellie's Cabin)

- revelation of hidden ugliness (40,10f. ↔ 41,7ff.; 41,16ff.)
- cf. Herman Melville, "The Conflict of Convictions"; Warren, "'Blackberry Winter': A Recollection", 639

SOCIAL STRUCTURE: clearly defined hierarchy of:

↓

Southern aristocracy (34,35ff.; 38,5; 47,16ff.)

"pore white trash" (37,28): 'squatters' (37,26) or 'tenants' (40,16ff.)

"white folks' niggers" (40,14)

SETH (protagonist-narrator) (name: cf. Genesis 4,25; 5,3)

nine years old (24,29) as 'experiencing I' on a day in June (24,1) 1910 (47,12) on his parents' plantation in Middle Tennessee (30,37); 44 years old (49,12) as retrospective 'narrating I', distinguishing between naive reportage — "I" — and mature reflection — "you".

A REPRESENTATIVE EVERYMAN

secure inside the 'fences' (26,9ff.; 28,35f.; 30,20; 39,19; 40,3f.; 40,34; 48,17; 49,11) to 'jump' which is dangerous (37,16; 37,19); trusting his parents (30,2f.; 35,35-36,26; 46,12f.; 47,14ff.); living in harmony with nature (24,28ff.; 27,3ff.) and not yet suffering from the flux of time, from a knowledge of human transitoriness (25,4ff.←→44,36ff.)

THE MYSTERIOUS STRANGER (the tramp)

— *the tempter* —
an anonymous face (31,6ff.)
an incongruous costume (30,25ff.; 31,32ff.)
a dangerous weapon (29,13ff.)
on a long journey (27,24f.)
bringing the evil influence of the city into the country (29,25ff.; 30,29ff.; 31,32ff.)

THE WISE PROPHET (Old Jebb)

— *the mentor* —
a servant doing menial duties
physical strength (44,12; 50,2ff.)
kindness (44,20)
wisdom (44,20)
faith (45,29ff.)
'immortality' (49,30 and ff.)

going on a
JOURNEY OF INITIATION

inside the fence	the appearance of the stranger	outside the fence
time = a climate	the visit to the river, the dead cow	time = a flow
unity with nature	(cf. the dead chickens, 31,22; 33,27ff.)	fight against nature
bare feet	Dellie slapping her son	*shoes*
	the conflict between good and evil (father vs. tramp: 47,14ff.)	
	the stranger threatening to cut Seth's throat	

growing colder and colder (39,34ff.; 40,33f.; 43,25ff.; 46,15)

first experiences of death } EXPULSION FROM PARADISE (FALL) { the appearance of evil in a formerly perfect world

↓

(following the tramp)
(50,12)

happening in a strange, inexplicable season
(blackberry winter)

d: Stephen Crane, "An Experiment in Misery" (1894)

Dieser kurze Sketch, der im April 1894 zusammen mit seinem Gegenstück "An Experiment in Luxury" in der *New York Press* erschienen und der in den thematischen Bereich von Cranes *Bowery Tales* gehört, öffnet sich dem von Hawthornes "MK" her bekannten Zugang des *myth criticism*; und die *journey* des "youth", der allein durch den in der späteren Buchversion fehlenden Rahmen als Experimentator ausgewiesen wird[100], läßt sich verstehen als eine Variation des *night journey archetype,* wie ihn Bodkin 1934 in *Archetypal Patterns in Poetry*[101] herausarbeitete und wie ihn dann Campbell 1949 in seinem einflußreichen Buch *The Hero with a Thousand Faces* in sein Schema der heldischen Abenteuerfahrt einfügte. Dieses Schema[102]

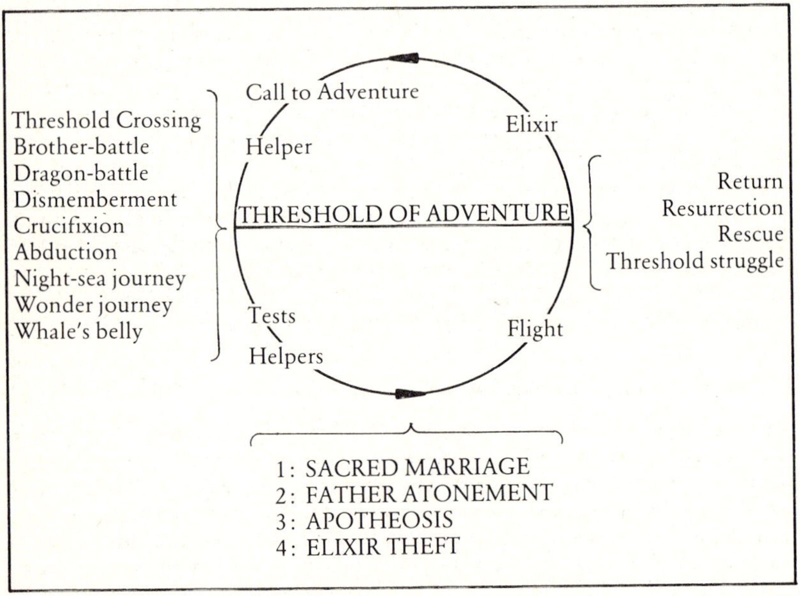

könnte die Grundlage bilden für eine Deutung des Sketches, in dem der junge Protagonist unter der Führung eines *mentor* voller "deep and ancient wisdom" in die — soziale — Unterwelt eines Obdachlosenasyls hinabsteigt, das sich durch die vielfältigen Bilder des Todes, die Schreie der Gequälten (= Angstträume der Schlafenden), die geflügelten Gerüche und die Figur des Cerberus (= des Aufsehers des Asyls) als eine Variation der Danteschen Hölle erweist und aus dem er geläutert und mit "a considerable alteration" seines Standpunktes wieder zurückkehrt. Solche Deutung wird gestützt durch die genau kreisförmige Struktur seiner experimentellen *journey,*

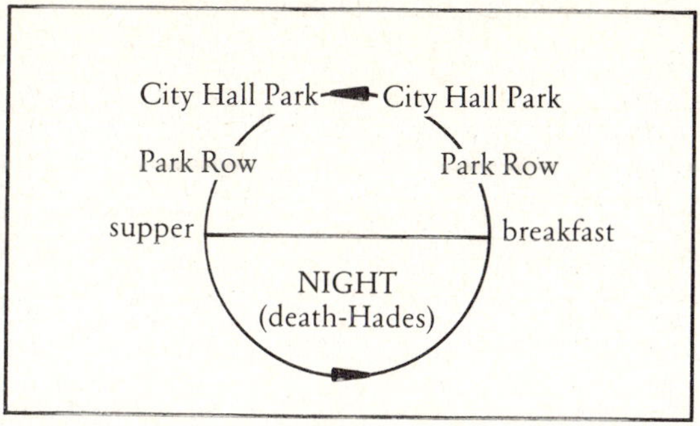

durch verweisende Formulierungen wie die, daß der Weg "*down* Park Row" mit einem "sudden *descent* in style" verbunden sei oder daß der Weg zum Asyl "along a *dark* street" und dann, im Haus, "along a *gloom-shrouded corridor*" führe, und durch die Tatsache, daß die Todesbildlichkeit (gloom-shrouded corridor; the ominous air of a tombstone; death-like silence; stabbed fish; mummy-case; slab; this corpse-like being; stillness as of death; statuesque, carven, dead; tombstones; strange effect of a graveyard; this chill place of tombstones where men lay like the dead) sich ausschließlich auf den im Asyl spielenden Mittelteil beschränkt und diesen Ort großstädtischen Elends unübersehbar in eine 'Hölle' verwandelt. Daß solche archetypische Lesart der Story mit ihrem sozialkritischen Impetus – vgl. die Bilder des Angreifens, Stechens, Durchbohrens; des Geldes; der aufragenden Wolkenkratzer und der alles zermahlenden Räder einer erbarmungslosen gesellschaftlichen Maschinerie, die Bassan[103] untersucht – sehr wohl in Einklang zu bringen ist, macht diesen zu Unrecht vernachlässigten Sketch zu einem außerordentlich interessanten und für jede Sequenz zur *story of initiation* höchst lohnenswerten Text.

e: Sherwood Anderson, "The Man Who Became a Woman" (1923)

Diese 1923 in *Horses and Men* gesammelte und vielfach anthologisierte Story spielt wie "IW" im Rennbahnmilieu, und hier ist es der inzwischen erwachsene Herman Dudley, der – "forced, by some feeling inside myself" und in der aus "IW" bekannten, durch Abschweifungen und ständige Neuansätze charakterisierten Art – davon berichtet, wie er in einem alptraumhaften Ritual seine sexuelle Identität fand. Eine Lektüre dieser ungemein eindrucksvollen, symbolisch überhöhten und von Andersons Beeinflussung durch Freud kündenden Geschichte, zu deren besserem Verständnis Babbs Interpretation[104] beitragen könnte, würde die Schüler nicht nur schon aus "IW" bekannte technische und thematische Aspekte wiederentdecken lassen, sondern sie auch mit dem wesentlichen Thema adoleszenter Bisexualität und geschlechtsspezifischer Rollenfindung konfrontieren.

f: Ernest Hemingway, "The Killers" (1927)

Diese Story, zuerst 1927 in *Scribner's Magazine* veröffentlicht und dann in *Men Without Women* (New York: Scribner's, 1928; erhältlich als Penguin Book 1067), in *The Fifth Column and the First Forty-Nine Stories* (New York: Scribner's, 1938) und neuerdings auch in *The Nick Adams Stories* (New York: Scribner's, 1972; erhältlich als Bantam Book X7250) gesammelt, liegt in G. Schnökelborg, Hg., *The Killers and Other*

Stories (Paderborn: Schöningh 43116, o. J.) als annotierte Schulausgabe vor. Die Geschichte, zu der es mehrere Dutzend Interpretationen gibt — vgl. etwa Galinskys bekannten Aufsatz und die dort genannte Literatur[105]; siehe auch den Beitrag von Heller im vorliegenden Band —, ist seit Brooks' und Warrens Kennzeichnung, sie sei eine "story of the process of the initiation, the discovery of evil and disorder"[106], immer wieder als "a story of initiation"[107] gedeutet worden, und der Name des Protagonisten (Nick = Teufel; Adams = Menschensohn), die Tatsache, daß die Story an einem "fall day" (= Herbsttag und Tag des Sündenfalls, der Erkenntnis) in Summit (= Gipfel, von dem man fällt) spielt, sowie das durchgehende Spiel mit der Verkehrung von Sein und Schein (die Uhr geht falsch; das auf der Speisekarte Angezeigte ist nicht verfügbar; der ehemalige *saloon* ist ein *lunchroom* und wird, obwohl er "Henry's lunchroom" heißt, von George geleitet; "Mrs. Hirsch's rooming-house" wird von Mrs. Bell geführt; Al und Max meinen mit ihren Äußerungen anderes als George und Nick mit den gleichen Wörtern bezeichnen würden; daß Ole Andreson "in the ring" war, verweist nicht nur auf den Boxring, sondern auch auf ein Gangstersyndikat; usw.) weisen zweifellos in diese Richtung. Hält man allerdings daran fest, daß eine *initiation story* ihren Protagonisten mit einer lebensverändernden Einsicht konfrontiere und in ihm eine bleibende Veränderung erzeuge, dann wird man "The Killers" nur bedingt und "Indian Camp" z. B. überhaupt nicht als Initiationsgeschichte einordnen. Weil aber (1) Hemingway in einem Längsschnitt durch die amerikanische Kurzgeschichte nicht fehlen darf und weil sich (2) gerade an "The Killers" sehr gut untersuchen läßt, was Marcus' Dreiteilung in

1: *tentative initiations* (they lead only to the threshold of maturity and understanding but do not definitely cross it; they emphasize the shocking effect of experience, and their protagonist has to be distinctly young)

examples: Hemingway, "Indian Camp", "My Old Man", "The Battler", "The Killers"; Steinbeck, *The Red Pony;* Faulkner, "The Old People"; . . .

2: *uncompleted initiations* (they take their protagonists across the threshold of maturity and understanding but leave them enmeshed in a struggle for certainty; they sometimes involve self-discovery)

examples: Anderson, "I Want to Know Why"; Lionel Trilling, "The Other Margaret"; Jessamyn West, "Sixteen" ; Katherine Anne Porter, "A Grave"; Warren, "Blackberry Winter" (the last two at the borderline between 1 and 2); . . .

3: *decisive initiations* (they carry their protagonists firmly into maturity and understanding, or at least show them decisively embarked toward maturity; they usually centre on self-discovery)

examples: Steinbeck, "Flight"; Faulkner, "The Bear"; F. Scott Fitzgerald, "The Freshest Boy"; . . .[108]

zu leisten vermag, sollte "The Killers" durchaus in eine Textsequenz zur *story of initiation* aufgenommen werden, wenn ausreichend Zeit zur Verfügung steht.

g: *William Faulkner, "Barn Burning" (1939)*

Diese Story, zuerst 1939 in *Scribner's Magazine* veröffentlicht und dann in *Collected Stories of William Faulkner* (New York: Random House, 1950) gesammelt und als die

Geschichte des Brandstifters Abner Snopes in den Roman *The Hamlet* eingearbeitet, handelt von der Selbstbefreiung des zehnjährigen Sarty Snopes durch die Lösung von seinem Vater. Eine detaillierte Deutung dieser sprachlich und erzähltechnisch schwierigen Geschichte, die in Otto Neugebauer, Hg., *William Faulkner, Four Stories* (Paderborn: Schöningh EL 146, o. J.). und — in gekürzter Fassung — in Maria Hagedorn, Hg., *Famous American Novelists of Today* (Frankfurt: Hirschgraben 678,[10]1974) in annotierten Schulausgaben vorliegt, gibt Hoffmann[109]. Auf die Sprache hebt besonders Nicolaisen ab[110], und Wilson[111] erörtert detailliert den Konflikt des Protagonisten. Mitchell[112] und Stein[113] befassen sich mit der Gestalt von Sartys Vater, während Fisher[114] die Story in größerem Zusammenhang untersucht. Eine Lektüre dieser Geschichte könnte (1) die Palette der Variationen der Initiation um das wichtige Thema des Vater-Sohn-Konfliktes erweitern, (2) die komplizierte Erzähltechnik der Kombination von Innenschau aus begrenztem kindlichen Bewußtsein und kommentierenden Erzählereingriffen vorführen und (3) mit William Faulkner einen Autor in die Sequenz einbringen, der mit "The Bear" die klassische Initiationsdarstellung der modernen amerikanischen Literatur geliefert hat, der immer wieder Kinder und Jugendliche zu Perspektiventrägern seiner Stories machte (vgl. etwa "A Justice", "Shingles for the Lord", "Two Soldiers", "Uncle Willy", "The Old People" oder die sieben Geschichten in *The Unvanquished*) und von dem Voss zu Recht sagen kann: "No other American short-story writer, it seems safe to say, has accomplished so much in the form, with the possible exception of Henry James."[115]

h: John Steinbeck, The Red Pony (1933-1945)

Die unter dem Titel *The Red Pony* gesammelten vier Geschichten "The Gift" (1933), "The Great Mountains" (1933), "The Promise" (1937) und "The Leader of the People" (1945) erzählen verschiedene Episoden aus dem Leben des zehnjährigen Jody Tiflin und berichten von seinen Erfahrungen mit Geburt und Tod, Liebe und Alter, Einsamkeit und Gemeinschaft. Da der Text dieser sprachlich relativ einfachen Erzählungen als Corgi Book GN 7661 bzw. — ohne "The Leader of the People" — bei Hirschgraben/Heinemann leicht verfügbar ist und da mit Shumans Aufsatz[116] eine Interpretation vorliegt, die den hier interessierenden Aspekt in den Mittelpunkt stellt — vgl. auch den Beitrag zu "The Leader of the People" in *Insight I*[117] —, läge es nahe, an die Erarbeitung von "Flight" die Lektüre der einen oder anderen dieser Stories anzuschließen.

i: Ralph Ellison, "Flying Home" (1944); "The Invisible Man" (1947)

Diese Story des wohl bedeutendsten schwarzamerikanischen Erzählers der Gegenwart, die 1944 in Edwin Seavers *Cross Section* erschien, dann lange Zeit in Vergessenheit geriet, heute aber in den meisten Anthologien afro-amerikanischen Erzählens abgedruckt ist, wird ausführlich von Trimmer[118] und von Ostendorf[119] gedeutet. Zentriert um das in die schwarze Folklore integrierte Motiv des *fortunate fall* stellt sie mithilfe eines komplizierten Netzes symbolischer Querverweise den 'Fall' des schwarzen Piloten Todd in seine wahre Identität dar und liefert damit eine brillante 'schwarze' Variation der *initiation*-Thematik. Wer vor den sprachlichen und sachlichen Schwierigkeiten dieser Geschichte zurückschreckt, aber Ellison in seine Sequenz aufnehmen möchte, kann auf das 1947 als in sich abgeschlossene Story publizierte erste Kapitel von *Invisible Man* ausweichen, das als annotierter Text in Peter Freese, Hg., *Growing up Black in America: Stories and Studies of Socialization*

(Paderborn: Schöningh 41001, ³1979), leicht verfügbar ist und im zugehörigen Lehrerband ausführlich interpretiert wird. In diesem Text sind die von der Südstaatengesellschaft ausgebildeten Initiationsmechanismen für Schwarze in ungemein plastischer Weise dargestellt, und eine Lektüre kann die sozialen Kontrollfunktionen von Initiationsriten verdeutlichen.

k: Jerome David Salinger, "The Laughing Man" (1949)

"The Laughing Man", zuerst am 19. März 1949 in *The New Yorker* veröffentlicht und dann in *Nine Stories* (Boston: Little, Brown & Co., 1961; erhältlich als Bantam Book S 2847) gesammelt, ist insofern eine höchst ungewöhnliche Story, als es dem Autor mithilfe der Technik der Geschichte in der Geschichte gelingt, zugleich die Initiation eines Kindes und die Desillusionierung eines jungen Mannes in wechselseitiger Beeinflussung zu porträtieren und auf diese Weise zwei Phasen des Reifungsprozesses auf einmal darzustellen. Eine Erörterung dieser Story, die von Geraths detailliert gedeutet[120] und von Freese als *story of initiation* interpretiert wird[121], könnte (1) einen Autor vorstellen, der die Entwicklung der amerikanischen Kurzgeschichte nach 1945 entscheidend beeinflußt hat, und (2) demonstrieren, wie es mithilfe entsprechender Techniken gelingt, umfangreiches Erzählmaterial in den begrenzten Raum der Short Story zu komprimieren.

l: Philip Roth, "The Conversion of the Jews" (1958)

Diese Story, zuerst veröffentlicht in der *Paris Review* (1958) und dann in *Goodbye, Columbus and Five Short Stories* (Boston: Houghton Mifflin, 1959; erhältlich als Bantam Book 10330 oder Corgi Book XL6758) gesammelt, ist eine der meistanthologisierten Geschichten der amerikanischen Gegenwartsliteratur und führt anhand des Zusammenstoßes des 13-jährigen Ozzie Freedman mit dem orthodoxen Rabbi Binder eine religiöse Sinnkrise vor, die sich im Gegeneinander von Juden- und Christentum realisiert. Interpretationsansätze zu dieser Story, deren detaillierte Deutung noch aussteht, finden sich bei I. und H. Deer[122], bei McDaniel[123] und bei Shaheen[124]. Eine Erörterung von "CJ" könnte (1) etwa im Zusammenhang mit Updikes "Pigeon Feathers" die Bedeutung der Religion im Initiationsprozeß demonstrieren und damit zeigen, daß die *initiation* außer den Ebenen der *individuation* und der *socialization* auch die der *revelation* umfaßt, und sie könnte (2) gerade deshalb, weil diese Story von orthodoxen Juden vielfach als Ausdruck jüdischen Selbsthasses und als Beispiel der 'Nestbeschmutzung' angegriffen wurde — vgl. Roths Stellungnahme in "Writing About Jews"[125] —, in die Problematik der jüdisch-amerikanischen Gegenwartsliteratur einführen[126].

m: John Updike, "Pigeon Feathers" (1961)

Diese Story, zuerst veröffentlicht am 19. August 1961 in *The New Yorker* und dann in *Pigeon Feathers and Other Stories* (New York: Knopf, 1962; erhältlich als Penguin Book 2331) gesammelt, schildert die religiöse Entwicklungskrise des 14-jährigen David Kern und ist mit ihren Anklängen an Hawthornes "MK" und Faulkners Ike McCaslin fest in der Tradition der amerikanischen *initiation story* verankert. Shurr[127] bietet eine detaillierte Deutung dieser Story, und Schik[128] erörtert ihren Einsatz im EU. Eine Lektüre von "PF" könnte (1) etwa im Zusammenhang mit Roths "The Conversion of the Jews" die religiöse Sinnkrise der Adoleszenz als eine wesentliche Erscheinungsform der Initiationsthematik vorstellen und (2) mit einem führenden WASP-Autor der amerikanischen Gegenwartsliteratur bekanntmachen, der übrigens eine Reihe weiterer Kinder- und Jugendgeschichten geschrieben hat. Elf von ihnen, zu denen auch "Pigeon Feathers" gehört, sind in *Olinger Stories: A Selection* gesammelt, und Updike sagt von ihnen: "They have been arranged here in order of the hero's age: in the beginning he is ten, in the middle stories he is an adolescent, in the end he has reached manhood. He wears different names and his circumstances vary, but he is at bottom the same boy . . ."[129]. Hier ergäbe sich also ebenso wie im Falle von Steinbecks *The Red Pony* auch die Möglichkeit, von einem Autor selbst arrangierte Short-Story-Sequenzen *in toto* zu lesen.

n: Joyce Carol Oates, "How I Contemplated the World from the Detroit House of Correction and Began My Life Over Again" (1969)

Diese Story, die zuerst im Frühjahr 1969 in *TriQuarterly* veröffentlicht und dann in *The Wheel of Love and Other Stories* (New York: Vanguard Press, 1970; erhältlich als Fawcett Crest Book P 1655) und in *Where Are You Going, Where Have You Been? Stories of Young America* (New York: Fawcett Premier Book Q699, 1974), einer Anthologie von 17 Geschichten Oates' über Jugendliche, gesammelt wurde, ist eine ungemein eindrucksvolle experimentelle Geschichte, in der sich ein 16-jähriges Mädchen in Form von Notizen für einen Aufsatz Rechenschaft zu geben versucht über ihre Initiation und über den Sinn ihres so grundlegend verwandelten Lebens. Diese Geschichte, die – wie die Story "Where Are You Going, Where Have You Been?" der gleichen Autorin – eine der seltenen weiblichen Initianden vorstellt, wird detailliert von Goetsch[130] und von Park[131] gedeutet. Ihre Erörterung könnte (1) eine Einführung in die innovativen Techniken des kurzen Erzählens in der amerikanischen Gegenwartsliteratur bieten und (2) das bisher ausschließlich von männlichen Jugendlichen bestimmte Bild des Initiationsgeschehens um eine weibliche Variante erweitern.[132]

9. Zusammenfassung

Die bisher genannten 21 amerikanischen *stories of initiation* stellen zwar immer noch nur eine schmale und notwendigerweise recht subjektive Auswahl aus dem umfangreichen verfügbaren Textmaterial dar, und die vorgeschlagene Arbeitsdefinition ist eingestandenermaßen der weiteren Präzisierung und vermutlich auch Modifizierung bedürftig, aber dennoch sollten die vorangegangenen Ausführungen den Lehrer, der für seinen Kurs eine entsprechende Textsequenz plant, in die Lage versetzen, eine ihm günstig scheinende Auswahl zu treffen, eine ihm angemessen scheinende Reihenfolge festzulegen und seinen Schülern überdies zusätzliche Alternativen zur Wahl zu stellen. Ob er dabei historische Ordnungskategorien in den Vordergrund rückt und etwa mit wenigen repräsentativen Stories von Hawthorne bis zu Joyce Carol Oates den Gang der geschichtlichen Entwicklung nachzuzeichnen versucht, mit Geschichten von Anderson, Fitzgerald, Steinbeck, Hemingway und Faulkner spezieller auf die klassische Blütezeit der amerikanischen Story abhebt, oder mit Stories von

Roth (etwa ergänzt um Bernard Malamuds "The Magic Barrel", Jay Neugeborens "Luther" und Delmore Schwartz' "In Dreams Begin Responsibilities") auf der einen und mit Stories von Ellison (etwa ergänzt um James Baldwins "Sonny's Blues", John Henrik Clarkes "The Boy Who Painted Christ Black" und William Melvin Kelleys "The Poker Party") auf der anderen Seite noch spezieller in die jüdisch-amerikanische und die afroamerikanische Nachkriegsliteratur einzuführen und ethnisch gefärbte Initiationsformen vorzustellen versucht; ob er den historischen thematische Ordnungskategorien vorzieht und die Stories so arrangiert, daß familiäre oder schulische, sexuelle oder religiöse Krisen in den Vordergrund rücken oder daß das Alter bzw. das Geschlecht der Initianden den Auswahlmaßstab liefert; ob er eher nach formalen Ordnungskriterien vorgeht und die Geschichten so anordnet, daß er auktoriales, figurales und Ich-Erzählen kontrastieren oder geschlossene, offene und experimentell aufgebrochene Formen vergleichend erarbeiten kann; oder ob er sich schließlich auf einzelne Figuren wie Steinbecks Jody Tiflin, Hemingways Nick Adams oder Updikes Jungen aus Olinger konzentriert und deren Geschicke durch jeweils mehrere Stories verfolgen läßt — das alles sind Entscheidungen, die nur der jeweilige Kursleiter im Wissen um die Fähigkeiten und Interessen seiner Schüler und als Konsequenz seiner Zielvorstellungen treffen kann. Daß aber gerade die *story of initiation* alle diese Möglichkeiten eröffnet und abgesehen davon, daß sie eine die Schüler unmittelbar betreffende, weil altersspezifische Thematik variiert, auch gleichzeitig zur Einführung in zentrale Problemkreise der amerikanischen Literatur, zur Erörterung gattungstheoretischer Fragen des kurzen Erzählens, zur Bekanntmachung mit narrativen Grundformen und zur Erprobung verschiedener Deutungsansätze zu dienen vermag, sollte durch das bisher Ausgeführte hinreichend deutlich geworden sein. Und daß sie deshalb ein die Schüler motivierendes, vom Umfang her zu bewältigendes, literarisch und landeskundlich gleichermaßen interessantes, aufgrund ihrer Kürze und Verschiedenartigkeit die methodische Variation geradezu erzwingendes und durch ein hohes Transfer- und Rückkopplungspotential gekennzeichnetes Textmaterial darstellt, darf darum abschließend festgehalten werden.

10. Ausgewählte Literaturhinweise

Ein für die Bedürfnisse des fortgeschrittenen EU erstellter, entsprechend annotierter und kommentierter Sammelband von *stories of initiation* liegt nicht vor und muß als dringendes Desiderat bezeichnet werden. Amerikanische Anthologien, die — für muttersprachliche Schüler und Studenten gedacht — den Anforderungen des Fremdsprachenunterrichts nur bedingt entsprechen, sind:

ARTHUR und HILDA K. WALDHORN, Hgg., *The Rite of Becoming: Stories and Studies of Adolescence* (Cleveland und New York: World Publishing Co., 1966; 292 pp.)

Enthält mit Texten von Hesse, Hawthorne, Jessamyn West, Moravia, Joyce, Tschechow, Hemingway, Anderson, Welch, Roth, Schwartz, Trilling und Irving eine internationale Sammlung von 13 Geschichten, die durchaus nicht alle *stories of initiation* sind. Kurze Einführungen, Erläuterungen zu jeder Story und weiterführende Literaturhinweise machen den Band, der sich mit "adolescence as a dynamic process" (x) befaßt und versucht, "the senseless conflict . . . between literary critic and psychologist" (ix) abzubauen, zu einem geeigneten Arbeitsinstrument.

ROBERT S. GOLD, Hg., *Point of Departure: 19 Stories of Youth and Discovery* (New York: Dell Book 6983, 1967; 190 pp.)

Enthält mit Stories von Sillitoe, Stuart, Clayton, Bonosky, Dunbar, Kelley, Halper, Updike (zweimal), Roueché, Elizabeth Taylor, Nadine Gordimer, Elizabeth Enright, Saroyan, Malamud, Carson McCullers, Hecht, Nemerov und Collier eine bunte Mischung bekannter und weniger bekannter Texte und will "the varied, irreducible world of adolescence" (10) vorführen.

WILLIAM COYLE, Hg., *The Young Man in American Literature: The Initiation Theme* (New York: Odyssey Press, 1969; 340 pp.)

Enthält einige psychologische und soziologische Texte zur Adoleszenz und Marcus' Aufsatz "What Is an Initiation Story?", Auszüge aus Coopers *The Deerslayer*, Mark Twains *Old Times on the Mississippi*, Ellisons *Invisible Man*, Webbs *The Graduate* und Melvilles *Redburn* sowie Stories von Steinbeck, Davis, James, Frederic, Cozzens, Malamud, Hawthorne, Crane, Anderson, Pagano, Stegner und Warren. *Initiation* wird von Coyle verstanden als "a formative change involving not only pain or loss but also the beginning of a new stage of life, [during which] the youth undergoes an experience that reveals hitherto unrecognized or uncomprehended aspects of the human condition" (2).

JOHN CAFFERATA, Hg., *Rites* (New York: McGraw-Hill, 1975; 525 pp.)

Ein reich bebilderter Band, der unter den Titeln 'Rites of Passage', 'Rites of Separation', 'Rites of Initiation', 'Rites of Word Magic' und 'Rites of Renewal' Mythen der verschiedensten Kulturen und Texte der Weltliteratur versammelt.

DAVID THORBURN, Hg., *Initiation: Stories and Short Novels on Three Themes* (New York: Harcourt, Brace, Jovanovich, [2]1976)

Enthält 24 Geschichten bzw. Kurzromane von Anderson, Babel, Barth, Camus, Conrad, Ellison, Fitzgerald, García Márquez, Hawthorne, Hemingway, James, Joyce, Kafka, Lawrence, Doris Lessing, Malamud, Flannery O'Connor, Katherine Anne Porter, Roth, Singer, Jean Stafford, Tolstoi, Tschechow und Updike und operiert mit einem *initiation*-Begriff, der sehr viel umfassender ist als der hier vorgeschlagene.

Für eine interdisziplinäre Ausweitung der Kursarbeit und den Einbezug komparatistischer Aspekte könnte z. B. herangezogen werden:

BARBARA GRUNERT-BRONNEN, Hg., *Pubertät* (München und Bern: Rütten und Loening, 1968; 256 pp.)

Enthält wissenschaftliche Texte von Heister, Pross und Mitscherlich und 19 literarische Texte von Thomas Mann bis Günter Grass, William Faulkner bis James Agee, Curzio Malaparte bis Italo Calvino und Jean-Paul Sartre bis Violette Leduc.

Hinweise auf die in der deutschen Literatur verfügbaren Texte bietet:

ALFRED SÖNTGERATH, *Pädagogik und Dichtung: Das Kind in der Literatur des 20. Jahrhunderts* (Stuttgart: Kohlhammer, 1967).

Was die anthropologische oder religionssoziologische Forschung zur *initiation* angeht, so ist die vorhandene Literatur mittlerweile fast unüberschaubar geworden. Nach wie vor grundlegend ist die nun auch in englischer Übersetzung verfügbare Arbeit von

ARNOLD VAN GENNEP, *The Rites of Passage*, übs. von Monika B. Vizedom und Gabrielle L. Caffee (London: Routledge & Kegan Paul, 1960).

Eine der neuesten amerikanischen Arbeiten ist

FRANK W. YOUNG, *Initiation Ceremonies: A Cross-Cultural Study of Status Dramatization* (Indianapolis: Bobbs-Merrill, 1965),

und eine leicht zugängliche und informative Anthologie wichtiger Texte bietet

VOLKER POPP, Hg., *Initiation: Zeremonien der Statusänderung und des Rollenwechsels* (Frankfurt: Suhrkamp Wissen 4, 1969),

während das wohl grundlegende religionswissenschaftliche Werk von

MIRCEA ELIADE, *Das Mysterium der Wiedergeburt: Initiationsriten, ihre kulturelle und religiöse Bedeutung*, übs. von Emilie Hoffmann (Zürich und Stuttgart: Rascher; 1961)

stammt. Eine aus literaturwissenschaftlichem Interesse verfaßte Übersicht über die einschlägige Forschung in den verschiedenen mit der *initiation* befaßten Wissenschaftszweigen findet sich bei

PETER FREESE, *Die Initiationsreise: Studien zum jugendlichen Helden im modernen amerikanischen Roman* (Neumünster: Wachholtz, 1971).

Aus der Unzahl psychologischer, soziologischer, kulturgeschichtlicher und anderer Texte zur Adoleszenz, Pubertät, usw. in Amerika, die als expositorische Texte mit *stories of initiation* relationiert werden könnten, sei hier verwiesen auf das verbreitete Standardwerk von

DAVID P. AUSUBEL, *Theory and Problems of Adolescent Development* (New York: Grune & Stratton, 1954); deutsch als *Das Jugendalter: Fakten, Probleme, Theorie*, übs. von Gudrun Theusner-Stampa (München: Juventa, 1968);

auf die nicht minder bekannte Studie von

ERIK H. ERIKSON, *Identity: Youth and Crisis* (New York: W. W. Norton, 1968),

welche die vielleicht noch verbreitetere Untersuchung

Childhood and Society (New York: W. W. Norton, 1950; erhältlich als Pelican Book A754)

fortführt; auf die hilfreichen Einführungen von

FREDERICK ELKIN, *The Child and Society: The Process of Socialization* (New York: Random House, 1960; erhältlich als Paperback)

und von

KURT DANZIGER, *Socialization* (Harmondsworth: Penguin Book 08.0289, 1971);

sowie auf die einflußreiche Arbeit zum Altersgruppenproblem von

S. N. EISENSTADT, *From Generation to Generation: Age Groups and Social Structure* (New York: The Free Press, 1956; erhältlich als Paperback).

Wer für diesen Bereich genauere Literaturhinweise wünscht, bediene sich der Forschungsberichte in

DIETMAR KAMPER, Hg., *Sozialisationstheorie* (Freiburg: Herder, 1974).

Auf spezielle Probleme der amerikanischen Nachkriegsjugend bezogene Untersuchungen sind inzwischen Legion. Besonders einflußreich waren oder sind etwa

PAUL GOODMAN, *Growing up Absurd* (New York: Random House, 1960; erhältlich als Sphere Pocketbook 39446);

THEODORE ROSZACK, *The Making of a Counter Culture: Reflections on the Technocratic Society and Its Youthful Opposition* (New York: Doubleday, 1968; erhältlich als Anchor Book A697);

und

CHARLES A. REICH, *The Greening of America* (New York: Random House, 1970; erhältlich als Bantam Book Q4913 oder Penguin Book 2995 8).

Auf die durch letzteres ausgelöste Diskussion bezieht sich

PHILIP NOBILE, Hg., *The Con III Controversy: The Critics Look at the Greening of America* (New York: Pocket Books, 1971).

Drei bekannt gewordene Bücher beschäftigen sich mit Einzelaspekten der jugendlichen Subkultur, die auch für deutsche Schüler besonders interessant sein dürften. Es sind:

BURTON H. WOLFE, *The Hippies* (New York: Signet Book T 3453, 1968);

HUNTER S. THOMPSON, *Hell's Angels: A Strange and Terrible Saga* (New York: Ballantine Book 02478.8, 1967); und

TOM WOLFE, *The Electric Kool-Aid Acid Test* (New York: Farrar, Straus & Giroux, 1968; erhältlich als Bantam Book Q4747).

Kurze Auszüge aus den Büchern von Reich, Burton und Thompson sind zusammen mit Exzerpten aus anderen Texten gesammelt in

VOLKER HUFF, Hg., *The Dropouts, the New Left — A New American Society?* (Frankfurt: Hirschgraben 6603, Unterrichtsmodelle für die Sekundarstufe II, 1974; dazu Lehrerband 6608).

Texte zu den speziellen Problemen junger Schwarzamerikaner, unter denen sich mit John Henrik Clarkes "The Boy Who Painted Christ Black" und Ralph Ellisons "The Invisible Man" auch zwei *stories of initiation* befinden, sind gesammelt in

PETER FREESE, Hg., *Growing up Black in America: Stories and Studies of Socialization* (Paderborn: Schöningh 41001, Texts for English and American Studies, ^{3}1979; dazu Lehrerband 41002, ^{2}1979).

Anmerkungen

1 Zur systematischen Darstellung der Auswahlproblematik vgl. meine Ausführungen in „Zur Auswahl von Texten für den fortgeschrittenen Englischunter-

richt", in: Hans Hunfeld, Hg., *Neue Perspektiven der Fremdsprachendidaktik: Eichstätter Kolloquium zum Fremdsprachenunterricht 1977* (Kronberg: Scriptor, 1977), S. 146-156.

2 Zur Begründung dieser Thesen vgl. meine „Überlegungen zur Erstellung von Textsequenzen für den Englischunterricht der reformierten Sekundarstufe II", in: Peter Freese und Peter Nocon, Hgg., *Textarbeit im Englischunterricht der Sekundarstufe II* (Münster, 1979), S. 35-37.

3 Cleanth Brooks und Robert Penn Warren, *Understanding Fiction* (New York: Appleton-Century-Crofts, 2. Aufl., 1959), S. 324 und 309.

4 Robert Penn Warren, "Writer at Work: How a Story Was Born and How, Bit by Bit, It Grew", *New York Times Book Review*, 1. März 1959, S. 4-5 und 36; hier zitiert nach dem Wiederabdruck als "'Blackberry Winter': A Recollection", in: *Understanding Fiction*, S. 640.

5 Ray B. West, Jr., *The Short Story in America 1900 - 1950* (New York: Books for Libraries Press, 1968; repr. der Originalausgabe Chicago: Henry Regnery, 1952), S. 95 und 96.

6 Mordecai Marcus, "What Is an Initiation Story?", *The Journal of Aesthetics and Art Criticism,* 14 (1960), S. 221-227; hier zitiert nach dem Wiederabdruck in: Charles E. May, Hg., *Short Story Theories* (Athens: Ohio U. P., 1976), S. 189.

7 Vgl. Karl Kerényi, „Mysterien der Kabiren: Einleitendes zum Studium antiker Mysterien", *Eranos-Jahrbuch*, 11 (1944), S. 11-53.

8 Joseph Francois Lafitau, *Moeurs de sauvages ameriquains, compare'es aux moeurs de premiers temps* (Paris, 1724), 2 Bände in 1, Band I, S. 222f.

9 Volker Popp, Hg., *Initiation: Zeremonien der Statusänderung und des Rollenwechsels* (Frankfurt: Suhrkamp, 1969), „Vorwort des Herausgebers", S. 11f.

10 Peter Freese, *Die Initiationsreise: Studien zum jugendlichen Helden im modernen amerikanischen Roman* (Neumünster: Wachholtz, 1971), S. 109. — Vgl. hier auch, S. 91-177, die detaillierte Darstellung der Begriffsfüllungen von *initiation* in der Ethnologie, Religionssoziologie, Psychologie und Literaturkritik.

11 Mordecai Marcus, a. a. O., S. 192.

12 Q. D. Leavis, "Hawthorne as Poet", *Sewanee Review*, 59 (1951), S. 180-205; hier zitiert nach dem Wiederabdruck in Charles Feidelson, Jr. und Paul Brodtkorb, Hgg., *Interpretations of American Literature* (New York: Oxford U. P., 1959), S. 46.

13 Simon O. Lesser, "The Image of the Father: A Reading of 'My Kinsman, Major Molineux' and 'I Want to Know Why'", *Partisan Review*, 22 (1955), S. 372-380; hier zitiert nach dem Wiederabdruck in: Ders., *Fiction and the Unconscious* (Boston: Beacon Press, 1957), S. 216.

14 Seymour L. Gross, "Hawthorne's 'My Kinsman, Major Molineux': History as Moral Adventure", *Nineteenth-Century Fiction*, 12 (1957/58), S. 97.

15 Daniel G. Hoffman, "Yankee Bumpkin and Scapegoat King", *Sewanee Review,* 69 (1961), S. 48. — Wieder aufgenommen in: Ders., *Form and Fable in American Fiction* (New York: Oxford U. P., 1961).

16 Alle Seiten- und Zeilenangaben beziehen sich auf die Schulausgabe von H. Bernstein, Hg., *Nathaniel Hawthorne: Two New England Romances* (Frankfurt: Hirschgraben 1678, 1962).

17 Die Gliederung folgt weitgehend William Bysshe Stein, "Teaching Hawthorne's 'My Kinsman, Major Molineux'", *College English*, 20 (1958), S. 83.

18 William Bysshe Stein, a. a. O., S. 83; Daniel G. Hoffman, a. a. O., S. 48f.; Frederick C. Crews, *The Sins of the Fathers: Hawthorne's Psychological Themes* (New York: Oxford U. P., 1966), S. 78; Sheldon W. Liebman, "Robin's Conversion: The Design of 'My Kinsman, Major Molineux'", *Studies in Short Fiction*, 8 (1971), S. 443.

19 Vgl. Arnold van Gennep, *The Rites of Passage*, übs. von Monika B. Vizedom und Gabrielle L. Caffee (London: Routledge & Kegan Paul, 2. Aufl., 1965).

20 Q. D. Leavis, a. a. O., S. 44.

21 Seymour L. Gross, a. a. O., S. 107.

22 Daniel G. Hoffman, a. a. O., S. 60.

23 Vgl. Q. D. Leavis, a. a. O.; und Roy Harvey Pearce, "Hawthorne and the Sense of the Past, or the Immortality of Major Molineux", *English Literary History*, 21 (1954), S. 327-349.

24 Vgl. Simon O. Lesser, a. a. O.; Paul Louis, "A Psychoanalytic Reading of Hawthorne's 'Major Molineux': The Father Manqué and the Protégé Manqué", *American Imago*, 18 (1961), S. 279-288; und Frederick C. Crews, a. a. O., S. 72-79. — Zur Kritik an dieser Lesart vgl. Roy Harvey Pearce, "Robin Molineux on the Analyst's Couch", *Criticism*, 1 (1959), S. 83-90.

25 Vgl. Seymour L. Gross, a. a. O.; Arthur T. Broes, "Journey Into Moral Darkness: 'My Kinsman, Major Molineux' as Allegory", *Nineteenth-Century Fiction*, 19 (1964), S. 171-184; und Alexander W. Allison, "The Literary Contexts of 'My Kinsman, Major Molineux'", *Nineteenth-Century Fiction*, 23 (1968), S. 304-311.

26 Vgl. Daniel G. Hoffman, a. a. O.

27 Vgl. allgemein zur Bedeutung des Lachens in Hawthornes fiktivem Kosmos Robert Dusenberry, "Hawthorne's Merry Company: The Anatomy of Laughter in the Tales and Short Stories", *Publications of the Modern Language Association*, 82 (1967), S. 285-288.

28 Seymour L. Gross, a. a. O., S. 108.

29 Franklin B. Newman, "'My Kinsman, Major Molineaux' [sic!]: An Interpretation", *University of Kansas City Review*, 21 (1956), S. 209.

30 Daniel G. Hoffman, a. a. O., S. 54.

31 Simon O. Lesser, a. a. O., S. 223.

32 Frederick C. Crews, a. a. O., S. 78.

33 Roger P. Wallins, "Robin and the Narrator in 'My Kinsman, Major Molineux'", *Studies in Short Fiction*, 12 (1975), S. 179.

34 L. Moffitt Cecil, "Hawthorne's Optical Device", *American Quarterly*, 15 (1963), S. 83.

35 Vgl. zu diesem Aspekt besonders Sheldon W. Liebman, a. a. O., S. 451ff.

36 Richard P. Adams, "Hawthorne's Provincial Tales", *The New England Quarterly*, 30 (1957), S. 47.

37 Alexander W. Allison, a. a. O., S. 310.

38 John Russell, "Allegory and 'My Kinsman, Major Molineux'", *The New England Quarterly*, 40 (1967), S. 432.

39 Alle Seitenangaben beziehen sich auf die Taschenbuchausgabe Benjamin Franklin, *The Autobiography and Other Writings*, hg. und eingeleitet von L. Jesse Lemisch (New York: Signet Book CD74, 1961).

40 Vgl. Julian Smith, "Coming of Age in America: Young Ben Franklin and Robin Molineux", *American Quarterly*, 17 (1965), S. 550-558; A. B. England, "Robin Molineux and the Young Ben Franklin: A Reconsideration", *Journal of American Studies*, 6 (1972), S. 181-188; und Denis M. Murphy, "Poor Robin and Shrewd Ben: Hawthorne's Kinsman", *Studies in Short Fiction*, 15 (1978), S. 185-190.

41 A. B. England, a. a. O., S. 181.

42 Denis M. Murphy, a. a. O., S. 190.

43 Vgl. Anm. 3.

44 Rex Burbank, *Sherwood Anderson*, (New York: Twayne, 1964), S. 99.

45 Siegfried Neuweiler, „Sherwood Andersons 'I Want to Know Why': Die strukturelle Eigenart einer 'story of initiation'", in: Paul Goetsch, Hg., *Studien und Materialien zur Short Story* (Frankfurt: Diesterweg, 1971), S. 84.

46 David D. Anderson, *Sherwood Anderson: An Introduction and Interpretation* (New York: Holt, Rinehart & Winston, 1967), S. 62.

47 Sherwood Anderson, *A Story-Teller's Story* (New York: B. W. Huebsch, 1924), S. 352.

48 Zu diesem und weiteren erzähltechnischen Termini vgl. meinen Beitrag „Zur Methodik der Analyse von Short Stories . . ." im vorliegenden Band, S. 38 ff.

49 Andersons Story liegt bedauerlicherweise nicht als Schulausgabe vor. Zitiert wird hier nach dem Wiederabdruck in William Coyle, Hg., *The Young Man in American Literature: The Initiation Theme* (New York: Odyssey Press, 1969), S. 281-288. — Vgl. Nachtrag.

50 Siegfried Neuweiler, a. a. O., S. 82.

51 Irving Howe, *Sherwood Anderson* (o. O., 1951), S. 155.

52 Neuweilers Hinweis auf die Rennbahn als Paradies — die immergrünen Bäume und die Lage im Osten (vgl. Genesis 2,8: "And the Lord God planted a garden eastward in Eden . . .") — ist durchaus einleuchtend, denn „auch ohne die mehrfach erwähnten Niagara Falls als zusätzliche und vielleicht etwas zu weit hergeholte Evidenz zu bemühen, läßt sich das Drama des Jungen vor diesem Hintergrund als adamischer Fall begreifen" (a. a. O., S 83).

53 Donald A. Ringe, "Point of View and Theme in 'I Want to Know Why'", *Critique: Studies in Modern Fiction*, 3 (1959), S. 26.

54 Daß die Identität von Sehen und Wissen in bezug auf die Alltagswelt auch vorher schon gestört war, ist unbestritten. Brooks und Warren, a. a. O., S. 325f., sehen darin ein Indiz für des Erzählers beginnenden Zweifel an sozialen Konventionen. Donald A. Ringe, a. a. O., S. 25, hält dagegen, daß solche Bewertung voraussetze, daß man des Erzählers Urteile als zutreffend akzeptiere, daß sie das aber eben nicht seien und deshalb eher als Ausdruck seiner mangelnden Reife gewertet werden müßten.

55 Simon O. Lesser, a. a. O., S. 231. – Für ein anderes, weit positiveres Urteil über den Vater vgl. John E. Parish, "The Silent Father in Anderson's 'I Want to Know Why'", *Rice University Studies,* 51 (1965), S. 49-55.

56 Jon S. Lawry, "Love and Betrayal in Sherwood Anderson's 'I Want to Know Why'", *Shenandoah*, 13 (1962), S. 53 und 52.

57 Helen H. Naugle, "The Name 'Bildad'", *Modern Fiction Studies*, 22 (1976), S. 593.

58 Mark Twain, *The Adventures of Huckleberry Finn*, hg. und eingel. von Peter Coveney (Harmondsworth: Penguin English Library, 1966), S. 94 und 160.

59 Ebd., S. 94, Anm.

60 Ebd., S. 86.

61 Vgl. Rex Burbank, a. a. O., S. 98f.

62 Ernest Hemingway, *Green Hills of Africa* (Harmondsworth: Penguin Book 2422, 1966), S. 26.

63 Hemingways "My Old Man" ließe sich sehr gut als Vergleichstext in die Sequenz einbauen. – Zu den Ähnlichkeiten dieser Story mit "IW" vgl. etwa John T. Flanagan, "Hemingway's Debt to Sherwood Anderson", *Journal of English and Germanic Philology*, 54 (1955), S. 507-520, hier bes. S. 516.

64 Henry Nash Smith, *Mark Twain: The Development of a Writer* (Cambridge, Mass.: Harvard U. P., 1962), S. 122. – Zur allgemeinen Charakterisierung des *vernacular* vgl. besonders S. 1-21.

65 Albert E. Stone, Jr., *The Innocent Eye: Childhood in Mark Twain's Imagination* (New Haven: Yale U. P., 1961), S. 158.

66 In der Fassung in Maria Hagedorn, Hg., *Famous American Novelists of To-Day* (Frankfurt: Hirschgraben 678, 10. Aufl., 1974) fehlen 13,7%; in der in Paul Wenzel, Hg., *Modern American Short Stories* (Frankfurt: Diesterweg 4006, 15. Aufl., 1974) fehlen 12,2% des Textes, und die Kürzungen erweisen sich als sinnentstellend und nicht aufeinander abgestimmt.

67 Peter Lisca, *The Wide World of John Steinbeck* (New Brunswick, N. J.: Rutgers U. P., 1958), S. 99.

68 Dan Vogel, "Steinbeck's 'Flight': The Myth of Manhood", *College English*, 23 (1961), S. 225.

69 Horst Groene, "The Themes of Manliness and Human Dignity in Steinbeck's Initiation Story 'Flight'", *Die Neueren Sprachen,* N. F. 22 (1973), S. 278.

70 Seitenangaben beziehen sich auf die Taschenbuchausgabe *The Long Valley* (London: Corgi Book 08716, 1973), S. 32-52.

71 Vgl. zu dieser Unterscheidung David P. Ausubel, *Das Jugendalter: Fakten, Probleme, Theorie* (München: Juventa, 1968), S. 54ff.

72 Hilton Anderson, "Steinbeck's 'Flight'", *The Explicator*, 28, 2 (1969), Item 12.

73 John Antico, "A Reading of Steinbeck's 'Flight'", *Modern Fiction Studies*, 11 (1965), S. 47.

74 Chester F. Chapin, "Pepé Torres: A Steinbeck 'Natural'", *College English,* 23 (1962), S. 676.

75 Chester F. Chapin, a. a. O., S. 676.

76 Walter K. Gordon, "Steinbeck's 'Flight': Journey *to* or *from* Maturity?", *Studies in Short Fiction*, 3 (1966), S. 455.

77 Horst Groene, a. a. O., S. 284. — Vgl. zu den formalen Problemen des Erzählens mithilfe von Aussparung auch Norman Friedman, "What Makes a Short Story Short?", *Modern Fiction Studies*, 4 (1958), S. 103-117, der Wichtiges zum Aufbau von "Flight" sagt.

78 Robert Penn Warren, "'Blackberry Winter': A Recollection", S. 639.

79 Ebd., S. 640.

80 Ray B. West, a. a. O., S. 78.

81 Richard Allan Davison, "Physical Imagery in Robert Penn Warren's 'Blackberry Winter'", *Georgia Review*, 22 (1968), S. 482.

82 Alle Seiten- und Zeilenangaben beziehen sich auf die annotierte Schulausgabe in Theodor Wolpers, Hg., *American Short Stories,* Band VIII (Paderborn: Schöningh 408162, o. J.).

83 Richard Allan Davison, a. a. O., S. 482.

84 Vgl. John V. Hagopian in: Ders. und Martin Dolch, *Insight I: Analyses of American Literature* (Frankfurt: Hirschgraben, 4. Aufl., 1971), S. 255.

85 Vgl. Genesis 4,25 und 5,3; die ursprüngliche Bedeutung von Seth ist "the appointed".

86 "Jebb" spielt an auf *J*ames *E*well *B*rown Stuart (1833 - 1864), genannt "Jeb", einen Südstaaten-General; und daß hier ein Sklave den Namen eines Verteidigers der Sklaverei trägt, wird zum ironischen Signal. Vgl. John V. Hagopian, a. a. O., S. 257.

87 Vgl. Warrens eigenen Verweis, in "'Blackberry Winter': A Recollection", S. 639, auf Herman Melvilles Gedicht "The Conflict of Convictions", in dem von "the slimed foundations" der Welt die Rede ist.

88 Vgl. Daniel Defoe, *The Life and Adventures of Robinson Crusoe* (Harmondsworth: Penguin English Library, 1965), S. 162.

89 Winston Weathers, "'Blackberry Winter' and the Uses of Archetypes", *Studies in Short Fiction*, 1 (1963), S. 50f. — Hingewiesen sei auch auf eine weitere Deutung der Story bei Klaus-Jürgen Popp, „Robert Penn Warren, 'Blackberry Winter' (1946)", in: Peter Freese, Hg., *Die amerikanische Short Story der Gegenwart: Interpretationen* (Berlin: Schmidt, 1976), S. 77-83.

90 Vgl. zur "central tactile imagery" besonders Richard Allan Davison, a. a. O.

91 Die Darstellung der vier "archetypal settings" folgt Winston Weathers, a. a. O.

92 Hans Galinsky, „Beharrende Strukturzüge im Wandel eines Jahrhunderts amerikanischer Kurzgeschichte (dargelegt an E. A. Poes 'The Masque of the Red Death' und Ernest Hemingways 'The Killers')", in: Hans Galinsky und Klaus Lubbers, *Zwei Klassiker der amerikanischen Kurzgeschichte* (Frankfurt: Diesterweg, 1971), S. 42.

93 Vgl. Warren S. Walker, *Twentieth-Century Short Story Explication: Interpretations, 1900 - 1966, of Short Fiction Since 1800* (o. O.: Shoe String Press, 2. Aufl., 1967); Ders., *Twentieth-Century Short Story Explication: Supplement I to Second Edition, 1967 - 1969* (o. O.: Shoe String Press, 1970); Ders., *Twentieth-Century Short Story*

Explication: Supplement II to Second Edition, 1970 - 1972 (o. O.: Shoe String Press, 1973).

94 Vgl. John V. Hagopian, in: Ders. und Martin Dolch, *Insight I . .*, S. 73-78; und Werner Arens, „Hawthorne, 'Young Goodman Brown'", in: Karl Heinz Göller und Gerhard Hoffmann, Hgg., *Die amerikanische Kurzgeschichte* (Düsseldorf: Bagel, 1972), S. 36-48 und 376ff.

95 Frederick C. Crews, a. a. O., S. 106.

96 Barriss Mills, "*Old Times on the Mississippi* as an Initiation Story", *College English*, 25 (1963/64), S. 288.

97 Vgl. Barriss Mills, a. a. O., S. 283-289.

98 Vgl. Leo Marx, "The Pilot and the Passenger : Landscape Conventions and the Style of *Huckleberry Finn*", *American Literature*, 28 (1956), S. 129-146.

99 Vgl. Muriel G. Shine, *The Fictional Children of Henry James* (Chapel Hill: U. of North Carolina P., 1968).

100 Der spätere Buchtext mitsamt dem Rahmen der ursprünglichen Zeitungsversion ist abgedruckt in *The University of Virginia Edition of the Works of Stephen Crane*, Band VIII, *Tales, Sketches, and Reports*, hg. von Fredson Bowers (Charlottesville, 1973), S. 283-293 und 861-864.

101 Vgl. Maud Bodkin, *Archetypal Patterns in Poetry: Psychological Studies of Imagination* (Oxford: Oxford Paperback 66, 1963).

102 Vgl. Joseph Campbell, *The Hero with a Thousand Faces* (Cleveland und New York: World Publishing Company, 7. Aufl., 1965), S. 245.

103 Vgl. Maurice Bassan, "The Design of Stephen Crane's Bowery 'Experiment'", *Studies in Short Fiction*, 1 (1964), S. 129-132.

104 Vgl. Howard S. Babb, "A Reading of Sherwood Anderson's 'The Man Who Became a Woman'", *Publications of the Modern Language Association*, 80 (1965), S. 432-435.

105 Vgl. Anm. 92.

106 Vgl. Anm. 3.

107 John V. Hagopian und Martin Dolch, a. a. O., S. 102.

108 Vgl. Mordecai Marcus, a. a. O., S. 192ff.

109 Vgl. Gisela Hoffmann, „Faulkner, 'Barn Burning'", in: Karl Heinz Göller und Gerhard Hoffmann, Hgg., a. a. O., S. 258-267 und 413f.

110 Vgl. Peter Nicolaisen, „Hemingways 'My Old Man' und Faulkners 'Barn Burning': Ein Vergleich", in: Paul G. Buchloh *et al.*, Hgg., *Amerikanische Erzählungen von Hawthorne bis Salinger: Interpretationen* (Neumünster: Wachholtz, 1968), S. 187-223.

111 Vgl. Gayle E. Wilson, "'Being Pulled Two Ways': The Nature of Sarty's Choice in 'Barn Burning'", *Mississippi Quarterly*, 24 (1971), S. 279-288.

112 Vgl. Charles Mitchell, "The Wounded Will of Faulkner's Barn Burner", *Modern Fiction Studies*, 11 (1965), S. 185-189.

113 Vgl. William Bysshe Stein, "Faulkner's Devil", *Modern Language Notes*, 76 (1961), S. 731f.

114 Vgl. Marvin Fisher, "The World of Faulkner's Children", *University of Kansas City Review*, 26 (1960), S. 13-18.

115 Arthur Voss, *The American Short Story: A Critical Survey* (Norman: U. of Oklahoma P., 1973), S. 242.

116 Vgl. R. Baird Shuman, "Initiation Rites in Steinbeck's *The Red Pony*", *English Journal*, 59 (1970), S. 1252-1255.

117 Vgl. John V. Hagopian und Martin Dolch, a. a. O., S. 230-235.

118 Vgl. Joseph Trimmer, "Ralph Ellison's 'Flying Home'", *Studies in Short Fiction*, 9 (1972), S. 175-182.

119 Vgl. Bernhard Ostendorf, „Ralph Ellison, 'Flying Home' (1944)", in: Peter Freese, Hg., a. a. O., S. 64-76.

120 Vgl. Armin Geraths, „Salinger, 'The Laughing Man'", in: Karl Heinz Göller und Gerhard Hoffmann, Hgg., a. a. O., S. 326-336 und 421f.

121 Vgl. Peter Freese, *Die amerikanische Kurzgeschichte nach 1945: Salinger, Malamud, Baldwin, Purdy, Barth* (Frankfurt: Athenäum, 1974), S. 118-123.

122 Vgl. Irving und Harriet Deer, "Philip Roth and the Crisis in American Fiction", *Minnesota Review*, 6 (1966), S. 353-360; hier 356f.

123 Vgl. John N. McDaniel, *The Fiction of Philip Roth* (Haddonfield, N. J.: Haddonfield House, 1974), S. 51-58.

124 Vgl. Naseeb Shaheen, "Binder Unbound, or, How Not to Convert the Jews", *Studies in Short Fiction*, 13 (1976), S. 376-378.

125 Gesammelt in: Philip Roth, *Reading Myself and Others* (New York: Farrar, Straus & Giroux, 1975; erhältlich als Bantam Book 02484).

126 Vgl. etwa Allen Guttmann, *The Jewish Writer in America: Assimilation and the Crisis of Identity* (New York: Oxford U. P., 1971), S. 64-76 und 97-99 (zu Roth) und S. 64-66 (zu "CJ").

127 Vgl. William H. Shurr, "The Lutheran Experience in John Updike's 'Pigeon Feathers'", *Studies in Short Fiction,* 14 (1977), S. 329-335.

128 Vgl. Berthold Schik, „Jugend und Tod — John Updikes 'Pigeon Feathers': Literaturdidaktische Überlegungen zu einem modernen amerikanischen Autor", in: Hans Hunfeld und Gottfried Schröder, Hgg., *Literatur im Englischunterricht der Sekundarstufe II* (Kiel: IPTS-Schriften 8, o. J.), S. 97-112.

129 John Updike, *Olinger Stories: A Selection* (New York: Vintage Book V-257, 1964), S. v.

130 Vgl. Paul Goetsch, „Joyce Carol Oates, 'How I Contemplated the World from the Detroit House of Correction and Began My Life Over Again' (1969)", in: Peter Freese, Hg., a. a. O., S. 301-313.

131 Vgl. Sue Simpson Park, "A Study in Counterpoint: Joyce Carol Oates's 'How I Contemplated the World from the Detroit House of Correction and Began My Life Over Again'", *Modern Fiction Studies,* 22 (1976), S. 213-224.

132 Zu den Gründen für das relativ seltene Auftreten weiblicher Initianden vgl. Peter Freese, *Die Initiationsreise* . . ., S. 84 ff.

Nachtrag

Nach Abschluß des Manuskripts erschien Paul Goetsch, *Literarische und soziale Bedingungen erzählerischer Kurzformen: Die Short Story* (Deutsches Institut für Fernstudien, 1978), wo sich S. 85-95 Ausführungen zur Initiationsgeschichte finden. – Angelika Schmitt-Kaufhold, *Nordamerikanische Literatur im deutschen Sprachraum nach 1945: Positionen der Kritik und Kriterien der Urteilsbildung* (Frankfurt und Bern, 1977), S. 66-79, referiert die deutsche Forschung zur "Story of Initiation". – Wolfgang Staeck, Hg., *Stories of Initiation* (Stuttgart: Klett 5784, 1978), gebührt das Verdienst, eine erste für den Fremdsprachenunterricht annotierte Sammlung und damit (vgl. Anm. 49) auch einen Text von "I Want to Know Why" vorgelegt zu haben, aber seine ungemein vage Begriffsbestimmung – "Literary critics have employed the term *initiation* to describe both one specific type of short story and its theme" (4) –, die bei genauerem Hinsehen überhaupt nichts sagt, und seine fragwürdige Auswahl – "Indian Camp" ist, etwa nach Ausweis des Schlußsatzes der Story, schwerlich eine Initiationsgeschichte, und die Aufnahme von Katherine Mansfields "The Garden Party" setzt stillschweigend voraus, daß der zunächst für die amerikanische Literatur geprägte Begriff einfach auf andere Nationalliteraturen zu übertragen sei – machen seine Sammlung für einen auf 'Wissenschaftspropädeutik' zielenden Unterricht nur bedingt brauchbar. Dieselbe Kritik muß auch gegenüber dem Lehrerband *Stories of Initiation: Model Interpretations* (Stuttgart: Klett 57843, 1979) vorgebracht werden. – Zu Andersons "I Want to Know Why" sei zusätzlich auf die vorzügliche Interpretation von Martin Christadler in Karl Heinz Göller und Gerhard Hoffmann, Hgg., *Die amerikanische Short Story* (Düsseldorf: Bagel, 1972), S. 205-215 und 405-407, verwiesen, deren Nennung in den Anmerkungen aufgrund eines Versehens unterblieb. – Der neueste Beitrag zum Konzept der *initiation story* stammt von Carin Freywald, „Nick und Sarty – oder: Wer wird hier eigentlich initiiert?", in: Peter Freese, Carin Freywald, Wolf Paprotté und Willi Real, Hgg., *Anglistik: Beiträge zur Fachwissenschaft und Fachdidaktik* (Münster, Regensburg, 1979), im Druck.

Arno Heller

Zu den Erscheinungsformen der Gewalt: Amerikanische *stories of violence* von Stephen Crane bis Flannery O'Connor

1. Zu Thematik, Lernziel und Textauswahl

Gewalt, Terror, Aggression in ihren verschiedenen physischen, psychologischen, sozialen und politischen Erscheinungsformen sind heute mehr denn je zu einem dominierenden Bestandteil der Lebenswirklichkeit geworden. Täglich konfrontieren die Massenmedien den einzelnen mit Berichten über Gewaltakte aller Art oder mit fiktiven Gestaltungen von Aggression und Gewalt, ohne daß dabei gewöhnlich die komplexeren Kausalzusammenhänge mit ins Bild gebracht werden. Als Folge konstatieren Psychologen und Soziologen einerseits eine zunehmende Neigung zur gewaltsamen Lösung von Konflikten, insbesondere bei Jugendlichen, und andererseits die Tendenz, das Phänomen der Gewalt als eine selbstverständliche, gleichsam naturgegebene menschliche Verhaltensweise zu akzeptieren. Aus der gesellschaftlichen und pädagogischen Relevanz dieser Erscheinungen, vor allem aus der Gefahr geistiger und emotionaler Abstumpfung in Fragen der Gewalt, ergibt sich die didaktische Legitimität der vorliegenden Textauswahl. Über sprachliche, literarische und landeskundliche Kenntnisvermittlung hinausgehend, ist das übergreifende Lernziel dieser Unterrichtsreihe darin zu sehen, durch die intensive Auseinandersetzung mit literarischen Gestaltungen von Gewalt beim Schüler Reflexionsprozesse zu dieser Thematik auszulösen und damit einen Beitrag in Richtung eines kritischen Selbst- und Weltverständnisses zu leisten.

Die Auswahl von vier repräsentativen amerikanischen *stories of violence* aus jeweils verschiedenen historischen Situationen basiert auf folgenden grundsätzlichen Überlegungen:

a) Die Form der modernen amerikanischen Short Story kommt den eruptiven, schockierenden und kathartischen Wesensmerkmalen der Gewalt entgegen; hieraus erklärt sich u. a. ihre Empfänglichkeit für derartige Stoffe. Ihre auf Kürze, klimaktische Wendepunkte ausgerichteten Textstrukturen entsprechen phänomenologisch den existentiellen Erlebnisstrukturen der Gewalt. Die didaktische Verarbeitung der Texte erfordert deshalb, daß Aspekte der Erzähl- und Wirkungsstrukturen im besonderen Maße berücksichtigt werden.

b) Die Auswahl ausschließlich *amerikanischer* Kurzgeschichten war insofern naheliegend, als Gewalt in der zivilisatorischen Entwicklung der U. S. A. von ihren Anfängen bis in die Gegenwart einen integrierenden Wesenszug bildet und dementsprechend auch in der Geschichte der amerikanischen Literatur eine zentrale Rolle einnimmt. Dem Syndrom 'violence', sowohl in der amerikanischen Lebenswirklichkeit als auch in der literarischen Auseinandersetzung mit dieser, kommt geradezu Modellfunktion zu, und es kann deshalb auch bei anderen historischen und sozialen Kontexten als Vergleichsbasis herangezogen werden. Die vier Stories wurden so ausgewählt, daß sie jeweils einen besonders markanten Aspekt in der Geschichte der Gewalt in den U. S. A. zum Inhalt haben. Stephen Cranes "The Blue Hotel" setzt sich u. a. überaus kritisch mit der *frontier*-Mentalität des amerikanischen Westens auseinander. Hemingways "The Killers" spielt im Chicago der Prohibitionszeit, jener düsteren Periode amerikanischer Zivilisationsgeschichte, in der das organisierte Gangstertum weite Bereiche der Öffentlichkeit kontrollierte und terrorisierte. Faulkners "Dry September" durchleuchtet eine der makabersten Erscheinungsformen der Gewalt in den Vereinigten Staaten überhaupt: die bis in die jüngere Vergangenheit hineinreichende rassische Lynchjustiz in den Südstaaten. Flannery O'Connors "A Good Man Is Hard to Find" schließlich handelt in der Gegenwart und demonstriert überaus eindringlich das Phänomen der Gewalt als Folge nihilistischen Werteverfalls. Die chronologische Aufeinanderfolge dieser vier *stories of violence* ermöglicht einerseits eine Thematisierung gesellschaftsgeschichtlicher Aspekte, andererseits fordert sie die Reflexion über bestimmte übergreifende Kriterien der Gewalt und ihrer literarischen Gestaltung heraus.

c) In didaktischer Hinsicht eignen sich die ausgewählten Texte nicht nur wegen ihres relativ geringen sprachlichen und vokabularischen Schwierigkeitsgrades, sondern vor allem auch deswegen, weil sie in beliebiger Kombination zu einer größeren Unterrichtsreihe zusammengefaßt werden können. Ist der Idealfall, alle vier Kurzgeschichten nacheinander zu behandeln, nicht realisierbar, so empfiehlt es sich, zumindest zwei der Texte aufeinander zu beziehen. Als Alternativen bieten sich insbesonders die folgenden Möglichkeiten an:

"The Blue Hotel" und "The Killers": Lernzielschwerpunkt auf den gesellschaftlichen Komponenten der Gewalt.
"The Killers" und "Dry September": Schwerpunkt auf der Wechselwirkung von gesellschaftlichen und psychologischen Aspekten der Gewalt.

"Dry September" und "A Good Man Is Hard to Find": Schwerpunkt auf tiefenpsychologischen und ethisch-metaphysischen Aspekten.

Darüber hinaus kann natürlich jede der Stories für sich allein genommen, bzw. mit einer anderen Kurzgeschichte oder auch mit expositorischem Material kombiniert werden. In jedem Fall aber sollte die konkrete Verwirklichung der Unterrichtsreihe zuerst mit den Schülern erörtert werden. Ihre spezifische Motivations- und Interessenlage entscheidet letztlich über das Gelingen des Projektes.

2. Zur Sachproblematik

a) Seit den späten sechziger Jahren beschäftigen sich die Sozialwissenschaften in einem kaum mehr überschaubaren Ausmaß mit dem Phänomen Aggression und Gewalt. Die überwiegende Tendenz, insbesondere der neuesten Publikationen auf diesem Gebiet, richtet sich gegen die auf die Freudsche Psychoanalyse zurückgehende sowie von bestimmten Richtungen der Verhaltensforschung übernommene und weiterentwickelte 'Triebtheorie'. Während z. B. Forscher wie Konrad Lorenz, Friedrich Hacker oder auch Alexander Mitscherlich zwei Arten von angeborenen menschlichen Triebenergien konstatieren,[1] die gewöhnlich als 'Libido' und 'Destrudo', als 'Lebenstrieb' und 'Todes-' bzw. 'Aggressionstrieb' bezeichnet werden, betrachtet die moderne Sozialforschung Aggression und Gewalt primär als reaktives *soziales* Phänomen. Dabei kommt der Frustration-Aggression-Hypothese der sog. Yale-Schule[2] sowie dem lernpsychologischen Modell von Bandura und Walters[3] und deren Weiterentwicklungen besondere Bedeutung zu. Es ist hier nicht der Ort, auf diese z. T. komplizierten Versuchsreihen und Theorien einzugehen. Da jedoch die Aggressionsproblematik mit ihrer Verflechtung von individualpsychologischen und gesellschaftlichen Komponenten auch in den hier ausgewählten Texten eine gewisse Rolle spielt, wäre es wünschenswert, wenn der Lehrer in seiner Vorbereitung zumindest eine oder zwei der neueren Publikationen zu dieser Thematik rezipierte.[4] Auf jeden Fall sollten zu Beginn der Unterrichtsreihe die Begriffe 'Gewalt' bzw. 'violence' auf ihren Bedeutungsumfang hin befragt werden. Eventuell könnte eine Arbeitsgruppe damit betraut werden, mit Hilfe einschlägigen Materials (s. Anmerkung 4) sowie auch Wörterbüchern ein einführendes Kurzreferat auszuarbeiten.[5]

b) Die wirklichkeitsorientierte Problematik der ausgewählten Texte sowie das anfangs postulierte Lernziel der Unterrichtsreihe verbieten naturgemäß eine ausschließlich literarische und rein textimmanente Vorgangsweise. Da jeder Text in sich eine kritische Auseinandersetzung mit der von ihm gestalteten Lebenswirklichkeit darstellt, sollten landeskundliche bzw. sozialgeschichtliche Aspekte im ausreichenden Maß berücksichtigt werden. Aus diesem Grund wurde in der didaktischen Aufbereitung der Stories jeweils eine knappe Einführung in den Situationszusammenhang vorangestellt. Darüber hinaus wäre es sicher für den Lehrer von Nutzen, ein einschlägiges Werk zur Geschichte und der Phänomenologie der Gewalt in den U. S. A. zu Rate zu ziehen und eventuell eine weitere Arbeitsgruppe mit der Präsentation des Materials in der Klasse zu beauftragen.[6]

3. Zum methodischen Verfahren

a) Um Überforderungen der Schüler zu vermeiden, sollte die Unterrichtsreihe schrittweise durchgeführt werden. Jede der Kurzgeschichten, unabhängig davon, wie sie kombiniert werden, sollte zunächst für sich rezipiert und erörtert und erst in weiterer Folge auf die anderen bezogen werden. Die extensive häusliche Lektüre der einzelnen Geschichten bildet dabei die jeweils erste Phase der Textarbeit. Auf Grund der verschiedenen Länge und des etwas ungleichmäßigen sprachlichen Schwierigkeitsgrades sind für "The Blue Hotel" ca. zwei Wochen, für die drei anderen Kurzgeschichten ca. je eine Woche Lesezeit zu veranschlagen. In dieser Vorbereitungsphase sollte der Lehrer die Schülerlektüre durch einige die Orientierung erleichternde, jedoch die Interpretation nicht präjudizierende Leitfragen lenken. Im sprachlichen Bereich sollte er durch *handouts* (Zusammenstellung und Erklärung schwieriger Vokabeln, *slang*-Ausdrücke, *colloquialisms* und idiomatischer Wendungen) sowie durch Klärung von sprachlichen Detailfragen im Unterricht die Arbeit der Schüler am Text unterstützen. Die Schüler sollten ihrerseits — schon als Unterlage für die spätere Texterörterung — Exzerpte und Paraphrasen von ihnen wichtig erscheinenden Textstellen erstellen und Sach- bzw. auch Interessensfragen schriftlich formulieren. Zu Beginn der eigentlichen intensiven Arbeit am Text sollte jeder Schüler in der Lage sein, den jeweiligen Text sprachlich zu verstehen und den Inhalt (*plot, characters, setting*) in seiner Gesamtheit zu überschauen. Die Überprüfung kann durch schriftliche oder mündliche *summaries* sowie inhaltliche Detailfragen zum Text erfolgen.

b) Nach Ende der häuslichen Vorbereitungsphase sollte der Lehrer eine informative, aber nicht zu sehr ins Detail gehende Einführung in den historischen und gesellschaftlichen Hintergrund des jeweiligen Textes liefern.Ergänzend könnten zwei oder drei Arbeitsgruppen Kurzreferate zu biographischen, landeskundlichen oder zeitgeschichtlichen Detailfragen ausarbeiten, wobei der Lehrer das Informationsmaterial bereitstellt.

c) In der nun folgenden intensiven Arbeitsphase sollten unbedingt vorschnelle Schlußfolgerungen bezüglich der zentralen Aussageintention des

Textes vermieden werden.[7] Deshalb sollte es der Lehrer möglichst unterlassen, durch zu gezielte Fragestellungen seine eigenen Vorstellungen zu suggerieren. Das primäre Lernziel dieser Unterrichtsphase ist, die Multivalenz und Offenheit, ja z. T. Widersprüchlichkeit der Texte (besonders bei "The Blue Hotel") freizulegen. Unbestimmtheit sollte nicht als Mangel, sondern als Denk- und Kommunikationsanstoß verstanden werden. Den Schülern sollte es möglich sein, aus ihrem persönlichen Erfahrungs- und Erwartungshorizont heraus Fragen an den Text heranzutragen und auszudiskutieren. Zu einigen zentralen Unbestimmtheitsstellen sollten Arbeitsgruppen Interpretationsvorschläge erstellen, die anschließend im Plenum diskutiert werden. Die sich ergebenden Konkretisationen sollten in Kurzform auf einem *handout* zusammengestellt werden. Erst am Ende dieser Kommunikationsphase sollten anhand von Schülerreferaten die strukturalen und formalen Textelemente systematisch erarbeitet und in ihrer Funktion für die Sinndeutung ausgelotet werden.

d) Der vierten und abschließenden Phase kommt die Aufgabe zu, die in der intensiven Arbeit am Text gewonnenen Erkenntnisse entweder zu koordinieren oder sie bewußt in ihrer Widersprüchlichkeit stehen zu lassen. Besonderes Augenmerk ist dabei auf die gesellschaftlichen Hintergründe und auf die psychologischen und moralischen Motivationszusammenhänge der in den Geschichten gestalteten Aggressions- und Gewalthandlungen zu legen. Erst am Ende der Unterrichtsreihe sollten die Ergebnisse der einzelnen Texterörterungen verglichen und miteinander in Beziehung gesetzt werden. Die sich daraus ergebenden übergreifenden Gemeinsamkeiten und Erkenntniszusammenhänge, sowie gewisse Schlußfolgerungen für die konkrete gegenwärtige Lebenssituation, bilden den Abschluß des Gesamtprojekts.

Die nun folgenden Texterörterungen folgen in groben Zügen dem hier vorgelegten didaktischen Schema.

4. Stephen Crane: "The Blue Hotel"

a) "The Blue Hotel" ist eine von Cranes bekanntesten und meist-anthologisierten "Western Tales".[8] Crane vollendete die Erzählung 1898, drei Jahre nach seiner Reise in den Westen, auf der ihn der Anblick eines Hotels "of a dreadful blue" in einem abgelegenen Eisenbahnknotenpunkt in Dawson County faszinierte und er außerdem in Lincoln, Nebraska, fast in einen "barroom fight" hineingezogen worden wäre.[9] Beide Eindrücke haben ihren Niederschlag in der Geschichte hinterlassen. Ihr Schauplatz ist ein fiktives Fort Romper, Nebraska, in den neunziger Jahren des vorigen Jahrhunderts, zu einer Zeit also, da der 'Wilde Westen' in seiner gewalttätigen und gesetzlosen Form schon der Vergangenheit angehörte, dennoch aber der zivilisierte *New West* noch nicht in allen Bereichen der Gesellschaft voll etabliert war. Einige Textpassagen machen diese Übergangsposition deutlich. So prahlt Scully, der Wirt des "Blue Hotel", wiederholt mit dem zivilisatorischen Fortschritt Fort Rompers:

"Why, man, we're goin' to have a line of ilictric streetcars in this town next spring... And there's a new railroad goin' to be built down from Broken Arm to here. Not to mintion the four churches and the smashin' big brick schoolhouse. Then there's the big factory, too. Why, in two years Romper'll be a met-tro-pol-is."[10]

Aber wenn auch der 'Wilde Westen' zur Erzählzeit schon Geschichte geworden ist, so lebt dennoch umso stärker der Mythos des Westens fort, verbreitet durch Wild-West-Shows und zahllose *dime-novels*. Dieser Gegensatz zwischen Realität und Mythos spielt in "The Blue Hotel" insofern eine entscheidende Rolle, als der Protagonist der Erzählung dieser Mythisierung völlig erlegen ist: " . . . this man has been reading dime novels", bemerkt der Easterner über den Schweden, "and he thinks he's right out in the middle of it – the shootin' and stabbin' and all" (297). Die Tragikomik der Erzählung liegt darin, daß sich die überreizte Phantasie des Schweden Mord und Totschlag an der falschen Stelle ausmalt, nämlich im harmlosen, am Rande der gesellschaftlichen Realität von Fort Romper liegenden "Blue Hotel". Deshalb muß seine spätere tatsächliche Konfrontation mit dieser Realität im Saloon unweigerlich zur Katastrophe führen.

Daß Crane an einer kritischen Analyse bzw. Parodie der realen gesellschaftlichen Situation des Westens in den neunziger Jahren interessiert war, zeigt die auffallend breit angelegte Schilderung des *gambler* und seines sozialen Hintergrundes (insgesamt eineinhalb Seiten). Das für Crane Verhängnisvolle an der geschilderten Situation liegt zweifellos darin, daß der "professional gambler" (312) und "thieving card-player" (313) in einer Runde respektabler Bürger sitzt:

. . . a scrutiny of the group would not have enabled an observer to pick the gambler from the men of more reputable pursuits. He was, in fact, a man so delicate in manner, when among people of fair class, and so judicious in his choice of victims, that in the strictly masculine part of the town's life he had come to be explicitly trusted and admired... Beyond an occasional unwary traveller who came by rail, this gambler was supposed to prey solely upon reckless and senile farmers . . . (312 und 313)

Hier wird die von Crane zweifellos als typisch empfundene Doppelbödigkeit von Fort Romper deutlich: Hinter der dünnen Fassade zivilisatorischen Fortschritts verbergen sich gefährliche, weil anachronistische Überreste des *Old West*. Crane ironisiert den selbstgefälligen Stolz der pseudorespektablen Bürger darüber, daß "the wolf... would never dare think of attacking their wisdom and courage" (313). Daß der *gambler* darüber hinaus ein "exemplary home life" (313) mit Frau und Kindern führt, treibt die gesellschaftliche Heuchelei auf die Spitze: "... this thieving cardplayer was so generous, so just, so moral, that in a contest, he could have put to flight the consciences of nine tenths of the citizens of Romper" (313).

Der satirische Unterton dieser Passagen ist nicht zu überhören. Crane entwirft hier das Bild einer Gesellschaft, deren Mehrheit die Fortdauer krimineller Praktiken und korrupter Rechtssprechung — der *gambler* erhält für seinen Mord lediglich drei Jahre Gefängnis — nicht nur stillschweigend toleriert, sondern mit kaum verhülltem Wohlwollen akzeptiert. So nimmt es nicht wunder, daß sich die anfängliche Angstpsychose des Schweden am Ende als teilweise gerechtfertigt herausstellt. In einer Atmosphäre tolerierter Gewalt genügt eine geringfügige Verletzung des sozialen Code, um ein Verhängnis auszulösen. Dies wird am Ende nicht nur dem naiven Schweden, sondern auch dem Leser schockhaft vor Augen geführt. Die Aufschrift auf der Registrierkasse im Saloon — "This registers the amount of your purchase" (315) — bildet den sarkastisch-makabren Kommentar zu dem Geschehenen.

b) Die ersten drei Teile der Erzählung könnten als eine eindringliche psychologische Studie menschlicher Angst gelesen werden.[11] Von allem Anfang an fühlt sich der "shaky and quick-eyed Swede" (287) bedroht:

He resembled a badly frightened man (288).
... he said that some of these Western communities were very dangerous (288).
The Swede ... showed signs of an inexplicable excitement (289).
He strode toward the men nervously, as if he expected to be assaulted (289).
... it seemed to the Swede that he was formidably menaced (290).
There was a sort of sweat of misery and terror upon his face. "I know I won't get out of here alive" (292).

Trotz der formal objektiven Erzählweise in der dritten Person erscheinen die Ereignisse und Zustände durch die subjektive Sicht des geängstigten Schweden verzerrt. Schon die merkwürdig verfremdete Beschreibung des "Blue Hotel" am Beginn der Erzählung weist in diese Richtung: "The Palace Hotel, then, was always screaming and howling in a way that made the dazzling winter landscape of Nebraska seem only a grey swampish hush" (286). Der Torpfosten gleicht einem "still man with a blanched face" (288), und der Wirt wirkt überdimensional und grotesk: "Scully's wrinkled visage showed grimly in the light of the small lamp ... He resembled a murderer" (293-294). Die paranoide Grundhaltung des Protagonisten verhindert jede echte Kommunikation zwischen ihm und den anderen Personen im "Blue Hotel". Die Isolation und Entfremdung des Schweden steigern sich in dem Maße, in dem sein übertriebenes Mißtrauen die ablehnende Haltung der Beteiligten verschärft. So gehen auch die wiederholten Beschwichtigungsversuche des Wirts ins Leere. Angstvoll schweift der

Blick des Schweden in die dunklen Ecken des Zimmers, und die ihm gereichte Whiskyflasche hält er für vergiftet: "... he kept his glance, burning with hatred, upon the old man's face" (296). Wichtig für den weiteren Verlauf der Erzählung ist hier – neben der Charakterisierung des Schweden – der Umstand, daß der kurz angedeutete Streit zwischen dem alten Farmer und Johnnie und der abrupte Abbruch des Kartenspiels, auf den der Schwede mit hysterischem Gelächter reagiert, in der paranoiden Gesamtstimmung untergehen.

Teil IV setzt mit einem unerwarteten Wendepunkt ein. Als der Schwede, der inzwischen seine Todesängste mit Whisky betäubt hat, in den Schankraum zurückkehrt, ist aus dem paranoiden "tenderfoot" plötzlich ein arroganter, händelsüchtiger Querulant geworden, der in Teil V zu offener Aggressivität übergeht:[12]

... the Swede fizzed like a fire-wheel (299).
seemed to have grown suddenly taller; he gazed, brutally disdainful, into every face (299).
In his tone there was always a great threat (300).

Der Frontalangriff des Schweden auf Johnnie – "You are cheatin'!" (301) – bringt schließlich die gespannte Situation zum Überkochen. Die aufgestaute Aggressivität entlädt sich in physischer Gewalttätigkeit, wobei diese durch das Toben des Schneesturmes atmosphärisch überhöht wird. In Teil VII ist die Gesamtsituation endgültig in ihr Gegenteil verkehrt. Der siegreiche Schwede triumphiert, während die anderen Akteure in einer Mischung von Furcht, Wut und Niedergeschlagenheit zurückbleiben. In Teil VIII geht der Schwede, der inzwischen beim Leser seine letzten Sympathien eingebüßt hat, seinem Verhängnis – "the apex of a human movement" (317) – entgegen. Dadurch, daß er in seinem prahlerisch-aggressiven Überschwang die tatsächliche Situation im Saloon völlig verkennt, wird in der Begegnung mit dem *gambler*, die eine ironische Wiederholung der anfänglichen Situation im "Blue Hotel" darstellt, seine "self-fulfilling prophecy" Wirklichkeit. Sein gewaltsamer Tod und damit das Platzen seiner Illusion ist in Worte von kaum überbietbarem Zynismus gekleidet: "... a human body, this citadel of virtue, wisdom, power was pierced as easily as if it had been a melon" (315).

Wäre dies das Ende der Erzählung, wie es viele Kritiker für angebracht halten,[13] dann wäre der textuale Konkretisationsrahmen relativ begrenzt. Der Interpretationsschwerpunkt läge zweifellos auf dem psychologischen Prozeß des Umschlagens einer irrationalen Angsthaltung in Aggression bzw. auf der Problematik eines selbstzerstörerischen Realitätsverlustes. Ähnlich wie Henry Fleming in *The Red Badge of Courage* erschiene der Schwede als ein Mensch, der in einer von ihm nicht durchschauten gefährlichen Situation zum Opfer seiner eigenen illusionären Projektionen wird. Während jedoch Henry überlebt und am Ende seine Illusion erkennt, fällt hier die Desillusionierung mit dem Augenblick des Sterbens zusammen: "The Swede fell with a cry of supreme astonishment" (315).

Aus dem letzten Teil der Erzählung geht hervor, daß diese Deutung der Geschehnisse nicht der ausschließlichen Intention des Autors entspricht. Die überraschende Feststellung des *Easterner,* Johnnie habe beim Kartenspiel tatsächlich geschwindelt, und das Einbekenntnis einer Kollektivschuld verändern im letzten Augenblick die Vorzeichen und tauchen den Schweden und sein Verhalten rückblickend in ein anderes, positiveres Licht:

> "...I refused to stand up and be a man. I let the Swede fight it out alone... We are all in it! This poor gambler isn't even a noun. He is kind of an adverb. Every sin is the result of a collaboration. We, five of us, have collaborated in the murder of this Swede." (316)

Obwohl der *Easterner* keineswegs als moralisches Sprachrohr des Autors verstanden werden sollte,[14] zwingt diese abschließende Akzentverschiebung den Leser dennoch zu einer nochmaligen, tiefergreifenden Reflexion der Erzählung.

c) Die Komplexität und scheinbare Widersprüchlichkeit von "The Blue Hotel" erfordern eine stärkere Berücksichtigung der kritischen Rezeption als bei den drei anderen Texten dieser Unterrichtsreihe. Zwei grundlegende Interpretationstendenzen lassen sich aus der Unzahl kritischer Kommentare herauslösen: eine deterministisch-naturalistische und eine moralisch-ethische. Erstere betrachtet "The Blue Hotel" als naturalistische Darstellung der Selbstvernichtung eines Menschen durch eine chaotisch-indifferente Wirklichkeit. Unter diesem Gesichtswinkel erscheint das gewaltsame Ende des Schweden als unabdingbare Konsequenz widriger Umstände bzw. als Endpunkt einer Reihe von Ereignissen, die insgesamt die Hilflosigkeit menschlichen Wollens und Urteilens demonstrieren. "The writer", so stellt z. B. Charles Walcutt fest, "does not have to argue that he has proved anything about causation or determination: he has absolutely shown that men's wills do not control their destinies."[15] Der Mensch ist hineingeworfen in eine feindliche Welt, die er weder zu beherrschen noch zu verstehen vermag. Die bitter-poetische Passage am Beginn von Teil VIII dient gewöhnlich als Schlüsselstelle für diese Deutung: "One viewed the existence of man then as a marvel, and conceded a glamour of wonder to these lice which were caused to cling to a whirling, fire-smitten, ice-locked, disease-stricken, space-lost bulb" (311). Konsequenterweise wird durch diese Deutungstendenz Teil IX zu einem unnötigen, ja widersprüchlichen Anhängsel. Robert W. Stallman hat dieser Meinung am deutlichsten Ausdruck verliehen:

Crane spoiled the whole thing by tacking on a moralizing appendix. The off-key tone is at odds with the tone of the preceding part, and the theme that his beginning prepares for stands at odds with the trumped-up theme announced in the totally irrelevant and non-ironic conclusion.[16]

Im Gegensatz zu dieser Deutung nimmt die zweite oben erwähnte Interpretationstendenz den Schlußteil ernst und gelangt dementsprechend zu einer ethischen Schlußfolgerung. Der Sinn von "The Blue Hotel", so argumentiert z. B. Max Westbrook, erschließt sich nicht aus naturalistischer Determiniertheit, sondern aus dem Versagen aller Beteiligten, "to accept the obligations of brotherhood".[17] Der Schwede muß sterben, "because five men sidestep their responsibility."[18] In diesem Sinn bildet der Ausspruch des Cowboys in der letzten Zeile der Erzählung den abschließenden ironischen Kommentar zu dem Vorangegangenen: "Well, I didn't do anythin', did I?" (317). Zu einem ähnlichen Ergebnis kommt N. Satterwhite, wenn er "The Blue Hotel" als eine "parable of the failure to understand"[19] bezeichnet. Noch einen Schritt weiter in dieselbe Richtung geht Bruce L. Grenberg, indem er aus dem Schweden eine Art Helden macht, der als einziger den Mut aufbringt, der Korrumpiertheit Fort Rompers entgegenzutreten: "The Swede dies a victim of his own true perception of the universe as chaotically and indifferently cruel and murderous."[20] Richard A. Davison setzt sich in seiner sehr differenzierten Analyse sowohl mit der naturalistischen als auch mit der idealistischen Deutungsweise kritisch auseinander:

What Crane has created with both the imagistic spatial atmosphere of inevitability and the Swede's semi-wrongheaded, biased interpretations and actions is the *illusion* of a fatalistic world. The irony rests precisely in man's free choice ... Willful human ignorance and prejudice reign, not Fate. The Swede, in effect, *becomes* what he fears.[21]

Schon diese wenigen, exemplarisch herausgegriffenen Interpretationen zeigen, daß sich der Sinngehalt von "The Blue Hotel", will man reduktive Konstruktionen vermeiden, nicht ohne weiteres auf einen einfachen Nenner bringen läßt. Hier, wie in anderen Werken Cranes, herrscht eine merkwürdige Doppelperspektive.[22] Einerseits wird der Leser durch den verzerrenden Blickwinkel des Protagonisten an die Ereignisse herangeführt, andererseits wird dieser *limited point of view* durch die gleichzeitige objektiv-distanzierende Erzählperspektive unterminiert und durchbrochen. Die daraus resultierende ironische Spannung hat zweifellos einen Teil der vielen Widersprüche und Mißverständnisse auf seiten der Kritik mitverursacht. Die Diskussion im Unterricht befindet sich auf dem richtigen Weg, wenn sie einseitig-dogmatische Deutungen vermeidet und gerade dadurch etwas von der existentiellen Doppelbödigkeit der Craneschen Diktion sichtbar macht. Der Schwerpunkt sollte dabei auf die komplexe Verquickung innerer und äußerer Komponenten bei der Entstehung und Eskalation von Gewalt gelegt werden. Gewalt, wie sie dem Leser in "The Blue Hotel" entgegentritt, ist weder ein rein individualpsychologisches noch ein ausschließlich gesellschaftlich bedingtes Phänomen, sondern resultiert aus einer Wechselwirkung zwischen diesen beiden Polen. Von hier aus lassen sich die am Ende vom *Easterner* aufgeworfenen ethischen Fragen sicherlich aufschlußreich diskutieren und möglicherweise mit der aktuellen Lebenssituation der Schüler in Beziehung setzten.

d) Obwohl der neunteilige Aufbau "The Blue Hotel" in z. T. deutlich voneinander abgegrenzte Handlungs- und Sinneinheiten gliedert, wird andererseits die formale und strukturelle Einheit des Textes durch eine Reihe von sprachlichen Bildern gestützt. So bildet z. B. der vor Hitze gelb glühende Ofen im "Blue Hotel" – "humming with godlike violence" (287) – einen bewußten Kontrast zum draußen tobenden "blizzard", "a turmoiling sea of snow" (288); "No island of the sea could be exempt in the degree of this little room with its humming stove" (289). In den Teilen V und VI kommt es zu einer unmittelbaren Berührung der beiden Bildkreise des Sturms und des glühenden Ofens, einmal durch den Vergleich des Schweden mit einem zischenden "fire-wheel" (299) und andererseits durch den unheilverkündenden Einbruch des Sturms in den Schankraum des "Blue Hotel":

Instantly a terrific wind caused the flame of the lamp to struggle at its wick, while a puff of black smoke sprang from the chimney-top. The stove was in mid-current of the blast, and its voice swelled to equal the roar of the storm. Some of the scarred and bedabbled cards were caught up from the floor and dashed helplessly against the farther wall. The men lowered their heads and plunged into the tempest as into a sea. (303-304)

Der Kampf zwischen Johnnie und dem Schweden "amid this great devastation of snow" (304) erhält seinen atmosphärischen Hintergrund in den "whirls and clouds of flakes, swept up from the ground by the frantic winds" (304): "The entire prelude had in it a tragedy greater than the tragedy of action, and this aspect was accentuated by the long, mellow cry of the blizzard, as it sped the tumbling and wailing flakes into the black abyss of the south" (305). Der Kampf selbst wird mit einer Reihe von Bildern aus der Tier- und Maschinenwelt begleitet:

... they eyed each other in a calm that had the elements of leonine cruelty in it (305).

... Johnnie, serene yet ferocious, brutish, yet heroic (305).

The two combatants leaped forward and crashed together like bullocks (305).

... he [the Easterner] was hopping up and down like a mechanical toy (305).

... The encounter in the darkness was such a perplexity of flying arms that it presented no more detail than would a swiftly revolving wheel (305).

The Swede was breathing like an engine, while his savage and flame-lit eyes roamed from face to face ... (307)

Der Bildkreis des Sturms findet seine Fortsetzung in Teil VIII, wenn der siegreiche Schwede auf seinem Weg in die Stadt am tobenden Schneesturm "more pleasure than pain" (310) empfindet und sich im Saloon mit ihm gleichsam identifiziert: "Yes, I like this weather. I like it. It suits me" (312). Dies und die von der Saloonlaterne in blutrotes Licht getauchten Schneeflocken lassen nichts Gutes erwarten: sie bereiten unterschwellig die abschließende Katastrophe vor.

James Trammel Cox kommt das Verdienst zu, durch seine akribische, bis ins letzte Detail gehende Analyse der Bildstruktur in "The Blue Hotel" die naturalistische Deutung, an der er thematisch festhält, auf eine ästhetisch anspruchsvolle Ebene gehoben zu haben.[23] Für Cox ist Crane kein "mere recorder of life", sondern ein "symbolic naturalist"[24]. Cox versucht diese These einerseits durch die Herausarbeitung der verschiedenen Metaphernkreise (Tier, Maschine, Metall), andererseits durch ein komplexes spatialdualistisches System miteinander verknüpfter Kontrastpaare zu erhärten — z. B. weiß — rot, Schnee — Feuer, Mensch — Tier, Angst — Zorn, etc. Vor allem im Bild des glühenden Ofens sieht Cox das "symbolic center" der Erzählung. Hier habe Crane seiner naturalistischen Auffassung von der animalisch-egozentrischen Natur des Menschen — "burning with elemental aggressions"[25] — bildhaften Ausdruck verliehen. Robert F. Gleckner schließt methodisch an diese streng werkimmanente Vorgangsweise an, ergänzt diese jedoch durch eine eingehende Beschreibung der Erzählstruktur im Sinne komplex arrangierter Progressionen, in denen der Handlungsverlauf durch eine Metaphorik eskalierender Gewalt begleitet wird.[26] Gleckner sieht vor allem im Bildkreis des Sturms die zentrale symbolische Bedeutungsebene — d. i. die schrittweise Auflösung der "human control"[27]. Unter diesem Aspekt kommt dem folgenden Satz entscheidende Schlüsselfunktion zu: "The conceit of man was explained by this storm to be the very engine of life. One was a coxcomb not to die in it" (311).

So subtil und zum Teil frappierend diese symbolisch-metaphorischen Bezüge auch sein mögen, so sollte sich der Lehrer im konkreten Unterrichtsgeschehen davor hüten, die Diskussion in spekulative Deutereien dieser Art abgleiten zu lassen. Sowohl Cox als auch Gleckner schießen über ihr Ziel hinaus, indem sie an Cranes im Grunde *impressionistischer* Gestaltungsintention vorbeigehen. Die Funktion der Craneschen Bildwelt liegt weniger in einer streng durchgehaltenen, abstrakt-objektivierenden, symbolischen Struktur als in der subjektivistischen Verschmelzung sinnenhafter Eindrücke mit dem existentiellen Erleben seiner Protagonisten[28]. Deshalb sollte sich die unterrichtliche Erörterung der Bildwelt von "The Blue Hotel", etwa in Form eines Schülerreferates, auf eine systematische Stilbeschreibung beschränken.

5. Ernest Hemingway: "The Killers"

a) Hemingways bekannteste "story of violence"[29] läßt sich trotz ihrer ganz anderen Diktion in manchem mit "The Blue Hotel" in Beziehung setzen[30]. Abgesehen von einigen Äußerlichkeiten – z. B. einer Bar als teilweisem Handlungsschauplatz und einem Schweden als *victim* – umkreisen beide Stories den Themenkreis kollektiver Gewalt und der daraus resultierenden Atmosphäre der Angst. Zwischen den beiden Werken liegt ungefähr der Zeitraum einer Generation, und der Schauplatz der Handlung hat sich von Nebraska in den neunziger Jahren in den Umkreis Chicagos in den zwanziger Jahren verlagert. Dennoch ergeben sich auch hier wichtige Parallelen: Der moralischen Doppelbödigkeit und latenten Gewalt des New West in "The Blue Hotel" entspricht bei Hemingway die zur Alltagswirklichkeit gewordene *violence* des organisierten und professionellen Gangstertums der Prohibitionszeit und der durch sie ausgelösten Korruption. Hemingway selbst hat sich als junger Zeitungsreporter wiederholt mit diesem Hintergrund auseinandergesetzt[31]. Über die Ursache befragt, warum er als Handlungsschauplatz von "The Killers" die Kleinstadt Summit, Illinois wählte und nicht Chicago selbst, ließ Hemingway durchblicken, daß das Motiv der Geschichte auf ein tatsächliches Verbrechen zurückgeht und er aus Vorsichtsgründen den Schauplatz veränderte: ". . . the Chicago mob that sent the killers was and, as far as I know, is still very much in business . . ."[32]

Im Jahre 1925 überstieg die Zahl der allein in Chicago verübten Morde jene von ganz Großbritannien während des gleichen Zeitraums[33]. Rivalisierende Gangstersyndikate terrorisierten ganze Stadtteile, und Gangsterbosse wie Al Capone kamen durch *bootlegging* sowie durch eine Reihe sekundärer Erwerbsquellen, wie Prostitution, Drogenhandel, Glücksspiel und Spekulation zu sagenhaften Reichtümern. Da die Prohibition von breiten Bevölkerungsschichten als Bruch verfassungsmäßig garantierter Freiheiten abgelehnt wurde, gelang es kriminellen Elementen, das Gesetz auszuschalten, ohne dabei die Moralvorstellungen des Durchschnittsbürgers wesentlich zu verletzen. Die Ordnungskräfte, vor allem Polizei und lokale Verwaltungseinrichtungen standen, soweit sie nicht ohnehin durch Einschüchterung oder Bestechung korrumpiert waren, diesen Entwicklungen machtlos gegenüber. Fast ein Jahrzehnt lang existierte die zweitgrößte Stadt der U. S. A. praktisch ohne wirksame Polizeigewalt. In "The Killers" zeigt sich die totale Immunität der Gangster einerseits in der Unverfrorenheit, mit der sie ihren Auftrag ausführen, andererseits in der Tatsache, daß keiner der Beteiligten irgendetwas gegen sie unternimmt.

Ein weiterer Vergleichsaspekt zu "The Blue Hotel" ergibt sich aus der Art und Weise, wie die jeweils dominierenden Unterhaltungsmedien die herrschenden Zustände kommerziell ausschlachteten. So entsprechen den *dime novels* bei Crane in "The Killers" die damals aufkommenden und ungemein populären Gangsterfilme, die in einer Mischung von Robin-Hood- und Horatio-Alger-Mentalität kriminelle Gewalttätigkeit mehr oder weniger unverblümt glorifizierten.[34] In Hemingways Geschichte kommt dies an jener Stelle zum Ausdruck, wo die Killers ihre klischeemäßige Mordmission mit den *movies* in Verbindung bringen (S. 75). Diese trugen zweifellos zum allgemeinen Verfall herkömmlicher moralischer Wertvorstellungen und zur stillschweigenden zynischen Tolerierung der Gewalt bei.

Obwohl Hemingways künstlerische Intention in "The Killers" keineswegs nur in der Widerspiegelung der hier skizzierten Zustände gesehen werden sollte, sind die Hinweise auf diesen Hintergrund nicht zu übersehen (z. B. der Name "Al", die Umwandlung des ehemaligen Saloons in einen "lunch-counter" [74], in dem nur "soft drinks" serviert werden). Der weitaus wichtigste Realitätsbezug ist die bedrückende Indifferenz gegenüber dem herrschenden Code der Gewalt, d. i. die Art und Weise, wie die Beteiligten (außer Nick) die Tatsache, daß ein Mensch kaltblütig ermordet werden soll, als unvermeidliches Faktum akzeptieren. Die apathischen, feigen oder pragmatischen Reaktionen werden zum Modellfall dessen, was in der Gesellschaft insgesamt praktiziert wird. In diesem Sinn sollte "The Killers" nicht als brillante Kriminalgeschichte rezipiert werden, sondern als kritische Auseinandersetzung mit dem Phänomen einer "terroristischen Gesellschaft".[35]

b) Gleich am Beginn der Erzählung wird der Leser ohne jede Vorbereitung in das Geschehen hineingezogen:

"What's yours?" George asked them.
"I don't know," one of the men said. "What do you want to eat, Al?"
"I don't know," said Al. "I don't know what I want to eat."[36]

Die Wiederholung bestimmter Sätze, Phrasen und Wörter, die gleichbleibenden Intonations- und Klangmuster erwecken den Eindruck monotoner Belanglosigkeit.[37] Nicht Emotionen werden beschrieben, sondern Fakten und Eindrücke. Obwohl in den folgenden Abschnitten ständig geredet wird, bleibt die Hauptsache ausgeklammert. Auch die zwischengeschobenen 'Regieanweisungen' registrieren lediglich äußere Wahrnehmungen ohne „mentale Synthese".[38] Der Zweck dieser sich dahinziehenden gelangweilt-zynischen Konversation liegt zweifellos in der raffinierten Retardierung, die dem Leser das langsame Verstreichen der Zeit nachvollziehbar macht. Erst allmählich wird sich dieser auf Grund gewisser eingestreuter Details einer wachsenden Bedrohung bewußt. Da ist vor allem die falsch gehende Uhr.[39] Dadurch, daß sie zwanzig Minuten vorgeht, wird der Leser bei jeder der insgesamt sechs Zeitangaben zur Feststellung der tatsächlichen Zeit bzw. der inzwischen verstrichenen Zeitspanne gezwungen. Durch dieses forcierte Zeitbewußtsein wird der Leser in den quälenden Warteprozeß miteinbezogen. Da sich die Erwartungen auf sechs Uhr konzentrieren, jenen Zeitpunkt, an dem Ole Andreson normalerweise das Lokal betritt, kommt es zu einem unterschwellig aufgebauten Spannungshöhepunkt. Mit seinem ereignislosen Verstreichen entschärft sich die Situation: Das Mordkomplott scheint zumindest vorläufig gescheitert. Für den Rest der Erzählung hat die Zeit als Handlungs- und Spannungselement ihre Funktion verloren; nur die nunmehr unbestimmte Bedrohung bleibt.

Ein weiteres Element unterschwelliger Spannung ist die äußere Erscheinung der beiden Gangster. Ihre Gesichter werden nur in wenigen Strichen skizziert: "His face was small and white and he had tight lips . . ." (8). Ihrer Gesichtslosigkeit entspricht die Uniformierung ihrer Kleidung: " . . . they were dressed like twins" (8). Der Gesamteindruck gewöhnlicher Geschäftsleute – steifer Hut, zweireihiger schwarzer Überzieher, Seidenschal und Handschuhe – wird gestört durch die zu knapp sitzenden Überzieher. Die Nähe zum Grotesken und Zwielichtigen wirkt zu diesem Zeitpunkt beunruhigend, während sie etwas später lächerlich wirkt: " . . . they looked like a vaudeville team" (13).

Zur Erhöhung der Spannung dienen weiterhin, wie jeder Kenner von Kriminalfilmen sofort durchschaut, der Umstand, daß die beiden beim Essen ihre Handschuhe anlassen ebenso wie die wiederholten Blicke in den über der Theke hängenden Spiegel, durch die einer der Gangster den Eingang kontrolliert. Als Al schließlich von der Durchreiche zwischen Küche und Lokal die genauen Positionen von George und Max arrangiert (11), und außerdem Nick und der Koch in der Küche "like a couple of girl friends in the convent" (11)[40] zusammengefesselt werden, erfaßt auch der naivste Leser die Zusammenhänge. Die fast beiläufige Feststellung "We're going to kill a Swede . . ." (11) bildet den vorläufigen Höhepunkt der Eskalation des Schreckens. Ähnlich wie bei Flannery O'Connor geschieht die Evokation des Grausigen durch das unvermittelte, gleichsam hautnahe Nebeneinander von trivialer Alltagswirklichkeit und tödlicher Gewalt: "Inside the kitchen he [George] saw Al, his derby hat tipped back, sitting on a stool beside the wicket with the muzzle of a sawed-off shotgun resting on the ledge"(12). In dem für Hemingway typischen, hier bis zum Extrem getriebenen Understatement erfährt der Leser so gut wie nichts über die Gefühle und Gedanken der Betroffenen. Einige scheinbar belanglose Fakten und Aussprüche werden kommentarlos statuiert, und der Leser muß die entstehenden Leerstellen mit seinen eigenen Projektionen füllen, etwa bei den folgenden beiden Feststellungen: "I [the cook] don't want any more of that" und "He [Nick] had never had a towel in his mouth before"(13).

Der haarsträubendste Aspekt dieses mit mechanischer Präzision ablaufenden Rituals ist die leidenschaftslose, jenseits jeder Moral stehende Anonymität des Geschehens.[41] So lautet die Antwort auf Nicks Fragen: "He never had a chance to do anything to us. He never even seen us ... We're killing him for a friend. Just to oblige a friend, bright boy" (11). Anstelle irgendwelcher menschlicher Motivationen — Haß, Rache, Feindschaft etc. — herrscht hier ein eiskalter professioneller Code.

In den beiden letzten Abschnitten verlagert sich der Schwerpunkt vom Ritual der Gewalt auf die Reaktionen der Beteiligten. Wieder ergeben sich Parallelen zu "The Blue Hotel", wenn z. B. der Koch gleich verantwortungslos reagiert wie der Cowboy bei Crane: "You better not have anything to do with it at all ..." (14). George nimmt ähnlich dem *Easterner* einen Standpunkt pragmatischer Unverbindlichkeit ein: "Don't go if you don't want to" (14). Am erschütterndsten ist das Verhalten Ole Andresons selbst, der auf das Drängen Nicks mit apathischem Defaitismus — verkörpert in seiner Drehung zur Wand — reagiert: "I'm through with all that running around.. I got it wrong ... There ain't anything to do now" (15-16). Mrs. Bells ahnungslos-wohlmeindende Naivität schließlich — "I guess he don't feel well ... He's an awfully nice man" (16) — umgibt die Schrecklichkeit des Geschehens mit trivialer Normalität und vertieft so die ausweglose Isolation des Schweden.[42] In gewisser Weise könnte sie als Kontrastfigur zu Nick verstanden werden, der durch seine unvermittelte Konfrontation mit einer grausamen und absurden Realität aus der Welt des Normalen herausgefallen ist. Seine Initiation in die Welt des Bösen und die Schlußfolgerung, die er daraus zieht, bilden zweifellos einen zentralen Aussageaspekt: "I'm going to get out of this town ... It's too damned awful" (17).[43] Die Tatsache, daß Nicks menschliche Betroffenheit den Abschluß der Geschichte bildet, läßt ihn als Protagonisten erscheinen, auch wenn dies nicht unbedingt der ursprünglichen Intention Hemingways entspricht.[44] Nicks *shock of recognition*, so wenig er beschrieben oder reflektiert wird, bildet den folgerichtigen abschließenden *twist* des Geschehens. Die Verhaltensweisen der beiden anderen bleiben unverändert — in Hemingways Augen vermutlich realistischer als Nicks naiv-idealistischer Fluchtversuch. Der Koch hält sich an seine bewährte Vogel-Strauß-Politik: "I don't even listen to it" (16). George setzt seine pragmatische Cleverness fort, wobei er sich trotz seines Lippenbekenntnisses — "It's a hell of a thing" (17) — letztlich dem Code der Gewalt beugt: "Double-crossed somebody. That's what they kill them for" (17). Sein abschließender Rat an Nick "Well ... you better not think about it" (17) erinnert an die Gewissenlosigkeit des Cowboys am Ende von "The Blue Hotel".

c) Wie die thematische Erörterung gezeigt hat, lassen sich inhaltliche und formale Elemente in "The Killers" nur sehr schwer voneinander ablösen.

Wie in kaum einer anderen Kurzgeschichte Hemingways beruht die künstlerische Gesamtwirkung auf der totalen Funktionalisierung aller sprachlichen Details. Auf elf Seiten wird das etwa zwei Stunden dauernde Geschehen dramatisch – 80% des Textes sind Dialogsequenzen – in Szene gesetzt. Der Erzähler verschwindet völlig hinter dem Erzählten, und alle rein deskriptiven Elemente wie Ort, Handlung, Charaktere sind auf den Umfang von knappen Regieanweisungen reduziert. Kommentierende, moralisierende oder symbolisch überhöhende Erzählelemente fehlen. Bei näherer Betrachtung erweist sich diese augenscheinliche Simplizität der sprachlichen Diktion als trügerisch, denn sie beruht auf einer überaus bewußten und raffinierten Aussparungstechnik. "I guess I left as much out of 'The Killers' as [sic] any story I ever wrote",[45] kommentiert Hemingway selbst. Was der Reduktion standgehalten hat, ist ein mit Präzision und unterkühlter Distanz inszeniertes Ritual der Gewalt, das erst in der ergänzenden Phantasie des Lesers zur vollen Aktualisierung gelangt. Mit einem Minimum an präzise realisierten Fakten wird beim Leser ein Maximum an emotionaler Beteiligung evoziert.[46] Die zielstrebige Intensität der Geschichte läßt dabei, abgesehen von einigen Detailfragen, kaum Spielraum für divergierende Interpretationen. Aber dieser geringe Impuls zu einer Konkretisationsvielfalt sollte hier nicht als Mangel, sondern als ästhetisches Plus gewertet werden. Die Hauptaufgabe der didaktischen Verarbeitung liegt deshalb nicht nur in der intellektuellen Analyse der gestalteten Problematik, sondern darüber hinaus in der Vermittlung der spezifischen Wirkungsstruktur. "The Killers" will in erster Linie beunruhigen, schockieren, verwirren und erst in der Folge Anstoß zur Reflexion bieten. Ähnlich wie O'Connors "A Good Man Is Hard to Find" kann die Kurzgeschichte geradezu als Musterbeispiel für ein unmittelbares 'existentielles' Leseerlebnis herangezogen werden. Diese zentrale ästhetische Substanz des Werkes sollten Lehrer und Schüler nicht aus den Augen verlieren. Eine zu sehr in die Länge gezogene Analyse würde diese ästhetische Wirkung zerreden und damit vermindern. Zwei bis drei Stunden müßten daher für die Erörterung im Unterricht ausreichen.

6. William Faulkner: "Dry September"

a) William Faulkner im Englischunterricht zu behandeln ist auf Grund der sprachlichen, strukturellen und erkenntnistheoretischen Komplexität seines Werkes eher problematisch. "Dry September" bildet hier insofern eine Ausnahme, als diese frühe Kurzgeschichte Faulkners[47] eine relativ konventionell-realistische, streng durchkomponierte Form aufweist und außerdem keine zu großen sprachlichen Anforderungen an den Schüler stellt. Darüber hinaus gehört "Dry September" auf Grund der packenden

Thematik und künstlerischen Intensität zweifellos zu Faulkners gelungensten Stories. Wie Erskine Caldwells "Saturday Afternoon" oder James Baldwins "Going to Meet the Man" setzt sich das Werk erstaunlich kritisch und unverblümt mit der rassischen Lynchjustiz in den Südstaaten auseinander. "Dry September", so stellt Hyatt H. Waggoner fest, "is a uniquely valuable comment on a local social condition, a compressed exploration of the psychology of the lynch mob and of the racial situation in the South."[48] Darüber hinaus dringt die Geschichte über den soziologischen, ideologischen und regionalen Rahmen hinaus in tiefenpsychologische Bereiche vor. Ihr Schauplatz ist das fiktive Jefferson, Yoknapatawpha, jener provinzielle Mikrokosmos, den Faulkner so oft in seinem Werk zu einer Projektion allgemein menschlicher Existenz ausweitet.

Der folgende Blick auf bestimmte historische und soziologische Zusammenhänge soll die in "Dry September" gestaltete Verquickung von gesellschaftlichen Verhaltensnormen und psychopathologischen Phänomenen verdeutlichen helfen.[49] In den ersten Jahrzehnten nach dem Bürgerkrieg kam es in den ehemaligen Sklavenstaaten als Folge der politischen und ökonomischen Umwälzungen in den Beziehungen zwischen Schwarzen und Weißen zu einem tiefgreifenden Wandel, der sich vor allem in einer Eskalation wechselseitiger Gewalt niederschlug. War es in den zweieinhalb Jahrhunderten der Sklaverei gelegentlich zu – stets erfolglosen – Aufständen der unterdrückten Schwarzen gegen ihre weißen Herren gekommen, so versuchten nun die Weißen mit allen ihnen zur Verfügung stehenden Mitteln, die ihnen *de jure* aberkannten Rechte *de facto* zu perpetuieren. Ihr Kampf um die Aufrechterhaltung weißer Vorherrschaft geschah einerseits politisch, durch die Verhinderung oder Zurücknahme verfassungsrechtlich garantierter bürgerlicher Rechte, andererseits durch die besonders in ländlichen Gebieten weit verbreitete Lynchjustiz. Diese wurde allgemein als das effizienteste Mittel erachtet, jeden Widerstandswillen im schwarzen Bevölkerungsteil im Keim zu ersticken. Schon während der Rekonstruktionszeit wurde vor allem der Ku-Klux-Klan auf Grund seiner konsequent durchgeführten rassischen Lynchjustiz (400 Lynchmorde zwischen 1868 und 1871) zu einer der Hauptstützen weißer Vorherrschaft. In den siebzig Jahren zwischen 1882 und 1951 wurden in den Südstaaten insgesamt 3 328 Lynchmorde an Schwarzen verübt. Ihren Höhepunkt erreichte die Lynchjustiz um die Jahrhundertwende, als die Rassensegregation durch regressive staatliche Gesetzgebung immer mehr gefestigt wurde. So wurden allein zwischen 1889 und 1918 in den ehemaligen Sklavenstaaten, vor allem Georgia, Mississippi, Louisiana, Texas und Alabama nicht weniger als 2 460 Schwarze gelyncht, ungefähr ein Drittel davon wegen geringfügiger oder nicht feststellbarer Vergehen.[50] Erst in den dreißiger Jahren kam es zu einem Abflauen der Lynchjustiz. So erschrekkend diese Zahlen sind, so werden sie noch übertroffen von der Art und Weise, in der Lynchjustiz ausgeübt wurde. Seit den neunziger Jahren nahm sie vielfach die Form volksfestartiger sadistischer Rituale an, mit Folterung, Kastration und Verbrennung der Opfer. Kollektive Gewaltverbrechen dieser Art führten trotz ihrer Öffentlichkeit kaum je zu gerichtlicher Verfolgung oder zur Verurteilung der Täter; die Ordnungskräfte hatten sich in kaum verhehlter Komplizenschaft auf die Seite der Gewalt geschlagen.[51]

Wie schon erwähnt, ahndete die Lynchjustiz keineswegs nur von Schwarzen verübte kriminelle Akte, etwa die Belästigung oder Vergewaltigung weißer Frauen. Oft genügten geringfügige Unbotmäßigkeiten oder auch nur der Verdacht, daß die rassischen Tabus gebrochen worden waren. In "Dry September" zeigt sich dies gleich am Anfang in den Reaktionen auf das unvermittelt in den Raum gestellte Gerücht: "Something about Miss Minnie Cooper and a Negro. Attacked, insulted, frightened: none of them ... knew exactly what had happened."[52] Die Hinweise Hawkshaws, daß das Gerücht möglicherweise auf die Wunschphantasien der frustrierten Frau zurückzuführen sei (170) und daß es schon einmal ein ähnliches Gerede im Zusammenhang mit einem anderen Mann gegeben habe (171), finden keinen Widerhall. Die ressentimentgeladenen, aggressiven Angriffe auf den Friseur vermitteln einen Einblick in das herrschende Klima der Gewalt:

"Wont you take a white woman's word before a nigger's" (169).

"Maybe you already got him out of town, you damn niggerlover" (170).

"You better go back North where you came from. The South dont want your kind here" (171).

"Happen? What the hell difference does it make? Are you going to let the black sons get away with it until one really does it?" (171-172).

Konsequenterweise geht es in "Dry September" nicht um den völlig im Hintergrund bleibenden Schwarzen bzw. um dessen vermeintliche Tat, sondern um die psychologischen Motive rassistischer Gewalttätigkeit.[53] Nicht das Opfer, auch nicht der Lynchmord selbst — er wird ausgespart —, sondern die Täter stehen im Mittelpunkt des Interesses.

Calvin C. Hernton hat in seiner Untersuchung *Sex and Racism* (1969) die ideologischen und tiefenpsychologischen Hintergründe für das pathologisch-gestörte Sexualverhalten zwischen Schwarzen und Weißen vor allem in den Südstaaten eindringlich beschrieben.[54] Insbesondere das zweite Kapitel dieses Buches, "The White Woman", kann dem Lehrer als informationsreiches *background*-Material zu "Dry September" dienen. Hernton führt die Anfänge des Dilemmas auf die Sklavenzeit zurück. Die weit verbreiteten heimlichen sexuellen Beziehungen zwischen weißen Sklavenbesitzern und schwarzen Sklavinnen verursachten einerseits ein stark ausgeprägtes Rivalitätsverhältnis zwischen dem weißen und dem schwarzen Mann, andererseits führten die durch die herrschenden puritanisch-strengen Moralgesetze verstärkten Schuldkomplexe zu einer übertriebenen Idealisierung der weißen Frau — dem südstaatlichen "myth of sacred white womanhood."[55] Die daraus resultierende Desexualisierung und sexuelle Frustration der weißen Frau verursachten ihrerseits die übersteigerte Mythisierung der Sexualkraft des schwarzen Mannes und in der Folge eine regelrechte Vergewaltigungshysterie. Obwohl diese jeder realen Grundlage entbehrte, schürte sie sowohl den Haß des sich bedroht fühlenden weißen Mannes als auch der sexuell unbefriedigten weißen Frau. Aus diesem Teufelskreis von Rivalität, verdrängter Schuld, sexueller Phantasie und Haß entstand jene so ungemein gefährdete Position des schwarzen Mannes in den Südstaaten. Jeder auch noch so unbedeutende wirkliche oder erfundene Kontakt mit einer weißen Frau konnte unmittelbar zum Lynchmord führen — eine Situation, die von weißen Frauen häufig auf erpresserische Weise ausgenützt wurde.

b) "Dry September" zerfällt in zwei selbständige, aufeinander bezogene Handlungsstränge: die Geschichte des Lynchmordes und die der alternden und frustrierten Minnie Cooper; der unmittelbare Handlungszeitraum ist auf wenige Stunden eines glühend heißen Septemberabends zusammengedrängt. Die einzelnen Teile sind miteinander verknüpft, erstens — auf der Ebene des *plot* — durch das von der Frau verbreitete Gerücht, zweitens durch den atmosphärischen Hintergrund und drittens durch die psychologische Thematik. Die Aufeinanderfolge der fünf Teile entspricht einem streng symmetrischen Kompositionsschema: A 1 + B 1 + A 2 + B 2 + A 3. Der erste, im Friseurladen spielende Teil dient als Einstimmung und Exposition, wobei das Gerücht unverzüglich zur Bildung des Lynchmobs führt. Der zweite Teil setzt mit einem "harten Schnitt" fort: die dramatisierende Erzählweise von Teil I weicht der episch beschreibenden Minnie-Handlung. Der Leser erhält ein knappes aber präzises Psychogramm der Vierzigjährigen — einschließlich ihrer sozialen Herkunft, ihrer Lebensumstände und -gewohnheiten, ihres Aussehens und eines zwölf Jahre zurückliegenden Verhältnisses zu einem Bankbeamten. Im dritten Teil schwenkt die Kamera zurück zu der in atemloser Hektik ablaufenden Lynchhandlung — der nächtlichen Gefangennahme und dem Abtransport des verdächtigten Schwarzen zu den "vats without bottom" (179) in einem abgelegenen Sumpfgelände. Dadurch, daß sich in dieser Phase der Geschichte der Fokus auf den abgesprungenen Hawkshaw richtet, bleibt die Mordtat selbst hinter den Kulissen. Teil IV kehrt zu Minnie Cooper zurück, deren neurotischer Charakter durch den geschilderten hysterischen Zusammenbruch nun völlig ins Rampenlicht rückt. Die Geschichte endet mit der nächtlichen Heimkehr McLendons, der ihn vollends entlarvenden

Konfrontation mit seiner Frau und der abschließenden Momentaufnahme seiner inneren Leere. Das deutliche Überwiegen der psychologischen Elemente gegenüber der Lynchhandlung läßt eine sorgfältige Herausarbeitung der einzelnen Charaktere als nächsten Schritt der Erörterung im Unterricht als besonders zielführend erscheinen.

Hawkshaw, der Friseur, unterscheidet sich von allen anderen Charakteren dadurch, daß er als einziger die Stimme der Vernunft und der Gerechtigkeit erhebt: "Find out the facts first, boys. I know Willy Mayes. It wasn't him. Let's get the sheriff and do this thing right" (172). Aber selbst er, der sich dem Lynchmob nur anschließt, um das Schlimmste zu verhindern, wird in die kollektive Gewalttätigkeit hineingezogen, als er dem in wilder Panik um sich schlagenden Schwarzen instinktiv einen Schlag versetzt. Die daraus abgeleitete Schlußfolgerung von Ralph H. Wolfe und Edgar F. Daniels, der Friseur verberge unter einer pseudo-liberalen und rationalen Maske ebenfalls primitive rassistische Motive,[56] wäre in der Klasse ebenso zu erörtern wie Hawkshaws Absprung. Der Umstand, daß sein Sprung aus dem Auto der zweimaligen Anrede durch den Schwarzen folgt, läßt zumindest vermuten, daß sich der Friseur weniger aus Feigheit als aus einer Mischung von Resignation und Ekel der Verantwortung entzieht.

Die anderen am Beginn im Frisiersalon Anwesenden — Butch, "the client", "the second barber", "another", "the second speaker", "the third speaker" — verkörpern in ihrer Anonymität willenlose Mobmentalität.[57] Die folgende Skizzierung des jungen Rassenfanatikers Butch zeigt, daß sie für sich allein handlungsunfähig sind: "He looked about with a strained, baffled gaze, as if he was trying to remember what it was he wanted to say or to do" (171). Erst das Hinzutreten eines Führers, dem sie blindlings folgen können, reißt sie aus ihrer Passivität. Unter seinem psychischen Druck weicht ihre anfänglich zumindest noch ansatzweise differenzierte Haltung einem totalen Konformismus: " ... one by one they rose and joined him" (172). Mit der rapiden Auflösung der letzten Reste ihrer Individualität läuft das Verhängnis mit irrationaler Eigengesetzlichkeit ab: "They ran in a stumbling clump, as though they were fleeing something. 'Kill him, kill the son,' a voice whispered" (177).

McLendon, der ehemalige, wegen Tapferkeit dekorierte Frontoffizier, ist mit seiner extremen Aktionsbereitschaft die typische Macher- und Führerfigur; er setzt die anfänglich nur verbale Aggressivität unverzüglich in die Tat um: " ... no talking necessary at all. I've done my talking. Who's with me?" (172). Schon in seiner äußeren Erscheinung — seiner Herrscherpose "poised on the balls of his feet" (182); "feet apart and his heavy-set body poised" und seinem "hot, bold glance" (171) sowie in seinen jähen Bewegungen, die durch Verben wie "whirl", "jerk", "hurl" und "slam" gekennzeichnet sind, drückt sich sein extremer Hang zur Gewalttätigkeit aus. Die Beschreibung seiner Gesichtszüge mit den Wörtern "furious" und "rigid" (172) umreißt präzise seine deformierte Charakterstruktur: Gewalttätigkeit als Ausfluß psychischer Sterilität. Physische Gewalt dient ihm als *escape* aus der — durch seine Kriegserlebnisse noch verstärkten — lähmenden Enge seiner Kleinstadtexistenz.[58]

McLendons 'männlich-aktiver' Aggressivität entspricht Minnie Coopers 'weiblich-passive' Wunschphantasie erlittener Gewalt bzw. Vergewaltigung. Das Bild, das in Teil II von ihr vermittelt wird, ist das einer sexuell frustrierten, gesellschaftlich isolierten und vereinsamten Vierzigerin. Sie ist das Opfer einer mitleidlos klatschsüchtigen und verlogenen Kleinstadtmentalität, die ihr gesellschaftliches "losing ground" (174) mit snobistischer Genugtuung registriert. Minnies wiederholt erwähnter "bright, haggard look" drückt nicht nur ihre Frustration aus, sondern auch den Wunsch, der unerträglich gewordenen Realität in eine illusionäre Scheinwirklichkeit zu entfliehen: "That was when her face began to wear that bright, haggard look. She still carried it . . . like a mask or flag, with that bafflement of furious repudiation of truth in her eyes" (174). Auf dem Hintergrund dieser "furious unreality" sind ihre "idle and empty days" (175), ihre Vorliebe für luxuriöse Kleider, ihre oberflächlichen Bekanntschaften, Kinobesuche und nicht zuletzt die Geschichte mit dem Schwarzen zu sehen. Der Schlußsatz von Teil II — ". . . the sitting and lounging men did not even follow her with their eyes any more" (175) — enthüllt das psychologische Motiv für ihren 'Rufmord' an Will Mayes.[59] Im vierten Teil wird die Charakteranalyse Minnies abgeschlossen und in die Lynchhandlung integriert. Minnies Realitätsflucht entspricht kontrastivisch der grausigen Realität des inzwischen vollzogenen Lynchmordes. Durch ihn scheint sich ihr Wunschtraum eines *comeback* in das erotisch-gesellschaftliche Interesse Jeffersons vorübergehend zu erfüllen: ". . . even the young men lounging in the doorway tipped their hats and followed with their eyes the motion of her hips and legs when she passed" (181). Aber ihr kurzer Triumph ist überschattet von einem schwülen Fluidum des Todes und der Angst: "Their voices sounded like long, hovering sighs of hissing exultation. 'There is not a Negro on the square. Not one'" (181). Minnies aufgestaute Erregung über das Geschehene — ". . . her own flesh felt like fever" (180) — entlädt sich in ihrem hysterischen Lachanfall, der die ganze Brüchigkeit ihres Maskendaseins sichtbar werden läßt. Bezeichnenderweise vollzieht sich das schockhafte Umkippen von Triumph in abgrundtiefe Verzweiflung während einer Kinovorstellung, wo Minnie angesichts des Kontrastes zwischen Schein und Sein, den fröhlichen jungen Paaren und dem "silver dream" (181) eines Hollywood-Melodramas, die Absurdität und möglicherweise auch die Schuldhaftigkeit ihrer Selbstflucht bewußt zu werden scheint.[60]

Durch den abschließenden fünften Teil werden die vorangegangenen Geschehnisse noch einmal in einen weiteren, gleichsam metaphysischen Zusammenhang gestellt.[61] Minnies hysterischem Zusammenbruch entspricht McLendons gescheiterter Versuch, dem "birdcage" (182) seiner Existenz durch Gewalttätigkeit zu entkommen. Das Ende schließt thematisch und atmosphärisch den Kreis zum Anfang. McLendon bleibt im Teufelskreis von Frustration und Gewalt gefangen; seine Ratlosigkeit und aggressive Spannung sind nicht von ihm gewichen. Im abschließenden "frozen moment"[62] seiner nihilistischen Leere und Impotenz laufen noch einmal die Bildreihen der Hitze, des Staubes und der Stasis zu einer fast kosmisch anmutenden Vision auswegloser existentieller Klaustrophobie zusammen:[63] "... with his body pressed against the dusty screen, he stood panting. There was no movement, no sound, not even an insect. The dark world seemed to lie stricken beneath the cold moon and the lidless stars" (183).

c) In kaum einer anderen Kurzgeschichte Faulkners kommt es zu einer so fugenlosen Verschmelzung von Thematik, Charakterisierung und atmosphärischem Hintergrund wie in "Dry September". Die strukturelle Einheit wird durch ein den Text durchziehendes System von Bildern der Hitze und Dürre, der schalen, stickigen Luft, der Stille, des fahlen Mondlichts sowie des sich über alles ausbreitenden Staubes (insgesamt 17 mal) untermauert. Schon der erste Satz versetzt den Leser unmittelbar in eine Atmosphäre tödlicher Sterilität und Bedrohung: "Through the bloody September twilight, aftermath of sixty-two rainless days, it had gone like a fire in dry grass — the rumor, the story, whatever it was" (169). An manchen Stellen des Textes verbinden sich diese Bilder zu ungemein dichten Passagen, die im Leser ein Gefühl des Gelähmtseins oder des Erstickens evozieren.[64] Mensch und Raum, Innen und Außen greifen hier ineinander über; das Atmosphärische wird zu einem Mitauslöser und integrierenden Bestandteil des gewaltsamen Geschehens:

> The day had died in a pall of dust; above the darkened square, shrouded by the spent dust, the sky was as clear as the inside of a brass bell. (175)

> Below the east the wan hemorrhage of the moon increased. It heaved above the ridge, silvering the air, the dust, so that they seemed to breathe, live, in a bowl of molten lead. (177)

Es ist naheliegend, daß insbesondere diese metaphorischen Textelemente die spekulative Phantasie mancher Kritiker auf den Plan riefen. Hier ist vor allem die Interpretation von Arthur L. Ford zu nennen: "The ever-present dust, which encloses everything, perhaps refers to the guilt of the town or the crime itself which none of the people can escape. But more probably it stands for the whole perverted attitude of the Southern town."[65] Gerhard Hoffmann deutet im Anschluß an Ford den Versuch Hawkshaws, sich nach seinem Absprung den "eternal dust" (180) aus seinen Kleidern zu schütteln, als symbolischen Ausdruck seines Bemühens, sich Unrecht und Gewalt, in die er vorübergehend hineingezogen wurde, zu widersetzen.[66] Etwas gezwungener ist die Interpretation Howard Faulkners, wenn er die symbolische Funktion des Mondes in "Dry September" darin sieht, daß dessen ursprüngliche Bedeutung als "symbol of fertility and hope"[67] hier durch die Art der Gestaltung ins Gegenteil verkehrt erscheint. Völlig abstrus ist William B. Baches Deutung des sich über den Staub erhebenden Mondes (179) als "Christ's rising to Heaven after the crucifixion" bzw. als "the moral ascendancy of Mayes over his betrayer and murderers".[68] Diese zuletzt erwähnten Interpretationen legen nahe, daß sich die Analyse der Bildwelt von "Dry September" im Unterricht nicht allzusehr über das Atmosphärische und Psychologische hinausbegeben sollte, wenn sie sich nicht in abstrakt-symbolische Konnotationen verlieren will. Die Herausarbeitung der spezifischen Erzählstrategie — Faulkner beschrieb sie als "contrapuntal ... integration, toward one end, toward one finale" —,[69] d. h. die intensive sprachliche Gestaltung der Eskalation von Gewalt und ihren psychologischen Hintergründen, sollte das Hauptziel der Unterrichtsarbeit sein.

7. Flannery O'Connor: "A Good Man Is Hard to Find"

a) *Violence* ist einer der dominierenden Themenkreise in der neueren Literatur des amerikanischen Südens, von Faulkner oder Erskine Caldwell bis in die Gegenwart.[70] Als Ursachen für dieses Phänomen, das sich häufig mit einem ausgeprägten Interesse am Grotesken, Abseitigen und Abnormen verbindet, führt die Literaturkritik gewöhnlich unter dem Schlagwort *Southern Gothic* die allgemeine kulturhistorische Situation des Südens an; etwa das quälende Bewußtsein der Desintegration traditioneller Lebens- und Gesellschaftsformen, den Verfall überkommener Wertsysteme und ein daraus resultierendes tragisch-pessimistisches Lebensgefühl.[71] Auch Flannery O'Connors Werk wird häufig unter diesem Aspekt gesehen. In der Tat sind ihre Romane und Erzählungen — "A Good Man Is Hard to Find" könnte hier geradezu als Musterbeispiel dienen — geprägt von einer seltsamen Faszination durch das Gewaltsame, Dämonische und Destruktive, das zerstörerisch in eine wohltemperierte, provinzielle Alltagswelt einbricht. Dennoch muß das Phänomen der Gewalt bei O'Connor in einen ganz anderen Kontext gestellt werden. Der katholischen Schriftstellerin, so sehr ihre Werke in der ländlich-provinziellen Szenerie von Georgia und dem östlichen Tennessee verwurzelt sind, geht es niemals nur um psychopathologische oder soziologische Erscheinungen, etwa um die kritische Analyse eines abartigen Charakters oder einer korrumpierten gesellschaftlichen Wirklichkeit (vgl. Faulkners "Dry September"). Immer und überall kreist ihr Werk um die schockhafte Sichtbarmachung metaphysisch-religiöser Zusammenhänge in einer sinnentleerten, materialistischen Welt. In den beiden folgenden Zitaten aus der Essaysammlung *Mystery and Manners* beschreibt O'Connor ihren Standpunkt:

> The novelist with Christian concerns will find in modern life distortions which are repugnant to him, and his problem will be to make.these appear as distortions to an audience which is used to seeing them as natural; and he may well be forced to take ever more violent means to get his vision across to his hostile audience ...[72]

> With the serious writer, violence is never an end in itself. It is the extreme situation that best reveals what we are essentially ... the man in the violent situation reveals those qualities which are all he will have to take into eternity with him ...[73]

Die Beschränkung auf einen regionalen Mikrokosmos mit seinem detaillierten Gefüge bestimmter Verhaltens-, Denk- und vor allem Redeweisen, die Konzentration auf das Nahe und Konkrete erlangt in allen ihren Werken niemals Selbstzweck, sondern dient ihr als künstlerische Voraussetzung für die Gestaltung ihrer *vision*, ohne ins bloß Allegorische abzugleiten.

Auf Grund dieser besonderen Voraussetzungen — und dies ist am Beginn der Behandlung im Unterricht klarzustellen — muß "A Good Man Is Hard to Find" nicht in dem Maße zeitgeschichtlich oder soziologisch untermauert sein wie die anderen Stories dieser Unterrichtsreihe. "I write tales", so bekannte O'Connor einmal selbst, "in the sense Hawthorne wrote tales. I'm interested in the Old Adam. He just talks Southern because I do."[74]

b) Strukturell läßt sich "A Good Man Is Hard to Find" in drei Abschnitte untergliedern: einen breiten, relativ langsam ablaufenden Expositionsteil[75], ein kurzes Zwischenstück, bei dem es durch den "Accident" zu einem unerwarteten Wendepunkt kommt (19-22), und schließlich den zur Freilegung der metaphysischen Substanz führenden Schlußteil (S. 22-29). Die Funktion des ersten Teiles liegt zunächst in der Evokation einer alltäglichen Situation mit durchschnittlichen Charakteren und trivialen Konflikten. Die Abreise und Reise der Familie per Auto von Georgia in Richtung Florida werden relativ konventionell, in chronologischer Abfolge von Dialogen und Ereignissen und in einer ironisch-distanzierten, stellenweise komischen Diktion geschildert. Der dreimalige Hinweis auf den *Misfit* fungiert dabei als unterschwellige Vorbereitung auf die späteren Geschehnisse. Eine genauere Lektüre jedoch macht deutlich, daß fast der gesamte Expositionsteil primär der genauen Charakterisierung der Großmutter dient. Während der mürrische und wortkarge Bailey, seine etwas dümmliche Frau — "[her] face was as broad and innocent as a cabbage" (9) — sowie die ungezogenen und respektlosen Kinder nur in groben Strichen skizziert werden, nimmt die Großmutter von allem Anfang an eine zentrale Position ein. Da ihre Charakterzüge für das Verständnis der späteren Ereignisse unbedingte Voraussetzung sind, sollten diese in einer ersten Arbeitsphase möglichst erschöpfend herausgearbeitet werden. Die Charakterisierung selbst erfolgt durchweg von außen; innere Zustände werden ausgeklammert oder lediglich durch bestimmte Verhaltens- und Redeweisen angedeutet. Wie die meisten weiblichen Charaktere O'Connors ist die Großmutter eine nach außen hin respektable, selbstzufriedene, ihre Umwelt dominierende Gestalt, welche die tieferen Bereiche ihrer Persönlichkeit unter einer dicken Schicht schaler Konventionalität verschüttet hat. Mehrmals wird auf ihre bewußt zur Schau gestellte Pose einer respektablen *Southern lady* verwiesen, vor allem was ihre äußere Aufmachung anbelangt — ihr "navy blue straw sailor hat with a bunch of white violets on the brim" (11), ihre weißen Handschuhe und das etwas auffallende spitzengesäumte, weißgepunktete Kleid. "In case of an accident", so heißt es mit sarkastischer Vorausdeutung auf das Kommende, "anyone seeing her dead on the highway would know at once that she was a lady" (11). Wie Amanda Wingfield in Tennessee Williams' *The Glass Menagerie* schwärmt sie von den gut aussehenden und wohlhabenden *gentleman callers* ihrer Jugend, ergeht sich nostalgisch à la *Gone With the Wind* über die guten alten Zeiten mit ihren herrschaftlichen Plantagen, ihren *nice people*, respektvollen Kindern und guten Manieren und schreibt den Europäern die Schuld für den Verfall der guten Sitten zu. Ihr verniedlichender Rassismus tritt beim Passieren eines Negerkindes zutage: ". . . the cute little pickaninny"; "little niggers in the country don't have things like we do" (12). Ihre oberflächlich-materialistische Grundeinstellung zeigt sich in dem Gespräch mit dem selbstgefälligen Wirt, den sie in anbiedernder Leichtfertigkeit als "a good man" (15) bezeichnet. Ihr sicherlich markantester Charakterzug ist ihr Hang, die Menschen in ihrer Umgebung zu beherrschen und zu bevormunden. So versucht sie mit allerlei Vorwänden, die Familie von ihrem Reiseziel abzubringen, am nächsten Morgen sitzt sie jedoch als erste im Wagen mit ihrer heimlich mitgenommenen Katze. Während der Fahrt überhäuft sie die Familie mit belehrenden oder ermahnenden Bemerkungen. Schließlich überredet sie Bailey zu dem Abstecher zu der nur in ihrer Phantasie vorhandenen Plantage und beschwört damit (zusammen mit der Katze) ungewollt das Verhängnis herauf. All dies wird in einem leicht satirischen Ton beschrieben, der beim Leser weniger emotionale Reaktionen wie Sympathie oder Abneigung hervorruft als eine Haltung kritisch distanzierter Aufmerksamkeit.[76] Der gemeinsame Nenner aller erwähnten Charaktereigenschaften kann darin gesehen werden, daß sich die Großmutter, zumindest in der Rolle, die sie zur Schau stellt, in einer auffallenden, aber nur schwer definierbaren Diskrepanz zur Realität befindet.[77] Ihre respektable Wichtigtuerei, ihre Pseudoreligiosität und ihre nostalgische Verklärung der Vergangenheit gehen im Grunde völlig an der tatsächlichen Familiensituation vorbei. Diese ist gekennzeichnet durch geistige Sterilität und Materialismus sowie durch einen erschreckenden Mangel an echter Kommunikation und menschlicher Wärme. Zwar wäre es falsch, die Großmutter zum *villain of the piece* hochzustilisieren[78] — dafür ist sie viel zu 'normal' und durchschnittlich —, dennoch entlarvt ihr oberflächliches und realitätsfremdes Ordnungsdenken ihre hohle Konventionalität.

Mit dem Auftauchen der drei Gangster bei gleichzeitiger Verfinsterung der Szenerie tritt der entscheidende Wendepunkt ein:[79] "Behind the ditch they were sitting in there were more woods, tall and dark and deep. In a few minutes they saw a car... It was a big black battered hearse-like automobile" (20). Wurde im Expositionsteil der Eindruck einer im Grund harmlosen *domestic comedy* vermittelt, so wird dieser nun, trotz gleichbleibender sprachlicher Diktion, konsequent abgebaut und als Illusion entlarvt.[80] Wie in anderen Erzählungen O'Connors geschieht dies durch einen "intruding agent"[81], d. h. eine von außen in die Alltagsszenerie einbrechende dämonische Gestalt — hier den *Misfit*. Das lange Gespräch zwischen ihm und der Großmutter, während hinter den Kulissen mit grausiger Mechanik die schrittweise Ermordung der gesamten Familie abläuft, dient strukturell als retardierendes Moment für den abschließenden metaphysischen Schock.

Parallel zur Charakterisierung der Großmutter im ersten Teil sollte in der Erörterung des letzten Teiles der Schwerpunkt zunächst auf die Charakterisierung des *Misfit* gelegt werden. Mit seinen grauen Haaren, "silver-rimmed spectacles" und dem "scholarly look" (21) erweckt er weniger den Eindruck eines hartgesottenen Gangsters als eines heruntergekommenen Intellektuellen. Eine ähnliche Wirkung geht von seinen guten Manieren und seiner betont höflichen Sprechweise aus. Die Großmutter reagiert darauf sofort mit schlau berechneter Schmeichelei: "I know you're a good man. You don't look a bit like you have common blood. I know you must come from nice people!" (22) Mit dieser oberflächlichen Verwechslung von *goodness* und *manners* fällt das Stichwort für die nun anschließende andeutungsweise Selbstenthüllung des *Misfit* als einer Art psychiatrischen Falles: "Nome, I ain't a good man... but I ain't the worst in the world either" (24). Schon sein Vater hatte ihn als "a different breed of dog" (24) erkannt und an ihn all seine Hoffnungen gehängt — eine Bürde, welcher der Junge offenbar nicht gewachsen war. Hier suggeriert O'Connor ein psychologisches Motiv nicht nur für den vom *Misfit* ins Unterbewußte verdrängten Vatermord, sondern auch für seine spätere gewalttätige Reaktion auf den 'mütterlichen' Umarmungsversuch. Die Großmutter reagiert auf das Gehörte mit ihrer gewohnten optimistischen Ignoranz: "Think how wonderful it would be to settle down and live a comfortable life ..." (24). Mit der kurz darauffolgenden Frage "Do you ever pray?" (25) geht O'Connor unvermittelt zur eigentlichen, religiösen Thematik über. Eine Reihe negativer formativer Erlebnisse (z. B. der Verbrennungstod eines Mannes oder das Auspeitschen einer Frau) haben den *Misfit* zu einem Daseinsgefühl kosmischer Ungerechtigkeit und in der Folge zu Gewalttätigkeit und Verbrechen geführt.[82] "I call myself The Misfit ... because I can't make what all I done wrong fit what all I gone through in punishment" (28). Er ist offensichtlich einer von jenen, welche die Diskrepanz zwischen idealistischem Anspruch und desillusionierender Realität aus der Bahn geworfen haben. Als Reaktion auf die wiederholte Aufforderung der Großmutter zu beten, enthüllt der *Misfit* schließlich einen weiteren, und zwar den entscheidenden Aspekt seiner Existenz. Sein verdrängter Vatermord hat sich ausgeweitet zum Aufruhr gegen Gott bzw. zum Rückzug auf sich selbst als das einzige Maß aller Dinge:[83]

> I don't want no help ... I'm doing all right by myself ... I found out the crime don't matter. You can do one thing or you can do another, kill a man or take a tire off his car, because sooner or later you're going to forget what it was you done and just be punished for it (26-27).

Aber erst die nun folgenden Enthüllungen des *Misfit* über seine innersten Beweggründe stellen die schockierenden Geschehnisse in einen religiösen Kontext von brutaler Direktheit:

> Jesus was the only One that ever raised the dead ... and He shouldn't have done it. He thown [sic] everything off balance. If He did what He said, then it's nothing for you to do but thow away everything and follow Him, and if He didn't, then it's nothing for you to do but enjoy the few minutes you got left the best way you can — by killing somebody or burning down his house or doing some other meanness to him. No pleasure but meanness. (28)

Das existentielle Entweder-Oder zwischen radikaler Christusnachfolge und totalem Nihilismus steht hinter der sinnlosen Gewalttat. Nur *violence* kann das innere Vakuum überbrücken; jeder Mittelweg, jedes Sowohl-als-Auch, wie es z. B. von der Großmutter praktiziert wird, hat sich als Selbstbetrug entlarvt. Der Leser wird gleichsam von einer ausweglosen, ontologischen Logik überrumpelt und steht ratlos vor dem atemberaubend rasch ablaufenden Vorgang. Erst die daraus resultierende Schockwirkung und die unerträgliche Diskrepanz zwischen der unterkühlten und unsentimentalen Komik der Erzählweise und der haarsträubenden Wirklichkeit des Erzählten lösen den angestrebten Denkanstoß aus. Die lakonische Bemerkung des *Misfit* — "... she would of been a good woman ... if it had been somebody there to shoot her every minute of her life" (29) — läßt den Leser in der Retrospektive die satirische Funktion der scheinbar zusammenhanglosen Ereignisse im ersten Teil der Erzählung in ihrem ganzen Ausmaß erkennen. Die *Southern lady* mit ihrer selbstzufriedenen Rationalität wird nun vollends in ihrer Blindheit gegenüber der Realität des Bösen demaskiert. Für O'Connor ist die "hypocritical old soul" weiter von der göttlichen Gnade entfernt als das radikale Entweder-Oder des *Misfit*: "... her wits are no match for the Misfit's, nor is her capacity for grace equal to his ..."[84]

Dennoch ist dies nicht die abschließende Aussage, denn im Angesicht des Todes, nach dem Scheitern ihrer letzten Überredungs- und Bestechungsversuche, vollzieht sich in der Großmutter, gleichsam in letzter Minute, ein entscheidender Wandel. Mit dem Ausspruch "Maybe He didn't raise the dead" (28) stellt sie sich erstmals auf die Ebene des *Misfit* und erfaßt etwas von dessen verzweifeltem Rechtfertigungsversuch.[85] Einen kurzen Augenblick lang — und es ist ihr letzter — durchbricht sie ihre geistigen und seelischen Verkrustungen und erlebt einen visionären "moment of grace":[86]

> ... the grandmother's head cleared for an instant. She saw the man's face twisted close to her own as if he were going to cry and she murmured, "Why you're one of my babies. You're one of my own children!" She reached out and touched him on the shoulder. The Misfit sprang back as if a snake had bitten him and shot her three times through the chest. (29)

Die Körperhaltung und der Gesichtsausdruck der Sterbenden — "with her legs crossed under her like a child's and her face smiling up at the cloudless sky" (29) — unterstreichen noch einmal die *redeeming features* des Geschehens. Wie wir von O'Connors Kommentar zu "A Good Man Is Hard to Find" wissen, ging es ihr in erster Linie um diese abschließende Geste echter Mitmenschlichkeit: "... if I took out this gesture and what she says with it, I would have no story."[87]

Gewalttätigkeit als Schock mit dem Zweck, den jeweiligen Protagonisten und mit ihm den Leser durch die unvermittelte Konfrontation mit einem radikalen religiösen Absolutheitsanspruch aufzurütteln, ist die zentrale Erzählstrategie von "A Good Man Is Hard to Find". Nur *violence* vermag die versteinerten Herzen und Hirne aufzurütteln und sie für das hinter den Erscheinungen verborgene Mysterium zu öffnen: "Their heads are so hard that almost nothing else will do the work."[88]

Die entscheidende Frage, die von den Schülern möglicherweise am Ende der Erörterung von "A Good Man Is Hard to Find" gestellt wird, ist, ob der Leser die von O'Connor intendierte Schockwirkung ausschließlich innerhalb ihrer religiösen Vorstellungswelt zu konkretisieren hat oder ob auch andere Arten ästhetischer Rezeption möglich sind. O'Connor selbst hat diese Frage immer wieder so beantwortet, daß es ihr in ihren Erzählungen keineswegs einfach um fiktional verpackte theologische *messages* geht: "... I think something has gone wrong in the process when, for so many students, the story becomes simply a problem to be solved, something which you evaporate to get Instant Enlightenment. A story really isn't any good unless it successfully resists paraphrase, unless it hangs on and expands in the mind."[89] In diesem Sinn sollte man den Konkretisationsprozeß der Schüler nicht vorschnell mit dem von O'Connor erstellten Interpretationsschema abwürgen, sondern im Gegenteil konträre Deutungen provozieren. So hat z. B. schon 1962 John Hawkes, sehr zum Mißfallen von O'Connors religiös orientierter Anhängerschaft, auf die "darker side of her imaginative constructions" bzw. auf ihre "brilliant perversity" verwiesen.[90] In der Tat legt O'Connors künstlerische Faszination durch das Gewaltsame und Destruktive die Vermutung nahe, daß der Vorgang des Schreibens für sie selbst etwas von jener exorzierenden Wirkung gehabt haben muß, die sie ihrer "hostile audience" zugedacht hatte. Daraus folgt, daß sie in ihrem Werk ebenso sehr Künstlerin ist wie Künderin religiöser Überzeugungen.[91] In diesem Sinn sind ihre Werke auch für den nicht-religiösen Leser ästhetisch nachvollziehbar, weil die in ihnen gestalteten Vorstellungen elementarem psychischen Erleben entspringen. Die Essenz dieses Erlebens, abgelöst von ihrer religiösen Dimension, ist die Rebellion eines sensiblen Menschen gegen einen rationalistischen, im Grunde nihilistischen Pragmatismus, welcher der schöpferischen Selbstentfaltung des Menschen den Boden entzieht. Auch hier ist die Wurzel für O'Connors ästhetische Gewalttätigkeit zu suchen, für jene rigoros kontrollierte Erregtheit, die einer Geschichte wie "A Good Man Is Hard to Find" ihre unverwechselbare Wirkung verleiht.

c) Eine Analyse der sprachlichen und strukturellen Aspekte von "A Good Man Is Hard to Find" – etwa in Form eines Schülerreferates – sollte abschließend die besondere Gestaltungs- und Wirkungsstrategie der Erzählung nochmals herausstellen. Diese besteht aus einem von Anfang an sorgfältig vorbereiteten, am Ende schockhaft herbeigeführten Effekt mit kontemplativer Tiefenwirkung. Dieser entscheidende Wende- und Höhepunkt wird so lange wie möglich verzögert, damit der angestrebte Effekt am Ende umso überraschender und überzeugender in Szene gesetzt werden kann.[92] Die Wirkung dieser retardierenden Erzählstrategie wird erhöht durch die schon erwähnte ironisch-unterkühlte Distanz und *casualness* der Sprache. Ihre Komik übt dabei im sprachlichen Bereich dieselbe Funktion aus wie die strukturelle Gliederung: Sie läßt den Leser eine satirische Familiengeschichte erwarten und konfrontiert ihn stattdessen umso wirkungsvoller mit dem abschließenden metaphysischen Schock. Illusionsbildung zum Zwecke der Illusionszerstörung könnte man als Motto über diese Wirkungsstruktur stellen.

Eine formale Analyse von "A Good Man Is Hard to Find" müßte auch eine Reihe von sprachlichen Bildern oder Motiven berücksichtigen, denen eine verweisende, aber nicht unbedingt symbolische Funktion zugeschrieben werden kann. Wie in anderen Erzählungen O'Connors dienen z. B. Naturstimmungen — hier die sonnenlose Leere des "cloudless sky" (23-29) oder die dunkel-drohenden Wälder — "tall and dark and deep" (20), "like a dark open mouth" (21) — als Andeutungen einer numinosen Realität. Von ironischer Vieldeutigkeit ist der Umstand, daß die verhängnisvolle Konfrontation mit dieser Realität durch den Abstecher zu einer imaginären Scheinwirklichkeit ausgelöst wird oder daß der wiederholt erwähnte respektable Hut der Großmutter am Ende zerdrückt im Staub liegt. Daß der *Misfit* das T-shirt des kurz zuvor ermordeten Bailey anzieht, verweist auf die am Ende von der Großmutter ausgesprochene Identifizierung ihres Mörders als "one of her own children" (29). Insgesamt jedoch gehen derartige Details so bruchlos im realistischen Kontext auf, daß es nicht sinnvoll wäre, ihre symbolisch-allegorische Bedeutung allzusehr zu strapazieren.

Abschließend ist zu bemerken, daß sich O'Connors Geschichte mit ihrer ethisch-religiösen Rigorosität besonders gut eignet, die Problematik der Gewalt mit ihrer Verflechtung sozialer, psychologischer und moralischer Momente, wie sie uns in den vorangegangenen Geschichten entgegentrat, noch einmal, gleichsam von einer höheren Warte aus, vergleichend aufzurollen.

8. Weitere Materialien

Für eine evtl. Erweiterung oder Umstellung der Unterrichtsreihe werden folgende vier Kurzgeschichten empfohlen: 1. Stephen Crane, "The Bride Comes to Yellow Sky", jene zweite bekannte "Western Tale" Cranes, in der er sich auf eine ganz andere, 'positivere' Weise als in "The Blue Hotel" mit dem Problem der Gewalt im Westen auseinandersetzt; 2. William Faulkner, "That Evening Sun", eine oft mit Hemingways "The Killers" verglichene eindringliche Gestaltung menschlicher Angst angesichts drohender Gewalt; 3. James Baldwin, "Going to Meet the Man", eine ins Tiefenpsychologische ausgeweitete Analyse rassistischer Gewalt gegenüber Schwarzen, die in Ergänzung zu Faulkners "Dry September" gelesen werden kann; und 4. Flannery O'Connor, "A View of the Woods", eine Geschichte, in der die Autorin den gewaltsamen Konflikt zwischen agrarischem Traditionalismus und technischem Fortschritt zu einer metaphysischen Aussage vertieft.

Texte:

Stephen Crane, *Stories and Tales,* hg. von Robert W. Stallman (New York: Vintage Books, 1955).

William Faulkner, *Four Stories* (Paderborn: Schöningh, o. J.).

James Baldwin, *Going to Meet the Man* (New York: Dell Book 2931, 1967).

Flannery O'Connor, *Everything that Rises Must Converge* (Harmondsworth: Penguin Books, 1975).

Ausgewählte Sekundärliteratur:

Barnes, Robert. "Stephen Crane's 'The Bride Comes to Yellow Sky'", *Explicator,* 16 (1958), Item 39.

Carlson, Thomas M. "Flannery O'Connor: The Manichean Dilemma", *Sewanee Review*, 77 (1969), 258-260.

Cook, Robert. "Stephen Crane's 'The Bride Comes to Yellow Sky'", *Studies in Short Fiction*, 2 (1965), 368-369.

Feeley, Kathleen. *Flannery O'Connor: Voice of the Peacock.* New Brunswick, N. J.: Rutgers U. P., 1972, S. 124-127.

Ferguson, S. C. "Crane's 'The Bride Comes to Yellow Sky'", *Explicator*, 21 (1963), Item 59.

Freese, Peter. "James Baldwin, "Going to Meet the Man", in *The Black American Short Story in the 20th Century. A Collection of Critical Essays*, hg. von Peter Bruck. Amsterdam: B. R. Grüner, 1977, S. 171-185.

Frey, Leonard. "Irony and Point of View in 'That Evening Sun'", *Faulkner Studies*, 2 (1953), 39-40.

Gross, Konrad. "Flannery O'Connor, 'A View of the Woods'", in *Die amerikanische Short Story der Gegenwart. Interpretationen*, hg. von Peter Freese. Berlin: E. Schmidt, 1976, S. 143-161.

Hagopian, John V. "That Evening Sun", in Hagopian, John und MartinDolch, Hrsg. *Insight I. Analyses of American Literature*. Frankfurt: Hirschgraben, 1962, S. 50-55.

Harrington, Evans B. "Technical Aspects of William Faulkner's 'That Evening Sun'", *Faulkner Studies* 1 (1952), 54-59.

Hermann, John. "Faulkner's Heart's Darling in 'That Evening Sun'", *Studies in Short Fiction*, 7 (1970), 320-323.

Hoffmann, Gerhard und Gisela. "Faulkner, 'That Evening Sun'", in *Die amerikanische Kurzgeschichte*, hg. von Karl Heinz Göller und Gerhard Hoffmann. Düsseldorf: August Bagel, 1972, S. 247-257.

Kane, Patricia. "Flannery O'Connor's *Everything that Rises Must Converge*", *Critique*, 8 (1965), 88-89.

Macebuh, Stanley, *James Baldwin. A Critical Study*. New York: The Third Press, 1973, S. 171-174.

Overton, James P. "The Game in 'The Bride Comes to Yellow Sky'", *Xavier University Studies,* 4 (1965), 3-11.

Sanders, Barry. "Faulkner's Fire Imagery in 'That Evening Sun'", *Studies in Short Fiction*, 5 (1967), 69-71.

Solomon, Eric. *Stephen Crane: From Parody to Realism.* Cambridge: Harvard U. P., 1966, S. 252-257.

Tibbetts, A. M. "Stephen Crane's 'The Bride Comes to Yellow Sky'", *English Journal*, 54 (1965), 314-316.

Toole, William B. "Faulkner's 'That Evening Sun'", *Explicator*, 21 (1963), Item 52.

Vorpahl, Ben M. "Murder by the Minute: Old and New in 'The Bride Comes to Yellow Sky'", *Nineteenth Century Fiction*, 26 (1971), 196-218.

Anmerkungen

1 Konrad Lorenz, *Das sogenannte Böse. Zur Naturgeschichte der Aggression* (Wien: Borotha-Schoeler, 1963); Friedrich Hacker, *Aggression. Die Brutalisierung der modernen Welt* (Reinbek b. Hamburg: rororo, 1974); Alexander Mitscherlich, *Die Idee des Friedens und die menschliche Aggressivität* (Frankfurt a. M.: Suhrkamp, 1965); ders., *Auf dem Weg zur vaterlosen Gesellschaft* (München: Piper, 1965).

2 Dollard, J.; Doob L.; Miller, N. E.; Mowrer, O. H.; Sears, R. R., *Frustration and Aggression* (New Haven: Yale U. P., 1939).

3 Bandura, A. and Walters, R. H. *Social Learning and Personality Development* (New York: Holt, Rinehart & Winston, 1963); Bandura, *Aggression: A Social Learning Analysis* (Englewood Cliffs: Prentice-Hall, 1973).

4 Folgende Bücher erwiesen sich als informativ und auch für den Nichtfachmann verständlich: Josef Rattner, *Aggression und menschliche Natur. Individual- und Sozialpsychologie der Feindseligkeit und Destruktivität des Menschen* (Hamburg: Fischer Taschenbuch 6173, 1972); Gottfried Lischke, *Aggression und Aggressionsbewältigung. Theorie und Praxis, Diagnose ünd Therapie* (Freiburg und München: Karl Alber 1972); Erich Fromm, *Anatomie der menschlichen Destruktivität* (Reinbek b. Hamburg: rororo-Sachbuch 7052, 1977); Hans-Peter Nolting, *Lernfall Aggression. Wie sie entsteht — Wie sie zu verhindern ist* (Reinbek b. Hamburg: rororo-Sachbuch 7139, 1978). Eine soziologisch-politologische Auseinandersetzung mit der Gewalt bietet Hannah Arendt, *On Violence* (New York: Harcourt & Brace, 1970). Eine informative Einführung in die künstlerische Auseinandersetzung mit der Gewalt gibt John Fraser, *Violence in the Arts* (New York: Cambridge U. P., 1974). Im literaturdidaktischen Bereich bieten sich zum Themenkreis „Gewalt" die folgenden beiden Monographien besonders an: Franz J. Wickler, *Violence: Forms, Motives, Alternatives,* Courses in English, 3 (Düsseldorf: August Bagel, 1977) und Johannes Esser, *Unterricht über Gewalt* (München: Urban & Schwarzenberg, 1978).

5 Als nützlich für die Klärung der Begriffe „Gewalt" bzw. "violence" erwies sich neben dem *Großen Duden-Wörterbuch* vor allem Raymond Williams, *Keywords: A Vocabulary of Culture and Society* (Fontana: Croom Helm, 1976).

6 Als besonders informationsreich erwiesen sich: Richard Maxwell Brown, *Strain of Violence: Historical Studies of American Violence and Vigilantism* (New York: Oxford U. P., 1975); Stuart Palmer, *The Violent Society* (New Haven, Conn.: College & University Press, 1972); Robert Brent Toplin, *Unchallenged Violence:*

An American Ordeal (Westport, Conn.: Greenwood Press, 1975); James F. Short und Marvin E. Wolfgang, Hg., *Collective Violence* (Chicago und New York; Aldine & Atherton, 1972). Für den literatur- und kulturgeschichtlichen Hintergrund s.: Richard Slotkin, *Regeneration through Violence: The Mythology of the American Frontier, 1600-1860* (Middletown, Conn.: Wesleyan U. P., 1973); Frederick J. Hoffman, *The Mortal No: Death and the Modern Imagination* (Princeton, N. J.: Princeton U. P., 1964) ; W. M. Frohock, *The Novel of Violence in America* (Dallas: Southern Methodist U. P., 1950).

7 Vgl. zum Folgenden Liesel Hermes, „Der Roman im Englischunterricht: Überlegungen zur methodischen Problematik", in *Der Roman im Englischunterricht der Sekundarstufe II. Theorie und Praxis*, hg. von Peter Freese und Liesel Hermes (Paderborn: Schöningh, 1977), S. 112-129, und Friedel Thiekötter, *Autor, Text und Leserinteresse. Ein Unterrichtsprojekt als Beitrag zur Diskussion um den literarischen Kommunikationsprozeß* (Düsseldorf: Schwann, 1974).

8 Neben "The Blue Hotel" ist "The Bride Comes to Yellow Sky" die bekannteste der insgesamt acht *Western Tales*. Eine brauchbare Einführung in diese bietet Frank Bergon, "A Suitable Subject: The West and the Westerner", in *Stephen Crane's Artistry* (New York und London: Columbia U. P., 1975), S. 101-131.

9 Robert W. Stallman, *Stephen Crane: A Biography* (New York: George Braziller, 1968), S. 130 und 132; *Stephen Crane: Letters*, hg. von Robert W. Stallman und Lillian Gilkes (New York: New York U. P., 1960), S. 51.

10 Stephen Crane, *Stories and Tales*, hg. von Robert W. Stallman (New York: Vintage Books, 1955), S. 294. Alle weiteren Seitenangaben beziehen sich auf diese *paperback*-Ausgabe.

11 Vgl. Walter Sutton, "Pity and Fear in 'The Blue Hotel'", *American Quarterly*, 4 (1952), 73-78.

12 Dieser abrupte Umschwung wirkt etwas gezwungen. Vgl. hierzu Donald B. Gibson, *The Fiction of Stephen Crane* (Carbondale & Edwardsville; Southern Illinois U. P., 1968), S. 117: ". . . Crane is not concerned with the matter of development. In fact he short-circuits the movement from one state to the other . . ."

13 S. Anm. 16.

14 Vgl. Stanley B. Greenfield, "The Unmistakable Stephen Crane", *Publications of the Modern Language Association*, 73 (1958), S. 567: ". . . The Easterner's speech is swelling with self-importance and half-truth."

15 *American Literary Naturalism. A Divided Stream* (Minneapolis: University of Minnesota Press, 1956), S. 75.

16 *Stephen Crane: An Omnibus* (New York: Alfred A. Knopf, 1952), S. 482-483. Vgl. auch Stallman, *Stephen Crane. A Biography*, a. a. O., S. 488: "The two endings (of parts VIII and IX) contradict each other in their philosophical import . . . and negate the artistic unity of 'The Blue Hotel'."

17 "Stephen Crane's Social Ethic", *American Quarterly*, 14 (1962), 595.

18 Ebd., 593.

19 "Stephen Crane's 'The Blue Hotel': The Failure of Understanding", *Modern Fiction Studies*, 2 (1956/57), 240.

20 "Metaphysics of Despair: Stephen Crane's 'The Blue Hotel', *Modern Fiction Studies,* 14 (1968), 213. Vgl. auch Hugh Maclean, "The Two Worlds of 'The Blue Hotel'", *Modern Fiction Studies,* 5 (1959), 260–270. Maclean stellt die Erzählung in den Zusammenhang der Lebensphilosophie Cranes, wie sie sich in seinen Briefen zwischen 1896 und 1898 niederschlägt. Unter diesem Gesichtswinkel wird der Schwede zu einer Art autobiographischer Projektionsfigur des Autors, die in einer indifferenten Welt ihren ethischen Prinzipien bis zum bitteren Ende treu bleibt.

21 "Crane's 'Blue Hotel' Revisited: The Illusion of Fate", *Modern Fiction Studies,* 5 (1959), 207–208. Vgl. auch Franz Link, "Stephen Cranes 'The Blue Hotel': Eine Interpretation", *Literatur in Wissenschaft und Unterricht,* 5 (1972), S. 28: "Die Bedeutung, die sich aus den ersten acht Kapiteln allein ergibt, wird nicht aufgehoben: Der Schwede wird ein Opfer seiner Vorstellung von der Welt. Die Erweiterung durch das letzte Kapitel zeigt nur, daß die Spannung zwischen der Vorstellung und der Wirklichkeit gar nicht so eindeutig zu bestimmen ist, wie es zunächst den Anschein hat."

22 Vgl. James B. Colvert, "Structure and Theme in Stephen Crane's Fiction", *Modern Fiction Studies,* 5 (1959), 207–208.

23 "Stephen Crane as Symbolic Naturalist: An Analysis of 'The Blue Hotel'", *Modern Fiction Studies,* 3 (1957), 147–158.

24 Ebd., 147.

25 Ebd., 148 und 149.

26 "Stephen Crane and the Wonder of Man's Conceit", *Modern Fiction Studies,* 5 (1959), 272–273.

27 Ebd., 274.

28 Vgl. Jürgen Peper, *Bewußtseinslagen des Erzählens und erzählte Wirklichkeiten* (Leiden: E. J. Brill, 1966), S. 89, und Sergio Perosa, "Naturalism and Impressionism in Stephen Crane's Fiction", in *Stephen Crane: A Collection of Critical Essays,* hg. von Maurice Bassan, Twentieth Century Views (Englewood Cliffs, N. J.: Prentice-Hall, 1967), S. 80–91.

29 "The Killers" erschien zuerst in *Scribner's Magazine* (März 1927) und wurde dann in den Sammelband *Men Without Women* (New York: Scribner, 1927) aufgenommen.

30 Vgl. J. A. Ward, "'The Blue Hotel' and 'The Killers'", *CEA-Critic,* 21 (1959), 7–8.

31 Etwa in seinem Artikel "The Wild West Is Now in Chicago", *Toronto Star Weekly* (6. Nov. 1920), 15. Zu Hemingways Journalismus während dieser Zeit s. Audre Hanneman, *Ernest Hemingway: A. Comprehensive Bibliography* (Princeton, N. J.: Princeton U. P., 1967), S. 131–132.

32 A. E. Hotchner, *Papa Hemingway. A Personal Memoir* (New York: Random House, 1966), S. 163–164. Zum Entrealisierungseffekt s. Edward Stone, "Some Questions about Hemingway's 'The Killers'", *Studies in Short Fiction,* 5 (1967), 12–17.

33 Dies und die folgenden *background*-Informationen nach Rod W. Horton, *Backgrounds of American Literary Thought* (3. Aufl., Englewood Cliffs, N. J.: Prentice-Hall, 1974), S. 315–323, und Estes Kefauver, *Crime in America* (Garden City, N. Y.: Doubleday, 1951), S. 35–52.

34 Eine informative Einführung zum Thema "Gangsterfilm" gibt Liz-Anne Bawden, *Buchers Enzyklopädie des Films* (Luzern und Frankfurt : Bucher, 1977), S. 283-285.

35 Ein aufschlußreicher Essay, der sich gut als Grundlage eines Kurzreferates eignet, ist Hans Magnus Enzensbergers "Chicago-Ballade. Modell einer terroristischen Gesellschaft", in *Politik und Verbrechen. Neun Beiträge* (Frankfurt/Main: Suhrkamp, 1964), S. 95-137. Enzensberger verweist auf die "faschistoiden" Elemente dieses Hintergrundes. Vgl. hierzu auch Carlos Baker, *Hemingway: The Writer as Artist* (Princeton, N. J.: Princeton U. P., 1963), S. 123: ". . . with 'The Killers' Hemingway solidly dramatized the point of view towards human life which makes fascism possible."

36 Ernest Hemingway, *'The Killers' and other Stories*, hg. von G. Schnöckelborg (Paderborn: Schöningh, o. J.), S. 7. Alle weiteren Seitenangaben beziehen sich ebenfalls auf diese Schulausgabe.

37 Vgl. Hans Galinsky, „Beharrende Strukturzüge im Wandel eines Jahrhunderts amerikanischer Kurzgeschichte (dargelegt an E. A. Poes 'The Masque of the Red Death' und Ernest Hemingways 'The Killers')", in *Amerikanische Dichtung in der höheren Schule: Interpretationen amerikanischer Erzählkunst und Lyrik*, hg. von Hans Galinsky, Leo Marx und Calvin Rus. Die Neueren Sprachen, Beiheft 3 (Frankfurt/Main: Diesterweg, 1961), S. 25-26.

38 Vgl. Jürgen Peper, *Bewußtseinslagen des Erzählens*, a. a. O., S. 110.

39 Zur Zeittechnik in "The Killers" s. Broder Carstensen, "Das Zeitmoment und einige charakteristische Motive in Ernest Hemingways Kurzgeschichte 'The Killers'", *Jahrbuch für Amerikastudien*, 4 (1959), 180-190.

40 Laurence A. Walz, *The Explicator*, 25 (1967), Nr. 5, sieht in diesem Vergleich sowie in der Bezeichnung "kosher convent" (11) ein "motif of what may be called 'confused sexuality'." Vgl. auch Kuno Schuhmann, "Hemingway: 'The Killers'", in *Die amerikanische Kurzgeschichte*, hg. von Karl Heinz Göller und Gerhard Hoffmann (Düsseldorf: Bagel Verlag 1972), S. 275: Schuhmanns Deutung von "kosher convent" als „Säuferakademie" ist zu weit hergeholt.

41 Galinskys Schlußfolgerung in „Beharrende Strukturzüge", a. a. O., S. 31, die Gangster seien „Sendboten der anonymen Todesmacht" ist aus dem Kontext nicht zu belegen.

42 Zur Gestalt der Mrs. Bell gibt es in der Kritik kleinere Kontroversen: Cleanth Brooks, Jr. und Robert Penn Warren, *Understanding Fiction* (2. Aufl., New York: Appleton, 1959), S. 306, deuten Mrs. Bell als "the Porter at Hell in *Macbeth*. She is the world of normality, which is shocking now from the very fact that it continues to flow on in its normal course." Robert P. Weeks, "Hemingway's 'The Killers'", *Explicator*, 15 (1956/57), Nr. 1, sieht Mrs. Bells Funktion in der Intensivierung von Andresons Isolation. William E. Morris, "Hemingway's 'The Killers'", *Explicator*, 18 (1959), Nr. 1, sieht Mrs. Bell als Kontrast zum "singular horror of the crime". Vgl. auch l. Hugh Moore, Jr., "Mrs. Hirsch and Mrs. Bell in Hemingway's 'The Killers'", *Modern Fiction Studies*, 11 (1965), 427-428. Moore sieht Mrs. Bells Bedeutung darin, daß sie wie alle anderen Beteiligten (außer Nick) nicht selbstverantwortlich handelt, sondern für einen Auftraggeber (Mrs. Hirsch).

43 Vor allem Brooks und Warren, *Understanding Fiction*, a. a. O., S. 117, und John V. Hagopian und Martin Dolch, "Hemingway: 'The Killers'", in *Insight I* (5. Aufl.,

Frankfurt/Main: Hirschgraben, 1975), S. 102, sehen in "The Killers" eine "story of initiation". Für Philip Young, *Ernest Hemingway: A Reconsideration* (2. Aufl., New York: Harcourt Brace, 1968), S. 29-54, ist "The Killers" nur eine Episode in dem übergreifenden Initiationsprozeß der Nick-Adams-Stories. Vgl. auch Peter Freeses Beitrag im vorliegenden Band.

44 Vgl. Oliver Evans, "The Protagonist of Hemingway's 'The Killers'", *Modern Language Notes*, 83 (1958), 589-591. Evans sieht in dem Preisboxer Andreson den Protagonisten. Dies dürfte Hemingways ursprünglicher Absicht entsprechen, obwohl der *Boxer* bis auf Mrs. Bells Satz "He was in the ring" (16) ausgeblendet wurde. Vgl. hierzu Hotchner, *Papa Hemingway*, a. a. O., S. 163.

45 Hotchner, S. 164.

46 Hemingway hat seine künstlerische Intention im ersten Kapitel von *Death in the Afternoon* (New York : Scribner, 1932) dargelegt. Eine brauchbare Einführung in Hemingways Erzähltechnik bietet Sheldon Norman Grebstein, *Hemingway's Craft* (Carbondale und Edwardsville: Southern Illinois U. P., 1973).

47 "Dry September" erschien zuerst in *Scribner's Magazine* (Jänner 1931), wurde dann leicht revidiert in *These Thirteen* (1931) und schließlich in die *Collected Stories* (1950) aufgenommen.

48 *William Faulkner: From Jefferson to the World* (University of Kentucky Press, 1959), S. 198.

49 Die folgenden *background*-Informationen nach Brown, *Strain of Violence*, S. 185-218, und Allen D. Grimshaw, *Racial Violence in the United States* (Chicago: Aldine, 1969).

50 Die umfassendste Darstellung der rassischen Lynchjustiz dieses Zeitraums bietet die von der NAACP (= National Association for the Advancement of Colored People) herausgegebene Dokumentation *Thirty Years of Lynching in the U. S.*, 1889-1918 (New York, 1969).

51 Vgl. Brown, *Strain of Violence* S. 217-218. Eine eindringliche fiktionale Gestaltung eines sadistischen Lynchrituals gibt James Baldwins Kurzgeschichte "Going to Meet the Man". Diese Geschichte könnte in Form eines Kurzreferates als zusätzliche Information zur Erörterung von "Dry September" verwendet werden.

52 William Faulkner, *Collected Stories* (16. Aufl., New York: Random House, 1948), S. 169. Alle weiteren Seitenangaben sind dieser Ausgabe entnommen.

53 Vgl. Charles N. Nilon, *Faulkner and the Negro* (New York: The Citadel Press, 1965), S. 43: ["Dry September" is] "primarily a study of attitudes toward the Negro rather than a study of Negro character."

54 *Sex and Racism* (London: André Deutsch, 1969).

55 Ebd., S. 23.

56 "Beneath the Dust of 'Dry September'", *Studies in Short Fiction*, 1 (1964), 159.

57 Vgl. Gerhard Hoffmanns Analyse der Massenhysterie in "Faulkner: 'Dry September'", in *Die amerikanische Kurzgeschichte*, hg. von Karl Heinz Göller und Gerhard Hoffmann (Düsseldorf: August Bagel Verlag, 1972), S. 237-239.

58 McLendon gleicht weitgehend der Gestalt Percy Grimms, dem fanatischen Anführer des Lynchmobs in *Light in August*. Eine vergleichende Charakteranalyse

in einem Kurzreferat oder Schüleraufsatz könnte weitere Aufschlüsse über den psychologischen Hintergrund von "Dry September" bringen.

59 Die von Ralph H. Wolfe und Edgar F. Daniels in "Beneath the Dust of 'Dry September'", a. a. O., 159, beschriebene Funktion des Schwarzen als "powerful symbol . . . of sexual fulfillment" könnte als weiteres Motiv dienen.

60 Vgl. William B. Bache, "Moral Awareness in 'Dry September'", *Faulkner Studies*, 3 (1954), 54: "Behind Minnie's feminine world and McLendon's masculine world lies the world of movies and cheap fiction, which consistently comments on the action . . ."

61 Auf diese Zusammenhänge hat vor allem Gerhard Hoffmann, "William Faulkner: 'Dry September'", a. a. O., S. 244-246, hingewiesen.

62 Karl E. Zink, "Flux and the Frozen Moment. The Imagery of Stasis in Faulkner's Prose", *Publications of the Modern Language Association*, 71 (1956), 285-301.

63 Vgl. Joseph W. Reed, *Faulkner's Narrative* (New Haven und London: Yale U. P., 1973), S. 54: Reed bezeichnet "Dry September" als "the most claustrophobic of Faulkner's fiction".

64 Zur Evokation einer Stimmung des Todes und der Lähmung s. Bernd Günter, "William Faulkner: 'Dry September'", *Die Neueren Sprachen*, 22 (1973), 607-616.

65 "Dust and Dreams: A Study of Faulkner's 'Dry September'", *College English*, 24 (1962), 219.

66 "Faulkner: 'Dry September'", a. a. O., S. 240.

67 "The Stricken World of 'Dry September'", *Studies in Short Fiction*, 10 (1973), 47.

68 "Moral Awareness in 'Dry September'", a. a. O., 56.

69 Malcolm Cowley, *The Faulkner-Cowley File. Letters and Memories, 1944-1962* (New York: Viking Press, 1966), S. 116.

70 Vgl. Louise Y. Gossett, *Violence in Recent Southern Fiction* (Durham, N. C.: Duke University Press, 1965).

71 S. Lewis A. Lawson, "The Grotesque in Recent Southern Fiction", in *Patterns of Commitment in American Literature,* hg. von Marston LaFrance (Toronto: University of Toronto Press, 1967), S. 165-179; Irving Malin, *New American Gothic* (Carbondale and Edwardsville: Southern Illinois U. P., 1962).

72 *Mystery and Manners. Occasional Prose*, hg. von Sally and Robert Fitzgerald (New York: Farrar, Straus & Giroux, 1969), S. 33-34.

73 Ebd., S. 113-114.

74 Zitiert nach Melvin J. Friedmann und Lewis A. Lawson, Hg., *The Added Dimension: The Art and Mind of Flannery O'Connor* (New York: Fordham U. P., 1966), S. 240.

75 Flannery O'Connor, *A Good Man Is Hard to Find and Other Stories* (London: Faber and Faber, 1968), S. 9-19. Alle weiteren Seitenangaben richten sich nach dieser Ausgabe.

76 Zur ironischen und satirischen Charaktergestaltung O'Connors vgl. Carter W. Martin, *The True Country: Themes in the Fictions of Flannery O'Connor* (Vanderbilt U. P., 1968), S. 225-226.

77 Vgl. Dorothy Tuck McFarland, *Flannery O'Connor* (New York: Frederick Ungar, 1976), S. 17-19.

78 Vgl. O'Connor, *Mystery and Manners,* a. a. O., S. 110, und Martha Stephens, *The Question of Flannery O'Connor* (Baton Rouge: Louisiana State U. P., 1973), S. 23: "It is certainly possible to feel affection for the grandmother — though one may not be sure, as he [sic] reads, whether against the grain of the story or not."

79 Vgl. Stephens, S. 27.

80 Vgl. hierzu das Kapitel "The Comic Balance" in Miles Orvell, *Invisible Parade: The Fiction of Flannery O'Connor* (Philadelphia: Temple U. P., 1972), S. 47-61.

81 Ebd., S. 127.

82 Ebd., S. 132.

83 Vgl. Martin, *The True Country*, a. a. O., S. 65, und David Eggenschwiler, *The Christian Humanism of Flannery O'Connor* (Detroit: Wayne State U. P., 1972), S. 46.

84 *Mystery and Manners*, S. 111.

85 McFarland, *Flannery O'Connor*, a. a. O., S. 20.

86 *Mystery and Manners*, S. 112: "... I have found that violence is strangely capable of returning my characters to reality and preparing them to accept their moment of grace."

87 Ebd., S. 112.

88 Ebd., S. 112.

89 Ebd., S. 108.

90 "Flannery O'Connor's Devil", in Robert E. Reiter, Hg., *Flannery O'Connor*, The Christian Critic Series (St. Louis, Miss.: B. Herder, 1968), S. 36.

91 Vgl. Josephine Hendin, *The World of Flannery O'Connor* (Bloomington und London: Indiana U. P., 1970), S. 17.

92 Vgl. *Mystery and Manners*, S. 18.

Liesel Hermes

Aspects of society: Zeitgenössische sozialkritische *stories* in England von Sid Chaplin bis Doris Lessing

1. Literatur und Gesellschaft

> ... it is not easy to define exactly in what ways literature illuminates society. One is pointing to something more than the use of literature as documentary illustration, a source of raw material from whatever period one is studying, a quarry to be raided for 'background'. One is not simply talking about a mass of evidence that interestingly shows the life of an age but acts only as illustration for the judgements one then makes about a society *from outside literature* , as a historian or philosopher or social scientist. One is arguing that literature provides in its own right a form of distinctive knowledge about society.
> It would be foolish to underestimate the documentary use of literature. Literature can serve such a purpose very well.[1]

Diese Sätze Hoggarts, die als einführender Diskussionstext am Anfang einer Unterrichtsreihe über sozialkritische Short Stories stehen könnten, enthalten verschiedene Hypothesen darüber, was Literatur zu leisten imstande ist. Dabei wird vorausgesetzt, daß Literatur in ‚irgendeiner' Weise Gesellschaft ‚beleuchtet', daß ihre Funktion insofern eine gesellschaftliche ist, als sie unmittelbar aus gesellschaftlichen Gegebenheiten entsteht und ihrerseits ein Licht auf spezifische Aspekte der Gesellschaft wirft: Jeder Autor sieht Gesellschaft unter einem speziellen, sehr subjektiven Blickwinkel, den er seinen Lesern anbietet.[2] Die Perspektive als Einstellung des Autors, die sich im literarischen Text manifestiert, wirkt auf den Leser, so daß er sich mit ihr auseinandersetzt, sie akzeptiert, kritisiert, verwirft. Insofern kann der Text einstellungsverändernd wirken.

Mit Blick auf die gesellschaftliche Funktion der Literatur führt Hoggart nun verschiedene Hypothesen ins Feld: 1. Literatur als "documentary illustration", 2. als "raw material" bzw. als "quarry", 3. als "mass of evidence". Diese Begriffe werden den Funktionen der Literatur nicht gerecht, wenn man nicht den letzten Satz des Absatzes hinzunimmt, daß Literatur nämlich "in its own right" wesentliche Aussagen machen kann. Literatur stellt also selber *ein wichtiges* gesellschaftliches Phänomen dar, aber nicht als in sich ruhendes Kunstwerk, sondern als wesentlich von gesellschaftlichen Bedingungen mitbestimmtes und geprägtes Gebilde.

Damit kommen literatursoziologische Fragen ins Blickfeld. Literatursoziologie ist nun aber nicht identisch mit der „über das Medium Literatur geübte(n) Sozialkritik"[3], die in den nachfolgend interpretierten Short Stories im Zentrum stehen soll. Doch geht sie — einer allgemeinen Definition zufolge — „von der wechselseitigen Bedingtheit von Literatur und Gesellschaft aus."[4] Ihr Gegenstand „sind die Beziehungen zwischen Literatur und Leser, die in die menschlichen Gesamtverhältnisse eingehen."[5] Diese empirisch zu erforschen, macht ein wesentliches Arbeitsfeld der ‚bürgerlichen' (im Gegensatz zur marxistischen) Literatursoziologie aus.

Norbert Fügen hat die Abhängigkeiten zwischen Literatur und Gesellschaft zu systematisieren versucht. Er unterscheidet die *Elementar-* oder *Rollenanalyse* als Selbstdarstellung des Autors, die *Strukturanalyse* als Untersuchung des Systems der literarischen Institutionen und die *Funktions-* oder *Wirkungsanalyse* als Untersuchung von Verhaltensmustern und Werthaltungen, die in literarischen Werken ihren Niederschlag finden.[6] Während eine Strukturanalyse im fremdsprachlichen Schulunterricht nicht geleistet werden kann, ist es möglich, das Selbstverständnis von Autoren als ein literatursoziologisches Problemfeld durch Einbringen entsprechenden Textmaterials zu erörtern. Zentral aber scheint mir die Wirkungsanalyse, die Fügen unter drei Aspekten sieht:

1. Welche Normen und Werthaltungen werden dargeboten, welche werden als inkompatibel dargestellt und welche von ihnen werden akzeptiert bzw. mißachtet....
2. An welche Werthaltungen appelliert das literarische Werk?...
3. Welche bereits vorhandenen Normen und Werthaltungen werden durch das analysierte Werk (A) gestützt, welche werden (B) geschwächt, und welchen verhilft das Werk (C) neu zur Durchsetzung?[7]

Diese Fragestellungen, die voraussetzen, daß Literatur ein „*ihrem Wesen nach* historisch-gesellschaftliches Phänomen ist",[8] führen zu Textinterpretationen, die gleichermaßen die Texte selbst mit ihrer Darstellung von Werten und Normen wie auch ihre gesellschaftliche Vermitteltheit berücksichtigen. Ein mit Blick auf diese Aspekte und Fragestellungen konzipierter Kurs über Short Stories für den EU der S II kann dazu führen, daß neben den literarischen auch landeskundliche Sachtexte zur Erhellung der in den Short Stories dargestellten gesellschaftlichen Phänomene herangezogen werden, so daß sich literarische und Sachtexte in ihren Aussagen über die Gesellschaft gegenseitig erhellen.

Die Auswahl der fünf für die Unterrichtsreihe zugrunde gelegten Short Stories kann nunmehr begründet werden. Die Stories stammen alle von zeitgenössischen Autoren, da das gegenwärtige England eine Fülle an Problemen aufwirft, die denen im eigenen Land nicht unähnlich sind. Die dargestellten sozialen Fragen können daher von den Schülern als ihnen bekannt oder sogar vertraut angesehen werden, mit anderen Worten: Der unmittelbare Ansatzpunkt wird im Lebensraum und Erfahrungshorizont der Schüler getroffen, denn, so argumentiert auch Bredella, der „durchschnittliche Leser" aktualisiert „den fiktiven Text auf den Hintergrund seiner Auffassungen. Um die fiktiven Texte verstehen zu können, knüpft er an seine eigenen Erfahrungen an."[9] Diese sind als Ausgangspunkt umso wichtiger, als sich den Schülern in den Short Stories die Gesellschaft eines anderen Landes erschließt, zu dem sie meist keinen direkten, sondern durch den Unterricht und durch die Massenmedien einen indirekten Zugang haben.

Die Auswahl läßt sich weiterhin mit dem von Bach vorgeführten literaturdidaktischen Ansatz von Wahrnehmen, Verstehen, Handeln begründen.[10] Alle Texte zeigen „Bezüge zu sozialen Gegebenheiten der Gegenwart," schärfen also das Wahrnehmungsvermögen für soziale Probleme und ihre literarische Gestaltung. Aus dem Versuch einer historischen Erklärung und des historischen Nachvollzugs erwächst die Möglichkeit zum besseren „Verständnis der persönlichen Gegenwartssituation," insofern der Erfahrungshorizont der Schüler ausdrücklich in die Textinterpretation eingebracht wird. Mithilfe einer solchermaßen ausgerichteten Textanalyse sollte als dritte Dimension eine „Aktivierungstendenz zum verständigen, rational-kritischen Handeln" erkennbar werden.[11] Die dritte Dimension führt zwangsläufig zur lange verachteten ‚Lebenshilfe,' die aber in den letzten Jahren zweifellos wieder an Ansehen gewonnen hat.[12]

Sie bedeutet sicher nicht, daß Literatur — wie es z. B. die Funktion mancher sachbezogener Textsorten ist — unmittelbare Hilfen zur Bewältigung von Alltagssituationen liefert. Das hieße nicht nur ihre Möglichkeiten zu überschätzen, sondern ihre Funktion im Ansatz zu verkennen. Aber sie bleibt nicht ohne Wirkung auf den Leser; vielmehr kann sie ihm neue Problem- und Sinnhorizonte eröffnen.

In jeder der ausgewählten Erzählungen zeigen sich andere gesellschaftliche Probleme im heutigen England, ist das Personeninventar ein anderes, so daß die Fragen und Themen ein breites Spektrum der englischen Gesellschaft erschließen. Dabei läßt sich das individuelle Schicksal jeweils als exemplarisch ansehen. Aufgrund der Stoffwahl des Autors erkennen die Schüler, inwieweit er von seiner Gesellschaft beeinflußt ist, so daß er seine Sicht von ihr wiederum in die Form von Erzählungen kleidet. Der jeweils sehr subjektive Aspekt der Realität, der sich dem Leser eröffnet, ermöglicht ihm selber wieder neue Einsichten in die gesellschaftliche Realität und zahlreiche inhaltlich-gehaltliche Vergleichsmöglichkeiten.

Abgesehen vielleicht von Chaplin wurden einige der bekanntesten englischen Schriftsteller nach dem zweiten Weltkrieg gewählt, so daß die

Schüler mit Repräsentanten der literarischen Gegenwart bekannt werden. Die Texte sind, um dem Lehrer die Durchführung der Reihe zu erleichtern, leicht zugänglich. Mit Ausnahme der Erzählung von Chaplin sind sie als fremdsprachliche Lektüren auf dem Markt erhältlich und mit entsprechenden Vokabelhilfen versehen. Die dargestellten Probleme gestatten zahlreiche Verbindungen zu sozialkundlichen Themenkreisen und lassen zusätzliche Texte zur Aufhellung und Ergänzung wünschenswert erscheinen. Alle Short Stories erlauben thematisch, formal und sprachlich weitere Vergleichsmöglichkeiten, als im Rahmen eines Unterrichtsmodells angeboten werden können, so daß zusätzliche Short Stories zur Ausweitung oder Abwandlung der thematischen Schwerpunkte vorgeschlagen werden, damit der Lehrer die Reihe abwandeln oder ergänzen oder einzelnen Schülern oder Gruppen zusätzliche Interpretationsaufgaben übertragen kann.

2. Lernziele

Wenn der amerikanische Autor Jack Schaefer apodiktisch behauptet: "I assert as simple truth that literature cannot be taught. Certainly not at the below-college level,"[13] und das für den muttersprachlichen Literaturunterricht verstanden wissen will, ist man zur Resignation geneigt, wenn nicht Schaefer selber einlenken würde: "To try to teach literature at the below-college level (and often above) is of necessity to teach reading."[14] So ist denn in der Tat das oberste Lernziel des Umgangs mit literarischen Texten die Fähigkeit, *genau* zu lesen.

Dieses Ziel läßt sich im Hinblick auf Sprache und Struktur von Short Stories weiter präzisieren. Gerade an Short Stories, deren beherrschende Merkmale, wie Lubbers hervorhebt, „das quantitative der Kürze und die qualitativen der Komplexität und Suggestivität" sind,[15] lassen sich die wesentlichen Strukturmerkmale allen Erzählens erarbeiten, nämlich *plot*, Raum, Zeit, Figuren einschließlich des Erzählers. In induktivem Prozeß gewinnen die Schüler unter Anleitung des Lehrers Beschreibungskategorien für die Analyse fiktionaler Texte.

Sprachliche und Stiluntersuchungen können jedoch nicht getrennt von der inhaltlich-gehaltlichen Analyse gesehen werden, und so besteht ein weiteres Ziel in der Erkenntnis, daß der Umgang mit Literatur eine spezielle Kommunikationssituation schafft, die die Schüler ganz persönlich betrifft.[16] Der gemeinsam erarbeitete Text schafft die Basis, die zum Nachdenken anregen, das Problembewußtsein schärfen, zum Überdenken der eigenen Position, zu Einstellungsveränderungen, zum In-Frage-Stellen anregen kann.[17] In einer solchen Kommunikationssituation wird sich der Einzelne seiner Vorstellungen, Haltungen, Meinungen bewußt und lernt, sich mit anderen auseinanderzusetzen, sie zu kritisieren oder zu akzeptieren. Der Bezugspunkt bleibt dabei immer der Text. Für die ausgewählten sozialkritischen Short Stories kommen als *spezielle* Lernziele hinzu:

1. Die Schüler gewinnen Einsicht in Zusammenhänge von Literatur und Gesellschaft. Sie erfahren z. B., daß der soziale Hintergrund der Autoren ihr literarisches Schaffen in hohem Maße prägen kann, so daß ihre zentralen Themen die Kritik an der Gesellschaft betreffen, in der sie leben. Das ist insbesondere bei Alan Sillitoe und Doris Lessing der Fall. Obwohl sich Sillitoe nicht als Sprachrohr einer bestimmten Schicht verstanden wissen will ("I don't see myself as a working class novelist"), nimmt er doch für sich in Anspruch, ein ‚politischer' Autor zu sein: "All political opinions I have and which I can express are all put into my work. Otherwise I can't label myself."[18] Seine politischen Überzeugungen finden also u. a. ihren Niederschlag in seinen Short Stories und bilden daher einen legitimen Ansatz, seine Erzählungen gesellschaftskritisch zu interpretieren. Auch D. Lessing ist eine politisch engagierte Schriftstellerin. Sie sieht in jedem Autor das Bestreben, sich nicht nur mitzuteilen, sondern Einfluß auszuüben, also Denkprozesse in Gang zu setzen und Veränderungen zu bewirken:

> The act of getting a story or a novel published is an act of communication, an attempt to impose one's personality and beliefs on other people. If a writer accepts this responsibility, he must see himself, to use the socialist phrase, as an architect of the soul . . .[19]

Gerade an diesen beiden Autoren können die Schüler — u. a. mithilfe des biographischen Ansatzes — erfahren, wie sehr der gesellschaftliche Hintergrund der Schriftsteller ihre literarischen Werke beeinflussen kann.

2. Die Schüler erkennen, daß sich das soziale Engagement in den gesellschaftlichen Problemen niederschlägt, die in den Short Stories dargestellt werden. In der heutigen englischen Gesellschaft spielen Schichtenprobleme eine viel größere Rolle als im eigenen Land, manifestieren sich schichtenspezifisches Traditionsbewußtsein und Klassendenken (besonders in der *working-class*) vor allem in der Weltanschauung und Lebenseinstellung und nicht zuletzt in der Sprache.

3. Im Verlauf der Unterrichtsreihe gewinnen die Schüler Einsicht in thematische Zusammenhänge, denn neben den jeweils für die einzelnen Short Stories zentralen Themen, z. B. der Rassendiskriminierung, des *clash of cultures*, der Benachteiligung von Randgruppen, kehren einige Themenbereiche in jeder Erzählung wieder. Dazu gehören: Schwierigkeiten des Miteinander-Redens und der Verantwortung füreinander, die Gefahr der Anonymität, der Vorurteile und des Klischeedenkens. Diese Themen sind sicher nicht allein typisch für gesellschaftskritische Short Stories, aber sie gewinnen hier eine besondere Bedeutung.

4. Mit dem Herausarbeiten dieser Themenkreise erkennen die Schüler den Anspruch, den die Short Stories aufgrund ihres "direct and profound moral concern"[20] stellen. Die besonderen, jeweils das Individuum betreffenden Probleme weisen über sich hinaus auf ein allgemeines, das jeden Leser trifft. Frank O'Connor sagt beinahe programmatisch: "There is your story. Dragging the reader in, making the reader part of the story - the reader is part of the story."[21] Die Schüler erfahren, daß die Erzählungen zwar gesellschaftlich vermittelt sind, daß sie aber ganz persönliche Aussagen enthalten, auf die sie ebenso persönlich reagieren sollen, indem sie sie mit ihrem eigenen Erfahrungsraum vergleichen und Stellung beziehen. Der Anspruch der Individualität wird z. B. von Lessing betont, wenn sie ihren Essay "A small personal voice" mit den folgenden Sätzen schließt:

The novelist talks, as an individual to individuals, in a small personal voice. In an age of committee art, public art, people may begin to feel again a need for the small personal voice; and this will feed confidence into writers and, with confidence because of the knowledge of being needed, the warmth and humanity and love of people which is essential for a great age of literature.[22]

3. Textauswahl

Die fünf ausgewählten Erzählungen sind nach dem Gesichtspunkt wachsender struktureller Komplexität zu einer Textsequenz angeordnet. Zugleich bieten sich in der vorgeschlagenen Reihenfolge die besten Vergleichsmöglichkeiten zwischen den Erzählungen. "The Unwanted" von Sid Chaplin[23] steht am Anfang, da die Handlungsstruktur einfach und übersichtlich ist. Sie besteht aus einer Reihe kurzer, aufeinander folgender Szenen, die insgesamt einen Zeitraum von nicht mehr als zwei Stunden umfassen. Ein älterer Mann bricht vor einer Straßenbahn zusammen. Ein anderer Mann namens Dick, der ihm zu helfen versucht, erfährt Gleichgültigkeit, Teilnahmslosigkeit und Rücksichtslosigkeit der Menschen, die unfreiwillig in den Fall hineingezogen werden. Die kurze Situationsfolge thematisiert in Variationen, daß der Mensch in unserer von behördlichen Institutionen geprägten Gesellschaft weitgehend anonym bleibt, daß das individuelle Schicksal die Menschen teilnahmslos läßt. Dick, der vergebens gegen die Gleichgültigkeit angeht, ist ein ganz gewöhnlicher Mensch, der sich von den anderen nur dadurch unterscheidet, daß er in höherem Maße Mitgefühl und Verantwortungsbewußtsein zeigt.

Verständnislosigkeit für das individuelle Schicksal wird auch in der Erzählung "Uncle Ernest" von Alan Sillitoe[24] thematisiert. Ein älterer, von der Teilnahme an zwei Weltkriegen gezeichneter und völlig vereinsamter Polsterer trifft in seinem Stammcafé zwei Mädchen, die tagsüber sich selbst überlassen sind. Glücklich über diese Möglichkeit des menschlichen Kontaktes, sorgt er für ihr leibliches Wohl und überhäuft sie mit Geschenken, bis er von Gästen angezeigt und von der Polizei unmißverständlich darauf aufmerksam gemacht wird, daß er sich strafbar mache, wenn er den Kontakt mit den Kindern aufrecht erhalte. Im Mittelpunkt stehen hier die erste und die letzte Begegnung mit den beiden Mädchen; die beiden Szenen werden durch ein stark raffendes *summary* verbunden.

Die nächste Erzählung, "Down our Way" von John Wain,[25] setzt strukturell wie thematisch ganz anders an. Sie gleicht einem Einakter: Ausschließlich von Dialogen beherrscht, mit einem Wohnzimmer als dem einzigen Handlungsschauplatz, gewährt sie nur durch indirekte Charakterisierung Einblick in Denkschablonen, Klischees und Vorurteile einer *lower-middle-class*-Familie. Interpretationsansätze sind hier formal die einem *play* verwandte Struktur und inhaltlich das Rassenproblem in Großbritannien, das an landeskundlichen Sachtexten weiter verfolgt wird. Auf diese Weise werden bei der dritten Erzählung ein literarischer Text und sachbezogene Texte miteinander verknüpft.

Sowohl von der Thematik als auch von der Struktur her bietet sich "A Visit in Bad Taste" von Angus Wilson[26] als Anknüpfungspunkt an. Die ebenfalls handlungsarme Erzählung spielt im Wohnzimmer eines *upper-middle-class*-Ehepaares und offenbart durch die Unterhaltung des Mannes und der Frau über ihren soeben aus dem Gefängnis entlassenen Bruder Einsicht in ihre von Vorurteilen, *middle-class*-Tradition und Statusdenken bestimmten Denkschablonen, in denen ein ehemaliger Strafgefangener keinen Platz hat. Wiederum erwächst die Problematik allein aus einem Gespräch, in dem die Ehepartner sich selber und den Partner charakterisieren.

Zweifellos stellt "England *versus* England" von Doris Lessing[27] die höchsten Ansprüche und sollte daher ans Ende der Reihe gestellt werden. Im Zentrum stehen die Themen des sozialen Aufstiegs eines Arbeitersohnes und der sprachlichen Barrieren zwischen den sozialen Schichten. Auch hier werden die Probleme, da die Handlung nur den Nachmittag und Abend eines Tages umfaßt, schlaglichtartig beleuchtet. Der zeitliche Rahmen wird durch die zahlreichen *flashbacks*, die die psychologische Entwicklung der Hauptfigur verfolgen, beträchtlich erweitert. Gleichzeitig dienen sie der Begründung für seine Handlungsweise und rücken das Identitätsproblem, die Schwierigkeit, innerhalb des traditionell festen sozialen Gefüges als Aufsteiger eine neue Rolle zu finden, ins Zentrum.

Gesellschaftlicher Aufstieg durch Bildung und die damit verbundenen sozialen und individualpsychologischen Probleme stellen ein brisantes Thema dar, für dessen Diskussion durch sachbezogene landeskundliche Texte ein breiter Hintergrund geschaffen werden sollte. D. h. der literarische Text wird durch *background information* weiter erhellt. Auch hier ist das Ziel, wie schon beim dritten Text, eine Integration von literarischer und Sachanalyse.

Die hier vorliegende Sequenz von Texten beruht also auf der wachsenden strukturellen Komplexität; daher können lediglich die Texte 3 und 4 problemlos vertauscht werden. Im Fall, daß "A Visit in Bad Taste" vor "Down our Way" gelesen wird, ergibt sich, daß die Texte 1 bis 3 ohne Zusatzmaterial erörtert werden, daß dagegen bei den beiden letzten zur landeskundlichen Information und zur Erarbeitung eines sachlichen Hintergrundes entsprechende Sachtexte bzw. Textausschnitte hinzugezogen werden.

4. Zur Methode

Wie eingangs erwähnt, geht es in einer Einführung um allgemeine Überlegungen zum Thema: "Literature and Society," dem das Exzerpt von Hoggart zugrunde liegt. Dabei wird festgestellt, daß der erste negativ formulierte Satz etwas ausdrückt, was jeder Leser literarischer Texte vage spürt, nämlich daß Literatur etwas über Gesellschaft auszusagen vermag und daß zwischen beiden eine Wechselbeziehung besteht. Die *key words* (vgl. oben) weisen alle in diese Richtung, werden aber von Hoggart in einer Weise vorgetragen ("something more, not simply"), die den Leser die *eigentliche* Funktion erwarten läßt, die dann im letzten Satz des ersten Absatzes genannt wird, wobei die Betonung auf "in its own right" liegt. Ergebnis: Literaturbetrachtung ist *eine mögliche* Quelle der Einsicht in die Gesellschaft, so daß sie im EU Landeskunde zwar nie ersetzen, aber landeskundliche Studien initiieren kann.

Die Eigenständigkeit der Aussage literarischer Texte wird auch in einem zweiten Exzerpt von Hoggart betont:

> We claim that somehow the literary imagination can, by exploring a society in its own way, tell us something new about aspects of that society, provide illuminating hypotheses about it, suggest orders within it that are exceptionally revealing. We claim that it can in itself and by its insights (not by being used as 'symptomatic evidence') assist the understanding of society.[28]

Über das Verhältnis Literatur-Gesellschaft finden die Schüler heraus: "to explore society, to provide hypotheses, to suggest orders, to assist the understanding of society". Der Eigenwert des literarischen Textes wird durch "in its own way, in itself (und negativ "not being used as 'symptomatic evidence'")" erneut unterstrichen.

Wenn zunächst über die Aussagekraft des literarischen Textes diskutiert wird, müssen in der Dreier-Beziehung

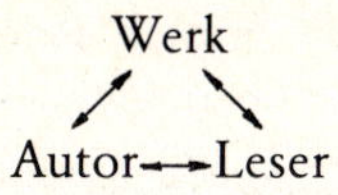

noch kurz die Positionen des Autors und des Lesers erörtert werden. Die des Autors kann an zwei kurzen Zitaten von Sillitoe und Lessing zur Sprache kommen. Sillitoe versteht die Funktion des Schriftstellers in der Gesellschaft folgendermaßen:

A writer's mind is, or should be, free — beyond and outside the values of the age he lives in, like a watch hand set at twelve o'clock with the rest of mankind in the middle of the dial and moving towards five-to-eleven. Therefore what he writes will become a slowly permeating influence among people who read.... Coming to a practical and personal level, the writer's approach to his work should be based upon the fact that he is trying to reach the people, as opposed to the mass media which falsely communicate by throwing symbols and values at them and using methods of disguised repetition until they have sunk in.[29]

Sillitoe plädiert dafür, daß sich der Autor möglichst von allzu zeitbezogenen Einflüssen freihalte.[30] Seine Aufgabe sieht er darin, seine Leser zu beeinflussen, "permeating influence, reach the people", also mithilfe des literarischen Werkes einen Kontakt herzustellen, durch den im Leser etwas bewirkt wird.

Der persönliche Bezug, der durch den literarischen Text zwischen Autor und Leser hergestellt werden soll, wird noch stärker in den oben zitierten Worten Doris Lessings betont.[31] Die Subjektivität der künstlerischen Aussage wird von den Schülern anhand des pointierten "as an individual to individuals" erkannt.

Abschließend gilt es herauszuarbeiten, was die Schüler als *Leser* im Prozeß der Texterschließung und der Interpretation leisten können und sollen. Es geht also um ihr Selbstverständnis als Leser. Hier vorprogrammieren zu wollen, ginge wohl an der Intention einer freien Diskussion vorbei. Doch wird aufgrund je eigener Leseerlebnisse sicher erwähnt werden:

to read thoroughly
to look out for details and key words
to try to formulate what effect the text has
to try to state one's opinions
to voice one's feelings
to find correspondences in one's own life and one's experiences

4.1

Die erste Short Story, "The Unwanted,"[32] ist was die Syntax anbelangt, leicht zu lesen. Sprachliche Schwierigkeiten ergeben sich eventuell im Bereich der Lexik; dialektische Wörter wie "nowt, Ah'll see, wi', ye, them (those)," die als *setting* Nordengland erkennen lassen,[33] sollten vorgegeben werden; weiterhin bedürfen die Wörter "slop" (*slang* für "policeman") und "Jack" als *colloquialism* für jeden beliebigen Menschen der Erklärung.

Die Erzählung läßt sich in zwei Stunden bewältigen, deren erste auf die gemeinsame Erarbeitung des *plot* verwendet wird, während die zweite der Charakterisierung der vergleichsweise zahlreichen Figuren und ihrer Funktionen sowie der Erörterung der zentralen Idee dient. Die Erzählung beginnt ohne formale Einleitung und stellt den Leser mitten in eine Situation: "The bus purred impatiently." (*situation* I) Der bestimmte Artikel suggeriert dem Leser, er wisse, um welchen Bus es sich handle; das Adverb, ein Schlüsselwort der Erzählung, wiederholt sich emphatisch im dritten Satz: "Queues await impatiently the bus..." (36) Die Situation spitzt sich schnell zu, als ein älterer Mann unmittelbar vor dem Bus zusammenbricht. Damit ist die erste Szene abgeschlossen und die Problematik deutlich: Was tun die zunächst unbeteiligten, auf dem abendlichen Heimweg befindlichen Menschen mit einem ihnen unbekannten Mann, der plötzlich Hilfe braucht? Die Ausgangssituation stellt sich also als ein Problem, das jeden Leser unmittelbar treffen und betreffen kann. Bereits in dieser ersten Szene wird ein Mann namens Dick als Exponent eines Menschentypus eingeführt, dem Hilfsbereitschaft selbstverständlich ist und der daher als Kontrastfigur zu allen anderen Personen konzipiert ist.

Die erste und längste Situation zur Problem*lösung (situation* II) spielt sich weitgehend im Sprechzimmer eines Arztes ab, der, als er erkennt, daß der alte Mann nicht zu seinen Patienten zählt,[34] nur schwer zur Hilfe bereit ist, und nachdem dieser einem Heranzfall erlegen ist, ihn so schnell wie möglich fortschaffen lassen will. Sein Verhalten weist deutliche Parallelen zu dem des Busfahrers auf, der den kranken Mann direkt zur Praxis fährt, um sich dann davon zu machen: "Driver and conductress made their escape" (39), während der Arzt unmißverständlich sagt: "Can't have him here. Must get rid of him." (38) Die dahinter stehende Haltung wird durch eine spätere Wiederholung noch verstärkt: "I've got to get rid of the body." (40) Im Kontrast dazu stehen Dick und ein nicht näher bezeichneter "little man", die den alten Mann tragen und den Körper bei der Untersuchung halten.

Diese Situation wird abgelöst durch eine Szene (*situation* III), in der ein Krankenwagenfahrer seine Aufgabe nur widerwillig erfüllt, weil nach seiner Ansicht der Fall in den Kompetenzbereich der Polizeiambulanz gehört. Er sucht nach einem Polizisten, der ihm die leidige Aufgabe abnimmt, die Angehörigen des Toten zu benachrichtigen. Wieder werden zwei Figurentypen kontrastiert: Während sich Dick zur weiteren Hilfe bereit erklärt ("'Will ye give me a bit hand at that end?' Dick said yes." 40), ist der Fahrer nicht willens, Kompromisse zu schließen: "Ah'm not budging till one of them blasted slops turns up." (40) Parallel dazu ist das Verhalten des Polizisten zu sehen, den sie schließlich antreffen. Er reagiert genau wie der Arzt, als er abwehrend sagt: "That's not my district." (41) Sein Entschluß, schließlich doch den Angehörigen die Todesnachricht zu überbringen, leitet zur letzten Szene über (*situation* IV), die in ein kleines häßliches Haus führt. Sie enthält eine Klimax voller bitterer Ironie: Nachdem sich vor allem Dick Sorge um den möglichen Schmerz der Familie gemacht hat, will diese offensichtlich die Leiche so rasch wie möglich aus dem Haus schaffen lassen: ". . . the sooner he's coffined an' away the better." (42)

Zusammenfassend können die Schüler zum *plot* feststellen: Er besteht aus vier Situationen; eine kurze Ausgangssituation schafft das Problem, das in drei weiteren Situationen verfolgt wird, wobei jede Situation einen anderen Handlungsschauplatz hat. Die zweite bis vierte Situation stellen die ‚Odyssee' des alten Mannes dar, der für seine Mitmenschen ein ‚Fall' ist, dessen man sich möglichst schnell entledigt und der am Ende, als er ‚heim'-kehrt, auch von dort wieder verbannt wird. Das Personeninventar ist für eine Short Story ziemlich groß, wie aus dem folgenden Schema ersichtlich:

I bus	II surgery	III downtown	IV old man's home
busdriver	busdriver	ambulance driver	ambulance driver
conductress	conductress	Dick	Dick
Dick	old man	little man	policeman
old man	Dick	policeman	neighbours
	doctor	old man (corpse)	woman
	little man		Johnny
			old man (corpse)

Es handelt sich also um acht agierende Figuren und den alten Mann, der selber nicht in die Handlung eingreift, um den sich aber das Geschehen zentriert. Das Verhalten der Figuren und ihre Funktionen in den verschiedenen Situationen gilt es in der zweiten Stunde zu erarbeiten, wobei die bereits erwähnten Stilmittel der Parallele und des Kontrastes eine Hilfe darstellen. Das Verhalten wird durch selektives Lesen herausgefunden, bei dem die Schüler die Information erarbeiten, die Verhaltensweisen beschreiben und insofern indirekt die Figur charakterisieren. Eine solche Aufgabe wird am zweckmäßigsten in Gruppenarbeit gelöst; dabei kann sich je eine Gruppe mit Dick und dem Arzt befassen, über die am meisten ausgesagt wird, während eine dritte sich die übrigen Figuren vornimmt. Die Ergebnisse lassen sich stichwortartig zusammenfassen:

Dick: "always last, being one of the meek" (36), he gets a doctor (36), asks for help (37), helps carrying the old man (37), holds him while he is being examined (38), helps carrying the corpse into the ambulance car (40), fetches a policeman (41).

Doctor: impatient (37), old man not one of his patients (37), hesitates (37), wants to put on his topcoat before going out (37), look of cold disinterestedness (38), wants to get rid of the corpse (38), has it put on the ground (39), calls the ambulance to get rid of the old man (39).

Busdriver: "got fed up with waiting" (37), hasn't got time (38), makes his escape (39).

Conductress: impatient (36), "examined her muddied hands" (38), makes her escape (39).

Little man: helps carrying the body into the surgery (37), holds the head (38), doesn't want to ride with the corpse (38).

Ambulance driver: doesn't want to "spring a body on people" (40), helpful to the little man (40), not prepared to break the news but waits for a policeman (40).

Policeman: not his district (41), up to the eyes in work (41), finally agrees to help (41).

Woman: wants to have the corpse out of the house (42).

Aufgrund dieser Zusammenstellung charakterisierender Verhaltensweisen und Äußerungen kann man die Zahl der Situationen und der Figuren als für das Thema notwendig erkennen. Die einzelnen Szenen stellen Variationen über das Thema 'indifference, negligence' dar. Alle Figuren werden in den Fall hineingezogen, der von ihnen tätige Mithilfe unter Hintansetzung eigener persönlicher Interessen verlangt. Mit Ausnahme Dicks verhalten sich alle ähnlich: Sie grollen, sehen nicht recht ein, wieso gerade ihnen ein solches ‚Mißgeschick' zustoßen muß, sie helfen zwar, aber nur widerwillig, und sie ziehen sich zurück, sobald sich eine Gelegenheit dazu bietet. Diese Parallelität des Verhaltens wird durch ein weiteres Moment hervorgehoben: Wieder mit Ausnahme von Dick stellen sie alle Vertreter von *public institutions or authorities* dar:

Dick	individual
busdriver, conductress	public transportation
doctor, ambulance driver	National Health Service
policeman	police force

Hinter diesen öffentlichen Funktionen tritt die Individualität zurück: Die Figuren werden nicht *namentlich* genannt, sondern als "driver, policeman" etc. eingeführt. In dieser ihrer Eigenschaft sind sie außerstande, ‚menschlich' zu handeln, sondern ihre Handlungsweisen richten sich an ihren *öffentlichen* Aufgaben aus.
Beispiele dafür sind:

busdriver: "Ah'm late as it is." (37)
doctor : ". . . surgery is due to open in a few minutes." (38, vgl. Wiederholung 39)
ambulance driver on the phone: A corpse belongs to the sphere of duties of a police ambulance. (39)
ambulance driver: " . . . somebody'll have to break the news and it isn't going to be me." (40)
policeman: ". . . that's not my district." (41)

Dick, der sich nicht wie die anderen hinter einer öffentlichen Funktion verbergen kann, ist der einzige, der die Notwendigkeit des persönlichen Einsatzes ohne Frage akzeptiert. Er wird damit sicher nicht zum Helden der Erzählung, aber er verweist auf die Gefahr, daß sich die Menschen hinter ihren öffentlichen Aufgaben verschanzen und dem individuellen Schicksal teilnahmslos oder sogar ablehnend gegenüberstehen. Das Thema der Gleichgültigkeit wird am Schluß nochmals ironisch variiert, als offensichtlich auch die Verwandten nichts anderes zu tun haben, als sich der Leiche zu entledigen.

Will der Lehrer zusätzlich auf Sprache und Stil eingehen, bietet sich als ein Schwerpunkt das umgangssprachliche, mit nördlichem Lokalkolorit gefärbte Englisch der wörtlichen Rede. Der Autor ist also bemüht, die Sprachen der Figuren schichtenspezifisch authentisch wiederzugeben. Die Erzählung ist aus Dicks Blickwinkel geschildert, er ist also der *viewpoint character*. Er wird im zweiten Absatz so vorgestellt, daß sich der Leser eine Vorstellung von ihm macht, noch ehe er selber zu handeln beginnt: "meekness" ist seine hervorragende Charaktereigenschaft. Ansonsten verzichtet der Erzähler weitgehend auf Introspektion. Vielmehr läuft das Geschehen in Form von Beschreibungen und Dialogteilen ab. Die Beschreibungen zeichnen sich durch weitgehende Parataxen aus, gleichsam als ob die Handlung einen objektiven Bericht darstellt. Ein Beispiel:

> Dick stood. They waited. The driver turned with a scowl. The running one did not appear. . . .
> Dick followed her (the conductress). A man was lying between the side of the bus and the kerbstone. He was moaning. His cloth cap lay in the gutter. Thin grey hair was ruffled by the wind like weeds. They knelt beside him. The man was old. The face was pinched over the bones. His lips were blue. (36)

Dieser leidenschaftslos beschreibende Stil, der einen weiteren Untersuchungsschwerpunkt darstellt, trägt dazu bei, daß der Leser nicht von vornherein in eine Richtung gedrängt wird; er liest, was objektiv vorgefallen ist, und kann nur indirekt aus dem Verhalten der Figuren die Tragweite des Problems zu ergründen versuchen.

4.2

Zwischen "The Unwanted" und "Uncle Ernest" lassen sich einige Verbindungslinien ziehen, die auch im Unterricht zur Sprache kommen sollten. Sillitoes Erzählung ist zwar wesentlich komplexer als "The Unwanted" und erfordert von den Schülern auch einige Wörterbucharbeit, läßt sich aber in selbständiger Lektüre bewältigen, da sie nicht in dem Maße mit *colloquialisms* und *slang*-Ausdrücken durchsetzt ist wie zahlreiche andere Erzählungen Sillitoes.[35] Lediglich "our Alma" (12)[36] müßte als dialektale Anrede an Familienmitglieder geklärt werden. Für die Interpretation bieten sich folgende thematischen Schwerpunkte an: der *plot*, die Charakterisierung der Hauptfigur und die zentrale Thematik sowie ein Vergleich mit "The Unwanted."

Während in "The Unwanted" der Leser mit dem Gebrauch des bestimmten Artikels direkt in eine Situation versetzt wurde, beginnt "Uncle Ernest" mit "A middle aged man ..." (7), setzt also beim Leser nicht dessen Bekanntschaft gleichsam voraus, sondern stellt die zentrale Figur vor. Der ganze erste Absatz ist der Beschreibung seines Äußeren und seiner Tätigkeit gewidmet, ehe im zweiten Absatz eine erste Zeitangabe erfolgt: "half past ten" (7), die sich mit der Andeutung einer herbstlichen Atmosphäre verbindet — "Autumn clouds, treacherous winds" (7) und so zu einer konkreten Situation hinführt: Ernest sucht ein Café auf, in dem er ein spätes Frühstück einnimmt. Hier wird weitgehend erzählt, nur drei kurze Sätze in wörtlicher Rede deuten die Szene an. Die detaillierte Beschreibung des Frühstücks (8-9) verlangsamt das Erzähltempo beträchtlich und leitet über zu einem längeren *summary* der Vergangenheit von Ernest. Erst dieses *summary* deutet das eigentliche Thema an: "loneliness, isolation" (9). Die Gründe dafür, so wird dem Leser deutlich, liegen in Ernests Teilnahme an zwei Weltkriegen, die in ihm eine Kriegsneurose ("shell shock", 9) hinterlassen haben, also eine Art innerer Verletzung, die ihn äußerlich in die Isolation getrieben hat, weil sie von den Mitmenschen nicht erkannt und verstanden wird. Am Ende des *summary* hat der Leser ein deutliches Bild von Ernest, das beherrscht ist von der Aussichtslosigkeit seiner Situation.

Anschließend wird die äußere Handlung, die Szene im Café wieder aufgegriffen. Die Zeitangabe ("eleven o'clock", 10) verweist darauf, daß inzwischen eine halbe Stunde vergangen ist. Damit findet die insgesamt vier Seiten umfassende Exposition ihr Ende.

Mit dem Satz "As he was being served two small girls came in." (11) setzt ein neues Thema ein. Ernest hört zunächst als Beobachter der Unterhaltung der beiden Mädchen zu, die als Dialog szenisch präsentiert wird, und schaltet sich schließlich selber ein, indem er die beiden anspricht und sie mit Kuchen versorgt: Der Unterschied zur Exposition wird insofern verdeutlicht, als hier die szenische Erzählweise *(showing)* im Vordergrund steht. Ernests Aufforderung "I come in here every day for my dinner, just about half past twelve, and if ever you're feeling hungry, come down and see me." (15) deutet sein Verlangen an, einen Kontakt herzustellen, eine menschliche Beziehung zu knüpfen. Sie markiert gleichzeitig das Ende der Szene.

Es folgt ein *summary*, dessen stark raffende Funktion aus den Zeitangaben hervorgeht: "the following weeks" (15); "every day" (16); "as days and weeks passed" (16). Unter dem Eindruck der Möglichkeit menschlicher Zuwendung hat sich Ernest geändert und sieht sein Dasein wieder als lebenswert an; dieses *summary* kulminiert in dem Satz: "... to him these two girls ... were the only people he had to love." (16)

Die zweite Szene kann nur oberflächlich parallel zur ersten gesehen werden,[37] denn gleich im ersten Satz werden "two smartly dressed men" (16) erwähnt, die den Leser die kommende Katastrophe ahnen lassen, so daß er Ernests Glück ("smile of happiness," 16; "he advised with a laugh," 17) nicht mehr trauen kann. Wiederum wird szenisch erzählt, und der Leser nimmt dadurch am Erscheinen der beiden Polizisten und ihrem Verhalten Ernest gegenüber unmittelbar Anteil. Ihrem anmaßenden "we know all about you. We know who you are." (18), also der Identifizierung und Kategorisierung durch eine Behörde, hat Ernest nichts entgegenzusetzen. Nachdem er aus dem Café herausgeführt worden ist, wird der Schluß in zwei Absätzen zusammengefaßt. Ernest bleibt in seiner Verlassenheit nur der Alkohol.

Anders als in "The Unwanted", wo eine kontinuierliche Handlungsabfolge geschildert wurde, konzentriert sich hier das Geschehen auf zwei Situationen. In szenischer Präsentation werden die erste und die letzte Begegnung Ernests mit den beiden Mädchen gestaltet, die von entscheidender Bedeutung für sein Leben sind. Sie werden miteinander verklammert durch das *summary*, das Ernests inneren Wandel beschreibt und damit auf die zweite Szene vorbereitet.
Insofern läßt die Short Story eine dramatische Struktur erkennen:

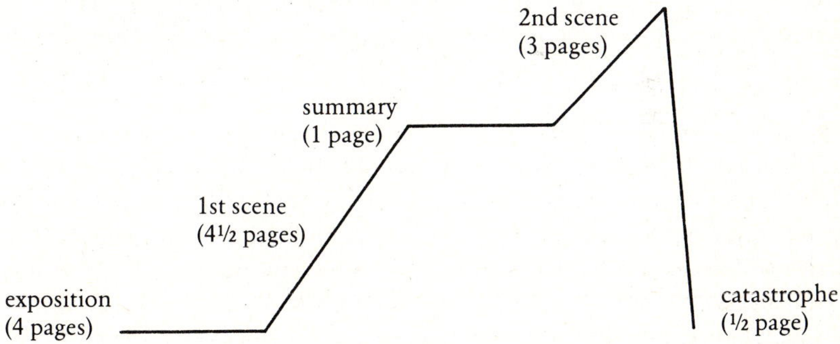

Ernest steht im Mittelpunkt des Geschehens. Es wird ausschließlich aus seiner Perspektive erzählt. Daher stellt eine detaillierte Erörterung seines Charakters das zweite Thema dar. Es erweist sich wiederum als günstig, in Gruppenarbeit vorzugehen und die vier Teile der Erzählung — *exposition, scene, summary, scene* — selektiv auf Aussagen über Ernest und sein Verhalten lesen zu lassen. Dabei werden als Mittel der Figurengestaltung die direkte und die indirekte Charakterisierung erarbeitet.[38] Die Schlüsselinformationen, die zum Verständnis Ernests dienen, werden als Arbeitsergebnisse vorgetragen. Folgende Angaben sollten dabei Berücksichtigung finden:

exposition: middle aged (7), negligent of his outer appearance (7), upholsterer by profession (7), lives in lodgings (7), pale and unhealthy looking (8), timid and hesitant behaviour (8; diese Aussagen betreffen beobachtbare Phänomene).
not accustomed to loneliness (9), wife has left him (9), has the will to go forward (9), jolted brain from the war (9), lives from hand to mouth (10; diese Aussagen betreffen seine Vergangenheit und seinen inneren Zustand).

first scene: animation enters on watching the children (11), feeling of loneliness (12), unhappy and empty (12), thirty-year-vacuum (13), empty days (14; innerer Zustand).
addresses the children and buys them pastries (11), caressing words (14), feeling of loneliness as a nightmare remembered (14), invites the children to have lunch with him more often (15; innerer Zustand und Verhalten).

summary: happy (15), satisfaction (15), hardly remembers the lonely days (15), spends his money on the girls (15), doesn't question the girls' demands (16; innerer Zustand und Verhalten).

second scene: smile of happiness (16), guilty feeling (17), full of misery (18), tries to defend himself (18), weak scream of defiance (18), filled with hatred and intense pity for himself (19), seeks oblivion in alcohol (19; innerer Zustand und Verhalten).

Ernest wird auf drei verschiedene Weisen charakterisiert: zum einen durch die Beschreibung seines Äußeren, das ihn als einen Menschen kennzeichnet, der sich vernachlässigt, zum zweiten durch die Beschreibung seiner Gefühle, seiner Wünsche und Sehnsüchte (*introspection*), zum dritten durch sein Verhalten den beiden Mädchen gegenüber. Es erhebt sich die Frage, ob der Erzähler nicht eine ganz bestimmte positive Wirkung Ernests auf den Leser beabsichtigt (im Gegensatz zur weitgehend objektiven Beschreibung in "The Unwanted"). Hier ist die *persönliche* Stellungnahme der Schüler gefordert, also die eigene Meinung, die sich ja nun auf eine genaue Textkenntnis gründet. Dabei wird zur Sprache kommen, daß "isolation" und "loneliness" *key words* sind, im Leser Mitleid mit Ernest zu erzeugen; das Gefühl der Sympathie (im ursprünglichen Sinne) wird abgelöst durch die Hoffnung auf Beständigkeit menschlicher Zuwendung, die im letzten Teil umschlägt in tiefes Mitgefühl angesichts der Hilflosigkeit Ernests gegenüber den Behördenvertretern, und in Zorn auf die Polizisten.[39]

Das Thema des Ausgeliefertseins an eine Behörde wird auch hier aufgegriffen, und die zweite Szene wird auf das Verhalten der Polizisten hin befragt. Mit der Einführung der "two smartly dressed" (16) bzw. "two well dressed men" (17) wird der Leser von Anfang an gegen sie eingenommen. Ihre Augen sind "arrogant, hard" (17). Damit wird ein Kontrast zu Ernest bewirkt, der beinahe an Schwarz-Weiß-Malerei grenzt. Angesichts der öffentlichen Funktionsträger hat Ernest keine Chance der Verteidigung seiner eigenen Position. Die Ironie des "we know all about you" (18) ist unüberhörbar; denn hier werden bestimmte Verhaltensweisen mit entsprechenden Charaktereigenschaften assoziiert, die zu dem Verdikt führen: Wer kleinen Mädchen Kuchen kauft, muß Böses mit ihnen im Sinn haben.

Über diese letzte Szene ergeben sich Anknüpfungspunkte an und Vergleiche mit "The Unwanted", deren Diskussion in Partnerarbeit vorbereitet werden kann. In beiden geht es um Hilflosigkeit und Machtlosikeit des Einzelnen angesichts behördlicher Institutionen. Deren Vertreter wiederum verschanzen sich hinter ihrer öffentlichen Funktion, die ihnen Macht verleiht und es ihnen überflüssig erscheinen läßt, das Individuum als solches zu sehen und zu behandeln. Die Kompetenz als Vertreter der Öffentlichkeit dient entweder als Entschuldigung ("The Unwanted") oder gibt die Berechtigung ("Uncle Ernest"), Urteile zu fällen: ". . . we've had complaints that you're giving these little girls money and *leading them the wrong way.*" (18, meine Hervorhebung) In beiden Erzählungen ist die Kritik an der Anonymität öffentlicher Institutionen und an der Gleichgültigkeit der Vertreter der Behörden dem Individuum und seinem je eigenen Schicksal gegenüber als eine zentrale Aussage zu erkennen.

4.3

Während in den ersten beiden Short Stories Situationen *beschrieben* wurden, steht im Mittelpunkt von "Down our Way"[40] eine einzelne, rein szenisch präsentierte Situation, die sich an einem Handlungsschauplatz abspielt. Abgesehen von zwei kurzen Raffungen ("a few minutes later . . .", 38; "but after half an hour . . .," 39) decken sich also erzählte Zeit und Erzählzeit. Die Struktur der Short Story ist einem Einakter ähnlich;[41] die Figuren dramatisieren die Handlung. Die wenigen Sätze, die keine wörtliche Rede enthalten, lassen sich als Regieanweisungen für die handelnden Figuren deuten, enthalten aber so gut wie keine Erzählerkommentare *über* die Figuren. D. h. der Erzähler tritt völlig zurück, und eine direkte Charakterisierung findet nur insofern statt, als sie sich gegenseitig mit bestimmten Qualitäten belegen. Ansonsten läßt diese Erzählweise nur die indirekte Charakterisierung zu, d. h. die Figuren gewinnen für die Leser durch ihre Handlung- und Redeweise an Konturen.[42]

Die Texterschließung beginnt also mit einer Erarbeitung der dramatischen Struktur: Es läßt sich leicht feststellen, daß die *three unities* von *time, place* und *action* alle gewahrt sind. Im Gegensatz zu den ersten beiden Erzählungen fehlt eine fortschreitende Handlung, es 'geschieht' nicht viel. Die vier Personen, Mr. and Mrs. Robinson und ihre beiden erwachsenen Kinder, führen beim Nachmittagstee eine Unterhaltung über allgemein verbreitete Vorurteile gegenüber der farbigen Bevölkerung, die ja u. a. in London einen relativ hohen Prozentsatz einnimmt. Dieser Teil der Unterhaltung bietet eine Art Exposition, in der der Leser von den Figuren ein erstes Bild gewinnt. Mehrmalige kleinere Spannungssteigerungen ergeben sich aus Unterbrechungen, wenn es an der Haustür klingelt und Mrs. Robinson den Raum verläßt. Der Leser bleibt jedoch immer mit den drei anderen Personen im Wohnzimmer und hört mit ihnen, daß draußen verhandelt wird (37, 38, 39). Die Spannung steigt deutlich, als ein auf Zimmersuche befindlicher West-Inder erscheint (39), der als einzige Figur in seinem äußeren Erscheinungsbild beschrieben wird. Die Illusion der Mutter, sie habe es mit einem als Schwarzen verkleideten Journalisten zu tun, die ihr außerordentlich zuvorkommendes Verhalten gegenüber dem Mann bestimmt, führt zu einer unerträglichen Spannung bei dem Rest der Familie. Sie findet ihren ersten Ausdruck in einem kurzen Wortwechsel der drei im Wohnzimmer zurückgebliebenen Personen, während Mrs. Robinson dem Schwarzen das zu vermietende Zimmer zeigt, und sie löst sich im dritten Teil (41, Mitte) in einer scharfen Auseinandersetzung, in der die eingangs angedeuteten Charakterzüge der Figuren nun sehr scharf pointiert werden.

Die Ausschnitthaftigkeit der Szene – die Erzählung hat im formalen Sinn weder Einleitung noch Schluß – läßt die Charaktere umso prägnanter hervortreten und reicht aus, daß sich der Leser ein differenziertes Bild von allen macht.

Als Arbeitsergebnisse werden festgehalten:

the story has the structure of a play
five persons
one place of action
short period of action
no narrator as a character in his own right
persons are characterized indirectly
rising and falling tension

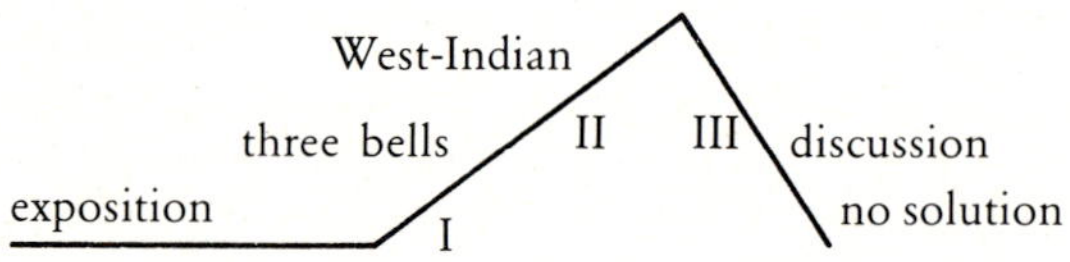

Die indirekte Charakterisierung der Figuren durch ihre Redeweise ist Gegenstand der folgenden Stunde, die insoweit arbeitsteilig bestritten wird, als vier Gruppen den Text jeweils auf eine Figur hin selektiv erarbeiten und alle entsprechenden Äußerungen und 'Regieanweisungen' zusammenstellen. Gerade wegen der recht spärlichen Angaben, die nicht in wörtlicher Rede stehen, ist hier genaues Lesen erforderlich.

Mr. Robinson wird bereits durch den Eingangssatz treffend charakterisiert: "God made us all different." (36) Ihm bietet die Bibel die Gewähr für die Richtigkeit seiner Annahme, daß Farbigen nicht dieselben Rechte wie Weißen zugestanden werden dürfen. Diese Einstellung wird untermauert durch ein Klischee ("An Englishman's home is his castle", 37), das sein Nationalbewußtsein andeutet. Damit setzt er sich zunächst in Gegensatz zu seinen Kindern, die für mehr Toleranz plädieren. Sein zweimaliges Sich-hinter-einer-Zeitung-Verstecken (40) charakterisiert ihn ebenso wie seine Äußerung "I want no part of this. She [his wife] got him in and she'll get him out." (40) als einen Mann, der sich aus heiklen Angelegenheiten herauszuhalten versucht. In die Unterhaltung mit dem Schwarzen schaltet er sich erst spät ein, als er ihn nach seinem Arbeitsplatz fragt (41). Sein Verhältnis zu seiner Frau wird erst im letzten Absatz deutlich, als er nach einem langen Blick auf sie wortlos zu seiner Zeitung greift. Darin äußern sich Desillusion über sie und die Erkenntnis, daß sie die Stärkere ist; denn "defeat" (40) war schon vorher angedeutet worden.

Mrs. Robinson ist in ihren (Vor-)Urteilen sehr sicher und nicht bereit, mit sich reden zu lassen. Auch sie steht mit ihrem "dirty little madams" (36, vgl. "dirty colour-blind little madams," 36) anfänglich im Gegensatz zu ihren Kindern, die für mehr Freizügigkeit zwischen Angehörigen verschiedener Rassen zu plädieren scheinen. Daß sie an einer einmal gefaßten Meinung festhält, wird an dem Auftritt des Farbigen exemplifiziert, den sie bis zuletzt nicht als solchen erkennen will, weil sie damit vor der Familie einen schweren Irrtum eingestehen müßte. Ihre Illusion wird im "trimphant glance" und "quick glance of complicity" (40) deutlich gemacht. Die Erkenntnis über seine Frau, die Mr. Robinson am Schluß in die wortlose Resignation treibt, besteht darin, daß sie auf ihrem Recht und auf ihrer Machtposition als Vermieterin beharrt: "Whose house is it?" (42) und "I haven't lived fifty years to end up not being mistress in my own house." (43)

Die Position der beiden Kinder läßt anfänglich Offenheit und Toleranz vermuten. "The black fellers have got to live, mum" (Doris, 36) und "make allowances, mum" (Arthur, 36). Die Oberflächlichkeit dieser Einstellung tritt in der abschließenden Auseinandersetzung mit der Mutter zutage, als Arthur in einem Anflug von Hysterie äußert : "You've gone and let the room to a real nigger. . . .you've ended up with a nigger in the house . . ." (41)[43], während sich Doris, ähnlich wie ihr Vater, aus der Affäre zu ziehen versucht: "I'm off out. . . .I'll leave you clever ones to sort it out among yourselves." (41) Es zeigt sich, daß die jungen Leute in ihrer Einstellung Farbigen gegenüber kompromißloser sind als die Alten, daß sie nicht im geringsten an der Richtigkeit ihrer Einstellung zweifeln. Ihre Äußerungen, die von den Schülern aufgelistet werden können und von denen hier aus

Raumgründen nur wenige angeführt werden, kennzeichnen alle Familienmitglieder als Menschen, die in Klischeedenken und Vorurteilen befangen sind.

God made us all different (36)
They [the blacks] don't know any better (36)
dirty little madams (36)
nice clean English boy (37)
You've ended up with a nigger in the house along with your own family (41)
The lodger never lived who never left the bathroom dirty (42)

Diese Themenkreise des Vorurteilsdenkens und der Rassendiskriminierung in England können wahlweise durch die Lektüre zusätzlicher Texte ausgeweitet werden. Vorurteilsdenken im Hinblick auf sozialen Status, auf Geschlecht, Rasse, Religion und seine sprachlichen Äußerungsformen werden im Penguin Connexions Band *The Language of Prejudice*[44] in zahlreichen kurzen Texten, Bildern und Photos dargestellt, so daß der Lehrer genügend Material als Diskussionsgrundlage findet.

In Richtung auf Landeskunde weist der andere Vorschlag: Rassendiskriminierung in den USA ist — orientiert man sich an den gängigen Lehrwerken — ein im Fremdsprachenunterricht weitaus verbreiteteres Thema als die Diskriminierung der farbigen Bevölkerung in England. Dem Lehrer leicht zugängliche Texte finden sich in Oberstufen-Lesebüchern: "Coloured Immigration", eine Rede Enoch Powells,[45] "Racial Tension" und "Discrimination. The Ugly Facts"[46] sowie "Britain's Coloured Population".[47] Sie werden entweder gruppenweise auf wesentliche Fakteninformation hin gelesen, oder der Lehrer wählt einen Text als gemeinsame Diskussionsbasis. Der Text "Racial Tension" knüpft wegen der Darstellung *irrationaler* Vorurteile der Bevölkerung Farbigen gegenüber direkt an die Erzählung an, während es in "Discrimination" hauptsächlich um Fakten zur Diskriminierung bei der Arbeitsplatzbeschaffung geht.[48]

Eine objektive Bewertung der Situation in England setzt voraus, daß die Schüler wissen, daß die farbige Bevölkerung dort ca. 2½% (gegenüber 12% in den USA) der Gesamtbevölkerung ausmacht und daß sie sich in der Hauptsache auf London und die großen Industriestädte konzentriert.[49] Aus den Sachtexten geht hervor, daß die Ursachen für Rassendiskriminierung oft in Vorurteilen liegen und daß die Auswirkungen — unterschiedliche Behandlung in allen Bereichen des täglichen Lebens — sich kaum von den Bedingungen unterscheiden, unter denen in unserem Land viele Gastarbeiter leben. Das Ziel dabei ist nicht, die herrschenden Zustände im Nachbarland anzuprangern, sondern die Komplexität sozialer Probleme bei Ausländern aufzuzeigen, ganz gleich, woher sie kommen, und die Schwierigkeit, einmal gefaßte Vorurteile und Denkschablonen zu durchbrechen.[50]

4.4

Bei "A Visit in Bad Taste"[51] handelt es sich um eine sprachlich außerordentlich dichte Erzählung, die die Schüler sehr genau lesen müssen, um alle auch anscheinend unwichtigen Details in die Interpretation einbringen zu können. Da sie in Aufbau und Struktur Ähnlichkeit zu "Down our Way" aufweist, können die Schüler das zuvor Gelernte selbständig anwenden, so daß die Struktur verhältnismäßig rasch erarbeitet werden kann:

no formal introduction
one place of action: living-room of a wealthy couple
time of action: approximately half an hour (correspondence of reading time and acting time)
hardly any plot; mainly conversation of two people
indirect characterization through words and actions

Im Mittelpunkt steht anschließend die Erarbeitung der drei Figuren, die dem Leser auf unterschiedliche Weise präsentiert werden: Das Ehepaar Margaret und Malcolm Tarrant befindet sich sozusagen auf der Bühne, ihre Charaktere erschließen sich dem Leser durch ihre Ansichten wie auch durch ihr Verhalten. Gesprächsgegenstand ist Arthur, Margarets Bruder, der selber nicht anwesend ist. Alles, was der Leser über ihn erfährt, ist durch die Perspektive des Ehepaares gefiltert. Die mögliche Reaktion des Lesers besteht darin, sich der Meinung der Tarrants über Arthur anzuschließen oder ihr skeptisch gegenüberzustehen und sich aus dem ‚Auftritt' Arthurs seine eigene Meinung zu bilden. Auch in dieser Short Story tritt der Erzähler ganz hinter seinen Figuren zurück, gibt keine Kommentare und Wertungen und beteiligt so den Leser direkt.

Zunächst wird der Text gemeinsam auf die Informationen hin gelesen, die Aufschluß über Arthur geben. Der Einleitungssatz "He looks very much older" (44) versetzt den Leser mitten in eine Unterhaltung über einen Mann, der durch das Personalpronomen "he" quasi als bekannt vorausgesetzt wird. Da der Leser aber eben nichts über ihn weiß, handelt es sich um ein Mittel der Spannungserzeugung; denn im folgenden werden Stück für Stück Informationen gegeben, die beim Leser ein Bild von Arthur entstehen lassen.

he was in prison he is Margaret's brother he is sixty he is a public-school boy (44)[52]	} diese Information beziehen sich auf Lebensfakten

Ein weiterer Aspekt erfaßt seinen Charakter, wie er von dem Ehepaar Tarrant beurteilt wird. Margaret erscheint seine Unsicherheit besonders auffällig: "... fingering his tie, when he talks, loosening his collar with his finger, deferring every opinion to you [Malcolm]..." (44) In ihren Augen ist Arthur "vulgar" (44). Seine Frau wird als "that terrible little woman" (45) abgetan, als "dreadful vulgar little Fascist-minded creature" (45).

Der dritte Aspekt, der in langsamem Prozeß enthüllt wird, ist der des kriminellen Vergehens. Auch hier wird anscheinend die Kenntnis des Tatbestandes vorausgesetzt, wenn Malcolm bemerkt: "I could never excuse his actions." (45) Welcher Art sie sind, wird noch nicht gesagt, aber Malcolm hätte seinen Schwager gern zu einem Psychoanalytiker geschickt, und es scheint wieder bezeichnend für Arthurs Charakter, wenn dessen Ablehnung so begründet wird: "In the first place he thinks it isn't respectable, and then deep down, of course, he would be frightened of it, he would think it was witchcraft." (45)

Erst nachdem der Leser erfahren hat, daß Arthurs Vergehen "disgusting, inexcusable" (45) sind, heißt es *expressis verbis*, daß es sich um "offences against children" (45) handelt. Die Kinder werden aber nicht, wie es der Leser erwartet, von Margaret bedauert, im Gegenteil: Sie steht ihnen reserviert gegenüber und bezeichnet sie als "cretinous boy" und "awful, painted oversexed girl" (46). Der Leser gewinnt den Eindruck, als hätten in Margarets Augen die Kinder selber Arthurs Vergehen an ihnen herausgefordert.

Als vierter Aspekt ergibt sich nun, nachdem die Vergangenheit in einem analytischen Prozeß erhellt worden ist, die Frage nach seiner Zukunft. Seine Anwesenheit, die von Malcolm mit seiner Einsamkeit nach der Entlassung entschuldigt wird, ist Margaret ein Dorn im Auge: "We aren't his sort of people. ... This isn't his kind of house." (46) Die soziale Trennwand, die sie zwischen sich und ihrem Bruder empfindet, veranlaßt sie, auf seine Abreise zu drängen.

Nachdem Arthurs Charakter so von verschiedenen Seiten her beleuchtet worden ist, erscheint er auf den letzten beiden Seiten persönlich. Die Beschreibung: "His suit looked over-pressed, his tie was too 'club', his hair had too much brilliantine for a man of his age. All his actions were carried out overconsciously, with military precision . . ." (47) bestätigt den Verdacht, daß es sich um einen verunsicherten Menschen handelt, der ganz auf Anpassung bedacht ist und der in Gegenwart der Tarrants spürt, daß er nicht in die Atmosphäre paßt: "Then feeling, such diffidence was unsuitable, he added, 'Port, eh? Very fruity, very tasty.'" (47) Seine klischeehaften Redewendungen ("nature's call, you know," "give them an inch and they'll take an ell," 47; "it's a moocky do, lass," 48) stehen in krassem Gegensatz zur Sprachebene der Tarrants, kennzeichnen ihn als Außenseiter, eine Tatsache, deren er sich selber bewußt ist, als er auf Margarets Satz "It won't do here, we don't fit together" — feststellt: "I doubt if *I* fit in anywhere." (48) Die darin sich äußernde Resignation hat zur Folge, daß er sich wehrlos mit einem Whisky auf sein Zimmer abschieben läßt, so daß der Schluß der Short Story wieder dem Ehepaar gehört.

Die unterschiedliche psychologische Wirkung, die Arthurs kurzer Auftritt auf die Tarrants hat, läßt sich an der jeweiligen sprachlichen Reaktion ablesen. Malcolm: "Poor old Arthur. I expect he'll find happiness sometime, somewhere." Margaret: "... we can't afford to let his rottenness affect us." (48) Diese beiden Sätze, die Arthurs hoffnungslose Situation, das Abgeschobenwerden, schlaglichtartig beleuchten, lassen sich zugleich als Ausgang für eine Erarbeitung der beiden Charaktere heranziehen. Sie werden mithilfe eines selektiven Leseprozesses erschlossen. Dafür bietet sich eine Stillesephase an, in der sich die Lerngruppe wahlweise auf Margaret oder Malcolm konzentriert.

Margaret beginnt mit einem Werturteil über ihren Bruder: "servile" (44), das sie später durch "vulgar" (44) ergänzt. Für sie ist die ‚geschmacklose' eheliche Verbindung Ursache seines Vergehens. "To have lived for so many years against such a background was excuse enough for any crime ..." (45), und sie ist nicht willens, ihren Bruder länger als unbedingt notwendig im Hause zu behalten; sie sieht in der Lage ihres Bruders "an unpleasant business, but if it's not to turn sour on us, we've got to face it." (48) Hinter dieser Härte verbirgt sich ihr ängstliches Bemühen, ihren gesellschaftlichen Status zu wahren, ihn nicht durch die Anwesenheit eines ehemaligen strafgefangenen Verwandten - und sei es ihr Bruder - in Gefahr zu bringen.

Während Margaret ausschließlich auf Bewahrung des sozial Erreichten bedacht ist und aus diesem Grunde eine mögliche Verantwortung für ihn ablehnt, versucht ihr Mann, sich seiner Einstellung gegenüber seinem Schwager bewußt zu werden und ihn zu verstehen: "... that public school has always meant a lot more to Arthur than we could quite understand." (44) Er ist sich seiner Vorurteile wohl bewußt: "I tried to rid myself of my prejudice against him ..." (45) Und er erkennt Arthurs Einsamkeit (46) und ist daher bereit, ihn zunächst bei sich zu behalten. Doch läßt er sich ohne weiteres von der Sehweise seiner Frau überzeugen. Der Grund dafür ist in seiner ambivalenten Einstellung Margaret gegenüber zu finden, die nur aus wenigen Bemerkungen erschlossen werden kann, so z. B.: "... he smiled the special smile of admiring condescension that he kept for his wife's political opinions." (45) Wenig später heißt es, daß er sie vierzig Jahre zuvor in Cambridge "irresistible" fand. Als Margaret Arthur unverblümt die Möglichkeit des Selbstmordes vorschlägt, wird Malcolms Reaktion so beschrieben: "Malcolm looked away, embarrassed. These moments of self-dramatization of Margaret's made him feel that he had married beneath himself." (48) Ironischerweise empfindet er dasselbe, was seine Frau offen über die

Ehe ihres Bruders geäußert hatte (46). Das Gefühl der Bewunderung für ihre Art, auch peinliche Probleme mit Realismus zu bewältigen, ist nur scheinbar. Wesentlich sind die letzten beiden Sätze: "But for all the realism of her view, it somehow did not satisfy him. He remained vaguely uneasy the whole evening." (48) Darin liegt ein ähnlicher Ausdruck der Desillusion, wie er den Schluß von "Down our Way" kennzeichnete.

Der dritte Themenkreis, der der Analyse bedarf, betrifft die Details, mithilfe derer in den kurzen beschreibenden Sätzen oder Passagen das *setting* und damit der gesellschaftliche Hintergrund geschaffen wird. Dazu werden Textbeispiele gesammelt:

... he replaced his glass of port on the little table by his side ... (44)
The firelight shone upon her rich silver brocade evening dress ... (44)
great open fire (44)
tiny liqueur glass of light emerald (44)
Chelsea group of Silenus and a country-girl and the plain grey bowl filled with coppery and red-gold chrysanthemums (44)
She speared a crystallized orange from its wooden box with the little two-pronged fork (45)
Her eyes were lighted on the Chelsea and Meissen figures, the John drawings, the Spanish metalwork, the little pale yellow spinet — eclectic but good (46)
heavy striped satin curtains (46)

Erst die wohlhabende *upper-middle-class*-Atmosphäre, die durch diese Details geschaffen wird, läßt die beiden Figuren im richtigen Kontext erscheinen. Für Margaret bedeutet diese Atmosphäre, die sich in *crème de menthe* ebenso wie in der Zigarre manifestiert, das Wissen um den gesellschaftlichen Rang, der u. a. in der Auswahl der Bekannten zum Ausdruck kommt ("Professor Crewe, Dr. Modjka", 46), und um alles, was sie persönlich erreicht zu haben glaubt, und sie ist nicht zu bewegen, diesen ihren Lebensinhalt um der Verantwortung für ihren Bruder willen auf's Spiel zu setzen.

4.5

Am Schluß der Reihe steht mit D. Lessings "England *versus* England" die längste und komplexeste Short Story.[53] Für sie sind mindestens vier (mit Zusatztexten evtl. sechs) Stunden anzusetzen. Die zahlreichen Verweise und Anspielungen auf soziale Phänomene in England, zu denen 'aspects of working class life' und soziale Sprachbarrieren, evtl. auch 'higher education' gehören, werden zum Anlaß genommen, zusätzliche Sachtexte und Textauszüge zu erörtern.

Die Erzählung besteht aus vier chronologisch präsentierten Szenen, die einen Zeitraum von ca. zwei Stunden umfassen.[54] Insgesamt wird also nur wenig gerafft, und in den Dialogteilen kommen Erzählzeit und erzählte

Zeit zur Deckung. Für die Erarbeitung der vier Szenen und ihrer Funktionen wird die erste Stunde verwendet. Hier sollen nur die Ergebnisse skizziert werden:

first scene: Charlie's working-class home, relationship between Charlie and the village people (21-22)

second scene: on the way to the bus and the bus ride with Lennie; Charlie's feelings about the village and his family; his fear of failure (22-27)

third scene: in the pub; Charlie's existence between two worlds (27-31)

fourth scene: on the train; Charlie's position between two classes; language as indicator of social status (31-35).

Der zeitliche Rahmen von zwei Stunden wird durch mehrere *flashbacks* im zweiten Teil ("Last year ...", 24; "In the Christmas holidays ...", 25; "After the visit to the doctor ...", 29) beträchtlich erweitert. Die Hauptfunktion der vier Szenen besteht, vereinfachend gesagt, darin, in mehreren Situationen Charlies soziale Entwurzelung zu variieren, und die *flashbacks* bilden insofern eine Ergänzung dazu, als sie durch Ausweitung des zeitlichen Rahmens diese Entwurzelung nicht als plötzliches Phänomen, sondern als notwendige, nicht aufzuhaltende Entwicklung darstellen. Als zentrale Interpretationsaufgabe wird die Erörterung von Charlies psychischer Verfassung angesichts dieser Situation erkannt.

Sie ist Thema der folgenden Stunde, evtl. Doppelstunde. Aufgrund der Länge des Textes werden einzelne Abschnitte am besten gruppenweise erarbeitet. Dabei bieten sich als Teilabschnitte die Szenen 1-3 und die jeweiligen *flashbacks* an. Die vierte Szene bleibt ausgespart, da ihre Analyse Thema der nächstfolgenden Stunde sein soll. Aufgabe der Schüler ist es, die jeweiligen Textabschnitte auf alle Andeutungen, Hinweise und Aussagen hin durchzuarbeiten, die Charlies innere Verfassung und sichtbare Manifestationen seiner Entwurzelung erkennen lassen.

Charlies soziale Herkunft ist Thema der ersten Szene. Er entstammt der *working-class;* sein Vater ist Bergarbeiter. Bereits der erste Satz deutet Charlies Lage an: "I think I'll be off." (21) Er flieht aus dem Elternhaus, in dem er zwar akzeptiert und sogar bewundert, nicht aber verstanden wird. Die soziale Trennwand zwischen ihm und den Dorfbewohnern wird pointiert zum Ausdruck gebracht: "So you're going back to the dreaming spires. ...Off to t'palaces of learning" und: "... or will you be frolicking with t'lords and t'earls you're the equal of now?" (21) Deutlicher kann nicht ausgedrückt werden, daß Charlie zwar der große Sohn des Dorfes ist, daß er aber nicht mehr zum ihm gehört, denn selbst die von Charlie versuchte Verschiebung auf eine stichelnd humorvolle Ebene, die in "t'hewers of wood and t'drawers of water" (21) anklingt, vermag die Kluft nicht zu überbrücken. Charlie ist sich dessen bewußt, daß er seine Ausbildung seinem Elternhaus verdankt,[55] aber er weiß gleichzeitig, daß sie ihn von seinen Eltern trennt.

Dieser Eindruck des Zwiespalts wird in der zweiten Szene variiert und psychologisch komplexer. Er läßt sich zunächst an der Beschreibung des Dorfes exemplifizieren, die aus Charlies Blickwinkel geschieht: "... how he loved his home and how he hated the village." (22) Er sieht nur die Monotonie und Häßlichkeit des Ortes, der den Bewohnern kaum Abwechslung bietet, außer einer Bibliothek und zweier Clubs für die Männer, so daß sich die meisten in die Privatsphäre des Fernsehens zurückziehen. Der Stolz des Vaters auf das Dorf, der aus der Kenntnis der historischen Zustände resultiert, bleibt ihm unverständlich, doch respektiert er ihn, indem er eine Diskussion darüber vermeidet.

Die Busfahrt mit Lennie wird überwiegend szenisch präsentiert und enthüllt die Gegensätzlichkeiten zwischen ihm und seinem um zwei Jahre jüngeren Bruder. Lennie steht Charlies Angst vor einem möglichen Versagen im Examen verständnislos gegenüber ("You were always first in school. . . . Why shouldn't you pass, then?" 24), da er Charlies Schuldgefühle nicht durchschauen kann (". . . they still paid for him. At his age, his father had been working in the pit for eight years." 25). Aber er bemüht sich, auf seinen Bruder einzugehen: "Seen a doctor, Charlie-boy?" (24) Daß er das Problem schließlich doch mit einer Phrase abtut ("No point in killing yourself working", 24), macht wiederum die Kluft zwischen den Brüdern deutlich.

Ein zweiter Punkt, an dem beide zu keiner Verständigung kommen, betrifft die Mutter, die in Charlies Augen ein unterprivilegiertes Dasein führt, während Lennie ihre Arbeits- und Lebensbedingungen nicht weiter in Frage stellt. "He had listened to Charlie's tirade . . ." (26) Charlies soziologische Reflexionen interessieren ihn nicht.

In der dritten Szene wird die Unterhaltung mit dem Barbesitzer Mike, als Ire selber in gewisser Weise ein Außenseiter wie Charlie (vgl. 27), hauptsächlich zum Anlaß genommen, in zwei längeren *flashbacks* (Arztbesuch) die Zuspitzung von Charlies innerem Zwiespalt zu schildern. Hier muß die Funktion der beiden Stimmen erörtert werden, die als weiteres Indiz für Charlies Zerrissenheit zu sehen sind. Beide werden schon in der ersten Szene erwähnt, wenn von "his personal spiteful enemy, like a poltergeist" (21) und von der "nagging inner voice" (22) die Rede ist. Während die innere Stimme, die auch "painful" (22) und "didactic" (25) genannt wird, die *ratio* verkörpert, Charlies Bemühen, alles vernünftig zu durchdenken, für alles eine einleuchtende psychologische Begründung zu finden, repräsentiert der "spiteful enemy outside" (22) die Bewußtseinsebene Charlies, die Distanz von sich selber zu erreichen trachtet, die seine Lage satirisch (vgl. 24), parodistisch (vgl. 25) zu bewältigen sucht. Sie ist beim Arztbesuch optisch durch Kursivdruck gekennzeichnet. Die Szene läßt ahnen, daß Charlie nur schwer geholfen werden kann, weil er sich in einer Identitätskrise befindet. Er ist seiner Herkunftsschicht entfremdet, ohne daß er eine neue Rolle gefunden hätte, die seinem Bildungsstand entspräche. Die Selbstentfremdung wird von ihm selber anläßlich eines nächtlichen Besuchs bei einer Freundin in einem ironischen Klischee zusammengefaßt: "Horny-handed son of toil wins by his unquenched virility beautiful daughter of the moneyed classes." (30)

Der Identitätsverlust wird schließlich in der vierten Szene in den sprachlichen Bereich transponiert, als Charlie unter Alkoholeinfluß zunächst eine junge Mitreisende, die offensichtlich "upper class" (31) ist, durch verschiedene Sprachebenen verunsichert (32). Ihre Reaktion ist typisch: "She picked up a magazine and shut him out..." (32; schon vorher hatte er durch seine "middle class voice" [25], die er vor seiner Familie zu verbergen suchte, seinen Bruder in Unsicherheit versetzt). Sein eigentliches Opfer aber sind ein älterer Mann und dessen Frau, derselben Schicht wie seine Eltern angehörend, die sich auf dem Wege nach London befinden und im Zug ein Gespräch zu beginnen suchen. Als Charlie sich darauf verlegt, die Fragen der Frau in seinen Antworten papageienhaft zu kopieren, merken die Alten seine Absicht nicht, aber das Mädchen durchschaut ihn. Er versucht daraufhin, den Alkoholeinfluß unter Kontrolle zu bringen und auf die Frage der Frau: "London's a big place for strangers" (33) eine echte Antwort zu finden: "But it makes a nice change" (33), ein Austausch, der ein wirkliches Gespräch in Gang setzen könnte. Doch dann folgt eine Parodie auf eine Unterhaltung, denn der Wortwechsel zwischen dem alten Mann und Charlie ist so gespickt mit Phrasen und Füllseln, daß von einer Konversation keine Rede sein kann. Dieser Teil des Dialogs setzt folgendermaßen ein:

> 'Yes, but it's a drag,' said the man. 'Say what you like, but it is. After all, I mean, when all is said and done.' ...
> Charlie said: 'There's no denying it, say what you like, I mean, there's no doubt about it.'

Und er findet seinen Höhepunkt in Charlies Worten:

> 'It's what you're used to, that's what I say, well I mean. *Well*, and there's another thing, when all is said and done, and after all, if you're going to take one thing with another...' (34)

Die Addition leerer Worthülsen wird den alten Leuten nicht bewußt, weil ihre Unterhaltung gewohnheitsmäßig so aufgefüllt wird, doch Charlie, der den *working-class code* ebenso beherrscht wie den der *middle class*, durchschaut ihre Redeweise und gibt mit seiner Parodie die alten Leute der Lächerlichkeit preis. Aufgrund seiner Ausbildung ist er zur Analyse des restringierten *working-class code* fähig, ohne daß er für sich eine Rolle in der *middle class* finden könnte.

Die Ironie des Schlusses besteht darin, daß Charlie sich zwar bei der Frau entschuldigt, daß sie aber anscheinend nicht recht begriffen hat, was Charlie ihnen angetan hat, da sie in ihren Trostworten wiederum nur Worthülsen hervorbringt: "Now look, son, there's no point in taking on like that, well is there? I mean to say, you've got to take the rough with the smooth, and there's no other way of looking at it." (35)

Das Heraussuchen der Worthülsen und die Diskussion ihrer Funktion allgemein und in dieser speziellen Situation macht die wesentliche Arbeit der Stunde aus. Die Schüler erkennen, daß zur Umgangssprache, zum *small talk*, derartige Worthülsen gehören, daß sie Anteilnahme und aufmerksames Zuhören oder die Bitte darum signalisieren können, daß aber ihre Wirkung durch die Häufung hier ins Lächerliche verkehrt wird.

An der Identitätskrise Charlies, an seiner sozialen Zwischenposition werden Klassengegensätze deutlich. Sie können mit landeskundlichem Schwerpunkt untersucht werden, der hier aus Raumgründen nur kurz skizziert wird.

> . . . the structure of our class system has remained so far impervious to radical reforms. This is more than just a matter of occupational inertia. Class differences are also differences in life chances and styles of living. The classes are separated by social and geographical distance, by barriers of communication, by differences of speech idiom and techniques of culture transmission, of intellectual climate, in patterns of consumption, and leisure pursuits.[56]

Diese Zusammenfassung nennt eine Reihe diskussionswürdiger Themen, von denen Schüler und Lehrer einige auswählen. Zum Lebensstil der *working-class* ist immer noch Hoggarts Buch *The Uses of Literacy*[57] lesenswert, das allerdings nur in Ausschnitten erarbeitet werden kann und das sich gut für selbständige Schülerreferate eignet. Dazu bieten sich u. a. die Aussagen über die Rolle der Mutter als dem Zentrum der Familie an, die sich willig ihrem Mann unterordnet und von ihm weitgehend finanziell abhängig ist, die im großen und ganzen ihren Lebensinhalt darin sieht, 'to make ends meet'. Die Rolle des Vaters ist dagegen normalerweise die des ‚Herrn im Haus', der seine Frau gut oder schlecht behandelt und von dem niemand erwarten würde, daß er im Haushalt hilft.[58] An beiden Passagen lassen sich deutliche Parallelen zu Charlies Elternhaus erkennen.

In Hoggarts Werk *Speaking to Each Other*, vol. 1: *About Society* findet sich ein Textauszug, in dem er seine Schulkarriere als *working-class* Junge beschreibt. Dabei lassen sich zahlreiche Parallelen zu Charlie aufweisen: Schon als Schuljunge erleidet Hoggart einen nervösen Zusammenbruch, weil er den psychischen Belastungen einer *middle-class* Schule nicht ganz gewachsen ist. Auf Anraten seines Direktors geht er später zur Universität, zwar nicht nach Oxford oder Cambridge, sondern nach Leeds. Im Vergleich zu anderen Studenten muß er sehr mit seinem Geld haushalten, und seinem *working-class background* kann er nicht entgehen, so daß auch er eine Art Gespaltensein empfindet: "I could always hang from the chandelier with my alter ego. I think one of my basic qualities, and I suspect it comes partly from the whole working-class tradition, is a kind of dissident, ironic micky-taking quality."[59] Diese Parallelen können von den Schülern selbständig erarbeitet und ausgewertet werden.

Thematisch sehr ähnlich ist eine Passage aus *The Uses of Literacy* über "The nature of uprooting which some scholarship boys experience", deren zentrale Aussage sich in folgenden Sätzen findet:

> Almost every working-class boy who goes through the process of further education by scholarships finds himself chafing against his environment during adolescence. He is at the friction-point of two cultures; the test of his real education lies in his ability, by about the age of twenty-five, to smile at his father with his whole face and to respect his flighty young sister and his slower brother. ...
> I am sometimes inclined to think that the problem of self adjustment is, in general, especially difficult for those working-class boys who are only moderately endowed, who have talent sufficient to separate them from the majority of their working-class contemporaries, but not to go much further.[60]

Da hier das Kernproblem von "England *versus* England" konzise zusammengefaßt wird, sollte dieser Textauszug unbedingt zur Interpretation herangezogen werden.

Daß die Sprache in England nicht nur ein regionaler Indikator, sondern auch in hohem Maße ein Indikator des sozialen Status ist, bedarf keiner besonderen Erwähnung. Auch hierzu finden sich bei Hoggart Beispiele. In dem Kapitel "'Them' and 'Us'" in *The Uses of Literacy*, in dem am deutlichsten das Zusammengehörigkeitsgefühl der *working-class* und ihr Mißtrauen gegen die Behörden und gegen Vertreter akademischer Berufe dargestellt werden, finden sich zahlreiche Beispiele für Sprachgewohnheiten der *working-class*, die eine Vorliebe für Vereinfachungen und griffige Formeln erkennen lassen.[61] In einem weiteren Schülerreferat kann diese Thematik durch einen soziologischen Beitrag über "Language and Social Class" vertieft werden, in dem es um genau dieselbe Problematik geht.[62] Leicht zugänglich ist überdies ein kurzer Text über "U and Non U" von Alan S. Cross.[63]

Die Lektüre von landeskundlichen Texten zu Sachbereichen, die den Schülern in der Erzählung bekannt geworden sind, kann mit dazu beitragen, daß sie die Gesellschaftsbedingtheit von Literatur erkennen. Sie verhindert gleichzeitig, daß Short Stories selber auf landeskundliche Informationen hin ausgeschlachtet werden. Sondern die Erzählung wird als *literarischer* Text interpretiert. Soziale Phänomene der Gesellschaft dagegen werden an entsprechenden *Sach*texten erörtert.

5. Weiterführende Materialien

Die hier vorgestellte Sequenz kann um folgende Texte erweitert werden, die nach dem Kriterium der Vergleichsmomente mit den fünf erörterten Short Stories ausgewählt wurden: Parallelen zur Kommunikationsschwierigkeit in "Uncle Ernest" finden sich in Lessings "The Witness" (in: *The Habit of Loving*. St. Albans, 1966, Panther Book, S. 100-111), in dem einem älteren Büroangestellten jede Kommunikation verweigert wird. — Die Desillusion in der Ehe, die in "Down our Way" am Schluß angedeutet wird, findet sich ähnlich in "The Little Palace" von Stan Barstow (in: *Several Englands,* a. a. O., S. 9-13), in dem es allerdings um ein junges, gerade ein Jahr verheiratetes Paar geht. — Funktionen der Sprache, die in "England *versus* England" thematisiert sind, werden auch am Anfang von John Wains "The Quickest Way out of Manchester" dargestellt (in: *Modern British Short Stories*, vol. 2. London: Macmillan & Co Ltd., 1966, S. 47-61). — Die Rolle der Mutter in "England *versus* England" schließlich, die in der vorstehenden Interpreation nicht eigens erwähnt werden konnte, läßt sich gut im Vergleich mit einer Erzählung von Bill Naughton diskutieren: "Cockney Mum" (in: *Late Night on Watling Street.* London: Longman, 1969. Longman Imprint Book, S. 117-122). Der deutliche Unterschied zwischen den beiden Figuren besteht in der Sentimentalisierung bei Naughton, die von den Schülern herausgearbeitet werden kann.

Eine Reihe von Erzählungen, in denen es ausschließlich um Probleme der *working-class* geht, hat Alan Sillitoe geschrieben. Folgende Stories lassen sich zu einer thematischen Einheit zusammenfassen: "The Match," "On Saturday Afternoon," "The Bike," "The Disgrace of Jim Scarfedale," "The Loneliness of the Long-Distance Runner" (bis auf "The Bike" in: *The Loneliness of the Long-Distance Runner*. London, 1961. Pan Book.). — Eine auf Schülerbedürfnisse zugeschnittene Ausgabe, die eine Einführung des Autors enthält und zahlreiche Vergleichsmöglichkeiten, Interpretationshilfen und Photos bietet, stellt *A Sillitoe Collection* dar. *Eight Stories by Alan Sillitoe*, selected and edited by Michael Marland with a specially written introduction by the author. London: Longman, 1968. Longman Imprint Book.

Ähnliche Sammlungen in derselben Reihe, die sich für das Thema „Gesellschaftskritische Short Stories" eignen, sind der oben in Anmerkung 23 erwähnte Band von Sid Chaplin, außerdem Stan Barstow, *The Human Element and other stories*, ed. by Marilyn Davies. London: Longman, 1969; Bill Naughton. *Late Night on Watling Street and other stories*, commentary by Graham Owens. London: Longman, 1969. Meines Wissens existiert zu diesen Autoren — mit Ausnahme von Sillitoe — so gut wie keine Sekundärliteratur. Daher beschränken sich die folgenden Angaben auf Aufsätze zu den erwähnten Short Stories von Alan Sillitoe:

Denny, N. "The Achievement of 'The Loneliness of the Long-Distance Runner'," *Theoria,* 24 (1965), 1-12.

Gindin, James. "Alan Sillitoe's Jungle," *Texas Studies in Literature and Language*, 4 (1962), 35-48.

Harcourt, Peter. "'I'd rather be like I am.' Comments on 'The Loneliness of the Long-Distance-Runner'," *Sight and Sound,* 32 (1962/63), 16-19.

Husemann, Harald. "Alan Sillitoe: 'The Disgrace of Jim Scarfedale'," *Der fremdsprachliche Unterricht*, 10 Heft 1 (1976), 48-56.

Lange, Bernd. "Alan Sillitoe: The Loneliness of the Long-Distance Runner." In: Karl Heinz Göller und Gerhard Hoffmann (Hrsg.). *Die englische Kurzgeschichte*. Düsseldorf: Bagel, 1973, S. 327-336.

Penner, Allen. R. "Human Dignity and Social Anarchy: Sillitoe's 'The Loneliness of the Long-Distance Runner'," *Contemporary Literature*, 10 (1969), 253-265.

Penner, Allen R. "Illusory Deluge: Alan Sillitoe's 'Noah's Ark'," *College Language Association Journal*, 12 (Dec. 1968), 134-141.

Penner, Allen R. "'What Are Yo' Looking So Bloody Black For?': Survival and Bitters in 'On Saturday Afternoon'," *Studies in Modern Fiction*, 4 (Summer 1967), 300-307.

Weiteres englandkundliches Informationsmaterial (soweit nicht in den Anmerkungen aufgeführt):

Informationen zur politischen Bildung. Nr. 172.*Großbritannien*,hg. Bundeszentrale für politische Bildung, Berliner Freiheit 7, 5300 Bonn. Stuttgart, 1977.

Nash, E. N. and A. M. Newth. *Britain in the Modern World: The Twentieth Century.* Harmondsworth: Penguin, rev. ed., 1972.

Peacock, H. L. *A History of Modern Britain. 1815 - 1975.* London: Heinemann, 3rd ed., 1976.

Ryder, Judith and Harold Silver. *Modern English Society. History and Structure 1850 - 1970.* London: Methuen, 1970.

Sieper, Roswitha. *The Student's Companion to Britain. British History, Geography, Life, Institutions, Arts and Thought.* München: Hueber, 3. Aufl., 1979.

Thompson, David. *England in the Twentieth Century. 1914 - 1963.* Harmondsworth: Penguin, 1965. The Pelican History of England.

Anmerkungen

1 Richard Hoggart. *Speaking to Each Other.* Vol. 2: *About Literature.* (Harmondsworth: Penguin, 1973), S. 19.

2 Vgl. Norbert Hopster, „Sachtext — Text — Kommunikation," *Linguistik und Didaktik*, 13 (1973), 264.

3 Hans Norbert Fügen (Hrsg.). *Wege der Literatursoziologie.* (Neuwied: Luchterhand, 1968), S. 30.

4 Urs Jaeggi, "Literatursoziologie." In: Heinz Ludwig Arnold und Volker Sinemus (Hrsg.). *Grundzüge der Literatur- und Sprachwissenschaft.* Bd. 1: *Literaturwissenschaft* (München: Deutscher Taschenbuch Verlag, 1973), S. 398.

5 Ebda.

6 Vgl. ebda., S. 405 f.

[7] Fügen, a. a. O., S. 33 f; vgl. Jaeggi, a. a. O., S. 404.

[8] Achim Heiner, „Zur Kritik fortschrittlicher Positionen in der Literatursoziologie und ihrer Didaktik." In: Heinz Ide (Hrsg.). *Tendenzen der Literaturdidaktik* (Frankfurt/Main: Diesterweg, 1974), S. 68.

[9] Lothar Bredella. *Ästhetische Erfahrung und soziales Handeln. Zur Begründung des Literaturunterrichts. Mit Hinweisen zu einem Unterrichtsentwurf* (Frankfurt/Main: Diesterweg, 1975), S. 40.

[10] Gerhard Bach, „Literaturunterricht als Erziehung zum ‚rationalen Handeln.' Zur Theorie und Operationalisierung einer literaturdidaktischen Kategorie," *Neusprachliche Mitteilungen*, 28 (1975), 194-202.

[11] Ebda., 198.

[12] Vgl. z. B. Albrecht Weber : „Der in der Literaturdidaktik früher grundlegende, dann aber lange umstrittene, schließlich fast einhellig verworfene Begriff der *Lebenshilfe* ist wieder aufgenommen, zurück geholt von der Literatursoziologie." *Grundlagen der Literaturdidaktik* (München: Ehrenwirth, 1975), S. 75.

[13] Jack Schaefer, "If Stories Must Be Taught." In: Stephen Dunning, (Hrsg.). *Teaching Literature to Adolescents. Short Stories* (Glenview Ill. Scott, Foresman and Co., 1968), S. 45.

[14] Ebda., S. 47.

[15] Klaus Lubbers. *Typologie der Short Story* (Darmstadt: Wissenschaftliche Buchgesellschaft, 1977), S. 37 f.

[16] Vgl. A. Weber, der darauf hinweist, daß Literatur „sich in ihrer Allgemeinheit *an jeden einzelnen* (richtet), der, davon betroffen, der ästhetischen Information seine Vorstellungen leiht." A. a. O., S. 89.

[17] Vgl. Hans Webers Forderung, der Lehrer müsse davon ausgehen, „daß Leser in Texten und durch Texte Vorstellungen aktiviert, Wünsche benannt, Normen bestätigt oder verletzt finden, daß sie Assoziationen herstellen, Analogien erkennen und Elemente der fiktionalen Welt auf ihre Lebenswirklichkeit projizieren, und er müßte seine vordringliche Aufgabe darin sehen, die Klärung und sprachliche Artikulation eben solcher Reaktionen zu ermöglichen." „Sprechhandlungen im Literaturunterricht." In: Herbert Christ und Hans-Eberhard Piepho (Hrsg.). *Kongreßdokumentation der 7. Arbeitstagung der Fremdsprachendidaktiker Gießen 1976* (Limburg: Frankonius Verlag, 1977), S. 230.

[18] M. Lefranc, "Alan Sillitoe: An Interview," *Etudes Anglaises,* 26 (1973), 36.

[19] Doris Lessing. *A Small Personal Voice,* Essays, Reviews, Interviews edited and introduced by Paul Schlueter (New York: Vintage Books, 1975), S. 7.

[20] Howard Nemerov in: Alfred Weber und Walter F. Greiner (Hrsg.). *Short-Story-Theorien (1573-1973). Eine Sammlung und Bibliographie englischer und amerikanischer Quellen* (Kronberg: Athenäum, 1977), S. 167.

[21] Frank O'Connor in: Weber/Greiner, a. a. O., S. 173.

[22] Lessing, a. a. O., S. 21.

[23] Sid Chaplin. *The Leaping Lad and other Stories* (London: Longman, 1970), S. 36-42 (Longman Imprint Book).

[24] *Stories for our Time,* ed E. Jones (Stuttgart: Klett, 1971), S. 7-19.

[25] *Several Englands. Selected British Short Stories,* ed. Liesel Hermes (Frankfurt/Main: Hirschgraben, [2]1979), S. 36-43.

[26] Ebda., S. 44-48.

[27] Ebda., S. 21-35.

[28] Hoggart, *About Literature,* S. 245.

[29] *Alan Sillitoe. The Times Authors No. 4,* ed. Michael Marland (London, o. J.), "The Writer Himself," 5. — Die beiden kurzen Zitate sind einem Beitrag entnommen, den Sillitoe für die *Times Literary Supplement,* 8 July, 1960 verfaßt hat und in dem er sich engagiert mit "writers of the right and of the left" auseinandersetzt. Der gesamte Text kann, statt der hier verwendeten Exzerpte, als Grundlage für eine einleitende Diskussion gewählt werden, wenn das Ziel für die Schüler darin besteht, eine sehr parteiliche subjektive Autorenposition kennen- und verstehen zu lernen.

[30] Es handelt sich hier um eine Forderung, die er in seinen eigenen Erzählungen und Romanen zu erfüllen nicht imstande zu sein scheint, wenn er gängige Wertvorstellungen der englischen Gesellschaft zum Anlaß nimmt, sich radikal gegen die bestehende Gesellschaftsform auszusprechen, ohne jedoch eine Alternative zu bieten.

[31] Vgl. oben, Anmerkung 22.

[32] Im folgenden wird nach der Longman Imprint Ausgabe zitiert. Die Seitenangaben erscheinen unmittelbar hinter den Zitaten in Klammern.

[33] Chaplin stammt aus einem Bergarbeiterdorf in der Nähe der Stadt Bishop Auckland im westlichen Teil des *county* Durham, wo er 1916 geboren wurde.

[24] Landeskundliche Zusatzinformation zum englischen Gesundheitswesen: The National Health Service Act of 1946 "set up a free medical service for all, with doctors and dentists receiving capitation fees for the patients treated." Heinz Walz. *Contemporary Britain. Her Land, Life and Leaders*(München: Hueber, 1975), S. 129.

[35] Man denke z. B. an "On Saturday Afternoon," "Noah's Ark," oder die längere Erzählung "The Loneliness of the Long-Distance Runner."

[36] Im folgenden wird nach der oben genannten Klett-Ausgabe zitiert.

[37] Vgl. dazu Paul Goetschs Aufsatz „Arten der Situationsverknüpfung: Eine Studie zum *explosive principle* in der modernen Short Story." In: Paul Goetsch (Hrsg.). *Studien und Materialien zur Short Story*(Frankfurt/Main: Diesterweg, 1971), S. 40-63 (Schule und Forschung. Eine Schriftenreihe für Studium und Praxis). Hier bes. S. 47.

[38] Direkt: Aussagen des Erzählers über das Äußere und über den Charakter; indirekt: Äußerungen und Handlungsweisen der Figur. Vgl. Freese in diesem Band, S. 54.

[39] Mißtrauen gegenüber Behörden und vor allem Haß auf die Polizei finden sich in zahlreichen Erzählungen Sillitoes, z. B. in "On Saturday Afternoon," "Loneliness," und in seinem ersten Roman *Saturday Night and Sunday Morning.* — Vgl. dazu James Gindin: "Sillitoe's working-class men still defy authority, still feel themselves the enemies of policemen, prelates, and the pillars of society." "Alan Sillitoe's Jungle," *Texas Studies in Literature and Language*, 4 No. 1 (1962), 37.

[40] Im folgenden wird nach der oben genannten Hirschgraben Ausgabe zitiert.

[41] Vgl. dazu Frank O'Connor: "A story is a complete dramatic action — and in good stories, the characters are shown through the action and the action is controlled

through the characters, and the result of this is meaning that derives from the whole presented experience." In: Weber/Greiner, a. a. O., S. 188. — Diese Behauptung läßt sich als Diskussionsgrundlage in den Unterricht einbringen, indem die recht verschiedenen Darstellungsweisen der ersten beiden Erzählungen mit derjenigen in dieser und der folgenden ("A Visit in Bad Taste") verglichen werden.

[42] Vgl. dazu Freeses Fragenkatalog, S. 57ff.

[43] Vgl. "The first darkie to come knocking at the door . . ." (42)

[44] Fred Hooper. *The Language of Prejudice* (Harmondsworth: Penguin, 1969, Penguin Education Connexions).

[45] *An English and American Reader for Sixth Formers:* (Lesebuch für die Oberstufe) hg. Dieter F. Simoneit (Paderborn: Schöningh Verlag, 5. Aufl., 1967), S. 91-94.

[46] *The Changing Scene in Britain and the USA. Oberstufenlesebuch*, hg. Kurt Blohm und Heinz Röhr (Frankfurt/Main: Diesterweg, 3. Auf., 1972), S. 8-13.

[47] *Britain and America. Neue Ausgabe. Oberstufe,* hg. Maria Alpers, Herbert Voges, Gerhard Weiß (Berlin: Cornelsen-Velhagen & Klasing, 5. Aufl., 1973), S. 129-130.

[48] Hintergrundinformation findet sich z. B. im Lehrerbuch zu *Britain and America,* S. 101-105.

[49] Vgl. dazu die Ausführungen von K. L. Wallwork, "The Present-day Social and Economic Geography of England and Wales." In: Frank Jolles (Hrsg.). *Modern Britain. Introductory essays on political social and economic themes for students of English* (Düsseldorf und München: Bagel und Francke, 1976), S. 60f. (Studienreihe Englisch, hg. Heinz Göller, Bd. 8). — Vgl. auch Helmut Jäger. *Großbritannien* (Darmstadt: Wissenschaftliche Buchgesellschaft, 1976), S. 98 f. (Wissenschaftliche Länderkunden, Bd. 11).

[50] Informationen zum Race Relations Act von 1976, der die derzeitige gesetzliche Grundlage bildet, vgl. *Britain 1978. An Official Handbook* (London: Her Majesty's Stationary Office. 1978) S. 137 f.

[51] Im folgenden wird nach der Hirschgraben Ausgabe zitiert.

[52] Die anscheinend übertriebene Wichtigkeit, die Arthurs *public school* Erziehung beigemessen wird, kann vom Lehrer zum Anlaß genommen werden, nach der heutigen Bedeutung der *public schools* für das öffentliche Leben Englands zu fragen. Als Textbasis bieten sich an "Public Schools" in: *An English and American Reader,* S. 58-62; "The Old School Tie" in D. L. Howard. *British Life and Institutions* (Stuttgart: Klett, new and revised edition, 1976), S. 42-45.

[53] Im folgenden wird nach der Hirschgraben-Ausgabe zitiert.

[54] Vgl. "half an hour on the bus" (23) und "there was half an hour left before the London train" (27).

[55] Diese Tatsache, daß die ganze Familie für seine Ausbildung finanzielle Opfer bringt, wird später *en détail* beschrieben (23). Das Bewußtsein der Abhängigkeit verstärkt sein unbestimmbares Schuldgefühl.

[56] T. Lupton, "British Society." In: Eric Butterworth and David Weir (Hrsg.). *The Sociology of Modern Britain. An Introductory Reader* (London: Fontana/Collins, 1970), S. 326.

[57] *Aspects of working-class life with special reference to publications and entertainments*

(Harmondsworth: Penguin, 1957).

[58] Entsprechende Textauszüge finden sich in Liesel Hermes. *Reading Modern Fiction. Stan Barstow. Joby. Unterrichtsmodell* (Frankfurt/Main: Hirschgraben, [2]1979), S. 50-51 (Unterrichtsmodelle für die Sekundarstufe II); außerdem in Harald Husemann (Hrsg.). *English Working Class Youth. The Fates of Individuals in Popular Fiction and Sociological Studies* (Paderborn: Schöningh, [2]1979, S. 48-53 (Texts for English and American Studies, 2). Der landeskundliche Textband mit literarischen und Sachtexten eignet sich gut als Anschlußprojekt an die Erzählung von Doris Lessing.

[59] Vol. 1: *About Society* (Harmondsworth: Penguin, 1973), S. 24-25.

[60] A. a. O., S. 292 f.

[61] A. a. O., S. 72 ff.

[62] Peter Trudgill. *Sociolinguistics. An Introduction* (Harmondsworth: Penguin 1977), S. 34-56. Pelican Book.

[63] *An English and American Reader,* S. 62-63.

Hans Hunfeld

Individuelle Erfahrung und literarische Spiegelung: Englische und amerikanische *school stories* von William Saroyan bis Donald Barthelme

"School? What's there to write about school? I hate school."

(The Fun They Had)

"The theorists fail to realize that everything that is either interesting or lifelike in the classroom proceeds from what they would probably call interpersonal relations . . ."

(Me and Miss Mandible)

1. Vorüberlegungen

1.1 Eine von vornherein nur streng fachdidaktisch orientierte Annäherung an das Thema verengt den Kontext von Appell und Aufnahme, in dem diese Texte zu sehen sind. Die Konzentration auf die 'Behandlung' von Schulgeschichten im Englischunterricht darf nicht die Bezüge vernachlässigen, die sich aus den unterschiedlichen Vorerfahrungen von Lehrern und Schülern, als hier gemeinten Lesern, mit Schule und Unterricht ergeben. Wie immer der konkrete Unterricht zum Komplex 'Schulgeschichten' ablaufen wird – er hat sich darauf einzustellen, daß bei seinen Adressaten Vorurteile sich gebildet, Erwartungshaltungen ganz unterschiedlicher Art sich fixiert haben.

Seitdem es Schule – in welcher Form auch immer – gibt, seitdem gibt es literarische Texte, die Schule spiegeln. Die Tradition reicht weit zurück. Sie wird verständlich aus der banalen Erkenntnis, daß das Erlebnis Schule einerseits kaum einem Erwachsenen erspart geblieben ist, andererseits eine so einschneidende und in vieler Hinsicht verändernde Erfahrung vermittelt, daß ihre Konsequenzen bis ins hohe Alter hinein wirksam werden. Was dem Leser der hier vorgestellten Schulgeschichten begegnet, löst jenen Wiedererkennungseffekt aus, der das Thema Schule zu einem so unerschöpflichen Thema macht. Gern Verdrängtes meldet sich wieder zu Wort, und was am Biertisch in Witzen über Lehrer und romantisierten Schulabenteuern kompensiert wird, wird in der Konfrontation mit fiktionalen Texten im hier angesprochenen Bereich als offenbar nie abgeschlossener Prozeß erkennbar, der immer wieder die gleichen Grundsituationen durchspielt. Insofern ergibt sich daraus eine deutliche Parallelität von individueller Erfahrung und literarischer Spiegelung. Die Differenz

— zwischen den Texten, die mündlich weitergegeben werden bei Gelegenheit eines Klassentreffens ehemaliger Schüler oder aus Anlaß eines Elternsprechtages oder beim zufälligen Plausch mit dem Nachbarn über die Schulprobleme der eigenen Kinder,

— und den Texten, die schriftlich Berichte, Analysen, Schilderungen, Eindrücke und Szenen von Generation zu Generation von Lesern weiterreichen,

ist nicht allzu groß. Sie wird höchstens meßbar an der unterschiedlichen Art der Distanz, aus der heraus Schule reflektiert, und an der unterschiedlichen Form, in der sie versprachlicht und verbildlicht wird. Denn aus der Schule plaudern kann jeder.

1.2 *Parallelität* und *Distanz* sind denn auch die Leitbegriffe, an denen sich die folgenden Überlegungen orientieren und aus denen sich die grundsätzlichen Kriterien einer möglichen Auswahl von Schulgeschichten für eine Unterrichtsreihe ergeben. Vorweg muß unterstrichen werden: die Entscheidung des Lehrers, Texte zum Thema Schule in seinem Unterricht anzubieten, ist eine Entscheidung zum Risiko und für eine besondere pädagogische Möglichkeit zugleich:

— Stärker als bei anderen Texten sieht sich der Lehrer zunächst zu einer Rückbesinnung auf seine ganz persönliche Erfahrung mit Schule in seiner längst aufgegebenen Rolle als Schüler gezwungen. Denn deutlicher als bei der schulischen Erarbeitung von fiktionalen Texten mit anderer Thematik ist er hier auch als Person gefordert, wird bei der Diskussion auch sein persönliches Verhalten zur Sprache kommen müssen. Er kann sich — will er nicht diesen Stoff als bloß zufälliges Unterrichtsangebot verstehen oder ihn gar nur als Transportmittel für rein auf Sprachfertigkeit abgestellte Unterrichtsziele mißbrauchen — in diesem besonderen Falle schlecht hinter der sogenannten Sache verschanzen. Denn die offensichtliche Parallelität von dargestellter und von erlebter Schulwirklichkeit legt doch ein Gespräch über die jeweils vorgegebene konkrete Schulsituation, in der diese Texte gelesen und diskutiert werden, so selbstverständlich nahe, daß die Ausklammerung der eigenen Person und Rollenfunktion kaum möglich sein wird. Das in dieser Literatur entworfene Spiegelbild provoziert Wiedererkennungsmechanismen und damit natürlich Emotionen. Die fiktionale Figur (Lehrer oder Schüler) fordert vom Adressaten den Vergleich zur Lebenswirklichkeit, die erzählte Handlung ruft, eben weil sie die Schule als Handlungsraum braucht und benutzt, Assoziationen zum pädagogischen Handeln hervor, wie es sich im Augenblick der konkreten Lektüre dieser Texte im Unterricht vollzieht.

— Geht der Lehrer dieses hier nur andeutbare Risiko ein, so eröffnet das persönliche Wagnis zugleich besondere pädagogische Möglichkeiten. Denn wie sich der Lehrer in die Galerie der in der Literatur vorgestellten Lehrerportraits einordnen lassen muß, so sieht sich auch der Schüler mit seinem Spiegelbild konfrontiert. Auch sein Verhalten, seine Rolle, seine Aktivität, sein Urteil, seine Reaktionen auf die zugleich erfahrbare und verbildlichte Schulsituation werden zur Sprache kommen (vgl. dazu ausführlich Hunfeld 1976a). Die vielberedete Partnerschaft von Lehrern und Schülern im modernen Unterricht kann hier überprüft werden. Denn auch der Schüler kann sich beim Gespräch über diese Texte nicht als Person zurücknehmen, auch er kann den vorgestellten Stoff nicht nur als ihm vorgegebenen Lerngegenstand begreifen. Denn was sollte er denn wohl lernen durch die Begegnung mit diesen Texten, wenn nicht die Einsicht, daß die individuelle Situation, die er erlebt, vor der Folie der in dieser Literatur entworfenen Situationen anders als bisher erfahrbar und bewertbar ist?

Damit ist das grundsätzliche Lernziel der hier vorgeschlagenen Unterrichtssequenz umschrieben:
— Die Texte sollen ein Gespräch über Schule auslösen, in dem persönliche Erfahrung und Vorstellung sich an den in der Literatur entworfenen Schulsituationen überprüfen läßt.
— Der Impuls der fiktionalen Texte soll zu einer Reflexion der eigenen Situation im Kontext Schule führen.

2. Zur Auswahl der Texte

2.1 Das Thema Schule wird in der englischen und amerikanischen Literatur so häufig dargestellt (vgl. dazu die Materialien bei Brusch 1977), daß die Selektion einiger Schulgeschichten für eine Unterrichtsreihe schwerfällt. Im hier vorgegebenen Rahmen dieses Sammelbandes, der auf die literarische Gattung der *short story* konzentriert ist, wird allerdings der Katalog möglicher Auswahlkriterien schon durch diese gattungsspezifische Ausrichtung eingeschränkt. Die grundsätzliche Entscheidung für den kurzen Prosatext impliziert — da sie von vornherein die mannigfaltigen Spiegelungen der Schulwelt in anderen literarischen Formen nicht berücksichtigen kann — auch eine Begrenzung in thematischer Hinsicht insofern, als die besonderen erzähltechnischen Elemente der Kurzgeschichte (siehe dazu: Freese in diesem Band) im wesentlichen nur die Darstellung von bestimmten Situationen der Schulwelt zulassen, die insgesamt Ausschnittcharakter haben. Das gilt für alle hier herangezogenen Schulgeschichten. Freilich unterscheidet sich dieser Ausschnittscharakter deutlich von dem derjenigen Texte, die als Auszüge aus größeren literarischen Formen (Roman) unter dem Gesichtspunkt methodischer oder didaktischer Zwänge im Unterricht angeboten werden: sie können für sich stehen, brauchen keine Erläuterungen, die den ursprünglichen Kotext mühsam raffen und als Verstehenshorizont für die jeweiligen Ausschnitte bereitstellen müssen.

Von hierher ergeben sich für die Auswahl von Schulgeschichten für eine Unterrichtsreihe zwei konstituierende Grundbedingungen, die zu beachten sind: die angebotene Kurzgeschichte hat sowohl ihre Aufgabe als *Einzel*text zum Thema Schule so zu erfüllen, daß sie ein möglichst charakteristisches, repräsentatives und provokatives Bild von Schule entwirft, damit sie in der Situation von Unterricht zum Redeanlaß werden kann; sie hat darüber hinaus insofern eine Funktion in der Unterrichts*reihe*, als die jeweilige Leseerfahrung mit dem Einzeltext entweder die Lektüre der anderen Texte vorbereiten oder aber Erkenntnisse für den Adressaten bereitstellen muß, die ihn befähigen, eben diese Leseerfahrung im nachhinein zu überprüfen und zu ergänzen.

Diese hier nur skizzierbaren Kriterien für eine mögliche Auswahl werden präzisiert, wenn man bedenkt, daß das oben angegebene grundsätzliche Lernziel der hier vorgeschlagenen Unterrichtssequenz — das Gespräch über Schule — nur erreichbar sein wird, wenn die Texte von sich aus das Gespräch nicht durch besondere sprachliche und thematische Schwierigkeitsgrade erschweren. Die Auswahl berücksichtigt von daher vor allem solche Texte, die dem Adressaten sprachlich nicht allzu große Mühen abverlangen und die thematisch der Erfahrungswelt der Schüler entweder so naheliegen, daß der intendierte Wiedererkennungseffekt sich einstellen kann, oder aber die vertraute Erfahrung auf eine Weise verfremden, daß eben dadurch kritische Distanz zum selbst Erlebten ermöglicht wird.

2.2 Die Analogie von literarisch geformter und im Augenblick des konkreten Unterrichts erlebter Schulwelt wird besonders sichtbar in der Begegnung mit Schultexten, die eine Erfahrung verbildlichen, welche allen Schülern (und Lehrern) gemeinsam ist: das Erlebnis der ersten Konfrontation des Kindes mit der Institution Schule. Sie bieten sich als Einstieg in diese Unterrichtsreihe an. Der Vergleich von fiktiver und erlebter oder erinnerter Schulwirklichkeit liefert dem Gespräch die erste Basis. Eine andere Ebene der Analogie wird dadurch erreicht, daß in einem zweiten Schritt Schulgeschichten angeboten werden, die eben das stilisieren, was sich im Gespräch über literarische Schultexte im Unterricht vollzieht: Literaturunterricht. Nach dieser doppelten Spiegelung der erfahrbaren Schulwirklichkeit durch die so ausgewählten Texte, die Lehrer und Schüler über den Vergleich von erlebter und literarischer Schulwelt zu einer ersten Analyse der eigenen Situation führen können, sollten dann Texte angeboten werden, die einerseits andere, nicht an tradierte Unterrichtsformen gebundene Möglichkeiten des Lehrens und Lernens abbilden, andererseits eine neue Perspektive einführen, aus der heraus die eigene Unterrichtssituation anders als bisher gesehen werden kann.

Aus diesen Überlegungen ergibt sich der folgende Vorschlag für eine denkbare Unterrichtsreihe. Als Hilfe für eine erste Übersicht wird der jeweiligen Textangabe eine knappe Inhaltsangabe beigefügt.

T 1 William Saroyan: "The first day of school".
Durch die stützende Haltung von Vater und Haushälterin, den primären Bezugspersonen, wird die Angst des sechsjährigen Jungen beim ersten Kontakt mit Schule weitgehend abgebaut.

T 2 Olive Shapley: "First steps in learning".
Für die fünfeinhalbjährige Linda wird die Begegnung mit Schule und Lehrerautorität zum traumatischen Erlebnis, bis man den Fehler ihrer zu frühen Einschulung erkennt.

T 3 Isaac Asimov: "The fun they had".
Die vorliegende Utopie stellt dem Schulalltag im Jahre 2155, als alle Funktionen des Lehrers von Computern übernommen sind, eine romantisierende Beschreibung von Schule zu einem (nicht historisch festlegbaren) früheren Zeitpunkt gegenüber und schafft so Distanz zur Gegenwart.

T 4 Fielding Dawson: "Krazy Kat".
Der Text beschreibt die Schwierigkeiten von Verständigung im Literaturunterricht (Thema: Lyrik William Blakes), wobei sich der Lehrer, der von einer gängigen Interpretationshaltung ausgeht, mit den völlig anders laufenden Schlußfolgerungen der Schüler auseinandersetzen muß.

T 5 John Updike: "Tomorrow, and tomorrow and so forth".
Der Text ist ein Beispiel für Grenzen des Gesprächs über fiktionale Literatur (Thema: Monolog aus Macbeth, V), wobei affektive Komponenten (Rollenverständnis des Lehrers, Adoleszenz) und die Spannung Fiktionalität — Realität eine Rolle spielen.

T 6 Toni Cade Bambara: "The Lesson".
Der Text beschreibt, aus der Perspektive eines betroffenen Kindes in den

Großstadtslums der Farbigen eine Form von Unterricht, der den Erziehungsort Schule verläßt und den Lernprozeß an der Erfahrung der sozialen Wirklichkeit Amerikas im abgebildeten Ausschnitt (farbig = arm und unterprivilegiert; weiß = reich und privilegiert) beginnen läßt.

T 7 Donald Barthelme: "Me and Miss Mandible".
Diese Satire zeigt einen Erwachsenen, 35 Jahre, in der paradoxen Situation, Schüler einer Klasse von 11-jährigen zu sein. Seine Handlungen und seine Reflexionen über erlebte Zeit und die zurückliegende eigene Schulzeit, die er aus seiner *Outsider*-Position heraus anstellt, als — im wörtlichen Sinn — nicht Angepaßter, entlarven die Anpassungsmechanismen der Schule.

2.3 Die hier aufgereihten Texte sollen lediglich den Kern der vorgeschlagenen Unterrichtsreihe bilden. Der Lehrer hat natürlich — unter den Bedingungen seiner besonderen Ziele und der für ihn konkreten Situation seines Unterrichts und seiner Klasse und Schule — die Möglichkeit, einerseits den Kern zu verkleinern, indem er aus der Reihe selbst noch einzelne Texte auswählt, oder aber diesen Kern in Richtung auf qualitative, quantitative und formale Aspekte auszuweiten. Die Materialien werden ihm in dieser Hinsicht Hilfen anbieten, indem sie sowohl den hier vorgegebenen Rahmen *moderner* Schulgeschichten sprengen, als auch die hier vorgenommene Einengung auf *short stories* aufheben und auf Schulszenen hinweisen, die sich in anderen literarischen Formen (Roman, Drama, Lyrik) finden.

In diesem Zusammenhang kann nicht genug betont werden, daß sich dieser Aufsatz insgesamt als *Anregung* für den Lehrer, nicht aber als *Handlungsanweisung* versteht. Diese ausdrückliche Erläuterung scheint umso nötiger, als sich die fachdidaktische Literatur bis jetzt noch nicht darüber geeinigt hat, wie denn eigentlich das vielbeschworene Theorie-Praxis-Verhältnis zu verstehen und wie es inhaltlich und methodisch auszufüllen sei. An dieser Stelle kann nicht auf die Fülle der entsprechenden Literatur eingegangen werden (vgl. dazu ausführlich: Hunfeld 1977 b). Die Pluralität der Auffassungen hat ihre Legitimität, die hier gar nicht angezweifelt werden soll: die Intention der vorliegenden Ausführungen wäre aber gründlich mißverstanden, würde der Leser hier Tafelskizzen, detaillierte Unterrichtsschritte, genau kalkulierte Zeitpläne für die Erarbeitung des angebotenen Materials erwarten. Ein solcher Vorgriff auf die Unterrichtspraxis scheint mir sowohl unerlaubt als auch der Sache selbst wenig dienlich zu sein, da der Rekurs auf die Einzelerfahrung mit Unterricht oder der Entwurf eines möglichen Unterrichts nicht den Schluß zulassen, die so gewonnenen Ergebnisse ließen sich beliebig übertragen. Die Erinnerung an diese Binsenweisheit reduziert m. E. die Funktion aller von außen an den jeweiligen

Unterricht herangetragenen Vorschläge zur Gestaltung einer Unterrichtsreihe auf das realistische Maß: in der Spannung von vorstellbarer und wirklicher Unterrichtspraxis können didaktische und methodische Hinweise nur insoweit wirksam werden, als sie einen ungefähren Rahmen abstecken, an dem sich der jeweils konkrete Unterricht orientieren kann, ohne daß er dadurch in seinem Ablauf präjudiziert wird.

3. Stichworte für das Unterrichtsgespräch

3.1 Die erste flüchtige Lektüre der ausgesuchten Schulszenen führt zu der überraschenden Einsicht, daß ganz offenbar bei aller unterschiedlichen Akzentuierung durch Stil, Perspektive, spezifische Handlung und Sprache die Erzählungen im hier angesprochenen thematischen Bereich bestimmte Leitbegriffe wiederholen; daß im Überblick sich die einzelne Geschichte als Variation zentraler Grundsituationen herausstellt. Die hier gewählten sieben Schulgeschichten, die den Kern der möglichen Unterrichtsreihe bilden sollen, sind insofern repräsentativ für viele hier nicht herangezogene Texte, als sie sich zuordnen lassen zu einer Kette von markanten Erlebnissen, die in allen diesen Geschichten mehr oder weniger stark im Mittelpunkt der dargestellten Handlungen stehen. Exemplarisch für viele mag hier das folgende Zitat stehen:

> ... I was still afraid, and on the first day at school the whole class laughed at me. I was sent to the blackboard to write my name and address. I knew my name and my address, knew how to write it, knew how to spell it, but standing at the blackboard with the eyes of the many girls and boys looking at my back made me so cold inside, and I could not write a single letter. (T 13, S. 41 ff.)

Diese kurze Aussage benennt in komprimierter Form die Stichworte, welche die große Mehrzahl der in der eingesehenen Literatur dargestellten Schulsituationen einander zuordnen:

— Angst: Schule erfahren die dargestellten Schüler in der Hauptsache zunächst einmal als bedrückendes Angsterlebnis, dem sie als Vereinzelte, von der Gruppe der Mitschüler Isolierte und oft noch vom Lehrer Verspottete ausgeliefert sind. Angst löst bereits der bloße Schulraum, die allgemeine Atmosphäre der ungewohnten Klassifizierung nach Namen und Leistungen, nach Aussehen oder Herkunft, nach funktionaler Wichtigkeit oder Unwichtigkeit, nach Stärke oder Schwäche aus. Die erste Lernerfahrung ist durchgehend schockierend: man ist anders als die anderen, man muß sich wehren, man hat sich durchzusetzen gegen Lehrer und Mitschüler.

— Trennung: Die Angst wird verstärkt durch den Kontrast von häuslicher Geborgenheit und plötzlicher Konfrontation mit einer unvertrauten, weitgehend feindlichen Umwelt, in der Hilfe nicht erkennbar ist. Von daher konzentrieren sich viele Auoren von Schulgeschichten auf den ersten Schultag, den ersten Schritt in einen neuen Kontext, die erste Erfahrung einer endgültig verlorenen Kindheit. Zwar wird die Reaktion der dargestellten Figur durchaus unterschiedlich geschildert, zwar wird — je nach der Intention des Autors — der Erzählende letzten Endes an dieser ersten Erfahrung scheitern oder eben durch sie wachsen. Die Trennung vom bisher Vertrauten aber wird als grundsätzliches Erlebnis immer wieder formuliert.

— Sprachlosigkeit: Vereinzelung und Angst äußern sich exemplarisch im Versagen. Kenntnisse sind plötzlich vergessen, der Aufforderung des Lehrers nach Artikulation kann man, so sehr man es auch will, einfach nicht nachkommen. Sprachlosigkeit stellt sich ein. Erst im Rückblick auf die erlittene Angstsituation, also in der Analyse aus der zeitlichen Distanz heraus, sind die dargestellten Figuren fähig, sich selbst Rechenschaft über mögliche Ursachen ihrer Sprachlosigkeit zu geben.

— Identitätsverlust: Die bisher genannten Merkmale der Verunsicherung verdichten sich zur Grenzsituation, in der die dargestellte Figur sich ihrer selbst nicht mehr sicher ist: "... I could talk well when I was sure of myself." (T 13, S. 42) Im Überblick über die ausgewählten Schulgeschichten verstärkt sich der Eindruck, daß sich Schule aus der Perspektive der dargestellten Schülerfiguren als Institution versteht, die es zunächst einmal darauf abstellt, die Selbstsicherheit und das Selbstverständnis der Schüler zu zerstören. Sie zwingt dem Schüler ein Rollenverhalten auf, das der einzelnen Person wenig Raum läßt. Schule bedeutet Verlust der bisherigen Identität, die ersten Schultage drängen das Kind in ein Niemandsland, in welchem der alte Kontext aufgegeben werden muß, der neue Kontext aber noch unverstanden bleibt.

3.2 Dieser Negativkatalog erster Schulerfahrungen umreißt zugleich die Möglichkeiten, die sich für das Unterrichtsgespräch über diese Texte ergeben. Man kann sich mit Recht fragen, welche Funktion denn solche Schultexte im Englischunterricht der Sekundarstufe II haben könnten, da doch die hier skizzierten Erfahrungen für Schüler dieser Schulstufe schon weit zurückliegen. Bevor man diese Frage an die einzelnen Texte direkt richtet, lassen sich in einer ersten Orientierung einige Antworten geben, welche die Zielrichtung der Unterrichtssequenz insgesamt näher bestimmen können:

— Auch da, wo der jeweilige Erzähler aus der Perspektive des Kindes heraus schildert, ist die grundsätzliche Distanz zwischen erlebter Wirklichkeit und dargestellter Wirklichkeit nicht aufzuheben. Das konstituierende Element aller Schulgeschichten ist die Erinnerung der erzählenden oder erlebenden Figur. Der Blick auf das erzählte Geschehen ist grundsätzlich der Rückblick. Die ersten drei für die Reihe hier ausgewählten Geschichten bieten insofern einen günstigen Einstieg in die Thematik, da die Perspektive von Erzähler und Adressat sehr ähnlich ist, das Gespräch sich also auf die Analyse einer bereits erlebten Schulerfahrung konzentrieren kann. Erst die Erarbeitung der schulischen Vorerfahrung baut die Plattform, auf der die gegenwärtig erlebte Schulsituation fußt, erst von den ersten Schulerfahrungen her sind die im Augenblick erlebten Schulsituationen und die Reaktionen der Betroffenen auf sie zu verstehen.

— Erkennt sich der Adressat in den Grunderfahrungen, welche die ersten drei Geschichten artikulieren, im Rückblick auf seine ersten Schulerlebnisse wieder, dann kann er umso besser aus der Distanz heraus die Ursachen für seine damals erfahrene Angst, Sprachlosigkeit und seinen erlebten Identitätsverlust erkennen. Der Vergleich von Damals und Jetzt führt zugleich zu der Frage, ob und wie denn eigentlich diese ersten Erfahrungen verarbeitet und überwunden sind. Entwickelt sich zwischen Lehrern und Schülern dieses Gespräch, dann genügt der einfache Hinweis auf die Tatsache, daß eben das Sprechen über die ersten Erfahrungen die Sprachlosigkeit aufgehoben hat, um die Parallelität von dargestellter und konkret erfahrener Schulsituation erneut in den Mittelpunkt zu stellen.

4. Interpretationsansätze

Wenn im folgenden auf charakteristische Merkmale der einzelnen Texte hingewiesen wird, die eine besondere Herausarbeitung im Unterrichtsgespräch verdienen, dann nicht im Sinne einer Gesamtinterpretation des Textes.

T 1: The First Day Of School

Die erzählte Handlung ist so einfach strukturiert, daß sie keines ausführlichen Kommentars bedarf: die inhaltliche und sprachliche Anforderung an den Schüler der Sekundarstufe II ist gering. Interessant für die Besprechung werden einige Signale, die diesen Text im Kontext der gesamten Unterrichtsreihe wichtig werden lassen, weil er vorbereitend wirken kann:

— Die Situation des ersten Schultages wird so entworfen, daß sich eine natürliche Gliederung ergibt. Nach der kurzen, direkten Einführung der Figur durch den auktorialen Erzähler begleitet der Leser die erzählte Figur auf dem Weg zur Schule, erlebt mit ihr die erste Erfahrung mit Schule, begleitet sie wieder zurück nach Hause, erfährt die Verarbeitung des Erlebten im Dialog des dargestellten Jungen mit der Haushälterin und seinem Vater.

— Erzähltechnisch ist diese Schulgeschichte so gestaltet, daß der Erzähler die Perspektivierung der Handlung auf drei Figuren verteilt und so eine Brechung des Erzählwinkels schafft, die dem Leser Anteilnahme und Distanz zugleich ermöglicht. Aus vier Perspektiven heraus wird das Geschehen gesehen: die auktoriale Erzählhaltung gestattet den Dialog des dargestellten Jungen mit verschiedenen Partnern; sie erlaubt die Formulierung der Gedanken der Haushälterin; sie läßt Urteile des Vaters zu.

— Dadurch wird die unterschiedliche sprachliche und situative Spiegelung des Geschehens zum Aufbau eines Kontrastes genutzt: Schule wird erlebt aus der Sicht von dargestelltem kleinen Jungen und von Erwachsenen zugleich. Die mögliche einseitige Identifizierung mit der Zentralfigur wird abgeblockt, dem Urteil des Lesers wird nicht vorgegriffen.

— Die Verarbeitung der Situation durch die Beteiligten geschieht auf sehr unterschiedliche Weise, die wiederum in der jeweils besonderen sprachlichen Reaktion auf das Erlebte abzulesen ist. Verschiedene Sprachebenen sind klar erkennbar und — wenn sie verglichen werden — repräsentativ für die unterschiedlichen Interpretationen der erlebten Welt. Das läßt sich an markanten Beispielen nachweisen:

Die sachlich gehaltene Information des ersten Abschnitts, welche die Situation des Jungen vor seinem Eintritt in die Schule in drei Sätzen umreißt, wird im zweiten Absatz durch die Schilderung der Beziehung des Jungen zu der ihn begleitenden Haushälterin ergänzt, wobei nun freilich der Akzent auf der atmosphärischen und emotionalen Stimmung liegt. Der folgende, in seiner Sprachgebung sinngemäß gestaltete Dialog variiert in knapper Wechselrede zwei Themen: das Mißbehagen des Jungen und den Versuch der Haushälterin, gegen die eigenen Ängste dem Jungen das Gefühl von Geborgenheit zu vermitteln. Die erste Begegnung mit dem Vertreter der Schule verändert diese Dialogform auf durchaus auch für die anderen Schulgeschichten dieser Reihe exemplarische Weise, weil sie sich nach dem sprachlichen Ritual richtet, mit dem sich Schule als Institution an den Anfänger richtet:

"What's the name of your son?" Mr. Barbour said.

"This is Dr. Louis Davy's son", said Amy. "His name is Jim . . ."

"James?" said Mr. Barbour.

"Not James," said Amy, "just Jim." (S. 35)

Deutlich erkennbar wird hier der Versuch des Schulvertreters, (der auf ganz ähnliche Weise auch in den anderen Schulgeschichten sich formuliert), von vornherein die sprachliche Norm der Institution gegen die bisher vom Kind gewohnte Namensgebung, die ja zugleich Individualität und häusliche Eigenwelt impliziert, durchzusetzen.

Eben dieser Akzent auf der Eigenständigkeit der Person bestimmt den gesamten Mittelteil der Erzählung. Sprache wird als wichtiges Abwehrmittel gegen die Vereinnahmung der Einzelperson durch die Mechanismen der neuen Institution herausgestellt. Sprachspiel und Sprachwitz werden zum Schutz für den Schüler. Die Parodie der Lehrerfrage und die Verfremdung der erwarteten Schülerantwort schafft den dargestellten Kindern einen Eigenraum, der sie vor den Ansprüchen der Schule wenigstens relativ schützt. Als erste Lernerfahrung bringt der abgebildete Junge eben die Einsicht nach Hause, daß es sich in dem Zwischenraum leben läßt: Die im gewohnten häuslichen Kontext erfahrene Sprache trägt nicht mehr, die von der Schule verlangte Sprache wird noch nicht akzeptiert. So entwickelt sich eine sprachliche Mischform, die dem zwischen zwei Welten lebenden Jungen Stütze gibt:

"What comes after twenty?" the boy said.

"Thirty," said his father.

"Your face is dirty," he said. (S. 36)

Ähnliches Spiel wiederholt sich gegen Ende der Geschichte. Ganz offensichtlich ist die erste Angst des Jungen deswegen überwunden, weil ihm neue Selbstsicherheit zugewachsen ist: er hat die neue Welt in besondere Sprache verschlüsselt und kann sie so artikulieren. Der Vernünftigkeit und sprachlichen Norm der Erwachsenenwelt setzt er Phantasie entgegen, welche die ihm vorgegebene Situation sprengt und ihm die Möglichkeit gibt, aus Wörtern eine nur ihm eigene Welt zu bauen.

T 2: First Steps In Learning

Die Gefahr der Deformation der Persönlichkeit — im ersten Text durch geglückte sprachliche Flucht abgewehrt — ist hier bereits wesentlich bedrohlicher formuliert. Aus einem Mißverständnis entwickelt sich eine Situation, die für die dargestellte Figur erst durch das Eingreifen von Erwachsenen und auch dann nur mit deutlichen seelischen Schäden überstanden wird. Brutaler als im ersten Schultext ist hier der Übergang von einer Welt in die andere vollzogen. Anders als im ersten Text kann sich die hier dargestellte Figur kaum schützen, stärker ist sie ausgeliefert. Sie versteht weder, was von ihr verlangt wird, noch hat sie die Möglichkeit der Frage. Repräsentativ für das Gesamtgeschehen kann die folgende Szene gelten:

"Fold your arms," said Miss Knight, the teacher. Linda had never seen anyone like her before. She had a very red face, a tight black satin dress, a lot of jangly beads and a

frizzy bird's nest of hairs. "Come on, Linda Morrison," she said, "didn't you hear me tell you to fold your arms,"
Linda went very red and, looking at the other children, copied what they were doing, but it seemed most unnatural. "And sit up . . . sit up," said Miss Knight. "We don't want round-shouldered little girls in this class." (S. 37)

Weite Strecken des Textes variieren lediglich diese Situation. Die erste Begegnung mit Schule ist für das dargestellte Mädchen eine Reihe sich verstärkender Demütigungen. In schneller Folge prasseln Forderungen auf sie ein, alle mit dem offensichtlichen Ziel, sie zu zerstören: man darf nicht sitzen, wie es natürlich wäre, man muß antworten, selbst wenn man die Frage nicht verstanden hat; man darf nicht mit der linken Hand schreiben; man muß sich fraglos unterwerfen.

Hier wird Schule zum Schockerlebnis: "... knife had gone too deep, and not even the security of home and mother and the special dinner in honour of her first day at school could console the little girl . . .". (S. 40)

Für die Diskussion der gesamten Unterrichtsreihe liefert diese Schulgeschichte in ihrem Leitvokabular einen ganzen Katalog von Negativ-Stichworten, die zugleich die Verteilung der Rollen im dargestellten Handlungsspiel akzentuieren:

- teacher: We don't want . . .
  I want . . .
  no day dreaming
  Oh no-no-no-no-*no*
  We never say can't in this class . . .
  Hurry up
  I can't have cry-babies in my class
- class: "Yes, Miss Knight, "chorussed the class . . .
  The class giggled and Linda blushed
- Linda: could hardly explain
  copied what they were doing
  couldn't understand what was happening
  wanted to ask . . . but Evie wouldn't take any notice of her
  knew for the first time the pains of separation
  lost and bewildered

T 3: The Fun They Had

Vor der Folie der in den beiden ersten Texten geschilderten Negativerfahrungen mit Schule bietet sich diese Story besonders deswegen an, weil sie die in diesen Texten dargestellte Schulwelt einerseits aus zeitlicher Distanz heraus kommentiert und relativiert, andererseits aber durch das Stilmittel der immanenten Ironie unterstreicht. Konnte bisher das mögliche Gespräch über die beiden zunächst vorgestellten Schulgeschichten in der konkreten Unterrichtssituation die geschilderten Geschehen mit dem Hinweis auf längst überholte Unterrichtsformen dementieren, als Überzeichnung abtun, so widerlegt der jetzt angebotene Text alle Argumente, daß der sogenannte Fortschritt pädagogischer Entwicklung die oben erfahrenen Unterrichtsformen ablöse: der Autor legt das Geschehen seiner erzählten Unterrichtshandlung in das Jahr 2155.

Im Dialog zweier Kinder geht es um den Kontrast von "our kind of school" und "the old kind of school they had hundreds and hundreds of years ago."

Der Vergleich beider Schulwelten kommt im wesentlichen zu zwei Ergebnissen:

— in der versuchten Rekonstruktion vergangener Schulformen, die sich am aufgefundenen alten Buch entzündet, entsteht eine im Rückblick romantisierte und sehr sympathische, weil durchaus menschliche Schulwelt;

— die Veränderung in den Methoden und Formen von Unterricht, welche die „neue" Schule dieser vorgestellten Zukunft erbracht hat, konnte freilich grundsätzliches Verhalten und tradierte Vorstellungen im Kontext Schule nicht in Richtung auf qualitative Verbesserungen ablösen.

Die verklärende Sicht auf die Vergangenheit erleichtert den dargestellten Kindern ihre Situation durchaus nicht: Mechanisierung des Lehrens, sorgfältige Abstufung des Lehrprozesses auf die jeweilige Aufnahmekapazität des Lernenden hat den Kindern Unterricht nicht schmackhafter gemacht: "I hate school." Im Vergleich mit den beiden ersten Schulgeschichten gewinnt das folgende Zitat ironische Bedeutung, indem es sowohl artikuliert, wie die Schule unserer Gegenwart sein *könnte*, als auch den angesprochenen Leser zu einer Reflexion der von ihm im Augenblick erlebten Schulwirklichkeit provoziert:

She was thinking about the old schools they had when her grandfather's grandfather was a little boy. All the kids from the whole neighbourhood came, laughing and shouting in the schoolyard, sitting together in the school-room, going home together at the end of the day. They learned the same things so they could help one another on the homework and talk about it. And the teachers were people. (S. 11)

T 4: Krazy Kat

Die Einführung dieses Textes in die Unterrichtssequenz markiert in mancher Hinsicht einen Einschnitt:

— das sprachliche Niveau ist deutlich höher als in den bisherigen Texten;

– der Text ist nicht mehr aus sich selbst heraus verstehbar, da er sich auf die Kenntnis zitierter Literatur beim Leser verlassen muß;

– die dargestellte Schulsituation wird nicht mehr ausschließlich wie bisher aus der Perspektive des Kindes gesehen und kommentiert, sondern auch aus der Sicht des beteiligten Lehrers gespiegelt;

– Die Grundsituation des Unterrichts wird jetzt eingeengt auf eine bestimmte Art von Unterricht: auf das Unterrichtsgespräch über fiktionale Literatur;

– die Gewichte sind beim Rollenspiel nicht mehr so einseitig verteilt wie in den ersten Texten: der Schüler wird weder zur Anpassung gezwungen, noch braucht er sich der Meinung des Lehrers unbedingt anzuschließen;

Dieser Text erweitert also die didaktischen Möglichkeiten, verlangt aber zugleich Vorarbeit in doppelter Hinsicht:

– Das Thema Schule muß zunächst verlassen werden. Der normale Literaturunterricht muß einsetzen, die beiden in diesem Text angesprochenen Gedichte (*The Little Girl Lost; The Tiger*) müssen der Klasse bekannt gemacht und mit den Schülern diskutiert werden.

Die Ergebnisse der Gedichtinterpretation selbst müssen ergänzt werden durch eine Überprüfung der *Methoden* des Gesprächs über die beiden Gedichte.

Erst nach diesem Einschub kann das Angebot des vorliegenden Textes die geplante Unterrichtsreihe um eine weitere Dimension erweitern: Stand bei den ersten drei Texten der Vergleich von konkret erfahrener Schulwirklichkeit und fiktional dargestellter Schulwirklichkeit im Mittelpunkt, so stehen jetzt Inhalte, Methoden und Funktionen von Literaturunterricht im Spannungsfeld von gerade erlebtem Literaturunterricht (Gespräch über die Gedichte), sich im Augenblick vollziehendem Literaturunterricht (Gespräch über diesen Text) und dargestelltem Literaturunterricht (Handlung des Textes) zur Diskussion. Die Vergleichsmöglichkeiten haben sich also wesentlich erweitert. Die Fragen der Gesprächspartner können sich an dieser dreifachen Spiegelung ausrichten.
Etwa:

– Ist der abgelaufene Literaturunterricht bei der Interpretation der beiden Gedichte zu ähnlichen oder zu abweichenden Ergebnissen wie der fiktional abgebildete Literaturunterricht gekommen?

– Waren die Annäherungsweisen an diese Gedichte vergleichbar?

– Wie waren die Rollen quantitativ und qualitativ im Literaturunterricht verteilt? Gibt der Text Anlaß zur Überprüfung der eigenen Situation?

— Lassen sich aus dem Vergleich zwischen erlebtem und gespiegeltem Literaturunterricht Konsequenzen für den konkreten Literaturunterricht in der Zukunft ziehen?

— Welche Funktion hat Literatur für die dargestellten und für die konkreten Lehrer und Schüler?

T 5: Tomorrow, And Tomorrow And So Forth

Ganz bewußt sollte der oben skizzierte Fragenkatalog fragmentarisch bleiben. Denn das Experiment der dreifachen Spiegelung von Literaturunterricht kann mit diesem jetzt vorgestellten Text einerseits wiederholt, andererseits erweitert werden.

Wieder muß zunächst die thematisch strenge Reihung von Schulgeschichten unterbrochen werden, also normaler Literaturunterricht einsetzen, wenn auch um die Erfahrungen der letzten Stunden verändert. Allerdings stellt der hier vorgestellte Text den Lehrer vor die Entscheidung, in welchem quantitativen und qualitativen Umfang er den notwendigen Einschub in die Unterrichtsreihe zum Thema Schule gestalten kann und will. Der dem im Text abgebildeten Unterrichtsgespräch zugrunde liegende Monolog (Macbeth V, 5) muß in jedem Falle der Klasse *vor* der Lektüre dieses Textes bekannt gemacht werden, damit die oben bereits aufgeführten didaktischen Möglichkeiten voll genutzt werden können. Die Frage ist aber, ob nicht über den Monolog selbst hinaus auch das gesamte Drama — und wenn auch in gedrängter methodischer Form — besprochen werden sollte. Denn der Ausschnittscharakter der von Updike geschilderten Unterrichtsstunde ist nur sehr schwer faßbar, wenn nicht bedacht wird, daß ja auch die dargestellte Unterrichtsstunde lediglich einen Ausschnitt des Dramas (den Monolog), und selbst diesen noch in Bruchstücken wiedergibt. Will also der Lehrer nicht einfach die ihm im Text vorgezeichnete Unterrichtsmethode wiederholen und damit auch die möglichen Ergebnisse in einer bestimmten Richtung präjudizieren, dann sollte zumindest gefragt werden, in welchem Kontext des gesamten Dramas denn der Monolog steht, in welcher Situation Macbeth diesen Text spricht. In diesem Zusammenhang kann wieder der jeweiligen Entscheidung des konkreten Lehrers nicht vorgegriffen werden; sie kann im übrigen auch flexibel ausfallen, wenn zwei Bedingungen beachtet werden:

— der Monolog muß zunächst ohne Verbindung mit dem Updike-Text besprochen werden;

— er muß in den Rahmen des Shakespeare-Dramas gestellt werden.

Hat der Einschub in die Unterrichtsreihe diese Vorbereitung für den Text Updikes geleistet, dann bietet das Angebot dieses Textes dem Lehrer und dem Schüler zunächst wieder — wie im Falle von Text 4 — die Gelegenheit eines vergleichenden Rückblicks. Nach der ersten Lektüre sollten sich die Fragen richten auf

- die Rollenverteilung im Gespräch Lehrer-Schüler über den Shakespeare-Monolog im gerade abgelaufenen konkreten Literaturunterricht und im dargestellten Literaturunterricht,
- die Ergebnisse der Interpretation dieses Monologs, wie sie einerseits die konkreten Stunden des Einschubs erbracht haben und wie sie andererseits im Schultext erarbeitet werden.

Erneut also stehen im Literaturunterricht selbst Methode und Ziel eben dieses Unterrichts zur Diskussion, wobei sich das Gespräch an zwei parallelen Unterrichtsabläufen orientieren kann. Einige für das Gespräch wichtige Merkmale des Updike-Textes sollen hier angedeutet werden:

- Die Unterrichtsstunde wird wesentlich aus der Perspektive des dargestellten Lehrers gesehen. Die den Text strukturierende Offenheit und Ambivalenz (etwa der deutlich offene Schluß) finden ihre Entsprechung in der merkwürdig schwankenden Haltung des abgebildeten Lehrers. Charakteristische Zitate umreißen sein Verhalten zur Klasse, zu sich selbst und zu der besprochenen Dichtung:

His students still impressed him; they were such sensitive animals . . . (S. 263)

"Kindly tell the class the exact meaning of the words 'Tomorrow, and tomorrow, and tomorrow . . . '". (S. 264)

"I don't have all the answers myself . . .". (S. 264)

"There is . . . much darkness in Shakespeare's work . . .". (S. 265)

He had been taken far from the Macbeth soliloquy . . . (S. 265)

"Poetry isn't arithmetic. There's no single answer . . .". (S. 266)

What was it, Mark asked himself, these kids were after? (S. 268)

Diese hier einigermaßen wahllos herausgegriffenen Sprachbrocken stehen repräsentativ für die Beliebigkeit und Richtungslosigkeit der hier abgebildeten Interpretation eines fiktionalen Textes im Unterricht. Die Unsicherheit des Lehrers gegenüber sich selbst als Person und gegenüber seiner Rolle als Lehrer, die Zufälligkeit seiner Annäherung an Dichtung, die sich einerseits in allgemeinen und vagen Feststellungen, andererseits in allzu direkten, kaum beantwortbaren Fragen ausdrückt, sein Hang zum Monologisieren, seine zu naive Parallelisierung von Dichtung und Leben, lassen den dargestellten Literaturunterricht ziellos und unverbindlich im Vagen. Desinteresse der Schüler und Orientierungslosigkeit des Lehrers ergänzen sich: für den Leser wird der dargestellte Literaturunterricht zur Parodie.

– Auffällig ist der geschilderten Unterrichtssituation die mangelnde Distanz der hier abgebildeten Interpreten zur besprochenen Literatur. Die in der didaktischen Literatur unserer Tage oft erhobene Forderung, die Bedeutung fiktionaler Literatur für das Leben des konkreten Lesers herauszustellen, wird hier in extremer Übersteigerung *ad absurdum* geführt. Der Ausschnittstext wird weder im Kontext des Shakespeare-Dramas gelesen, noch wird der Abstand von fiktionaler und konkreter Welt auch nur im Ansatz herausgearbeitet. Im übrigen handeln in dieser Hinsicht die dargestellten Figuren ganz ähnlich wie der Erzähler: wenn etwa die an den Fenstern des Klassenzimmers vorbeiziehenden Wolken sogleich mit der fiktionalen Wirklichkeit in Beziehung gebracht werden, wenn immer wieder Fragen und Antworten darum kreisen, was denn unmittelbar der Monolog in seinen einzelnen Aussagen für den Leser bedeutet, dann wird deutlich, daß eben deswegen der Monolog überhaupt nichts für Lehrer und Schüler bedeutet, weil er nicht als fiktionale Literatur, sondern als Gegenstand beliebiger Assoziationen genommen wird. Die Verkürzung des Abstandes von Fiktion und Lebenswirklichkeit führt zur Wirkungslosigkeit der Literatur selbst.

Hier läßt sich die Unterrichtsreihe durch eine weitere Textsorte dann erweitern, wenn der Lehrer ein Exempel von Sekundärliteratur anbietet, das sich auf die doppelte Vergleichsebene beziehen läßt. Als eine solche Ergänzung wird die literaturwissenschaftlich ausgerichtete Interpretation dieser Schulgeschichte durch Winfried Herget vorgeschlagen. Von diesem Text aus läßt sich der Abschnitt der Unterrichtssequenz, der Schulgeschichten als Geschichten über Literaturunterricht vorstellt, von einem anderen Standpunkt aus erneut überprüfen:

– Hat das Unterrichtsgespräch zu ähnlichen Ergebnissen geführt, wie sie von Herget formuliert werden?

– Hat das unterschiedliche Interesse am vorgestellten Schultext die Perspektiven der Interpretationen verengt oder erweitert; ist von daher die mögliche Differenzierung der Ergebnisse verständlich?

– Welche Funktion von fiktionaler Literatur hat der bisher abgelaufene Literaturunterricht herausgearbeitet, welche umschreibt der Updike-Text, welche unterstellt die Interpretation durch Herget?

T 6: The Lesson

Innerhalb der Unterrichtsreihe markiert dieser Text einen erneuten Einschnitt: Er verlagert die Konzentration auf Literaturunterricht auf ganz andere Aspekte von Unterricht überhaupt. Spielten bislang die erzählten Handlungen im Kontext der tradierten und festgelegten Situation von

Schule, so sprengt dieser Text nun diesen Rahmen, und zwar in inhaltlicher, thematischer und sprachlicher Hinsicht. Der Lernprozeß der dargestellten Figur vollzieht sich durch den Ausbruch aus dem bisher gewohnten Kontext, und zwar nicht in Richtung auf Schule, sondern in Richtung auf soziale Wirklichkeit. Die in den bisher vorgestellten Texten immer wiederholten Rituale von Schule (räumliche Anordnung, deutliche Rollenverteilung, Wechsel von Lehr- und Lernebene durch charakteristische Sprachsignale, tradiertes Spiel von Lehrerfrage und Lehrerantwort, Ausklammerung der die Schule umgebenden Wirklichkeit, Isolierung der Schulwelt von der Gesellschaft) tauchen hier nicht wieder auf.

Bereits die Anfangssätze rücken diesen Text in vieler Hinsicht von den bisher besprochenen ab:

"Back in the days when everyone was old and stupid or young and foolish and me and Sugar were the only ones just right, this lady moved on our block with nappy hair and proper speech and no makeup. And quite naturally we laughed at her . . ." (S. 87)

Der Text schildert eine Bildungsreise besonderer Art: Arme schwarze Kinder werden von Miss Moore – "the only woman on the block with no first name" – aus ihrem gewohnten Viertel ("we all poor and live in the slums") herausgeführt und zu einem Spielzeugladen gebracht, in dem reiche Weiße gewöhnlich für ihre Kinder einkaufen.

Wieder soll hier nicht der Schultext im einzelnen interpretiert werden, schon deswegen, weil die dargestellte Handlung und die im Titel signalisierte Lehre sich durch die Lektüre selbst vermitteln lassen. Sprachliche Hilfen muß der Lehrer aber – je nach der entsprechend weit vorangeschrittenen Progression seiner Klasse – anbieten (Slang). Vor dem Hintergrund der gesamten Unterrichtssequenz soll hier aber auf einige charakteristische Merkmale hingewiesen werden, die das Unterrichtsgespräch leiten könnten:

– Zwar haben auch die Autoren der bisher vorgestellten Texte versucht, aus der Perspektive der betroffenen Kinder heraus wenigstens ansatzweise die Erzählhaltung zu gestalten. Abgesehen von der Reduzierung des Sprachniveaus auf das Kindgemäße blieb es im ganzen aber die Rückerinnerung eines Erwachsenen oder das Bemühen eines Erwachsenen, sich in die Welt des Kindes hineinzudenken. Der Sprachduktus ließ insgesamt die Innenperspektive nicht zu. Im jetzt vorliegenden Text wird die Perspektive des erlebenden und erzählenden Kindes auch dann durchgehalten, wenn die Distanz im Zeitlichen zwischen Erlebtem und Erzähltem grundsätzlich nicht aufhebbar ist.

– Hier wird Lehre den Adressaten nicht durch Schulweisheit und entsprechende sprachliche Vermittlung angetragen, sondern durch An-

> schauung. Wirklichkeit wird nicht wie bisher ausgeklammert, sondern erfahren. Der Raum Schule wird verlassen. Der zunächst deutliche Widerstand der erzählenden Figur gegen jede Form von Lehrabsichten durch Erwachsene wird hier auf einfache und natürliche Weise überwunden. Das Ziel der Lehre – "do we know what money is" – wird durch unmittelbare Praxis erreicht. Hier wird nicht argumentiert, sondern schlicht vorgeführt: "This is the place," Miss Moore say, presenting it to us in the voice she uses at the museum, "Let's look in the window before we go in." (S. 89) Der Widerwille gegen die Herablassung der Erwachsenen, die – aus der Sicht der erzählenden Figur – beständig Überflüssiges den Kindern aufzwingen wollen, wird hier auf unprätentiöse Art überwunden: Der Kontrast zwischen der eigenen Wirklichkeit ("I don't even have a desk") und den im Spielzeugladen angebotenen Waren, der Abstand von arm und reich wird durch abrupte Konfrontation der Kinder mit einer Wirklichkeit, die sie sich bisher einfach nicht vorstellen konnten, zu einem Lernerlebnis durch Schock: "Unbelieveable", "I hear myself say and am really stunned." (S. 92) Die bisherige Selbstsicherheit, die sich in Sprache und Verhalten ausdrückte, wird zerstört. Die Frage "Watcha bring us here for, Miss Moore?" erledigt sich durch brutale Erfahrung: "Who are these people that spend that much for performing clowns and $ 1,000 for toy sailboats? What kinda work they do and how they live and how come we ain't in on it?" (S. 94)

Deutlich wird, daß die gewonnene Erfahrung die Kinder existentiell berührt. Die Anfangsfrage der Miss Moore löst bei ihnen Fragen aus, die zu einer Überprüfung der eigenen Situation werden. Die Lehre wirkt verändernd: "Miss Moore lines us up in front of the mailbox where we started from, seem seven years ago, and I got a headache for thinkin so hard." (S. 95) Hier stellt sich Sprachlosigkeit ganz anderer Art als in den bisher vorgestellten Schulgeschichten ein. Der Schluß des Textes unterstreicht gerade in der beschriebenen Reaktion der erzählenden Figur die überwältigende Wirkung dieser Art von Unterricht: "'Anybody else learn anything today?' lookin dead at me. I walk away and Sugar has to run to catch up and don't even seem to notice when I shrug her arm off my shoulder . . ." (S. 95)

T 7: Me And Miss Mandible

Zum Schluß der Unterrichtsreihe wird ein Text angeboten, der in Form und Thema eine völlig ungewöhnliche Perspektive auf die Schulwelt erlaubt: die Situation von Unterricht wird dadurch verfremdet, daß sie aus der Optik eines Erzählenden gespiegelt wird, der gleichzeitig Kind und Erwachsener ist:

I am, according to the records, according to the gradebook . . . eleven years old. There is a misconception here, one that I haven't quite managed to get cleared up yet. I am in fact thirty-five, I've been in the Army, I am six feet one . . . (S. 351)

Diese Gespaltenheit des Erzählenden – "this life-role is as interesting as my former life-role" – wird zum konstituierenden Element der Erzählung in Tagebuchform. Sie erlaubt die Gleichzeitigkeit des Ungleichzeitigen, das Paradoxe der Situation wird repräsentativ für das Rätselhaft des menschlichen Lebens überhaupt. Zu beachten ist, daß hier Schule ganz offenbar nur zum Anlaß einer Reflexion von Zusammenhängen wird, die den Rahmen der Schule selbst sprengen. Ihre didaktische Funktion findet diese Schulgeschichte in der Unterrichtssequenz, wenn besonders die folgenden Merkmale des Textes hervorgehoben werden:

– Die erzählte Rückkehr in die Kindheit, in die Rolle eines Schülers, wird zu einer Überprüfung des Zusammenhangs von Schule und Leben genutzt. Die Beobachtung des augenblicklich Erlebten bietet die Folie zu einer Analyse der persönlichen Vergangenheit. Dabei spielt die individuelle Vergangenheit allerdings eine stellvertretende Rolle. Die Frage nach den Ursachen des persönlichen Scheiterns, welche die Erzählung leitet, verknüpft sich mit der Rolle der gesellschaftlichen Institutionen im Hinblick auf ihre Einwirkungen in den persönlichen Lebenslauf. Schule wird in diesem Kontext als erste, richtungsweisende und das weitere Leben entscheidend bestimmende Einrichtung gesehen. Der Erzählende erkennt zum Beispiel, daß er Autorität mit Leben verwechselt hat – vor dem Hintergrund der in dieser Sequenz vorgestellten Schulgeschichten ein Signal, das eine kritisch-distanzierte Diskussion der Funktion von Schule in der Gesellschaft auslösen könnte:

It may be that on my first trip through the schools I was too much under the impression that what the authorities (who decides?) had ordained for me was right and proper, that I confused authority with life itself. (S. 354)

– Das durchgängige *déja vu*-Erlebnis irritiert den Erzählenden keinesfalls. Zwar erkennt er gewisse Veränderungen der Schulwelt im Vergleich von erlebter und erinnerter Schule. Sie ist in ihrem Grundsätzlichen jedoch unverändert: sie bleibt die entscheidende Vorprägung für die zukünftigen Mitglieder der Gesellschaft. Sie übt Verhalten ein, das die Armee fortsetzt; sie formuliert Versprechungen für die Zukunft, die sie selbst nicht einzulösen braucht; sie verändert die Individualität in Richtung auf die gewünschte Norm, auf das Typische. Sich eben diese Individualität erhalten zu haben, eweist sich dem Erzähler als Ursache allen Scheiterns. Von daher ist die Konsequenz einsichtig: "Small wonder that re-education seemed my only hope." (S. 359)

— Die von der Gesellschaft mit der versuchten Reedukation verbundene Intention setzt sich freilich nicht durch, sondern verkehrt sich in ihr Gegenteil: die Reflexion seines Scheiterns, die die erzählende Figur nur im Schutzraum der Schule anstellen kann, führt ihn zu ganz anderen als den gewünschten Ergebnissen, da er sich als Außenseiter, als nicht der Norm entsprechend erkennt:

Plucked from my unexamined life among other pleasant, desperate, moneymaking young Americans, thrown backward in space and time, I am beginning to understand how I went wrong, how we all go wrong. (Although this was far from the intention of those who sent me here; they require only that I *get right).* (S. 359).

— Trotz aller Versuche des Erzählers, sich den Schutzraum Schule zu erhalten, trotz seines verzweifelten Wunsches — "let me be, please God, typical" — scheitert das Experiment der Reeduktion an zwei Konsequenzen:

Schule wird als Instrument der Täuschung begriffen, das Zeichen für Wahrheit und Wirklichkeit ausgibt ("But I say, looking about me in this incubator of future citizens, that signs are signs, and that some of them are lies. This is the great discovery of my time here.") (S. 360)

Der Versuch, früher Gelerntes zu vergessen, aus der schon gelebten Erwachsenenrolle in die Rolle des Kindes sich zurückzustellen, mißlingt charakteristischerweise an der durch keine Erziehung zu verändernden oder aufhebbaren Tatsache des biologischen Wachsens: "It is only in the matter of sex that I feel my own true age; this is apparently something that, once learned, can never be forgotten." (S. 355)

Die Entdeckung der durch die Schule vorprogrammierten Lebenslage, die dem Erzähler die noch so sehr angestrebte Anpassung an die Norm unmöglich macht, die Rückkehr also zur Individualität, führt zum Ausgestoßensein aus der erzählten Schulwelt. Die Weigerung erwachsen zu werden, kollidiert mit der Weigerung der Lehrerin: "Miss Mandible will refuse to permit me to remain ungrown." (S. 360) Gerade die Verbindung von Person zu Person (Miss Mandible and Me), also die Liebesbeziehung zwischen Lehrerin und Schüler, setzt die aus den Fugen des Normalen geratene Situation wieder zurecht; der Erzählende wird aus der Schule gewiesen. Im ironischen Schluß der Geschichte kulminiert die sarkastische Gesellschaftskritik des Erzählers: Für die Schulbehörde ist der Erzählende nicht erwachsen, sondern Kind, die Liebesbeziehung der Lehrerin zu ihm also Dienstvergehen, das entsprechend bestraft wird. Die Abweichung von der Norm der korrespondierenden Institutionen Schule und Gesellschaft wird nach den herrschenden Normen geächtet.

5. Mögliche Ergebnisse der Unterrichtsreihe

— Die in den vorgestellten Texten entworfenen Situationen sind zum Sprechanlaß über die Grundbedingungen von Schule und über bestimmte Formen von Unterricht geworden.

— Der Vergleich von fiktiver und realer Schulwelt hat Distanz zur eigenen Erfahrung, zur Rolle und zum eigenen Verhalten geschaffen; diese erlaubt eine kritische Überprüfung bisheriger Einstellungen.

— Die Artikulation der eigenen Auffassung in der fremden Sprache (Englisch) wird durch die Nähe des Lesers zur fiktiven Situation gefördert: die Möglichkeit grundsätzlicher Identifikation mit dem vorgestellten Spiegelbild verstärkt die Motivation zum Sprechen, da sich die Texte an Leser als unmittelbar Betroffene wenden. Der Adressat kann von sich sprechen, da er sich entweder vom dargestellten Bild absetzen oder aber es als Aussage über seine eigene Wirklichkeit anerkennen muß.

— Literaturunterricht hat Literaturunterricht selbst in seinen Zielen, Methoden und Inhalten zur Diskussion gestellt. Dem Schüler sind Wirkungsabsichten fiktionaler Literatur und die möglichen Intentionen und Richtungen eines Gesprächs über diese Literatur im Unterricht verdeutlicht worden. Aus der Einsicht in den Zusammenhang von Leserfrage und Textantwort, aus der Erkenntnis verschiedener Steuerungsmechanismen von Interpretation kann der zukünftige Literaturunterricht profitieren.

— Die doppelte Verfremdung der erlebten Schulwirklichkeit (fremdsprachliche Texte; unterschiedliche Perspektivierung) hat die bisherige Erfahrung ausgeweitet und den Blick auf Alternativen von Schule und Unterricht eröffnet.

— Der abschließende Rückgriff auf die Ausgangssituation vor dem Einsetzen der hier vorgeschlagenen Unterrichtsreihe gibt Gelegenheit zu prüfen, wie und auf welche Weise sich die bestehenden Vorurteile und die bisherige Einschätzung von Schule überhaupt und von bestimmten Unterrichtsformen geändert haben.

— Damit hat ein so angelegter Englischunterricht den Rahmen des bloßen Fachunterrichts gesprengt: seine Konsequenzen können fächerübergreifend wirksam werden.

Anmerkung: Ich danke Angelika Kubanek für die Hilfe bei der Erstellung der Materialien.

6. Materialien

6.1 Die Unterrichtsreihe in schematischer Übersicht

Ausgangssituation

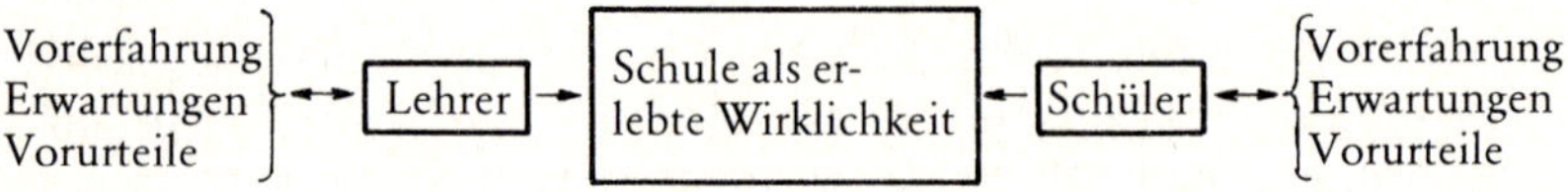

Unterrichtsreihe

Lernziele:

- Kritische Reflexionen der konkreten persönlichen Erfahrung anhand der entworfenen fiktiven Situationen
- Gespräch über Schule: Überprüfung von Situation und Methoden
- Veränderung von Einstellungen zur Schule

Lernschritte:

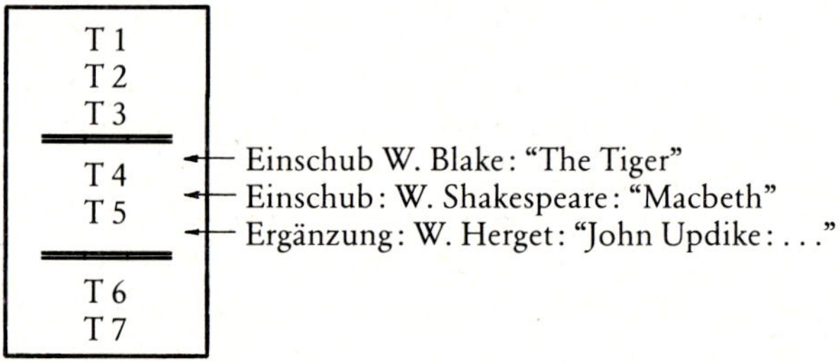

Ausweitung

Spiegelung der Schule in anderen literarischen Gattungen.
Didaktische Beispiele:

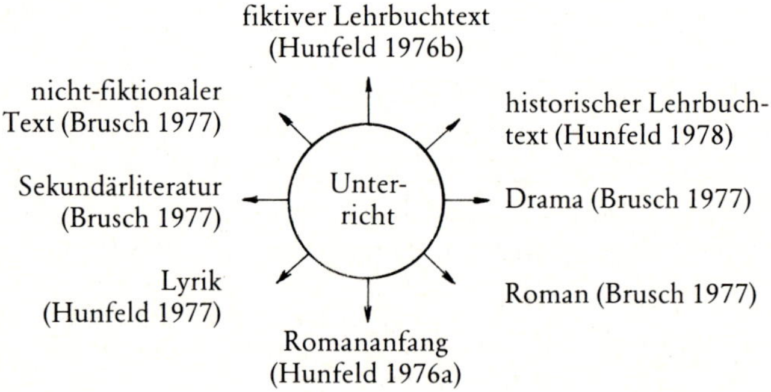

Ergebnisse

- Erweiterung der Erfahrung von Schule
- Distanz
- Veränderung der Ausgangssituation
- Konsequenzen für den Unterricht

6.2 Textanalytische Kategorien

author	content	point ov view	constellation	technique of narration	acting time	setting	theme
T 1 Saroyan	starting school	neutral omniscience	[child] — school ↕ family	chronological narration	2 days	— Home — way to school — classroom — school-yard	overcoming fear in the new situation
T 2 Shapley	see T 1	neutral omniscience	[child] ← teacher ↓ (family)	chronological narration and flash-backs	2 days	— classroom 1 (school) — classroom 2 (kinder-garten)	school and teacher-authority as shock experience
T 3 Asimov	teaching in the future	neutral omniscience	[pupil] ↔ [pupil] ↑ (mechanical instructor)	2 strands: — scenic — flash-backs	1 morning (narrating time: — past months — past centuries)	classroom	functions of teacher, shown by presenting an utopian, computerized education
T 4 Dawson	teaching of literature (poetry)	— neutral omniscience — selective omniscience	[teacher] ↕ [class]	— scenic (dialogues) — narrative	2 lessons	— classroom — view from classroom (rain)	possibilities and problems of interpretations
T 5 Updike	teaching of literature (drama)	— neutral omniscience — selective omniscience	[teacher] ↕ [Gloria] ↓ [class]	— scenic (dialogues) — narrative	1 lesson	— classroom — view from classroom (clouds)	understanding of literature, adolescence, role of the teacher
T 6 Bambara	learning through the experience of reality	"I" ("we") — as protagonist — or witness	[pupils] | teacher ↓ [environment]	— chronological narration — retro-spective	1 afternoon (narrating time: some months)	— shopping streets in a big American city — black section	socialization, discrimination, poverty, compensatory education
T 7 Barthelme	presentation of everyday school life	— "I" as protagonist (diary)	class ↓ [adult as pupil] (Miss Mandible)	2 strands: — narrative — comments	3 months (narrating time: 30 years)	— school — American society	criticism of school as an institution

(zur Erläuterung der Terminologie siehe Freese in diesem Band)

6.3 Quellenangaben zu den für die Unterrichtsreihe vorgesehenen Texten

T 1: William Saroyan. "The First Day of School", in: Ders., *Four Short Stories.* Paderborn: Schöningh, 1977. S. 34-39.

T 2: Olive Shapley. "First Steps in Learning", in: J. Ashton und G. Bott, Hgg., *Read and Relate.* Berlin: Cornelsen - Velhagen & Klasing, 1971, S. 37-40.

T 3: Isaac Asimov. "The Fun They Had", in: J. Ashton und G. Bott, Hgg., a. a. O. S. 9-11.

T 4: Fielding Dawson. "Krazy Kat", in: Ders., *Krazy Kat: The Unveiling and Other Stories.* Los Angeles: Black Sparrow Press, 1969. S. 11-14.

T 5: John Updike. "Tomorrow and Tomorrow and So Forth", zuerst in *The New Yorker,* 30. 4. 1955. Zitiert wird nach dem Wiederabdruck der zweiten Fassung aus John Updike, *The Same Door* (New York: Knopf, 1959) in: Cleanth Brooks *et al., An Approach to Literature* (Englewood Cliffs: Prentice-Hall, 5. Aufl., 1975), S. 263-269.

T 6: Toni Cade Bambara. "The Lesson", in: Ders., *Gorilla, My Love.* New York: Random House, 1972. S. 87-96.

T 7: Donald Barthelme. "Me and Miss Mandible", in: Ders., *Come Back, Dr. Caligari.* Boston: Little, Brown & Co, 1961. Zitiert wird nach dem Wiederabdruck in C. Gulassa, Hg., *The Fact of Fiction: Social Relevance in the Short Story* New York: Harper & Row, 1972).

T 4 - T 7 werden 1980 in einer vom Verfasser des Aufsatzes herausgegebenen Sammlung bei Schöningh erscheinen.

6.4 Weitere in Deutschland publizierte und für eine Ergänzung der Unterrichtsreihe geeignete Texte

T 8: John Henrik Clarke. "The Boy Who Painted Christ Black", in: Peter Freese, Hg., *Growing up Black in America: Stories and Studies of Socialization.* Paderborn: Schöningh, 3. Aufl., 1979. S. 43-50.

T 9: Charles Dickens. *David Copperfield: At School in London and Canterbury.* Paderborn: Schöningh, 1968.

T 10: Thomas Hughes. *Tom Brown's Schooldays.* London: Longman, 1963, zuletzt 1977. (In Deutschland über Langenscheidt-Longman, München, erhältlich.)

T 11: Henry James. *The Pupil — Der Schüler.* München: Deutscher Taschenbuch-Verlag, 1973.

T 12: William Saroyan. "One of Our Future Poets, You Might Say", in: Ders., *My Name Is Aram.* Paderborn: Schöningh, o. J. S. 43-46.

T 13: Richard Wright. *Black Boy.* Kopenhagen: Grafisk Forlag, 1971. (In Deutschland über Klett, Stuttgart, erhältlich.)

Der Literaturliste des von Wilfried Brusch verfaßten Kapitels "Aspects of Education", in: Brusch 1977, S. 42 ff., können einige zusätzliche Texthinweise entnommen werden. Seine Angaben beziehen sich allerdings fast ausschließlich auf Gedichte, Romane (Auszüge) und nichtfiktionale Texte englischer Autoren.
Dazu eine Anmerkung: Brusch schreibt mit Recht, „Erziehung, Unterricht,

Schüler-Lehrer-Beziehung etc., obgleich tagtäglich gemeinsam erlebt, [seien] nur selten explizites Thema des Unterrichts ..." (S. 31), hat aber dabei wohl übersehen, daß Hinweise auf didaktische Verwendung von Schulgeschichten im EU bereits vor Erscheinen seines Buches vorlagen. Wenn hier besonders auf einige Veröffentlichungen des Verfassers in diesem Zusammenhang hingewiesen wird, dann aus dem Grunde, daß der hier vorliegende Beitrag nur einen Ausschnitt aus einem seit längerer Zeit vorangetriebenen Forschungsprojekt darstellt. Vgl. dazu die skizzierten Möglichkeiten für die Unterrichtsreihe, die sich aus der Einbeziehung anderer Textsorten ergeben:

a: Fiktiver Lehrbuchtext (Hunfeld 1976)
b: Lyrik, die Schule verbildlicht (Hunfeld 1977)
c: Historischer Lehrbuch-Text (Hunfeld 1978)
d: Romananfang (Hunfeld 1976)

6.5 Hinweise auf weitere Anthologien

Aston, A., Hg. *Poets in School.* Vorwort von Stephen Spender. London: Harrap, 1977.

Hope-Simpson, J., Hg. *Tales in School: An Anthology of Boarding-School Life.* London: Hamilton, 1971.

Spinner, S., Hg. *Live and Learn: Stories About Students and Their Teachers.* New York: Macmillan, 1973.

7. Literaturhinweise

Brusch, Wilfried, Hg. *Projects in Literature: Modelle und Materialien zur Textarbeit im Englischunterricht.* Heidelberg: Quelle & Meyer, 1977.

Carstensen, Broder. „'Intellectual' und seine Synonyme im britischen und amerikanischen Englisch", in: Hans Helmcke *et al.*, Hgg., *Literatur und Sprache der Vereinigten Staaten: Aufsätze zu Ehren von Hans Galinsky.* Heidelberg: Quelle & Meyer, 1969.

Herget, Winfried. „John Updike, 'Tomorrow and Tomorrow and So forth' (1955)", in: Peter Freese, Hg., *Die amerikanische Short Story der Gegenwart: Interpretationen.* Berlin: Schmidt, 1976. S. 160-167.

Hunfeld, Hans. „Literatur in der Schule — Schule in der Literatur". *Die Neueren Sprachen,* N. F. 25 (1976a). S. 538-550.

Hunfeld, Hans. „Der fingierte Lehrbuchtext im Englischunterricht: ein Vorschlag zur textnahen Diskussion einiger Grundsatzfragen", in: Hans Hunfeld und Gottfried Schröder, Hgg., *Literatur im Englischunterricht der Sekundarstufe II.* Kiel: Schmidt & Klaunig, o. J. (1976b). S. 9-23. — Überarbeitete Fassung in: Ders., Hgg., *Literatur im Englischunterricht.* Kronberg i. T.: Scriptor, 1978. S. 18-31. (Monographien Fremdsprachen — Theorie und Praxis ihrer Didaktik 6)

Hunfeld, Hans. „Wozu Lyrik im Fremdsprachenunterricht?" *Der fremdsprachliche Unterricht,* 11 (1977a), Heft 44. S. 3-15.

Hunfeld, Hans. „Vorüberlegungen zu einer fremdsprachenspezifischen Literaturdidaktik", in: Ders., Hg., *Neue Perspektiven der Fremdsprachendidaktik: Eichstätter Kolloquium zum Fremdsprachenunterricht 1977.* Kronberg i. T.: Scriptor, 1977b. S. 131-145.

Hunfeld, Hans. „Zu einigen Bedingungen der Lektüre im Englischunterricht: Anmerkungen zu einem überlieferten Lehrbuchtext", in: Hans Hunfeld und Gottfried Schröder, Hgg., a.a.O., 1978. S. 193–204.

Opie, J. und P. *The Language and Lore of School-Children.* London: Clarendon, 1959.

Vater, J. *Das Wortfeld 'Teacher' im amerikanischen und britischen Schriftenglisch von 1935–1960.* Bern und Frankfurt: Lang, 1973. (Mainzer Studien zur Amerikanistik 3)

Winick, M. P., *The Teacher in Fiction, Non Fiction, Films and Drama.* New York: Garland Publishing, 1977/78. (Bibliographie)

Mittlerweile liegt die Sammlung

Hans Hunfeld, ed., *What Did You Learn in School Today? Seven Stories from America* (Paderborn: Schöningh 43015, 1981)

vor, die die Stories: Donald Barthelme, "Me and Miss Mandible", Peter DeVries, "Good Boy", Toni Cade Bambara, "The Lesson", Fielding Dawson, "Krazy Kat", John Updike, "Tomorrow and Tomorrow and So Forth", Donald Barthelme, "The School" und Louis Auchincloss, "Black Shylock", die erforderlichen Annotationen sowie umfangreiche "Background Information" enthält.

Berthold Schik / Gottfried Schröder

Vor roten Heringen wird gewarnt: Englische und amerikanische *detective stories* von Arthur Conan Doyle bis Stanley Ellin

1. Didaktische Analyse

1.1. Zur Problematik des Begriffs

Der durchschnittliche Konsument spricht einfach vom 'Krimi'. Dagegen finden sich in der literaturwissenschaftlichen Diskussion eine Reihe unterschiedlicher Termini, die auf eine komplexe Vielfalt (unterschiedliche Handlungsschemata; Langtexte/Kurztexte) zu verweisen scheinen: Detektivroman, Detektiverzählung, Kriminalroman, Kriminalerzählung, Detektivliteratur, Verbrechensdichtung, *detective novel, detective story, detective short story, crime novel, crime story, police novel, thriller, mystery* etc. Nun ist das Ausdifferenzieren von Begriffen sicher eine der elementaren Aufgaben der wissenschaftlichen Fachsprachen gegenüber dem sorgloseren Umgang mit der Sprache im Alltag, andererseits trägt diese komplexe Terminologie oft nicht — entgegen ihrem theoretischen Anspruch — zum besseren Verständnis von Texten bei, so daß durchaus die Gefahr besteht, daß durch „fragwürdige theoretische Superstrukturen"[1] die Beschäftigung mit 'Krimis' vorweg belastet wird — als ob diese Texte durch die ganze Diskussion um ihre 'Literaturwürdigkeit' (vor allem unter dem Aspekt der 'Trivialliteratur') nicht schon von anderer Seite hinreichend mit Diskussionsballast versehen worden wären.

Aber auch wenn es keinen Streit darüber gäbe, daß die theoretische Auseinandersetzung mit 'Krimis' einer solch komplexen Terminologie bedarf, so bedeutet dies noch nicht, daß über die inhaltliche Füllung der jeweiligen Begriffe Klarheit bestünde, wie sich am vermeintlich einfachen Beispiel Detektivroman — Kriminalroman zeigen läßt. Heißt es einmal: „Der Kriminalroman erzählt die Geschichte eines Verbrechens, der Detektivroman die der Aufdeckung eines Verbrechens"[2], so wird dieser scheinbar so prägnanten Formel von einem anderen Kritiker gleichermaßen eindeutig widersprochen: „Die Unterscheidung zwischen Kriminalroman und Detektivroman als zwei gleichberechtigten, klar voneinander unterschiedlichen Gattungen ist eine Pseudodistinktion, die der Wirklichkeit nicht entspricht und sie verfälscht. In Wirklichkeit haben wir vor uns *einfach* die Gattung des Kriminalromans, einer Stutzform der Verbrechensdichtung . . ."[3]. Widersprüche solch elementarer Art wie in dem gerade angeführten Beispiel ließen sich vielleicht auflösen, wenn vorweg Konsens darüber erzielt werden könnte, daß der Gegenstand eben nicht so einfach definierbar ist wie es scheinen mag, es daher eine allgemeingültige Kurzdefinition nicht geben kann. Julian Symons beginnt denn auch seinen Überblick zur Geschichte der Gattung mit der ironischen Frage: "Is it a detective crime psychological analytical suspense police story?"[4] und signalisiert durch die Häufung der Attribute, daß sich eine Vielfalt verschiedener Elemente in der Gattung 'Krimi' vereinigen. Zu einem ähnlichen Ergebnis kommen Buchloh/Becker: „Eine stringente Definition der Detektiverzählung ist trotz vieler Versuche nach inhaltlichen oder formalen Kriterien bis heute nicht gelungen und wird bei der Vielschichtigkeit des Genres auch kaum gelingen können"[5]. Angesichts dieser Ausgangsposition erscheint es uns nicht sinnvoll, einen weiteren Versuch zur Gattungsdefinition vorzunehmen. Wir geben daher nur eine Arbeitshypothese, deren Funktion wir darin sehen, für die folgenden Untersuchungen, Überlegungen und Vorschläge die unbedingt notwendigen Elemente einer „Gattung Detektivliteratur" zu erfassen. Nach Cawelti sind hierfür mindestens drei gemeinsame Merkmale konstitutiv:

— there must be a mystery, i. e., certain basic past facts about the situation and/or a number of the central characters must be concealed from the reader and from the protagonist until the end
— the story must be structured around an inquiry into these concealed facts with the inquirer as protagonist and his investigation as the central action
— the concealed facts must be made known at the end[6]

Wir werden uns (im Rahmen dieses Bandes) auf Kurztexte beschränken (obwohl dieses Grundschema natürlich genauso für Langtexte gilt). Wir nennen diese Texte Detektiverzählungen resp. *detective short stories*.

1.2. Popularität

Auch wenn die Detektivliteratur bei verschiedenen Kritikern widersprüchliche Ansichten hinsichtlich ihrer inhaltlichen und formalen Spezifika hervorruft, so herrscht doch Einmütigkeit darüber, daß es sich hier um eine erstaunlich erfolgreiche Literaturgattung handelt, deren Popularität nach wie vor ungebrochen ist. Dieser Befund ist allenfalls insoweit zu präzisieren, als der Begriff Detektiv-'Literatur' sehr weit gefaßt werden muß (sozusagen 'E-Literatur' und 'U-Literatur' mit einschließt), d. h. auch die in Taschenbüchern und Heftchenreihen publizierten 'Krimis' dazugerechnet werden müßten. Die Popularität der Detektivliteratur (alias 'Krimis') ist auch ablesbar aus der Tatsache, daß Buchhandlungen und Bibliotheken hierfür selbständige Abteilungen führen. Bei Analysen der jüngsten Entwicklung dieser Gattung wären (nach Möglichkeit) auch die Krimi-Serien des Fernsehens mit zu berücksichtigen, die — entsprechend der Buchproduktion — einen festen Platz innerhalb des Fernsehprogramms erobert haben, charakteristischerweise oft nur noch nach Wochentagen unterschieden: z. B. Montag-, Dienstag-, Mittwoch-'Krimi'. Als Fazit läßt sich zur Bedeutung dieser Literaturgattung sicher zu Recht feststellen, daß sie die Bezeichnung „Großindustrie"[6a] durchaus verdient.

Selbst wenn man Alewyns Feststellung („. . .seine Popularität kennt keine Grenzen"[7]) für etwas übertrieben hält, ist es doch erstaunlich, daß die Detektivliteratur innerhalb fachdidaktischer Überlegungen auch nicht annähernd den Stellenwert besitzt, der nach dem Grad der Popularität (auch bei Jugendlichen) zu erwarten wäre. Ob als Begründung dafür angeführt werden kann, „daß die Beschäftigung mit dem Detektivroman hierzulande immer noch als unseriös angesehen wird"[8], soll hier nicht entschieden werden. Warum aber gerade die englische Fachdidaktik durch weitgehende Abstinenz auffällt, ist schwer zu erklären, zumal ja gerade diese Literaturgattung ihren Ursprung im angelsächsischen Bereich hat und angelsächsische Texte heute noch marktbeherrschend sind, denn auch in der deutschen Verlagsproduktion sind rund zwei Drittel aller 'Krimis' aus dem Englischen oder Amerikanischen übersetzt[9]. „Ein Mord in der Lüneburger Heide interessiert die Leute nun einmal nicht so sehr wie ein Mord in London oder New York"[10].

1.3. Die *detective short story* in der fachdidaktischen Diskussion

Trotz dieser guten Voraussetzungen für die Fachdidaktik Englisch gibt es Untersuchungen zur fachdidaktischen Relevanz der Detektivliteratur im wesentlichen erst für den Deutschunterricht. Deren Ergebnisse sind jedoch nur begrenzt auf den Fremdsprachenunterricht übertragbar, da das Interesse der Deutschdidaktiker in erster Linie Problemen der Rezeptionsästhetik und der Ideologiekritik gilt. Dahrendorf, Dingeldey und Albrecht sehen in der Lektüre von 'Krimis' ein Instrument zur politischen Erziehung[11]. Goette/Kircher[12] sehen daneben noch in dem intellektuellen Spiel und dem daraus erwachsenden Vergnügen eine legitime Funktion der Beschäftigung mit Detektivliteratur; anders als Finckh[13] befassen sie sich aber nicht sehr ausführlich mit den Bauelementen der Gattung 'Krimi'. Eine intensive Beschäftigung mit soziologischen resp. literatursoziologischen Fragen im Englischunterricht ist zwar nicht ausgeschlossen, sieht sich aber einer Fülle sprachlicher Schwierigkeiten gegenüber und kann auch nicht am Problem genauer Faktenvermittlung vorbeigehen. Im

Fremdsprachenunterricht ist die intensive Textanalyse ein nicht zu überspringender erster Schritt; dabei wird auch die Ermittlung der gattungstypischen Merkmale der Detektivliteratur zu einem zentralen Aufgabenfeld. Daß eine solche Akzentuierung 'intrinsischer' Methoden nicht schlechterdings mit einem Rückzug in wirklichkeitsferne bzw. unpolitische Bereiche gleichzusetzen ist (Stichwort: Literaturbetrachtung als Eskapismus), sondern daß der Englischunterricht mit seinen Mitteln auch zur politischen Bildung beitragen kann, deutet bereits Becker an: „In einer Zeit, in der wir von Kojak, Columbo, Kressin und Kommissar umgeben sind und die Produktion und Rezeption von 'Krimis' einen wesentlichen Teil der englischsprachigen Literatur dieses Jahrhunderts ausmacht, sollte eine historisch-kritische Analyse der Prototypen der uns umgebenden Detektivhelden — nicht zuletzt als eine Art 'defensiver Rhetorik' — zu rechtfertigen sein"[14]. Verweisen bereits kultureller Hintergrund und (Original-)Sprache auf den Englischunterricht als angemessenen Ort für die Beschäftigung mit Detektivliteratur, so sind damit die Argumente für diesen Themenbereich noch keineswegs erschöpft.

In den didaktischen Überlegungen zur Detektiverzählung im Englischunterricht sind nun allerdings eher zaghafte und stark praxisorientierte Ansätze zu erkennen. Für die Sekundarstufe II legte W. Lotter bereits 1974 ein Kursmodell vor, in dem unter dem Thema 'Gewalt' nicht-fiktionale und fiktionale Texte behandelt wurden. Eine explizite didaktische Begründung für die Behandlung dieses Themenkreises findet sich bei Lotter nicht (sie scheint für ihn wohl in der Aktualität des Themas selbst zu liegen). Lotter geht es dabei im Umgang mit den fiktionalen Texten um „Einführung der Grundbegriffe und -elemente" unter typologischen und literaturhistorischen Aspekten: *composition (structure), setting, characters, language*[15].

In der Form von Unterrichtsaufzeichnungen findet sich ein ähnlicher Ansatz bei R. Schneider, der mit sprachlich vereinfachten Doyle-Texten auf der Sekundarstufe I experimentierte, wobei (analog zu Lotter) „das Hauptgewicht ... auf transferierbare Möglichkeiten der Literaturbetrachtung gelegt" wurde[16].

In den didaktischen Überlegungen, die J. P. Becker seiner Analyse von N. Freelings *Because of the Cats* voranstellt, berücksichtigt er landeskundliche und literaturwissenschaftliche Aspekte und geht dabei insbesondere auf den Kontrast zwischen „hoher Literatur" und Gebrauchsliteratur ein[17].

1.4. Die didaktische Funktion der Leserrolle

S. Deitmer sieht im 'Spiel' zwischen Text und Leser den besonderen Reiz der Detektivliteratur. Die Signale des Textes, so führt sie aus, regten zum

„Mitspielen" an, der Antrieb des Lesers sei die Suche nach dem, was der Text von Anfang an verschweigt, und die Lücken im Text führten zu eigenen Deutungsversuchen. Dabei kommt sie zu dem Schluß, daß die Strategie des Autors in „der bewußten Fehllenkung des Leserinteresses" liege[18].

Hintergrund ihres Ansatzes ist der Streit um die Theorie des 'fair play' im Detektivroman. Auf der einen Seite stehen Autoren wie C. Wells[19], R. Knox[20] und S. S. Van Dine[21], die den Detektivroman als intellektuelles Spiel sehen und die Möglichkeit des Mitratens betonen. In geradezu klassischer Weise (wenn auch nicht ohne leicht ironische Untertöne) formuliert Brecht diese Auffassung:

> Der gute englische Kriminalroman ist vor allem fair. Er zeigt moralische Stärke. To play the game ist Ehrensache. Der Leser wird nicht getäuscht, alles Material wird ihm unterbreitet, bevor der Detektiv das Rätsel löst. Er wird instandgesetzt, die Lösung selber in Angriff zu nehmen[22].

D. Sayers steht der Theorie des 'fair play' zwischen Autor und Leser skeptisch gegenüber, wenn sie sagt: „Die Kunst der Täuschung — ja, aber *passend angebracht* (...) soll sie sein. Das ist die Crux. Jeder Dummkopf kann Lügen erzählen, jeder Dummkopf kann sie glauben; aber die richtige Methode ist, so die Wahrheit zu sagen, daß der *intelligente* Leser dazu verleitet wird, sich selbst eine Lüge vorzusetzen"[23]. Sayers weist nach, daß diese Selbsttäuschung des Lesers dadurch möglich wird, daß die Texte von den Autoren bewußt auf Mehrdeutigkeit angelegt sind. Gerade unter dem Aspekt der 'Appellstruktur' fiktionaler Texte gewinnt ihre Aussage an Bedeutung, wobei die Textur der Detektiverzählung in besonderem Maße Isers These entspricht, daß „das Formulierte die Intention des Textes nicht ausschöpfen [darf]"[24]. Diese Offenheit und potentielle Mehrdeutigkeit kommt besonders in didaktischer Hinsicht den Neigungen und Interessen des Lesers/Schülers entgegen, weil er den Kommunikationsvorgang rekonstruieren und alternative Textanalysen diskutieren kann. Das bedeutet, daß durch die Textur der *detective short story* ein nachdrücklicher Appell an den Leser ergeht, sich intensiv mit dem Text auseinanderzusetzen, denn in der Detektiverzählung ist das Rätselhafte nicht nur strukturell, sondern auch durch den Inhalt gegeben.

Geht man von der Prämisse aus, daß unter literaturdidaktischem Aspekt ein Text besonders ergiebig ist, wenn an ihm die vielfältigen Möglichkeiten verbaler Kommunikation erkannt werden können, so bieten sich gerade aus dieser Perspektive *detective short stories* für den Unterricht an: Mit anderen *Short Stories* haben sie gemein, daß sie als Ganzes überschaubar sind und ihre Behandlung konzentriert und zügig erfolgen kann, so daß mit Ermüdungserscheinungen und Motivationshemmungen seitens der Schüler nicht zu rechnen ist; bei der Detektiverzählung besonders auch deshalb nicht, weil sie den Freizeitinteressen der Schüler entgegenkommt (Lektüre, Film, Fernsehen).

Das 'Prinzip der Bedeutungskonzentration', das für Kurztexte allgemein gilt, gewinnt aber gerade bei der Detektiverzählung in Hinblick auf die Art der Darstellung (d. h. durch Auswahlmethoden und/oder Konzentrationstechniken bedingte Kürze) sowie die Affinität von 'Denk- und Anschauungsformen' zur Kürze (z. B. Rätsel)[25] besondere didaktische Bedeutung. Dies gilt z. B. für den Bau der Handlung, die durch Reduktionsverfahren 'Lücken' aufweisen kann, die aufzufüllen dem Leser notwendig erscheinen mag, dies aber nicht durch textfernes Anspannen seiner Phantasie, sondern kontrolliert durch die vorgegebene Textur. Der Rätselcharakter des Textes zwingt von sich aus den Leser zu sorgfältiger Lektüre, damit kein noch so unbedeutend scheinendes Detail (*clue*) als unwichtig verworfen oder überlesen wird, weil in ihm ein Schlüssel für das Verstehen des Ganzen liegen kann.

In der *detective short story* ist der Leser aber nicht nur angesprochen, die vielleicht nur schwach ausgeprägten Daten zur Rekonstruktion des Sinnganzen und zur Enträtselung des *mystery* auszuschöpfen, sondern er bleibt auch durch die für die Kürze ausschlaggebende 'innere Form' aufgefordert, sich aktiv mit dem Text auseinanderzusetzen. Dieses Interesse am Text entspricht sicher auch der ursprünglichen Freude des naiven Lesers beim Prozeß des Enträtselns, dem die Gattung Detektivliteratur auch noch heute ihren Publikumserfolg verdankt. Aber nicht nur das Rätselhafte allein, jenes „Formprinzip des antwortlosen Fragens"[26] und das darin begründete Stiften einer produktiven Unruhe, sondern auch dessen sprachliche Gestaltung kommt dem Englischunterricht zugute. Ob es nun expressive oder suggestive Details, *vital clues* oder *red herrings* sind oder aber die Tendenz zu *ambiguity*, „das Spiel mit Mehrdeutigkeit, Andeutungen und Verweisen"[27], alle diese Merkmale der Detektiverzählung fordern auf zur Entschlüsselung resp. zum Entdecken von Mehrschichtigkeit, die zu erkennen ohne genaue Analyse der sprachlichen Mittel nicht möglich ist. In dieser Weise kann aber auch der Tatsache Rechnung getragen werden, daß der Literaturunterricht im muttersprachlichen und im zielsprachlichen Unterricht „eine unterschiedliche Problemdichte"[28] besitzt und es in der Arbeit mit fremdsprachlichen Texten nicht allein um die Ausbildung eines Text- und Problemverständnisses geht, sondern zugleich auch immer um den Abbau sprachlicher Barrieren und damit die Erweiterung der zielsprachlichen Kompetenz — das zentrale Ziel des Englischunterrichts.

Die Behandlung von Detektiverzählungen im Unterricht müßte diese Gegebenheiten in besonderem Maße berücksichtigen. Dabei kommt dem Verhältnis Text - Leser eine Schlüsselstellung zu. Unter diesem Aspekt gelangt der Schüler zu einem kritischen Verständnis der Detektivliteratur (Lesemündigkeit) und wird in die Lage versetzt, im Sinne einer „Rhetorik in defensiver Absicht"[29] zu erkennen, daß literarische Darstellungsmittel und Strategien auf beabsichtigte Manipulationen des Lesers angelegt sind und die Lektüre von Detektiverzählungen nicht ein 'fair play' zwischen Detektiv und Leser, sondern ein 'gelenktes Spiel' zwischen Autor/Text und Leser nach festen Spielregeln ist. Diese Spielregeln gilt es zu erkennen, wobei gleichzeitig auch die Detektiverzählung als Gattung in den Blick gerät, d. h. daß der Schüler die typischen Elemente der Detektiverzählung erarbeiten muß (z. B. *pattern of action, setting, characters, detective* etc.) und dadurch befähigt wird, Phänomene der Massenliteratur zu beschreiben und zu analysieren.

Die oben dargelegten didaktischen Prämissen bestimmen die Auswahl der Texte. Wir stellen primär solche *detective short stories* vor, die geeignet erscheinen, zum „Spiel Text-Leser" anzuregen [30].

2. Textanalysen — Vorschläge für den Unterricht

2.1. Sir Arthur Conan Doyle, "The Speckled Band"

In den Sherlock-Holmes-Geschichten ist ein Erzählschema zu erkennen, das als Grundmuster aller weiteren Detektiverzählungen angesehen werden kann. Der Modellcharakter der Sherlock-Holmes-Geschichten erweist sich darin, daß in späteren Erzählungen zwar eine Reihe von Varianten festzustellen sind, das 'klassische' Schema aber erhalten und erkennbar bleibt. Es erscheint uns daher nicht nur vertretbar, sondern sachlich zwingend, bei der Analyse einer Reihe von Detektiverzählungen das Grundmuster einer Sherlock-Holmes-Geschichte an den Anfang zu stellen, um somit auch ein Bezugssystem für die weitere Analyse von Detektiverzählungen zu gewinnen.

2.1.1. Handlungsschema — *pattern of action*

Viele Sherlock-Holmes-Geschichten laufen nach dem folgenden Muster ab[31]:

(1) Zusammenfassender Rückblick auf frühere Fälle durch Dr. Watson (Einleitung)
(2) Auftritt eines Klienten
(3) Bericht des Klienten: Lösung des Rätsels wird zur zentralen Aufgabe (1. Gruppe von *clues*)
(4) Erster Lösungsversuch
(5) Holmes übernimmt den Fall: Ermittlung notwendiger Hintergrundinformation, Fahrt zum Tatort, Ermittlung von Fakten (2. Gruppe von *clues*)

(6) Zweiter Lösungsversuch (oft durch Watson oder 'offizielle' Detektive o. a.). Holmes bleibt abwartend, reflektierend (retardierendes Moment)
(7) Plötzliche Lösung (z. T. unter dramatischen Begleitumständen)
(8) Gesamtanalyse des Falles durch Holmes

Bereits in dieser starken Abstraktion des Grundmusters wird deutlich erkennbar, daß der Autor den Leser nicht gleichmäßig und systematisch an der Aufklärung des Falles teilhaben läßt, sondern daß er die endgültige Lösung so lange hinauszögert wie eben möglich, um so den Effekt des *dénouement* gesteigert wirken zu lassen. Es ist symptomatisch für die Holmes-Geschichten, daß das in dem Klienten-Bericht vorgetragene Rätsel allen Bemühungen zum Trotz immer noch rätselhafter wird; erst an dem Punkt, da es den anderen Beteiligten schier unlösbar erscheint, schreitet Holmes er-lösend ein. Dieses Schema sich steigernder Mystifikation ist an unserem Beispiel "The Speckled Band" vielfach nachweisbar (die Numerierung folgt den Ziffern 1-8 des oben dargelegten Handlungsschemas):

Ad 1. Bereits in der Einleitung, dem summarischen Bericht des Dr. Watson, häufen sich Begriffe, die das Außergewöhnliche des Falles betonen ("strange", "none commonplace", "unusual", "fantastic", "singular features", "untimely death", 141). Sie alle erregen die Neugier des Lesers, appellieren an seine Sensationslust, haben vorausweisende Funktion und stimulieren zum Weiterlesen.

Ad 2. Dem eigentlichen Auftritt des Klienten geht eine dramatische Störung des Baker-Street-Friedens voraus. Durch Holmes' überraschendes Erscheinen wird das Ungewöhnliche des Falles weiter betont. Vor dem Bericht des Klienten führt Holmes hier wie auch sonst häufig der staunenden Klientin (und dem staunenden Leser) eines seiner Deduktions-Kunststücke vor. Im Kern ist damit Holmes' Grundverhalten und auch der Fall *en miniature* vorgeführt: schier wunderbarerweise vermag Holmes aus unscheinbaren Fakten die richtige Lösung zu deduzieren — prinzipiell läuft das eingestreute Exempel genauso ab wie der eigentliche Fall, es hat auch die gleiche Funktion: der Leser soll erfahren, daß Holmes unter Berufung auf die Macht der Deduktion und Kombination alle Rätsel lösen kann.

Ad 3. Die Erzählung der Klientin liefert zwar eine Reihe von *clues*, diese lassen aber den Fall nur noch mysteriöser erscheinen. Die Schwierigkeit, zu einer Lösung zu kommen, wird indirekt dadurch betont, daß Holmes selbst an wichtigen Einschnitten dreifach herausstellt, in welchem Dunkel man sich noch befinde:

— Am Ende der eingebetteten Vorgeschichte (dem ersten Mord): "These are very deep waters . . ." (149)

— Am Ende des Klientenberichtes: "This is a very deep business..." (150)
— Nach dem Fortgang der Klientin: "Dark enough and sinister enough..." (150) nimmt er Watsons Urteil verstärkend noch einmal auf.

In dieser gedrängten Reihung wird dem Leser die Ansicht schier aufgezwungen, daß die Lösung des Falles in undurchdringliches Dunkel eingehüllt sei.

Ad 4. Der erste Lösungsversuch erbringt nur einen negativen Schluß: selbst Watson sieht zu viele mögliche Einwände gegen die Hypothese, daß die Zigeuner als Täter in Frage kämen. Die Lösung des Rätsels ist nicht greifbarer geworden.

Ad 5, 6. Eine Fülle weiterer *clues* sowie Holmes' längere Gedankenarbeit (157) führen nicht unmittelbar zur Auflösung, obwohl Holmes zu einem bestimmten Ergebnis gekommen zu sein scheint. Das Mysteriöse erfährt durch Holmes' präzise Anweisungen einerseits — die auf weiterreichende Erkenntnisse verweisen — und die verwirrende Fülle isolierter *clues* andererseits eine weitere dramatische Steigerung. "Both Miss Stoner and I gazed at him in astonishment", bemerkt Watson zu Holmes' Plänen (157). Auch Miss Stoners verzweifelte Bitte um Aufklärung (158) — die, wenngleich in geringerer emotionaler Aufladung, auch vom Leser an dieser Stelle hätte vorgebracht werden können — diesem Ansinnen will Holmes hier noch nicht entsprechen, so daß es dem Leser bis zum dramatischen Schluß so ergeht wie Mr. Watson, der zwar auch *de facto* im 'Dunkeln' sitzt, dessen Erfahrungen aber auch sinnbildlich zu deuten sind: "'You see it, Watson?' he yelled. 'You see it?' But I saw nothing" (161).

Ad 7. Selbst das dramatische Geschehen in der Dunkelheit erbringt für den Leser nur eine Fülle weiterer neuer Details, aber keine eigentliche Lösung. Auch hier wieder spricht Watson für ihn: "What can it mean?" (162). Das durchgängig angewandte Prinzip der gesteigerten Mystifikation wird erst mit dem Tod des Täters aufgegeben. Aber auch jetzt noch wird die totale Aufklärung bis zur abschließenden Gesamtanalyse des Falls hinausgezögert. An dieser Stelle wird zunächst nur der Tod des Täters erklärt — nicht ohne moralisierende Tendenz.

Ad 8. Zu Beginn der Gesamtanalyse wird — wie häufig in den Holmes-Geschichten — der Gegensatz Holmes — "officials" herausgestellt, zu verstehen als die unversöhnlichen Pole Allwissen — Ignoranz.

Die Tatsache, daß am Ende Holmes noch einmal alle *clues* zu einem sinnvollen Gesamtbild zusammenfügt, ist verräterisch: Wenn die Sherlock-Holmes-Geschichten mit dieser Gesamtanalyse abgeschlossen werden, dann nicht nur deshalb, weil Dr. Watson nicht hat folgen können. Auch für den Leser ordnen sich, eben wie bei einem Puzzle, die einzelnen Bildteile *(clues)* erst jetzt zu einem zusammengehörigen Ganzen: wichtig ist eben nicht nur jedes isolierte Detail, sondern die Interrelation der Information. Schon aus diesem Grunde wird deutlich, daß die Möglichkeit des 'Mitratens' sehr beschränkt ist, immer vorausgesetzt, der Leser habe im Laufe der Erzählung Kenntnis aller wichtigen *clues* erhalten, d. h., ihm seien keine wichtigen Informationen vorenthalten oder gar falsche Tatsachen mitgeteilt worden.

2.1.2. 'fair play'

Wir wollen in einem zweiten Arbeitsgang daher die Kette der *clues* überprüfen, weil auch durch diese Analyse Tendenzen zur Verrätselung des Erzählten sichtbar gemacht werden können. Gehen wir davon aus, daß alle in der Gesamtanalyse aufgeführten *clues* zur Aufklärung des Falles notwendig sind (*vital clues*), dann müßten dem Leser im Laufe der Erzählung diese *clues* gegeben worden sein, um sich selbst an der Lösung versuchen zu können.

In unserer schematischen Darstellung der gesamten Erzählung (aufgeteilt nach Seiten und den acht Erzählabschnitten) wird im Überblick erkennbar, wie es um die Mitrate-Chancen des Lesers bestellt ist. Bei Betrachtung der einzelnen *clues* auf der horizontalen Achse zeigt sich, daß der Autor mit dem Leser ein Verwirr-Spiel treibt — von 'fair play' kann nicht die Rede sein. Diese These wird am besten an der ersten Gruppe der *clues* erhärtet, da die dort gegebenen falschen Informationen ("locked room mystery", "no poison", 148) die Möglichkeit, diese *clues* zu verfolgen, geradezu abblokken. Dazu kommt noch, daß durch Hinweise auf die Zigeuner (Polysemie von *band*) immer wieder eine falsche Spur gelegt wird, die erst im 5. Abschnitt durch Holmes selbst getilgt wird. Auch in der zweiten Gruppe der *clues* werden viele Indizien nur indirekt oder sehr verschleiert genannt (in der Graphik augenfällig durch die Vielzahl der eingeklammerten *clues*).

Schließlich ist noch darauf zu verweisen, daß zur Annahme der Schlußlösung eine Reihe von Prämissen vorweg akzeptiert werden muß. Wir formulieren sie als offene Fragen an den Text:

— Bei der 'offiziellen' Untersuchung des Tatortes wurde trotz äußerst sorgfältiger Untersuchung der "ventilator" übersehen (148).
— Der "ventilator" wird von der Klientin als "quite modern" bezeichnet (156); sie selbst hat aber vorher versichert: "There is no communication between them [the bedrooms]" (146), wodurch unerklärlich wird, wieso der Geruch der Zigarren ihre Schwester hat stören können (146). Doyle bemerkt offensichtlich selbst diesen Konstruktionsfehler, wenn in ei-

c = clues (c) = hidden fc = false clues	Abschn. 1.		2.		3.					4.		5.						6.		7.			8.	
Seitenzahl	141	142	143	144	145	146	147	148	149	150	151	152	153	154	155	156	157	158	159	160	161	162	163	164
ventilator						fc	(c)	fc						(c)		c			(c)				c	c
bellrope															c	c							c	c
bed									(c)							(c)			c				c	c
snake							(c)														c		c	
poison								fc															c	
whistle						(c)	(c)	(c)	(c)												c		c	
milk																	(c)							c
chair																	(c)							c
safe																(c)								c
loop of whipcord																	(c)							c
metallic clang								(c)																c
band of gipsies					fc	fc			fc	fc?					"fc"								"fc"	
					Klientenbericht: Erste Gruppe von clues							Untersuchungen am Tatort: Zweite Gruppe von clues											Gesamtanalyse	

nem späteren Gespräch Holmes - Watson versucht wird, diesen Widerspruch dem Leser plausibel zu machen (159).

— Die Öffnung zwischen den Zimmern ist so klein, "that a rat could hardly pass through" (159), erscheint aber groß genug, um Licht, Geräusche und Gerüche im anderen Raum zu bemerken.
— Die Zimmerhöhe ist so gering, daß Dr. Roylott nur einen Stuhl zu besteigen braucht, um die Schlange an die Öffnung zu setzen. Immerhin handelt es sich um ein schloßähnliches Gebäude.
— Die *swamp adder* vermag den Klingelzug hinauf- und herabzugleiten, trinkt Milch und lebt tagsüber im Safe. Es überrascht, daß eine exotische Schlange trotz der Kühle einer englischen Aprilnacht munter genug ist, um Dr. Roylotts Plänen zu dienen.
— Nach Holmes' Aussagen tötet der Schlangenbiß "within ten seconds" (162) — dies steht jedoch in deutlichem Widerspruch zu den Vorgängen beim Tod der Schwester (147).

Es zeigt sich also, daß der Leser vom Autor eine Rolle zugewiesen bekommt, die einen 'fairen' Wettbewerb mit dem großen Holmes ausschließt, dies zunächst einmal, weil erst die Schlußanalyse die isolierten *clues* einander sinnvoll zuordnet (in der Graphik durch eine Verbindungslinie zwischen den einzelnen *clues* dargestellt), zweitens, weil der Leser nicht überprüfbare und z.T. widersprüchliche Prämissen akzeptieren muß, und drittens, weil er teils falsche, teils unvollständige oder verschleierte Informationen erhält.

Wenn er sich trotzdem mit Vergnügen auf die Lektüre einläßt, dann nicht nur wegen des intellektuellen Spiels beim vermeintlichen Mitraten, sondern auch durch den Reiz des Abenteuerlichen (in "The Speckled Band" noch verstärkt durch den exotischen Hintergrund). Weil die rational-logischen wie auch die abenteuerlich-romanzenhaften Elemente zusammenwirken (nicht nur in der Figur des Detektivs), erscheinen die Sherlock-Holmes-Geschichten trotz einiger Ungereimtheiten immer noch lesenswert.

2.2. Ellery Queen, "The Seven Black Cats"

Im Gegensatz zum Schema der Sherlock-Holmes-Erzählung wird der Leser zu Beginn von Ellery Queens "The Seven Black Cats" nicht unmittelbar mit einem zu lösenden Problem konfrontiert. Statt des Klienten-Berichts, der auf ein ungeklärtes Verbrechen verweist, wird er hier auf eine Liebesromanze eingestimmt. Allenfalls die Poe-Kenner sehen in der Anspielung des Titels auf "The Black Cat" einen Hinweis auf ein scheußliches Verbrechen.

Er erweist sich dann aber im Laufe der Erzählung, daß der kurze Flirt zwischen Miss Curleigh und Ellery Queen als *red herring* anzusehen ist, als eine Leser-Falle, die nur durch Zufall zum Kriminalfall wird. Dementsprechend langsam vollzieht sich auch die Zuweisung der Rollen innerhalb der Erzählung: Ellery Queen, zunächst nur an seinem hübschen Gegenüber interessiert, ("What extraordinary eyes you have", 62), wird erst durch ihre geschickte Verwendung des Schlüssel- und Reizwortes "strange" (62, 63) auf eine andere Fährte gelockt und widmet seine Aufmerksamkeit schließlich ganz dem 'Fall' ("How long has this extraordinary business been going on?"; 64). Waren seine ersten Reaktionen auf Miss Curleighs Ausführungen noch skeptisch-distanziert ("That is no reason for suspicion", 62), so zieht ihn doch bald das zunehmend Rätselhafte des Erzählten in den Bann ("Ellery looked surprised", 63). In seinem Verhalten ist damit auch die Reaktion des Lesers auf eine Kriminalgeschichte modellhaft dargestellt. Indem Ellery Queen aus der Rolle des distanzierten Zuhörers hinüberwechselt in die Rolle des Detektivs, fällt Miss Curleigh der Part des Dr. Watson zu. Wie dieser sagt sie denn auch zu Beginn der eigentlichen Untersuchungen: "I should hate to miss this", 65 (vgl. Dr. Watson in "The Speckled Band": "My dear fellow, I would not miss it for anything", 142).

Nicht nur das Holmes - Watson Schema (das von nun ab an die Stelle einer möglichen Liebesromanze tritt), sondern die Strukturelemente in ihrer Gesamtheit zeigen unübersehbare Ähnlichkeit mit dem 'klassischen' Muster der Sherlock-Holmes-Geschichten, wenn auch einige Varianten festzustellen sind. Im Gegensatz zu "The Speckled Band" z. B. ist hier ein Verbrechen gleichzeitig nachzuweisen und aufzuklären. Dadurch sind in dieser Erzählung *puzzle*- und *clue*-Elemente z. T. schwer zu unterscheiden. Beide Aspekte soll der folgende Überblick verdeutlichen:

(1) Flirt Ellery Queen — Miss Curleigh
(Abweichung von Holmes-Schema)

(2) Bericht des Klienten
(Hier vertreten durch Miss Curleigh. Die Art ihres Auftretens ist als Variante des Holmes-Schemas anzusehen)
Erste *puzzle*-Elemente: Kauf von Katzen von jemandem, der Katzen haßt. Dieser elementare Widerspruch löst den Gang der Untersuchung aus

(3) Beginn der Ermittlungen
(Die Rollenverteilung 'Holmes' und Watson hat sich fixiert)
Erste Besichtigung des Tatorts
Weitere *puzzle*-Elemente: "two full bottles of milk"; "The door was locked" (65)

(4) Erstes Zeugenverhör: Mrs. Potter
clues: Arbeitsplatz und Lebensgewohnheiten des Täters: verschlossene Tür ungewöhnlich

(5) Zweite Besichtigung des Tatorts
Neues *puzzle*-Element : Unbekannter hinter der Tür
clues: Euphemias Bett; Speisenreste
Zwischenergebnis: Verdacht auf Verbrechen erhärtet

(6) Zweites Zeugenverhör: Mrs. Potter
clues: Täter hatte Zugang zur Wohnung

(7) Exkurs: Auftritt des Elias Morton (Vergleich: "The Speckled Band", Auftritt des Dr. Roylott in der Wohnung Holmes').
Sein Bericht legt eine falsche Fährte: Schwester als Täter
(Vergleich: "The Speckled Band": Funktion der Zigeuner)

(8) Dritte Besichtigung des Tatorts
clues: Tote Katze; Fehlen von Fingerabdrücken

(9) Drittes Zeugenverhör: Mr. Potter
puzzle der toten Katzen gelöst
clue: "incinerator"

(10) Deduktionsprozeß
Methode: Zentrale Funktion der *facts;* Ausschluß des nicht Möglichen ergibt das Wirkliche

(11) Dramatische Unterbrechung: Kampf Detektiv — Täter
(Vergleich: Zweiter Mordanschlag in "The Speckled Band")

(12) Fortsetzung und Abschluß des Deduktionsprozesses: Ermittlung des Täters

Das Grundmuster (vorgegebenes *puzzle* — Ermittlung von Fakten — Deduktionsprozeß — Lösung) der „klassischen" Detektiverzählung findet sich also auch in "The Seven Black Cats" wieder; im Unterschied zu "The Speckled Band" gibt es aber nicht von Anfang an einen Verdächtigen, sondern erst mit dem letzten Satz wird der Täter erschlossen. Die Opfer treten völlig in den Hintergrund; ihre Leichen werden nie gefunden. Sie bilden im Grunde nur den Anlaß für den Deduktionsprozeß, überhaupt ist "The Seven Black Cats" primär als Gedankenspiel angelegt.

Stärker noch als in "The Speckled Band" ergibt sich daher die Fiktion, mitraten zu können. Als methodische Variante zur nachträglichen Überprüfung der *clues* (wie in "The Speckled Band") könnte daher im Unterricht der Text so präsentiert werden, daß die Schüler ihn nicht als Ganzes kennenlernen, vielmehr die an den jeweiligen Haltpunkten möglichen Deduktionen selbst vornehmen und diskutieren. Solche Aufforderungen an den Leser, sich selbst an der Analyse zu beteiligen, sind durch die Erzählweise vorbereitet: am Ende der Abschnitte (5) (Frage nach dem Verbleib der Schwestern und der Katzen), (8) (Sämtliche *clues* gegeben) und besonders (10) (Deduktionsprozeß) sieht sich der Leser dazu eingeladen, selbst eine Lösung zu finden, zumal ihm alle *clues* an die Hand gegeben werden (lediglich am Ende von [9] bleibt der Leser desinformiert). Sollte der Leser allerdings enttäuscht sein, wenn er nicht zur gleichen Lösung gelangt wie der Detektiv, dann müssen die einzelnen Schlußfolgerungen innerhalb der gesamten Deduktionskette daraufhin überprüft werden, ob die von Ellery Queen vorgelegten Schlüsse wirklich zwingend sind: falls Alternativen erkennbar werden, die ausgespart worden sind, dann ist auch die Gesamtanalyse nicht mehr haltbar.

2.3. Edmund Crispin und Geoffrey Bush, "Who Killed Baker?"

Philosophy deals not so much with the answers to questions about Man and the Universe as with the problem of *what questions may properly be asked* .... Improper questions can only confuse the issue (53).

Der Titel der knapp 7-seitigen *detective short story* "Who Killed Baker?" wird auch den erfahrenen Leser von Detektivgeschichten zu der Annahme verleiten, daß es sich bei Baker um das Opfer dieser Geschichte handelt. Diese Annahme, die sich jedoch im nachhinein als falsch und damit als *improper question* erweist, wird von vornherein alle Fragestellungen des Lesers auf die Irrfährte lenken, daß diese Geschichte eine "Whodunit" Geschichte sei und es nur darum gehe, Bakers Mörder zu identifizieren. Der Leser wird hierin scheinbar auch durch den ersten Satz des Berichtes bestärkt: "At the time of his death Baker was about forty-five,..." (54). Aber erst aus der Kenntnis des gesamten Bezugsrahmens kann er den Schluß ziehen, daß er nicht einfach *to kill* und *death* durch *(to) murder* substituieren darf. Auf der Beachtung dieses subtilen Unterschiedes beruht jedoch die Erzählstrategie. Der Leser beginnt also von Anfang an, *improper questions* zu stellen, und somit wird seine angenommene (falsche) Erwartungshaltung in die Technik des Erzählens einbezogen, und obgleich er ausdrücklich gewarnt wird: "that it's a case in which the mode of telling is important — as important, probably, as the thing told" (54), vermag er kaum zu durchschauen, daß bereits die Ausgangsfrage die entscheidende Falle (*misdirection*) für ihn ist und er selbst zum „Opfer" wird.

Es wäre wahrscheinlich leichter, die richtige Lösung zu finden, wenn die Erzählung einen anderen Titel trüge, wenn der Eingangssatz des Berichtes leicht verändert bzw. verkürzt wäre (z. B. "Baker was about forty-five,...") und wenn am Schluß des Berichtes statt der Aussage "... to make his arrest" (57) nach Opfer und Täter gefragt würde. Im Unterricht wäre es methodisch sicher interessant, zwei Gruppen einer Klasse (bzw. Kurses) zwei verschiedene Versionen (bis zum Ende des Berichtes) vorzulegen: der ersten das Original, der zweiten die in obiger Weise veränderte Fassung.

Aber auch wenn man den Rahmen der Geschichte außer acht läßt, ergibt sich nicht mit absoluter Sicherheit eine definitive Lösung, und zwar deshalb nicht, weil zwei gegenläufige Motivketten eingefügt sind, die sich gegenseitig ausschließen: So wird vom Erzähler ausdrücklich nahegelegt, daß jeder der drei Personen ein Motiv besitzt, Baker zu ermorden. Obgleich Mrs. Baker und der Chauffeur Snow zunächst als harmlos und gutmütig dargestellt werden, geraten sie durch den Erzählkommentar immer mehr in die Rolle von Personen, die einer solchen Tat fähig wären: "Mary became hysterical ..."; "[Snow] had not, up to now, displayed any notable animus against Baker, but Mary's terror and wretchedness fanned hidden fires, and from then on he was implacable"; "They were a rather pitiful pair, . . ., but their very ignorance made them dangerous, and if Baker had had more sense he'd never have played such an imbecile trick on them" (56).

Durch die ausführliche Schilderung des ruinösen Wettbewerbs zwischen Eckerson und Baker und die Ausweglosigkeit der Situation besitzt natürlich auch Eckerson ein Motiv: "... they went to their beds on the very worst of terms ... So they parted on the landing with mutual, and barely concealed ill will" (56).

Auf der anderen Seite wird auch die gegenläufige Motivkette vom Erzähler mit Nachdruck verfolgt: Baker wird von Anfang an als *villain in the play*, als brutaler und sadistischer Mensch dargestellt (bes. 54 und 55f.). Darüber hinaus besitzt Baker gegenüber Eckerson dieselben, reversiblen Motive. Bezeichnenderweise wird von ihnen immer nur in der unbestimmten *they*-Form gesprochen, so daß beide Möglichkeiten offen bleiben.

Wie subtil — und damit auch mehrdeutig — die Erzählung angelegt ist, zeigt auch die spätere Bemerkung: "The murder had been done by one of the three people sleeping in the house" (57). Nur an dieser Stelle wird ausdrücklich (und berechtigt) von Mord gesprochen — der am Titel orientierte Leser wird jedoch wieder auf eine Irrfährte gelockt: die Möglichkeit, daß Baker einer der drei sein kann, wird er wohl ausschließen.

'Fairness' gegenüber dem Leser herrscht in dieser Geschichte insofern, als alle *vital clues* gegeben sind: Es wird ausdrücklich auf Bakers "very black, heavily brilliantined hair" (54) hingewiesen, und es wird erwähnt, daß auch Mrs. Baker und Snow dunkelhaarig sind ("as dark as her husband or her lover", 54). Damit stehen alle drei im Kontrast zu Eckerson, was besonders hervorgehoben wird: "Eckerson was an albino, which is uncommon" (55). Um zur richtigen Lösung zu kommen, müßte der Leser diese *clues* zu drei Aussagen in Beziehung setzen: (1) "[Mrs. Blaine] glanced in at the drawing room window and saw the gruesome object which lay *in shadow* on the hearth rug" (56); (2) "But the *streaks of blood on the corpse's hair* ..."; (3) "The body lay prone on a rug soaked with *dark venous blood*" (57; alle Hervorhebungen von uns). Für den Leser ist es sicher schon schwer, die über eine halbe Seite verteilten *clues* als die für die Lösung relevanten zu erkennen, zumal er nur aus der Kombination dieser Hinweise zur Erkenntnis gelangen wird, daß es gar nicht Baker sein kann, der ermordet worden ist, sondern daß im Schatten des Raumes das dunkle Blut nur auf den weißen Haaren des Albinos Eckerson sichtbar ist.

Diese Erkenntnis wird zudem durch einen erzähltechnischen Trick noch erheblich erschwert, indem die Aufmerksamkeit des Lesers auf andere Personen oder Tatbestände gelenkt wird, die für die Lösung thematisch gar nicht relevant sind. So beim ersten *clue* dadurch, daß der Erzähler im nachfolgenden Satz mit großem Nachdruck Mrs. Blaines Unschuld beschwört: "... that her evidence for what little it was worth, was the truth, the whole truth, and nothing but the truth ..." Der zweite entscheidende *clue* ("the streaks of blood on the corpse's hair") ist eingebettet in eine lange Folge von Handlungen der Mrs. Blaine und besitzt in diesem Rahmen keine große Signalwirkung. Ähnliches gilt auch für den dritten *clue*.

Aufgrund der erzähltechnischen Prämissen liegt eine eindeutige, bewußte Fehllenkung des Leserinteresses vor. Der Autor bezieht den Erwartungshorizont des Lesers ("Whodunit?") in seine Textstruktur ein, und der (getäuschte) Leser wird zum Opfer der Darstellungsstrategie, besonders auch deshalb, weil der Autor (Erzähler) ihm die *improper questions* so nachdrücklich suggeriert, daß der Leser vergißt, die *proper questions* zu stellen. Die Täuschung liegt hier also nicht (wie in "The Speckled Band") im Arrangement der *clues*, sondern in der geschickten Steuerung des Leserverhaltens. Die richtige Lösung ist durchaus impliziert, sie ergibt sich jedoch erst aus der Kombination der "richtigen Fragen" sowohl an den Inhalt des Mitgeteilten ("Was") als auch an die Art und Weise der Mitteilung ("Wie").

2.4. Gilbert Keith Chesterton, "The Blue Cross"

Das „Spiel zwischen Text und Leser" ergibt sich aus der Eigenart der Erzähltechnik: Die Geschichte wird nicht aus der begrenzten Sicht der Watson-Figur erzählt, sondern es ist ein auktorialer Erzähler, der die Aufmerksamkeit des Lesers lenkt, und zwar auf den französischen Meisterdetektiv Valentin: "... the man we must follow" (7). Durch die dann folgende detaillierte Beschreibung und Epitheta wie "one of the most powerful intellects in Europe", "most famous investigator of the world", " was going to make the greatest arrest of the century" (7), "great Valentin" (9) erhält der Leser den Eindruck eines großen Detektivs. Dessen Gegenspieler ist der Superverbrecher Flambeau: "a colossus of crime", "a figure as statuesque and international as the Kaiser" (8).

Diese an die Holmes – Moriarty Konstellation anknüpfende Lesererwartung wird aber sehr schnell in Frage gestellt. Valentin entpuppt sich nicht als *great detective* der Holmes-Schule, nicht als *thinking machine* (11) und analytisches Genie. Ganz im Gegenteil: "In such naked state of nescience Valentin had a view and a method of his own. He reckoned on the unforeseen" (11). Die ironische Distanzierung gegenüber Sherlock Holmes zeigt sich darin, daß er in schwierigen Fällen auf „Kommissar Zufall" vertraut ("to strike at random", 12; "fantastic guess", 24) und den Nachteil des Detektivs gegenüber dem Verbrecher genau kennt : "The criminal is the creative artist; the detective only the critic" (12). Wie der Detektiv der (späteren) *hard-boiled school* geht er jeder Spur nach: "Don't you see we must either follow one wild possibility or else go home to bed" (18).

Diese Einsicht macht ihn sympathisch und verleiht ihm (im Gegensatz zu Sherlock Holmes) menschlichere Züge, und seine Feststellung "that any *oddity* that caught the eye of the pursuer might be the same that had caught the eye of the pursued" (12; unsere Hervorhebung) wird geradezu zum Strukturprinzip der Geschichte und zum Leitfaden für den Leser. Da nach der Einführung Valentins und Flambeaus durch den auktorialen Erzähler der weitere Verlauf der Geschichte weitgehend aus dem Blickwinkel Valentins dargestellt wird, kann auch der Leser nur mit dessen Augen schauen und dessen Wertungen zunächst nur akzeptieren. Das wichtigste Beispiel dafür ist die erste Schilderung des (noch namenlosen) Father Brown. Valentin sieht in ihm nichts anderes als einen unbeholfenen, ungelenken Simpel: "a face as round and dull as a Norfolk dumpling"; "eyes as empty as the North Sea"; "[a creature] blind and helpless, like [a mole] disinterred"; "might have provoked pity in anybody" (9); "moon-calf simplicity" (10), da er jedem verrät, daß er einen wertvollen silbernen Gegenstand bei sich trägt. Aus dieser Perspektive erhält der Leser zunächst einen Eindruck von Father Brown, durch den er gleichsam als Antitypus zu Sherlock Holmes erscheint, der sich am Schluß aber als völlig falsch erweist und die wahren Qualitäten des Priester-Detektivs vor dem Leser verbirgt. Aber gerade dieser erzähltechnische Trick gibt dieser Geschichte ihre Spannung und ihren Reiz, da sie ganz und gar auf den Überraschungseffekt der *dénouement*-Szene am Schluß angelegt ist. Dabei tritt der Leser der überraschenden Wendung und dem Vertauschen der Gewichte nicht unvorbereitet gegenüber: Zwar ist das "Beteiligungsangebot"[32] des Textes durch explizit im Text formulierte Fragen äußerst gering, indirekte Fragen stellen sich jedoch in großer Zahl durch Paradoxa, die sich wie ein roter Faden durch die Geschichte ziehen und das Interesse Valentins und damit auch des Lesers steuern.

Die Zielrichtung des Textes wird gleich zu Beginn vorgegeben: Der Meisterdieb Flambeau "would take some advantage of the unfamiliarity and confusion of the Eucharistic Congress, then taking place in London" (7), und ein kleiner, zerstreuter Priester, der etwas Wertvolles, "something made of real silver, with blue stones" (10) mit sich herumträgt und allen Leuten davon erzählt, befindet sich auf dem Wege zu eben diesem Kongreß. Aus dem (zunächst nur zu vermutenden) Zusammentreffen der beiden ergeben sich eine Folge von Seltsamkeiten, über deren Verknüpfung der Leser zusammen mit Valentin nachzudenken beginnt: So das Vertauschen von Zucker und Salz sowie die an die Wand geworfene Suppe (12f.), die als "curious mistake" beschrieben werden und "bewilderment" (13) auslösen. Dabei wird von den Zeugen des Hergangs auf "those two clergymen" (13) hingewiesen, gleichzeitig aber vermutet, daß kein Kausalzusammenhang besteht: "I don't suppose it [throwing of soup] has anything to do with the sugar and salt" (14) — was sich später als *red herring* erweist. Auch die Beschreibung des Priesters, der die Suppe an die Wand warf als "a slower coach altogether, [he] was some minutes longer getting his things together" (14), erinnert an den kleinen Geistlichen im Eisenbahnabteil.

Bereits beim zweiten Paradoxon ("[Valentin] had met this highly subtle form of humour before", 15), dem Vertauschen der Preisschilder für Nüsse und Orangen und dem Umwerfen des Obstkarrens (15) wird der Hinweis auf die Beteiligten deutlicher: "two clergymen, one tall and the other short" (15). Auch beim dritten Mal hilft nur der Zufall: "All we can do is to keep our eyes open skinned for a *queer* thing" (17). Die merkwürdigen Umstände um die zerbrochene Fensterscheibe werden als "very *odd* thing" (18), "*ridiculous* story" und die beiden Geistlichen als "*strange* couple" bezeichnet. Der Hinweis auf Father Brown wird immer deutlicher: "[one] smashed that blessed pane with his *umbrella*" (19; alle Hervorhebungen von uns). Ohne Father Brown direkt zu nennen, ist der Hinweis auf ihn in der nächsten Episode um das 'verlorene' Paket im Laden unübersehbar: "I found he'd left a brown-paper parcel" (20).

Der Leser ist geradezu aufgefordert, eine Verbindung zwischen diesen scheinbar disparaten Gegebenheiten herzustellen. Die Auffüllung der 'Lücken' des Textes führt aber nicht wie bei den Sherlock-Holmes-Geschichten in die Irre, sondern die *clues* sind so gewählt, daß ihre Interpretation zu einem sich immer stärker verdichtenden Gesamtbild führt, das den Leser dann auch folgerichtig mit dem eigentlichen Detektiv in Berührung bringt. In dem Augenblick, als sich Dunkelheit über Hampstead Heath senkt, wird die eigentliche Licht- und Erleuchtungsquelle deutlich — gleichzeitig aber auch die Begrenztheit des Menschen, der wie Valentin als Skeptiker (9) verblendet ist: "The glory of heaven deepened and darkened around the sublime vulgarity of man" (21). Valentins Fehleinschätzung des unscheinbaren Father Brown wird geradezu zur Hybris: "[He] was the little greenhorn in the train"; "such a silly sheep"; "the sort of man whom anybody could lead on a string to the North Pole"; "so gullible a victim" (22).

Gleichzeitig muß aber der 'große Detektiv' bei der Rekapitulation der Fakten selbst seine Unfähigkeit eingestehen, aus den Ungereimtheiten Schlüsse ziehen zu können; die Ratio versagt: "He had come to the end of his chase; yet somehow he had missed the middle of it. When he failed (...), he had usually grasped the clue, but nevertheless missed the criminal. Here he had grasped the criminal, but still he could not grasp the clue" (22). Damit ist der 'große Detektiv' selber zur Watson-Figur geworden, der zwar die Geschichte aus seiner Perspektive erzählen kann, aber unfähig ist, das Verborgene zu enträtseln. Das bleibt dem Priester-Detektiv vorbehalten, der in diesem Augenblick in das Zentrum der Geschichte tritt und Valentin und Flambeau zu unbedeutenden Randfiguren werden läßt.

Die Peripetie ergibt sich völlig überraschend: Wähnt sich der Superverbrecher Flambeau dem Priester aufgrund seiner Klugheit und Schläue weitaus überlegen und verhöhnt ihn in Äußerungen, die mit dem bisherigen Erscheinungsbild des Geistlichen aus der Sicht Valentins übereinstimmen ("little celibate simpleton"; "you're as good as a three-act farce"; "you turnip"; "he yelled with delight"; 26), muß er plötzlich erkennen, daß sich hinter der scheinbaren Unwissenheit, Ungeschicklichkeit und Dummheit des Priesters in Wirklichkeit eine tiefe Einsicht in die menschliche Seele und die Psychologie des Verbrechers verbirgt. Er nimmt das mit immer größer werdendem Erstaunen zur Kenntnis: "leaned over ... with a sort of sudden interest"; "increased intensity" (26), "stunned with the utmost curiosity" (28), "almost gaping" (29). Diese dramatische Enthüllungsszene zeigt, daß — genauso wie sich im braunen Packpapier das kostbare silberne Kreuz verbirgt (28) — sich hinter der Fassade des vertrottelten Geistlichen der wahre Held der Geschichte verbirgt, in dem sowohl der Meisterdetektiv Valentin als auch der Meisterverbrecher Flambeau ihren Meister gefunden haben: "Let us both bow to our master" (29).

Damit hat sich die Ausgangssituation der Geschichte vollends in ihr Gegenteil verkehrt, die Umwertung aller Werte ist zum (Struktur-)Prinzip geworden, und der Leser hat daran schrittweise teilnehmen können. Er hat auch erkennen können, daß die Methode des Detektivs nicht mehr in der ausschließlichen Anwendung des analytischen Verstandes besteht (obwohl Father Brown auch davon eine gute Portion besitzt), sondern daß die verblüffende Fähigkeit des Erkennens und Aufdeckens von Motiven und Fakten in der Intuition und besonders der Menschenkenntnis liegt, die er aus seiner Arbeit mit den 'schwarzen Schafen' seiner Gemeinde besitzt, sowie in seiner religiösen Bindung. Dieser Detektiv ist in höchstem Maße involviert: „Die Jagd nach dem Täter ist kein Ratespiel mehr, sondern wird zum Erkennen moralischer und religiöser Schuld"[33]. Father Brown ist nicht wie Valentin (oder Sherlock Holmes) an der Abwicklung eines Falles interessiert, sondern möchte dem Verbrecher als 'verlorenem Sohn' helfen und ihn auf den richtigen Weg einer von christlichen Prinzipien bestimmten Welt zurückführen: "Oh, you can't have gone so very wrong yet!" (29).

2.5. Dashiell Hammett, "The Scorched Face"

Obgleich bei einigen Kritikern Bedenken bestehen, die Romane und Erzählungen der *hard-boiled school* überhaupt (noch) zur Detektivliteratur zu rechnen[34], entspricht "The Scorched Face" (wie die meisten anderen Erzählungen Hammetts) durchaus den drei für die Detektivliteratur konstitutiven Merkmalen Caweltis (s. o., 1.1). Auch das 'klassische' Grundschema der Handlungsfolge ist noch deutlich zu erkennen, wenn auch einige bemerkenswerte Abweichungen festzustellen sind: Die Erzählung beginnt mit einer (Selbst-)Einführung des (namenlos bleibenden) Detektivs, jedoch nicht im Frieden der Baker Street Idylle, sondern im Büro eines Klienten, Mr. Banbrock. Im Gespräch mit diesem versucht der Detektiv, Anhaltspunkte für das Verschwinden von dessen zwei Töchtern zu finden. Es scheint sich um einen Routinefall ohne besondere Schwierigkeiten zu handeln. Der Klient möchte aber die Polizei damit nicht befassen, weil er öffentliches Aufsehen ("disagreeable publicity", 86) vermeiden will; deshalb beauftragt er die *Continental Detective Agency*, deren Angestellter der Detektiv ist. Dieser ist nun nicht wie Sherlock Holmes ein Meister der Deduktion oder ein *armchair detective*, sondern er bedient sich in seiner Ermittlungsarbeit der Maschinerie und Routinearbeit der Agentur ("put the agency machinery in motion", 88).

Dies alles deutet bereits auf eine Variation des Grundschemas hin; noch augenfälliger ist diese Abweichung bei der Präsentation des Verbrechens: Der 'klassische' Detektiv beginnt seine Tätigkeit erst dann, wenn das Verbrechen bereits geschehen ist. Dadurch erhält es eine Randstellung im Rahmen der Geschichte bzw. wird geradezu ausgespart, und die Aufgabe des Detektivs besteht darin, das Rätsel aufgrund der Spuren zu rekonstruieren und aufzulösen. In der *hard-boiled school* ist der Detektiv meist von Anfang an dabei: In "The Scorched Face" wird der scheinbar simple Fall der zwei durchgebrannten Mädchen immer komplizierter und entwickelt sich zu einer Geschichte, in deren Mittelpunkt Mord, Selbstmord, Gewalt und brutale Erpressung stehen. Aus dem *fait accompli* ist ein *case in progress* geworden und aus dem distanzierten, betrachtenden und reflektierenden Detektiv ein unmittelbar am Fall beteiligter und involvierter *sleuth*, ein 'Bluthund', der die Fährte des Verbrechers mit großem persönlichen Einsatz und Risiko verfolgt und versucht, ihn mit allen Mitteln (legalen und illegalen) zur Strecke zu bringen. Dieser Teil der Handlungsfolge steht im Zentrum der Erzählung; er zeigt die größte Abweichung zum *crossword puzzle type* und macht die Verlagerung der Gewichte deutlich: "from the pattern of mystery to that of heroic adventure"[35].

Die Lösung erfolgt dann nicht nur wie bei Doyle überraschend und in dramatischer Weise, sondern in der Form eines großen *shootdown* ähnlich dem Western, bei dem der Detektiv und der ihn begleitende Polizist nur knapp dem Tode entgehen, sich aber auch ziemlich gefühllos und manchmal zynisch ihrer Gegner entledigen: "I drilled [him] neatly through the chest" (110). Dieser 'gewaltsamen' Lösung folgt dann eine Analyse (Beschreibung) des Falles durch die Beteiligte selbst (113ff.), während der Detektiv nur noch einmal zusammenfaßt (115). Damit ist der 'Fall' zwar gelöst, d. h. die Faktenrichtigkeit erkannt worden, die Erzählung schließt aber erst mit der Wiederherstellung der Ordnung durch den Detektiv selbst. Er stellt — zunächst gegen den Widerstand des Vertreters der staatlichen Ordnung — auf eigene Faust die (ausgleichende) Gerechtigkeit her, indem er Myra Banbrock, das gedemütigte und psychisch und physisch gebrochene Opfer, die schließlich zur Mörderin an ihrem Erpresser wurde, durch Verfälschung des Tatbestandes vor der Strafverfolgung schützt: "If we keep out of court — we'll keep out of the newspapers — and out of trouble" (116). Außerdem bewahrt er durch Vernichtung der belastenden Unterlagen viele der erpreßten Frauen vor der Bloßstellung in der Öffentlichkeit. In dieser Weise übernimmt er Richter- und Erlöserfunktion.

Aber auch in Hinblick auf die Erzählperspektive wird die Figur des Detektivs wichtig: Als (anonymer) Ich-Erzähler der Geschichte tritt er in direkte Beziehung zum Leser. Dieser erhält alle Informationen aus der Perspektive des Detektivs, und da der Detektiv der *hard-boiled school* seine Absichten, Methoden und Vermutungen darlegt, das Für und Wider abwägt und dem Leser keine Informationen vorenthält, ist dieser immer auf dem aktuellsten Stand der Ermittlungen. Somit herrscht absolute 'fairness': Alle nur möglichen *clues*, auf denen eine Theorie aufgebaut werden könnte, werden von Anfang an mitgeteilt und später vom Detektiv noch einmal ausdrücklich zusammengefaßt: "The *need of money* before both the Banbrock and the Correll calamities, Mrs. Correll's suicide after I had questioned her about the girls, her *burning things* before she died and the *burning of things* immediately before or after Ruth Banbrock's death" (101; unsere Hervorhebung; Hinweise auf *money* finden sich bereits 85, 94 und 99, auf *burning of things* 92, 95 und 98). Aus diesen Spuren können jedoch weder Detektiv noch Leser irgendeine Lösung ableiten, sie sind eigentlich nur Anlaß für den Detektiv, weitere Ermittlungen anzustellen und geduldig zu warten. Es gibt sogar eine Phase, in der der Detektiv bereit ist aufzugeben, weil er nicht mehr weiter weiß: "We were in a blind alley" (100); "... close to the end of my rope" (101). Erst aufgrund einer großangelegten Ermittlungsaktion ("a wholesale deal", 102), die auch die tragischen Schicksale der zahlreichen Betroffenen andeutet ("Things happened in a city in a year", 102), findet er eine heiße Spur, weiß jedoch selbst noch nicht, was ihn erwartet, und erfährt schließlich (wie der Leser) die Hintergründe erst aus dem Munde der Myra Banbrock. So bleibt der Leser ständig aufgefordert, sich selbst eine Meinung zu bilden und mit Vermutungen die 'Lücken' des Textes aufzufüllen; eine bewußte Fehllenkung durch Erzähler bzw. Text liegt nicht vor, eine Lösung aufgrund der gegebenen *clues* ist jedoch auch nicht möglich.

Die neuen Züge, die wir in der Detektiverzählung der *hard-boiled school* aufgezeigt haben, sind am deutlichsten an der Figur des Detektivs ablesbar. Eine vergleichende Betrachtung des *tough guy* mit dem *gentleman detective* und dem Priester-Detektiv lassen charakteristische Merkmale der jeweiligen Detektiverzählung hervortreten. Gemeinsamkeiten und Unterschiede ergeben sich aus einem tabellarischen Überblick, der auch als Tafelbild erarbeitet werden kann (Schema 2).

2.6. Stanley Ellin, "The Blessington Method"

Ist Hammetts "The Scorched Face" angesichts der in 1.1. aufgestellten Mindestbedingungen (nach Cawelti) durchaus noch als Detektiverzählung zu bezeichnen, so ergeben sich nach der Lektüre von "The Blessington Method" Zweifel: Es gibt kein Geheimnis am Anfang dieser Erzählung (1), folglich auch keinen Aufklärungsprozeß (2) mit einer Lösung am Schluß (3). Andererseits kreist die Handlung um einen Mord, also um das für die Detektiverzählung charakteristische Verbrechen. Damit ist auch eine der für die Gattung typischen Figuren, das Opfer, gegeben. Allerdings ist die Frage nach dem Verbrecher erheblich schwieriger zu beantworten, weil keine einzelne Person als Täter greifbar wird. Es werden auch sorgfältige Ermittlungen angestellt ("I have worked for months on your case, Mr. Treadwell", 14), sie dienen aber nicht der Aufklärung, sondern paradoxerweise der Vorbereitung des Verbrechens. Während der klassische Detektiv seine Aufgabe darin sieht, den Fall zu lösen, sieht Mr. Bunce, der ja nur Vertreter einer anonymen Organisation ist, seine Aufgabe darin, den 'Klienten' davon zu überzeugen, daß die 'Lösung des Problems' in der Durchführung eines Mordes liegt.

Bereits diese erste Analyse ergibt, daß in "The Blessington Method" der *crossword puzzle type* völlig aufgegeben worden ist. Darin sieht Symons (im Vorwort zu "The Blessington Method") Ellins spezifische Modernität: "... his stories are a landmark in the history of the short crime story. They are also peculiarly modern, in the sense that they have broken free of the puzzle convention, and also of superficial realism" (12).

Characteristic Features	Doyle	Chesterton	Hammett
Outer Appearance	over six feet eyes sharp and piercing thin, hawklike nose; prominent chin eccentric	very short face round and dull eyes as empty as the North Sea absent-minded	Short and plump can dish it out and take it ordinary man
Social Position (Social Background)	upper middle class the case seems to be isolated from social conditions	lower clergy	lower middle class the case is integrated into (corrupt urban) society
Methods Means of dealing with the case; abilities)	observation; examination of clues; experiments; logical deductions case as a problem of deduction	insight into the human soul; analytical mind and intuition; Christian belief identical with logic case solved through knowledge of human nature	examination of clues; questioning of witnesses makes use of technical devices, including mass media, and the machinery of the agency ; violence, threats case as a problem of investigation
(Ethical) Attitudes	gentleman detective, amateur crime regarded as disruption of an essentially positive social order detached: case as a personal and intellectual provocation	amateur; involved: detection regarded as disclosure of moral and religious guilt detective as a kind of missionary belief in a world dominated by Christian principles	professional (works for Det. Agency) sleuth; involved: personal crusade against crime; likes his work: fair salary corruption is part of social order detective as self-appointed restorer of law and order
Relationship to Victim	no personal interest	—	sympathy
Realitionship to Criminal	criminal merely background for display of own abilities necessity of punishment and atonement decided by the detective	criminal as "prodigal son", needs spiritual help need not be handed over to human justice	indifferent, sometimes cynical criminal may be destroyed for reasons of self-protection ultimate responsibility is in the hands of the "Old Man" (Agency)
Realitionship to Police	official police force incapable of solving the problem official enquiry always inferior	—	police force as a whole helps detective police officer as ally, upholds legal methods of dealing with criminals
Companion (Function of)	Dr. WATSON primarily narrative function rarely important	—	other "Continental Ops"

Wenn wir als letztes Beispiel unserer Reihe zur Detektiverzählung mit Ellins "The Blessington Method" einen Text vorstellen, der über die Grenzen der Gattung Detektiverzählung hinausgeht, dann dient dies nicht nur (wie bei Symons) literaturhistorischen Zwecken, sondern ist auch didaktisch begründet: Nach der Behandlung der vorausgehenden Erzählungen sollten die Schüler die gattungskonstituierenden Bauelemente der Detektiverzählung kennen. Darüber hinaus wissen sie, daß das Schema Varianten zuläßt. Bei der Analyse von "The Blessington Method" erbringen sie eine Transferleistung, wenn sie erkennen, daß dort Elemente der Detektiverzählung verwendet werden, sei es in direkter Übernahme (Beispiel: Thema Verbrechen), sei es in direkter Umkehrung (Beispiel: Ermittlungen dienen dem Verbrechen).

Bei einer so komplexen Erzählung wie "The Blessington Method" sind sehr verschiedenartige Möglichkeiten des Transfers denkbar. Auf einer einfachen Stufe ließe sich z. B. das an "The Speckled Band" erarbeitete Handlungsschema mit "The Blessington Method" vergleichen. Dabei ergibt sich der folgende Befund (die Ziffern verweisen auf die Abschnitte des Holmes-Schemas):

- (1), (5), (6), (7) und (8) sind nicht vorhanden, (4) nur rudimentär ausgeprägt
- Für (2) ist eine Umkehrung festzustellen: Der Besucher ist kein Klient, sondern bietet, was sonst der Rolle des Detektivs entspricht, selbst Hilfe an: "I am here to help you with your problem" (13)
- Dasselbe gilt für (3). Die Umkehrung besteht hier darin, daß im 'Bericht des Klienten' keine Rätsel gestellt werden, sondern daß die Fakten und die (spätere) Lösung bekannt sind.

In einem weiteren Analyseschritt, der allerdings das Abstraktionsvermögen der Schüler in höherem Maße beansprucht, ist das in "The Blessington Method" angewandte Verfahren zu untersuchen. Dabei erweist sich, daß der Deduktionsprozeß, ein Kernstück der Detektiverzählung, eine wesentliche Funktion hat. Die 'Lösung' ergibt sich durch Ausschluß aller anderen Alternativen, so daß die Durchführung der 'Blessington Method' zwingend erscheint (vgl. dazu den Deduktionsprozeß in "The Seven Black Cats"). Freilich wird in "The Blessington Method" der Zweck dieses Verfahrens pervertiert, da es nicht der Aufklärung und Wiederherstellung der Ordnung dient, sondern der Verführung zum Verbrechen. Es erweist sich, daß logisches Deduzieren ein formales Prinzip ist und nicht an sich wertvoll. Deshalb bleibt immer danach zu fragen, ob dieses Verfahren produktiv eingesetzt, oder, wie in "The Blessington Method", destruktiv angewendet wird, indem es inhumanen Zwecken dient (der Pervertierung ethischer Werte qua Sprache).

Als Folge für den Betroffenen innerhalb der Erzählung erbringt der Deduktionsprozeß nicht zunehmende Klarheit im Sinne von Erkenntnis (offener Schluß), sondern wachsende Unsicherheit, wenn er sich einer Argumentation gegenübersieht, die scheinbar nach Belieben zu relativieren versteht (Konsequenz für den Unterricht: Detaillierte Sprachanalyse in Hinblick auf Rollenzuweisung, Dialogführung, Euphemismen, Werturteile). Letztlich ist auch der Leser daraufhin befragt, wie sicher seine ethischen Urteile sind.

Ellins böse Gesellschaftsatire[36] dient nicht so sehr dem intellektuellen Vergnügen bei der Enträtselung dunkler Verbrechen, sondern macht die Möglichkeit von Verbrechen selbst zum Thema.

3. Texte

3.1. Textlage

Entsprechend unseren didaktischen Prämissen haben wir primär solche Texte ausgewählt, die zum 'Spiel Text - Leser' anregen. Da bei bearbeiteten Texten die Absichten der Autoren verfälscht werden könnten, sollten nach Möglichkeit Originaltexte benutzt werden. Obgleich uns bewußt ist, daß Texte der Schulbuchverlage am leichtesten zugänglich sind, mußten wir doch in einigen Fällen auf andere Ausgaben zurückgreifen, da die Bearbeitungen Textstruktur und Lexik zu stark verändert haben. Leider liegt bisher für die Sekundarstufe II keine angemessene Anthologie vor.

3.2. Benutzte Texte

Außer den von uns benutzten Texten nennen wir noch alternative Ausgaben, die jedoch z. T. so stark verändert worden sind, daß sie für eine Verwendung in der Sekundarstufe II nicht mehr geeignet erscheinen.

- "The Speckled Band", in: Sir Arthur Conan Doyle, *The Adventures of Sherlock Holmes* (London: John Murray, 1957ff.).
  Die *Adventures* sind ab 1976 auch als *Pan Book* erhältlich.
  (Schulausgabe: Longman NMSR 4, Best.-Nr. L 53470).
- "The Seven Black Cats", in: E. J. H. Morris, Hrsg., *Dead Man's Shoes and Other Detective Stories* (London: Longman, 1977, Best.-Nr. L 52903).
- "Who Killed Baker?", in: K. Schrey, Hrsg., *Detectives at Work Again* (Frankfurt: Diesterweg, 1971, Best.-Nr. 4155).
- "The Blue Cross", in: G. K. Chesterton, *The Innocence of Father Brown* (Harmondsworth: Penguin, 1950ff.).
  (Schulausgaben: Longman LSES, Best-Nr. L 52895; Cornelsen-Velhagen & Klasing, Best.-Nr. 5526).

- "The Scorched Face", in: D. Hammett, *The Big Knockover and Other Stories* (Harmondsworth: Penguin, 1977).
- "The Blessington Method", in: S. Ellin, *The Blessington Method and Other Strange Tales* (Harmondsworth: Penguin, 1971).

3.3. Weitere Materialien

"The Speckled Band" und "The Blessington Method" fungieren in der ersten Sequenz als Bezugsrahmen: Während Doyles Erzählung am Anfang als Folie für das 'klassische Schema' der Detektiverzählung dient, schließt "The Blessington Method" die Reihe ab, weil hier vielfältige Möglichkeiten zum Transfer gegeben sind und diese *short story* gewissermaßen Testcharakter besitzt.

Die Position der übrigen Erzählungen in der vorgeschlagenen Sequenz ist nicht in gleicher Weise festgelegt. An ihnen lassen sich Variationen des Schemas aufzeigen und weitere Analysen der Leserrolle vornehmen.

In einer alternativen Sequenz kann die Funktion des Bezugsrahmens durch folgende Texte übernommen werden: Für das Grundschema: Poe, "The Murders in the Rue Morgue" (in: D. Galloway, Hrsg., *Selected Writings of Edgar Allan Poe,* Harmondsworth: Penguin, 1967ff.); den Abschluß könnte Thurbers "The Macbeth Murder Mystery" bilden (in: *The Thurber Carnival,* Harmondsworth: Penguin 1965ff.; auch in: I. Jacob, Hrsg., *James Thurber, Stories and Fables*, München: Hueber, 1966 Best. Nr. 227), weil Thurber hier die Schemata der Detektiverzählung spielerisch variiert und den naiven 'Krimi'-Leser parodiert (freilich müßte die Problematik von Shakespeares *Macbeth* in Grundzügen bekannt sein).

Die übrigen Textvorschläge zeigen andere Variationsmöglichkeiten des Grundschemas sowie verschiedenartige Ausprägungen der Leserrolle:

- H. Kemelman, "The Nine-Mile Walk", in: E. Crispin, Hrsg., *Best Detective Stories* (London: Faber and Faber, 1959).
  (Weitgehend intellektuelles Spiel; Deduktionsverfahren ähnlich wie in Queens "The Seven Black Cats")
- M. Innes, "Dead Man's Shoes", in: E. Crispin, Hrsg., *Best Detective Stories,* a. a. O. Auch in E. J. H. Morris, Hrsg., *Dead Man's Shoes and Other Detective Stories* (London: Longman, 1977, Best.-Nr. 52903).
  (Fülle verwirrender *clues* erlaubt kein Mitraten)
- E. Wallace, "The Treasure Hunt", in: E. Morris, Hrsg., *Dead Man's Shoes,* a. a. O.; auch in: *Detective Stories / Englische Kriminalgeschichten* (München: dtv, 1975, = dtv zweisprachig, Best.-Nr. 9029).
  (Wie bei Chesterton Antityp des Supermann-Detektivs à la Holmes)
- R. Chandler, "Killer in the Rain", in: R. Chandler, *Killer in the Rain* (Harmondsworth: Penguin, 1966ff).
  (Chandler: zweiter Hauptvertreter der *hard-boiled school* neben Hammett)

— A. Christie, "Philomel Cottage", in: K. Schrey, Hrsg., *Detectives at Work* (Frankfurt: Diesterweg, [8]1974, Best.-Nr. 4135); auch in E. J. H. Morris / D. J. Mortimer, Hrsg., *Stories of Detection and Mystery* (London: Longman, 1976, Best.-Nr. 52895).
(Variante des Schemas: Potentielles Opfer als Detektiv)

— D. Sayers, "The Man Who Knew How", in: D. Sayers, *Detective Stories* (München: Hueber, [6]1972, Best.-Nr. 140).
(Weitere Variante: Durch "Krimi"-Lektüre überhitzte Phantasie läßt vermeintliches Opfer zum Mörder werden)

Angesichts der überwältigenden Menge von Publikationen zur Detektivliteratur erschiene es willkürlich, eine Auswahl-Bibliographie zu versuchen, zumal in P. G. Buchloh / J. P. Becker, *Der Detektivroman* (Darmstadt: Wissenschaftliche Buchgesellschaft, [2]1978) eine umfangreiche, neu überarbeitete Bibliographie vorgelegt wird. Dieser Band gibt auch eine (weitgehend historisch orientierte) Einführung in die Gattung. Eine Zusammenstellung wichtiger Aufsätze zur Detektivliteratur findet sich in: J. Vogt, Hrsg., *Der Kriminalroman* (München: Fink, 1971, UTB 81/82).

Anmerkungen

[1] R. Gerber, „Verbrechensdichtung und Kriminalroman", in: J. Vogt, Hrsg., *Der Kriminalroman* (München: Fink, 1971, UTB 81/82) S. 407.

[2] R. Alewyn, „Das Rätsel des Detektivromans", in: A. Frisé, Hrsg., *Definitionen. Essays zur Literatur* (Frankfurt: Klostermann, 1963) S. 119.

[3] R. Gerber, a. a. O., S. 413 (unsere Hervorhebung).

[4] *Bloody Murder* (Harmondsworth: Penguin, 1974), S. 7.

[5] P. G. Buchloh / J. P. Becker, *Der Detektivroman* (Darmstadt: Wissenschaftliche Buchgesellschaft, [2]1978), S. 3. Buchloh / Becker befassen sich ausführlicher mit dem Definitionsproblem, a. a. O., S. 3-14.

[6] J. G. Cawelti, *Adventure, Mystery, and Romance. Formula Stories as Art and Popular Culture* (Chicago und London: The University of Chicago Press, 1976), S. 132.

[6a] F. Hrastnik, „Das Verbrechen macht sich doch bezahlt", in: J. Vogt, Hrsg., a. a. O., S. 545. Weitere aufschlußreiche literatursoziologische Aspekte der Verlagspolitik und Produktionsprinzipien finden sich bei I. Zaunitzer-Haase, „Blut und Leichen zu kleinen Preisen — Das harte Geschäft mit dem Kriminalroman", in: J. W. Goette / H. Kircher, Hrsg., *Der Kriminalroman. Texte zur Theorie und Kritik* (Frankfurt: Diesterweg, 1978, Best.-Nr. 6229), S. 47-52.

[7] R. Alewyn, a. a. O., S. 117.

[8] J. P. Becker, „Zum Detektivroman im Unterricht — Nicolas Freeling: *Because of the Cats*", *Anglistik und Englischunterricht*, 2 (1977), S. 43.

[9] Angaben nach I. Zaunitzer-Haase, a. a. O., S. 47.

[10] Ebda., S. 47.

[11] M. Dahrendorf, „Der Kriminalroman als didaktisches Problem", *Sprache im technischen Zeitalter* 44 (1972), 310-314. E. Dingeldey, „Drei 'klassische' Kriminalromane. Didaktische Beispiele für den Unterricht über Trivialliteratur", *Sprache im technischen Zeitalter* 44 (1972), 314-322; E. Dingeldey, „Erkenntnis über Vergnügen? Vorwiegend didaktische Überlegungen zum Kriminalroman im Unterricht", *Diskussion Deutsch* 3 (1972), 266-274. W. Albrecht, „Verbrechensliteratur", *Diskussion Deutsch* 9 (1978), 274-293.

[12] J.-W. Goette / H. Kircher, Hrsg., *Der Kriminalroman. Texte zur Theorie und Kritik* (Frankfurt: Diesterweg, 1978, Best.-Nr. 6229).

[13] E. Finckh, Hrsg., *Theorie des Kriminalromans* (Stuttgart: Reclam, 1974, Arbeitshefte für den Unterricht, Universalbibliothek Nr. 9512).

[14] J. P. Becker, a. a. O., S. 45.

[15] W. Lotter, "Crime and detection in fact and fiction", *Praxis* 21 (1974), 315-319.

[16] R. Schneider, „Sherlock Holmes im Englischunterricht auf der Sekundarstufe I", *Praxis* 24 (1977), 359-370.

[17] J. P. Becker, a. a. O.

[18] S. Deitmer, „Der Detektivroman und sein literarischer Wert — Versuch zur Neubewertung einer Gattung", *Anglistik und Englischunterricht,* 2 (1977), 27-41 bes. 29 und 37.

[19] *The Technique of the Mystery Story* (Springfield/Mass., 1913).

[20] "10 Rules for a Good Detective Story", *Publisher's Weekly* CXVI, No. 14 (October 5, 1929), 1729.

[21] "Twenty Rules for Writing Detective Stories", in: H. Haycraft, Hrsg., *The Art of the Mystery Story* (New York, 1946), S. 189-193. Deutsch in: J. Vogt, Hrsg., a. a. O., S. 143-147.

[22] B. Brecht, „Über die Popularität des Kriminalromans", in: J. Vogt, Hrsg., a. a. O., S. 316.

[23] D. Sayers, „Aristoteles über Detektivliteratur", in: J. Vogt, Hrsg., a. a. O., S. 133.

[24] W. Iser, *Die Appellstruktur der Texte* (Konstanz: Universitätsverlag, 1971), S. 22.

[25] Th. Wolpers, „Kürze im Erzählen", in: H. Bungert, Hrsg., *Die amerikanische Short Story. Theorie und Entwicklung* (Darmstadt: Wissenschaftliche Buchgesellschaft, 1972), S. 392ff.

[26] Ebda., S. 424.

[27] Ebda., S. 406.

[28] K. H. Köhring / I. C. Schwerdtfeger, „Überlegungen zu einem pragmatischen Literaturunterricht", *Neusprachliche Mitteilungen* 28 (1975), 2.

[29] H. Grabes, „Literaturwissenschaft oder Textwissenschaft? Zur Rolle der 'hohen' Literatur in der Lehrerausbildung", *Anglia* 91 (1973), 459.

[30] Ausführliche Angaben zu den besprochenen Texten finden sich in Abschnitt 3 dieses Aufsatzes.

[31] Unser Schema weist zwangsläufig starke Ähnlichkeiten mit dem von V. Sklovskij für die Holmes-Erzählungen entwickelten Muster auf: „Die Kriminalerzählung bei Conan Doyle", in: J. Vogt, Hrsg., a. a. O., S. 76-94.

[32] S. Deitmer, a.a.O., S. 29.

[33] P. G. Buchloh/J. P. Becker, „Gilbert Keith Chesterton 'The Blue Cross'", in: K. H. Göller/G. Hoffmann, Hrsg., *Die englische Kurzgeschichte* (Düsseldorf: Bagel, 1973), S. 111.

[34] P. G. Buchloh/J. P. Becker, *Der Detektivroman*, a.a.O., S. 101.

[35] J. G. Cawelti, a.a.O., S. 142.

[36] Ein Vergleich mit Swifts Traktat "A Modest Proposal" (1729) wäre sicher sehr lohnend.

Für Hinweise danken wir J. P. Becker.

Mittlerweile liegt die Sammlung

Berthold Schik and Gottfried Schröder, eds., *Crime Unlimited: Four Short Stories* (Paderborn: Schöningh 43021, 1981)

vor, die die Stories: Sir Arthur Conan Doyle, "The Speckled Band", Dashiell Hammett, "The Scorched Face", Stanley Ellin, "The Blessington Method" und Roald Dahl, "Lamb to the Slaughter" sowie die erforderlichen Annotationen enthält.

Namenregister

Verzeichnis der Mitarbeiter

DR. RÜDIGER AHRENS, ordentlicher Professor für Didaktik der englischen Sprache und Literatur am Institut für englische Philologie der Universität Würzburg. Veröffentlichungen: *Die Essays von Francis Bacon – Literarische Form und moralistische Aussage* (Heidelberg, 1974); Hrsg., *Englische Parodien – von W. Shakespeare bis T. S. Eliot* (Heidelberg: UTB 179, 1972); Hrsg., *Englische literaturtheoretische Essays,* 2 Bde. (Heidelberg: UTB 389/390, 1975); Hrsg. mit E. Wolff, *Englische und amerikanische Literaturtheorie – Studien zu ihrer historischen Entwicklung.* 2 Bde. (Heidelberg, 1978/79); Hrsg. mit E. Wolff, FORUM ANGLISTIK: Studien zur englischen und amerikanischen Literatur (Heidelberg, seit 1978); mit H. W. Drescher und K. H. Stoll, *Lexikon der englischen Literatur* (Stuttgart, 1979); Hrsg., *Shakespeare im Unterricht,* Anglistik und Englischunterricht, 3 (Trier, 1977, ^{3}1980); Hrsg., *Amerikanische Bildungswirklichkeit heute* (Hildesheim, 1980); Hrsg., *William Shakespeare: Didaktisches Handbuch,* 3 Bde. (München: UTB 1111/1112/1113, 1982). Berichte und Aufsätze zur englischen und amerikanischen Literatur, Literatur- und Mediendidaktik sowie zur Curriculumforschung in Sammelbänden und in den Zeitschriften *Anglia, Archiv für das Studium der Neueren Sprachen und Literaturen, Der fremdsprachliche Unterricht, German Studies, Literaturwissenschaftliches Jahrbuch der Görres-Gesellschaft, Mitteilungen des Hochschulverbandes, Die Neueren Sprachen, Neusprachliche Mitteilungen.* Zahlreiche Rezensionen in anglistischen und didaktischen Fachzeitschriften.

DR. PETER BRUCK, Wissenschaftlicher Assistent für Englische Sprache und Literatur und ihre Didaktik an der Universität Münster. Veröffentlichungen: *Von der 'Store Front Church' zum 'American Dream': James Baldwin und der amerikanische Rassenkonflikt* (Amsterdam, 1975); Hrsg., *The Black American Short Story in the 20th Century: A Collection of Critical Essays* (Amsterdam, 1977); Hrsg., *The Frontier and the American West* (Paderborn: Texts for English and American Studies 8, 1980, ^{2}1982); *The Frontier and the American West: Interpretations and Suggestions for Teaching* (Paderborn, 1980, ^{2}1982); Hrsg., *Great Science Fiction Stories* (Stuttgart, 1981); *Great Science Fiction Stories: Model Interpretations* (Stuttgart, 1981); Hrsg. mit W. Karrer, *The Afro-American Novel Since 1960* (Amsterdam, 1982); Aufsätze zur amerikanischen Literatur und Beiträge zur Literaturdidaktik in Sammelbänden und den Zeitschriften *Amerikastudien, Arbeiten aus Anglistik und Amerikanistik* und *Der fremdsprachliche Unterricht.*

DR. PETER FREESE, ordentlicher Professor für Amerikanistik an der Universität-Gesamthochschule Paderborn. Veröffentlichungen: *Die Initiationsreise: Studien zum jugendlichen Helden im modernen amerikanischen Roman* (Neumünster, 1971); mit D. Jäger und H. Kruse, *Die amerikanische Short Story: Ein Überblick* (Neumünster, 1971); *Die amerikanische Kurzgeschichte nach 1945: Salinger, Malamud, Baldwin, Purdy, Barth* (Frankfurt, 1974); Hrsg., *Narrative Kurztexte in der Sekundarstufe II* (= *Der fremdsprachliche Unterricht,* Heft 37, 1976); Hrsg., *Die amerikanische Short Story der Gegenwart: Interpretationen* (Berlin, 1976); Hrsg., *Literatur und Landeskunde anhand von Texten schwarzer Autoren* (= *Der fremdsprachliche Unterricht,* Heft 42, 1977); Hrsg. mit L. Hermes, *Der Roman im Englischunterricht der Sekundarstufe II: Theorie und Praxis* (Paderborn: ISL 11, 1977, ^{2}1981); Hrsg., *Growing up Black in America: Stories and Studies of Socialization* (Paderborn: Texts for English and American Studies 1, 1977, ^{4}1981); *Growing up Black in America: Stories and Studies of Socialization – Interpretations and Suggestions for*

Teaching (Paderborn, 1978, ²1979); Hrsg. mit C. Freywald, W. Paprotté und W. Real, *Anglistik: Beiträge zur Fachwissenschaft und Fachdidaktik – Festschrift für Eleonore Cladder* (Münster, 1979); Hrsg., *Bernard Malamud, "The Assistant"* (Paderborn: Texts for English and American Studies 10, 1982); Hrsg., Texts for English and American Studies (Paderborn, seit 1977). Aufsätze zur amerikanischen, englischen und deutschen Literatur und Beiträge zur Literaturdidaktik in verschiedenen Sammelbänden und in den Zeitschriften *Amerikastudien, anglistik & englischunterricht, Arbeiten aus Anglistik und Amerikanistik, Archiv für das Studium der Neueren Sprachen und Literaturen, BAAS Educational Supplement, Englisch-Amerikanische Studien, Der fremdsprachliche Unterricht, Literatur in Wissenschaft und Unterricht, Die Neueren Sprachen, Neusprachliche Mitteilungen, Paderborner Studien, Praxis des Neusprachlichen Unterrichts, Sprache im technischen Zeitalter.* Zahlreiche Rezensionen in Fachzeitschriften.

DR. HORST GROENE, Oberstudienrat im Hochschuldienst am Englischen Seminar der Universität Kiel. Veröffentlichungen: Hrsg. mit P. G. Buchloh und B. Schik, *Moderne englischsprachige Dramatik in Hochschule und Schule* (= Beiheft zu *Literatur in Wissenschaft und Unterricht* 11, 1978); Hrsg., *Hörspiel und Kurzdrama* (= *Der fremdsprachliche Unterricht,* Heft 49, 1979); Hrsg., *Das Hörspiel im Englischunterricht: Theorie und Praxis* (Paderborn: ISL 26, 1980); Hrsg. mit B. Schik, *Das moderne Drama im Englischunterricht der Sekundarstufe II* (Königstein/Ts., 1980); Hrsg. mit U.O.H. Jung und H. Schilder, *Medienpraxis für den Englischunterricht: Technische Medien und Massenmedien im Fremdsprachenunterricht* (Paderborn, 1983). Aufsätze zur amerikanischen und englischen Literatur, zur Fach- und Mediendidaktik in verschiedenen Sammelbänden und in den Fachzeitschriften *Englisch, Der fremdsprachliche Unterricht, Literatur in Wissenschaft und Unterricht, Die Neueren Sprachen, Neusprachliche Mitteilungen, Praxis des Neusprachlichen Unterrichts* und *Southern Review.* Zahlreiche Rezensionen in Fachzeitschriften.

DR. ARNO HELLER, Professor am Institut für Amerikanistik der Universität Innsbruck. Veröffentlichungen: *Odyssee zum Selbst: Zur Gestaltung jugendlicher Identitätssuche im neueren amerikanischen Roman* (Innsbruck, 1973); *Experiments with the Novel of Maturation: Henry James and Stephen Crane* (Innsbruck, 1976); Hrsg. mit S. Bahn u. a., *Forms of the American Imagination: Beiträge zur neueren amerikanischen Literatur* (Innsbruck, 1979). Aufsätze zur amerikanischen und englischen Literatur in Sammelbänden und in den Zeitschriften *Americana-Austriaca, Germanisch-Romanische Monatsschrift, Literatur in Wissenschaft und Unterricht, Die Neueren Sprachen* und *Sprachkunst.* Zahlreiche Rezensionen in Fachzeitschriften.

DR. LIESEL HERMES, Professorin für Englisch an der Pädagogischen Hochschule Karlsruhe. Veröffentlichungen: *Formen und Funktionen des Symbolgebrauchs in den Werken Iris Murdochs* (Wiesbaden, 1972); *Texte im Englischunterricht der Sekundarstufe I* (Hannover und Dortmund, 1979); Hrsg., *Growing Up* (Frankfurt, ³1979); Hrsg., *Several Englands* (Frankfurt, ²1979); Hrsg., *Reading Modern Fiction: Stan Barstow's "Joby"* (Frankfurt: Unterrichtsmodelle für die Sekundarstufe II, ²1979); Hrsg. mit P. Freese, *Der Roman im Englischunterricht der Sekundarstufe II: Theorie und Praxis* (Paderborn: ISL 11, 1977, ²1981); Hrsg., *Lektüren in der Sekundarstufe I* (= *Der fremdsprachliche Unterricht,* Heft 52, 1979). Aufsätze zur Literatur- und Textdidaktik und zur Landeskunde in den Zeitschriften *Englisch, Der fremdsprachliche Unterricht, Die Neueren Sprachen, Literatur in Wissenschaft und Unterricht.* Zahlreiche Rezensionen in Fachzeitschriften.

DR. HANS HUNFELD, ordentlicher Professor für die Didaktik der englischen Sprache und Literatur an der Gesamthochschule Eichstätt. Veröffentlichungen: Hrsg. mit G. Schröder, *Aspekte und Aufgaben der Literaturdidaktik in Hochschule und Schule* (Kiel, 1974); Hrsg. mit G. Schröder, *Literatur im Englischunterricht der Sekundarstufe II* (Kiel, 1976); mit B. Kahrmann, *Textwissenschaftlicher Grundkurs Englisch: Orientierungen* (Kronberg/Ts., 1976); Hrsg., *Neue Perspektiven der Fremdsprachendidaktik: Eichstätter Kolloquium zum Fremdsprachenunterricht 1977* (Kronberg/Ts., 1977); Hrsg., *Lyrik und Lied im fremdsprachlichen Unterricht* (= *Der fremdsprachliche Unterricht,* Heft 44, 1977); Hrsg. mit G. Schröder, *Literatur im Englischunterricht: Drama – Hörspiel – Lyrik – Short Story – Roman – Trivialliteratur – Lehrbuchtext* (Königstein/Ts., 1978); Hrsg. mit K. Schröder, *Grundkurs Didaktik Englisch* (Königstein/Ts., 1979); *Englischunterricht: Literatur 5 – 10* (München, 1982); Hrsg., *Literaturwissenschaft – Literaturdidaktik – Literaturunterricht: Englisch – II. Eichstätter Kolloquium zum Fremdsprachenunterricht 1981* (Königstein/Ts., 1982); Hrsg. in Verbindung mit K. Schröder, *Fremdsprache – Theorie und Praxis ihrer Didaktik* (Kronberg/Ts., seit 1977). Aufsätze zur Literaturdidaktik in den Zeitschriften *Der fremdsprachliche Unterricht* und *Die Neueren Sprachen.* Verschiedene Rezensionen in Fachzeitschriften.

DR. WILLI REAL, Akademischer Oberrat für Englische Sprache und Literatur und ihre Didaktik an der Universität Münster. Veröffentlichungen: *Archibald Alisons Theorie des Geschmacks* (Frankfurt, 1973); Hrsg., *Racism in America: Role Behaviour and Stereotyping as Obstacles to Black Identity* (Paderborn: Texts for English and American Studies 4, 1977, ²1979); *Racism in America: Role Behaviour and Stereotyping as Obstacles to Black Identity – Interpretations and Suggestions for Teaching* (Paderborn, 1978, ²1980); Hrsg., *Bernard Malamud, "Idiots First" and Other Stories* (Paderborn, 1981); *Teacher's Book* (Paderborn, 1981). Aufsätze zur amerikanischen Literatur sowie zur Text- und Literaturdidaktik in verschiedenen Sammelbänden und in den Zeitschriften *Arbeiten aus Anglistik und Amerikanistik* und *Englisch.*

DR. BERTHOLD SCHIK, Oberstudienrat im Hochschuldienst am Englischen Seminar der Universität Kiel. Veröffentlichungen: Hrsg. mit P. G. Buchloh und H. Groene, *Moderne englischsprachige Dramatik in Hochschule und Schule* (= Beiheft zu *Literatur in Wissenschaft und Unterricht* 11, 1978); Hrsg. mit H. Groene, *Das moderne Drama im Englischunterricht der Sekundarstufe II* (Königstein/Ts., 1980); Hrsg. mit G. Schröder, *Crime and Detection in Fact and Fiction* (Paderborn: Texts for English and American Studies 9, 1980); mit G. Schröder, *Crime and Detection in Fact and Fiction – Interpretations and Suggestions for Teaching* (Paderborn, 1982). Aufsätze zur englischen und amerikanischen Literatur und ihrer Didaktik in verschiedenen Sammelbänden und in den Zeitschriften *Der fremdsprachliche Unterricht, Literatur in Wissenschaft und Unterricht* und *Die Neueren Sprachen.* Rezensionen in Fachzeitschriften.

DR. GOTTFRIED SCHRÖDER, Oberstudienrat im Hochschuldienst am Englischen Seminar der Universität Kiel. Veröffentlichungen: Hrsg. mit H. Hunfeld, *Aspekte und Aufgaben der Literaturdidaktik in Hochschule und Schule* (Kiel, 1974); Hrsg. mit H. Hunfeld, *Literatur im Englischunterricht der Sekundarstufe II* (Kiel, 1976); Hrsg. mit H. Hunfeld, *Literatur im Englischunterricht: Drama – Hörspiel – Lyrik – Short Story – Roman – Trivialliteratur – Lehrbuchtext* (Königstein/Ts., 1978); Hrsg. mit B. Schik, *Crime and Detection in Fact and Fiction* (Paderborn: Texts for English and American Studies 9, 1980); mit B. Schik, *Crime and Detection in Fact and Fiction – Interpretations and Suggestions for Teaching* (Paderborn, 1982). Aufsätze zur Textwissenschaft und Literaturdidaktik in verschiedenen Sammelbänden und in der Zeitschrift *Der fremdsprachliche Unterricht.*